中华优秀传统文化传承发展工程

Project for Transmission and
Development of Fine Traditional
Chinese Culture

中国
民间文学
大系

小戏

Treasury of
Chinese Folk Literature

Collection of Folk Dramas

8-21

辽宁卷 | 综合分卷 |

Liaoning Volume:
General Collection

中国文学艺术界联合会 中国民间文艺家协会 总编纂

中国文联出版社
http://www.clapnet.cn

图书在版编目（CIP）数据

中国民间文学大系．小戏．辽宁卷．综合分卷 / 中
国文学艺术界联合会，中国民间文艺家协会，中国民间文
艺家协会总编纂．-- 北京：中国文联出版社，2022.12

ISBN 978-7-5190-4838-9

Ⅰ．①中… Ⅱ．①中… ②中… Ⅲ．①民间文学 – 作
品综合集 – 中国②地方戏剧本 – 作品综合集 – 辽宁 Ⅳ．
① I277

中国版本图书馆 CIP 数据核字 (2022) 第 089459 号

中国民间文学大系·小戏·辽宁卷·综合分卷

Zhongguo Minjian Wenxue Daxi
Xiaoxi Liaoning Juan Zonghe Fen Juan

总编纂	中国文学艺术界联合会 中国民间文艺家协会
终审人	蒋爱民
复审人	王素珍
责任编辑	周小丽
责任校对	田宝维　胡世勋　刘　丽
书籍设计	XXL Studio
排版制作	水行时代文化
责任印制	陈　晨
出版发行	中国文联出版社有限公司
地址	北京市朝阳区农展馆南里 10 号，100125
电话	010-85923025（发行部），010-85923091（总编室）
印刷	北京雅昌艺术印刷有限公司
开本	635×965，1/8
字数	852 千字
印张	71
版次	2022 年 12 月第 1 版
印次	2022 年 12 月第 1 次印刷
书号	ISBN 978-7-5190-4838-9
定价	780.00 元

中华优秀传统文化传承发展工程

中国民间文学大系出版工程领导小组

组长	铁　凝　李　屹
副组长	李前光　胡孝汉　徐永军　董耀鹏　张雁彬 冯骥才　潘鲁生
办公室主任	张雁彬（兼）
办公室副主任	邱运华（常务）　陈　彦　韩新安　杨发航 邓光辉　谢　力　周由强　暴淑艳　尹　兴

中国民间文学大系出版工程学术委员会

中国民间文学大系出版工程编纂出版工作委员会

总序

　　5000多年的中华文化源远流长、灿烂辉煌，滋养着中华民族生生不息、发展壮大，积淀着中华民族最深沉的精神追求，镌刻着中华民族独特的精神标识，也蕴藏着解决当代人类面临难题的传统智慧，是涵养社会主义核心价值观的精神之源，更是我们在世界文化中站稳脚跟的坚实根基。中华优秀传统文化是我们必须世代传承的文化根脉、文化基因，在实现"两个一百年"奋斗目标和中华民族伟大复兴中国梦的历史进程中，追溯中华文化的源流、探究中华文化的传续、前瞻中华文化的走向，对于为中华民族精神家园立根铸魂、为新时代中国特色社会主义事业发展凝心聚力，具有重大意义。

　　编纂出版《中国民间文学大系》（以下简称《大系》）是新时代传承发展中华优秀传统文化的国家级重点工程。党的十八大以来，以习近平同志为核心的党中央高度重视中华文化的传承发展。2017年1月，中央印发《关于实施中华优秀传统文化传承发展工程的意见》（以下简称《意见》），编纂出版《大系》列为其中的重大工程。《意见》从建设社会主义文化强国，增强国家文化软实力，实现中华民族伟大复兴中国梦的高度，深刻阐述了中华优秀传统文化传承发展的重要意义、指导思想、基本原则和总体目标，对传承发展工程的主要内容、重点任务、组织实施和保障措施等作出了重要部署，是当前和今后一个时期指导我们传承发展好中华优秀传统文化的重要遵循。民间文学是中华优秀传统文化中最主要的基础资源之一，它鲜明而又直接地反映着人民群众的日常生活和价值观、审美观。中国民间文学大系出版工程（以下简称大系出版工程）由中国文联负责组织实施，是中华优秀传统文化传承发展工程的重点项目之一，也是中国民间文学遗产抢救保护与传承的民心工程。这一工程的主要任务是以客观、科学、理性的态度，收集整理民间口头文学作品及理论方面的原创文献，编纂出版《大系》大型文库，完善中国口头文学遗产数据库，为中华民族保留珍贵鲜活的民间文化记忆。在编纂同时，开展一系列以中国民间文学为主题的社会宣传活动，促进全社会共同参与民间文学的发掘、传播、保护，形成全社会热爱、传承优秀传统民间文学的热潮，形成德在民间、艺在民间、文在民间的共识，推动民间文学知识普及与对外交流传播。

民间文学产生于民间，流传于民间，具有与生俱来的人民性。习近平总书记在文艺工作座谈会上的讲话中指出，"人民既是历史的创造者、也是历史的见证者，既是历史的'剧中人'、也是历史的'剧作者'"。因为民间文学活动本身就是人民的审美生活，是人民不可缺少的生活样式，具有浓厚的生活属性。民众在表演和传播民间文学时，就是在经历一种独特的生活方式。人民创作、人民传播和人民享受，是民间文学人民性的具体表现。

民间文学是培育和践行社会主义核心价值观的重要载体。首先，民间文学是宝贵的历史文化遗产，是中华民族祖祖辈辈集体智慧的结晶，积淀着中华民族特有的极为丰富的思想道德和文化意识形态。其次，民间文学是人民群众自己的文学和学问，具有最为广泛的人民性，没有哪一种文学艺术形式拥有如此众多的作者和观众。它对人们的生活方式和思想观念所产生的潜移默化影响也是最为深刻和久远的。再次，民间文学是人民群众最为喜闻乐见和熟悉的审美方式，也是最为便利的文学活动形式。每个地方都有祖辈延续下来的传说、故事、歌谣、谚语、小戏、说唱等等，为当地人耳熟能详。这些民间文学一旦进入当地人的生活世界，便释放出强大的感化能量。

新中国成立后，党和政府十分重视民间文艺的传承保护。民间文学搜集抢救整理成果丰硕，为编纂出版《大系》奠定了坚实基础。1950年3月，我国民间文学、民间戏剧、民间音乐、民间美术、民间舞蹈等领域的文艺家与研究家发起成立了中国民间文艺研究会（以下简称民研会；1987年更名为中国民间文艺家协会），开始在全国范围内统一组织实施中国民间文艺的传承与研究工作。在民研会成立大会上，代表们讨论并通过了《征集民间文艺资料办法》。1979年9月，全国少数民族民间歌手、民间诗人座谈会在京召开，众多民间歌手和艺人恢复名誉，抢救保护民族民间文化遗产工作也随之重启。1984年2月，中宣部印发《关于加强少数民族文学研究和资料搜集工作的通知》。同年5月，文化部、国家民委、民研会印发《关于编辑出版〈中国民间故事集成〉〈中国歌谣集成〉〈中国谚语集成〉的通知》，全国各地大批民间文艺专家和民间文艺工作者代表们会聚起来，形成强大的学术力量和社会力量，开始了民间文学抢救整理工作。1987年至2009年，在全国普查、采录的基础上，全国各地民间文学"三套集成"陆续编辑出版。"三套集成"从酝酿、立项到全面实施，历经近30年，全国30个省区市（不含重庆、港澳台）编纂出版90卷（102册），总计1亿多字，一大批珍贵的各民族神话、传说、故事、歌谣、谚语等民间口头文学作品，成为民间文学爱好者和研究者的通用读本。进入新世纪以来，中国民间文化遗产抢救、中国民族民间文化遗产保护等工程又相继开展，取得扎实而宝贵的工作进展。为了进一步适应今后文化发展以及科学技术进步带来的阅读、研究与利用的实际需要，2010年12月，中国民间文艺家协会启动实施了中国口头文学遗产数字化工程，已陆续完成10多亿字民间口头文学记录文本的数字化存录，最终将形成体系完备的"中国口头文学遗产数据库"，以有效避免因各种因素造成的纸质资料遗失和损坏，并使阅读、检索和利用这些作品及资料变得更为方便、快捷和准确，从而实现更大范围的资源共享。新中国成立70年来民间文艺工作的实践与经验，数十亿字民间文艺资料的积累与储备，数十万民间文艺工作者的心血和智慧，是我国民间文艺事业发展的宝贵财富，也为《大系》的编纂工作确立了综合实力和巨大优势。

大系出版工程是新时代中国民间文学保护、传承工作的扩充、延伸、深化、升华，更是民间文学创造性转化和创新性发展的理论探索和实践行动。《大系》文库按照神话、史诗、传说、故事、歌谣、长诗、说唱、小戏、谚语、谜语、俗语、理论12个门类进行编纂，计划到2025年出版大型文库1000卷，每卷100万字，共10亿字。该工程制订的长期规划、分步骤分阶段分类别的运作策略和实施举措，保障了项目的可持续性发展和科学化运用。

《大系》既是有史以来记录民间文学数量最多、内容最丰富、种类最齐全、形式最多样、最具活态性的文库，也是在民间文学搜集整理领域开展的新时代综合性成果总结、示范性的本土文化实践活动。它将几千年来在民间普遍传承的无形精神遗产变为有形的文化财富，从而避免在全球化语境下民间文学遭遇民众文化失语和传统经典样式失忆的尴尬与窘境，为世人了解中国民间文艺发展规律、应对社会转型和变革所带来的传统文化衰微之势，提供了文化复兴的有效良方和经验范式。

《大系》充分吸收当代民间文学研究的新成果、新理念，在选编标准上，始终坚持正确的政治导向，坚持优秀传统文化的标准，萃取经典，服务当代。各分卷编委会着力还原民间文学的本真形态，忠实保持各民族作品原文意蕴，在内容、形式、类型等方面力求反映出民族风格和当地口承文化传统特点，按照科学性、广泛性、地域性、代表性的"四性"原则，在各类文本中，精心编纂出具有民间文化传统精神和当代人文意识的优秀作品文库。

编纂出版《大系》，我们始终坚持具有鲜明导向的指导思想和基本原则。《大系》汇集全国各地民间文艺领域上千名专家、学者，计划用8年的时间对民间文学12个门类进行搜集整理、编纂出版，是一项复杂的系统工程。《大系》既是党中央交给中国文联的一项重要的文化建设任务，又是民间文艺界的一项重大学术研究活动；既是一项中华民族大型文化精品创建工程，又是一次中国民间文学主题实践宣传活动；既要深入田间地头调查搜集采录第一手资料，又要坐在书斋静下心来进行归纳整理研究。《大系》具有很强的政治性、学术性、专业性、群众性。我们的指导思想是，始终高举中国特色社会主义伟大旗帜，全面贯彻落实习近平新时代中国特色社会主义思想和党的十九大精神，紧紧围绕实现中华民族伟大复兴中国梦，深入贯彻新发展理念，坚持以人民为中心的工作导向，坚持以社会主义核心价值观为引领，坚持创造性转化、创新性发展，坚定文化自信，增强文化自觉，树立正确的价值观、历史观、审美观，积极思考和探索民间文学的继承与发展等时代命题，坚持交流互鉴、开放包容，关注民间文学新的时代内涵和现代表达形式，使我们民族创造的民间文艺更接地气、更有底气、更具生气。

　　《大系》编纂出版工作确立了"三个坚持"的基本原则：一是坚持社会主义先进文化前进方向和正确价值取向，对民族民间文学中的制度风俗、思想观念、价值理念、乡规家风等加以梳理和诠释，去粗取精、去伪存真，发掘民间文学蕴含的核心价值观，充分发挥民间文学在"美教化、厚人伦、移风俗"等方面的特殊作用；二是坚持广泛性和代表性相结合，在广泛普查和科学分类的基础上，加强对各民族民间文学精神与思想内涵的挖掘和阐发，把强调先进价值观与突出地域文化特色、民族风格密切结合起来，推动建设中华民族和合一体的共同精神家园；三是坚持学术性与普及性相结合，以民间文学理论研究成果和当代文化思想为学术指导，加强民间文学各类别经典文本呈现、精品范本出版，促进民间文学的创造性转化和创新性发展，并注重与时代发展相适应，实现从口耳相传到多媒体传播的时代变化，激活其当代价值，高标准、高质量、高要求地打造体现中国精神、中国形象、中国文化、中国表达的经典传世精品。

　　编纂出版《大系》是新时代赋予我们的光荣职责和神圣使命。我国各民族民间文艺积淀深厚，灿烂博大，与人民生活紧密联系着，是中华优秀传统文化的土壤和基石。千百年来，我国民间文学薪火相传、生生不息，深深融入中华民族的血脉，深刻影响着中国人的精神世界，印刻着中华民族独特的文化记忆，鲜明地表现着广大人民群众的精神向往、道德准则和价值取向，充分彰显着中国人的气质、智慧、灵气、想象力和创造力，是中华文化的亮丽瑰宝和鲜明标志，不论过去还是现在，都有其永不褪色的价值。但同时也要看到，民间文学又是脆弱的。随着转型期社会的深刻变革和城镇化带来的高速发展，民间文学赖以生存的土壤正在迅速流失，不少优秀民间文学正在成为绝唱，更多的民间文学资源业已消失。因此，抢救与保护散落在中国大地上各区域、各民族现存的不可再生的文化遗产，按照当代学术规范和学科准则，大规模开展民间文学的搜集、整理、出版、推广、研究，激发全社会对我国优秀民间文学的热爱和珍视之情，促进民间文学保护、传承与发展，延续中华文脉，造福人民大众，为繁荣发展社会主义文艺事业提供民间文学精致文本和精彩样式，已成为热爱中华优秀传统文化有识之士的共同心声。

当前，中国特色社会主义步入新时代，在以习近平同志为核心的党中央领导下，各级党委和政府更加自觉、更加主动推动中华优秀传统文化的传承与发展，开展了一系列富有创新、富有成效的工作，有力增强了中华优秀传统文化的凝聚力、影响力、创造力。进一步发扬优秀传统，充分尊重人民群众的思想观念、风俗习惯、生活方式、民族情感、表达形式，充分尊重一代又一代民间文艺创造者、传承者的经验智慧与劳动成果，进一步凝聚共识，精耕细作，落实好、完成好大系出版工程的各项工作，不断书写出中国民间文学新的辉煌，既是新时代赋予广大民间文艺工作者的光荣职责，更是我们共同担当的神圣使命。

我们郑重呼吁：全社会都行动起来，共同承担起抢救中华民族民间文学遗产的神圣职责！

中国文学艺术界联合会

中国民间文艺家协会

2019 年 3 月 5 日

General Prologue

The splendid culture of China, with a time-honored history of more than 5000 years, has ensured the lineage, development, and growth of the Chinese nation, encompassed the deepest intellectual pursuit of the Chinese nation, engraved the distinctive cultural identity of the Chinese nation, containing the traditional wisdom to tackle today's problems faced by humanity. Moreover, the profound culture of China constitutes the spiritual source for cultivating the core socialist values, laying down a solid foundation for us to stand firm in the diverse global cultures. Fine traditional Chinese culture comprises the cultural root and gene that we must transmit from generation to generation. In the historical process of achieving the Two Centenary Goals and realizing the Chinese Dream of rejuvenation of the Chinese nation, China's fine traditional culture is of great significance in tracing the source and course of the culture of the Chinese nation while gaining a foresight of its future direction, so as to reinforce the rootedness and soulfulness of the spiritual homeland for the Chinese nation, and to pool the wisdom and strength for developing the socialism with Chinese characteristics in the new era.

The compilation and publication of the *Treasury of Chinese Folk Literature* (hereafter referred to as "the *Treasury*") is one of the national key projects for transmitting and promoting China's fine traditional culture in the new era. Since the 18th National Congress of the Communist Party of China (CPC), the CPC Central Committee with Comrade Xi Jinping at its core has been attaching great importance to the transmission and development of traditional Chinese culture. In January 2017, the central authorities issued the Opinions on Implementing the Project for Transmission and Development of Fine Traditional Chinese Culture (hereafter referred to as "the Opinions") in which the compilation and publication of the *Treasury* is included as one of the key projects. With a perspective of building China into a country with a strong socialist culture, strengthening its cultural soft power, and realizing the Chinese Dream of the rejuvenation of the Chinese nation, the Opinions not only profoundly expounds the significance, guiding ideology, basic principles, and the overall objectives of transmitting and developing China's fine traditional culture, but also conceives a holistic strategy for a series of projects on their main content, key tasks, organizational implementation, and supporting measures. It is, accordingly, a crucial guideline for us to better transmit and develop fine traditional Chinese culture at present and in the near future.

As one of the most fundamental resources in China's fine traditional culture, folk literature reflects, directly yet vibrantly, the daily life, values, and aesthetics of the people. The Publishing Project for the *Treasury of Chinese Folk Literature* (hereinafter referred to as "the Project"), organized and implemented by China Federation of Literary and Art Circles (CFLAC), is one of the key projects under the framework of the Projects for Transmission and Development of Fine Chinese Traditional Culture, and also a people-to-people exchange project for salvaging, preserving, and transmitting Chinese folk literary heritage. In an objective, scientific, and rational manner, the main tasks of the Project are 1) collect and collate the first-hand materials of folk oral literature and original documents of theoretical studies, 2) set up a large-scale textual library through compiling and publishing the *Treasury*, 3) enrich the Chinese Oral Literature Heritage Database, and 4) keep folk cultural memories alive for the Chinese nation. At the same time of compilation, a series of social publicity activities centered on the theme of Chinese folk literature should be carried out to promote the participation of the whole society in the exploration, dissemination, and safeguarding of folk literature, to unfold vigorous mass campaign for practicing and transmitting the fine traditional Chinese culture, and to reach the consensus that the people are the source of morality, art, and literature, giving impetus both to the popularization of folk literature knowledge and cultural exchanges and communication with foreign countries.

It is precisely because its origin is in the people while its spread is among the people, folk literature stands in the immanent affinity to the people. General Secretary Xi Jinping of the CPC Central Committee pointed out in his speech at the Forum on Literature and Art, "The people are both the creators and the observers of history, and both its protagonists and playwrights." Since folk literary activity itself has shaped not only the aesthetic life of the people, but also the indispensable life model of the people, it bears a strong life-attribute. When people perform and disseminate folk literature, they are experiencing a specific way of life itself. The affinity to the people of folk literature is alive in the concrete manifestations that it has been created, transmitted, and enjoyed by the people.

Folk literature is an important carrier for fostering and practicing core socialist values. Firstly, folk literature is the irreplaceable historical and cultural heritage, representing a crystallization of the collective wisdom handed down for generations of the Chinese nation, while testifying the accumulation of the distinctive and profound philosophical thoughts, moral essence, and cultural ideology attributed to the Chinese nation. Secondly, folk literature stands for people's own literature and learning and boasts the most extensive affinity to the people. No form in literature can match folk literature in terms of the number of creators and audience, and no literary form has exerted such profound and long-lasting yet subtle influence on people's mode of life and way of thinking as folk literature. Thirdly, folk literature is one of the most celebrated aesthetic means that is familiar to the average people and is also the most easily-accessible form of literature. No matter where it is, there must be legend, tale, song and ballad, proverb, drama, telling and singing, as well as other oral genres that are widely known to the local people for generations. Accordingly, once entering the life-world, folk literature will release powerful inspirational appeals.

Since the People's Republic of China was founded in 1949, the CPC and the competent authorities of government at all levels have been attaching importance to transmitting and promoting folk literature and art. The work of collecting, salvaging, and collating folk literature has yielded fruitful results, which lays a solid foundation for the compilation and publication of the *Treasury*. In March 1950, with the initiative of artists and researchers from related fields, such as folk literature, folk operas, folk music, folk fine art, folk dance, and so forth, the Chinese Society for Folk Literature and Art Research (hereafter referred to as "the Society," which was officially renamed as the Chinese Folk Literature and Art Association in 1987) was established. The Society immediately embarked on organizing and implementing the promotion and research work of folk literature and art in a unified way throughout the country. The "Measures for Collecting Materials of Folk Literature and Art" was discussed and adopted at the founding assembly of the Society. In September 1979, the National Symposium of Ethnic Folk Singers and Folk Poets was held in Beijing, with the aim of restoring the reputation of folk singers and artists who had been degraded during the Cultural Revolution, and the work of salvage and preservation of the folk cultural heritage was also resumed along the event. In February 1984, the Publicity Department of the CPC Central Committee issued the Notice on Strengthening the Research and Data-Collection of Ethnic Literature. In May 1984, the Ministry of Culture, the National Ethnic Affairs Commission, and the Society jointly issued the Notice on Compilating and Publishing *The Collection of Chinese Folktales, The Collection of Chinese Songs and Ballads, and The Collection of Chinese Proverbs*. Many experts and workers devoted to folk literature and art from all over the country were convened to form a strong academic force and social synergy and started to dedicate themselves to salvaging and collating folk literature. From 1987 to 2009, the Three Collections of Folk Literature were successively compiled and published on the basis of the nation-wide survey and collection. After nearly 30 years from preparation, project approval to full implementation, the Three Collections finally came into view of readers in 90 volumes (102 copies) in 30 provinces and autonomous regions (apart from volumes of Chongqing, Hong Kong, Macao, and Taiwan), with a total of more than 100 million characters in Chinese. Since then, a great amount of folk oral literary texts, such as myth, legend, folktale, folk song and ballad, proverb, and so forth, have become the general readers both for folk literature enthusiasts and scholars.

Since the beginning of the new century, the Project for Salvaging Chinese Folk Literature and the Project for Safeguarding Chinese Ethnic Folk Cultural Heritage have both been implemented by the Chinese Folk Literature and Art Association (CFLAA) and made remarkable achievements. In order to further adapt to the actual needs of reading, research, and utilization brought about by cultural development along with scientific and technological advancement in the future, in December 2010, the CFLAA initiated and implemented the Project for the Digitization of Chinese Oral Literature Heritage and has hitherto completed the digitization of the folk oral literature of over one billion Chinese characters. The goal of the digitization project is to create a well-established system of the Chinese Oral Literature Heritage Database, to effectively avoid the loss and damage of printed materials caused by various factors, to make reading, retrieving, and using these texts and materials more convenient, fast, and accurate, thereby enabling a wider range of resource sharing.

Over the past 70 years, the practices and experiences of folk literature and art, the accumulation and preservation of folk literary data in billions of Chinese characters, as well as the efforts and wisdom of hundreds of thousands of cultural workers, have constituted the invaluable assets for the development of Chinese folk literature and art, and also established the comprehensive strength and considerable advantage for the compilation of the *Treasury*.

The Project is not only the augmentation, extension, intensification, and sublimation of the preservation work of Chinese folk literature in the new era, but also the theoretical exploration and practical action in transforming and boosting folk literature in a creative way. The *Treasury* is to be compiled under 12 categories, namely myth, epic, legend, folktale, song and ballad, long poem, telling and singing, folk drama, proverb, riddle, folk adage, and theory. It is planned that by 2025, 1000 volumes with one million characters each and one billion characters in total will be registered. The sustainable development and scientific applying value of the Project will be ensured by its long-term planning and holistic measures with operation strategies for implementation in phases, steps, and categories.

The *Treasury* is not only the library that documents the largest number of folk literary texts with unprecedented resources in terms of content, genre, form, style, and living nature throughout history, but also provides a summarization of the comprehensive achievements in the field of collecting and collating folk literature, demonstrating local cultural practices in the new era. It turns the intangible spiritual legacy that has been generally transmitted for millenniums among the masses into tangible cultural wealth, thereby obviating the dilemma and predicament of folk literature suffering both from cultural aphasia of the folks and amnesia of the fine traditional patterns in the context of globalization. To understand the laws governing the evolution of Chinese folk literature and art, to cope with the decline of traditional culture brought about by social transformation, the *Treasury* provides an effective prescription and experience paradigm for cultural rejuvenation.

The *Treasury* fully draws on the new achievements and new conceptions gained in contemporary folk literature research. With regard to the selection criteria, it always adheres to the orientation of the people-centered and the standards of fine traditional culture to make the past serve the present. The editorial committees of each collection and each volume strive to represent the cultural reality and diverse implication of folk literature collected from Chinese people of all ethnic groups, giving specific attention to maintaining ethnic characteristics and local feature of oral-based cultural tradition in terms of content, form, genre, type, and so forth. In accordance with the Four Principles, namely, Scientificity, Extensiveness, Locality, and Representativeness, the well-elaborated Treasury collects fine folk literature works from all kinds of texts that are embedded with traditional cultural ethos and contemporary humanistic perception.

The compilation and publication of the *Treasury* always upholds the guiding ideology and basic principles with well-defined orientation. As a collaborative undertaking of thousands of experts and scholars in the field of folk literature and art across the country, it is a complicated systematic project that is planned to take 8 years to collect, clarify, collate, compile, and publish the folk literature materials under 12 categories. The *Treasury* is not only a crucial task entrusted to the CFLAC by the CPC Central Committee, but also a significant academic research project in the field of folk literature and art; it is not only a large-scale cultural project for promoting fine works of the Chinese nation, but also a promotional activity in practice highlighting the theme of Chinese folk literature; it is thus necessary both to go deep into the field to investigate, collect, and document the first-hand data, and to sit down at the desk to conduct induction, collation, and research with a will.

The *Treasury* is highly political, academic, professional with a strong connection to the grass-roots. Our guiding ideology includes to uphold socialism with Chinese characteristics and comprehensively implement Xi Jinping's Thought on Socialism with Chinese Characteristics for a New Era and the guiding principles of the 19th CPC National Congress; to make the unremitting endeavor to the realization of the Chinese Dream of national rejuvenation and push forward the new development concepts in an all-round way; to adhere to the people-centered approach, the guidance of the core socialist values, and transform and boost traditional culture in a creative way; to have full confidence in culture, enhance cultural consciousness, foster sound values and outlooks of history and aesthetics, and actively ponder over and explore into propositions put forward by the times, including the transmission and development of folk literature; to persist in deepening exchanges and mutual learning in a spirit of openness and inclusiveness, while ensuring the attentiveness of new connotation of the times and the contemporary form of expressions introduced in folk literature. In accordance with the above-mentioned guiding principles, the folk literature created by the Chinese nation should be more grounded, more uplifted, and more energetic.

The compilation and publication of the *Treasury* has established the basic principles of the Three Adherences. First, to adhere to leading direction of advanced Socialist culture and sound value orientation. In the process of clarifying and annotating the conventional custom, idea, conception, and family tradition carried in the ethnic and folk literature, we should discard the dross and keep the essential, eliminate the false and retain the true, explore the core values contained in folk literature, and to give full play to the special role of folk literature in the aspects of "giving depth to human relation, fostering sound moral values, and breaking with undesirable customs." Second, to adhere to the combination of extensiveness and representativeness. On the basis of extensive survey and scientific classification, we should strengthen the exploration and elucidation of the literary spirits and ideological connotation of folk literature among various ethnic groups, integrate the manifestation of sound values with prominent regional cultural characteristics and ethnic features, and promote the construction of a common spiritual homeland of harmony and unity for the Chinese nation. Third, to adhere to the combination of academicity and popularization. Under the professional guidance of the theoretical research results of folk literature and contemporary cultural thoughts, we should strengthen the presentation of fine texts in various categories of folk literature and the publication of quality model-texts, promote the creative transformation and innovative development of folk literature, and lay stress on keeping pace with the times, facilitating the appropriate transition from word of mouth to multimedia communication, and activating its contemporary value. With high standards, high quality, and high requirements, the *Treasury* aims to create a fine library that exemplifies Chinese spirit, Chinese image, Chinese culture, and Chinese expression that will be handed on from age to age.

The compilation and publication of the *Treasury* is the glorious duty and sacred mission delivered to us by the new era. Closely connected to the people's lives, folk literature and art of all ethnic groups of Chinese nation are profoundly developed and accumulated with its splendid, extensive, and broad spectrums, offering soil and cornerstone for the growth of fine traditional culture with Chinese features. For thousands of years, the Chinese folk literature has been passed on from generation to generation, running deep in the blood of the Chinese nation with great influence on the spiritual world of the Chinese people, and thus establishing the Chinese nation an imprint of the distinctive cultural memory. The folk literature in China thus evidently represents the spiritual aspirations, moral principles, and value orientations of the broad masses of the people, fully demonstrating the temperament, wisdom, intelligence, imagination, and creativity of Chinese people, thereby, endowing Chinese culture with the bright gem and distinctive symbol, which has its values that never faded, no matter in the past or at present. At the same time, however, we should be aware of the fact that folk literature is fragile. With the profound transformation of society and the rapid development brought about by urbanization during the transitional period, the soil that folk literature lives on is rapidly losing; many expressions of fine folk literature are becoming swan songs, and more and more folk literary resources have disappeared. Therefore, it has become the shared aspirations of those of vision to salvage and safeguard the existing nonrenewable cultural heritage scattered in various regions and ethnic groups in China, to undertake collection, collation, publication, promotion, and research of folk literature on a large scale in accordance with contemporary academic norms and disciplinary criteria, to motivate the whole society to love and cherish China's fine folk literature, to strengthen the protection, transmission, and development of folk literature so as to continue the lifeline of Chinese culture, and benefit the people's wellbeing, as well as to provide exquisite texts and wonderful formats of folk literature for the prosperity and development of socialist literature and art.

At present, the socialism with Chinese characteristics has entered a new era, the CPC committees and governments at all levels, under the leadership of the CPC Central Committee with Comrade Xi Jinping at its core, have been more conscious and more active in promoting the transmission and development of fine traditional Chinese culture, and launched a series of innovative and productive work, which has effectively enhanced the cohesion, influence, and creativity of fine traditional Chinese culture. In order to further carry forward the fine traditions, we should 1) fully respect the people's ideological concepts, customs and folkways, lifestyles, feelings and sentiments, as well as their ways of expressions, 2) fully respect the experience, wisdom, and labor outcomes of bearers and practitioners of folk literature and art in generations, 3) further consolidate consensus to carry out intensive and meticulous operations, to implement and complete all the work of the Project, and to make new achievements in Chinese folk literature. All these tasks are not only the honorable responsibilities of the practitioners of folk literature and art in the new era, but also the noble mission that we share.

We hereby earnestly call on the whole society to take actions together on the solemn duty of salvaging folk literary heritage of the Chinese nation.

China Federation of Literary and Art Circles (CFLAC)
Chinese Folk Literature and Art Association (CFLAA)
March 5, 2019

（陈婷婷　安德明　巴莫曲布嫫 译；侯海强 审订）

中国民间文学大系出版工程编纂出版工作委员会
"民间小戏"编辑专家组

序言

一、戏曲生态系统中民间小戏的缺位

无论溯源中国戏曲的形成、发展，抑或探讨当代的戏曲生存状态，民间小戏都是需要我们特别关注的，可以说，中国戏曲发展最基本的一种状态是小戏 —— 从它的形成到当代的发展。然而，小戏的历史遗迹能够为我们所看到的是少之又少，模糊而不够清晰。因为作为民间的演出，小戏是没有或者很少有文本留存的，而士夫文人 —— 社会话语权的掌控者对之嗤之以鼻，屡加挞伐，所以更多时候小戏历史文献资料的被记录，不是小戏主体意识显现的产物，而是客观被"禁演"的折射反映。

比如明代徐充《暖姝由笔》记载正统年间"北京满城忽唱《妻上夫坟曲》，有旨令五城兵马司禁捕，不止"。清代中后期钱塘人余治《禁止花鼓串客戏议》云："近日民间恶俗，其最足以导淫伤化者，莫如花鼓淫戏。吴俗名摊（滩）簧，楚中名对对戏，宁波名串客班，江西名三脚班。"《妻上夫坟曲》剧目也好，采茶、花鼓、滩簧、串客、对对戏、三脚班也好，都是民间小戏，在民间也有相当的影响力，所谓"演唱采茶者，迨无虚夜"是也。这也从一个方面可以见出民间小戏的红火、热闹和民间的喜欢程度，但官方与士夫则是要"严禁"的。官方与士夫阶层对民间戏曲等民间艺术一向怀有偏见，颇为排斥，而对民间小戏尤烈。其理论是"大班正戏多，淫戏少，拣戏者既勿点淫戏，班内断勿敢自做"，而"串客之花鼓淫戏，则全是丑恶可憎之淫戏，并无一出正戏"（余治《劝禁演串客淫戏俚言》），这是他们对串客、花鼓类民间小戏格外排斥的主要原因。而串客、花鼓类小戏因为其多表现日常生活特别是男女情爱题材，形式灵活，有着更多的民间百姓观众。

中国戏曲发展有一个独特的现象，就是"禁戏"思想和行为的发达，与戏曲发生、发展相始终。"禁戏"的对象主要是民间，而无疑更多的是串客、花鼓、采茶类民间小戏，民间小戏负荷着更严重的打压，一直被正统文化势力所排斥。20世纪是一个结束古典开启现代的世纪，人们的思想观念都发生着变化，包括戏剧观念，20世纪40年代张庚等对秧歌等民间小戏有着崭新的理解，认为："秧歌的内容虽然几乎全部是以闹剧的形式出现，但也并非如有些人所说，全是些飞眼吊膀的低级东西。我们只要稍稍分析一下，有许多这样的小戏，是在一个闹剧的形式之内隐藏着一个悲剧的。"[1]在形式与技术方面，张庚认为它是"如此丰富，如此技术高深洗炼"[2]。而最重要的是"民间艺术的秧歌乃是和劳动相结合的，是朴素的劳动人民生活的表现，所以它常常是青年的，富有活力、富有内容的"[3]。这种认识和理解也成为新中国成立后对民间戏曲认识、评价的基础。20世纪50年代以后，人们对民间的重视也提高到一个新的高度，张紫晨认为民间小戏"具备很充分的美的素质。因此，它的审美价值也是很高的"[4]。

但另一方面，人们又明显感受到秧歌等民间小戏的局限，可以说20世纪50年代就存在这种民间戏曲，尤其是民间小戏的"危机感"。张庚认为从秧歌剧基础上形成的新歌剧"需要从两方面来提高，一方面是技术上、形式上，另一方面是内容上、思想上；而后者还是更重要的起决定作用的"[5]。要求在内容思想上进行提高有更复杂的政治意识形态方面的原因，不必多论。技术、形式上的问题其实也不仅是技术、形式层面的，也反映着当时人们的戏剧观念。有些思想观念有着比较持久的影响，至今还在流行，却限制了我们的史学视野，某种程度上也拘囿了戏曲的发展。事实上把民间小戏边缘化，丧失了它独立、自主的地位和独特价值，降为仅仅是戏曲发展的补充物和历史源泉，其独立的品格被消解或淡漠。在很多学者眼里，更注重、强调民间小戏作为大戏、正戏的资源意义。张紫晨就认为："民间小戏，从我国整个戏曲的发展来看，是属于初级的戏曲艺术，它虽然反复演唱于民间，深受广大群众的喜爱，但是在一般人的眼里，总觉得它是'土货'，没有什么艺术可言。""民间小戏在整个戏曲艺术中，是属于比较低层次的艺术。"[6]一方面肯定了民间小戏所具有的审美价值，但另一方面又从艺术形态本体的角度，认为它是属于"初级的戏曲艺术"。当代学者余从也认为："从戏曲发展层次上审视两者的关系，显然小戏是戏曲的初级形态，大戏是戏曲的高级形态；小戏是大戏的前身，大戏是小戏的归宿。""形态上的层次性，也说明小戏处于戏曲艺术的初级阶段，而大戏则是在小戏基础上发展的更加完备的高级阶段。小戏形态既有稳定性的一面，又有可变性的一面，而且民间小戏的可塑性是很强的。"[7]余从对戏曲声腔剧种、地方戏曲有深入的研究，他重视民间小戏，但认为在戏曲发展层次上，小戏是戏曲初级形态的艺术，而大戏是在小戏基础上发展得更加完备的高级形

[1] 《秧歌与新歌剧》，载《张庚自选集》，北京：中国戏剧出版社，2004年，第59页。
[2] 同上注，第61页。
[3] 同上注，第62页。
[4] 张紫晨：《中国民间小戏》，杭州：浙江教育出版社，1995年，第15页。
[5] 《新歌剧——从秧歌剧的基础上提高一步》，载《张庚自选集》，北京：中国戏剧出版社，2004年，第104页。
[6] 同[4]注，第15，96页。
[7] 《民间小戏》，载余从《戏曲声腔剧种研究》，北京：人民音乐出版社，1990年，第280，281页。

态。这些认识都是基于对小戏价值的认识和肯定，但更多地把小戏定位为戏曲发展的源点和重要的过渡过程，是"初级形态""雏形"，无意间忽略与淡漠了小戏在戏曲发展历史上存在的独立品格和形态价值，对近年来戏曲的发展尤其是小戏、小剧种发展的影响不容忽略。一个重要的表现即是，许多小戏与小剧种都向"高级形态"靠拢，追求"真戏曲"般的艺术规范和走向精致，却实为舍本逐末之举，致使民间小戏再度与时代发展失之交臂。当代戏曲发展、剧种发展中诸如此类的问题，值得我们总结反思的地方很多。

二、民间小戏的独特性及其类别

鉴于民间小戏的处境，虽然它远比大戏演出更为频繁，但历史上无数的民间小戏都已成为遥远的记忆，难觅全迹。民间小戏一直是被遮蔽着的，既有官方"禁演"的原因，也存在民间艺人传承没有物质载体的局限，当然前者是主要的。包括对"小戏"的概念界定，它似乎简单，人们也常常挂在嘴上，但对这一概念的确定，研究者始终是含糊的，没有明确的定义。《中国大百科全书·戏曲曲艺》有"对子戏与三小戏"条目而不设"民间小戏"。张紫晨认为："民间小戏与地方大戏之间，在形成发展上的关系，即地方大戏是由民间小戏发展起来的，并且不断吸收民间小戏的声腔曲调、表现手法以及剧目来加强自身的发展。但是，民间小戏在其发展中，也时常受到地方大戏的影响，丰富自身的表现手段与艺术结构。"[1] 侧重谈的是小戏与大戏的关系及彼此发展的次序。余从认为："地方大戏与民间小戏，是戏曲艺术的两种形态，又称大戏和小戏，名称的由来，也是出自群众之口。戏曲剧种中有属于大戏形态的，习惯称作大剧种，有属于小戏形态的，习惯称作小剧种。据1982年《中国大百科全书·戏曲曲艺》卷载《中国戏曲剧种》条目的剧种统计，戏曲剧种有317种，其中小剧种约占二分之一，可见在整个戏曲家族中大戏和小戏的剧种几乎是对半分的。大与小只是形态上的区别，并不含有褒谁贬谁的意思，但也确实有人很忌讳说自己那个剧种是属于民间小戏，是小剧种之一。"[2] 这里，大戏与大剧种、小戏与小剧种是相同的概念。它们都是在"大""小"的区别对照中鉴定和说明对方。倪钟之认为："'民间小戏'就本义讲，是指那些多年在民间流传篇幅较短小的传统剧目，引申义又指那些影响较小、更具地方特色的某些剧种。…… 那些由民间祭祀发展成的各种戏曲一般也划入这种小戏范围。"[3] 这个定义有剧种的考量，但主要不是剧种因素的，更主要从其结构、篇幅形态来着眼，兼顾两者而以后者为主。这对民间小戏概念的认识是一种发展。

小戏不同于折子戏，它不是大戏（本戏）的片段（折或出）撷取和展示，而是自成起讫

[1]　张紫晨：《中国民间小戏》，杭州：浙江教育出版社，1995年，第6页。

[2]　余从：《戏曲声腔剧种研究》，北京：人民音乐出版社，1990年，第278页。

[3]　《戏曲的发展与民间小戏——兼论说唱艺术对民间小戏的影响》，王定天主编《中国花灯论文选》，长春：吉林文史出版社、吉林音像出版社，2006年，第36页。

的完整表现。小戏的主要特征是"由小旦、小丑，或小旦、小生一对角色演唱的戏叫对子戏，也叫二小戏。由小旦、小丑、小生三个角色演唱的戏叫三小戏"。其剧目内容"大多取材于当时当地民间日常生活的片断，如《夫妻观灯》(黄梅戏)、《打鸟》(湖南花鼓戏)、《秋香送茶》(锡剧)、《王二姐思夫》(评剧)，等等"，"表演偏重歌舞，并以手绢、伞、扇等为主要道具"[1]。小戏的形成是多途径和多渠道的，都是在地域文化基础上形成的，施德玉归纳研究小戏形成的基础有六种：以乡土歌舞为基础的、以小型曲艺为基础的、以杂技为基础的、以宗教仪式为基础的、以木偶戏为基础的和以多元因素为基础的[2]。不同小戏形成基础不同，但形成后具有小戏的基本特征。它根植于本土文化的土壤，这也决定了小戏本身所具有的形态价值，它为一些大戏的形成奠定了基础，但小戏自主、独立的价值依然保存。

值得注意的是小戏与小剧种多重叠，但不完全是一个概念，但有的学者把"小戏"与"小剧种"画等号。小戏是一种在民间流传的篇幅结构比较短小的戏曲样式，不是一个剧种概念。有的剧种基本以小戏为主，比如花灯、花鼓、采茶、秧歌、道情等，与其形成基础有很大关系，但也不是没有大戏演出，比如贵州独山花灯、内蒙古二人台也演大戏。独山花灯多幕多场，有《蟒蛇记》《槐荫记》《柳荫记》《金铃记》，有的剧目可以唱几天几夜。有的剧种以大戏、本戏为主，但也兼有小戏，比如京剧《小放牛》、汉剧《打花鼓》、柳子戏《打登州》、四平调《站花墙》、茂腔《王二姐思夫》等。有的剧种兼演大戏和小戏，比如浦江乱弹，本宫剧目三十六本大戏，常演出有近八十本大戏、近二十出小戏，如《九件衣》《大破洪州》《打金枝》《滚鼓山》《火烧子都》等，大戏全唱乱弹声腔，小戏唱徽戏。有的剧种最初可能是小戏，随着时代的发展逐渐衍变为大戏，如越剧，20世纪初起时是在民间山歌小调、说书、表演唱基础上演出的"的笃班"，经过百年来的发展，已经成为颇具表现力、流行于全国各地的大剧种。黄梅戏、沪剧、评剧等许多大剧种的发展都有类似的经历。"小戏"在小剧种、大剧种中存在的这种多样性、复杂性是由小剧种与大剧种在发展中彼此的密切联系所决定的。余从谈到它们这种关系的形成还有一个特殊的历史原因，"小戏初兴往往很受观众欢迎，但小戏戏班却屡遭官禁，指为'淫戏'，无法演出，只好找大戏戏班搭伙，以求掩护自己；大戏戏班有时也会出现不景气，也想借重小戏的群众影响，于是就出现了两相情愿、合班演出的现象，比如徽戏、黄梅戏合班，挂大戏招牌以避官禁，加演小戏以召徕(招徕)观众。这也给小戏从大戏那里吸收营养，壮大自己创造了条件"[3]。"小戏"实际上是一个超越剧种范畴的概念，也就是说用剧种概念不能概括"小戏"。小戏是就民间戏曲的体制、结构、篇幅、表现内容而言，也包括声腔剧种、人物角色等项目，但不限于剧种、人物角色等。小戏多保留在小剧种中，也闪现于大剧种，小戏之"小"是结构、体制、形态的，不是剧种属性、内容性质的划分。张紫晨《中国民间小戏》将包括藏戏、白戏、壮剧、傣剧、

[1] 朱文相：《对子戏与三小戏》，《中国大百科全书·戏曲 曲艺》，北京：中国大百科全书出版社，1983年，第66页。
[2] 施德玉：《中国地方小戏及其音乐之研究》，台北："国家"出版社，2004年，第66–87页。
[3] 余从：《戏曲声腔剧种研究》，北京：人民音乐出版社，1990年，第291，292页。

侗剧等"少数民族戏剧"纳入"民间小戏"范畴显系不妥，兹不多辨。木偶戏、皮影戏、傩戏等有着鲜明的民间戏曲特色，演出有其特殊性，有的可以划入小戏范畴，但不是木偶戏、皮影戏、傩戏整个类别都可以归属于民间小戏。

小戏的发展还有一种情况，就是小戏在向大戏发展过程中或已经形成大戏后，所含小戏特征的强化。倪钟之认为"作为一种艺术形式一旦形成，便要努力完善自己的表现方法，由于小戏尚属发展比较活跃的艺术形态，便不断吸收其它〔他〕艺术形式的艺术手段充实自己，有的向半班戏发展，有的在发展中受客观条件限制，形成迂回性，反而更加强了这种小戏的特点"。他举例东北二人转与评戏，认为"东北的二人转，在形成戏曲与曲艺的两栖形式后，很长的时间并没发展成大戏。而是横向吸收，杂技、武术乃至时代歌曲等，都成为它吸收的对象，使它成为能包容多种艺术形式的载体，至今仍是如此"[1]。施德玉在论及小戏发展的类型时，指出有一类"已成大戏尚含小戏"，包括四平调、茂腔、柳子戏、淮海戏、庐剧等[2]，这些小戏能够在形成大戏后依然保留，从某种角度也反映了这些小戏不能被吞没的独立品格，可见它的魅力和影响。

小戏的存在与发展还有一种独特的"串戏""串会"形式，把分属于同一人物的不同故事串连起来，形成一种连续的小本戏。它与本戏、大戏有联系但又不同，没有本戏、大戏的那种比较长篇的结构、篇幅和丰富内容，相比较而言，小戏还属于单一、单纯的结构组合，又明显受本戏、大戏的影响。如标为"徽剧乱弹"，描写目连救母故事的"串会后本"共三十二折，《埋骨》《奏帝》《后五殿》《祭叉》《伤亡》《行牌》《打扫》《罚咒》《嘱子》《城隍起解》《回煞》《油山》《六殿》《茹莱会》《下旨》《收鬼》《二本开场》《庆寿》《大议奏》《度厄》《行路》《思春（女）》《思春（男）》《二何》《二体》《拐子相邀》《客路》《拐骗》《逆父》《描容》《试节》《卖身》[3]，似乎是把长篇目连戏压缩编排，从其目录有"后本"及其中折目有"二本开场"来看，似乎是二本戏，而且后本以与目连救母没有多少关联的"花目连"为主，这对长篇巨制的目连戏是一种民间理解的剪裁、加工，由许多折子和小戏构成，它们本身是可以独立搬演的。又如黄梅戏《大辞店》就是串合了《何氏劝姑》《张兰英讨嫁奁》《张三求子》《张三下南京》《张德和落店》《拔芥菜》《张德和辞店》《六里沟》《张德和休妻》九出而成。串连附会本身是民间艺术的一大特点，"串戏""串会"的出现使小戏在表现内容的丰富性和结构长度上有所加强，但每"折"（出）又是独立的小戏，从而使它又明显区别于本戏、大戏。

通过以上的辨析与考察，根据民间小戏的特征，民间小戏大致可以分为九个大类，每

---

[1] 《戏曲的发展与民间小戏——兼论说唱艺术对民间小戏的影响》，王定天主编《中国花灯论文选》，长春：吉林文史出版社、吉林音像出版社，2006年，第38、39页。
[2] 施德玉：《中国地方小戏及其音乐之研究》，台北："国家"出版社，2004年，第106–108页。
[3] 刘祯：《中国民间目连文化》，成都：巴蜀书社，1997年，第167页。

个类别内部又有不同的地方表现形态，同一种类型的民间小戏往往在不同的民族、地域演化为多种多样的剧种或戏剧形态。(一) 秧歌戏系统民间小戏。秧歌起源于民众插秧、采花时演唱民歌的生活习俗，秧歌常采用领唱的形式，并且具有劳动号子的特点，所以有的地方将秧歌称为"秧号子"。秧歌有角色扮演，其中演唱秧歌的歌者常常扮作渔夫、樵夫、商人、工匠、村姑等角色。秧歌的内容多是反映民间生活，演唱包含了大量的俚歌、民间舞蹈，演出即兴而起。由于这些因素，原本仅靠口头演唱的秧歌逐渐演变成歌、舞、曲融合一体的秧歌戏。秧歌戏分布在山西、河北、陕西、内蒙古、山东以及东北等地。著名的秧歌戏有陕南秧歌、乳山秧歌、定州秧歌、蔚县秧歌、祁太秧歌、泽州秧歌、介休干调秧歌、韩城秧歌、陕北秧歌以及二人台等。(二) 花鼓戏系统民间小戏。花鼓戏主要流行于我国南方，源于民间渔鼓、高跷等说唱、歌舞及民间小调，因其最初主要伴奏乐器是鼓，所以称为花鼓戏。花鼓戏历史悠久，流传较广，在南方小戏中颇有势力。花鼓戏主要有湖南花鼓戏、湖北花鼓戏、安徽花鼓戏、四川花鼓戏、山东花鼓戏、广东花鼓戏、河南花鼓戏等。(三) 采茶戏系统民间小戏。采茶戏是歌舞性质强、地方特色明显的民间小戏。最初为茶农采茶时所唱的采茶歌。在南方，每当茶叶收获季节，茶农边采茶边唱山歌，形成了名目繁多的采茶歌，诸如《十二月采茶歌》《十二月花名》《唱春》等。采茶歌与民间舞蹈相结合，形成了且歌且舞的"采茶灯"。因为用茶篮作为道具，所以也称"茶篮灯"。随着内容和艺术形式的丰富，逐渐发展成为采茶戏。采茶戏主要有江西采茶戏、湖北采茶戏、广东采茶戏、广西采茶戏等。(四) 花灯戏系统民间小戏。花灯戏是在灯节喜庆活动中形成的民间小戏。在我国广大农村，每年正月十五要闹花灯，人们常扎一些形态各异的彩灯，组成各种花灯队，边舞蹈边演唱《绣荷包》《送郎调》《十大姐》等民间小调。花灯戏的形成源自民间自发的花灯表演，花灯戏的内容则以百姓生活为主。我国花灯戏主要流传在西南地区，比较有名的有四川灯戏、贵州花灯戏和云南花灯戏。(五) 道情戏系统民间小戏。道情源于唐代道教在道观内所唱的经韵，为诗赞体。宋代后吸收词牌、曲牌，衍变为在民间布道时演唱的新经韵，又称道歌。用渔鼓、简板伴奏，与鼓子词相类似。之后，道情中的诗赞体一支主要流行于南方，为曲白相间的说唱道情；曲牌体的一支流行于北方，并在陕西、山西、河南、山东等地发展为戏曲道情，以【耍孩儿】【皂罗袍】【清江引】等为主要唱腔，采用了秦腔及梆子的锣鼓、唱腔，逐步形成了各地的道情戏。本大系所涉指的道情戏，是形成于清代以后，广泛流行于黄河流域，由曲艺道情或皮影道情受当地戏曲、民歌等艺术形式影响后形成的，以代言体方式进行搬演的戏曲剧种统称。如山东的蓝关戏、沾化渔鼓戏、八仙戏，河北的黄骅渔鼓戏，河南的太康道情戏，安徽的界首道情戏，山西的晋北道情戏、洪洞道情戏、临县道情戏、永济道情戏，内蒙古的双山道情戏，陕西的陕北道情戏、关中道情戏、商洛道情戏、安康道情戏，宁夏的银川道情戏、盐池道情戏、中卫道情戏、夏剧，甘肃的陇剧等。(六) 滩簧戏系统民间小戏。滩簧戏是我国江浙一带影响很大的民间小戏。滩簧的写法较多，如摊簧、摊王、弹王、弹黄、滩黄等。滩簧声腔因地而异，地方色彩很浓厚。清末民初，小型戏曲蓬勃发展，各地滩簧相继效仿民间小戏的表演，并且吸取民间小戏的演出形式，化妆登台演出。随着角色的增多和表演的需要，曲调、音乐的逐步演变，形成了滩簧声腔系统内各具特色的剧种,具有代表性的有苏滩、宁波滩簧、余姚滩簧、湖州滩簧、常锡滩簧、本滩等。(七) 道偶戏系统民间小戏。在我国众多戏剧形态中,有一种由演员操作人物道具或戴着面具进行表演的戏剧,这就是"道偶戏"。我国道偶戏主要包括皮影戏、木偶戏和傩戏。(八) 汉族其他剧种民间小戏。汉族剧种约三百种,许多剧种均有各自的民间小戏。除了上述七个类型的民间小戏外,各地还有许多剧种的民间小戏剧目无法归入其中。这些小戏大都属于传统剧目,在民间长演不衰,在当地民众的生产和生活中产生了广泛的影响。这里我们以"汉族其他剧种民间小戏"作概括。(九) 少数民族民间小戏。目前,我国有二十多个民族有自己的民间戏剧。1984年统计共有十七个少数民族剧种,主要分布在云贵湘桂四省区。云南有傣剧、白剧、彝剧和云南壮剧等,贵州有贵州侗戏、贵州布依戏、贵州苗戏和彝傩等,湖南有湘西苗剧和新晃侗族傩戏等,广西有广西壮剧、广西苗戏、广西侗戏、广西木偶戏和广西毛难戏等。此外,蒙古族地区有辽宁蒙古剧等,维吾尔族地区有新疆曲子等,这些少数民族剧种也大都有各自的传统民间小戏。

三、民间小戏具有独立的审美品格与价值

戏曲在古代文化中处于比较边缘的位置,民间戏曲又等而下之,民间小戏当然是处于最底层。在中国戏曲发展史上,对于民间小戏价值的认定比较多的是它之对于大戏形成的历史作用,即所谓小戏的"初级形态"是向大戏"高级形态"过渡的基础。确实,小戏的这一作用对戏曲发展的推动是非常显著的,因为有大戏,有南戏、杂剧、传奇等具有一定规制、规模的戏曲的出现,戏曲从文学到表演、角色、音乐等蔚为可观,表现力更强,造就了古代中国戏曲的繁荣和辉煌。在历来的研究中,这是小戏最为人所乐道的。这固然是事实,但是小戏的形态价值不局限于它是戏曲由"初级形态"向"高级形态"的"过渡物",它本身的存在和发展就有很高的艺术价值和文化价值。人们之所以忽略和漠视小戏的这种自身的形态价值,还是基于大戏"正统""正宗"的观念。为什么人们不愿意承认自己的剧种是小剧种、小戏呢?如果仅仅是形态的不同,就不会有这样显著的选择差异。选择差异是价值观念取舍的反映。

我们对"真戏曲"的认知,由现有各类戏曲史的描述,普遍认为戏曲史是由所谓的"大戏""本戏"构成的。"大戏""本戏"不仅是戏曲史的主体,也是戏曲之为戏曲的判断起点。戏曲史以戏曲形成与否为界,可以划分为前后两个时期。学术界比较通行的观点是南戏在南北宋的出现标志着戏曲的形成。在形成后的戏曲史描述中,小戏比较多的就是作为不同时期、不同形态的新戏曲样式或剧种的"过渡物"被提及和关注的。如,清代花部崛起后民间戏曲包括小戏的热闹流行可能是难以绕开的,但从来也不会居于主导地位,只是大戏(大剧种)的附属或补充。伴随对小戏一点"甜言蜜语"的更多是指责,除了前面所举士夫文人对小戏内容情感的攻讦外,在形态上小戏也为人们所介意,"小"可能意味着不完备,

表现力不够，简单、粗糙、低俗，等等。大戏、大剧种处于显形、主角的地位，小戏处于边缘、默默无闻的地位，甚至可以完全被忽略与排斥掉。而事实可能是，任何一个时期小戏的发展状况都是最活跃的，这是从排斥小戏的文献记载中可以导出的结论，只是小戏的如火如荼很难以正面姿态进入"史官"的视野和记录中，而民间是不具有这种话语权的，所以地道的"民间"是被忽略的，小戏是没有地位的，一直处于一种被边缘化的游离状态，成为一种补充、一种点缀，成为"大戏""本戏"产生形成的历史源头和戏曲大家族中衬托红花的绿叶。

然而，小戏的命运仅仅如此吗？

戏曲的产生形成要回溯到民间小戏，戏曲发展历史却被描述成文人的戏曲史，民间被边缘化，小戏更无地位可言。如此，是艺术角度与非艺术角度囿于许多正统的观念使然，是对小戏的艺术价值和地位的一种偏见、歧视。民间生动、活泼的小戏，不仅缔造了中国的戏曲，也书写了中国戏曲发展的历史。"小"与"大"，"小戏"与"大戏"，民间与文人，共同创造了中国戏曲的历史与辉煌。"两小戏""三小戏"等民间小戏，以其短小、灵活的形式和与民众生活息息相关的内容在民间赢得人们的喜爱，千百年来一直活跃，富有生气。小戏有自身的形态特征，也有小戏形态独特的价值，这种价值不是"大戏""本戏"可以替代的，"大"价值与"小"价值两者共生共存才实现了属于民间的戏曲之梦。

大戏由小戏演进而成，彼此有这样的次第嬗变关系，也有形态的区别，但这种形态区别不仅仅是等级上的。大戏有更强的表现力，有小戏不能企及的容量和长度，可也并不只有大戏完全是"高级形态"的，小戏也具有同样的价值。大戏是戏曲发展到一定阶段的产物，而小戏是与生俱来的。从"大""小"结构来看戏曲史的构成，史前是小戏的世界，形成后则是小戏与大戏并行不悖的组合，不是有大戏就可以不要小戏或者小戏就变得无足轻重，而是形态"大"与"小"的互为补充。在戏曲发展史上小戏有衍生大戏的历史功能，但这不是小戏所有的作用和价值，小戏有不依赖于此而存在的独立价值和意义，这是以往我们所不曾认识的。

各种小戏形成的基础不同，但形成后具有小戏的基本特征。它根植于本地文化的土壤，这也决定了小戏本身所具有的形态价值，它为一些大戏的形成奠定了基础，但小戏自主、独立的价值依然保存。小戏形成的多元化，既是多元文化、审美需求的产物，也决定了它产生后所具有的形态价值，而不仅仅是"过渡物"。"大"与"小"是相对的，也是辩证的，不是所有事物的发展必然要走向"大"——不只有"大"才是完备的。小戏在历史和现实中所起的作用也不是大戏所能替代的，小戏不仅有更广泛的覆盖面，而且有许多家喻户晓、成为戏曲经典的作品流传，如《借靴》（高腔）、《花鼓》（乱弹）、《走西口》（二人台）、《打铜锣》（湖南花鼓戏）、《王小赶脚》（五音戏）、《拾棉花》（泗州戏）、《喝面叶》（柳琴戏）、《小放牛》(河北梆子戏)、《双推磨》(锡剧)、《打猪草》(黄梅戏)、《王大娘补缸》(湖北花鼓戏)、《王二姐思夫》(东北二人转)、《打酸枣》(祁太秧歌)、《一文钱》(高甲戏)、《打面缸》(庐剧)等。这些小戏作品的思想内涵、艺术性、趣味性及它们在民间百姓中所具有的影响力是许多大戏所不可比拟不能替代的。因为形态的差异，小戏与大戏的题材内容、表演方式、表现手段、风格特征及表现规模是不同的。小戏的存在，使大戏可以任意扩延、发挥，而大戏的流行，使小戏可以自由灵活、不拘一格，相互之间不是泾渭分明，各行其是，而是"大"可以"小"，"小"也可以"大"，彼此也多交流和融合，互以对方的存在为自己发展、创新的基础。

因此，小戏有不依赖于本戏、大戏而具有的自我品格，我们不能以大戏、本戏的形式标准要求、衡量小戏。不是只有大戏、本戏一个标准和范式，不能因此而忽略了小戏自身的价值 —— 小戏的审美、娱乐、艺术和文化价值。戏曲的发展是多样多元的，无疑，大戏、本戏和小戏是构成戏曲史最基本和最主要的两个方面，看不到或不能把小戏提升到这样一个层面去对待，是戏曲史的"缺失"。从戏曲结构形态来看，中国戏曲恰恰由大戏和小戏组合而成，它才具有了结构形态的完整性和统一性。一大一小，一长一短，一庄一谐，一雅一俗，构成戏曲发展完整的生态链。小戏是中国戏曲最常态的表演和范式，承认小戏为戏，承认它所具有的审美价值、娱乐价值、艺术价值和文化价值，就意味着对以往戏曲史的重新审视，包括戏曲形成的时间和标志物。当然更主要的，中国戏曲的内涵内容、形式形态因此而更丰富多姿，戏曲史也做到一种真正的回归 —— 对民间的回归和对戏曲作为民间艺术本质的回归。

四、非遗背景下民间小戏的传承保护理念及其实践

20世纪是一个结束古典开启现代的世纪，人们的思想观念，包括戏剧观念都发生着变化。20世纪40年代张庚等对秧歌等民间小戏有着崭新的理解，认为在形式与技术方面，它是"如此丰富，如此技术高深洗练"。

1949年新中国成立后，社会各界包括政府对地方戏、民间小戏有一个比较客观和科学的认识。1951年《政务院关于戏曲改革工作的指示》："中国戏曲种类极为丰富，应普遍地加以采用、改造与发展，鼓励各种戏曲形式的自由竞赛，促成戏曲艺术的'百花齐放'。地方戏尤其是民间'小戏'，形式较简单活泼，容易反映现代生活，并且也容易为群众接受，应特别加以重视。今后各地戏曲改进工作应以对当地群众影响最大的剧种为主要改革与发展对象。为此，应广泛搜集、记录、刊行地方戏、民间小戏的新旧剧本，以供研究改进。在可能条件下，每年应举行全国戏曲竞赛公演一次。展览各剧种改进成绩，奖励其优秀作品与演出，以指导其发展。"20世纪50年代我国在地方戏与民间小戏搜集、记录和刊行方面

确实做了许多有益的工作，它也成为新中国成立以来第一次大规模的非物质文化遗产保护工作。

在国家重视非物质文化遗产保护的当下，对民间小戏的保护属当务之急。对民间小戏的保护之所以如此迫切，小戏的生态状况之所以如此堪忧，还由于以下几点：（一）历史上，士夫文人鄙视戏曲，各朝代对戏曲屡加"禁毁"，其中首当其冲的是小戏。小戏始终在夹缝中生存，虽依靠其坚实的群众基础，依赖其顽强的生命力，仍能够生生不息，但缘于官方的重压，小戏受到的打击和挫折也是可想而知的。（二）观念上，当代一些人不是基于小戏内容对之加以攻击，而是从艺术形态上认为它属于"低级形态"，需要向"高级形态"进化，造成人们视小戏小剧种为耻，纷纷向大戏靠拢，"催生"出一些新的大剧种，有的甚至不伦不类，对小戏小剧种是一种严重的破坏。（三）20世纪80年代以来，社会经济的快速发展，农村乡镇的巨大变化，对根植于农业文明土壤的小戏、小剧种产生巨大冲击，加速了小戏、小剧种的濒灭，"天下第一团"主要是小戏、小剧种。小戏、小剧种相对流行面不广，形式简单，艺人文化水平较低，还多依靠口传心授，组织管理相对松散等等，都使得小戏、小剧种可能会轰然塌落。

由中国文联、中国民间文艺家协会牵头实施的中国民间文学大系出版工程，是一项传承发展中华优秀传统文化的国家级重点工程，也是一项中国民间文学遗产抢救保护与集成的创新工程。该项目除了包含史诗、神话、传说、故事、歌谣、谚语等民间口头文学样式，也将民间小戏作为一个主要门类纳入收集出版的范畴，这是具有学术眼光的，也是在非物质文化遗产保护背景下的一项重要实践工作。其价值与意义便在于，中国民间文学大系出版工程的实施与完成，将大大拓展20世纪80年代实施的"民间文学三套集成"的收集整理范围，尤其是民间小戏、民间说唱的纳入，真正完成了以俗文学为全景学术视野的民间口头文学样式的全覆盖。这不仅将有助于学界较为全面地收集整理民间小戏的文本遗存，也将进一步推动学界对民间戏曲，特别是民间小戏独特审美品格、文化价值的认识理解与观念转变。相信以民间小戏为代表的民间口头文学，随着中国民间文学大系的出版将会涌现出诸多的学术增长点，中国民间文学大系嘉惠学林之功在不远的未来必将得以充分显现。

刘祯

2019 年 9 月 11 日

本卷主编　崔　凯

中国民间文学大系出版工程辽宁省工作领导小组

主任	张兴奎
副主任	胡崇炜　武雪梅　张　鹏
办公室主任	武雪梅（兼）
办公室副主任	杨东乐
委员	（按照姓氏笔画排序） 石洪祥　白文喜　朱明伟　李旭明　张　利 张嘉树　陈松生　周福岩

中国民间文学大系出版工程辽宁省专家委员会

主任	武雪梅
副主任	崔　凯　江　帆
委员	（按照姓氏笔画排序） 毛　琦　田连元　江　帆　安宇田　邵　缨 邵凤丽　郝　赫　耿　柳　崔　凯　隋　丽 韩　宁　韩福章　詹　娜　穆　凯
说唱组组长	崔　凯
专家委员会秘书	杨东乐

1

汉代辽阳墓道壁画《楼阁乐舞图》

2

元代凌源墓道壁画《游乐图》

3

沈阳故宫大戏台

4

农村野台子戏

5

民国年间大石桥迷镇山娘娘庙会戏棚

6

民国年间踩高跷艺人

7

当代高跷秧歌

8

小戏泥人雕塑

A036

9

扮戏

10

《喜荣归》剧照

11

彩旦

12

戏曲绝活

13

丑角

14

《小姑贤》剧照

15

喇叭伴奏

16

《墙头记》剧照

17

　　大石桥娘娘庙临时戏台

18

　　《柜中缘》剧照

19

　　《孙成打酒》剧照

20

　　《小放牛》剧照

21

手绢绝活

22

小戏下乡演出

23

《刘二混打杠子》

24

《梁赛金擀面》剧照

目录

概述

　　辽宁地区流传的民间小戏种类不多，本土产生和传播至本地的剧目却很丰富。许多民间小戏形成和沿革的历史相对较长，具有百年以上历史和鲜明地域风格的拉场戏、海城喇叭戏、秧歌剧、影调戏、小评剧等民间小戏至今仍保持着旺盛生命力，活跃在民间文化生活之中。曾经流传一时的小落子、二人戏、蹦蹦戏已经分别融入评剧和拉场戏之中。小京剧乃是从关内传入东北地区的皮簧表现形式，现在已不多见。辽宁民间小戏从历史走来，扎根于民众之中，乃辽宁戏曲艺术之母体，也是辽宁地域文化不可或缺的组成部分。

一、辽宁区域文化形态与民间小戏的生成条件

　　全国的民间小戏从文本内容上看大同小异，并没有明显区别。不同方言、不同音乐声腔、不同表现形式和作品中表现出的不同地方民俗才是不同地方剧种的独特之处。

　　辽宁省位于我国东北地区南部，东临鸭绿江，与朝鲜民主主义人民共和国隔江相望；南接渤海、黄海；西与河北、内蒙古为邻；北与吉林省接壤。辽宁的地域文化从总体上说，属于原住民与移民、游牧与农耕、城市与乡村、内陆与海洋多种文化相融共生的多元一体文化形态。在语音体系上又各具特色：辽南的大连地区和辽东的丹东地区，受山东移民影响，至今还保持着胶东半岛的语音特征；辽西锦州、葫芦岛等地区受河北移民影响，语音里含有明显的唐山语调；辽西北地区的朝阳、阜新等地区与内蒙古接壤，语言里夹杂着蒙古族普通话的味道；沈阳和周边城市说的是与普通话接近的东北方言。多元文化的交融与互介为辽宁民间小戏的多样化发展提供了必要条件。

　　"一方水土养一方人，一方人养一方艺。"这是民间艺人在长期行走江湖卖艺时悟出的哲理，体现了艺术与地域文化、艺术与人民大众的辩证关系。民间艺术作为精神文明的产

物之一，从来不会凭空产生，一定要靠水土滋养，靠人民的养育，并与历史的、地域的经济社会发展状态相关联。

辽宁乃至东北地区，曾被误读为游牧文化与移民文化混杂的综合文化形态。直到2018年，中华文明探源工程作出"西辽河文明是中华文明的发源地之一"的结论，史学界和文化界才开始重新审视东北文化。

西辽河是指老哈河与西拉木伦河交汇而成的西辽河干流，流经河北省平泉，内蒙古宁城、翁牛特旗，吉林省双辽等地区进入辽宁的辽西地区，在昌图县与东辽河交汇形成大辽河。大辽河穿过康平县、法库县、开原市、铁岭市、新民市、辽中县、台安县、盘锦市之后分为两股，分别于盘山县和营口的老边区汇入渤海。辽河是辽海地区的母亲河，先民们沿河而居，繁衍生息，创建家园，于新石器时代就创造了蔚为壮观的北方文明。辽宁考古工作者于1982年在阜新地区查海遗址发现的距今有8000年历史、长近20米、宽近2米、号称"中华第一龙"的石堆塑龙，沈阳城北距今7000年历史的新乐遗址发现的陶罐、种子和太阳神鸟木雕（苍鹰），朝阳凌源一带牛河梁发现的距今5000多年的女神像、女神庙、大型祭坛，以及上古墓葬群遗址出土的玉猪龙、玉佩、鹰、龟等精美玉雕和大量彩陶，充分展现了中华文明的曙光。西辽河流域在新石器时代就出现了龙文化、玉文化、巫文化以及礼仪文化的雏形。

位于辽西葫芦岛市绥中县境内的碣石宫古建筑群，乃秦始皇东临碣石的驻跸之地，行宫遗址长4公里，宽3.5公里，总面积达14平方公里。相传魏武帝平定三郡乌丸和辽西、辽东后登临绥中碣石宫，写下了气壮山河的诗篇《观沧海》，可见在秦汉魏晋时期辽西地区的经济、文化发展已经相当繁盛。

从以上几项辽宁考古的重大发现，可以看出历史悠久的辽宁地区文化形成之一斑。而且，从辽宁地区遗存的岩画、壁画及出土文物中不难发现自上古以来在民间祭祀和原始萨满活动中就已经出现了类似歌舞表演的初级形式。

由于辽宁处在独特的区域位置和拥有丰厚的矿藏和物产资源，加上拥有2290多公里海岸线，以及辽河、大凌河、浑河、太子河等水系，航运便利，交通顺畅。历朝历代统治者都十分重视对这里的管辖，各种都府卫所衙门应运而生，辽西的宁远城、北镇城，辽南的复州城、盖州城、金州副都统衙门，辽阳的平襄府（东京城），辽东的凤凰城，沈阳的奉天将军府，辽北的李成梁总兵府和丝关城，以及威远堡、庆云堡、尚阳堡、镇西堡、养马堡等历代官府和军事重镇，为这里带来了经济、文化、艺术的繁荣发展。

于辽阳发现的东汉墓道壁画《楼阁乐舞图》，记载了汉代由15位优伶表演的百戏场面。

南北朝以来，许多官员、文人以诗词歌赋记录了辽东一带的艺术活动状况，如北周王褒在《高句丽曲》诗中有"倾杯覆碗滟滟，垂手奋袖婆娑"之句；隋炀帝在《纪辽东》中有"前歌后舞振军威，饮至解戎衣"之句；唐李颀随唐太宗东征，在《古意》诗中即有"辽东小妇年十五，惯弹琵琶解歌舞"之句；王曾在《王沂公行程录》载"渤海俗，每岁时聚会作乐，先命善歌舞者数辈前行，士女相随，更相唱和，回旋宛转，号曰踏锤"。这些官府乐舞形式和民间萨满活动的流行为辽宁地区民间小戏的形成和发展奠定了基础。

到了宋、辽、金、元、明时期，辽宁地区的杂剧已经盛行。

北宋与辽代并存，据《辽史》记载，辽代帝王对戏剧有特殊爱好，宫廷中经常有杂剧演出，就连庆贺皇帝生日大典时也要有艺人演出杂剧。《辽史本纪》中记载了"甲午（983）葬景宗皇帝于乾陵"以伶人挞鲁"为殉"。辽乾陵位于锦州北镇医巫闾山深处，至今未曾发掘。宋政和七年（1117）金统一了辽宁全境，金王朝效仿辽代礼乐制度，设置了庞大的礼乐阵容。《辽金元三朝宫词》载："传奇杂剧竞排场，末旦妆成出教坊。跷索上竿陈百戏，隔墙又听打连厢。"《大金国志》记录了在咸州为北宋使臣举行一次演出："大定六年（1166）正月，大会群臣于紫极殿，始用百戏。酒三行则乐作，鸣钲击鼓，百戏出场，有大旗、狮豹、跷索、上竿之类。"《西河诗话》中介绍金朝"连厢词"的演出形式："金作清乐，仿辽时大乐之制。有所谓连厢词者，则带唱带演，以司唱一人、琵琶一人、笙一人、笛一人列坐唱词。而复以男名末泥、女名旦儿者，并杂色人等，入勾栏扮演，随唱词做举止。"

元代注重对辽东地区的开发，曾数十次从中原拨民入辽宁屯田。这些移民辽宁的民众里包含众多乐籍，在《元史·本纪第二十一·成宗四》里就有"放辽阳民乐亦等三百九十户为兵者还民籍"的记载。此举为中原地区汉族文化艺术与辽东地区少数民族艺术的交流融合提供了条件。

明朝统治者非常重视对辽东地域的管控，他们采取了怀柔政策。除了选派名将镇守辽东，还联合大量流入东北的晋商广建关帝庙，庙中多建有戏楼。据《明代辽东档案汇编》所收辽东各卫帖记述，除由客商支付修建庙宇之资金外，"一般庙宇之维修及祭神演戏之资多由诸卫所支出"。也就是说，各地庙宇举办的演戏活动开支多由地方财政负担。由于明王朝提倡和地方官府支持，辽宁演戏之风日盛。据《奉天通志》记载，明弘治元年（1488），辽东隐士贺钦在他的《辞职言疏》中描述当时盛行演出院本杂剧情况："甚至高筑戏台，敛财作戏，致使少长聚观，男女杂乱。"并详细描述了演剧者所着戏服、所持道具和伴奏乐器之奢华，指责许多地方官员"坠此陷井之中"。然而，类似演剧之风并没有被制止，反而愈演愈烈。明万历三十年（1602），辽东巡按御史何尔健在上书神宗弹劾内监高淮时写道："今淮同姚、李二内相，巡历全辽 …… 外跟随降彝丁与夫书记，夜役、门厨、星相、医士、戏子、小唱、歌妓、杂色人等又岂止四五百人。""近于正月二十五日，淮将所带戏子在寺演戏，故行罗致阔利。"

明万历四十四年（1616），努尔哈赤统一女真各部落后，于赫图阿拉（今辽宁新宾）称汗。后金政权颇重歌舞，对汉族戏剧也十分珍视。据《明季北略·卷二》记载，天启元年（1621），清兵破辽东时谓"惟四等人不杀：一等皮工能为快鞋不杀，二等木工能作器用不杀，三等针工能缝裘帽不杀，四等优人能歌汉曲不杀"。

清军入关以后，辽宁作为清王朝的龙兴之地，城乡经济迅速恢复，民间戏曲演出活动日趋活跃，从城市到乡间，从庙会到堂会，从酒馆到茶楼，到处都有说唱艺人和民间小戏艺人的演出活动。当时演剧情景在陈梦雷《松鹤山房文集》和杨宾《柳边纪略》以及辽宁各地方县志里都有记载。

清同治、光绪年间缪东霖编著的《沈阳百咏》中有两首竹枝词描写了沈阳民间小戏的演出情况，其中《西北关戏园》写："繁弦急管斗诸伶，人倚欢场倒玉瓶。美酒一杯歌一曲，主宾都在醉乡听。"按语云："近年于西北关复设戏园，并于园中包办酒席，巨商会客者往往便之。"另一首则描述了抚近门外的茶棚："时样梳妆望不迷，茶棚多搭戏台西。游人知傍衣香好，小坐无妨板凳低。"同样附有按语："祝嘏[1]酬神每于抚近门外迤南搭台演戏，偏西一面多搭茶棚，士女杂坐其间，终日不知倦也。"

清康熙年间，辽宁修庙宇、盖戏楼蔚然成风，奉天、辽阳、锦州、营口、铁岭、海城、复县、朝阳、喀左等地修建了许多老爷庙、娘娘庙、天后宫、喇嘛寺院等庙宇，每逢庙会要唱戏，平素逢年过节都要举办戏剧演出活动。至此，经过了漫长的孕育期，辽宁地区官府主导的戏曲演艺活动极大促进了民间小戏的形成和发展，从清代中叶到民国初年，经过民间自娱自乐的演戏活动发展为职业、半职业民间戏班的兴起，民间小戏已经遍布辽宁城乡。

二、辽宁民间小戏的艺术样式与历史沿革

辽宁民间小戏的一部分是东北民间歌舞和民间说唱相融合的产物，属于秧歌戏体系。民间歌舞是民间小戏塑形的基础，而民间说唱则是民间小戏故事情节和声腔形成的主要来源，其次是关内汉族说唱和戏曲传入辽宁以后吸收了东北文化而形成的民间小戏，以及部分少数民族戏剧。

属于秧歌戏类别的民间小戏有：拉场戏、海城喇叭戏、秧歌戏等。外来剧种传入辽宁发

---

[1] 祝嘏：古代祭祀传达祝祷的执事人。

展形成的民间小戏有：奉天落子、小评剧、皮簧小戏（小京剧），以及辽西影调戏、辽南影调戏等。在东蒙说唱基础上发展成形的阜新蒙古族剧虽然流传历史较短，也可以算作少数民族民间小戏的一种代表形式。

拉场戏俗称蹦蹦戏，起源于东北大秧歌并吸收了民间萨满（俗称跳大神）的部分表现形式，形成了艺人扮演角色叙述故事的民间戏曲，至今已有二百多年历史。

明末清初，东北民间盛行扭大秧歌活动，扭秧歌集中在过年（春节）期间，由各地农民组成的秧歌队分为汉族秧歌、满族地秧歌、辽西花山秧歌和高跷等类别，统称为东北大秧歌，是东北地区民间百姓自娱自乐的主要形式。东北秧歌与众不同的两个特点是"唱秧歌"和"扮戏出"。清康熙年间，浙江人杨宾从京城出发，去黑龙江探望其被流放于宁古塔的父亲，行程2878华里，他以诗歌、散文等形式记载了沿途所见的大量东北文化风俗，他在《柳边纪略》里描绘道："上元夜好事者辄扮秧歌。秧歌者，以童子扮三四妇女，又三四人扮参军，各持尺许两圆木，戛击相对舞，而扮一持伞镫卖膏药者前导，傍以锣鼓和之。舞乃歌，歌毕更舞，达旦乃已。"黑龙江早年地广人稀，杨宾所看到的秧歌队规模显然不大，但是他所记载的童子扮妇女、童子扮参军和手持两圆木敲击节奏、载歌载舞的情形显然是汉族地秧歌的表演特色。然而，早于黑龙江近百年的辽西秧歌、辽南秧歌规模要比杨宾所描绘的秧歌场面大许多，一个秧歌队少则几十人，多则近百人。"唱秧歌"即秧歌队在打清场（围成一圈）时，由会唱民歌小调的队员下场"唱唱"，除了即兴演唱"拜年嗑儿"，也有带简单故事情节的小曲、小帽儿，旧时叫"秧歌帽儿"。秧歌队里除了身着彩服的秧歌队员，还有装扮成戏曲或神话中各种人物的表演队员，如扮成唐僧、孙悟空、猪八戒、沙和尚的人物，扮成白娘子、青蛇、许仙等角色，也有扮成崔莺莺、红娘、张生等戏曲人物的。这些扮成"戏出"的队员在打清场时负责演唱《游西湖》《张生游寺》《放风筝》等小帽、小曲，并进行角色化表演。晚上找到下处（住处），少数秧歌队成员为百姓表演蹦蹦戏（也叫小秧歌），开始只有一旦一丑表演的"双玩意儿"和一个人表演的"单出头"，演唱内容大多是从河北莲花落、山东琴书和北方鼓曲里移植过来的曲目，后来出现了半职业艺人和职业艺人的民间小班，有条件的小班里逐渐出现了扮上角色演唱的小戏，俗称"蹦蹦戏""半班戏""东北地方戏"，也就是拉场戏和海城喇叭戏的前身，曾经出现过程喜发、筱兰芝、庞奉等许多著名民间艺人。

中华人民共和国成立后，民间艺人焕发了新生。1952年冬，辽东省民间艺术会演时，东北三省文艺工作者经过协商，将东北蹦蹦戏更名为东北二人转，1953年这一名称在东北推广。其中一男一女以第三人称叙述故事的表现形式属于走唱类曲艺，二人戏、半班戏、秧歌戏属于地方戏曲，统称拉场戏。

海城喇叭戏起源于辽南海城牛庄等地的踩高跷，距今有近二百年历史。

明末清初，牛庄属于辽南地区重要的海运码头，海城更是商贾云集之地。喇叭戏雏形是民间艺人在高跷上演唱的《小两口分家》《顶灯》《妈妈糊涂》等带有简单情节的幽默小曲、小调，虽然也有"小丑""小旦"的角色，但还属于民间说唱形式，没有真正形成小戏形态。直到山西、河北、山东等地的商家落户海城以后，他们把家乡小戏带到了海城，同时将【柳子腔】【梆子腔】【咳调】【耍孩儿】等曲牌与当地的【秧歌柳子】【喇叭牌子】等曲牌进行融合，产生了《王婆骂鸡》《赵匡胤打枣》《洪月娥做梦》等民间小戏。清同治、光绪年间，海城喇叭戏从高跷秧歌里脱离出来，成立了一些职业或半职业班社，演出形式也从地秧歌或高跷队里演唱转变为戏台、酒馆等场所演出，剧目逐渐丰富。先后出现了高云清、高凌霄、陆云霆、杨国志、高德震等著名艺人。

拉场戏和海城喇叭戏都属于载歌载舞叙述故事的民间小戏，中华人民共和国成立以前都是活跃在农村乡镇的非舞台表演的地方戏曲形式。

落子起源于冀东莲花落。清嘉庆年间，河北滦县一带贫苦农民外出乞讨，打竹板或撒拉击（牛胯骨）即兴数唱民间故事。后来莲花落借鉴了东北蹦蹦戏的表演形式发展为"彩扮莲花落"，一旦一丑简单化妆，载歌载舞叙述故事，属于走唱类曲艺。莲花落曲调以"喇叭牌子""五更调""放风筝"等民间小调为主，曲目有《小王打鸟》《老妈开嗙》《王二姐思夫》等，因为演员在演唱时经常加上"一朵莲花呀莲花落"等衬字，所以俗称"落子"。

清末民初落子传入辽宁，经成兆才、月明珠、金开芳、筱桂花、白玉霜等人进行改良，形成了奉天落子，当时在沈阳、营口、铁岭等地均有落子园，上演《马寡妇开店》《打狗劝夫》《小姑贤》《李桂香打柴》《人面桃花》等舞台表演的民间小戏。成兆才等人在落子基础上吸收了梆子等戏曲艺术元素，创作了《孟姜女哭长城》《孔雀东南飞》《花为媒》等大戏，并于1908年以后改称为"平腔梆子戏"，简称"平戏"。当时北京叫北平，京剧时称"平戏""平剧"，为避免重复，后经过京津冀戏曲界共同协商，"平腔梆子戏"改称为评剧，逐渐发展成为北方大型地方戏曲剧种。

辽西影调戏和辽南影调戏均来源于影卷。清代中叶冀东皮影传入朝阳凌源地区，当地艺人在冀东皮影的基础上，吸收了当地方言、民歌、器乐曲等表现形式，创造出具有凌源地方特色的皮影艺术，形成了凌源皮影。由于皮影艺术受到场地和技术等因素的制约，难以满足观众的审美需求，据说由影卷艺人李凤儒、周墨昌等人借鉴其他戏曲表演形式，创造了由演员扮演角色的影卷戏《马潜龙走国》（又名《青云剑》）中的一折《姚宪杀妻》，受到了当地观众的热烈欢迎，并被称为"活人影"。

辽南影调戏源于营口盖县皮影，1956年初由盖县卢屯乡业余剧团首次将皮影改为真人表演的民间小戏，在表演上采用了戏曲中唱念做打和手眼身法步四功五法，唱腔在影调基础上与辽南民歌和复州大鼓进行了融合，形成了自成一体的辽南戏音乐声腔体系。

小京剧源于皮簧腔，自清光绪年间就有北京、天津、河北的演员来辽宁部分城市演出"皮簧"。从现存为数不多的清代刻本看，盛京（沈阳）、海城等地都刊印过"西皮二黄"剧本，说明京剧折子戏曾在辽宁民间流传，也有非职业艺人购买唱本吟唱。1905年京奉铁路开通，大批关内演员涌入辽宁表演京剧，京、评、梆子、二人转等同台演出活跃。尤其是1924年，张作霖做寿时，余叔岩、尚小云、程砚秋、言菊朋、谭富英、侯喜瑞、马富禄、王瑶卿、李万春等名角云集沈阳，演出了盛况空前的京腔大戏，轰动一时。进入30年代，长期在沈阳演出的唐韵笙、白玉昆、张春山等京剧名角创造了具有东北韵味的京剧流派，唐韵笙创作和排演了《古城会》《走麦城》《闹朝扑犬》等剧目，形成了京剧的唐派艺术，从此有了"南麒北马关外唐"之说。辽宁京剧除了在正规舞台演出大戏（连台本戏）之外，偶尔也在庙会、乡镇等场合演出"野台子戏"时表演单本喜剧。素有"关外第一名丑"之称的张春山，1910年落脚沈阳，擅长表演民间小戏，如《戏迷传》《发财还家》《兄妹顶嘴》《老黄请医》等自编自演的京剧小戏，此类作品保留下来的甚少，现在基本失传。

阜新蒙古剧脱胎于东蒙叙事体民歌，是产生于辽宁省阜新蒙古族自治县的地方小戏。阜新蒙古族自治县，素有"民歌之海"的称谓，叙事体民歌及口头文学极其丰富，当地人戏称：有三个人同行，其中有两个人是"达古沁"（民歌手），另一个人是"胡尔沁"（说书人）。当地的民歌手和说书人即兴演唱的"东蒙短调"和蒙古族说书丰富多彩，俯拾皆是。1948年中国人民解放军进入蒙古贞地区（阜新蒙古族地区），当地群众创作的叙事歌《慰问军属》扮角色进行表演，可视为阜新蒙古剧的雏形。1952年由当地教师和业余剧团骨干共同创作的蒙古剧《花儿》参加了阜新地区文艺比赛大会并受到嘉奖，至此，阜新蒙古剧正式诞生。

东北地方民间小戏还有一部分来源于元代和明代的杂剧。这些小戏虽然保留了元曲的某些词牌，行当也近似元杂剧分工，但在语言风格等方面都被本地民间艺人进行了大众化和东北化的改造。这些古典剧本遗存的民间小戏，虽流传广泛，却没有固定的文本，本卷进行了部分恢复整理，以补充此类辽宁民间小戏文本的缺失。

1949年以来，许多文艺工作者，搜集整理改编了大量民间小戏作品，并结集出版。辽宁省可以找到正式出版和内部资料几十种，小戏文本将近三百篇（有些文本是重复出版），由于受到不同历史时期意识形态的影响，以及对民间小戏认识上的局限，整理者和具体编辑人员对许多长期流传于民间的小戏文本进行了伤筋动骨的改编，经过改编的民间小戏剧本，不但以大量的书面语言或文学语言取代了小戏中原有的大众化、地方化、通俗化的鲜活的口头语言，而且在情节、人物以及艺术表现力等方面都对民间小戏造成了不同程度的伤害，使得原本鲜活生动的民间小戏成了枯燥乏味的阅读文学。我们经过调查发现，目前大多数民间演出团队（包括新文艺群体）经常演出的民间小戏绝大多数还是"梁子戏"，演出效果普遍看好。相反，一些专业剧团演出的"谱子戏"观演效果普遍欠佳，"送戏下乡"（赚补贴）成了他们的常态化演出方式，在演艺产业领域也显现出缺乏市场竞争力的态势。因此，本卷编委会舍近求远，花费了大量时间和精力选择民间艺人演出本进行编纂。

除上述民间小戏之外，辽宁地区曾出现过落子与蹦蹦戏，梆子与京剧，影调戏与评剧、拉场戏"两合水""三下锅"等演出样式，因为不属于独立剧种形式，所以不予详述。

三、辽宁民间小戏的艺术特征与表演形式

辽宁民间小戏是以小旦、小丑、彩婆子为主要行当的喜剧性或具有喜剧因素的地方戏曲表现形式。从行当上看与江南民间小戏不同的是：小旦更像是花衫，表演时不说韵白，基本上以"说口"嬉笑怒骂；正功小生在东北民间小戏中十分罕见，即便是扮演书生、秀才、清官等人物，也时常跳出角色插科打诨；老旦、老生多以彩婆子（女丑）和小花脸的行当代替；也有许多以花衫、彩婆子、小花脸为主要角色的剧目；有些小戏演出时也上"龙套"或群众演员，譬如秧歌戏《大观灯》参加表演的演员少则十几人，多则几十人，从艺术本体上它仍然属于民间小戏。

辽宁民间小戏来源于民间秧歌、民间说唱、民间歌舞和莲花落、跳萨满、影卷等多种民间艺术样式。在表现形式上各具特色，在文本、声腔、表演方式等方面略有区别。由于过去的民间艺人行走江湖，有许多民间班社既演蹦蹦戏、喇叭戏，也唱落子、梆子、影调，可谓是彼此不分，相互借鉴，所以辽宁民间小戏的艺术特征和表演方式有许多共通之处。

辽宁民间小戏在长期流传过程中，几乎没有固定的文学剧本，也没有明确的作者、编剧，表现内容全靠民间艺人口传心授。民间班社成员以拜师收徒等形式传承剧目，偶尔有手抄本或记录本流传于世，都是对戏班演出本的简单记录，民间艺人称其为"彩子"或"梁子"，是只有大致情节的小戏文本提纲。民间艺人会根据自身条件和演出地点，灵活表演，唱词和道白都不固定，民间演艺群体里称为"唱梁子戏"，他们把正规剧团按照固定台本、固定唱腔、固定表演方式的表演称为"唱谱子戏"。唱梁子戏的演员本事都很大，行话叫"肚囊宽绰"，能把"死戏活演"。死戏活演就是根据不同的演出条件和不同的观众群体"把点开活"，按照不同观众群体审美习惯，随时随地调整演出内容，观众喜欢听唱他们就"少说多唱"，观众爱看喜剧他们就增加一些诙谐幽默的调侃，随机应变。具有戏曲功底的男艺人根据演出内容，也会"起霸""走边""跑圆场""喊赞儿"。唱文戏时女演员登场要念"定场诗""自报家门"，然后起唱。随着时代的变革，民间艺人善于紧跟时代步伐，吸收一些时尚语言和新的民歌小调，不断充实表演内容。这种表演方式不但保持了同一个剧目可

以有不同演法的风格多样化，还可以取得"一遍拆洗一遍新"（同一个剧目常演常新）的艺术效果。所以，长时期流传于东北的《回杯记》《马前泼水》《梁赛金擀面》《冯奎卖妻》《二大妈探病》《大观灯》等民间小戏作品至今还是"常下单"（经常演出）的保留剧目。

来源于民间秧歌的辽宁民间小戏 —— 拉场戏、喇叭戏、秧歌戏等剧种，没有严格的行当概念，演员扮演人物又不受行当局限，完全根据剧情需要安排角色。比如《回杯记》里的王兰英，她是王府小姐、大家闺秀，按照常规这个人物应该是小旦（青衣），可是在东北民间小戏中更像是彩旦。而张廷秀是朝廷命官、八府巡按，按照行当应该是正生，可在扮相上，一般演员都扮成穷生，偶尔还像丑角一样跳出角色"使口"（甩包袱）。当张廷秀与王二姐解除误会，张廷秀亮出了八府巡按的真正身份以后，演员又自然转化成了正功老生。再如《二大妈探病》，剧中主角是"老蒯"——会跳大神的彩婆子（正面人物），兰香是小旦，兰香娘是老旦，王小是小生，也可以是小丑。虽然民间小戏扮演角色不受正规戏曲生旦净丑行当的局限，但是，演员在塑造角色时也不会随心所欲，他们会下意识地在刻画人物性格极致化上下功夫。民间小戏在舞台表演方面也没有严格的标准限制，同一出戏，同一个角色，不同演员会根据自身条件自由发挥，唱功好的演员靠唱出彩，身段好的演员展示舞蹈技巧，表演好的演员则注重刻画人物，会绝活的演员在角色需要时亮出自己的表演绝技。丑角演员虽然扮演人物，但经常跳进跳出，直接与观众进行交流。这样无拘无束的表演方式只有在民间小戏演出中才能看到。正是因为没有严格的行当、流派、唱念做打、手眼身法步等程序化规范限制，民间小戏才得以保持了多彩多姿、流派纷呈的艺术表现特征。

四、以满足底层民众精神文化需求为最高标准的审美取向

百余年来，辽宁地区曾经上演过的民间小戏多达几百出，在流传过程中自然淘汰的作品数不胜数。得以保留下来的剧目都是在思想内容上符合劳动人民的文化心理和道德标准认同的作品，在艺术上则是雅俗共赏、群众喜闻乐见的表现形式。

历史漫长的旧时代，普通民众少有接受教育的机会，听书看戏是中国亿万民众接受民族文化熏陶、了解历史、效仿圣贤、遵循公德良俗最好的教科书。长期流传于民间的说书唱戏，总是与当地民众的文化心理结构同频共振。

东北人性格中，具有与生俱来的正直豪爽、爱憎分明的遗传基因。他们喜爱的民间小戏也和东北人的性格相一致：恨就恨得咬牙切齿，爱就爱得死去活来。因此人们偏爱颂扬忠臣良将、清官廉吏，对爱情忠贞不渝，为人诚实守信和行侠仗义、尊老爱幼等内容的民间小戏。同时，一些鞭笞丑恶，揭露伪善，批判嫌贫爱富、喜新厌旧等内容的民间小戏也颇受人民大众的喜爱。东北民众排斥那些装腔作势、酸文假醋、矫揉造作、无病呻吟、贵族情

调的戏曲作品。那些被淘汰的民间小戏或在思想内容和道德标准上不符合劳动人民的思想情感，或者刻意追求形式上的"高大上"而脱离了人民大众的审美习惯。也有一些文人创作的宣扬封建道德意识、单纯教化类的作品受到冷落。可以说，经过大浪淘沙式的自然淘汰，能够传承下来的民间小戏都是经典剧目，也是传承中华优秀文化基因不可或缺的宝贵遗产。

大多数民间艺人都会自觉遵循"观众是衣食父母"的江湖之道。他们在选择剧目和艺术表现等方面完全以底层大众是否喜爱为出发点和落脚点，把大众的喜怒哀乐融入作品之中。比如在刻画人物方面，东北民间小戏基本不考虑人物身份和历史真实，无论是佘太君、包相爷，还是八府巡按张廷秀、王府小姐王兰英，一律按照东北农村老太太、邻居大嫂子、扛活的长工、赶大车的老板子形象塑造角色。在语言表达上，不管剧中人物家住何方，官居几品，一律都说东北的方言土语，唱东北的曲牌、小调。这样一种艺术观，并非是不懂艺术规律，而是追求一种"不生不隔"的观演效果，在艺人与观众之间开通"不隔语、不隔音、不隔情、不隔心"的无障碍交流通道，使观众能够随着演员的表演或哭或笑，或喜或悲，最大化产生共鸣。这样立足本土，化他为我，将全国各地的民间小戏引进东北，再将其本地化、方言化、通俗化、大众化之后，形成了辽宁民间小戏特有的艺术风格，保证了一些剧目广泛持久地传播。时至今日，东北拉场戏、秧歌戏、喇叭戏等民间小戏的风格样式没有发生根本变化，始终保持着与人民大众的血肉联系。而走上城市舞台的小评剧、小京剧、影调戏由于效仿大戏的表现程序，已经与观众产生了一定距离。

五、辽宁民间小戏音乐声腔的丰富多彩

辽宁民间小戏在音乐声腔方面基本分为两种表现形式，一种是曲牌连缀，另一种是曲牌与板腔相结合。

拉场戏、喇叭戏、秧歌剧的演唱主要是曲联体，以【胡胡腔】【喇叭牌子】【红柳子】【武嗨嗨】【文嗨嗨】【三节板】【西口韵】【四平调】等曲牌为主调，以【大救驾】【打枣】【羊调】【漫西城】【哭糜子】【压不生】等曲牌为辅调。也有些剧目有自己的专调，如《梁赛金擀面》主要唱【靠山调】，又叫【擀面调】；《锔大缸》里唱【锔缸调】；《茨儿山》里有【茨山调】；《赵匡胤打枣》里专用【打枣调】；《小老妈开嗙》和《傻柱子接媳妇儿》以【喇叭牌子】为主调，也叫【开嗙调】；《二大妈探病》里有【纱窗外】和【萨满神调】；也有些小戏使用杂调，如《三请樊梨花》里，除了【樊梨花五更】以外，还有【拦马正】【反西凉】【鸳鸯扣】【影调】等十几种曲牌混搭。影调戏里除了影调之外还吸收了鼓曲、民歌、梆子腔等大量声腔元素，演员多以假嗓唱高腔；小评剧在保留了落子唱法之外，又吸收了梆子腔、柳子腔等戏曲声腔元素，形成了独特的板腔体与曲联体相结合的声腔特色。另外辽宁的民间小戏还有极强

的化他为我能力，各剧种都善于吸收时调、岔曲、鼓曲、新民歌等音乐元素，不断丰富创新自己的唱腔旋律。

辽宁的民间小戏伴奏乐器，除小京剧以京胡为主、影调戏以四胡为主，其他剧种基本上以"大弦"（板胡）和唢呐、竹板或梆子为主，辅助二胡、笛子、三弦、锣鼓、铙钹等民族乐器，有条件的戏班也会加上嗡子（低音二胡）、琵琶、板鼓等乐器。在没有专业乐队伴奏的情况下，演员经常在唱词以外加上各种衬字和比较长的甩腔，为此，有些专业演员嘲笑民间艺人："把过门儿都唱出来了。"而正是这种唱衬字、唱过门儿的笨办法，才形成了地方剧种的音乐声腔风格。

辽宁的民间小戏在当代文化多元化、观众需求多样化的复杂条件下，还能够经受住外来文化和时尚艺术的严峻挑战，仍然拥有自己的受众群体，仍然在文化市场中站稳一席之地，能够正常生存发展，实属不易。这与民间小戏始终坚持以观众为中心，坚持与时代同步发展，坚持在继承中不断创新有着极其重要的关系。

如何让民族艺术能够与时代发展相适应，能够与现代文化相融合，民间小戏的艺术实践路径值得关注。

六、辽宁民间小戏的表演场所与行规习俗

民间小戏产生于民间，流传于民间，是满足普通民众精神文化需求最重要的艺术形式。

辽宁民间小戏表现形式不同，经常演出的场所也不尽相同。秧歌戏、拉场戏、喇叭戏等小戏主要活跃在农村乡镇，最初没有舞台，街头院落、大车店、市场、庙会等地方，圈出一个场地就可以演出，所以人们又称蹦蹦戏、秧歌戏为"地蹦子"。二人转艺人自嘲"我们唱的玩意儿，能放下俩鸡蛋的地方就能表演"。落子、小评剧、影调戏等以城镇演出为主，一般会有一个小舞台，在庙会或集市等有戏台的地方演出，艺人可以登台表演，没有固定戏台的地方会临时搭起一个简陋的舞台，挂上草席就可以演出，老百姓说"几块板搭个台，挂领草席唱起来"。所谓"草台班子"的说法大概就来源于此。

无论是在小舞台还是在老乡家里表演，民间小戏表演者与观众都是近距离交流互动，根本没有"第四堵墙"的概念。早年蹦蹦戏、秧歌戏、喇叭戏的戏班子，只有七八位艺人，所有艺人都必须一专多能。所谓"七忙八不闲"，是指所有人都身兼数职，开场之前艺人们都"扮上"，轮到谁，谁就上场表演，其余人负责伴奏或帮腔，所有民间艺人都会唢呐、大弦、二胡、竹笛、三弦、竹板、锣鼓等几件乐器演奏，演出时，场上场下几乎没有闲人。而大

部分职业艺人都会十几出或几十出戏，观众点什么戏、想看什么戏，他们就演什么戏。而不像"京腔大戏"，台上演什么，观众看什么。由观众说了算的观演形态，极大满足了观众的接受心理。因此，尽管有些保留剧目观众已经看过无数次，几乎连唱词、唱腔、表演技巧都烂熟于心，还是要乐此不疲地反复欣赏，这是戏剧接受学中一种极其独特的观演关系和欣赏状态。

旧时民间小戏艺人生存条件十分艰难，他们没钱置办像样的行头，因此在扮演角色时仅仅是"似像非像、做比成样"。丑角扮戏相对简单，戴一顶毡帽、扎一个腰包就可以登场表演；生行比较讲究一些，"宁可穿破，不能穿错"。比如在扮演巡按大人梁子玉时，演员即便再穷也得穿件官衣、戴顶纱帽；在扮演梁山伯时要戴学生巾、穿上长衫。旦角就没法将就了，由于在1911年以前，戏班里的旦角都是"男旦"，男扮女装必须化妆、戴"头面"，还要置办一两套像样的裙袄或裤袄，年岁稍大的艺人还要"大扮遮丑"，虽然因陋就简，也要尽可能地接近角色。好在观众对民间艺人的扮相并不挑剔，只要演员卖力气，唱做扮舞功夫到家，他们就会捧场。特别是观众心目中的名角，演什么剧目并不重要，观众要看的是人，而且百看不厌，人们喜爱民间艺人的劲头绝不输于当代的追星族。

长期在城市演出的戏曲班社比较讲究排场，演出时要有文武场，要有出将入相的上场门、下场门，表演上也要讲究必要的程序，努力向大戏靠拢。不过，为了生存发展，戏班子也要经常跑码头，也要与社会上的三教九流进行交往，遇到"唱堂会""演野台子"的时候，也会演民间小戏或折子戏，在较大剧场上演大戏时偶尔也要演一两出民间小戏"垫场"。因此，旧时京剧、梆子、评剧等正规戏班也跟民间小戏有一定的渊源，只是很难避免大多数艺术形式"兴于民间、衰于庙堂"。

旧时东北地方戏的职业艺人，唯一的组织形式就是民间班社，行业之间的关系要靠行规维系。民间戏班也分门派，但是艺人"跑班"流动性很大，一个班社的艺人不一定是同一师门的根脉，只要大家共同遵守行规就可以在一起合作。民间艺人的所谓行规就是"江湖道"，规矩由班主或师父灵活掌控。比如：入道艺人要大礼参拜祖师爷、叩拜师爷师父，要进行入门宣誓，内容大致是：尊师敬友、提携同门。要崇德尚艺、认真演戏、诚信做人。不得赌博嫖娼、不得打架斗殴、不得"挖斗煽空"（占外行的便宜），不得偷奸耍滑"捋叶子"（剽窃偷艺）等等。同行之间，可以相互学习借鉴、切磋技艺，贫困艺人之间提倡"抱团取暖"。比如遇到零散艺人求助，不可以视而不见，但要通过"盘道"确认不是"空码"（外行或骗子）才可以相帮。比如有人到后台抱拳问辛苦，班主或年长艺人会用"春典"（行话）进行"盘道"（盘问其来历），通过"使什么活的？"（从事哪种技艺）"拜门没有？"（师出何门）"是路过还是投班？"等问题，确认来者确实是正宗江湖艺人，就要善待、管饭。如果是路过，就邀请来者"票戏"（参加演出），当场的演出收入都给来者带走。如果是投班，要留下来，经过观察人品是否正派，演技是否精湛，再考虑是否收留。历史上许多民间演艺高手，都曾经采取临时投班的方式，遍访名家，博采众长，提高自己的能耐，积累艺术经验。同时也通过这种形式达到民间艺人之间相互借鉴、取长补短、提高表演能力之目的。

东北的民间艺人信仰万物有灵（受萨满影响），供奉祖师爷牌位没有具体偶像，戏班子里对龙、虎、狐狸、刺猬、老鼠等动物不准直呼其名，一律称"爷"。演出之前要给祖师爷烧香。到庙会演出时，开戏之前班主要带着演员先拜神佛。如应邀去唱"红白喜事"或为老人祝寿，在开戏之后，专门唱一出与"酬神""哭灵"或"祝寿"有关的剧目，然后班主带着主要演员去给主家磕头请赏。不同戏班还有各自不同的班规，都是与生存发展有关的各种规矩，民间艺人都会自觉地遵守，因为他们懂得演艺行当社会地位低下，需要艺人自律："行低人不低，江湖靠走，规矩第一。"

本书收录了曾经在辽宁地区流行比较广泛的不同剧种中具有代表性的民间小戏，其中百分之六十以上是根据民间艺人口述记录的演出文本，其余是在各种戏曲出版物上查找到的接近原始演出状态的小戏文本，也有几篇是编委们深入基层搜集到的艺人手抄本（孤本）。在本卷编纂过程中，编委会一共搜集到各种小戏剧本300多篇，经过专家审读，编委会按照"体例"要求严格筛选，采用了其中11个剧种共74篇作品，除阜新蒙古剧之外，都是1949年之前就已经流行的作品，其中一半以上的作品在唱段部分标注了曲牌名称，并在经典剧目和阜新蒙古剧的作品后面附上了曲例。在编辑过程中，编委们对所选作品，仅仅在个别文字上进行了必要调整，尽管有些作品在剧本结构上、道白唱词等方面还存在一些缺憾，为了保持民间小戏的原貌，没有进行较大修改。本卷收录的《绣得勒》《小两口逗趣》《祝英台》《茨儿山》《小放牛》《老黄请医》等几出濒临失传小戏文本，有的是原始手抄本，有的是根据老唱片整理出来的原始作品，尽管文本存在着情节简单、叙述与代言混杂或语言粗俗、格调不高等各种缺憾，为了尊重历史、真实再现过去民间小戏的表现形态，在进行了必要注释的情况下作为资料选入了本卷。

中华人民共和国成立以来，辽宁地区先后涌现出许多优秀的小戏曲，如《寡妇门前》《摔三弦》《刘罗锅卖海蛎子》《钱是妈》《审舅舅》等剧目，因为不完全具有民间小戏的根本属性，所以没有收入本卷。

本书在编纂过程中，搜集到民间小戏的音频、视频资料尽管与本卷收录的文本不能完全对应，但对于全面了解辽宁民间小戏的演出原貌具有一定的参考价值。本卷还收录了民间收藏家穆凯保存的部分与民间小戏有关的老照片。

民间文学大系出版工程是以搜集抢救民间文学优秀作品和传承民间文化优秀基因为主的重要工程，民间小戏辽宁卷所选编的作品全部是长期在民间艺人之间口传心授传播至今的口头文学作品，属于几代或十几代民间艺人集体创作的结晶，基本上没有原作者，所谓的传承人也不同于非物质文化遗产传承人的概念，仅仅是民间小戏的表演者或口述者。因此，我们按照《中国民间文学大系》小戏卷编纂体例的要求所设立的"演述者""记录者"小传，仅仅是为了说明作品出处。

本卷在附录部分，分别收录了已故专家、学者金开芳（评剧创始人之一）、王悦恒（二人转十大宗师之一）、耿瑛（著名曲艺理论家）口述并未曾公开发表过的有关东北民间小戏源流的重要史料，以及对辽宁民间小戏传承作出过重要贡献的马力、牛正江等老艺术家口述辽宁民间小戏历史沿革、艺术特色等十分珍贵的资料。

本卷收录的作品里，也有一些民间小戏，由于产生年代久远，加之传承情况比较复杂，因此做不到准确反映传承人、口述者和记录者的具体情况，因此只能注明作品来源，实为憾事。

《中国民间文学大系·小戏·辽宁卷·综合分卷》编纂工作，是在辽宁地区防控新冠肺炎疫情的情况下进行的。本卷编委会的所有成员，都本着对历史负责任、为后人留财富的强烈使命感，克服了种种困难，全身心地投入工作，郝赫、刘永峥、刘家声、董凌山等年逾古稀的国家一级编剧以及耿柳、毛琦、邓建明、闫光明等几位专家，花费了大量时间和心血，寻访民间艺人，查找相关资料和整理文本，打捞失落于民间的演出文本，对部分方言土语进行注释，为部分唱段标注曲牌，付出了极大努力。大家在搜集资料时发现，民间小戏文本存留状态混乱，民间艺术消失严重，学术研究缺位，诸多优秀的民间艺人相继离世，带走了他们宝贵的艺术积累。大家为此感到心情十分沉重。就在本卷即将定稿之时，本卷的编委邓建明老师因病突然离世，更让我们有了编纂《中国民间文学大系》的迫切感。试想几十年、几百年后，民间小戏生死未卜，我们今天搜集到多少民间小戏文本，完全有可能就是给后人留下的辽宁民间小戏的全部财富，我们编纂成什么样，后人就会认定是什么样子。因此，编委会在现有条件下尽可能不留遗憾，为历史、为后世交上一份我们的答卷。

崔凯

2021 年 6 月

凡例

一、 本书以弘扬优秀的民间文化艺术为本，入选了百年来在辽宁地区广泛流传的 74 出民间小戏剧目文本，囊括 11 个剧种，其中拉场戏 19 篇、海城喇叭戏 8 篇、落子 6 篇、小评剧 13 篇、小京剧 6 篇、辽南影调戏 3 篇、辽西影调戏 1 篇、独角戏 1 篇、秧歌戏 12 篇、阜新蒙古剧 1 篇、杂剧 4 篇。

二、 本卷各剧种介绍由辽宁省其领域资深专家分别撰写，以能简要述清剧种概况为准，涵盖剧种产生年代、流派特点、主要剧目和流传情况，行文风格没有强求完全统一。

三、 选入的剧目，保留了民间小戏表演形式上的自我风格。其口述本、演出本、音视频记录本、木刻本、石印本、手抄唱本、早期出版本等小戏资料，在录入本卷时尽量统一了文本格式，不同时期流行的民间小戏信息采录，做不到准确无误，因为民间小戏的本质属性就是靠民间艺人口传心授流传于世的口头文学，经过几代艺人的传承演绎，流传至今的作品基本信息十分杂乱，难辨真伪，因此，本卷采取标注作品来源和记录提供作品者口述相结合的方式，称之为作品信息，各种说法都是一家之言，仅供参考。各剧种按照产生年代和在辽宁地区产生影响程度排序；各剧种内剧本排序，因流传及传承时间无法确定，故按剧目名称首字音序次第排列，首字相同时按剧目次字音序排列。

四、 每一剧本开头均作简单介绍，包括剧目别名、故事来源、内容梗概、版本特点。正文尽量保持其原汁原味，方言、歇后语、行业术语等加有脚注。个别字词的方言读音与普通话有异，出现在唱词句尾并非不符合辙韵，如："街"方言音"gāi"，"学"方言音"xiáo"，文中不注，少量生僻字词页下注有拼音。

五、 剧中人物有名字的标出人物名字，三个字以下的用全名，三个字以上的视称呼情况用简称，没有名字的用角色或行当标注。文中唱、念分行，对白不分行，用"唱""念""白"标记表演形式。

六、 剧目所涉人名、地名、事件名，各家版本因种种缘故难免用字不同，人物按演述者提供的信息为准。

七、 附录收有曲例，演述者、记录者介绍，名家谈艺录，辽宁小戏部分出版物书影。音视频于版权页附有二维码。

戏名提示

场次提示　　采录者提示

文中注释位置提示

C019

拉场戏

拉场戏：是二人转的一个分支，俗名"转桌子戏""东北地方戏""小秧歌""半班戏""蹦蹦戏"。早年蹦蹦艺人在农村演出时，由于没有舞台，条件简陋，有时演出小戏需要摆上桌椅，所以要拉开场地，从而定名"拉场戏"。其历史已有200余年。

拉场戏的流派各有特点，西派是以辽宁黑山为代表，讲究干板夺字，说口亦好；南派以辽宁大石桥为代表，讲究舞蹈身段；东派以吉林东山沟为代表，讲究耍棒武打；北派以黑龙江北大荒为代表，讲究唱功，细腻感人。故有"南靠浪，北靠唱，西讲说口，东耍棒"之说。

拉场戏的传统剧目有《八旗勇》《百忍图》《包公赔情》《鲍不平》《补汗褡》《穿墙记》《吹鼓手招亲》《茨儿山》《打狗劝夫》《大姑娘押会》《大观灯》《大西厢》《丁香孝母》《二大妈探病》《发财还家》《樊梨花送枕》《冯奎卖妻》《高成借嫂》《高宗抚琴》《寒江》《糊涂县官》《花魁游街》《花子巡按》《黄爱玉上坟》《黄氏女游阴》《回杯记》《捡棉花》《姜须搬兵》《九红出嫁》《锔大缸》《拉君》《蓝桥》《老妈开唠》《梁赛金擀面》《柳荆荆传奇》《鲁智深打店》《罗章跪楼》《马寡妇开店》《马前泼水》《糜氏托孤》《平三藩》《秦雪梅吊孝》《劝婆打碗》《三献策》《扫边关》《圣祖亲征》《时迁偷鸡》《摔子劝夫》《双拐》《双锁山》《双下山》《天缘配》《王小借粮》《西楼会》《喜荣归》《小姑贤》《小借年》《小送饭》《小天台》《小王打鸟》《绣特勒》《燕王扫北》《杨八姐游春》《杨二舍化缘》《夜审周紫琴》《渔樵耕读》《铡包勉》《争灯》《朱江武放牛》《樵山指路》等。这些剧目题材繁多，就其内容上划分，有正剧、悲剧、喜剧、闹剧等。

拉场戏在发展中，广泛吸收了二人转和喇叭戏的舞蹈与唱腔，表演程式上属于半戏曲、半说唱，是独具特色的剧种，深受东北地区城乡观众的欢迎与喜爱。

郝赫

包公赔情

故事取材于民间传说。包公铡死包勉后，回家向嫂子王凤英赔情。王凤英叙述多年抚养三弟包拯之恩，包公说"老嫂比母"，定奉养其终年，王凤英宽恕了包公。这个传说流传很广，京剧《赤桑镇》也写此事，只是包公的嫂名在京剧中叫吴妙真，在拉场戏中则叫王凤英。

拉场戏《包公赔情》是民间丧俗的教材。唱词中描写了停尸、烧纸、起灵、下葬、守灵、上坟，正月十五送灯、清明插柳、七月十五送纸钱、十月初一送寒衣等民间丧俗。因此有"看过《赔情》，老人死了会陪送"之说。

人物　　包拯
　　　　王凤英
　　　　丫鬟

（王凤英上）

王凤英：（念）未经一番冰霜苦，

难得梅花放清香。

身在家中坐，

心驰到长亭。

盼儿早回转，

母子叙别情。

（白）老身，王凤英。先夫早丧，抛下一子名唤包勉，官拜萧山县正堂。自从出任以后，三年未归。幸喜今日正值三弟起程陈州，他便回府探望，这才是叔侄有分哪！

（唱）都只为陈州连年荒旱重，

众黎民吃糠咽菜饥难充。

三弟他金殿领了宋王命，

今日里陈州放粮离京城。

十里亭设芦棚大排酒宴，

满朝的文武官都去饯行。

我本当到长亭也把行饯，

怎奈是孤孀寡居难露面容。

正是我为此事万般无奈，

萧山县转回来我的娇生。

小包勉进府身未站定，

我命他为三叔前去钱行。

日当头又偏西天已过午，

娇儿他却为何不见回程？

丫鬟：（匆忙上。白）启禀大主母，三老爷回府求见。

王凤英：怎么，三弟他又回来了？

丫鬟：正是。

王凤英：这，就说二堂有请。

丫鬟：是。（下）

王凤英：（唱）听说是三弟二次回家门，

不由我王凤英暗自思忖。

为什么陈州放粮他不往？

莫非说朝堂里又起风云？

迈步忙把二堂奔——

见了三弟细问原因。（下）

包拯：（内白）校尉们！

（校尉内应：有！）

包拯：（内白）两厢退下！

（校尉内应：啊！）

包拯：（内唱）三口铜铡放光毫，

（上）王子犯法也不饶。

十里长亭铡包勉，

叔侄之情两丢抛。

撩袍端带府门进，

见书房不由人珠泪滔滔。

想当年包勉他常常言道，

男儿志视利禄如同鸿毛。

谁知他时过境迁大志废掉，

只落得万民咒骂触犯律条。

丫鬟：（上。白）回禀相爷，大主母二堂有请。

包拯：这……

（唱）忽听恩嫂一声请，

把攮揉肠心不宁。

小包勉他本是孤生一子，

就好似恩嫂她腹内的心肝、掌上的明珠一

般同。

我若是将真情直言说破，

恩嫂她怎经得这霹雳当空。

我暂且隐真情将她蒙混……

这满城皆知口难封。

唉！罢罢罢，心秉正，

天塌自有地担承。

丫鬟带路二堂奔，

见了恩嫂禀真情。（下）

王凤英：　（上。唱）三弟放粮未起程，

不知为了哪一宗？

将身且坐二堂内，

（丫鬟引包拯上）

包　拯：　（唱）恩嫂尊前去赔情。

（白）参见恩嫂！（礼）

王凤英：　兔礼，三弟快快请坐。

包　拯：　谢坐！（入座）

王凤英：　啊！三弟，陈州放粮，为何去而复转？

包　拯：　非是三弟去而复转，是我……

王凤英：　你便怎样？

包　拯：　（支吾）……是三弟与恩嫂辞行来了。

王凤英：　愚嫂未与三弟饯行，反劳三弟回府辞别，实实
愧煞愚嫂……（转念）啊！三弟，适才我命包
勉与三弟饯行，不知三弟可曾见到？

包　拯：　这个……

王凤英：　怎样？

包　拯：　哎呀恩嫂啊！

（唱）包勉做事令人憎，

败坏包家美名声。

萧山黎民将他告，

我将奴才问斩刑！

王凤英：　（白）你待怎讲？

包　拯：　包勉被三弟铜铡毙命了！

王凤英：　哎呀！（气晕）

包　拯：　恩嫂醒来，恩嫂苏醒！

王凤英：　（唱）猛听得小娇儿丧了性命，

好似那万把钢刀刺心胸！

我只望包勉归来母子团聚，

哪承想娇儿你命丧长亭？（哭）

包　拯：　（白）恩嫂保重！

王凤英：　哪个是你的恩嫂！哪个是你的恩嫂！

（唱）不称恩嫂还罢了，

提起恩嫂我更伤情。

曾记得那年春三月，

婆母娘午夜把你生。

包拯你生来容貌丑，

黑头黑脑没有人形。

你二嫂怕你长大争家产，

她说你不像人是个妖精。

狠心的老公婆受她瞒哄，

信谗言抛弃了骨肉之情。

赐给你一领芦席三道草绕，

你二哥将你扔在荒甸之中。

也是我王凤英心肠儿软，

闻此信不由得肺腑心疼。

我本想下堂楼去把你救，

谁料那小包勉他就要降生。

你大哥见此情心生悲悯，

他背二老，瞒二嫂，深更半夜，半夜三更，

顶风冒雨，一步一跤，

将冤家你抱回我的楼庭啊。

黑贼呀！

老身我不嫌脏来不嫌你丑，

亲亲热热搂在怀中。

左边我奶着小包勉，

右边我奶着你三相公。

一双乳食怎能够你们叔侄用，

嚼奶布子[1]嚼得我牙根都疼。

黑贼你左边尿湿放你右边睡，

右边尿湿往左边擎。

左右两边全都尿到，

把冤家托至在我的前胸啊。

黑贼呀！

一岁两岁我终日抱，

时刻不离我身形。

三岁四岁你学会说话，

你把老身母亲称。

五岁六岁你贪玩耍，

前车马后为你担惊。

七岁八岁你立了世，

供你念书读诗经。

你念书念到一更鼓，

老身给你掌上灯。

你念书念到二更鼓，

给你煮茶润喉咙。

你念书念到三更鼓，

给你烧饭把饥充。

你念书念到四更鼓，

给你送衣遮寒风。

你念书念到五更鼓，

老身陪你到天明。

陪你十年寒窗满，

送你进京求功名。

也是你三篇文章做得好，

喜坏了三朝元老王延龄。

都只为宋主爷嫌你丑陋，

状元未点封你个七品卿。

包拯你出任定远县，

落了个铁面无私美名声。

宋主爷一闻此事龙心悦，

加封你倒坐南衙[2]在开封。

到如今你身居高官忘了本，

你不该恩将仇报杀我的亲生。

包拯：　（白）恩嫂息怒。

王凤英：（唱）越思越想越加恨，

　　　　　　　不由一阵怒火冲。

　　　　　　　你既不念叔侄义，

　　　　　　　我又何念叔嫂情？

　　　　　　　伸手取过青锋剑……

包拯：　（白）哎呀！

　　　　（唱）不由包拯心内惊！

　　　　　　　满腹苦衷难分述，

　　　　　　　（王凤英持剑欲刺包拯）

王凤英：（唱）快与我儿把命顶！

　　　　　　　（掷剑于包拯面前）

包拯：　（白）恩嫂啊！

　　　　（唱）恩嫂息怒休动火，

　　　　　　　且容三弟述详情……

王凤英：（唱）花言巧语休要论，

　　　　　　　死后你再述详情！

包拯：　（唱）三弟本是您抚养大，

　　　　　　　怎敢佞口隐真情？

王凤英：（唱）我若不把你抚养大，

　　　　　　　岂能落得害亲生？

包拯：　（唱）包勉犯罪身该死，

　　　　　　　并非三弟太无情。

王凤英：（唱）你以怨报德丧天理，

　　　　　　　今日想活也万不能！

包拯：　（白）唉，也罢！

　　　　（唱）自古道君叫臣死臣当死，

　　　　　　　父叫子亡子当从。

　　　　　　　老恩嫂如同我的生身母，

　　　　　　　父命母命一般同。

[1]　嚼奶布子：用布袋装稀米饭挤米汤代替奶水喂孩子。

[2]　倒坐南衙：传包公断案时，常常背对犯人，不让犯人看见他的表情。故称倒坐南衙。

恩嫂她今日既有杀我意，

我若违命理难容。

回身我把青锋取 ……（欲取又止）

陈州放粮谁担承？

足踏双舟难决定 ……

王凤英：（唱）杀人偿命休贪生。

包拯：（白）哎呀恩嫂啊，非是三弟贪生怕死，怎奈陈州灾情惨重，百万黎民饥寒交迫，九死一生。望恩嫂且容三弟陈州一往，待三弟放粮归来 ……

（唱）纵然是将三弟千刀万剐，

我那时九泉之下目也瞑。

王凤英：（白）这 ……（感动万分，杀机消退）

包拯：恩嫂啊！

（唱）尊恩嫂且息那雷霆之怒，

听三弟把详情对您禀明。

清晨起十里长亭排酒宴，

满朝中文武官都去钱行。

众年兄在芦棚正然饮酒，

小包勉乘坐骑来到芦棚。

进芦棚他为三弟把酒敬，

口称是奉母命前去钱行。

三弟我闻此言心中欢喜，

众文武在席前赞不绝声。

都言说老恩嫂通情达理，

都言说咱包家女贤男忠。

众大人酒席宴前正夸奖，

包勉他在一旁也把话明。

他言说出任三年萧山县，

未贪赃未枉法两袖清风。

小包勉他正然大夸海口，

芦棚外传进来喊冤之声。

三弟我芦棚以内把堂坐，

校尉们带一民女进芦棚。

她言说祖居就在萧山县，

离城十里张家营。

父亲名叫张忠厚，

庄稼为本身务农。

老母所生她一女，

下无弟来上无兄。

只因那日清明节，

跟随爹娘上坟茔。

中途遇上小包勉，

强逼许婚动蛮横。

民女不从强拉走，

押在县衙南监中。

张父不舍亲生女，

赶到县衙把理评。

胆大的包勉下毒手，

活活打死张老翁。

王凤英：（白）住了！那姑娘既被押在县衙，怎能前来告状？

包拯：恩嫂啊！

（唱）县衙内有个禁婆心肠好，

她搭救民女出牢笼。

那姑娘为报父仇心儿切，

那禁婆见义勇为不贪生。

她二人披星戴月赶远路，

一到长亭把冤鸣。

王凤英：（白）我却不信，我儿岂是那等强人！

包拯：（唱）恩嫂若是不置信，

现有呈状做证凭。

王凤英：（白）想那呈状，乃是一面之词，不足为证。

包拯：（唱）纵然呈状难为证，

包勉画供已招承。

王凤英：（惊。白）呈状哪里？

包拯：（唱）袖内取出黄绫状，

恩嫂仔细看分明。

（王凤英接状纸）

王凤英：（唱）上写状告萧山县，

强占民女张秀英。

老父不舍亲生女，

活活打死在马棚。

人证物证俱都有,

包勉供证无虚情。

王氏看罢无情纸,

好似怀里抱着冰。

似这等杀人害命谁不恨,

难怪三弟下绝情。

冤家呀!奴才!你,你,你……

你为何食酒色豺狼成性?

你为何动私刑戕害苍生?

难道你忘了家教父训?

难道你忘了娘的苦衷?

可叹我孀居半世守孤子,

到如今竹篮打水一场空!

（王凤英还状纸）

包拯: （白）恩嫂啊!

（唱）尊恩嫂休流伤心泪,

三弟言来听分明。

从今后我把恩嫂来孝敬,

三弟我不能让您老景凄情!

冬问寒来夏问暖,

二十四节我问安宁。

生辰寿日我祝贺,

逢年过节把大礼行。

恩嫂若是得了病,

煎汤熬药我侍奉。

想吃香茶我长街买,

想吃鲜桃我市上称。

想吃牛羊为您宰,

想吃鸡鸭杀几笼。

倘若是冬天你把活鱼想,

三弟我要学王祥,赤胸露背,一到河池去
卧冰。

恩嫂啊,百年后恩嫂若是身不幸,

三弟我披麻戴孝为您送终。

僧道对台把经念,

鼓乐三班对大棚。

亲朋故友来吊孝,

我给恩嫂去陪灵。

停灵七天要出殡,

三弟我走在灵前拉挽绳。

三十二杠我抬头一杠,

将恩嫂送到包家老坟茔。

棺枢下葬我拨正,

头锹黄土我来扔。

我守你一七、二七、三七、四七、

五七三十五日,

老包家家谱以上给你填上名。

上朝离府把家堂拜,

下朝回府把黄香升。

清明节三弟为您把墓扫,

元宵节恩嫂坟前送盏灯。

千言万语情难尽,

一句肺腑出口中。

恩嫂啊!从此后恩嫂就是生身母,

从此后您把三弟叫亲生。（跪）

王凤英: （唱）好一个知仁知义小包拯,

一席话说得热泪盈盈!

只恨我一时心迷乱,

险些儿错害了保国忠!

（扶起包拯）

（白）三弟呀!

（唱）说什么嫂嫂权当生身母,

说什么我把三弟叫亲生。

适才因恋私情错把你怪,

愚嫂我叫三弟受了屈情。

包拯: （唱）何言错把三弟怪?

何言三弟受屈情?

常言就说母子连心难割舍,

铡包勉恩嫂岂能不心疼!

王凤英: （唱）小冤家他本是人面兽性,

纵然是千刀万剐我不心疼。

尊三弟莫迟延陈州路奔，

搭救那众灾民快出火坑。

包拯： （白）好啊！

（唱）老恩嫂果真是贤德可敬，

为黎民抛却了骨肉深情。

单等着三弟我放粮回转，

与恩嫂立碑文万古留名。

王凤英： （唱）你铡包勉秉公正，

铁面无私万民称。

愚嫂错怪当治罪，

怎配立碑标美名！

只要三弟居官正，

愚嫂我九泉之下也安宁。

包拯： （唱）恩嫂请把宽心放，

金石良言记心中。

您待三弟情义重，

如山似海难报清。

除恶安良把国保，

决不负恩嫂养育情。

王凤英： （白）这就是了。日已当午，速速启程去吧！

包拯： 三弟遵命。

王凤英： 一路要多加保重！

包拯： 多谢恩嫂！

陈韵良演出本

丁少良提供

采录时间：1982年

采录地点：辽宁沈阳

茨儿山[1]

本戏是描写姑嫂二人逛庙许愿，小姑巧遇青梅竹马意中人的小喜剧。剧中有一丑角装扮神像，小姑拜佛，佛就笑；嫂嫂拜佛，佛就转过身去。俗语"我给佛烧香，佛就调腚了"即源于此戏。茨山在辽宁省辽阳县，清末民初，香火甚盛。此戏反映了东北农村庙会风俗，流传较广。

人物　　刘九

翠花

嫂子

老道

（刘九头戴破帽，身穿破衣，挎竹篓，拿小棍儿上）

刘九： （唱）【数板】哎，挎竹篓，挨家瞅，

心里就有了个小九九。

穷户我就迈门过，

专找财主大门口。

我一守，

大爷、大奶奶叫出口。

舍我花子一碗饭，

管保你越过越能有！

当家的假装没听见，

撒出他们的看家狗。

明着扑来不可怕，

就怕偷着咬一口。

幸亏我有好帮手，

这根小棍儿专打狗。

要问我的名和姓，

[1]　选自耿瑛编《二人转传统作品选》，春风文艺出版社1983年版436—460页（刘新记录）。

请您往我身上瞅。

左瞅没有名，

右瞅还是名没有。

想起常说的两句比喻话，

恍然大悟有有有。

说富人肚子吃得像肥狗，

说穷人身上穿得像刘九。

（白）明白了吧？

（唱）刘九就是我阁下，

阁下就是我刘九。

（白）唉！

（唱）【靠山调】刘九我从小没爹妈，

七岁就还债到了财主家。

白天南山把牛放，

晚上就在牛棚趴。

十二岁下地当半拉[1]，

十四岁就把整垄拿。

十六岁得了一场伤寒病，

就被那狠心财主赶出家。

多亏了一位穷朋友，

打头的[2]大哥叫王发。

我在他家把病养，

他有个妹妹小翠花。

给我煎汤又熬药，

还偷偷地给我绣个小腰褡。

病好后咱俩情意厚，

她恋我来我爱她。

不料想那年发大水，

王发哥逃荒搬了家。

三年未得准音信，

只能在梦里常常见翠花。

近来听说落在东边外，

我不远千里来寻她。

一路上盘费全花尽，

无奈讨饭吃百家。

见太阳压山天将晚，

乌鸦投林叫喳喳。

前无村庄后无店，

这顿晚饭求谁家？

今夜又在何处睡？

难道还铺地盖天卧河洼？

刘九正然来慨叹，

猛瞧见一座大庙在山崖。

上前去把山门叩，

老师父救救饥汉给点啥。

（老道手执拂尘上）

老道：（白）老道老道，无依无靠，一不种粟，二不种稻，穿衣吃饭，全和施主要。烧香还愿，求神祷告，善男信女，布施银票。近来香火不盛，使人心内焦躁。收入不够支出，这可如何是好？正然暗自盘算，山门外有人喊叫。常言说，无事不登三宝殿，准是烧香还愿的施主来到。谁呀？（开门，看）我只当施主还愿，原来是名花子讨饭。庙观自古吃八方，你倒前来吃庙观？趁早挪个大门口儿，别误了你赶下一站。

刘九：这里前不着村后不靠店，我上哪里去要饭？道长以慈悲为念，赏我一碗残汤剩饭吧！

老道：这个……（打量刘九，计上心来）小花子，听你口音不像此地人氏。

刘九：我是西城人。

老道：你在本地有无亲戚朋友？

刘九：我是人地两生啊！

老道：你是外乡人，这就好办了。

刘九：此话怎讲？

老道：你附耳过来。（与刘九耳语）

刘九：这能行吗？

老道：你想不想吃上三顿饱饭？

刘九：怎么不想呢？

老道：那你就随我来吧！（拉刘九下）

---

[1] 半拉（子）：指未成年的长工。

[2] 打头的：长工的头儿。

（欢快的音乐声）

嫂子、翠花：（上。唱）【羊调】清晨起来忙梳洗，

梳洗打扮上茨儿山。

嫂子：　（唱）急忙打过净面水，

翠花：　（唱）梳头匣子往外搬。

嫂子：　（唱）双手捧水洗完毕，

翠花：　（唱）汗巾就把脸擦干。

嫂子：　（唱）南来官粉拍粉面，

翠花：　（唱）欧粒红胭脂点唇间。

嫂子：　（唱）我鬓边插朵红芍药，

翠花：　（唱）我头上戴枝并蒂莲。

嫂子、翠花：（唱）急忙打开描金柜，

上色的衣服往外搬。

嫂子：　（唱）嫂嫂我穿上红大袄，

翠花：　（唱）妹妹我穿上绿罗衫。

嫂子：　（唱）嫂嫂我拿上钱两吊，

翠花：　（唱）小妹我拿上一吊二百三。

嫂子：　（唱）要问拿钱为何事。

翠花：　（唱）【红柳子】茨儿山庙上出了活神仙。

听说他今年一百五十岁，

光吃松籽饮清泉。

知道过去未来的事儿，

妻财子禄都了然。

嫂子：　（唱）【羊调】嫂嫂我求神为儿女，

翠花：　（向观众。唱）翠花我求神为的寻找刘家男。

嫂子、翠花：（唱）姑嫂出了房门外，

茨儿山大路走得欢。

嫂子：　（唱）走过三里桃花店，

翠花：　（唱）穿过五里杏花湾。

嫂子：　（唱）提前赶庙人很少，

翠花：　（唱）正日子只剩三五天。

嫂子：　（唱）买卖人求得财星[1]旺，

翠花：　（唱）庄稼人求得丰收年。

嫂子：　（唱）老年人求得活百岁，

[1]　财星：旧谓天宫主财的星宿，此星照临，财运兴旺。

翠花：　（唱）读书人求得做高官。

嫂子：　（唱）我求那麒麟早送子，

翠花：　（向观众。唱）我求那意中情人早团圆。

嫂子、翠花：（唱）行行正走来得快，

茨儿山大庙在面前。

翠花：　（白）嫂子，到了。

嫂子：　有人吗？

（老道手执拂尘上）

老道：　原来是二位女施主。

嫂子：　道爷，我们姑嫂是来求神上香的。

老道：　善哉善哉！无量天尊！二位女施主请到后殿。

（圆场）

（二幕启，刘九戴白髯、穿道服端坐椅上）

翠花：　嫂子嫂子！快看，活神仙的白胡子那么老长。

嫂子：　别瞎说！（向老道）道爷，敲动法器，我们好参拜活神仙呀！

老道：　道法无边，必先结缘。

嫂子：　什么叫结缘？

翠花：　结缘结缘，就是拐弯儿要钱。你没听人家常说，出家人不贪财，越多越好嘛！

嫂子：　道爷，是吗？

老道：　罪过罪过！我们出家人不贪财，是越多越好。不过施主为了求福施舍，本庙也就不能怕多……嫌少。

翠花：　葫芦和瓢，反正都是一码事儿。嫂子，拿钱！

嫂子：　道爷，得给多少？

老道：　任凭施主施舍，出家人不贪财，是越多心……多少都可！

嫂子：　给二百钱买香烧嘿。（给钱，老道接过）妹妹，跪下吧。

（二人同跪）

翠花：　老道，你给念经吧！

老道：　（边敲木鱼边念）活神仙你听言，二位施主来结缘，结缘结缘只给二百钱。

翠花：　老道，你这念的是什么经呀？

老道：　小道德经。

翠花：	再给你二百钱，别念这小道经啦。(掏钱)
老道：	(收钱，念)活神仙，你听言，二位施主来结缘，结缘结缘，又给二百钱。
翠花：	老道，你这念的是什么经呀？
老道：	中道德经。
翠花：	再给你二百钱，别念这中道经啦。(掏钱)
老道：	(接钱，又念)活神仙，你听言，二位施主来结缘，结缘结缘，又给二百钱。二百加二百，加二百，三次才凑了六百钱。
翠花：	这是什么经？
老道：	大道德经。
翠花：	嫂子！(小声地)这个老杂毛真坏！他不给说好话，净念这嫌钱少的经。
嫂子：	你也有没办法的时候，瞧嫂子的。(向老道)道爷……
老道：	施主，有何吩咐？
嫂子：	人家都说真经不出口，你怎么不给念真经呢？
老道：	(旁白)不出口？不出口怎么要钱哪？
翠花：	嫂子，咱走吧，回家告诉婶子、大娘都别来了，这个老道不会念真经。
老道：	(着急地)别走别走，我会念真经。(敲木鱼，嘴动不敢出声)
嫂子：	(唱)【红柳子】口尊声神仙你请听， 信女家住茨儿山东。 丈夫是个庄稼汉， 办事公正忠厚老成。 二十一岁我就把门过， 丈夫比我大三冬。 今年我已二十四，二十四……
翠花：	(唱)我嫂子男孩女孩都没生。 活神仙请你显显圣， 给我哥嫂一个好儿童。 一不求他执笔安天下， 二不求他提刀定太平。 只要是个吃苦耐劳的庄稼汉， 我们就满斗焚香大谢神灵！

老道：	(又念经。唱)要好儿童不费难， 施主还得结善缘。 结善缘，结善缘， 结善缘就不能心疼钱。
翠花：	(白)嫂子嫂子！老道又念假经了！
嫂子：	为了儿女，就再结一次善缘吧。(掏钱)
老道：	(收钱)善哉善哉！这回活神仙就喜笑颜开！ (刘九转过身去)
翠花：	(急呼)嫂子嫂子！快看活神仙调腔了！
嫂子：	道爷，这是怎么回事儿？
老道：	这……
翠花：	那还用问，活神仙是不让老道要钱。(刘九转过来点头)说对了，活神仙点头呢。老神仙，我嫂子能有儿子吗？(刘九点头)是今年吗？……不是，没点头。明年吗？(刘九点头)嫂子嫂子！明年你就抱大胖儿子啦！
老道：	恭喜恭喜！这是神仙保佑你。保佑你，保佑你，施主快快把愿许，把愿许！
嫂子：	(要许愿)我明年要生个胖小子…… (刘九又转过去)
翠花：	嫂子嫂子，活神仙不让你许愿，又调腔了。
嫂子：	那就不许啦。(刘九转回来)活神仙哪！ (唱)【红柳子】她是我的小姑子， 聪明伶俐心眼儿实。 待人接物都以礼， 眼下就要过十七。 一切诸事都如意， 就是没有一个可心的小女婿。 今天来把神仙问， 我妹夫她丈夫是个啥样的？ 当官的？(刘九摇头) 为宦的？(刘九摇头) 掌柜的？(刘九摇头) 耍手艺的？(刘九摇头) 这个不对那个也不对， 难道让她嫁个要饭的？(刘九点头)

翠花：　　（白）嫂子，神仙点头啦。

嫂子：　　怎么，我妹妹真要嫁个要饭的？

老道：　　我庙神仙最讲理，没理没理就挑理，挑理挑理，
　　　　　给个女婿是个要饭的，多可惜，多可惜！

嫂子：　　道爷，这礼……得花多少，神仙才能欢
　　　　　喜呢？

老道：　　善哉善哉！神仙不贪财，不贪财！

翠花：　　还是越多越好！

嫂子：　　妹妹，别胡说！

　　　　　（唱）【红柳子】虽说神仙不贪财，

　　　　　　　　花些香钱也是应该。

　　　　　　　　常言说礼多人不怪，

　　　　　　　　花了银钱消了灾。

　　　　　　　　我这还有钱五百，

　　　　　　　　求神仙别把要饭的给她安排。

翠花：　　（唱）没听说神仙还收礼，

　　　　　　　　都是这杂毛出的坏主意。

　　　　　　　　你把这钱快收起，

　　　　　　　　我认可嫁个要饭的！

老道：　　（见势不妙，急指嫂子）

　　　　　（唱）【靠山调】这位施主真明白，

　　　　　　　　不是神仙他贪财。

　　　　　　　　善男信女诚心舍，

　　　　　　　　花了银钱消了灾。

　　　　　　　　五百钱换个好女婿，

　　　　　　　　这笔善缘合得来，合得来。

嫂子：　　（白）我就结这五百钱的善缘吧！（又欲给钱）

翠花：　　（急拦）不给不给！

老道：　　（念）善财难舍，善门难开，

　　　　　　　　花钱不多，消了大灾。

嫂子：　　（坚决地，白）给！

翠花：　　（拦）不给！

嫂子：　　（坚决地）不听你的！给！

刘九：　　（大喝一声）不能给！

嫂子、翠花：（同时一惊）这？

刘九：　　（摘下道帽，脱下道袍，最后摘下白胡须）翠花，

认认我这活神仙吧！

翠花：　　（一惊）啊！原来是你？

嫂子：　　妹妹，他是谁呀？

翠花：　　嫂子，你听——

　　　　　（唱）【红柳子】嫂嫂不知听我说，

　　　　　　　　他就是我常念叨的刘九哥。

　　　　　　　　原先咱家在西城住，

　　　　　　　　他跟我哥哥一块扛大活。

　　　　　　　　那年他得了一场病，

　　　　　　　　在咱家住了半年多。

　　　　　　　　我爱他来他爱我，

　　　　　　　　心里都有意，所差没明说。

　　　　　　　　后来我兄妹逃荒到边外，

　　　　　　　　开荒占草好生活。

　　　　　　　　我哥哥娶了嫂子你，

　　　　　　　　翠花我日夜思念刘九哥。

　　　　　　　　不知他现今落何处？

　　　　　　　　不知他娶没娶老婆？

　　　　　　　　不知他身体好不好？

　　　　　　　　不知他干啥混生活？

　　　　　　　　今日我上庙不为别的事，

　　　　　　　　为的是求神保佑早日会见刘九哥。

嫂子：　　（白）啊……？

　　　　　（唱）听说他是翠花心上人儿，

　　　　　　　　仔细打量这个小伙子儿。

　　　　　　　　五尺多高的个儿，

　　　　　　　　铺排大身子儿。

　　　　　　　　周周正正的脸儿，

　　　　　　　　不白又不黑儿。

　　　　　　　　元宝耳一对儿，

　　　　　　　　厚厚的耳朵垂儿。

　　　　　　　　大眼睛鼓鼻子儿，

　　　　　　　　浓浓的两道眉儿。

　　　　　　　　一张像笑的嘴儿，

　　　　　　　　适称的红嘴唇儿。

　　　　　　　　别看瘦点儿，健壮的胳膊腿儿，

种庄稼准是一个好打头的儿。

看年纪儿，也就在十八九岁儿，

翠花也要过十七儿。

他们两人配一起儿，

还真是年貌相当你敬我爱的一对儿好夫

妻儿……

（向刘九。白）原来你就是刘九兄弟呀！我是

王发的媳妇儿，你大哥没少提到你，你咋跑到

庙上装上神仙啦？

刘九：　嫂子呀！

（唱）【靠山调】自从水灾失散后，

时刻想念王哥他。

也不知翠花妹妹嫁没嫁，

这件事在我心里结个大疙瘩。

各处打听无准信儿，

只知道落在边外成了家。

不能让痴心女子等茶汉，

因此才千山万水来寻翠花。

一路盘费全花尽，

无奈讨饭吃百家。

前天来到茨儿山上，

讨饭来求老道他。

他叫我假装神仙庙中坐，

供我饱饭还给零钱花。

我有心不听他的话，

可惜我一天水米没沾牙。

我寻思当几天神仙不挨饿，

没想到他假借神仙骗钱花。

嫂子：　（唱）【红柳子】你这活神仙法术真多，

方才还是白胡蹀躞，

转眼变成一位小哥。

翠花：　（唱）老杂毛，心太歪，

假借神仙骗咱财。

把你送到衙门去，

头号大枷戴起来。

两个差人押着你，

敲打破锣去游街。

老道：　（白）姑娘啊！

（唱）【靠山调】这庙里，香火衰，

出家道人遭了灾。

柴米都得拿钱买，

没有银钱赊不来。

饶过这次今后改，

再不弄假骗钱财。

翠花：　（白）把骗去的钱吐出来！

老道：　（欲还钱）还给你。

嫂子：　不要了，留你买米吧。

老道：　善哉善哉！

刘九：　下次不许你骗人啦！

老道：　是、是。

刘九：　把我那套家伙什[1]放哪了？

老道：　在配殿放着呢，随我去拿。

（刘九、老道同下）

翠花：　嫂子，他又得要饭去了！

嫂子：　谁？

翠花：　瞧，你这记性不咋地，忘性可很好，他不是咱

们家，我哥哥，你丈夫，嫂子你的好亲戚吗？

嫂子：　什么亲戚？是老姑舅亲？

翠花：　不是呢。

嫂子：　两姨亲？

翠花：　更不是！猜远了，往近猜。

嫂子：　是妹妹的朋友？

翠花：　再近点儿。

嫂子：　不能近了。

翠花：　能！

嫂子：　不能再近了。

翠花：　能、能！

嫂子：　再近我就成了大舅嫂了！

翠花：　（乐得一蹦）嫂子！你同意了？

嫂子：　我同意顶啥？又不是我嫁给他，得要嫁给他的

[1]　家伙什 (shi)：也作"家把什"，指工具。

那个人同意才行呢。

翠花：　那个人没有妈呀！老嫂比母，你是同意呀，还是不同意呀？

嫂子：　（难心地）妹妹呀！

　　　　（唱）【红柳子】自从我嫁给你哥哥，

　　　　　　　　妹妹待我真够说。

　　　　　　　　炕上地下没少帮我做，

　　　　　　　　虽不是一奶同胞，我看也差不多。

　　　　　　　　女孩儿在娘家终究是客，

　　　　　　　　我几次提醒你哥哥。

　　　　　　　　一定要人好家好亲事才能做，

　　　　　　　　剜筐里就是菜那可使不得。

　　　　　　　　头一个提的是漂亮小伙，

　　　　　　　　你把眼睛一眨代替了说。

　　　　　　　　第二个提的是家业很阔，

　　　　　　　　你把耳朵堵上小嘴一噘。

　　　　　　　　我问你爱上谁了，你又不告诉我，

　　　　　　　　只是三天两头叨念你那刘九哥。

　　　　　　　　方才我仔细看过的确是不错，

　　　　　　　　从今天的行为也看出他的好品德。

　　　　　　　　这关系你终身大事非同小可，

　　　　　　　　小东西儿，你把这千斤重担往我身上搁。

　　　　　　　　担子再重也不容嫂子推卸，

　　　　　　　　妹妹呀，你还要再思再想再撒手定砣[1]。

翠花：　（唱）真感谢嫂嫂这样关心我，

　　　　　　　　不枉咱姊妹一场意气相合。

　　　　　　　　请嫂嫂你看妹妹这……（指二目）

嫂子：　（唱）一双俊目那还用说。

翠花：　（唱）既是俊目就能识人，

　　　　　　　　难道你还信不过？

嫂子：　（白）好了！

　　　　（唱）这副重担我挑着。

翠花：　（唱）只差我哥哥怕不许可。

嫂子：　（唱）他们是患难之交能有啥说？

翠花：　（白）那……他？

嫂子：　不管南他、北他，我都包下了。行了吧？

翠花：　（去搂、亲）嫂子！你真好！

刘九：　（刘九挎篓拿棍儿上）嫂子，请你带路，我去给王哥问好。

嫂子：　兄弟，到家了，你还拿这个买卖干啥？（抢下棍子扔掉）

刘九：　怎么，怕给大哥大嫂丢人吗？

嫂子：　你大哥大嫂有碗饭吃，还让他从小的患难之交的兄弟撞狗牙，那不是丢人，难道还是添彩儿吗？

刘九：　（感激得流泪）大嫂……

翠花：　九哥！

　　　　（唱）咱这地方到处是荒山，

　　　　　　　　只要肯出力气都可种田。

　　　　　　　　让汗珠变珍珠把生活改变，

　　　　　　　　用不着再愁那缺吃少穿。

　　　　　　　　我问你背井离乡有何贵干，

　　　　　　　　难道就为讨饭，当当活神仙？

刘九：　（唱）为寻王哥远来会见，

翠花：　（白）就为这个吗？

刘九：　（唱）【靠山调】怎能忘妹妹煎汤熬药二百多天？

　　　　　　　　为给王哥问安，也是来把妹妹探看，

　　　　　　　　吃一点儿苦头儿情愿心甘！

翠花：　（白）九哥呀！

　　　　（唱）【红柳子】日月更山川改人心没变，

　　　　　　　　依然是当年的妹妹站你面前。

嫂子：　（白）九弟呀！

　　　　（唱）我妹妹等你这些年，

　　　　　　　　为了你烧香许愿讨过签。

　　　　　　　　这真是心诚感动天和地，

　　　　　　　　茨儿山庙里得团圆。

刘九：　（白）嫂子，你看我……

翠花：　你穷？你要饭了？是吧？

刘九：　虽然妹妹不嫌我穷，可这婚姻大事要有三媒六证啊。

---

[1]　定砣：定住砣。比喻作出最后决定。

嫂子：　　由我作证人，只是这媒人……

老道：　　（上）由小老道做媒，由小老道做媒。

嫂子：　　真得感谢你这牵线的媒人哪！

刘九：　　这正是——

　　　　　（念）刘九寻人到茨儿山，

老道：　　（念）老道为媒红线牵。

翠花：　　（念）嫂嫂作证称心愿，

嫂子：　　（念）妹妹嫁给活神仙。

大观灯[1]

又名《瞎子观灯》。二和尚腿脚不好，白老道眼神不中，你借我的脚力，我借你的眼力，两人相约去看花灯。二人搭伴中互相取笑，幽默欢快。

剧中秧歌队唱的小段儿，可根据当时当地的具体情况随时增减。有全班艺人上台扭大秧歌、点唱民歌等内容。秧歌队"下清场"时，唱"秧歌柳子"与东北民歌。其中有许多东北民歌后来都成为二人转开场小帽和返场小曲。

　　人物　　　　白老道
　　　　　　　　二和尚
　　　　　　　　白脸狼
　　　　　　　　二妞
　　　　　　　　秧歌队
　　　　　　　　秧歌队头行人（简称：头行人）
　　　　　　　　秧歌队小孩（简称：小孩）

（二和尚上）

二和尚：　（唱）【数板】今日修，明日修，

　　　　　　　　修条大路奔杭州。

　　　　　　　　杭州倒有个喇嘛庙，

　　　　　　　　喇嘛庙的和尚踢熊头[2]。

　　　　　　　　熊头落在肩头上，

　　　　　　　　两个和尚三个头。

　　　　（搭架子：怎么三个头呢？）

　　　　　　　　还有一个是熊头。

　　　　（白）在下我东庙二和尚，法修是我佛号。今天是正月十五，宋主爷大办花灯，为母行孝。士农工商、男女老少，人人都去观灯，街上十分热闹，我有心去观灯，不巧我脚上长个鸡眼，走不了长道儿，有心不去观灯，心里又有点刺挠。我何不会个伴儿，去找西庙白老道，他眼神不济，我腿脚不好，我们俩凑合一块儿，去看热闹。说走就走，起身出庙，抹角拐弯，拐弯抹角，到了。白老道在家吗？

白老道：　谁呀？

二和尚：　二和尚。

白老道：　没在家。

二和尚：　你是谁呀？

白老道：　我……我……

二和尚：　不开门我走啦！

白老道：　哎……别走，别走！啊哈！我白老道自幼眼神儿不济，爹妈把我许到庙里，我每天禅堂打坐把眼闭，人家都叫我白瞎子，其实，我辨出南北东西，花花绿绿。多亏善男信女，上庙讨签，图个大吉大利。临走多给香资，我倒也不愁衣食。我一天三顿，离不开素鸡素鱼！

二和尚：　你快开门吧！

白老道：　就开门！（忙开门，白老道撞在二和尚身上）谁家的拴马桩子埋在我们家门口了，调离[3]我

[1]　选自耿瑛编《二人转传统作品选》，春风文艺出版社1983年版500—516页（宫钦科记录）。

[2]　踢熊头：民间游戏。猪尿泡吹气扎口，外缝皮革，可一人或多人玩耍。

[3]　调离：戏弄。

二层眼儿。（摸和尚，摸到脑袋上）噢，是棵树啊。

这栽树人还真是个行家，怕烂头儿，还用布包上了。（又摸，摸到脖子）这还有疙瘩楼，正好做骟牛的椰头。（又摸，摸到胳膊）这还有弯儿，正好做个牛样子[1]。（又摸，摸到大腿）叉巴拉[2]冲下，还是棵倒栽柳呢！这是多少年的糟木箱，备不住有木耳。（又摸，摸到耳朵）可不！真长木耳了，我吃口木耳吧！（用嘴咬）

二和尚：　咳！

白老道：　谁呀？

二和尚：　二和尚呗！

白老道：　我早就知道，不是你来，我还不摸了呢！

二和尚：　你可把我糟蹋坏了。

白老道：　快请到屋吧。

（二人进屋，坐下）

二和尚：　喜鹊进宅，好事到来。夜猫子进宅，无事不来。

白老道：　有好事儿？你娶媳妇儿了？

二和尚：　出家人能娶媳妇儿吗！

白老道：　那有什么好事？

二和尚：　我给你送信儿来了。

白老道：　什么信儿？

二和尚：　宋主爷为母行孝，大办花灯。今下晚还有秧歌，家家都得去。家有十口人，九口人观灯，一个人看家。

白老道：　那像我这一个人呢？

二和尚：　一人观灯，神像看家。我来领你，你眼神不济，我腿脚不好，我借你的腿脚，你借我的眼睛，咱俩凑合一起好去观灯。

白老道：　我把钱褡子拿着，还有六个子儿，留咱俩零花。

二和尚：　好吧！

白老道：　咱俩可得讲下，领君去，带君回。

二和尚：　放心吧！（二人出门，锁门。走在半路）

[1]　牛样子：用牛耕地或拉车时卡在脖子上的工具。

[2]　叉巴拉：裤裆。

我说，你不是会算卦吗？你给算算天上有啥，地下有啥。

白老道：　问这个，走着算！

（唱）【锔大缸】我的阴阳好阴阳，

阴阳八卦数我强。

星辰日月天上长，

墙南有日头，墙北有阴凉。

二和尚：　（白）这叫你会算哪，谁还不知道天上有日头，有月亮！

白老道：　你有眼睛能看见，我没眼睛还不得在八个字儿上找嘛！

二和尚：　啊，这也在八个字上啊！你再算算，南山顶上有一帮羊，有多少公羊，多少母羊。

白老道：　哎，走着算！

（唱）我的阴阳好阴阳，

阴阳八卦数我强。

南山顶上一帮羊，

除了公羊就是母羊。

二和尚：　（白）到底有多少公羊，多少母羊啊？

白老道：　除了公羊就是母羊，除了母羊就是公羊。

二和尚：　这叫你会算哪，谁还不知道除了母羊就是公羊！

白老道：　你有眼睛能看见，我没眼睛还不得在八个字上找嘛！

二和尚：　你再算算老爷庙里有啥，土地庙里有啥。

白老道：　问这个呀，走着算！

（唱）我的阴阳好阴阳，

阴阳八卦数我强。

土地庙里有小鬼儿，

老爷庙里有周仓。

二和尚：　（白）这还用你算！我还不知道土地庙里有小鬼儿，老爷庙里有周仓！

白老道：　你有眼睛能看见，我没眼睛还不得在八个字上找嘛！

二和尚：　我再问你，这五谷杂粮，数什么粒最大？数什么秆棵最长？

白老道： 问这个，走着算！

（唱）我的阴阳好阴阳，

阴阳八卦数我强，

五谷杂粮豆子大，

秆棵顶数高粱秆长。

二和尚： （白）这还用算，我还不知道豆粒儿大，可它还没有土豆儿大呢。

白老道： 那土豆还没有倭瓜大呢！

二和尚： 倭瓜还没有粪堆大呢。

白老道： 粪堆还没有大山大呢。

二和尚： 山还没有地大呢。

白老道： 得了，别闹了。

二和尚： 来到河沿儿了。

白老道： 这水才大呢，还有船呢。这船走得真快呀！

二和尚： 哪呀，小河沟！

白老道： 我瞅着不宽嘛。

二和尚： 我先过去，试试水多深，哎呀，这水真深哪！

白老道： 这水真不浅哪！白亮亮的。来，把我马杆接住。

二和尚： 哎呀！糟了，掉河里头了！

白老道： 这可坏了。

二和尚： 哪呀，在我手呢。

白老道： 我看见你接住了嘛。

二和尚： 哎，你过吧。

白老道： 我过不能像你这无名小辈，我过河得过出个大将名来。哎！

（唱）伍子胥打马沙江过 ……

（白）哎呀，不好！救人哪！（搂狗刨）

二和尚： 哪呀！这是干河沟。

白老道： 我说造一身沙子。

（过完河又走一会儿）

二和尚： 哎呀，道上好大的一条长虫[1]，要缠腿！

白老道： 打呀！打呀！

二和尚： 不，是一条草绳子。

白老道： 我看着不动弹嘛！正月十五哪有长虫？

[1]　长虫：蛇。

二和尚： 叫我扔那边去了。

白老道： 我听叭哒一下子嘛。

二和尚： 哎，到了，这街上真热闹，这个灯啊，这个亮啊！

白老道： 都点着了，通红的。

二和尚： 一个也没点着。

白老道： 我说漆黑的呢。

二和尚： 哎，咱们得打个灯名啊，要不怎么叫观灯呢？

白老道： 你问吧，我说。

二和尚： （唱）【数板】一——

白老道： （唱）一团和气灯，

二和尚： （唱）二——

白老道： （唱）二龙呈祥灯，

二和尚： （唱）三——

白老道： （唱）三阳开泰灯，

二和尚： （唱）四——

白老道： （唱）四季吉庆灯，

二和尚： （唱）五——

白老道： （唱）五福临门灯，

二和尚： （唱）六——

白老道： （唱）六合同春灯，

二和尚： （唱）七——

白老道： （唱）七星北斗灯，

二和尚： （唱）八——

白老道： （唱）八仙过海灯，

二和尚： （唱）九——

白老道： （唱）九九连环灯，

二和尚： （唱）十——

白老道： （唱）十十如意灯。

二和尚： （唱）鲤鱼灯——

白老道： （唱）扑棱棱。

二和尚： （唱）荷花灯——

白老道： （唱）水灵灵。

二和尚： （唱）西瓜灯——

白老道： （唱）红生生。

二和尚： （唱）白菜灯——

白老道：　（唱）荽蓬蓬。

二和尚：　（唱）茄子灯——

白老道：　（唱）紫莹莹。

二和尚：　（唱）黄瓜灯——

白老道：　（唱）刺哄哄。

二和尚：　（唱）这个灯，那个灯，

白老道：　（唱）灯名一时猜不清。

二和尚：　（唱）哎，你往天上看——

白老道：　（唱）满天星。

二和尚：　（唱）你再往地下看——

白老道：　（唱）有个坑。

二和尚：　（唱）坑里看——

白老道：　（唱）冻着冰。

二和尚：　（唱）冰上看——

白老道：　（唱）长着松。

二和尚：　（唱）松上看——

白老道：　（唱）落着鹰。

二和尚：　（唱）屋里看——

白老道：　（唱）点着灯。

二和尚：　（唱）桌上看——

白老道：　（唱）放本经。

二和尚：　（唱）墙上看——

白老道：　（唱）钉着钉。

二和尚：　（唱）钉上看——

白老道：　（唱）挂着弓。

二和尚：　（唱）不好了，西北天，刮大风。

白老道：　（唱）刮散了，满天星，

　　　　　　　　刮平了，地下坑。

　　　　　　　　刮化了，坑里冰，

　　　　　　　　刮倒了，冰上松。

　　　　　　　　刮飞了，松上鹰，

　　　　　　　　刮灭了，屋里灯，

　　　　　　　　刮翻了，桌上的经。

　　　　　　　　刮掉了，墙上的钉，

　　　　　　　　刮崩了，钉上的弓。

二和尚：　（唱）翻过来——

白老道：　（唱）只刮得星散，坑平，冰化，松倒，鹰飞，

　　　　　　　　灯灭，经翻，钉掉，弓崩，落了一场空。

二和尚：　（白）别扯了，那边大秧歌来了。走啊，去
　　　　　　看去！

白老道：　这秧歌可真好啊！

二和尚：　哪呀？还没来到呢。

白老道：　我看还挺远呢嘛。

　　　　　（秧歌队上，内有一对大头人压大鼓，众舞）

秧歌队：　（唱）春年春节春光和，

　　　　　　　　元宵佳节办秧歌。

　　　　　　　　锣鼓喧天多热闹，

　　　　　　　　大街小巷伴春歌。

白老道：　（白）唱得真好哇，来来来，我点一出。

二和尚：　（扯白老道衣襟）你有钱吗？咱们就带六个
　　　　　　子儿！

　　　　　（秧歌队头行人上）

头行人：　这不是白道长吗？你点一出吧！

白老道：　好，给我来一出《小两口逛灯》。

　　　　　（秧歌队唱《小两口逛灯》）

白老道：　再来一个《小送饭》。

　　　　　（秧歌队唱《小送饭》）

白老道：　再来一个《放风筝》。

　　　　　（秧歌队唱《放风筝》）

白老道：　再来一个《茉莉花》。

　　　　　（秧歌队唱《茉莉花》）

白老道：　再来一个《小看戏》。

　　　　　（秧歌队唱《小看戏》）

白老道：　再来——

二和尚：　给人家钱吧，就六个子儿，怎么还点呢？

白老道：　别说，我有安排。

二和尚：　我去买点东西去，一会儿就回来，你在这等着
　　　　　　我啊。

白老道：　你可别把我扔下。

二和尚：　不能。（旁白）我不能跟你丢人，没有钱还点哪。
　　　　　（下）

白老道：　再来一个《小拜年》。

（秧歌队唱《小拜年》）

头行人：　白道长，还点不点？

白老道：　不点啦。

头行人：　不点了，来呀，伙计们，给道长施礼了。

白老道：　不用施礼了，不能少给。我这胳膊不好使，在旁边兜里有钱，你给我掏出来。

头行人：　我们可不掏，知道你有多少钱哪？

白老道：　掏吧，我还能讹上你们咋的？掏吧！

（秧歌队小孩上，摘下大头模型放地上。伸手从白老道兜里掏出一条手巾）

小孩：　　这是手巾。

白老道：　什么？九千！我那是一万四啊，卖牛的钱，给你们四千找给我一万。

（秧歌队愣，私语：也没有钱哪。）

白老道：　拿来我看看。（秧歌队小孩把手巾递给白老道，白老道用手摸）这里边的钱呢？

头行人：　那里根本就没有钱哪！

白老道：　什么？根本就没有钱？我点起玩意儿拿不起钱啊！你们是唱秧歌的，还是掏兜的[1]？

秧歌队：　这个白老道讹咱们，没钱，扒他的道袍！

白老道：　别介别介！我是逗你们玩呢，哪能不给钱！我一共点了几出？

头行人：　点了六出。

白老道：　好。（掏出六个铜钱）一出戏一个大钱，给你们吧！

头行人：　这也太少了。

白老道：　我就带六个子儿。买衣裳不够，买饭不饱，六个子儿买包茶叶末，沏壶茶给大伙润润嗓子吧！

秧歌队：　白唱了半天，这老道是个小抠儿！

二和尚：　（急上）不好了，狼来啦！快跑吧！

白老道：　净瞎扯，汴梁城里哪来的狼？

二和尚：　来了恶霸白脸狼，专抢漂亮大姑娘！（下）

头行人：　是吗？咱们快跑吧！

[1]　掏兜的：扒手，小偷。

（秧歌队从下场门跑下。白老道急得满台转）

白老道：　二和尚！和尚！

二妞：　　（身披斗篷跑上）妈呀！您在哪？妈呀！您在哪？（哭）

白老道：　哎，姑娘声，谁呀？

二妞：　　我是西庄王二妞。

白老道：　你不是开茶馆的王大娘的二姑娘吗？（二妞点头）你在这哭什么？

二妞：　　我跟我妈来看灯，来了一伙强人，把我们娘儿俩挤散了。后边还有个白脸家伙追我。老道长，你快救救我吧！

白老道：　这……

（搭架子：美人儿莫跑！快跟我回家拜堂成亲。）

二妞：　　道长！道长！

白老道：　这……藏到哪里是好？

（白老道差点叫大头模型绊倒，拾起）

白老道：　哎！有了。（将大头模型扣在二妞头上）走，快走。

（白脸狼急上。二妞躲在白老道身后）

白脸狼：　老道！你看没看见一个姑娘跑过去？

白老道：　没，没有！

白脸狼：　没有？你身后是谁？

白老道：　这，这是耍大脑袋的二秃子！

白脸狼：　二秃子？（上前取下大头模型）美人儿！哈哈哈哈……快跟我走！（拉二妞欲走）

白老道：　站住！你是什么人，敢来强抢民间女子！

白脸狼：　你听着！

（唱）【抱板】我叫郎廷秀，今年二十六，

　　　　人称白脸狼，整天浪不够。

　　　　家有千垧地，房屋一大溜，

　　　　仗势把人欺，说打咱就揍。

　　　　茅房的石头——又硬又臭，

　　　　问我仗着啥？太监郭槐他是我亲娘舅！

　　　　快闪开，快闪开，

　　　　小心我一刀子把你心穿透！

（白脸狼一拳打倒白老道，拉二妞欲走）

（搭架子：包老爷来啦！）

白脸狼：（白）哎呀妈呀！怎么碰上他啦！（撒手跑下）

白老道：包老爷在哪？

二和尚：（上）什么包老爷？是我二和尚瞎喊的。

白老道：喊得好！喊得妙！一声"包老爷来啦！"把那白脸狼魂吓掉！

（搭架子：二妞！你在哪呢？）

白老道：二妞，你妈来了，你快跟你妈回家吧！

二妞：多谢二位道长。

（搭架子：美人儿……）

白老道：不好，白脸狼又回来啦！（急中生智）快！快！快跟二和尚换衣裳！

（二妞忙将斗篷脱下给二和尚披上。白老道将大头模型扣在二和尚头上。）

白脸狼：（上。唱）【抱板】一声喊吓得我发了蒙，

藏半天没见黑包公。

二次回来把美人找，

抢回府中拜花灯[1]。

（白）你还装什么二秃子！这回不灵了。快把它拿下去吧！

二和尚：（学女人声）别拿！别拿！我怕看你那白脸儿。

白脸狼：美人儿别害怕。不拿就不拿。别看我脸白，可专爱女娇娃。你能嫁给我，进门就当家。（向幕后）小的们，把美人儿给我背家去！（无人答言）听说包老爷来了，都他妈鞋底子抹油[2]了。来吧！我自己背。

（背起二和尚）哎呀！好沉哪！

白老道：千金（斤）小姐，能不沉吗！

白脸狼：（回头）你还跟着我干什么？滚！（白脸狼踢白老道，白老道下）美人儿！往上点。

二和尚：（学女人声，下同）哎！

白脸狼：美人儿，你姓啥呀？

二和尚：我姓王。

白脸狼：你姓王，我姓郎，咱俩正好拜花堂。你叫啥名？

二和尚：我叫王二妞。

白脸狼：好，你叫王二妞，我叫郎廷秀，咱俩成亲感情厚，又吃包子又吃肉。二妞儿，你今年多大了？

二和尚：我十八啦。

白脸狼：好，我二十六，你十八，咱俩是绿叶配红花。

二和尚：什么绿叶配红花，我看是绿叶配西瓜。

白脸狼：西瓜？好，西瓜好，西瓜甜，咱俩成亲过百年。

二和尚：郎啊，你真会说话。

白脸狼：这一声郎叫得这个亲！红瓤西瓜结黑籽儿，你明年给我生个胖小子。

二和尚：（粗声）我可生不了！

白脸狼：（一惊）啊！你是谁？（放下二和尚，拿掉大头模型）你……？

二和尚：（学女声）我是王二妞。

白脸狼：怎么真变二秃子啦？美人儿呢？

二和尚：王二妞早跟她妈跑远了。

白脸狼：（一拳将二和尚打倒）那姑娘往哪跑了？

二和尚：（指反方向）往那边快点儿还能追上。

白脸狼：她跑不了！（急下）

二和尚：哎呀！哎呀！（呻吟声）

白老道：（上。扶起二和尚）快起来吧！"王二妞"！

二和尚：那坏小子呢？

白老道：走远了。

二和尚：这小子抢男霸女，早晚遇见包公，非挨铡刀不可。

白老道：他好不了，正是——

二和尚：（念）正月里，正月正，

白老道：（念）老道和尚来观灯，

二和尚：（念）和尚装个花大姐，

白老道：（念）倒把白脸狼好糊弄。

二和尚：（拾起大头模型。白）走。

白老道：你还拿它装二妞哇？

[1]　拜花灯：拜堂成亲。

[2]　鞋底子抹油：歇后语，鞋底子抹油——溜了。

二和尚：　不，给秧歌队送去。

白老道：　好，走吧！

二和尚：　（将大头模型扣头上）我走不动了，背我
　　　　　去吧！

白老道：　好吧！（背起二和尚，回头看看观众）哈哈
　　　　　哈哈……
　　　　　（下）

冯奎卖妻

又名《苦秋记》。明末灾年，保定乡民冯奎一家忍饥挨
饿，求借无门，为了让两个孩子不至于饿死，欲将妻子
卖掉换钱。一山西老客夏老三欲将其妻买下。夫妻、母
子哭别时，悲伤之情使夏老三深受感动，于是资助冯家，
舍冯妻而去。

全剧以"哭别"为高潮，每演至此，演员与观众哭成一
片。此剧从冯家湾到卖人市一路景物都没有固定唱词，
常常是"就地取材"，在乡唱乡，在城唱城，比如在某地
有条著名的街道，冯奎就唱这条街道如何漂亮，街道两
侧的买卖如何兴隆等。尽管与剧情中大灾之年的百业
凋零不符，听众也不挑理，反而会产生亲切感。本剧的
【哭糜子】曲牌广为流传，常为其他剧种、曲种采用。

　　　　人物　　　冯奎
　　　　　　　　　李金莲
　　　　　　　　　桂姐
　　　　　　　　　宝安
　　　　　　　　　夏老三

　　　　　　（唢呐引子）

李金莲：　（坐。念）保定遭荒旱，
　　　　　　　　　户户断炊烟。
　　　　　　　　　丈夫去卖工，

不见转回还。

（白）我，李金莲，自幼许配冯奎为妻，寒来暑
往，十五年光景，生下一儿一女。只因连年荒
旱，蝗虫不断，五谷难收，日子难过。一家四
口靠着那野草树皮充饥。丈夫他一早就去长街
卖工，一双儿女出去讨饭，大过午也不见他们
回来，真叫我惦念哪！

（唱）【红柳子】李金莲独坐房中泪涟涟哪，
　　　　　荒旱年家中贫困度日艰难。
　　　　　自打那崇祯皇帝登基坐了殿，
　　　　　天下荒旱黎民不得安。
　　　　　头一年荒旱没下透雨，
　　　　　二一年大雨瓢泼庄稼被水淹，
　　　　　第三年上青苗好，
　　　　　起蝗虫就在五月天。
　　　　　往东吃到东海岸，
　　　　　往西吃到西地长安。
　　　　　往南吃到云南地，
　　　　　往北吃到府顺天[1]。
　　　　　四面八方都吃到，
　　　　　顶数咱冯家湾吃得可怜。
　　　　　线穿黑豆长街卖，
　　　　　河里杂草上秤盘。
　　　　　小米一斗卖过十八吊，
　　　　　高粱一斗十吊钱。
　　　　　头等人家卖骡马呀，
　　　　　二等人家折卖庄田。
　　　　　三等人家没有别的卖，
　　　　　折卖人口度荒年。
　　　　　年轻的小媳妇儿没有人要，
　　　　　十八岁姑娘才要十吊钱。
　　　　　咱家里呀，咱家里空锅冷灶灰落满哪，
　　　　　烟囱三天没冒烟。
　　　　　只饿得桂姐皮包骨，

[1]　府顺天：为了辙韵使用了"顺天府"的倒装句。顺天指北京。

只饿得宝安儿直发蔫。

【武嗨嗨】丈夫他面黄肌瘦身板软，

强打精神卖工去挣钱。

今天再无下锅米，

我怕的是，一家四口老老少少难活到明天。

手扶门板我把夫儿盼……

（桂姐挎着讨饭筐，扶宝安上场）

宝安：　（有气无力地喊）妈妈！（险些晕倒）

桂姐：　（急扶宝安）兄弟呀，兄弟。

李金莲：（痛心地抱过宝安）宝安，宝安！

　　　　（唱）【武嗨嗨】怀抱着娇儿心似刀剜。

宝安：　（白）妈妈！

李金莲：（唱）孩儿呀孩儿你再忍一忍，

你爹回来保准有饭餐。

（白）桂姐呀，搀扶你弟弟到屋里躺一会儿
去吧！

（二人扶宝安下场，冯奎腰掖空布袋上场）

冯奎：　（唱）【靠山调】身上无衣怨天寒，

肚里无食活命难。

白走一趟工夫市，

无人雇工空手还。

金莲她盼我把盐米买，

儿女盼我把饭餐哪。

两手空空回家转，

全家人闹个空喜欢。

枉为五尺男子汉，

养不起妻儿好羞惭。

我在门前站上一站……

（李金莲上场，冯奎从腰中解下布袋，长叹
一声）

李金莲：（白）怎么？他爹你可曾带回来钱？

冯奎：　为夫我到工夫市，俩大钱一天的工，刚刚讲妥，
哪知又来一个只做工不要钱的，被白吃饭的人
顶了回来。

李金莲：如今是讨饭无人舍，卖工无人雇。求借无门，
谋生无路，饿得宝安儿昏迷不醒，今天再无下

锅之米，宝安他……他就活不到明天了。

冯奎：　这，贤妻呀，我们再想想办法。

李金莲：亲朋已经借到，邻居也是如此艰难，为妻我实
在无法讨借下去了。

冯奎：　难道我们只有坐在家里等着饿死不成？

李金莲：宝他爹，你得想个主意呀。

冯奎：　我……我……我倒有一个办法……

李金莲：宝他爹，（喜悦地）有什么办法，快快说来。

冯奎：　贤妻呀！

　　　　（唱）【武嗨嗨】冯家湾是个码头地，

来往不断行客船。

岸上堆满箱子柜，

李金莲：（白）怎么？有买箱子柜的，咱家有口破柜，快

快抬去卖了吧！

冯奎：　（唱）这破柜不值一文钱。

李金莲：那你倒有什么办法呀？

冯奎：　金莲哪！

　　　　（唱）村西有个卖人市，

李金莲：（惊。白）啊！

冯奎：　（唱）【武嗨嗨】有卖女的也有卖男。

有卖妻的有卖妾，

有卖幼女当丫鬟。

男孩虽小价钱贵，

买回做儿接续香烟。

我一家四口想活命，

李金莲：（白）你想怎样？

冯奎：　（唱）我有心卖掉小宝安。

李金莲：（惊。唱）听说要卖小宝安，

我心中好似滚油煎。

丈夫哇！想当初盼儿你盼红了眼，

生了儿子你喜心间。

难道你不怕冯家断了后？

难道你不怕冯门断香烟？

冯奎：　（白）这……宝安儿不能卖，那就把桂姐卖
了吧！

李金莲：（唱）卖掉桂姐我的心头肉，

0022

更叫金莲我心酸。

女儿今年十三岁，

家务活计没学全。

卖给人家做奴婢，

挨打受骂谁去可怜！

冯奎：　（白）卖儿不行，卖女不可，为夫我实在没有法。

　　　　（幕后宝安喊：姐姐，我饿呀，我饿！）

李金莲：（唱）【红柳子】听娇儿声声喊我肝肠撕断，

　　　　　　　　是活是死就在今天。

　　　　　　　　为了一家四口能活命，

　　　　　　　　千苦万苦我一人担！

　　　　（白）宝他爹，这 …… （强作笑颜）为妻我倒

　　　　有个主意。

冯奎：　贤妻呀，你快快讲来！

李金莲：（唱）【红柳子】莫卖儿来莫卖女，

　　　　　　　　为妻我一身两周全。

　　　　　　　　将为妻领到卖人市，

　　　　　　　　多少能卖几个钱。

冯奎：　（唱）听说金莲要把自身卖，

　　　　　　　就好像沉雷轰顶塌了天。

　　　　　　　结发夫妻十五载，

　　　　　　　吃糠咽菜同苦共甘。

　　　　　　　生儿育女你操劳苦，

　　　　　　　都夸冯奎的妻子贤哪。

　　　　　　　我怎能忍心把你卖 ……

李金莲：（唱）再听为妻我进一言。

　　　　　　　宁叫金莲一人苦，

　　　　　　　莫让你父女三人寒。

　　　　　　　今日你把为妻恋，

　　　　　　　明日四口人活命难。

　　　　　　　天色不早快决断 ……

冯奎：　（白）金莲我的妻呀，这 …… 这 …… 这可苦

　　　　了你了。

　　　　（【大悲调】乐声起）

李金莲：（李金莲强打精神，整理服饰）宝他爹，唤来桂

　　　　姐、宝安，我再看他们几眼吧！

　　　　（冯奎忍痛下场，把桂姐、宝安领上，二孩扑向

　　　　妈妈）

桂姐：　（无力地喊）妈！

宝安：　（喊）妈妈！

李金莲：孩子呀！

　　　　（唱）【武嗨嗨】一把手拉住心爱的小桂姐，

　　　　　　　　　一把手抱住了心爱的小宝安。

桂姐、宝安：（白）妈呀，你咋的啦？

李金莲：（背唱）桂姐问娘娘心痛，

　　　　　　　宝安问娘娘心酸。

　　　　　　　我有心对娇儿亮出真情话，

　　　　　　　又怕那可怜的娇儿把娘缠。

　　　　　　　强忍悲痛我把孩儿叫，

　　　　　　　在家中等着我和你爹去借钱。

桂姐、宝安：（白）妈，我也去。

李金莲：桂姐！你小弟饿得站都站不稳，怎能跟娘上街

　　　　出门！你是大姐姐，你要在家好生照看宝安弟

　　　　弟才是啊！好孩子，听妈话。

　　　　（唱）【红柳子】叫一声小桂姐你听妈的话呀，

桂姐：　（白）我听妈话。

李金莲：（唱）几句嘱咐你要记心间。

　　　　　　　穷人家孩子懂事早，

　　　　　　　莫给你爹爹找麻烦。

　　　　　　　出门莫忘门上锁，

　　　　　　　天黑莫忘把门关。

　　　　　　　葫芦头里还有半把米，

　　　　　　　盐篓里还有半把咸盐。

　　　　　　　水缸后还有秫秸半捆，

　　　　　　　炕席底下还有两个大钱。

　　　　　　　到天黑为娘我呀要是不回转，

　　　　　　　你做点稀粥把肚填。

　　　　　　　领你小弟歇息去吧！

　　　　　　　为娘我一会儿就回还。

宝安：　（白）妈呀，您可早点回来呀！

　　　　（【东北大鼓】乐声起）

桂姐：　小弟，你别缠着妈啦，等妈把钱借来，买来了

雪花白的大馒头给你吃。

宝安：　不光给我吃，也给姐姐吃。

李金莲：你姐儿俩等着吧，妈一定让你们吃得上。

　　　（桂姐、宝安相扶下场。李金莲一跺足，忍痛出门，冯奎随后）

李金莲：（唱）【四平调】我咬牙走出了房门以外，

　　　那黄狗夹着尾巴把路拦。

　　　这哑巴畜生怎么也通人性，

　　　它怎知我一去不回还。

　　　走一步一回头我把儿女看，

　　　骨肉离散心似滚油煎。

　　　走两步两回头我把丈夫看，

　　　恩爱夫妻地北天南。

　　　走三步三回头我把茅屋看，

　　　这茅屋我住了整整十五年哪。

　　　有钱人吃的酒肉面，

　　　咱穷人无着落饿得眼蓝。

　　　亲生儿女活活离散，

　　　相逢除非在梦间，除非在梦间。

李金莲：（唱）夫妻二人往前行走，

　　　刷刷小雨湿了衣衫。

冯奎：　（唱）我问贤妻你冷不冷？

李金莲：（唱）我问丈夫你寒不寒？

冯奎：　（唱）我要是不寒怎么能够问你冷，

李金莲：（唱）我要是不冷怎么能够问你寒。

　　　你身冷披上我这小夹祅，

冯奎：　（唱）你体寒披上我这旧衣衫。

李金莲：（唱）留着这破衣烂衫遮病体，

冯奎：　（唱）给你这补丁夹祅挡风寒。

　　　（冯奎脱下上衣给李金莲，金莲又将衣遮在冯身上，冯又推让）

李金莲：（白）我们走吧！

冯奎：　（唱）眼泪模糊朝前走，

李金莲：（唱）一道小河把路拦。

冯奎：　（唱）一根独木搭两岸，

李金莲：（唱）浪打桥桩直呼扇。

　　　不是金莲身怕死，

　　　从小的夫妻恋住了咱。

　　　叫一声丈夫你搀我一把，

　　　（冯奎上前搀扶）

　　　再想找我难上难。

　　　【武嗨嗨】过了桥头留神看，

　　　卖人市情景好凄惨。

　　　一个女孩前边站，

冯奎：　（唱）后站父母泪涟涟。

李金莲：（唱）女儿抱着爹娘的腿，

　　　生离死别哭声连天。

　　　叫丈夫给为妻插上一根卖身的草吧！

冯奎：　（拿谷草。唱）这一根谷草我恨在心间。

　　　黄谷草好比一柄杀人剑，

　　　斩断了恩爱夫妻缘。

　　　民有灾难官不管，

　　　苍天不把穷人怜。

　　　多少饿骨路边躺，

　　　多少骨肉不团圆。

　　　我 …… 我手拿谷草不忍插，

　　　手发软，又一男孩前边站。

李金莲：（抢过谷草插头上。唱）你插得晚来卖不上钱！

　　　丈夫哇 …… 我强忍着惭人前站，

　　　（夏老三上）

夏老三：（唱）【锅缸调】从船上走来了我夏老三。

　　　奔走了七天和七夜，

　　　为买个媳妇儿到这边。

　　　我春种秋收靠勤俭，

　　　积少成多攒了三年。

　　　四十开外没把媳妇儿娶，

　　　没儿没女孤孤单单。

　　　耳听这冯家湾遭了荒旱，

　　　有卖女的也有卖男。

　　　我花钱买个贤良女，

　　　恩恩爱爱过百年，恩恩爱爱过百年。

　　　（白）哎，到了。那边站着一男一女，女的头上插草，这是自卖自身哪！待我上前问了。（向冯奎）老弟！

冯奎：　这位客爷，你有事吗？

夏老三：　（南方口音）我从南方来，来这江北买钗裙。

冯奎：　（不解地）买什么彩裙？

夏老三：　我是来买钗裙女子的。

冯奎：　啊，原来是来买钗裙女人的，我正是卖女人的。

夏老三：　好，我要看看。

冯奎：　要看看，好吧。（向金莲）贤妻，这位客爷要买你。人家要看看。

李金莲：　丈夫，为妻怎能让他陌生人看来看去？我不去。

冯奎：　不让人家看，他能买吗？贤妻，我们还是回去了吧！

李金莲：　咳，丈夫！（无奈地转过脸去，羞得立即转过身来）

（《苏武牧羊》乐声起）

夏老三：　（夏老三看李金莲）你看，你看，我也没看见她的脸面，她……她就……

（李金莲站着不动，夏老三仔细看过）

夏老三：　她面黄肌瘦，准是有病。

冯奎：　她没有病，是三天没吃饭饿得呀。不信，客爷你再看上一看。

（三次看过）

夏老三：　噢，端端正正，倒是个贤良之相啊！你要多少钱？

冯奎：　要多少钱！哎呀，我也没卖过人，这是头一回。我们合计合计。（向金莲）贤妻，人家问咱们要多少钱。

李金莲：　丈夫，你自己做主吧！

冯奎：　（对观众）那边大姑娘要十吊钱，我也十吊，要黄了，我们好回去。（对夏老三）客爷，我要十吊。

夏老三：　十吊？（对观众）在我们江南要买这样女子，少说也得百八十吊。（向冯奎）来，给你钱，我把她领走了。

李金莲：　（痛心地）丈夫！

冯奎：　贤妻，这钱哪这钱……

夏老三：　哎，十吊也不算少哇。老兄，私凭文书官凭印，卖人得有个卖身契呀。

冯奎：　这，我没念过书，客爷你就代笔吧！

夏老三：　好，（从钱褡内拿出手绢扇子代替纸笔）怎么写？你说吧！

冯奎：　（忍痛）写！（念）荒旱连年，度日艰难，万般无奈，我卖……卖……（念不下去）客爷，我不卖了。

夏老三：　（愣）怎么？不卖了？

冯奎：　不卖了。

李金莲：　（急到冯奎前向夏老三）客爷，事已讲好，怎能反悔？请客爷往下写来。

夏老三：　是你说来。

李金莲：　（念）万般无奈，卖妻李金莲，
　　　　　当面交清，十吊铜钱。

夏老三：　（白）卖妻人？

李金莲：　冯奎。

夏老三：　手印？

李金莲：　丈夫哇！

（李金莲拉过冯奎右手按上食指手印）

夏老三：　（收起卖身契）老兄，我把她领走了。

李金莲：　（难舍地）丈夫哇！

冯奎：　（向夏老三哀求）客爷，你再等一等，我们再说上几句话吧！

夏老三：　（背过脸去）好吧！

李金莲：　丈夫，十吊钱到手了，快去长街买些米盐，莫要饿坏了桂姐和宝安。

（唱）【哭糜子】丈夫莫把为妻恋，
　　　　　快去长街买米盐。
　　　　　只曾想咱夫妻白头到老，
　　　　　谁料到分开之日就在今天。
　　　　　苦命的丈夫哇！
　　　　　实指望咱夫妻百年和好，
　　　　　实指望咱夫妻生女育男。
　　　　　实指望咱夫妻不离不散，

实指望咱夫妻同苦共甘。

哪知道老天爷杀人不眨眼哪！

再想见面难上难。

临行前为妻我留下几句话，

丈夫你千万记在心间。

今天离别不把别的惦念，

有三件大事嘱咐一番。

冯奎：　（白）贤妻呀，你……你就尽情地讲吧！

李金莲：（唱）【红柳子】头一宗咱家里无人照看，

你又当爹又当妈就得一人担。

第二宗一双儿女年岁小，

希望你耐心抚养别心烦。

万一要是年景好，

莫让孩子净贪玩。

送宝安南学把书念，

让桂姐学针线莫偷闲。

桂姐她一年倒比一年大，

给她选个如意男。

想叫桂姐随心愿，

别要人家彩礼钱。

三一宗我走后把你惦念，

自己梦就得自己去圆。

往后丈夫你再把二房娶，

（冯奎晃头摆手，以示再不续弦）

为妻的话儿你可千万记在心间。

丈夫你娶妻娶个坐家女，

二婚女跟你分心日子不安。

后娘待孩子心肠短，

你可要主意正莫把儿女冤。

妻走后你可不要把我想，

你不要终朝每日泪不干。

只要你们爷儿仨能得好，

我就是死在九泉心也甘。

我对丈夫拜三拜，

今日了结夫妻缘。

（李金莲拜，冯奎又回拜）

冯奎：　（白）贤妻呀！

（唱）【红柳子】听贤妻肺腑话言讲一遍，

我心里好似钢刀剜。

结发夫妻十五载，

今日分别地北天南。

妻为我家贫穷娘家少住，

妻为我过日月早起晚眠。

妻为我怕贫穷省吃俭用，

妻为我劈柴做饭常把水担。

今日你随老客把江南下，

我领着儿女度荒年。

过上三年并二载，

盼望有个丰收年。

我多攒上钱几吊，

领着儿女下江南。

拼死拼活把你找，

亲骨肉不团圆，我多咱也心不甘。

李金莲、冯奎：（唱）夫妻儿女活拉[1]被拆散。

（幕后喊：妈妈！随即桂姐与宝安奔出，双双扑到金莲怀里）

夏老三：（旁唱）见此情叫我也为难哪！

桂姐：　（唱）妈妈，妈妈不该抛开咱哪！

妈妈不该把孩儿骗哪。

李金莲：（唱）【哭糜子】孩儿痛哭娘肠断，

孩儿呀，孩儿呀，懂事的孩儿听娘言。

今日骨肉不离散，

哪来十吊救命钱？

有钱你父女有命在，

无钱你父女难活到明天。

桂姐：　（唱）妈妈您的心肠狠，

不疼桂姐也该疼宝安。

爹你把我妈领回去，

我替妈妈去换钱。

宝安：　（唱）孩儿只把亲娘要，

[1]　活拉：也作"生活拉""生呲拉""活呲拉"，活生生之意。

桂姐、宝安：(唱)饿死也不要妈的卖身钱。

桂姐：　　(白)妈妈,把我卖了吧!我替咱家去换钱。

宝安：　　妈妈、姐姐都不卖呀,以后就是饿死我也不说

　　　　　饿了,(拉金莲衣)咱回家去吧!

冯奎：　　(面向苍天)杀人不眨眼的老天爷呀,

夏老三：　(哭)喂——

冯奎：　　客爷,你怎么也哭起来了?

夏老三：　乡亲们哪!

　　　　　(唱)【武嗨嗨】他们骨肉离散叫苦连天,

　　　　　　　　闹得我一阵好心酸,

　　　　　　　　我若不买这位大嫂,

　　　　　(向冯奎一家)

　　　　　　　　你们居家得团圆。

　　　　　　　　打一辈子光棍我心甘情愿,

　　　　　　　　不能叫人们骂我夏老三。

　　　　　(白)人,我不要了。

冯奎：　　怎么?

李金莲：　啊,丈夫,天到这般时候,他又不要了,我这

　　　　　一双儿女岂不要活活饿死吗!

冯奎：　　这位客爷,你……

夏老三：　人不要了,钱吗,我也不要了。

冯奎：　　(不解地自语)钱不要了?

夏老三：　钱不要了。哎!(一把拉过宝安)娃子,拿着

　　　　　这两吊钱。

冯奎、李金莲：(惊喜)啊!

夏老三：　(向桂姐)小妹子,这还有几件衣裳,你拿回去

　　　　　穿吧!

冯奎、李金莲：怎么?这是真的?

夏老三：　这还能闹着玩儿吗!我可见不得这个。

冯奎、李金莲：宝安,桂姐,快给救命恩人磕头啊。

　　　　　(桂姐、宝安叩头,李金莲、冯奎上前跪拜,夏

　　　　　老三慌不迭地回拜磕头)

夏老三：　你们磕多少头,我就还多少头,快别这样。

　　　　　(众起)

李金莲：　(唱)【武嗨嗨】世上人有千千万,

　　　　　　　　谁像你这样好心田!

冯奎：　　(唱)请问恩人家住哪府并哪县?

　　　　　　　　贵姓高名告诉咱。

李金莲、冯奎：(唱)久后我们要得了好,

　　　　　　　　登门叩拜去趟江南。

夏老三：　(白)这点小事何足挂齿啊。

　　　　　(唱)我家住在金陵府,

　　　　　　　　夏家村的夏老三。

　　　　　　　　我的名字夏永贵,

　　　　　　　　无父无母受贫寒。

　　　　　　　　穷人的滋味儿我尝够,

　　　　　　　　扛活做工积点银子钱。

　　　　　　　　这些钱送给你们吃碗饭,

　　　　　　　　苦巴苦挨度荒年。

　　　　　　　　我再买个坐家女,

　　　　　　　　让你阖家得团圆。

李金莲：　(白)如此说来,请恩人再受我一拜!

冯奎：　　你的心眼儿可太好了!

桂姐、宝安：夏伯伯,我们多咱也忘不了您老人家的恩德。

　　　　　(全家要拜)

夏老三：　(阻止)别拜了,你们磕四个头,我得还四个头,

　　　　　多麻烦,冯大兄弟,我走了。他年相见,后会

　　　　　有期。

　　　　　(夏老三急拱手,倒退下场。冯奎一家远远招

　　　　　手,惜别相望)

李金莲：　天底下还有这样好人哪!

冯奎：　　贤妻呀,今天遇见了恩人,全家免遭离散,再

　　　　　要是挨饿,就是饿死也要死到一块儿。

李金莲：　回家吧!

桂姐、宝安：(喜悦地)妈妈,回家去。

　　　　　(二子左右抱住金莲)

冯奎：　　好,正是——

　　　　　(念)为了人活命,

李金莲：　(念)险些遭离散。

冯奎：　　(念)遇见好心人,

众合：　　(念)全家得团圆。

闫光明、赵海燕演出本

闫光明记录

采录时间：2002年

采录地点：辽宁沈阳

回杯记[1]

又名《张廷秀私访》，取材于《醒世恒言》之《张廷秀逃生救父》。张廷秀得中状元，身带玉杯，到王家后花园去会王二姐。得知王二姐忠于爱情，不愿另嫁，深受感动。又听说自己父母已被赵昂陷害入狱，张廷秀换上官衣，从牢中救出父母，缉拿赵昂，并与王二姐成亲。

人物　　王二姐
　　　　张廷秀
　　　　春红

（王二姐上）

王二姐：（念）独坐绣楼阁，
　　　　　　思想张二哥。

（归座）

一只孤雁往南飞，

一阵凄凉一阵悲。

雁飞南北知寒暑，

二哥赶考不见回。

（白）我，王二姐，许配张廷秀为妻，二哥赶考，一去六年未回，思想起来好苦哇！

（唱）【红柳子】王二姐坐绣楼泪盈盈，

思想起二哥张家相公。

二哥赶考六年整，

书没捎来信没通。

想得二姐无主意，

手扶楼门望南京。

南边来个骑马汉，

头戴乌纱身穿蟒龙。

从远看好像二哥张廷秀，

乐得我慌忙下楼去接迎。

冲着那人摆摆手，

那个人扬鞭催马奔正东。

小丫鬟楼上咯咯笑，

臊得我小脸蛋粉嘟噜的红。

听说父亲把我又另聘，

许配给西门外苏大相公。

我的主意早拿定，

誓死我也不应从。

越思越想越没路，

不如一死归阴城。

用手打开描金柜，

三尺白绫拿手中。

系个扣儿冰盘大，

里面阴城外面阳城。

桃花粉面递过去，

手也刨来脚也蹬。

二姐这里要上吊……

春红：　（上。唱）从楼下跑来我小春红。

　　　　（白）二姑你咋的了，怎么寻死上吊的？

王二姐：咳！丫鬟哪，你二姑老爷南京赶考，一去六年未回，死活不明。员外又把我许配苏大公子，眼看喜期就到，我死也不能嫁他！

春红：　你看我们小姐想二姑老爷想得。哎！我给她道个喜儿吧。二姑哇，你大喜啦！

王二姐：二姑我愁还愁不过来呢，哪来的喜呀？

春红：　今天是老员外寿诞之日，亲戚朋友都来拜寿，员外喜，太太喜，二姑你就不喜？

[1]　选自黑山县文化馆、黑山县非物质文化遗产保护中心编《黑山二人转传统剧目汇编（第一辑）》，沈阳出版社2016年版338—352页（黑山二人转剧团1978年演出本）。

王二姐：　想我父寿诞之日是，年年都有，员外喜，太太喜，这算不了什么，我不喜。

春红：　哎呀！头宗喜，她不喜，我再给她道二宗喜。二姑哇，你又大喜啦！

王二姐：　我怎么又大喜啦？

春红：　我那赵大姑老爷得官回家来了！今日大街夸官，唱的对台大戏，人千马万。人家都喜，二姑你不喜？

王二姐：　我与赵囊仇深似海，他夸他的狗官，我的喜从何来？

春红：　二宗喜，她也不喜，我给她道个忧吧。二姑哇，你可忧啦！

王二姐：　我怎么忧啦？

春红：　赵大姑老爷说我二姑老爷命丧南京了。

王二姐：　丫鬟哪，此话当真？

春红：　当真。

王二姐：　果然？

春红：　果然。

王二姐：　罢了！我那不见面的夫哇！

春红：　你看我二姑，又哭了。二姑哇，你又大喜了！

王二姐：　死丫头，我怎么又喜了？

春红：　员外把你另聘了，你不喜吗？

王二姐：　你说什么？

春红：　员外把你聘给西门外苏大公子了。

王二姐：　住口！不许你再提他。

春红：　那苏大公子长得好哇，眼儿是眼儿，眉儿是眉儿，银鬃银尾四个白蹄儿。

王二姐：　那不成牲口了？

春红：　他们家牲口和人不分。

王二姐：　那你嫁他吧。

春红：　啊，好的你嫁，不济的[1]让我嫁？

王二姐：　死丫头，滚出去。

春红：　看看，还来气了。二姑，告诉你吧，张廷秀张姑老爷回来了！

王二姐：　你二姑老爷当真回来了？他是做官回来的，还是为宦回来的？

春红：　你这个没良心的，别的你不问，先问做官为宦。你是吃那官，你是嚼那宦？

王二姐：　好厉害的嘴！我问你，他头戴什么？身穿什么？腰扎什么？足蹬什么？手拿什么？

春红：　我不能说我二姑老爷要饭啦，我得糊弄糊弄她。二姑哇，让我说，我说不上来，我就给你打个比方吧，我看他头戴一顶老创床子[2]。

王二姐：　那是纱帽。

春红：　那一个帽子是客，两个帽子是鳖，仨帽子那是啥呀？

王二姐：　是纱帽。

春红：　纱帽纱帽纱帽。他身上穿着一件老道袍。

王二姐：　那是蟒袍。

春红：　饭笤子嘛，你说马勺。

王二姐：　蟒袍。

春红：　发水嘛，你说涨潮。

王二姐：　蟒袍。

春红：　华容道嘛，你说挡曹。

王二姐：　蟒袍。

春红：　蟒袍蟒袍蟒袍。我二姑老爷前面补个枕头顶[3]，后面钉个灶王爷。

王二姐：　那是补子[4]。

春红：　肝花嘛，你说肚子。

王二姐：　补子。

春红：　拳头嘛，你说杵子[5]。

王二姐：　补子。

春红：　鸡蛋糕嘛，你说卤子。

王二姐：　补子。

春红：　小锅子嘛，你说鼓子[6]。

[2]　创床子：刨子，木匠工具。
[3]　枕头顶：旧时枕头的两个堵头。用厚布做成方形，绣上花。
[4]　补子：又叫补服。清朝官服的补子上，武官绣兽，文官绣鸟。
[5]　杵子：拳头。
[6]　鼓子：周围陡直的深锅。

[1]　不济的：不好的。

王二姐：　补子。

春红：　补子补子补子。二姑老爷腰上扎个老牛鞧[1]。

王二姐：　那叫玉带。

春红：　大挑[2]吧，还肚带呢。

王二姐：　玉带。

春红：　猴嘛，你说古怪。

王二姐：　玉带。

春红：　真偷嘛，你说诬赖。

王二姐：　玉带。

春红：　胖嘛，你说富态。

王二姐：　玉带。

春红：　玉带玉带玉带。我二姑老爷脚上穿个镰刀鞘。

王二姐：　那叫朝靴。

春红：　我摸一把响干响干的，哪是潮靴呀？

王二姐：　是上朝下朝穿的朝靴。

春红：　朝靴朝靴朝靴。我二姑老爷手里还拿着个簸箕舌头。

王二姐：　那叫笏板。

春红：　还五板呢，三板就把你叫出来。

王二姐：　笏板。

春红：　你有虎胆，能让黑瞎子[3]撵得直蹽？

王二姐：　是面君用的象牙笏板。

春红：　笏板笏板笏板。

王二姐：　他手里还拿啥了？

春红：　他左手拿个笏棍，右手拿个笏罐，分春为四季，春天一边走一边唱，到冬天就不唱了，一边走一边抖擞，到门口就招呼，大爷大奶帮帮我吧！

王二姐：　丫鬟哪，你这一说我明白了，他是要饭了。要饭也罢，你周济我们夫妻见一面吧。

春红：　这回用着我了，人家用你的时候可难啦。衣服破了，要条线都不给。

[1]　鞧 (qiū)：拉车的牲口屁股上的宽皮带。

[2]　大挑：拉扯的牲口肚子底下的宽皮带。

[3]　黑瞎子：熊。

王二姐：　这回你周济我们夫妻见一面，要啥给啥。

春红：　那我可就要了。

　　　　（唱）【数板】叫二姑，一旁站，

　　　　　　　　听我丫鬟要一遍。

　　　　　　　　我要你一匹绸子两匹缎，

　　　　　　　　一包针，两条线。

　　　　　　　　三碗羹汤四碗面，

　　　　　　　　外加五个咸鸭蛋。

　　　　　　　　给这些东西我就去，

　　　　　　　　没这些东西我不干。

王二姐：　（白）丫鬟哪，你要少了。

春红：　那我再重新要。

王二姐：　重新要不好使了，咱们走着唠吧。

春红：　（唱）【红柳子】丫鬟我就在头前走，

王二姐：　（唱）后跟小姐王兰英。

春红：　（唱）一前一后把楼下，

王二姐：　（唱）下了八五一十三层。

春红：　（唱）穿宅越院来得快，

王二姐：　（唱）花园不远面前迎。

　　　　（白）丫鬟你看，花园门还锁着呢。

春红：　那我回去取钥匙去吧。

王二姐：　你快点回来。

春红：　慢不了，得两个时辰吧。

王二姐：　那不什么事都耽误了？让员外知道，就不得了啦。

春红：　那怎么办哪？

王二姐：　有了。锁头本姓嘎，就怕鞋底打，你脱鞋吧。

春红：　为谁的事啊？我才不脱呢。

王二姐：　还是你脱吧。我不是千金小姐嘛。

春红：　那我还是万金丫鬟呢。

王二姐：　春红，你看咱家芦花大母鸡，飞到天上去了！（春红抬头一望，王二姐把春红鞋扒了下来）

春红：　哎呀，二姑真坏！（春红拿鞋打锁）上打三簧锁。

王二姐：　下打锁簧开。

春红：　开开门儿，

王二姐：	走进人儿，回手用闩插上门儿。
春红：	二姑哇，还有我呢。
王二姐：	你回去吧。
春红：	二姑哇，东方亮下雪——明白了。到花园里，你成他的妻，他成你的夫，车胎子离不开钉套箍。姐儿俩去上庙，一对搭拉梳[1]。哥儿俩吹喇叭，一对呜哇呜。山猫碰家鼠[2]，一对红眼珠。我小丫鬟好有一比呀——
王二姐：	比作何来？
春红：	好比车道沟里的石头，碍你们的路啦。咱回楼去了。（下）
王二姐：	（唱）【红柳子】门外走了小春红， 这里喜坏了王兰英。 我一进花园留神看， 却为何不见张相公？ 不用人说知道了， 该死的丫鬟把我糊弄[3]。 手分花枝往前走， 面前闪出来水阁凉亭。 二姐我路过荼蘼开到架…… （张廷秀上，咳嗽） 忽听得有人咳嗽一声。 王二姐这里留神看， 荼蘼架闪出来花子穷。 开花大帽头上戴， 身穿破袄补着补丁。 腰中扎着稻草绕， 打板破鞋麻绳钉。 左手拎着黄瓷瓦罐， 打狗木棍右手擎。 看前影好似二哥张廷秀， 看后影好像二哥张相公。

[1] 搭拉梳：也作"达拉翅""大拉翅"，满族女子"牌楼"样的发式。
[2] 山猫碰家鼠：山猫即野兔，家鼠即家兔。
[3] 糊弄：蒙骗。

	有心上前把他认， 错认了花子了不成。 二姐生来胆量小， 战战兢兢问了一声。 我说小花子——
张廷秀：	（白）酱黄瓜吧，还瓜子呢。
王二姐：	花子。
张廷秀：	耙子呢，还杈子。
王二姐：	花子。
张廷秀：	压地碌子呢，还拉子。
王二姐：	花子花子花子。
张廷秀：	我花你一吊了，还是花你八百了？
王二姐：	你是干啥的？
张廷秀：	要饭的。大奶奶，你帮帮我吧。
王二姐：	你眼睛瞎呀？你没看我多大岁数。
张廷秀：	小姑奶奶，你帮帮我吧。
王二姐：	你没看这是什么地方，你来要饭！
张廷秀：	什么地方？
王二姐：	你往上看！
张廷秀：	棺材板。
王二姐：	那叫金字牌匾，你再往下看！
张廷秀：	大场院。
王二姐：	那叫王府花园。
张廷秀：	慢说你王府花园，就是金銮宝殿，我也乐意来就来，乐意走就走，没有挡穷爷我的。
王二姐：	你是要饭的，我给你指条明路。
张廷秀：	我也没死，你给我指啥冥路。
王二姐：	我给你指条要饭的路。
张廷秀：	上哪去要？
王二姐：	你没听说吗，大街以上，哄哄乱嚷，赵囊夸官任职，大办酒席。花子去了赏给铜钱二百、烧酒两壶，你上那儿要去。
张廷秀：	千里扛猪槽子——为（喂）的是谁呀？
王二姐：	为谁呀？
张廷秀：	为的就是你。
王二姐：	为我？你有话就说。

张廷秀：　花亭里有座没有？

王二姐：　有座。

张廷秀：　你落座，你听穷爷我曰了。

王二姐：　去去去，你到外面吐去。

张廷秀：　哎呀！还是王府小姐呢，连个曰都不懂。曰，
　　　　　就是说。

　　　　　（唱）【穷棒子】张廷秀未曾说话身打一躬，

　　　　　　　　口尊声恩妹你是听。

　　　　　　　　我问声岳父岳母可安好？

　　　　　　　　三叔三婶可安宁？

　　　　　　　　咱家大姐她可好？

　　　　　　　　二妹你身体可旺兴？

　　　　　　　　你休当我是花儿乞丐，

　　　　　　　　我是你二哥转回家中。

王二姐：　（唱）【红柳子】你管我父母好不好，

　　　　　　　　你管我三叔三婶安宁不安宁。

　　　　　　　　你管我大姐好不好，

　　　　　　　　你管我身体旺兴不旺兴。

　　　　　　　　你若是我二哥回家转，

　　　　　　　　你头上可有铁证凭？

　　　　　　　　麻子不叫麻子那叫朝王伞，

　　　　　　　　背膀斜担两条龙。

　　　　　　　　眼前若有证凭在，

　　　　　　　　认你二哥回家中。

　　　　　　　　眼前没有证凭在，

　　　　　　　　想要认你万不能。

张廷秀：　（唱）【穷棒子】闻听二妹把证凭要，

　　　　　　　　低下头来暗叮咛。

　　　　　　　　有心要把麻子露，

　　　　　　　　恐怕给我走了风。

　　　　　　　　有心不把麻子露，

　　　　　　　　访不出她家的大事情。

　　　　　　　　我把这开花破帽挺三挺，

　　　　　　　　口叫二妹看分明。

王二姐：　（唱）二姐这里留神看，

　　　　　　　　果然真有铁证凭。

说他不是我二哥回家转，

为何他有铁证凭？

低头一想有有有，

我何不盘问当初的大事情？

（白）你是我二哥也罢，不是我二哥也罢，你若
能把从前你家中大事，说个字字相投，我就认
你。若有一言不对，你就滚出去！

张廷秀：　我赶考去了六年多，若有一言半语说不对，你
　　　　　能担待？

王二姐：　能担待。

张廷秀：　那我就说说。

　　　　　（唱）【穷棒子】叫二妹稳坐观花亭，

　　　　　　　　听二哥表一表当初大事情。

　　　　　　　　想当初我家不在苏州住，

　　　　　　　　家住山西县洪洞。

　　　　　　　　皆因为洪洞县遭了荒旱，

　　　　　　　　旱涝三年没收成。

　　　　　　　　头一年荒旱没下雨，

　　　　　　　　二一年五月端阳起蝗虫。

　　　　　　　　第三年三月十八下的透雨——

王二姐：　（白）种地时候下雨，那还不好吗？

张廷秀：　（唱）【穷棒子】直下到八月十五天才晴。

　　　　　　　　下得是沟满壕平一片水，

　　　　　　　　黎民百姓都发蒙。

　　　　　　　　头等人家卖骡马，

　　　　　　　　二等人家卖土地变贫穷。

　　　　　　　　三等人家没啥卖，

　　　　　　　　折卖人口度残生。

　　　　　　　　若依着我狠心的爹爹把我卖，

　　　　　　　　我的母亲她老心疼。

　　　　　　　　万般出在无计奈，

　　　　　　　　逃荒够奔[1]苏州城。

　　　　　　　　我父推着挎车子走，

　　　　　　　　我母亲在前头拉纤绳。

[1]　够奔：快速行走。

二哥我挎着一个柳罐斗，
啥也没有溜溜空。
晓行夜宿非一日，
这一天来到苏州城。
腰里没钱难住店，
在你家堂庙里把身容。
我父张全是木匠，
他把锛凿锯挂在门中。
偏赶上我们爷们儿来得巧，
正赶上你们王府要修工。
打发家院叫王进，
一到大街请木工。
本城的木匠他说不用，
外来的手艺人不旷工。
把我们请到王家院，
良辰吉日动了工。
我父前庭掌尺画线，
二哥我身单力薄做软工。
后花园给你刻个镜子架，
刻的是福禄寿三星。
一个福字我刻得好，
你的父亲报好一声。
六月三伏天气热，
我脱下汗褂一旁扔。
监工的名叫王三老，
麻衣神相看得精。
他说我这麻子叫朝王伞，
又说我背膀担着两条龙。
到后来一条玉带不够系，
两条玉带拧成绳。
你父亲信了王三老的话，
他认我义子作螟蛉[1]。
恐怕是树粗缰短拴不住马，
河窄水浅难养龙。

你父他又生巧计，
许下恩妹亲事一宗。
是亲都有三分向，
把我送到南学把书攻。
二哥我念书念到龙虎日，
偏赶上嘉靖皇上开考棚。
我一心进京去科考，
跟赵囊姐夫同伴行。
你父亲帮赵囊行李马，
没帮二哥一文铜。
只因为二哥穷来赵囊富，
他一样女婿两样待承。
多亏北楼王三老，
周济二哥上南京。
赵囊拉马在前院走，
二哥我拉马后花园行。
惊动了丫鬟给你送信，
你手上四个戒指给我俩，
二妹你隔着竹帘给我饯行。
留下那两个咱们好相逢。
然后又给我个传家宝，
无价之宝白玉盅。
你言说文才不中宝能中，
不中头名中二名。
临走订下回杯记，
单等杯回得相逢。
依着我从旱道走，
赵囊要从水路行。
在家有父得从父，
在外无父从长兄。
小海岛子把船上，
七天七夜到南京。
王家船口把船下，
王家老店把身容。
你说赵囊坏不坏，
大街买来酒刘伶。

[1] 螟蛉：稻青虫。螺蠃借螟蛉体内产卵孵子，常比喻义子。

我不会吃酒他一个劲让，

满了头盅满二盅。

把我灌个醺醺醉，

大街雇来拐子崩[1]。

前偷行囊后偷马，

然后又把二妹你崩。

王二姐：（白）他在南京，我在苏州，离这么远，他怎么能崩着我呢？

张廷秀：（唱）【穷棒子】崩去你家传家宝，

无价之宝白玉盅。

第二天清晨我醒了酒，

不见此宝我发了蒙。

我得了气恼伤寒病，

一场大病可不轻。

一病病了三个月，

三场皆过误了考棚。

掌柜的跟我们算店账，

众位客人你们是听。

谁若有钱就住店，

谁若无钱往外轰。

将二哥撵出店门外，

壕沟以内放悲声。

一哭哭了多半夜，

一场透汗病体轻。

万般出在无计奈，

邵家小班唱正生。

上场先唱刀马旦，

然后又唱武小生。

前三年唱戏嗓子好，

江湖人就怕倒了喉咙。

依着那四大掌班的将就了吧，

狠心的财主不留情。

把二哥撵出席棚外，

花子堆里拜弟兄。

[1]　崩：通"绷"。用欺骗手段拿走他人财物。

王二姐：（白）你就因为这个要的饭哪！你把那有名有姓的花子，说上三位五位的。

张廷秀：我说这些干啥，尽是要饭的，给你丢脸。

王二姐：你说说吧，在外的点水之恩，回家得涌泉相报。

张廷秀：那我就说上几位，你可别说我吓唬你。

王二姐：你说吧。

张廷秀：（唱）【穷棒子】我磕头的九朝四相有来往，

十二连官八大朝臣有交情。

磕头的大爷叫海瑞，

人送外号海刚峰。

王二姐：（白）你住口吧，那海瑞本是三百六十同年里的，他是主考大人，能跟你个花子磕头吗？

张廷秀：你说的那个海，是三百六十同年里的，人家姓四海扬名的海；我说的这个，和他音同字不同，是姓嗨。我们花子要饭走到哪家门口，都唱伊呼嗨呀呼嗨，就是这个嗨。

王二姐：好吧，你再往下说。

张廷秀：（唱）【穷棒子】磕头的二爷叫邵甫，

姓邵名甫字惠卿。

济南府的刘鹏武，

马鞍县的王景隆。

还有山西马三保，

王令安朱仙镇上有门庭。

龙门县的梁子玉，

丁郎、赶郎二弟兄。

康茂才的儿子康文秀，

胡大海的孙子胡长忠。

卫辉府的杨二舍，

廷秀、文秀人二名。

这些朋友全不论，

磕头的老疙瘩叫董宏。

王二姐：（白）别说了！你说这些，我看好有一比——

张廷秀：比什么？

王二姐：好比苍蝇落到蒜地里—— 模样不济还尽想搬大头儿。那丁郎、赶郎，本是杜景隆的两个后代，一个状元，一个榜眼。再说那董宏，双手能写梅花篆字，文官挂了武官衔，人小官大，叫双印董宏。他们这些人，能和你们要饭的磕头吗？

张廷秀：　你说的都是做官的，我说的都是要饭的。你说的董宏是三百六十同年里的，我说的不是那个，也是音同字不同，我说的那个人叫冻红。

王二姐：　怎么叫冻红呢？

张廷秀：　冬天穿不上棉袄，把脸冻得通红。

王二姐：　你再往下说吧。

张廷秀：　（唱）【穷棒子】有名的花子三百六，

　　　　　　　　　无名的花子数不清。

　　　　　　　　　有心接着往下表，

　　　　　　　　　没带手本表不清。

　　　　　　　　　乡间要饭要不饱，

　　　　　　　　　商量商量进了京。

　　　　　　　　　嘉靖皇上心欢喜，

　　　　　　　　　西门搭一座舍饭棚。

　　　　　　　　　监管饭的是严阁老，

　　　　　　　　　老贼做事不公平。

　　　　　　　　　给旁人盛饭盛满碗，

　　　　　　　　　我的饭碗有个坑。

　　　　　　　　　我举棍就打严阁老，

　　　　　　　　　打了阁老叫严嵩。

　　　　　　　　　这一回我可惹下祸，

　　　　　　　　　把我们花子都上绑绳。

　　　　　　　　　确定八月中秋后，

　　　　　　　　　菜市口内被刀倾[1]。

　　　　　　　　　人不该死总有救，

　　　　　　　　　偏赶上正宫国母产生龙。

　　　　　　　　　死罪免过活罪没免，

　　　　　　　　　发的发来充的充。

　　　　　　　　　发配八十下湖广，

　　　　　　　　　发配八十下山东。

　　　　　　　　　河南发出八十去，

[1]　倾（kēng）：倾覆、倒下。

　　　　　　　　　河北发去八十名。

　　　　　　　　　发出四八三百二，

　　　　　　　　　还留四十在南京。

　　　　　　　　　人家都是骑马坐着轿，

　　　　　　　　　我坐个八人抬的小木笼。

　　　　　　　　　十里长亭打公馆，

　　　　　　　　　我向解差讨人情。

　　　　　　　　　讨人情不为别的事，

　　　　　　　　　特意给你把信通。

　　　　　　　　　你嫁到张家张大嫂，

　　　　　　　　　嫁给李家李花容。

　　　　　　　　　张王李赵你随意嫁，

　　　　　　　　　别跟我花子受贫穷。

　　　　　　　　　我一天常挨半天饿，

　　　　　　　　　有张狗皮能过冬。

　　　　　　　　　这是以往真情话，

　　　　　　　　　你给我点干粮把饥充。

（白）话已经说完，告诉你父把你另聘吧，我要走了。

王二姐：　二哥你赶考去了六年，家言家语你说得字字相投。你家中大事，你可知晓？

张廷秀：　我家出了什么事？我不知道。

王二姐：　二哥呀！

（唱）【红柳子】走上前来忙开口，

　　　　　　　　　又把二哥叫几声。

　　　　　　　　　二哥你南京去赶考，

　　　　　　　　　家中出了大事情。

　　　　　　　　　赵囊得官回家转，

　　　　　　　　　他说二哥你命丧南京。

　　　　　　　　　我父得知此信后，

　　　　　　　　　把你父请到我们王府中。

　　　　　　　　　酒席宴前逼着你父把婚退，

　　　　　　　　　你的父再三再四不答应。

　　　　　　　　　你说赵囊坏不坏？

　　　　　　　　　用手满上酒几盅。

　　　　　　　　　你的父不会吃酒一个劲儿劝，

满了头盅满二盅。

把你父灌个醺醺醉，

贼赵囊手持钢刀去行凶。

张廷秀：　（白）把我父杀了？

王二姐：　没有。

　　　　　（唱）【红柳子】杀了丫鬟秋兰女，

血淋淋人头就往你父怀里扔。

你父第二天醒了酒，

怀抱人头发了蒙。

赵囊到南衙去告状，

大堂以上发来兵。

若问县官是哪一个，

他的名字胡九成。

把你父拿到大堂上，

四十大板问口供。

你的父头堂官司打得好，

杀人之事他没应。

你说赵囊有多坏，

白花花的银子就往大堂扔。

常言说清酒不醉红人面，

清官买成了糊涂虫。

狗赃官白天不把堂来过，

半夜三更把堂升。

打你父八十板换一换，

掌刑的换了整五名。

打你父五八四百板，

皮开肉绽血染红。

你的父挺刑不过说胡话，

杀人之事他应承。

确定八月中秋后，

菜市口内问斩刑。

人不该死总有救，

偏赶上正宫国母产生龙。

死罪免过活罪没免，

把你父押在南监中。

你说赵囊坏不坏，

雇人到你们张家中。

夜晚放了一把火，

家产烧得干干净净。

你母万般无计奈，

大街要饭受贫穷。

要来一碗吃半碗，

留着半碗把监供。

赵囊他又生毒计，

四门都把告示封。

谁舍张家一碗饭，

判他同张家一样刑。

天长日久吃不饱，

卖你兄弟文相公。

若问卖到哪里去——

张廷秀：　（白）卖哪儿去了？

王二姐：　（唱）卖给何府当茶童。

张廷秀：　（白）卖多少钱哪？

王二姐：　（唱）【红柳子】二哥要问钱多少，

五两银子两串铜。

赵囊贼子知道信，

雇来贼人挖窟窿。

你母卖子哭瞎眼，

银钱又被全偷空。

万般出在无计奈，

姑子庵落发去修行。

这事被二妹我知道，

我倒在床上装把病生。

我母拿我当宝贝，

四面八方请医生。

四大名医治不了，

请个巫婆瞎嘟哝。

我对巫婆偷着讲，

叫她说到姑子庵去挂红[1]。

那一日我到姑子庵去把红挂，

[1]　挂红：指到尼姑庵悬挂红幛，以示还愿。

婆媳见面放悲声。

我哭的是二哥张廷秀，

你妈哭你爹爹我的公公。

你母对我讲一遍，

我才知你们张家的大事情。

我给你母留下纹银五十两，

人都说没过门儿的媳妇儿又疼婆婆又疼公公。

二哥你回来得真凑巧，

晚回三天难相逢。

苏大公子五月十三过彩礼，

明日来娶二妹王兰英。

他家趁[1]万贯我不爱，

愿跟二哥受贫穷。

大街以上哄哄乱嚷，

南京来了八府巡按公。

十里长亭打公馆，

岁数不大堂口清[2]。

你何不拦住轿头去告状，

二妹告诉你人几名。

头一状你告我父老王宪，

他一女二聘罪不轻。

二一状你告胡知县，

他贪赃枉法不公平。

三一状你告三叔王三老——

张廷秀：（白）那是个好老头哇。

王二姐：（唱）【红柳子】他当媒人不硬成[3]。

四一状你告赵囊狗贼子，

他害得你张家太苦情。

五一状你告赵大姐，

她私保红媒罪不轻。

再告西门外苏公子，

你的贤妻被他争。

末尾再告二妹我——

张廷秀：（白）告你干啥？

王二姐：（唱）【红柳子】我一到大堂作证明。

上堂帮你几句话，

没钱的官司叫你打赢。

不是二妹夸海口，

赛过铁板钉钢钉。

你是去来或是不去，

为啥低头不吱声？

张廷秀：（唱）【抱板】闻听二妹讲一遍，

低下头来暗叮咛。

有心对她说实话，

不知道她还有什么事情。

低头一想有了主意，

稀里糊涂我把她蒙。

抬起头来叫二妹，

叫声二妹你是听。

若提起锄田刨垄我会做，

提起打官司那可不行。

我从小就得了怕官的病，

一到大堂就发蒙。

大老爷在堂上摔惊堂木，

我腿肚子转筋贼啦啦地疼。

我不去来我不去，

还是要饭为营生。

张廷秀说出了不去的话——

王二姐：（唱）气坏二姐王兰英。

从前看你像个竹竿子样，

哪承想长来长去节节空。

从前我看你像豆芽子菜，

哪承想长来长去弯了弓。

车道沟的泥鳅来回跑，

你长到多咱也不能成龙。

癞狗子就在墙头叫，

看你也不像个咬狼虫。

[1] 趁：拥有很多（钱物等）。

[2] 堂口清：指为官清正廉洁。

[3] 硬成：硬气。不硬成表示理亏。

武大郎抱鸭子去把围打，

你扁嘴也不像拿兔鹰。

都说是老虎一个能拦路，

黑瞎子一百五十对熊。

杀父之仇你不报，

夺妻之恨你能容。

我这里越骂越有气，

张廷秀：（唱）我这里越听越爱听。

别看二妹她把我骂，

就知道掌印夫人有十成。

原以为有其父必有其女，

哪承想老鸹窝里把凤凰生。

再等一时我不亮宝，

气坏二妹了不成。

在南京圣上赐我金簪别顶，

不知道二妹她解清[1]解不清。

天气不热假装热，

摘下来破帽扇一扇风。

王二姐：（唱）二姐我这里抬头看，

他金簪别顶黄澄澄。

不用人说知道了，

就知道他得官把我糊弄。

方才我把二哥骂，

我只得上前赔一赔情。

汗巾擦去伤心泪——

【武嗨嗨】免去愁容换笑容。

走到近前忙拉住，

拉住二哥手不松。

方才不该把二哥骂，

再说上几句二哥听。

从前我看你像竹竿子样，

长来长去节节成。

从前我看你像豆芽子菜，

长来长去水灵灵。

[1]　解清：明白。

车道沟泥鳅来回跑，

长来长去成了龙。

武大郎抱鸭子把围打，

扁嘴的成了拿兔鹰。

癞狗子就在墙头叫，

到后来成了咬狼虫。

跟我走来跟我走——

【抱板】一到后楼把衣更。

不是二妹夸海口，

靴帽蓝衫早都做成。

张廷秀：（唱）我不去来我不去，

不上你的计牢笼。

把我诓到北楼上，

招呼一声众家丁。

家丁把我上了绑，

把我绑在西马棚。

马棚打死我张廷秀，

你好嫁西门外的苏大相公。

我不去来我不去，

还是要饭为营生。

王二姐：（唱）我说此话你不信，

敢对苍天把誓明。

张廷秀：（唱）把誓明，把誓明，

我看你口明心不明。

王二姐：（唱）我若有三心并二意，

即刻人容天不容。

二姐这里明完誓，

张廷秀：（唱）急坏八府巡按公。

转过身来假装走，

王二姐：（唱）拉住二哥稻草绳。

他也挣来我也挣，

男子汉挣不过女花容。

张廷秀：（唱）我这里再使一把劲，

咔嘣挣断稻草绳。

（官印掉在地上）

张廷秀留步在花园外，

　　　　　　　　我在外面听听声。

王二姐：　（唱）【红柳子】一见二哥他去了，

　　　　　　　　无精打采往回行。

　　　　　　　　正走之间留神看，

　　　　　　　　前面闪出个黄包绫。

　　　　　　　　我猫腰近前忙拾起，

　　　　　　　　打开包袱看分明。

　　　　　　　　看罢多时认识了，

　　　　　　　　这是二哥印一封。

　　　　　　　　常言说做官丢了印，

　　　　　　　　全家问斩罪不轻。

　　　　　　　　你愿走来你就走，

　　　　　　　　你没有大印可不行。

　　　　　　　　二姐我花亭落了座——

张廷秀：　（唱）再表廷秀张相公。

　　　　　　　　张廷秀留步花园外，

　　　　　　　　只觉得怀里空洞洞。

　　　　　　　　用手一摸不好了，

　　　　　　　　丢了皇家印一封。

　　　　　　　　方才在花园来讲话，

　　　　　　　　可能掉在花园中。

　　　　　　　　手分花枝往回找，

　　　　　　　　看见二妹笑盈盈。

　　　　　　　　不用人说知道了，

　　　　　　　　此印落在她手中。

　　　　　　　　走上前来深施礼，

　　　　　　　　二妹你可曾捡到物一宗？

王二姐：　（唱）【羊调】问二哥丢了什么物？

张廷秀：　（唱）丢了一个黄包绫。

王二姐：　（唱）我问你包袱里什么物？

张廷秀：　（唱）四四方方一块铜。

王二姐：　（唱）我问你黄铜在哪得？

张廷秀：　（唱）南京要饭六年工，

　　　　　　　　积攒一块老黄铜。

王二姐：　（唱）我问你黄铜有何用？

张廷秀：　（唱）要饭吃凉一口热一口，

　　　　　　　　揣怀里管我肚子不疼。

王二姐：　（唱）你把黄铜送给我，

　　　　　　　　管管我的肚子疼。

张廷秀：　（唱）这黄铜光管男来不管女，

　　　　　　　　你要揣怀里肚子更疼。

王二姐：　（唱）再不你就送给我，

　　　　　　　　打一副手镯行不行？

张廷秀：　（唱）你们家金子银子有的是，

　　　　　　　　为啥要我这块铜？

　　　　　　　　要打镯子熟铜打，

　　　　　　　　生铜块子打一锤子四下崩，

　　　　　　　　宁死我也不送这个人情。

王二姐：　（唱）【抱板】你不给来我不要，

　　　　　　　　咱俩谁也要不成。

　　　　　　　　我拿起包袱往前走，

　　　　　　　　浇花井不远面前迎。

　　　　　　　　举起包袱要撒手——

张廷秀：　（唱）吓坏八府巡按公。

　　　　　　　　走上前来忙跪倒，

　　　　　　　　虎腕就把描花腕擎。

　　　　　　　　别撒手来别撒手，

　　　　　　　　你若撒手把我坑。

　　　　　　　　休当我跪的二妹你，

　　　　　　　　我跪的是皇家印一封。

　　　　　　　　你把大印拿回去，

　　　　　　　　夫人你是头一名。

　　　　　　　　我这里说了实情话，

　　　　　　　　愿意扔来你就扔。

王二姐：　（唱）二姐闻听抿嘴笑，

　　　　　　　　你叫我扔来我偏不扔。

　　　　　　　　你当我不认识皇家印，

　　　　　　　　我父做过二品卿。

　　　　　　　　我有心上前把他搀起，

　　　　　　　　虽然是夫妻还没拜花灯。

　　　　　　　　描花腕一摆请请请——

张廷秀：　（唱）站起来廷秀张相公。

正是二人来讲话，

忽听铜锣响三声。

我问哪里铜锣响。

王二姐：（唱）西门外来了苏大相公。

张廷秀：（唱）苏相公到此为何事？

王二姐：（唱）来娶二妹女花容。

我的主意早拿定，

誓死不嫁苏相公。

我在前楼要上吊，

多亏丫鬟小春红。

丫鬟上楼把我救，

咱夫妻花园才相逢。

二哥你若晚来一步，

想要见面万不能。

张廷秀：（唱）张廷秀闻听开口骂，

骂一声西门外的苏相公。

眼前若有张爷在，

不定你娶成娶不成。

单等我正午坐察院，

与咱居家报冤情。

抓住赵囊用刀剁，

苏大公子点天灯。

抓住你父老王宪，

一刀给他个脖儿平。

张廷秀说了报仇的话——

王二姐：（唱）吓坏二姐王兰英。

走上近前忙跪倒，

口尊二哥你是听。

你不看金面看佛面，

不看鱼情看水情。

金佛鱼水全不看，

看二妹等你六年工。

你饶我父一条命，

张廷秀：（唱）难坏八府巡按公。

有心杀了你的父，

二妹跪在地上来讲情。

有心不杀你的父，

害得我们张家太苦情。

罢罢罢来罢罢罢，

饶他一死度残生。

虎腕一摆快请起，

王二姐：（唱）站起来二姐王兰英。

正是夫妻来讲话，

忽听铜锣震耳鸣。

我问哪里铜锣响。

张廷秀：（唱）十里长亭发来兵。

王二姐：（唱）我问发兵为何事。

张廷秀：（唱）来接八府巡按公。

王二姐：（唱）八府巡按是哪一个？

张廷秀：（唱）就是你二哥人一名。

叫声恩妹跟我走，

同到墙上去观兵。

夫妻二人把墙上，

站在墙上看分明。

你来看一对板子一对棍，

一对铁锁一对绳。

四面铜锣开着道，

各个喊的威武声。

王府院不叫王府院，

霎时改作待客厅。

（白）恩妹！夫妻见面，天缘大喜。正是——

（念）千里迢迢去求官，

王二姐：（念）夫妻见面在花园。

张廷秀：（念）花园访出真情事，

王二姐：（念）仇报仇来冤报冤。

张廷秀：（白）二妹请！

王二姐：　　二哥请！

张廷秀、王二姐：你我夫妻同请！

井台会 [1]

又名《李三娘打水》，取材于《残唐五代演义》。五代时刘知远投军，其妻李三娘受尽兄嫂虐待，白天挑水，夜晚推磨，在磨房产子，咬断脐带，取名咬脐郎。咬脐郎被恶嫂抛至荒郊，后被人救去，送到刘知远身边。16年后咬脐郎行围，箭射白兔，追至井台，巧遇其母李三娘。

人物　　李三娘
　　　　桑氏
　　　　小王
　　　　王二

（李三娘内：嗯呔。）

李三娘：　（上。白）奴，李氏三娘，许配刘暠身旁为妻，我丈夫并州投军去了，将我抛在徐沛小县，依靠娘家哥扶养。我哥哥待我还念同胞兄妹之情，我嫂嫂待我太狠了，将我打在磨房研磨。天到这般时候，就该打扫磨房一回。

（唱）【红柳子】五代残唐末尾梢，

单表并州献宝叫刘暠。

并州献宝十六载，

人也没回信没捎。

将三娘撇在了徐沛小县，

在哥嫂家中受煎熬。

哥哥他待我有同胞意，

嫂子待我心太刁。

她让我白天担水十数担，

夜晚研磨五更谯。

平斗麸子尖斗面，

上下不差半分毫。

若是上下有了错，

皮鞭子蘸凉水定打不饶！

这一日三娘我磨房研磨，

忽听得嫂嫂桑氏喊声高。

桑氏：　　（内喊）小三哪里？快来……

李三娘：　（唱）三娘我撂下磨杆不研磨，

一到上房去见我嫂嫂。

我迈步就把上房进，

见着嫂嫂猫猫腰，

你唤小妹我有何事？

快快对着小妹我来学。

桑氏：　　（唱）有桑氏这里就把小三叫，

叫声小三要听着。

我来问问你，

屋里没柴谁去抱？

缸里没水谁去挑？

李三娘：　（唱）屋里没柴我去抱，

缸里没水哥哥去挑。

桑氏：　　（唱）小老婆[2]要听着，

你哥哥今年五十单三岁，

未曾挑水压弯腰。

三声要说挑水的话，

无话讲来无话学。

三声不说挑水的话，

皮鞭子蘸凉水定打不饶！

说着恼着道着怒，

忙把皮鞭子拿手梢。

照着小三往下打——

李三娘：　（唱）三娘我害怕跪平飘[3]。

（白）嫂嫂，莫要生气，我去挑水便了。

桑氏：　　这不就结了？你要早说挑水，何必让我费这个事呢！一天叫你干活，你哭天抹泪的，就好像

[1]　选自黑山县文化馆、黑山县非物质文化遗产保护中心编《黑山二人转传统剧目汇编（第一辑）》，沈阳出版社2016年版331—337页（包玉梅口述）。

[2]　小老婆：对女人的蔑称。

[3]　跪平飘：地平飘，曲艺人为辙韵而用。尚有"地流平""地平川"等。均为"地上"之意。

给你气受似的。你当家的投军去了，把你扔在我们家了，一天让你干点儿活你还觉着挺抱屈。在我们家待着待着还添彩儿，在磨房还添孩子啦！去吧，快挑水去吧！（下）

李三娘： 好冷的天哪！

（唱）【大悲调】数九隆冬雪花飘，

受罪的李三娘把水挑。

我伤心不把旁人来怨，

埋怨声狠心丈夫名叫刘暠。

自从打并州前去献宝，

十六年书没写来信也没捎。

把为妻撇在了徐沛小县，

哥嫂的家中受尽了煎熬。

哥哥他待我还倒好，

嫂嫂她待我心太刁。

白天担水数十担，

夜晚研磨到五更谯。

今日井台来打水，

偏偏赶上老天爷降下鹅毛。

老天爷下雪非是雪，

分明是降下来杀人刀！

我叨叨念念往前走，

井台不远来到了。

迈步我把井台上，

两头放下盛水筲。

三娘这里不怠慢，

十指尖尖辘轳把儿来摇。

不多时打罢了两桶水，

冻得十指像猫挠。

寄下了李三娘井台来打水……

小王： （上。唱）【靠山调】且把小王学上一学。

今天是月氏皇娘寿诞日，

父王命我打围奔荒郊。

人马拖拖往前走，

荒郊不远来到了。

从早晨打到天过午，

不见野鹿和獐狍。

叫声王二收围场，

咱们爷们转回朝。

这人马迤迤往回走，

从那旁跑过来玉兔小团毛。

小王这里不怠慢，

忙把雕翎箭拿手梢。

我拧拧朱红搭上扣，

前手用力后手瞄。

只听嗖啪一声响，

直射玉兔小团毛。

你说玉兔怪不怪，

躲过箭头就把箭尾叼。

小王一见心好恼，

叫声王二你听着。

快快追赶那白毛玉兔，

追回翎箭咱们爷们好还朝！

王二： （唱）王二这里不怠慢，

打马去追玉兔小团毛。

撵着撵着不要紧，

撵到了村庄咋不见了。

王二催马村庄进，

见一个贫婆把水挑。

我出言便把贫夫人叫，

连叫贫人你听着。

你在此处来担水，

见没见玉兔小团毛？

见着玉兔你拿回去吃口肉，

爷家翎箭我好往回交。

李三娘： （唱）【红柳子】清晨井台来打水，

未曾看见什么小团毛。

三娘摆手说是没看见，

马渴扒倒盛水筲。

扒倒水筲水就洒，

露出爷家箭翎雕[1]。

王二：　（唱）【靠山调】王二我一见心好恼，

　　　　叫声贫人你听着。

　　　　我问你看没看见白毛玉兔，

　　　　你摇手愣说没看着。

　　　　正是二人来争吵——

小王：　（唱）小王催马我就赶到了。

　　　　出言便把王二叫，

　　　　连叫王二你听着。

　　　　我让你追赶白毛玉兔，

　　　　为何跟这贫婆闹吵吵？

王二：　（唱）王二这里忙回话，

　　　　叫声千岁你听着。

　　　　你让我追赶白毛玉兔，

　　　　我追着追着不见了。

　　　　我打马便把村庄进，

　　　　见这位贫夫人正在那把水挑。

　　　　我问她看没看见白毛玉兔，

　　　　她摆手愣说没看着。

　　　　马渴扒倒盛水桶，

　　　　里面露出爷家的箭翎雕。

　　　　说罢雕翎递过去……

小王：　（唱）有小王雕翎接手梢。

　　　　接过雕翎仔细看，

　　　　朱红大字上边描。

　　　　上写着，你当挑水的她是哪一个？

　　　　她本是你的母亲把罪遭。

　　　　井台认下生身母，

　　　　万里江山坐得牢。

　　　　井台不认生身母，

　　　　万里江山顺水漂。

　　　　下边还有两行字，

　　　　太白金星点化着。

　　　　小王不解其中意，

扳倒大树把根刨。

　　　　出言便把王二叫，

　　　　叫声王二要听着。

　　　　你叫那贫婆马前来回话，

　　　　马前马后小心着。

　　　　回答得好来我有赏，

　　　　回答得不好定打不能饶！

王二：　（唱）王二这里忙答话，

　　　　叫声贫人你听着。

　　　　我们千岁让你马前来回话，

　　　　马前马后小心着。

　　　　回得好来君爷有赏，

　　　　回得不好定打不能饶！

李三娘：（唱）【红柳子】李三娘闻听这句话，

　　　　止不住心内暗打停条[2]。

　　　　只曾想今日井台来打水，

　　　　哪承想今日我惹下大祸了。

　　　　迈步我把井台下，

　　　　打量眼前这位将英豪。

　　　　太子金盔头上戴，

　　　　他的雉鸡翎儿就在脑后飘。

　　　　左挎弯弓右戴剑，

　　　　马鞍桥压下斩将钢刀。

　　　　见小将前发齐眉后发盖颈，

　　　　眉清目秀好似哪里见过几遭。

　　　　我猛想起他好似当年的刘知远，

　　　　又好像奴的丈夫名刘暠。

　　　　不见雕鞍不识骏马，

　　　　见小将我想起我的小娇娇。

　　　　眼前若有咬脐子，

　　　　也有那君爷这么老高。

　　　　常言说走遍天下都是一个理，

　　　　我拜罢君爷才为高。

　　　　走上近前飘飘下拜——

[1]　箭翎雕：因辙韵而用的倒装句。

[2]　打停条：盘算。

小王： （唱）【靠山调】倒把小王拜坏了。

在马上栽了三栽晃了三晃，

差点掉下马鞍桥。

小王这里心暗想，

不住心里打停条。

莫非说贫人命大我命小，

贫人福厚我福薄。

小王不解其中意，

我何不扳倒大树把根刨？

我出言便把王二叫，

叫声王二要听着。

快快拿出薄褥套，

让贫人落座把话学。

王二： （唱）【抱板】王二这里不怠慢，

叫声贫人要听着。

千岁让你落座来讲话，

让你落座你可别拜了。

李三娘： （唱）三娘这里不怠慢，

薄褥套上来坐着。

君爷你有啥话快对我讲，

君爷你有啥话快对我来学。

小王： （唱）我出言便把贫人叫，

叫声贫人要听着。

我问你家中可有男子汉？

为什么大雪天你把水来挑？

李三娘： （唱）【红柳子】问我的家来家倒有，

我不是无名少姓女妇道。

我的家原住在徐沛小县，

哥嫂家中受煎熬。

自幼配夫刘知远，

外人送号名叫刘暠。

想当初咱们夫妻两个不得好，

在打瓜园里夫妻住着。

丈夫降妖得了三种宝，

盔铠甲胄定唐刀。

自从他并州去献宝，

十六年书没写来信没捎。

把我撇在徐沛县，

哥嫂家中受煎熬。

哥哥待我倒有同胞意，

嫂子待我心眼太刁。

她命我白天打水数十担，

夜晚研磨五更谯。

这本是三三见九实情话，

无有虚言对着君爷学。

小王： （唱）你丈夫并州去献宝，

留没留下后代一条？

李三娘： （唱）你要问留后倒也有，

听我仔仔细细对你学。

那日磨房中正研磨，

忽觉得腹内疼痛真难熬。

不用人说知道了，

一定是我的娇儿就要降生了。

磨房里无有灯来无有剪，

倒把三娘难坏了。

低头一计有有有，

口咬脐带娇儿降生了。

我儿他乳名叫咬脐子，

我儿生下哭声高。

我儿一哭不要紧，

惊动嫂嫂知道了。

我的娇儿她抢去，

抢去就往井里抛。

【抱板】三娘我疼儿往外跑，

找到了后花园的枯井了。

水离井口深得很，

够不着来摸不着。

正是三娘心急切，

西北旋天北风号。

黑风黄风刮三阵，

把我儿子刮走了。

三娘就在后边撵，

有个砖头绊倒了。

手扶埃尘忙站起，

有个柬帖就在地平飘。

打开柬帖仔细看，

太白金星点化着。

休当妖来休当怪，

把你儿并州送去了。

要想母子得相见，

十六年后母子准见着。

屈指算今年十六年整，

也不知今年见着见不着。

老爷呀，眼前若有我的娇儿在，

也有君爷这么老高。

小王：　　（唱）【靠山调】我闻听贫夫人讲一遍，

低下头来打停条。

休要说她是我的生身母，

月氏皇娘在当朝。

你若说她不是我的生身母，

为什么她的丈夫叫刘暠？

是也罢来不是也罢，

叫声贫娘要听着。

你丈夫并州去献宝，

为啥你不给他就把家书捎？

李三娘：　（唱）【羊调】山又高来路又远，

有法写来无人捎。

小王：　　（唱）山又高来路又远，

你写书信我来给你捎。

李三娘：　（唱）咱二人一无亲来二无故，

怎敢把君爷您的贵驾劳？

小王：　　（唱）【靠山调】要说亲来也有个故，

听着小王我慢慢对你学。

你丈夫和我父亲结一拜，

我和你独生子是同学。

按理说你是我的老盟母，

盟母写书盟儿我来捎。

李三娘：　（唱）【红柳子】三娘我一见盟儿到，

就好像斗大明珠落手梢。

我有心回家去取笔和墨，

嫂子知道定打不能饶。

低头一计有有有，

何不照着古人学一学？

昔日有位王三姐，

写封血书鸿雁捎。

罗裙扯下整半幅，

轻轻铺在了地平飘。

中指捻到樱桃口，

倒把三娘疼昏了！

小王：　　（唱）【靠山调】这时吓坏哪一个？

可把小王吓坏了。

一搂衣服忙跪倒，

口尊盟母要听着。

苏醒吧来苏醒吧，

多归阳来少归阴曹。

李三娘：　（唱）【红柳子】三娘正在昏迷之处，

只听得耳旁有人叫声高。

我不爱睁眼强睁眼，

看见了我的盟儿一旁跪着。

李三娘我未曾写书二目落泪，

止不住两眼雨泪滔滔。

上写着拜上拜上多多拜上，

拜上了夫君名叫刘暠。

自从你并州前去献宝，

十六年你书没写来信没捎。

把为妻撇在徐沛县，

哥嫂的家中受煎熬。

哥哥李宏信待我有同胞意，

桑氏嫂嫂她心太刁。

她让我白天打水数十担，

夜晚研磨五更谯。

丈夫哇，丈夫你南朝把官做，

怎知为妻我在家把罪遭？

丈夫你在南朝吃的是山珍海味，

为妻我要吃野菜吃不着。

丈夫你在南朝穿的是绫罗绸缎，

为妻我粗布衣衫我都穿不着。

你早回三天夫妻能见着面，

晚回三天夫妻见不着！

上写我儿咬脐子，

千万别跟你的爹爹学。

我儿要有恋母的意，

你快把为娘接还朝。

有心继续往下写，

怎奈鲜血已经淌干了。

刷刷点点写完毕，

叠又叠来包又包。

三娘递书凤展翅——

小王：　　（唱）【靠山调】小王接书龙探腰。

有心书信揣怀内，

父亲的名字上边描。

低头一计有有有，

我把家书头盔里搁。

出言便把王二叫，

叫声王二要听着。

快快与贫娘打来两桶水，

只许打来不许挑。

王二：　　（唱）有王二打罢了两桶水，

叫声贫人把水挑。

李三娘：　（唱）【羊调】三娘这里不怠慢，

顺手挑起盛水筲。

往日担水直腰走，

今日担水猫猫腰。

要问猫腰为何事，

盟儿回去了对那盟父学。

寄下了李三娘挑水回家转——

小王：　　（唱）【靠山调】再把小王学一学。

心中暗把舅父舅母骂，

骂声舅父舅母最不高。

今天我回朝中去，

对我父亲把话学。

我父信了我的话，

教兵场里把兵挑。

人上拨人马上拨马，

净挑二十五六将英豪。

人马发在徐沛县，

与我母亲把仇报！

捉住娘舅用刀剁，

捉住舅母把皮剥！

句句说的报仇话，

不知苍天饶不饶。

开言便把王二叫，

叫声王二要听着。

叫声王二收围场，

人马拖拖转回朝。

父王准了我的本，

我把我母接还朝。

三娘打水没唱好，

好好赖赖担待着。

捡棉花[1]

姐儿俩金花、银花在捡棉花时互相说起自己的未婚夫，被穷孩子苦瓜偷听到。苦瓜取笑金花、银花，姐儿俩答应用棉花纺布纺线给苦瓜做衣服。苦瓜说要做就做给自己的盲爹，姐儿俩答应。此戏生动活泼，表现了农村青年风趣、善良。

人物　　金花

[1]　选自耿瑛编《二人转传统作品选》，春风文艺出版社1983年版425—435页（刘新记录）。

银花
苦瓜

（苦瓜执鞭赶猪上）

苦瓜：　（唱）【数板】唉！从小我就没有妈，

　　　　　爸爸又是个双眼瞎。

　　　　　家穷缺少下锅米，

　　　　　五岁就当放猪娃。

　　　　　好难熬的穷年月，

　　　　　过年还吃豆腐渣。

　　　　　打过新春十二岁，

　　　　　还得把这鞭子拿。

　　　　　这么大了还没有名和姓，

　　　　　都管我叫小苦瓜。

　　　　（白）东山的草不好，今天挪个地方，上西下洼放去。（呼）花克郎！你回来！今天不上东山……

　　　　（苦瓜跑下。金花、银花同挎竹篮自左右对舞上）

金花：　（唱）【数板】庄稼人春种秋收为的啥？

银花：　（唱）全都盼收茬好庄稼。

金花：　（唱）我叫白金花，

银花：　（唱）我叫白银花，

金花、银花：（唱）叔伯姊妹俩儿，

　　　　（唱）商量商量去捡棉花。

　　　　（二人圆场）

金花：　（唱）咱两家的棉花垄挨垄，

银花：　（唱）歇着时候好把话拉。

金花：　（唱）出了村庄到郊外，

银花：　（唱）郊外的风光把人喜煞。

金花：　（唱）云绕山崖分明一轴画，

银花：　（唱）雾罩柳林好像披层纱。

金花：　（唱）曲曲弯弯的小河水，

银花：　（唱）鲤鱼戏水响哗啦。

金花：　（唱）黄翅膀，

银花：　（唱）小脑瓜，

金花、银花：（唱）又飞又蹦的是蚂蚱。

金花：　（唱）没翅膀，

银花：　（唱）绿脑瓜，

金花、银花：（唱）光蹦不飞的是青蛙。

金花：　（唱）鼓鼓溜溜的黄豆荚，

银花：　（唱）胖乎乎的高粱穗儿正扬花。

金花：　（唱）玉米棒能有油瓶大，

银花：　（唱）节节生角是芝麻。

金花：　（唱）山坡上谁家种的一片绿豆？

银花：　（唱）我最爱吃那春饼卷那绿豆芽。

金花：　（唱）妹妹呀！

银花：　（唱）姐姐呀！

金花：　（唱）过这独木桥你是怕不怕？

银花：　（唱）等一等，你在前，

金花：　（唱）你在后，

金花、银花：（唱）你把我（我把你）的衣裳襟拉。

金花：　（唱）不多一时来得快，

银花：　（唱）眼前来到西下洼。

金花：　（唱）远看棉田像落一层雪，

银花：　（唱）雪中还有绵羊趴。

金花：　（唱）你们家的棉桃足有鸡蛋大，

银花：　（唱）你们家的棉桃好像……

金花：　（白）好像什么？

银花：　（唱）【数板】好像胖娃娃的秃脑袋瓜。

金花：　（唱）孩子是自家的好，庄稼是人家的好，

银花：　（唱）只有那老王卖瓜才自卖自夸。

金花：　（唱）银花妹妹呀！

银花：　（唱）姐姐呀！

金花：　（唱）开始吧！

银花：　（唱）上垄吧！

金花、银花：（唱）姐妹二人分头捡棉花。

金花：　（唱）一去我拿两条垄，

银花：　（唱）回头我也不拿仨。

金花：　（唱）捡了一把又一把，

银花：　（唱）捡了一掐又一掐。

金花：　（唱）八月的天气还这么热？

银花：　（唱）汗珠滚滚直滴答。

金花：　（唱）找个地方歇一会儿，

银花：　（唱）瞧，那边有两个木头疙瘩。

　　　　（姐儿俩放下篮子，搬来木头疙瘩，面向观众
　　　　坐下。苦瓜悄悄从二人背后走过，偷听姐儿俩
　　　　的话）

金花：　（唱）妹妹今年十几岁？

银花：　（唱）你忘了，我今年整十八。

金花：　（唱）十八岁的姑娘不算小，

银花：　（唱）不算大，我奶奶今年都八十八。

金花：　（唱）傻妹妹，你怎没懂我的话？

银花：　（唱）我早知道，你要说的是还没有他。

金花：　（唱）我问妹妹你着急不？

银花：　（唱）又不是，七十七，八十八，

　　　　　　　头没白，眼没花，我忙的是啥？

金花：　（唱）你这是和我说反话，

　　　　　　　听话音比我更急杀。

银花：　（唱）不瞒姐姐说，早已有一个，

　　　　　　　不知你是一个啥样的他？

金花：　（唱）我要说出心里话，

　　　　　　　你可别添油加醋给我遥哪[1]照本发！

银花：　（唱）野地没人只有咱姐儿俩，

　　　　　　　背人的嗑儿尽管往外拉。

金花：　（白）妹妹呀！

　　　　（唱）这几年我心里只有一个他，

　　　　　　　他家住河北，

　　　　　　　小木匠叫王发。

　　　　　　　俺俩见过面儿，

　　　　　　　在我姨娘家，

　　　　　　　背人说过话，

　　　　　　　偷着把手拉。

　　　　　　　比我大两岁，

　　　　　　　模样人人夸。

　　　　　　　脸形像他爸，

　　　　　　　眉眼像他妈。

　　　　　　　小嘴会说话，

　　　　　　　干活不耍滑。

　　　　　　　三年徒已满，

　　　　　　　手艺顶呱呱，

　　　　　　　会打箱子柜，

　　　　　　　雕刻檐围花。

　　　　　　　给我个纪念品，

银花：　（白）什么好东西？

金花：　（唱）刻花的梳头匣。

　　　　　　　刻的是喜鹊登梅一张画，

　　　　　　　乐得我美滋儿滋儿的心里像开花！

　　　　（白）妹妹，该听你的啦！

银花：　我不说了。

金花：　你咋不说了？

银花：　我怕你笑话。

金花：　你怎说这话？咱俩虽说是叔伯姐妹，和亲姐妹
　　　　能差多少？说吧！

银花：　姐姐呀！

　　　　（唱）要问我的那个他，

　　　　　　　是个独生娃。

　　　　　　　小名叫李柱儿，

　　　　　　　南园看过瓜。

　　　　　　　俺俩是同岁，

　　　　　　　今年都十八。

　　　　　　　比我高不少，

　　　　　　　大约有一拃[2]。

　　　　　　　长个鹅蛋脸，

　　　　　　　黑碜碜的没疤瘌。

　　　　　　　眉毛重，眼睛大，

　　　　　　　小嘴从不瞎叭叭。

　　　　　　　从小家贫苦，

　　　　　　　一个钱也不错花。

[1]　遥哪：到处。

[2]　一拃：张开手掌，拇指尖到中指尖的距离。

那天我从瓜棚过，

他给我摘个大西瓜。

一个西瓜切两半，

吃一口又甜又起沙。

（苦瓜几次出场向观众做鬼脸，这次突然从姐儿俩身后蹦出，把姐妹吓一大跳）

苦瓜：（笑）哈哈哈哈！

金花：（白）小苦瓜，你什么时候来的？

苦瓜：你看，我不是才来吗？什么新鲜事儿把你乐得那样？

银花：这事儿比新鲜事儿还新鲜事儿哪！

苦瓜：（唱）【数板】哎，竹板一打呱哒哒，

小猪倌来到西下洼。

西下洼有块棉花地，

遇见俩没过门儿的姑娘把女婿夸。

金花：（白）小苦瓜，你别瞎嘞嘞！

苦瓜：瞎嘞嘞？你听！（学金花）

（唱）【数板】俺俩见过面儿，

在我姨娘家，

背人说过话，

偷着把手拉。

银花：（白）小苦瓜，净胡扯！

苦瓜：胡扯？还有哪！（学银花）

（唱）【数板】俺俩是同岁，

今年都十八。

比我高不少，

大约有一拃。

金花、银花：（白）小苦瓜，你再胡说，我可要打你啦。

苦瓜：我的嘴，愿意说干你们啥事儿？

金花、银花：你的嘴也不许瞎说！

苦瓜：好，再瞎说一回就不瞎说啦。

（唱）【数板】竹板一打呱哒哒，

叔伯姐儿俩去捡棉花。

捡着捡着拉起了呱[1]，

都把各自的女婿夸。

一个收人家梳头匣，

一个吃人家大西瓜。

你的女婿叫李柱儿，

你的女婿叫王发。

哎哟哟，哎呀呀，我的姥姥，

姥姥的女儿是我妈。

可惜没活到七十七、八十八，

掉了牙，白头发。

就算活到一百岁，

也没经过大姑娘，在娘家，夸婆家。

叫旁人听见笑掉牙！

（姐儿俩互相示意，冷不丁各揪住苦瓜的一个耳朵）

苦瓜：（白）哎哟！哎哟！

金花：还胡说不？

苦瓜：不啦！不啦！（姐儿俩都松开耳朵）

金花：再胡说就弹你脑崩儿！

银花：再瞎扯就给你老太太端灯！

苦瓜：（跑到一边）不，不，不在这胡说，回村里去胡说，中吧？

银花：（着急。白）姐姐，怎办哪？

金花：兄弟，你来，大姐给你点相应[2]。

苦瓜：不！你抓住我要弹我脑崩儿。（学弹）

银花：兄弟，你来，二姐也给你点相应。

苦瓜：更不去了，老太太端灯（学端灯），可疼啦。

金花：真的，大姐不糊弄你。

苦瓜：那也得先给我施个礼儿。

金花：谁家姐姐给兄弟施礼儿？

苦瓜：有，大敬小，年头儿好。

银花：（无奈）姐姐，没法子，施礼就施礼吧。

（姐儿俩同施礼）

苦瓜：不算不算！我还没坐好呢。（苦瓜刚坐下，姐儿俩又施礼）太早了！太早了！我还没端架

---

[1] 拉起了呱：唠家常。

[2] 相应：便宜。

子呢。

银花：　　瞧，你这个麻烦劲儿！

苦瓜：　　百年不遇的美事儿，不端好架子还行？还得说，

苦瓜兄弟在上，大姐、二姐给你施礼啦。

金花：　　端好了没有？

苦瓜：　　端好了。

银花：　　可别把你美死了！

苦瓜：　　这件事儿，两情愿，你不干，我滚蛋。（站起来
要走）

　　　　　（金花、银花急拉住，按坐下）

银花：　　小爷爷，我们情愿，你把架子端好吧。

苦瓜：　　嗯哒！（端架子）

金花、银花：苦瓜兄弟在上，大姐、二姐给你施礼啦。

苦瓜：　　罢啦！（伸出手要）拿来！

金花：　　什么呀？

苦瓜：　　相应。

金花：　　（唱）你听！我给你做个兜兜绣上花。

苦瓜：　　（唱）大姐你绣什么花？

金花：　　（唱）上边绣个小家雀儿，

苦瓜：　　（唱）不要！我怕它飞上脊梁拉屁屁。

金花：　　（唱）不绣家雀儿绣个三条腿，

苦瓜：　　（唱）三条腿的是什么？

金花：　　（唱）金蟾就是三条腿，模样像你……

苦瓜：　　（白）啊？

金花：　　（唱）像你见过的小青蛙。

苦瓜：　　（唱）不要不要我不要，

怕它下雨阴天叫哇呱。

金花：　　（唱）不绣金蟾绣上一匹马，

苦瓜：　　（唱）不要，怕它把我端趴下。

金花：　　（唱）这个不要那个也不要，

快告诉大姐你要啥。

银花：　　（向观众。白）真没法子，他算得着有把的烧
饼[1]啦！

苦瓜：　　（白）大姐呀！

（唱）你知道我从小就没有妈，

爸爸又是个双眼瞎。

我工钱爸爸喝粥都不够，

披个麻袋苦到了家。

大姐要给做件小褂，

我先给你磕个头，你就应下吧。（磕头）

金花：　　（急拉起。唱）苦瓜兄弟是个好苦瓜，

不顾个人顾爸爸。

真正是家贫出孝子，

这件小褂我应下，兜兜算外加。

（苦瓜又要磕头，银花急拉住）

（白）妹妹，你……？

银花：　　（唱）出血人不用锥子扎，

不知兄弟你要啥？

二姐别的不给你做，

做一双暖暖和和的毡疙瘩[2]。

苦瓜：　　（白）二姐！

（唱）毡疙瘩杠硬[3]挤我脚，

我算是没有命穿它。

银花：　　（唱）怕挤脚二姐给你大点做，

苦瓜：　　（唱）鞋大了走起道踢里踏拉。

银花：　　（唱）量好尺寸不大也不小，

苦瓜：　　（唱）不大不小我也不穿它。

银花：　　（唱）你要什么就直说吧，

能办到的二姐都应下。

苦瓜：　　（唱）大姐给做件新小褂，

我这辈子忘不了她。

二姐给配条裤子成一套，

强如给我做十双毡疙瘩。

银花：　　（唱）你这要求并不大，

捡这些棉花咱怕啥？

过几天纺线织成布，

做一条单裤外加毡疙瘩。

[2]　　毡疙瘩：毡靴。

[3]　　杠硬：特别硬。

[1]　　有把的烧饼：有了可以要挟的条件。

苦瓜： （唱）乐得苦瓜掉眼泪，

　　　　　　好人都在这西下洼。

　　　　　　单等明年、后年二位姐姐去出嫁，

　　　　　　我苦瓜省吃俭用也添朵鬓边花。

金花、银花：（白）谢谢兄弟！

苦瓜： （唱）苦瓜我扬鞭上山把猪放，

金花、银花：（唱）姐两个一同接着捡棉花。

姜须搬兵

源于皮影戏《寒江》《樊梨花征西》。薛仁贵征东时和姜兴霸等八人结拜，后姜兴霸之子姜须随伯父薛仁贵征西。薛仁贵领兵在寒江关受阻，薛丁山娶妻樊梨花之后，接连收城破关。薛丁山因樊梨花曾被其父许配给番将杨凡，心中不满，将樊梨花赶回寒江关。锁阳关受阻，姜须搬请嫂子樊梨花，樊梨花假意刁难，姜须用诙谐与智慧将樊梨花请回。

　　　　人物　　　　樊梨花
　　　　　　　　　　姜须

（姜须在后台抛出手绢，随之轱辘毛或翻跟头上场，站起接住手绢）

姜须： （念）头戴金盔不大点儿，

　　　　　　身穿梭子胡椒眼儿。

　　　　　　上阵骑个老母猪，

　　　　　　手使长枪掏耙杆儿。

（白）大将霸王姜须儿，好说好笑好逗哏儿，咱可不是那种人儿。苏海大兵堵城门儿，我小哥薛丁山慌了神儿。差我上寒江去请樊梨花，他媳妇儿，我的小嫂子儿。

樊梨花： （唱）【胡胡腔】千里姻缘一线牵，

姜须： （唱）梨花丁山配凤鸾。

樊梨花： （唱）夫妻口角翻了脸，

姜须： （唱）梨花被贬回寒关。

樊梨花： （唱）【喇叭牌子】樊梨花坐大帐自思自叹，

姜须： （唱）回想起以往事泪流腮边。

樊梨花： （唱）【打枣】奴家好比失群大雁，

姜须： （唱）凄凄凉凉孤孤单单。

樊梨花、姜须：（唱）恼恨丁山无义男。

姜须： （唱）【武嗨嗨】小两口哪能筷子不碰碗，

　　　　　　打鱼的哪能总遇顺风船。

樊梨花： （唱）你不该动不动的就翻脸，

姜须： （唱）你不该两次贬奴回寒关。

樊梨花： （唱）常言说痴心女子负心汉，

姜须： （唱）女孩家心肠软藕断丝连。

樊梨花： （唱）【东北大鼓】为妻我对丁山——

姜须： （唱）又气又挂念。

樊梨花： （唱）不知他一路征途——

姜须： （唱）暖与寒。

樊梨花： （唱）也不知公爹元帅——

姜须： （唱）身体好不好。

樊梨花： （唱）更不知幼主千岁——

姜须： （唱）御驾安不安。

樊梨花： （唱）梨花我不能保国去征战，

姜须： （唱）却落得卸去盔甲戴簪环。

樊梨花： （唱）梨花我公婆面前不能尽孝，

姜须： （唱）却落得不孝之名身上担。

樊梨花： （唱）梨花我千般凄凉万般痛苦，

姜须： （唱）满腹的愁情对谁去言。

樊梨花： （唱）樊梨花思夫主心烦意乱，

　　　　　　忽听得薛猛儿贼拉拉叫唤。

姜须： （白）见雕鞍思骏马，见孩子想起他爸爸。

樊梨花： （唱）【梨花五更】一更里梨花呀好心酸，

姜须： （唱）怀抱起薛猛呀小小儿男。

樊梨花： （唱）你的父亲到西凉去征战，

姜须： （唱）抛下咱母子孤守在寒关。

樊梨花：　（唱）二更里梨花呀挑动竹帘，

姜须：　　（唱）燕语莺声啊叫声小丫鬟。

樊梨花：　（唱）叫丫鬟拿过来梳妆镜架，

姜须：　　（唱）对菱花照芙蓉卸去簪环。

樊梨花：　（唱）三更里梨花呀上床去安眠，

姜须：　　（唱）抖一抖红绫被闲着半边。

樊梨花：　（唱）对对儿的鸳鸯枕没有人枕，

姜须：　　（唱）奴好比失群雁凄凉又孤单。

樊梨花：　（唱）四更里梨花呀刚刚入睡，

姜须：　　（唱）梦见了薛郎呀转回寒关。

樊梨花：　（唱）我二人一见面携手揽腕，

姜须：　　（唱）惊醒梦看了看原来是小丫鬟。

樊梨花：　（唱）五更里梨花呀看看要亮天，

姜须：　　（唱）忽听得金鸡呀报晓一声喧。

樊梨花：　（唱）骂了声该杀的金鸡叫得这么早，

樊梨花、姜须：（唱）惊醒了南柯梦夫妻不得团圆。

姜须：　　（白）樊梨花想夫男，一夜未眠，天亮打个盹儿，梦见薛郎回寒关。老公鸡哏哏儿一声，把好梦拆散，面对菱花自思自叹。

樊梨花：　（唱）【对菱花】清晨忙爬起，

姜须：　　（唱）对着菱花照容颜。

樊梨花：　（唱）花不见雨露，

姜须：　　（唱）小模样儿不像从前。

樊梨花、姜须：（唱）樊梨花坐大帐思念唐营男子汉。

樊梨花：　（唱）面黄又肌瘦，

姜须：　　（唱）茶饭也懒得餐。

樊梨花：　（唱）成天愁眉苦脸，

姜须：　　（唱）就像丢魂儿一样般。

樊梨花、姜须：（唱）盼的是好夫妻早日得团圆。

姜须：　　（唱）丫鬟进帐，大姑你听，

　　　　　　　门外来了姜二叔。

　　　　　　　口口声声要进关，

　　　　　　　姜二叔在门外候你的令箭。

樊梨花：　（唱）一支令箭传下去，

　　　　　　　递给小丫鬟。

　　　　　　　叫你的姜二叔，

来在扎花帐前。

请他来让我们叔嫂见上一面，

（白）哎呀我说丫鬟哪。

（唱）【锔缸调】一支令箭传下去，

姜须：　　（唱）姜须我接令箭来在大帐前。

　　　　　　　走进大帐我仔细看，

　　　　　　　见嫂子绷着小脸不搭言，

　　　　　　　这几天瘦坏了嫂嫂你的油头粉——

樊梨花：　（白）面。

姜须：　　（唱）面就面呗，小模样儿不像从前那么新鲜。

　　　　　　　走近前施上一个外掰机儿[1]——

樊梨花：　（白）礼呀。

姜须：　　（唱）礼就礼吧，问一声嫂嫂你大驾可安？

　　　　　　　莫非说想你唐营的王朝马——

樊梨花：　（白）汉。

姜须：　　（唱）汉就汉吧，

　　　　　　　我老姜为你夫妻来回把线牵。

　　　　　　　我小哥想你想得肝肠断，

　　　　　　　不吃饭不睡觉疯疯癫癫。

樊梨花：　（唱）梨花我冷在心上笑在面，

　　　　　　　姜二弟来寒关大礼当先。

　　　　　　　满面带笑欠身离了位，

　　　　　　　姜二弟落座叔嫂把话谈。

姜须：　　（白）我嫂子一乐，我浑身发热，给我让个座，还算真不错。

　　　　　　　（姜须叉腿坐状，没有椅凳）

樊梨花：　姜二弟呀，看你红光满面，眉开眼笑，一定是打胜仗了？

姜须：　　这还用问，那当然。唐营兵马上百万，战将上千员，小河沟儿还能翻船？

樊梨花：　（唱）【武嗨嗨】恭喜你们打了胜仗，

　　　　　　　一定是人马攻进锁阳关。

　　　　　　　苏海老贼递了顺表，

　　　　　　　你唐朝刀枪入库马放南山。

[1]　外掰机儿：违反常理的行为，此处指不正式的施礼。

你应该回朝去扶保真主,

又来我寒江关为的哪般?

姜须: (唱)【数板】你休扯拦,

樊梨花: (唱)我不扯拦。

姜须: (唱)你莫癫憨,

樊梨花: (唱)我不癫憨。

姜须: (唱)明知我老姜把兵搬,

跟我打啥哑巴缠[1]?

樊梨花: 姜二弟有事没事?没事给我言边主下月,俩山搭对山攃山。

(推姜须出)

姜须: 我说嫂子,真叫人心酸。我老姜顶风冒雨来寒关,一为国家江山,二为你们夫妇团圆,跟我耍的什么土鳖蛮!不去就拉倒呗,还给我两个字眼子,我得问问大小三军。三军哪,我嫂子给我两个字眼子,帮我猜猜?

(搭架子: 什么字眼子?)

姜须: 言边主下月。

(搭架子: 念个请字。)

姜须: 啊,我明白了。一定是我嫂子看我搬兵有功,要请我喝几盅。三军哪,第二个字是"俩山搭对山攃山"念啥?

(搭架子: 念个出字。)

姜须: 你可别说,一定是我嫂子请我吃饱了,喝足了,跟我出马发兵呀。

(搭架子: 姜二爷呀,俩字搁一块念。)

姜须: 搁一块念⋯⋯

(搭架子: 让你请出。)

姜须: 啊!这不是白来一趟吗?哎,有了。头两次搬兵是把她哭去的,这回外甥打灯笼 —— 照旧(舅)!还得哭哇!可是挺大个老爷们儿怎么哭呢?救兵如救火,啥也顾不得,别害臊,拉

拉脸子[2]造,说哭就哭哇!

(唱)【哭糜子】老姜我千里迢迢来搬兵,

搬我嫂子樊氏威宁,

小没良心的你咋这么狠,

可叫我有啥脸再回唐营!

樊梨花: (白)姜二弟,因何啼哭?

姜须: 嫂子,我是绿豆蝇坐月子 —— 有点委屈(尾蛆)呀。

樊梨花: 屈从何来?

姜须: 好难搬的兵啊⋯⋯

(唱)【影调】姜须我进帐来跪在流平,

哀告嫂嫂樊氏威宁。

千里搬嫂嫂,

为国来尽忠。

帮我小哥杀敌来立功,

嫂嫂哇,稳坐寒关你咋不发兵?

黄松大徒弟,杀伐武艺精,

只杀得唐朝人马不敢出征。

无奈何千里迢迢搬嫂嫂,

嫂嫂哇,稳坐寒关你咋不发兵?

姜须哭得如酒醉,

樊梨花: (唱)在一旁难坏了樊氏威宁。

姜须: (白)别看你跟我拿五做六,那个人一来,破豆包儿就把馅儿露。又打酒,又买肉,贱巴喽嗖往人家跟前儿凑。

樊梨花: 你说的谁?

姜须: 你俩吃饭一张桌儿,睡觉被窝儿挨被窝儿。走道儿胳膊挎胳膊儿,背后总唠贴己嗑儿。

樊梨花: 大胆姜须净胡说。

姜须: 你当家的我小哥,一点不胡说。

樊梨花: (唱)【影调】提起你小哥更恼心中,

要我发兵万想不能。

姜须: (白)梢苔[3]做镐把 —— 这算杆细了!

---

[1] 哑巴缠: 打哑巴缠,也作"一哑禅"。指说不清里表的纠缠,人家说东你说西,不谈正题。

[2] 拉拉脸子: 不顾脸面或给人脸色看,此处是顾不得脸面之意。

[3] 梢苔: 树枝条,劈柴。

樊梨花：　（唱）【红柳子】提起强人薛丁山，

　　　　　　　　　怒气冲冲我咬牙关。

　　　　　　　　　喝问姜须你好大胆，

　　　　　　　　　单人独马闯寒江关。

姜　须：　（白）两国战争不斩来使，我是来请嫂嫂的。

樊梨花：　（唱）【红柳子】不提请字还罢了，

　　　　　　　　　提起请字叫我心寒。

　　　　　　　　　二弟你一请嫂嫂去没去？

姜　须：　（唱）点动兵马出了寒江关。

樊梨花：　（唱）再问你二请嫂嫂去没去？

姜　须：　（唱）你发兵救了小哥薛丁山。

樊梨花：　（唱）我问你，你小哥待我怎么样？

姜　须：　（唱）清官难断家务事，叫我咋参言？

樊梨花：　（唱）你小哥用我时甜言蜜语，

　　　　　　　　　用不着清泔水——把我撇一边。

　　　　　　　　　两出寒关我把他救，

　　　　　　　　　实指望好夫妻破镜重圆。

　　　　　　　　　哪承想丁山没有恋妻意，

　　　　　　　　　梨花也不恋无义男。

姜　须：　（白）两口子打架不用劝，睡一宿觉气全散，这
　　　　　　是我的亲身体验。常言说得好，一日夫妻百日
　　　　　　恩，百日夫妻似海深。嫂子，不看现在，还看
　　　　　　当初哪！

樊梨花：　不提当初还则罢了，要提当初，更叫嫂子十冬
　　　　　　腊月的萝卜——寒透心了！

樊梨花：　（唱）【反西凉】当初唐王领兵来征战，

姜　须：　（唱）人马层层亚如泰山。

樊梨花：　（唱）东门以外扎下营盘，

樊梨花、姜须：（唱）东门以外扎下营盘。

樊梨花：　（唱）领兵元帅薛仁贵，

姜　须：　（唱）他有一子薛丁山。

樊梨花：　（唱）派他来叫关，

樊梨花、姜须：（唱）派他来叫关。

樊梨花：　（唱）我大哥和二哥吃了败仗，

姜　须：　（唱）老父出马也一样般。

樊梨花：　（唱）他也败回关，

樊梨花、姜须：（唱）气坏了女婵娟。

樊梨花：　（唱）三阵梨花去出马，

姜　须：　（唱）跨马提刀来到阵前。

樊梨花：　（唱）会会将魁元，

樊梨花、姜须：（唱）会会将魁元。

樊梨花：　（唱）一心替父把仇报，

姜　须：　（唱）不承想马到疆场乱了心弦。

樊梨花：　（唱）爱上了薛丁山，

樊梨花、姜须：（唱）爱上了薛丁山。

姜　须：　（唱）【十夸十爱】一爱他，

樊梨花：　（唱）一爱他白马银枪多威武，

姜　须：　（唱）二爱他，

樊梨花：　（唱）二爱他背后斜插打将钢鞭，

姜　须：　（唱）三爱他，

樊梨花：　（唱）三爱他王禅老祖大徒弟，

姜　须：　（唱）四爱他，

樊梨花：　（唱）四爱他五凤楼前夺过状元。

姜　须：　（唱）五爱他，

樊梨花：　（唱）五爱他将门之子扶保真主，

姜　须：　（唱）六爱他，

樊梨花：　（唱）六爱他万马营中执掌兵权，

姜　须：　（唱）七爱他，

樊梨花：　（唱）七爱他万将无敌枪法好，

姜　须：　（唱）八爱他，

樊梨花：　（唱）八爱他唐王驾前先行官，

姜　须：　（唱）九爱他，

樊梨花：　（唱）九爱他小模样儿长得那么美，

姜　须：　（唱）十爱他，

樊梨花：　（唱）实实在在爱上了薛丁山。

樊梨花：　（唱）【合钵】奴家爱上了薛丁山，

姜　须：　（唱）二人见面咋就那么投缘。

樊梨花：　（唱）奴家有心下马和他结连理，

姜　须：　（唱）我父他又把阵观。

樊梨花：　（唱）暗暗打算盘，

姜　须：　（唱）假败奔深山。

樊梨花、姜须：（唱）小将不舍追赶在后边。

樊梨花：　（唱）奴家用金抓把他拿下马，

姜须：　　（唱）刀按脖子配凤鸾。

樊梨花：　（唱）深山配凤鸾，

姜须：　　（唱）拜罢地和天。

樊梨花、姜须：（唱）夫妻分手没得团圆。

樊梨花：　（唱）他回唐营保真主，

姜须：　　（唱）奴回寒江去守关。

樊梨花：　（唱）打马回寒关，

姜须：　　（唱）甩镫下雕鞍，

樊梨花、姜须：（唱）见了二老细说一番。

樊梨花：　（唱）二老骂奴无廉耻，

樊梨花、姜须：（唱）忘掉了仇和冤。

樊梨花：　（白）姜二弟呀，你刚才大话连篇，唐营将如海、兵如山，个个能征惯战，搬嫂嫂我，真有损唐营脸面。

姜须：　　你别跟我演戏，我一来就把你看个透透的，小眼睛滴溜乱转，还能上我们唐营去？

樊梨花：　这是什么话？你说！

姜须：　　说了，怕你破门帘子挂不住。

樊梨花：　你不把话说明，可别怪嫂子军法无情。

姜须：　　哦嗬！灶坑扔扎枪——真穿我这疙瘩火！我看你脊梁骨长茄子——有外心了！

樊梨花：　好一个大胆的姜须，不看在老元帅面上，非重罚你四十军棍！

姜须：　　实话告诉你，别把自己看得了不起，有一天起早，我刚把酒喝饱，苏海前来骂阵，你猜把谁骂恼了？

樊梨花：　不用猜准是把你骂恼了。

姜须：　　把我气得三煞神暴跳，五陵豪气出窍，吩咐大小三军快给辣二爷鞴马抬刀！

樊梨花：　你不是姓姜吗？

姜须：　　姜不也是辣的吗？

樊梨花：　鞴来没有？

姜须：　　鞴来了，老母猪。

樊梨花：　哎呀，姜二弟呀，这也不是上阵骑的玩意儿呀！

姜须：　　我也是这么问的。可是三军说了，锁阳城被苏海大兵困得里无粮草外无救兵，马都杀吃肉了。这老母猪好赖是四条腿，比你步蹦强。我一想可也对。我又喊三军抬刀！

樊梨花：　抬来没有？

姜须：　　抬来了，铁杆掏灰耙。

樊梨花：　这也不是上阵使的兵器呀！

姜须：　　咳，我也是这么问的。三军又说了枪杆都烧火了。这掏灰耙好赖不济是个应手家伙，比你空爪子强啊！我扛着掏耙，翻身上了老母猪，啪啪啪！搂后鞭子就是三掏耙。这老母猪更快，哼的一声就没影了。

樊梨花：　不怪姜二弟骑猪，可真够快的。

姜须：　　甭提了，快什么呀。跑回猪圈奶崽子去了。

樊梨花：　姜二弟呀，这可咋办哪？

姜须：　　这难不住我老姜。猪好吃对吧？投其所好，对症下药。我找来一兜黄豆，把老母猪赶出圈，走一步扔一把，走一步扔一把，就把老母猪引到战场。大刀苏海一见我的人马刀枪，把他骑的梅花鹿也吓惊了，奔正东就跑起来了。我一看把苏海吓跑，明人不做暗事，得让他死个明白，我高喊一声，好个大刀苏海，真是胆小如鼠。我霸王姜须骑的是老母猪，使的是掏灰耙。这一下子泄露了机关，苏海调转梅花鹿就奔我来了，大刀要得嗖嗖的，交战没有几个回合，咔嚓一下子，脑袋就掉下来了！

樊梨花：　苏海的脑袋掉下来了？

姜须：　　我掏耙脑袋掉下来了，光剩杆儿了。

樊梨花：　那还用啥打仗啊？

姜须：　　这叫新式武器，长枪无头棍。他一刀，我一棍……

樊梨花：　能是苏海的对手吗？

姜须：　　常言说得好，大将怕棍捅。小猪倌儿烧苞米——乱出溜一气。又战几个回合，咔嚓一下子脑袋又掉下来了！

樊梨花：　这回是苏海的脑袋掉下来了吧？

姜须：　老母猪脑袋掉下来了。我翻身下了猪肉……

樊梨花：　下了老母猪哇。

姜须：　老母猪脑袋掉下来了，光剩猪肉了。我把猪头往腰一别，撒丫子就跑。

樊梨花：　拿猪头干啥呀？

姜须：　回营扒猪头，喝辣烧酒去。

樊梨花：　你是奔吃不要命啊！

姜须：　苏海把我逮住了，举起大刀就要杀我。我一看动硬的不行，就跪下了。我哀告说大刀苏海呀，千万刀下留情，你要杀我不要紧，可害了两条命啊！

樊梨花：　怎么两条命呢？

姜须：　八成最近几天，是我的月子。把苏海逗乐了，搂我后鞭子当的就是一脚。我借劲儿来个就地十八滚，滚出半里多地，站在高岗上骂他几句……

樊梨花：　大将军不兴骂人哪！

姜须：　你可拉倒吧。打不过他，再骂不过他，不是一输到底了吗！

樊梨花：　哈……大萝卜说梦话—— 可拔死我了。

姜须：　嫂子你气也消了，跟我上唐营去吧？

樊梨花：　不去！

姜须：　你敢说三声不去？

樊梨花：　不去，不去，不去，不去，就是不去！

姜须：　真怪好说话的，我要三升（声），她给我半斗。常言说十个大将九个怕杠，我杠她几句。咳！嫂子，不怪人家苏海说你不敢去，你果然是不敢去呀！

樊梨花：　苏海说我不敢去？

姜须：　是呀。当时我站在高岗上就跟苏海叫上号了。我说大刀苏海，有尿小子你别走，等我搬兵去。

樊梨花：　你说搬谁没有？

姜须：　我说了，搬嫂子你呀。

樊梨花：　不是嫂子夸口，也不是嫂子添浪，苏海是嫂子的手下败将。只要你一提嫂子我，准把他吓得懵头转向把姓忘，大兵倒退四十里，不敢把

嘴犟。

姜须：　你可拉倒吧。别瞎子进街—— 横吹了。不提搬你还好，一提搬你，苏海哈哈大笑，就说了……

樊梨花：　他说什么？

姜须：　苏海说别看当年老夫不是樊梨花那小丫蛋的对手，现在……

樊梨花：　现在怎么样？

姜须：　现在樊梨花在寒江关生了小孩，破了杀戒。她要不来是乖的，她要来了，我一定把她走马活捉，也不骂她，也不打她，也不杀她，也不剐她，把她……

樊梨花：　他怎么说的？

姜须：　可难听了。

樊梨花：　到底他怎么说的？

姜须：　算了，你就别问了。好像我挺大个老爷们，扯老婆舌似的。

樊梨花：　你就说吧。

姜须：　他说的贼拉拉的砢碜[1]，他说也不骂她，也不打她，也不杀她，也不剐她，把她交给大小喽啰做个万人之妻！

樊梨花：　此话当真？

姜须：　当真。

樊梨花：　果然？

姜须：　果然。

樊梨花：　好恼！

姜须：　（旁白）你好恼，我好笑，到底上了我圈套。

樊梨花：　（唱）【合钵】气坏了樊氏威宁，

姜须：　（唱）粉白的小脸蛋气个紫又青。

樊梨花：　（唱）骂了声贼苏海不知姑娘的刀马重，

姜须：　（唱）回到了后帐中，

樊梨花：　（唱）怀抱起薛猛小小的娇童。

　　　　　　叫娇儿跟娘走，

　　　　　　认父去到锁阳城。

[1]　砢碜：寒碜。

姜须： （白）嫂子干啥去？

樊梨花： 二弟呀，等我包包孩子。（樊梨花抱着布娃娃。姜须接过来细看）

姜须： 这小孩真不离儿，黑头发，白肉皮儿，光下颏，圆脑门儿，高鼻梁，双眼皮儿，杏核眼，大耳轮儿。你妈真有两下子儿，生个活蹦乱跳的虎羔子儿！嫂子，这孩子是丫头是小子？

樊梨花： 和你一样。

姜须： 啊！和我一样，是个胖小子。

樊梨花： 二弟，你抱孩子咱们走哇。

樊梨花： （唱）【茉莉花】鞴上马桃红，

姜须： （唱）牵过马缰绳。

樊梨花： （唱）抬来青铜刀，

姜须： （唱）大刀衬红缨。

樊梨花： （唱）大兵往前行，

姜须： （唱）来到锁阳城。

（白）回禀嫂嫂，眼前来到锁阳城。

樊梨花： 传令下去，埋锅造饭，明日大战苏海老贼。嫂嫂先进城看看你小哥去。

姜须： 嫂子，还有我呢。

樊梨花： 有你小哥，就显不着你了。

姜须： 好你个没良心的，真是猴拉稀 —— 坏肠子了！哎，什么玩意拱拱的？小薛猛啊！为你爷们儿叫你妈把我折腾稀了！今个拿你报仇！……不对呀，咋能没大没小，和小孩儿一般见识呢？哎，嫂子，给你孩子！

（姜须手举布娃娃，走矮子下）

闫光明、赵海燕演出本

杨维宇记录

采录时间：2002年

采录地点：沈阳

拉君

又名《梁祝下山》。由东北大秧歌演变而来。祝英台女扮男装外出求学，与梁山伯同窗三载，梁不知其为女子，分手之际，英台欲托付终身，虽再三暗示，梁仍不知情。此戏在不断演出过程中，使梁山伯与祝英台的故事更加完美，中间穿插的谜语，是应时而变的。

人物　　梁山伯

　　　　祝英台

祝英台： （上。念）感兄恩义重，

念母情更深。

自从草桥结一拜，

爱他至诚好人才，

封封家书催儿去，

阵阵忧愁萦心怀。

（白）我，祝氏英台，女扮男装，在此尼山读书，与那忠厚老诚的梁兄山伯，同窗三载。他一片至诚，我也未露形迹。前日我父又有家书到来，言说母亲卧病床头，命我速速返里，是我请得师父恩准，又背地里说通师母，以玉蝶扇坠为凭，非梁兄不嫁。今日该当下山，不免把梁哥哥唤将出来，要他送我一程，也好借机透露真情，言明心事。（向内唤）

梁兄哪里？小弟有请！

梁山伯： （内白）来了。

（上。念）英台探母要回程，

难舍三载手足情。

（白）贤弟叫我，莫非就要登程？

祝英台： 是啊！

梁山伯： 这……（二人同时有些凄然）

祝英台： 啊，梁哥哥，师父命你送我一程。

梁山伯： 怎么，师父他，命我送你一程？

祝英台： 正是。

梁山伯： （向内）学生梁山伯请问师父，英台下山，是叫我送他一程吗？

　　　　（内声：就命你山伯送他下山。）

梁山伯： 学生遵命。

　　　　（内声：一路之上，多加小心。渴了买点黄瓜种，饿了就吃荞面饼。）

梁山伯： 学生记下了。

祝英台： 啊，梁哥哥，师父他，他跟你怎么说的呀？

梁山伯： 师父吩咐要多加小心。还说……啊，还说是饿了啊，就买点黄瓜种，若是渴了啊，就吃点荞麦饼。

祝英台： 啊？

梁山伯： 哎呀，还叫我说颠倒了。

祝英台： 颠倒了不要紧，咱再给调过来嘛！如此，梁哥哥，咱们走吧。

梁山伯： 走啊……

祝英台、梁山伯：走哇！

　　　　（二人出门）

祝英台： （唱）书馆门前一棵槐，

梁山伯： （唱）一对书生下山来。

祝英台： （唱）在前面，走的是仁兄梁山伯，

梁山伯： （唱）后跟着贤弟祝英台。

祝英台： （唱）回想起草桥亭内结一拜，

梁山伯： （唱）志同道合称心怀。

祝英台： （唱）走过一山又一山，

　　　　　　　　凤凰山上百花鲜。

　　　　　　　　丹凤朝阳鸟朝凤，

　　　　　　　　朵朵牡丹插鬓边。（戏插牡丹，露女儿态）

梁山伯： （不以为然，替她摘掉。白）哎！

　　　　（唱）难为你堂堂男子汉，

　　　　　　　　偏要把花花朵朵来稀罕！（以指刮脸羞祝）

祝英台： （将花拾起，手示头上"宫花"）

　　　　（唱）玉蟒团龙花富贵……

梁山伯： （唱）那要等登科及第中状元。

　　　　（白）那科甲功名，乃你我日后之事，贤弟你也想得太早了！

祝英台： 梁哥不想大登科，可知道小登科吗？

梁山伯： 什么大登科呀小登科，还拜花堂、入洞房呢！

祝英台： （爽朗地）哈，哈，哈哈哈哈！

梁山伯： 贤弟笑者何来？

祝英台： 我笑啊……我笑的是，我若是梁哥哥你呀……

梁山伯： 我便怎样？

祝英台： 我若是你，三载同窗，我早就"小登科"了。

梁山伯： （不耐地插断）贤弟，再莫要胡言乱语了，我们还是赶路要紧哪！

祝英台： 走哇！

　　　　（唱）远远听得水潺潺，

　　　　　　　　不觉又到水塘边。

　　　　　　　　二人塘边来照影，

　　　　（白）啊，梁哥你看，

　　　　（唱）一男一女笑开颜。

梁山伯： （白）哎！弟兄说笑，可不能净占我便宜呀！

　　　　（唱）梁哥我分明堂堂男子汉，

　　　　　　　　你凭啥把我比婵娟？

　　　　（白）这男女天性，怎可胡乱颠倒！走吧！

祝英台： 梁哥且慢，你可看得清楚？

梁山伯： 看的什么？

祝英台： 你看哪。

　　　　（唱）清清流水藕莲塘，

　　　　　　　　红粉荷花绿叶妆。

　　　　　　　　我二人倒影恰如莲并蒂，

梁山伯： （白）是啊，（望水不禁赞赏）同样的蓝衫绣帽，年少青春，真像一对并蒂莲花……

祝英台： 嗯，说呀！说下去。

梁山伯： 啊，真称得起是一对……

祝英台： （急切地）一对什么呀？

梁山伯： ……如兄如弟呀。

祝英台： （失望）唉！

梁山伯：	怎么，"并蒂莲花，如兄如弟"，你还在那里叹的什么呀？
祝英台：	（深情地，脱口而出）小弟我只恨一样啊！
梁山伯：	你又恨起什么来了？
祝英台：	我恨 ……（望水转题）只恨这藕莲塘缺少 ……
梁山伯：	缺少何物？
祝英台：	唉，梁哥啊！ （唱）只缺少对对成双好鸳鸯。
梁山伯：	（忽发现。白）啊，贤弟你看，那边不是漂来了 ……
祝英台：	（白）可是鸳鸯？
梁山伯：	那是一对大白鹅呀！
祝英台：	（唱）眼前本是一道河， 　　　　从上游凫来一对鹅。 　　　　那公鹅便在前边走， 　　　　这母鹅在后边叫哥哥。 　　　　（拍梁肩）它叫哥哥。 　　　　它前鸣后叫声呼应， 　　　　恰好似你我兄弟下山坡。
梁山伯：	（白）哎，这是不能相比的！
祝英台：	梁哥哥，它们一对，你我一双，这怎么不能比呢？
梁山伯：	它们乃是雌雄一双，你我是弟兄一对，这如何比得？
祝英台：	如此说比不得？
梁山伯：	比不得。
祝英台：	比不得就走哇！ （唱）河上有座独木桥， 　　　　走一步来摇三摇。（欲上又退） （白）哎呀梁哥哥，我也不敢过呀。
梁山伯：	来，待为兄搀扶于你。（二人上桥）你可别看水呀。 （祝英台端详水中倒影，险跌）
梁山伯：	（埋怨地）哎呀，不叫你看你偏往下看。
祝英台：	梁哥你看，我们俩过桥倒好有一比 ……
梁山伯：	（紧张。白）别说啦，来，看着我！

祝英台：	…… 就好比呀， （唱）一年一度七夕会， 　　　　牛郎织女渡鹊桥。 （过了桥，梁山伯松口气）
梁山伯：	你我金兰兄弟，怎么比起天上的神仙来了，快走吧。
祝英台：	走哇！
梁山伯：	（唱）过河穿过柳树林，
祝英台：	（唱）前边来到一庄村。 （村头犬吠）
祝英台：	（白）哎呀，梁哥哥，狗！（紧藏梁山伯身后）
梁山伯：	不用怕。 （唱）山伯这里头前走，（护着祝英台，追打驱散）
祝英台：	（唱）它偏咬后边女钗裙。
梁山伯：	（四顾不解。白）别说傻话，那狗咬人还管你是男是女呀，走哇！
祝英台：	（唱）弟兄二人出村庄， 　　　　前面来到古庙旁。
梁山伯：	（唱）但不知什么佛祖庙内供？
祝英台：	（唱）山门上金匾题额"百圣堂"。
梁山伯：	（白）嘿呀！好一座大庙啊！你我兄弟何不进庙瞻仰瞻仰？
祝英台：	梁哥说好便好。（二人进庙） （唱）这边站的是哼哈二将 ……
梁山伯：	（唱）那边坐的是四大金刚 ……
祝英台：	（白）噢，四大金刚。哎，梁哥，怎么没有和合二仙哪？
梁山伯：	别忙，还有正殿呢。（入正殿） （唱）这边是大肚常乐弥勒和尚， 　　　　十八罗汉列两旁。 　　　　福禄寿喜四星相 ……
祝英台：	（白）啊，喜！
梁山伯：	（唱）上中下三路八仙塑得强。
祝英台：	（白）啊，梁哥，怎么八仙还有女的哪？
梁山伯：	那是何仙姑。

(唱) 地藏菩萨十八殿，

　　最好看是送子观音、眼光娘娘。

祝英台：　（白）啊，梁哥，这送子观音是管什么的呢？

梁山伯：　专管的生儿养女，子嗣香烟。

祝英台：　嘿，好哇！

梁山伯：　什么好哇？

祝英台：　啊，梁哥，你我上前祷告祷告，也好叫我们早日得个胖娃娃呀！

梁山伯：　年轻轻的，娶妻生子倒忙的什么呀！

祝英台：　是我要娶妻生子？

梁山伯：　说到你心里去了吧！

祝英台：　（不禁大笑）哈哈哈 ……

梁山伯：　（急拦祝英台）哎，贤弟，别太放肆了，小心冒犯了神圣。

祝英台：　既入庙堂，理当参拜？

梁山伯：　怎么，理当参拜。

祝英台：　理当参拜。

梁山伯：　如此说你我弟兄 ……

梁山伯、祝英台：（同时）…… 参拜一回。

梁山伯：　（唱）二人同进一庙堂，

　　十八根柱脚九架梁。

祝英台：　（唱）鲁班爷上边按星斗，

　　孔夫子下边教文章。

梁山伯：　（唱）面对着文曲星君施一礼，（对外一揖）

　　保佑弟子一祝一梁。

　　事理通达精学问，

　　德操盖世擅文章 ……（站一旁默祝）

祝英台：　（唱）梁兄他那里祷告上香，

　　祝英台 ……（四顾后改口）九红女也求神明把我帮。

　　那一旁闪出尊神月下老，

　　（向外跪）月下老人好心肠。

　　你保佑我家母亲病痊愈，

　　你保佑梁哥早日还家乡。

　　你保佑有人早把媒来做，

　　你保佑梁哥与我早成双！

　　叩罢头来忙站起，

　　再把梁哥戏一场。

（白）啊，梁哥哥，你都怎么祷告的呀？

梁山伯：　求文曲星君，保佑你我弟兄，熟晓五经，通达事理呀。

祝英台：　却也有理，梁哥你猜我呢？

梁山伯：　兄弟你是怎样祷告的呢？

祝英台：　小弟我祷告的嘛 …… 梁哥请听啊 ……

　　（唱）但愿天公多作美，

梁山伯：　（白）啊，天 ……

祝英台：　（唱）祷告地母降吉祥。

梁山伯：　（白）啊，地 ……

祝英台：　（唱）那君正臣良民安乐，

梁山伯：　（白）这是君、臣 ……

祝英台：　（唱）但愿得天伦长寿母安康。

梁山伯：　（白）这是双亲 ……

祝英台：　（唱）保佑着小弟青衫早换色，（指衣）

梁山伯：　（白）怎么，青衫换色？（向旁）哎呀呀，贤弟他平素间喜的是"克己复礼"，讲得是"治国安民"，怎么今日也表露出利禄之心来了？（转念）有了，待我也取笑他一番 ……（对祝英台）啊，贤弟，青衫换色，莫非你希图早得功名，朱紫显贵不成？

祝英台：　非也。

梁山伯：　那么贤弟要青衫换色，难道说，还想穿那八幅湘裙吗？

祝英台：　（一怔，正中下怀）这恐怕 ……

梁山伯：　只怕未必吧。

祝英台：　只恐怕 ……（一羞，故意含糊其辞）也未曾不可呀！

梁山伯：　啊！（向旁）分明是想娶老婆又不敢自承 ……好，待我问他个水落石出。

　　（对祝英台）贤弟，你还祷告些什么？

祝英台：　小弟我呀 ……

　　（唱）祷告着梁哥你书馆念不长。

梁山伯：　（有些气恼，白）哎，

0060

（唱）为兄我，

  祝上苍保佑你我通达事理，

  你怎么咒念为兄念不长！

祝英台：（白）梁哥哥呀，

  （唱）你既有文曲星君来保佑，

    十年书不用一年都念光。

    盼只盼你早日来把小弟望，

    念小弟形单影只难耐凄凉。

梁山伯：（白）但愿你我相约上进，互加勉励，为兄焉能将故人忘怀！不上一年半载，自会前去探望贤弟。

祝英台：如此就……（有些凄然）

梁山伯：贤弟……（无从劝慰）

祝英台：（偷拭泪，转笑）啊，梁哥，小弟我末尾还祷告了两句呢……

梁山伯：怎样的两句呀？

祝英台：（唱）梁哥哥呀，

    保佑着你父早把公爹做，

    保佑着你母早把婆婆当。

梁山伯：（白）看看，又来了，真是无理取闹，一味地胡缠。（对祝英台）这末尾……

祝英台：这两句小弟我是字字心诚，梁哥你，不用说更是投心对意了……

梁山伯：哎！

  （唱）我早说贤弟饮酒过了量，

    似这等时笑时哭悲喜无常。

    依我看俚戏玩笑都是假，

    分明是年轻轻的想娶妻房。

    我要是月下老啊，

    你冒渎神圣放声笑，

    仪容体态更轻狂，

    就凭你胡言乱语他老准见怪，

    偏叫你老死在庙里当和尚！

祝英台：（唱）要当和尚梁哥哥去，

    小弟我纵或出家也落庵堂。

梁山伯：还要落庵堂！一个堂堂男子，却要跟尼姑去作

伴，（抹脸羞祝英台）真是亏你说得出口！

祝英台：与你同窗，在尼山住了三载，小弟我不早已当过三年尼姑了吗？

梁山伯：哎呀，真是讲不清，道不明。哎，好好好，管他尼姑还是和尚，咱还是快走吧！

祝英台：走哇！

  （唱）拜别神圣出正殿，

    弟兄漫步离庙前。

梁山伯：（唱）欣喜得云淡风轻天气爽，

    遍野里粉蝶成群飞了个欢。

祝英台：（白）梁哥哥呀，

  （唱）弟兄们虽然不比深闺女，

    也学学女儿扑蝶戏花间。

  （白）啊，梁哥，你看，这人世上朋友知音，若都似那对对粉蝶，嬉戏天然，永世不离，该有多好哇！

梁山伯：（亮扇欲扑）啊，兄弟，你我抓它两只，岂不好玩？

祝英台：嗯……（陷入冥想）

梁山伯：祝兄弟，你倒是抓呀。

祝英台：（猛醒）啊？好好好，扑起来呀！（乐声中二人舞扇扑蝶）（最后一下，仍未扑着）这蝴蝶倒是鬼得很哪！（追戏念谣）蝴蝶蝴蝶落，你妈睡到秫秸垛。

梁山伯：（追向另方，也学念）蝴蝶蝴蝶飞，你妈睡在柴火堆。

祝英台：（唱）道旁鲜花扑鼻香，

    蝴蝶来往一双双，

    我这里红花有意恋蝴蝶，

    他那蝴蝶还在鼓里装。

  （白）梁哥呀！有句话不知当讲不当讲。

梁山伯：贤弟你有话请讲，别瞒同窗。

祝英台：（唱）小弟言来梁兄听，

    我家有胞妹祝九红。

梁山伯：（白）祝九红？

祝英台：是啊。

梁山伯：（唱）你家有胞妹怎未早提起？

祝英台：（唱）老父他有意叫我选乘龙。

梁山伯：（似有所悟。白）啊……好哇！

（唱）我说他醉言醉语为何事，

一路上这比那比为哪宗，

却原来替妹选夫用心苦，

却原来他为小妹选乘龙。

人逢喜事精神爽，

带笑我把兄弟称。

九妹她性情如何啥人品？

祝英台：（唱）她与小弟是双生。

人品秉性都相似，

看小弟就如见她一般同。

梁山伯：（唱）金兰大媒又有父命，

怎不叫人喜心中？

（白）有贤弟为媒，愚兄还有什么说的，但不知以何为证？

祝英台：（唱）玉蝶扇坠为媒证，

小弟我早已留在师母手中。

梁兄你千万早日来迎娶，

切记住，夜长梦多，韶光易老恨无穷。

梁山伯：（白）贤弟请放宽心，为兄一定早日登门拜访就是。

祝英台：（看界碑，远望家乡）梁哥哥，你看，此地离梁家寨五里，祝家村十里，梁哥还要顺道回家省亲，你我弟兄就此分手了吧……

梁山伯：不忙，为兄再送你几步。

祝英台：不必了，小弟理当送兄一程。

梁山伯：是我送你。

祝英台：我要送你。

梁山伯：还是我送你。

祝英台：好了，我有主意啦，咱俩在中间画一道疆，你在疆那边，我在疆这边，我要把你拉过来，你就送我，你要把我拉过去，我就送你。你看好不好？

梁山伯：好，来拉吧！

祝英台：（唱）双阳岔路两下分，

梁山伯：（唱）弟兄二人来拉君。

祝英台：（唱）我输了送你上梁家寨，

梁山伯：（唱）我输了送你上祝家村。

祝英台：（唱）两膀使上千斤力，

梁山伯：（唱）一松手，二人坐在地埃尘。

祝英台：（白）糟了！谁也没过疆，兄弟二人只好就此分手了。

梁山伯：这么就你我兄弟就要分手了？贤弟，你要多多保重啊！

（二人依依惜别。幕后唱：三载同窗好弟兄，一旦离别各西东。）

祝英台：（唱）千言万语从何诉？

幕后声：（唱）唯愿早结凤鸾盟。

梁山伯：（唱）为兄我永怀手足情不变，

祝英台、梁山伯：（唱）海枯石烂不变更。

祝英台：（唱）但愿得天从人愿早相见，

（梁山伯点头会意）

（幕后唱：地老天荒显至情。）

（二人临别一揖。下）

王桂荣演出本

刘新记录

采录时间：1950年

采录地点：抚顺

梁赛金擀面[1]

又名《罗裙记》《兄妹会》。河南梁子玉、梁赛金兄妹失散多年，后来梁子玉得中状元，住在李家店中，发现李堂倌儿之女貌似胞妹，以要吃祖传龙须素面为名，得与店女相会，经过盘问，果然是流落李家的胞妹赛金，兄妹团圆。

此剧中梁赛金做面一段，有磨面、和面、擀面、下面等过程的详细描写，句中多有比喻，生动形象。

人物　　李堂倌儿
　　　　　　梁赛金
　　　　　　梁子玉

（李堂倌儿唉声叹气地上）

李堂倌儿：（白）唉，这可难死我了！

（唱）【靠山调】李堂倌儿走出房门腿发沉，

　　　　心头像压块石头重千斤。

　　　　大人他要我做碗龙须面，

　　　　老汉我实在为难，我难 …… 实在难心。

　　　　这面我见也不曾见，

　　　　这面名我闻也不曾闻。

　　　　急得我是店里店外逢人问，

　　　　他们不是摇头就把舌头伸。

　　　　多少年迎来送往煎炒烹炸，

　　　　样样宗宗我都不费劲。

　　　　今日我做不出龙须面，

　　　　得罪了大人我得把牢蹲。

　　　　我眼发花头发晕，

　　　　耳发聋是腿抽筋。

　　　　进退两难心神不稳，

倒不如闭店关门离开这板桥村！

（白）唉！老汉李子明，父女开小店，迎来送往，客人不断。昨晚迎来个八府巡按，问他用啥，他一不要鱼，二不要蛋，三不要饺子，四不用米饭，偏要一碗龙须素面。这龙须素面，我从未听人说，何谈亲眼见，这可叫我怎么办？这 …… 有了，我还是找我女儿商量商量再做打算。

（下）

梁赛金：（上）民女梁赛金，日夜盼亲人。自那年兄妹逃难，路遇猛虎，离散之后，一晃十载未见亲人。花开花落，雁去雁归，不知何年何月才能找到我子玉大哥，真真想死小妹了！

（唱）【红柳子】雪化冰消又一春，

　　　　桃红柳绿景色新。

　　　　太平年月风雨顺，

　　　　我家小店客满门。

　　　　干父待我好，

　　　　我对干父亲。

　　　　生意交旺运，

　　　　店内暖如春。

　　　　春日难化我心头雪，

　　　　眼望行人想亲人。

　　　　亲人啊，莫非说兄成乞丐无处奔，

　　　　饿死冻死在荒村？

　　　　莫非说躲过横祸又遇难，

　　　　深山老林被狼吞？

　　　　人都说平日常想能入梦，

　　　　我夜夜梦里无亲人。

　　　　想念亲人泪珠滚 ……

李堂倌儿：（上。唱）未曾说话汗水湿衣襟。

　　　　　（白）女儿，女儿，可不好了！

梁赛金：干父，何事？

李堂倌儿：还"合适"呢。这可不合适了！昨晚迎来个八府巡按，住在咱这个店了！

梁赛金：干父，管他七府八府的，是九府十府又有何

[1]　选自黑山县文化馆、黑山县非物质文化遗产保护中心编《黑山二人转传统剧目汇编（第一辑）》，沈阳出版社2016年版353—362页。

妨？他住店给店钱，吃饭给饭钱，不吃不喝还给栈钱呢！

李堂倌儿：女儿，你是不知道，这位巡按大人，年纪轻轻，一表人才，知情达理，脾气古怪。他一不挑铺，二不挑盖，三不讨酒，四不要菜。

梁赛金：那他要什么呀？

李堂倌儿：偏要我一碗汤面去款待。

梁赛金：不就是一碗汤面吗？女儿我就去做来。

李堂倌儿：你回来。

梁赛金：干父，有何吩咐？

李堂倌儿：你会做吗？

梁赛金：干父，你忘了，那年您老有病，女儿不是给您做过了吗？

李堂倌儿：你做那叫啥面哪？

梁赛金：干父，人家做的面叫狮子滚绣球，滴里嘟噜珍珠疙瘩琉琉面。

李堂倌儿：可那位大人要的是五湖四海九江八河丹凤朝阳汤，九头十八尾刀切龙须素面！

梁赛金：这龙须素面么……此面乃是我梁家祖传，他怎么知晓？莫非是我子玉大哥他……回来了？想我兄妹，离散十载，音信皆无，怕是难见我子玉大哥的面了！

李堂倌儿：看女儿为难的样子，也是不会做呀，我还是早点儿向大人请罪去吧！

梁赛金：干父，您干啥去？

李堂倌儿：向大人请罪去。

梁赛金：那龙须素面不做了吗？

李堂倌儿：不是不做，是无人会做呀！

梁赛金：干父，女儿我会做！

李堂倌儿：什么？你会做？

梁赛金：啊。

李堂倌儿：当真会做？

梁赛金：当真会做。

李堂倌儿：哈……这就好了。女儿，这回干父我这耳朵里也不打雷了，眼睛里也不打闪了，头也不晕了，腿也不软了，摸摸脉呀，也不发散了，

女儿！

梁赛金：干父！

梁赛金、李堂倌儿：咱们做起来呀！

李堂倌儿：（唱）【打枣】女儿你能做汤面，干父我喜心上，

梁赛金：（唱）扎围裙洗净手我急忙下厨房。

从缸里舀出来面一碗，

李堂倌儿：（唱）手捧乌盆——

梁赛金：（唱）把面装。

舀出来老龙戏水——

李堂倌儿：（唱）倒在那白袍上。

梁赛金：（唱）一和两和平沙落雁，

李堂倌儿：（唱）三和四和倒海翻江。

梁赛金：（唱）五和六和彩云追月，

李堂倌儿：（唱）七和八和丹凤朝阳。

梁赛金：（唱）九和十和珍珠脱蚌，

李堂倌儿：（唱）和好面放在——

梁赛金：（唱）放在包老爷的案板上。

李堂倌儿：（唱）赵匡胤盘龙大棍递过去，

梁赛金：（唱）赵子龙长坂坡前赶君王。

一擀两擀像圆月，

李堂倌儿：（唱）三擀四擀赛纸张。

梁赛金：（唱）王怀女大刀拿在手，

切面就好像关公斩蔡阳。

李堂倌儿：（唱）【抱板】一刀切——

梁赛金：（唱）一条金龙盘玉柱，

李堂倌儿：（唱）二刀切——

梁赛金：（唱）二郎担山赶太阳。

李堂倌儿：（唱）三刀切——

梁赛金：（唱）金木哪吒三太子，

李堂倌儿：（唱）四刀切——

梁赛金：（唱）四马投唐小梁王。

李堂倌儿：（唱）五刀切——

梁赛金：（唱）伍子胥打马沙江过，

李堂倌儿：（唱）六刀切——

梁赛金：（唱）镇守三关杨六郎。

李堂倌儿：（唱）七刀切——

梁赛金： （唱）齐国的军师燕孙膑，

李堂倌儿：（唱）八刀切——

梁赛金： （唱）失落北国杨八郎。

李堂倌儿：（唱）九刀切——

梁赛金： （唱）九里山前出韩信，

李堂倌儿：（唱）十刀切——

梁赛金： （唱）十面埋伏抓霸王。

霎时之间切完毕，

干父您老快烧汤。

李堂倌儿：（白）好嘞！

（唱）【锔大缸】老汉我说声好好好，

女儿的手艺实在是强。

梁赛金： （唱）南场院抱来了柴王主，

李堂倌儿：（唱）灶坑里架上那奎木狼。

梁赛金： （唱）从缸里舀出来大禹治水，

倒在郭（锅）奎（盔）正中央。

李堂倌儿：（唱）【武嗨嗨】孟良的葫芦拿在手，

迎风一晃冒火光。

梁赛金： （唱）烧一个大将名叫杨衮，

下一个军师叫张良。

浪里白条水性好，

活捉李逵大漂洋。

李堂倌儿：（白）女儿，面熟了，快挑面兑汤啊！

梁赛金： 是了。

（唱）挑上一碗九头十八尾龙须面，

再兑上五湖四海九江八河丹凤朝阳汤。

端起来汤面往外走……

李堂倌儿：女儿，哪里去啊？

梁赛金： 我给大人送面汤。

李堂倌儿：大人没让你去，你还是回房歇着去吧。待干父前去献汤。

梁赛金： 干父，您慢走，女儿回房去了。（下）

李堂倌儿：待我献汤啊！

（唱）【靠山调】李堂倌儿端起来汤和面，

走出了厨房来到了上房。

迈步就把上房进，（进门）

口尊声老大人您老用汤。

梁子玉： （白）闪过了。

（唱）梁子玉接过来汤和面，

不由两眼泪汪汪。

看这面——

【抱板】雪花白，白又细，细又长，

玉丝银线满碗装。

好像群龙盘碗里，

又像龙须闹嚷嚷。

九个龙头口朝上，

十八条龙尾搭碗帮。

再看汤——

嫩葱花，翡翠绿，

香油花，黄洋洋。

一个蛋黄卧碗里，

黄中红，红中亮，

亮冒油，油汪汪，

就好像一轮红日出东方。

太阳两旁趴彩凤，

香菜叶的头，菠菜叶的膀，

玫瑰花的羽毛尾巴长。

桃花瓣的凤冠，杏花瓣的嘴，

迎春花瓣凤爪金黄黄。

晃一晃抖翅膀，

晃两晃把嘴张，

那凤凰好像展翅要飞翔。

好一碗九头十八尾龙须面，

好一碗五湖四海九江八河丹凤朝阳汤。

我为访这碗汤和面，

走遍千乡访万乡。

汤面飘香报喜讯，

小妹定在此店房。

将面放在桌案上，

李堂倌儿近前来听端详。

（白）李堂倌儿，这碗汤面是何人所做，何人所擀？

李堂倌儿：　回禀大人，这汤是我女儿所做，这面是我女儿所擀。

梁子玉：　怎么，是你女儿所做，你女儿所擀？

李堂倌儿：　正是。

梁子玉：　难道不是我小妹她亲手所做？李堂倌儿，速去唤你女儿前来领赏。

李堂倌儿：　是。女儿，快来！

梁赛金：　（上）来了。干父，您回来了！那位巡按大人都跟您说啥了？

李堂倌儿：　女儿啊，大人见了这碗面，脸色突变，左也瞧，右也看，看着看着，两个眼睛就冒汗了！

梁赛金：　老大人他哭了？

李堂倌儿：　唤你去领赏。

梁赛金：　还是领赏？干父，那咱们快去吧。

李堂倌儿：　女儿，你可知道见着大人咋磕头哇？

梁赛金：　面向大人磕头呗！

李堂倌儿：　看看，不对了吧。小姑娘要背向大人磕头，背向大人回话。

梁赛金：　那我可看不见那老大人长的啥样了！

李堂倌儿：　让你领赏，你领赏就是，看他长啥样干啥呀，不许看！

梁赛金：　我知道了。

李堂倌儿：　知道就好，咱们快走吧！

梁赛金：　哎。

李堂倌儿：　到了。女儿，你在这儿等着，我去回禀老大人一声。回禀大人，我的女儿已到。

梁子玉：　前来领赏。

李堂倌儿：　是。女儿，大人让你进去领赏哪！

梁赛金：　是了。

李堂倌儿：　女儿，你要小心地回话，我在门外等你啊。

梁赛金：　记下了。（进门）民女给大人叩头。

梁子玉：　下跪可是李堂倌儿之女？

梁赛金：　正是。

梁子玉：　我来问你，这碗汤面可是你亲手所做，亲手所擀？

梁赛金：　正是民女亲手所做，亲手所擀。

梁子玉：　是祖传呢，还是艺学呢？

梁赛金：　此面我姥娘[1]会做，传于我母之手，我母又传于我手。

梁子玉：　如此说来，是祖传，不是艺学。

梁赛金：　不瞒大人，乃是祖传。

梁子玉：　祖传也罢，艺学也罢，我听你讲话不像此地人氏。家住哪里，姓氏名谁？不要担惊害怕，慢慢地讲来。

梁赛金：　大人容诉！

梁子玉：　讲。

梁赛金：　（唱）【红柳子】梁赛金未曾开口雨泪纷纷，
口尊声巡按大人贵耳听真。

梁子玉：　（白）家住哪里？

梁赛金：　（唱）问我的家来家也有，
不是无名少姓的人。
想当年家住卫辉府，
然后搬到梁家村。

梁子玉：　（白）你父何名？

梁赛金：　（唱）子不言父梁忠典，

梁子玉：　（白）你母？

梁赛金：　（唱）我姥家姓单，母叫单淑珍。

梁子玉：　（白）弟兄几位？

梁赛金：　（唱）上无有三兄下无四弟，
所生我们兄妹两个人。

梁子玉：　（白）你大哥什么名讳？

梁赛金：　（唱）我大哥名字就叫梁子玉，

梁子玉：　（白）啊……你叫何名？

梁赛金：　（唱）民女我名字就叫梁赛金。

梁子玉：　（白）梁赛金！
（唱）听她讲出父母的名，
倒叫子玉痛伤情。
兄妹分别整十载，
今日相逢在店中。
有心上前把小妹认，

[1]　姥娘：姥姥、外婆。

且慢！

错认民女罪不轻！

打破砂锅璺（问）到底，

堂倌儿之女，你因何来在此店中？

梁赛金：（唱）闻听老大人将我问，

提起此事叫我更伤情。

十年前，我兄妹年幼小父母多病，

雇来了桃花、丁魁两个人。

小丁魁伺候我的天伦父，

桃花女伺候我的母亲。

丁魁他伺候我父实心实意，

桃花女伺候我母没安好良心。

恼怒我母把她打，

打得桃花恨在心。

大街上偷着买来僧衣僧帽，

藏在我母的柜描金。

她当我父把舌下，

说我母亲结交僧人。

我父闻听此言半信不信，

手提大棍上楼搜寻。

从柜里取出来僧衣僧帽，

手使大棍打在我母身。

一天打她整三遍，

三天打她九次发昏。

梁子玉：（白）我来问你。你父与你母乃是从小夫妻，还是半路夫妻？

梁赛金：乃是从小夫妻。

梁子玉：若是从小夫妻，打一下两下，解解心头之恨也就是了，为何这样拷打？

梁赛金：大人哪！

梁子玉：讲。

梁赛金：（唱）要问为啥打我母，

后有桃花女生来长得俊，

我父他看上桃花烦我母亲。

打得我母疼难忍，

含冤忍恨毁自身。

后花园吊死我的生身母。

后有果来前有因。

梁子玉：（白）哎呀！

梁赛金：（唱）我父他娶了桃花做了二婚。

梁子玉：（白）你父乃是一家之主，怎能偏听一面之词？

梁赛金：（唱）此话也不该当小的讲，

也是我父他老有少心。

梁子玉：（白）后来桃花待你兄妹怎样？

梁赛金：（唱）后来桃花生一子，

要害我们兄妹两个人。

桃花女交给丁魁钢刀一把，

丁魁他不敢抗拒假装去搜寻。

后花园放走我们兄妹俩，

连夜逃出梁家村。

双阳岔路遇猛虎，

冲散兄妹两个人。

也不知我大哥落往何处，

民女我讨饭找遍千万村。

那一天板桥村头儿饿昏倒，

李堂倌儿救了我这苦命的人。

他待我像亲生女，

我待他像干父亲。

这本是以往实情话，

没有虚言全是真。

梁子玉：（唱）梁子玉又喜又悲又是恨，

喜只喜真是小妹梁赛金。

悲只悲生身母含冤死去，

恨只恨奴才桃花小贱人。

强压怒火忍悲痛，

见小妹泪流满面疼在我的心。

（白）梁赛金，近前来，你看我是不是你子玉大哥还家来了？

梁赛金：怎么，你是我子玉大哥？

梁子玉：怎么，我不是你子玉大哥吗？

梁赛金：大人哪，想当年我兄妹分别之时，我大哥乃是少年书生，现如今你头戴乌纱，身穿蟒袍，慢说你不像我当年的子玉大哥，就是我大哥……

梁子玉： 怎么样啊？

梁赛金： 我也不敢相认了！

梁子玉： 子玉呀子玉，这就是你的不对了。兄妹分别之时，你乃是少年书生，如今头戴乌纱，身穿蟒袍，别说小妹不敢相认，就是自己也辨别不出自己的模样来了！若不然你把你家中之事说上一说，我对上一对。对得上，你认子玉大哥还家，对不上，你访你的子玉大哥，我寻我的同胞小妹。

梁赛金： 大人听了！

（唱）梁赛金未曾说话泪汪汪，

　　　口尊声巡按大人细听衷肠。

　　　你言说是我的大哥回家转，

　　　盘问盘问家事往常。

　　　想当初咱们家住在什么府？

　　　然后搬家什么庄？

　　　什么庄村修宅院？

　　　修的是什么门楼？什么不落的墙？

　　　哪楼修得高，高遮日月？

　　　哪楼修得矮晃太阳？

　　　哪楼盖在蛇盘地？

　　　哪楼盖在卧龙岗上？

　　　这一宗这一件你要答得对，

　　　老大人——

梁子玉： （唱）小妹妹！

梁赛金： （唱）我能认子玉大哥转回家乡——

　　　　咱俩是一个娘啊！

梁子玉： （唱）梁子玉未曾说话身离大堂，

　　　同胞小妹细听衷肠。

　　　想当年家住在卫辉府，

　　　然后搬家梁家庄。

　　　梁家庄村修宅院，

　　　修的是走马门楼，鹰不落的墙。

　　　东楼修得高，高遮日月，

　　　西楼修得矮晃太阳。

　　　南楼盖在蛇盘地，

　　　北楼盖在卧龙岗上。

　　　宗宗件件对不对，

　　　小妹妹——

梁赛金： （唱）老大人！

梁子玉： （唱）怎不认子玉大哥转回家乡？

　　　咱俩是一个娘！

梁赛金： （唱）再问你——

　　　什么人什么楼上饮美酒？

　　　什么人什么楼上做衣裳？

　　　什么人什么楼上什么念？

　　　什么人什么楼上偷画鸳鸯？

　　　哪楼底下芝麻囤？

　　　哪楼底下埋座仓房？

　　　哪楼底下安碾磨？

　　　哪楼底下做厨房？

　　　这一宗这一件你要答得对，

　　　我能认子玉大哥转回家乡——

　　　咱俩是一个娘！

梁子玉： （唱）咱父逍遥楼上饮美酒，

　　　咱母自在楼上做衣裳。

　　　大哥我文明楼上子曰念，

　　　小妹你绣花楼上偷画鸳鸯。

　　　南楼底下芝麻囤，

　　　北楼底下埋座仓房。

　　　东楼底下安碾磨，

　　　西楼底下做厨房。

　　　这一宗这一件答得对不对？

　　　小妹妹——

梁赛金： （唱）老大人！

梁子玉： （唱）怎不认子玉大哥转回家乡？

　　　咱俩是一个娘！

梁赛金： （唱）一个娘来一个娘，

　　　盘完你这一桩我再问你那一桩。

咱门前倒有几棵柳？

后花园倒有几行桑？

什么人爱桑有何用？

什么人爱柳歇荫凉？

什么看家赛猛虎？

什么打鸣赛凤凰？

什么走路危月燕？

什么叫唤直着脖腔？

这一宗这一件你要答得对，

老大人——

梁子玉：（唱）小妹妹！

梁赛金：（唱）我能认子玉大哥转回家乡，

　　　　　咱俩是一个娘！

梁子玉：（唱）【靠山调】一个娘来一个娘，

　　　　　同胞小妹细听衷肠。

　　　　　前院倒有七棵柳，

　　　　　后花园倒有九行桑。

　　　　　咱母爱种九行桑，

　　　　　咱母爱桑把蚕养。

　　　　　咱父爱种七棵柳，

　　　　　咱父爱柳歇荫凉。

　　　　　咱家的娄金狗看家赛猛虎，

　　　　　打鸣的昴日金鸡赛如凤凰。

　　　　　鸭子走道危月燕，

　　　　　氐土貉白鹅叫唤直着脖腔。

　　　　　这一宗这一件答得对不对？

　　　　　小妹妹——

梁赛金：（唱）老大人！

梁子玉：（唱）怎不认子玉大哥转回家乡，

　　　　　咱俩是一个娘！

梁赛金：（唱）梁赛金未曾说话泪盈盈，

　　　　　口尊声巡按大人贵耳是听。

　　　　　这一宗这一件你都答得对，

　　　　　再盘问盘问三代情。

　　　　　咱父娶妻谁家的女？

　　　　　咱俩是谁家两个苦命外甥？

咱们舅父哥几个？

一个一个的都叫什么名？

这一宗这一件你要答得对，

老大人——

梁子玉：（唱）小妹妹！

梁赛金：（唱）我能认子玉大哥转回家中，

　　　　　咱俩是一母生！

梁子玉：（唱）咱父娶妻单家女，

　　　　　你我是单家两个苦命外甥。

　　　　　舅父他们有哥三个，

　　　　　个顶个的都有名。

　　　　　大舅单龙，二舅单虎，

　　　　　三舅单豹字叫会青。

　　　　　这一宗这一件答得对不对？

　　　　　小妹——

梁赛金：（唱）老大人！

梁子玉：（唱）怎不认子玉大哥转回家中，

　　　　　咱俩是一母生！

梁赛金：（唱）【红柳子】三代之情你答得对，

　　　　　再盘问盘问父母年庚。

　　　　　咱父高寿年庚有多大？

　　　　　哪年哪月哪个时辰生？

　　　　　咱母高寿年庚有多大？

　　　　　她老是哪年哪月哪个时辰生？

　　　　　大哥你今年贵庚几？

　　　　　哪年哪月哪个时辰生？

　　　　　小妹我今年十几岁？

　　　　　我本是哪年哪月哪个时辰生？

　　　　　这一宗这一件你要答得对，

　　　　　我能认子玉大哥转回家中。

　　　　　咱俩是一母生。

梁子玉：（唱）【靠山调】咱父今年五十岁，

　　　　　他本是正月二十五日半夜子时生。

　　　　　咱母今年四十八岁，

　　　　　她本是四月二十五日日出卯时生。

　　　　　大哥我今年十八岁，

我本是七月二十五日正当午时生。

小妹你今年十六岁，

你本是十月二十五日落酉时生。

这一宗这一件答得对不对？

小妹妹——

梁赛金：　（唱）老大人！

梁子玉：　（唱）怎不认子玉大哥转回家中？

　　　　　　咱俩是一母生！

梁赛金：　（唱）【红柳子】一母生来一母生，

　　　　　　盘完你这一宗再问你那一宗。

　　　　　　家人年庚你都答得对，

　　　　　　再盘问盘问兄妹离别情。

　　　　　　你多大我多大离的家下？

　　　　　　你多大我多大才得相逢？

　　　　　　临行时我给你什么做表记[1]？

　　　　　　你给我什么做证凭？

　　　　　　眼前要有证凭在，

　　　　　　我认大哥还家中。

　　　　　　眼前无有证凭在，

　　　　　　想要认你万不能！

梁子玉：　（唱）【靠山调】你六岁我八岁离的家下，

　　　　　　你十六我十八才得相逢。

　　　　　　临行时你给我素花罗裙做表记，

　　　　　　我给你刀切素面做回奉[2]。

　　　　　　不叫小妹你的记性好，

　　　　　　忘了罗裙事一宗。

　　　　　　回身打开小包裹，

　　　　　　素花罗裙拿手中。

　　　　　　叫声小妹仔细看……

梁赛金：　（唱）【红柳子】接过罗裙真证凭。

　　　　　　罢了，难见面的大哥呀！

　　　　　　大哥得官回家转，

　　　　　　仇报仇来冤报冤。

[1]　表记：信物。

[2]　回奉：报答。

抓住桃花用刀剁，

　　　　　　见了丁魁报恩情！

梁子玉：　（唱）【靠山调】小妹说话莫高声，

　　　　　　屋里说话屋外听。

梁赛金：　（唱）妹不知，

梁子玉：　（唱）兄不怪，搀起小妹细叮咛。

兄妹合：　（唱）兄妹哭在店房内——

李堂倌儿：（上。唱）【羊调】倒教李堂倌儿我发了蒙，

　　　　　　急忙我把店堂闯！

梁子玉、梁赛金：（唱）感谢恩人救命情！

李堂倌儿：（白）女儿，这是为何？

梁赛金：　干父，这就是我天天想的夜夜盼的子玉大哥，

　　　　　他得官回来了！

梁子玉：　干父，我小妹多亏您老人家收留照看，今日我

　　　　　兄妹相逢之日，也是咱父子团圆之时。来来来，

　　　　　转上受我兄妹一拜！

李堂倌儿：不拜也就是了。

梁子玉：　哪有不拜之理！拜过了。（梁子玉、梁赛金

　　　　　跪拜）

李堂倌儿：使不得，使不得！快起来……哈……

梁子玉：　正是——

　　　　　（念）滔滔三江水，

梁赛金：　（念）难表救命情。

李堂倌儿：（念）擀面认兄妹，

三人合：　（念）团圆在店中！

马前泼水 [1]

朱买臣字翁子，《汉书》中有传。他年轻时靠卖薪为生，后任会稽太守等职。元杂剧《朱太守风雪渔樵记》中虽有泼水情节，但以夫妻团圆结尾。明代传奇《烂柯山》才改为休妻结尾。拉场戏中的崔氏女是个泼妇，丈夫朱买臣贫穷时，她逼丈夫写下休书。改嫁赵石匠后，将石匠钱财挥霍殆尽，落了个讨要为生。朱买臣当官回来，崔氏又来马前认夫。朱买臣告知泼水难收，崔氏羞愧，碰死街前。

人物　　　朱买臣
　　　　　崔氏
　　　　　赵石匠
　　　　　差役甲
　　　　　差役乙

（严冬季节，朱买臣家。崔氏上）

崔氏：　（念）为奴一枝花，
　　　　　　　落在黄土洼。
　　　　　　　要想遂心愿，
　　　　　　　离开老朱家。

（白）奴家崔氏，许配给朱买臣为妻，那朱买臣又穷又酸，又犟又憨，又熊又蔫，八竿子也打不出个屁来。你们看看我，这个腰条儿、身段儿、模样儿、打扮儿，漆黑的眼眉儿，粉嘟噜的脸蛋儿，口赛樱桃，牙像蒜瓣儿。哎哟！（向观众）还说大啦！刚过门儿那咱，都说他能有点出息，不是写就是念，不挠个太守也对付个知县。那算命先生说我是属红猴的，能当大官

娘子。哟哟哟哟，谁承想哎，他都四十多岁了，还是个穷光蛋！不寻思起来就那么的了，要寻思起来呀，我这肝花肚子都难受哇！

（唱）【红柳子】崔氏女在房中紧咬牙根哪，
　　　　恨只恨我的那个朱买臣哪。
　　　　死啃那个书本呆又笨，
　　　　害得奴家我受寒贫哪。
　　　　这数九寒天下大雪，
　　　　我逼他砍柴进山林。
　　　　西北风冒烟雪越下越猛哪，
　　　　不让雪埋他也得被狼吞。
　　　　他若是嘎嘣一下丧了命，
　　　　我当天就反扎罗裙 [2] 另嫁人。

（白）咋的不兴啊？我可就另嫁人！说不说的，这天都快黑了，他还没回来，八成是叫狼掏了。我得看看——

（唱）我用力推开门双扇，

朱买臣：（上。唱）回来了砍柴的樵夫朱买臣。（兴冲冲地做担柴舞蹈）

崔氏：　（白）你们说说，他还活蹦乱跳地回来了！

朱买臣：（唱）【靠山调】天下三尺鹅毛雪，
　　　　山野荒郊断行人。
　　　　砍柴驱寒心中暖，
　　　　映雪读书更提神。
　　　　这书中明礼仪妙趣无尽，
　　　　讲理论论道德字字重千斤。
　　　　手捧药书往前走——

崔氏：　（扒门看。白）瞎猫—— 还过去了。

朱买臣：（白）哎呀！好悬没掉壕沟里去。

　　　　（唱）不知不觉走过了家门哪。（见崔氏出门）

　　　　（白）啊夫人，风雪出迎，真乃贤德之妻也。

崔氏：　说人话！跟我穷抠啥！

朱买臣：啊，我是说呀，
　　　　（念）夫人门前站，

[1] 选自黑山县文化馆、黑山县非物质文化遗产保护中心编《黑山二人转传统剧目汇编（第一辑）》沈阳出版社2016年版370—385页（黑山二人转剧团1982年演出本，李文兰口述）。

[2] 反扎罗裙：也作"反穿罗裙"，是女子再嫁的一种标志。

不怕大风灌。

迎我回家转，

进门就吃饭。

崔氏：　（白）吃饭？喝西北风都没有哇，今个就东北风。（进屋）

朱买臣：　（随进）我也不是旱龟呢，喝啥西北风！我是说人是铁饭是钢，一顿不吃饿得慌，这本书中说的是民以食为天。

崔氏：　（接过书）你成天哼哼这倒头经，咋不当饭吃？（摔书于地）

朱买臣：　（心痛得拾起）哎哎，这是书！

崔氏：　多咱你也没赢过，可不输咋的？

朱买臣：　你是头发长见识短，长了一双雀蒙眼[1]。拿这（指书）金子当石块，硬把白银当白碱，我说贤妻呀——

（唱）【靠山调】愚夫我终朝每日苦读诗文，

为的是效法圣贤治国安民。

前朝有位苏季子，

他的名字叫苏秦。

苦读诗书不得志，

家中拿他不当人。

到头来身掌六国宰相印，

天下哪个不知闻。

我劝贤妻多忍耐，

官运到我就能直上青云。

为夫要有出头日，

你就是堂堂正正的掌印夫人。

崔氏：　（白）吹着唠吧！

朱买臣：　贤妻呀——

崔氏：　呸，还想上天，你钻狗洞子吧！

（唱）【红柳子】你猪脑袋怎戴爷家的乌纱帽，

家雀骨头怎受爷家的蟒袍加身？

虾米腰怎扎爷家的横鞓玉，

熊瞎子穿朝靴你丢哇丢死个人。

[1]　雀（qiǎo）蒙眼：夜盲。

狗爪子拿不住象牙笏板，

老驴脸怎么能上朝去面君？

老天爷呀连下呀三天哪，做呀么做官的雨，半拉哪，一个小雨点儿，也淋不到你的身。

你趁早死了那份心！

朱买臣：　（白）我就不信，下雨的时候，我上外面站着去。

崔氏：　你到外面一站哪，那天儿咔嚓就晴了！

朱买臣：　我成天在外面蹲着！

崔氏：　一块云彩渣儿都没有哇。

朱买臣：　照你这么说，我朱买臣这辈子不能当官了。

崔氏：　能能能！你就当猪倌儿、羊倌儿、牛倌儿、驴倌儿、狗倌儿、门插倌儿！

朱买臣：　就当这些官儿？

崔氏：　八字儿造就，祖坟冒青气了！

（唱）你们家的那个祖坟，

臭气往外喷那么哟嘿，

没到那个跟前儿呀就把人熏哪。

穷气冒有八九丈，

黄蒿长有一尺深。

打开你们那个家谱，看一看那么哟嗬，

祖祖那个辈辈呀，哪儿有做官的人？

老娘我倒有一个好主意，

管叫你如意我也随心哪。

朱买臣：　啊，我也如意你也随心，好主意！但不知夫人有什么高见？

崔氏：　给我写几个字儿。

朱买臣：　写字那不用求人！咱们是下笔千言，通今博古，真草隶篆，龙飞凤舞。但不知夫人要写些什么？

崔氏：　写封休书。

朱买臣：　休书？

崔氏：　把我休出去，你就得好了。

朱买臣：　闹着玩儿也没这么闹的呀！写什么休书呢？

崔氏：　你写不写吧？

朱买臣：　不写！

崔氏：　当真不写？

朱买臣：　不写不写就是不写！

崔氏：　（高声）你说什么？

朱买臣：　（吓一跳）喂呀！夫人息怒，夫人息怒，好说好说。往日里吵吵闹闹也就是了，从未提起写休书一事，今天不同往常。我朱买臣知书达礼，怎能做出这种伤风败俗之事呢？喂，打不起教不起，胡搅蛮缠不讲理，她若一犯病，还得委屈你（指自己）。哎，我说，你别生气了。（朱买臣鞠躬施礼）

　　　　（搭架子：朱买臣，你那是干啥呢？）

朱买臣：　（慌）哎……我我……我量量炕沿儿。（与观众交流）笑？没少量呀！你是没摊上呀，你若是摊上还不如我呢。（问崔氏）媳妇儿，你说是不是？

崔氏：　滚一边去！

朱买臣：　是！

崔氏：　写！

朱买臣：　是！哎，我说咱可是老夫老妻了，那么多年的情意就一刀两断了！

崔氏：　少套近乎！哪来的情？哪来的意？

朱买臣：　我说贤妻呀……

　　　　（唱）【靠山调】从打成亲到如今，
　　　　　　　　咱二人朝夕相伴多温存。
　　　　　　　　深夜里我写文章你把汤做，
　　　　　　　　清晨起我读诗书你把茶斟。
　　　　　　　　砍柴归天色晚你在门前等，
　　　　　　　　去访友路途远你送我出村。
　　　　　　　　曾记得呀曾记得——
　　　　　　　　那一年贤妻有病，
　　　　　　　　我为你求医买药东走西奔。
　　　　　　　　你想吃鲜鱼我冰下取，
　　　　　　　　冻坏了手脚落伤痕。
　　　　　　　　你想吃飞禽我进山打，
　　　　　　　　中途险些被狼吞。
　　　　　　　　曾记得，曾记得——
　　　　　　　　贤妻要买菱花镜，
　　　　　　　　为夫我卖柴攒下钱几文。
　　　　　　　　三里五村无集镇，
　　　　　　　　百里之外去挑寻。
　　　　　　　　好歹遇见菱花镜，
　　　　　　　　谁知正缺钱一文。
　　　　　　　　急得为夫团团转，
　　　　　　　　人地两生求借无门。
　　　　　　　　无奈我长街上替人写书信，
　　　　　　　　才买回菱花镜讨你欢心。
　　　　　　　　结发夫妻多恩爱，
　　　　　　　　怎能半路两离分？
　　　　　　　　怎能半路两离分哪！
　　　　　　　　贤妻呀——

崔氏：　（唱）【红柳子】当初我把你当成灵芝草，
　　　　　　　　原来你是臭蒲棒烦死个人。
　　　　　　　　当初我盼你成龙能入海，
　　　　　　　　原来是罐养王八呀——越养越紧紧[1]！
　　　　　　　　你穷根扎有八丈六，
　　　　　　　　八十六辈子你也翻不了身！
　　　　　　　　叫我有多寒心。

朱买臣：　（唱）【靠山调】世间有穷也有富，
　　　　　　　　穷富不能永扎根。
　　　　　　　　打墙板也能翻上下，
　　　　　　　　土坷垃还能翻翻身。
　　　　　　　　穷不常穷富不常富，
　　　　　　　　人若有志土变金。

崔氏：　（唱）我叫你土！叫你金！
　　　　　　　砸塌你的天灵盖，
　　　　　　　打断你的大脖筋！

朱买臣：　（白）哎哎哎，别别别，你不就是要写休书吗？行。（提笔与观众交流）我吓唬吓唬她，上写，崔氏犯七出……

崔氏：　你给我住口！什么七出八出的，你寻思我不明

［1］　紧紧：抽巴，形容越来越小，越来越萎缩。

白呢呀？那七出不就是簸米了，撒面了，东走了，西串了，做贼了，养……反正没好事。你那么一写，我还怎么找主啊？啊！你就写朱买臣家穷，养不起老婆了！

朱买臣：　行，好说。（假意写下去）

崔氏：　你敢不写？！我得吵吵吵吵，（出门吵嚷）我说东邻西舍呀，我可不活着了……（哭叫）

（搭架子：崔大美人，你咋的了？）

崔氏：　去！（继续哭）我可不活着了……

朱买臣：　（听到哭声）你看怎么样？真后悔了吧。（拉回崔氏）哎，别哭了，我不写了。

崔氏：　咋的，你不写了？

朱买臣：　不写了。

崔氏：　哈哈！你当我是真的吗？老娘这是遮遮左邻右舍的耳目！你给我写！你给我写！你给大奶奶我写吧！

朱买臣：　你……

崔氏：　哼！

朱买臣：　也罢！

（唱）【靠山调】你胡搅蛮缠欺人太甚，

　　　　分明是看我无能起外心。

　　　　我忍气吞声为和睦，

　　　　你得寸进尺坏人伦。

　　　　我苦读诗书求上进，

　　　　你逼我打柴进山林。

　　　　回来寒暖全不问，

　　　　恶言恶语骂夫君。

　　　　抡起扁担将我打，

　　　　一心离开朱家门。

　　　　既然你把良心坏，

　　　　休怪买臣我无恩。

　　　　上写拜上多拜上，

　　　　拜上岳父岳母二位老大人。

　　　　自从你女儿把门过，

　　　　直到如今不遂心。

　　　　今天把她休回去，

　　　　夫妻从此两离分。

　　　　她嫁张家张大嫂，

　　　　她嫁李家李夫人。

　　　　张王李赵你随意嫁，

　　　　别跟买臣受寒贫。

　　　　刷刷点点写完毕，

　　　　只觉得手发颤头发昏，

　　　　眼前发黑痛在心！

崔氏：　（白）写完了？

朱买臣：　（将休书扔在地）嗨！

崔氏：　你给我捡起来！（朱买臣袖手，无动于衷）你真不捡哪！不捡我个人捡。（看休书）这就好了！

（唱）崔氏女拿起休书迈步往外走——

朱买臣：　（不忍心。白）贤妻！

崔氏：　咸七？还腊八呢！少黏乎！

（唱）崔氏女拿起休书二次往外走——

朱买臣：　夫人！

崔氏：　哟，这吃奶的孩子，还扔不下了呢！靠后！

（唱）崔氏女拿起休书三次往外走——

朱买臣：　（白）不送！

崔氏：　呀？我想起来了，你不送我，我还得送送你呢。买这三间破瓦房还是我爹给垫的钱呢。如今你既然写了休书，你该给我挪挪窝儿吧！

朱买臣：　这……

崔氏：　这什么？土豆搬家——给我滚球子！

朱买臣：　好！（拿起扁担和书本，推门欲走，风雪大作）外边风狂雪大，天黑路滑，看在往日夫妻情分，让我再……

崔氏：　（趁其不备）去你的吧！（朱买臣被推出门外，音乐骤起——朱买臣回身敲门，崔氏不理，拿起镜子涂脂抹粉）

朱买臣：　（敲门）崔氏！崔氏！（风雪大作，朱买臣愤然走去）

崔氏：　（念）梳洗打扮喜心头，

　　　　一到人前卖风流，卖风流！

找个好主有钱财，

　　吃香喝辣不犯愁，不犯愁！

　　（赵石匠上）

赵石匠：（白）在下赵石匠，祖辈传的铲碾子杵磨，省
　　　　吃俭用大半辈儿，就是没人给老婆，一来二去，
　　　　这土鳖钱攒得可就不少了，元宝锞子哗啦哗啦
　　　　直说话。这么躺着硌肋条，这么躺着硌胯骨，
　　　　我背着钱串子在外边这么一逛，那媳妇儿不用
　　　　媒人自个儿就往上上。刚才就来一个，进门就
　　　　上炕。我问她是干啥的，她说（小声地）要跟
　　　　我搞对象。嘻嘻嘻嘻，你问长得什么样啊？
　　　　嗨，又白又胖，又会说又会浪，你不信？那就
　　　　叫出来看看。我说新媳妇儿啊，你出来，他们
　　　　要看看。

崔氏：　（内声）哎，来了。（崔氏扭上。赵石匠索性也
　　　　陪着扭起来，亮相）

　　　　（念）人生难买老来俏，

　　　　　　昨天姓朱今个姓赵。

赵石匠：嘻……（问观众）怎么样？不大离儿[1]吧！

崔氏：　我说当家的呀！

赵石匠：哎！哎！哎……

崔氏：　（唱）【喇叭牌子】奴家我上赶着把你找哇，

赵石匠：（唱）可把我赵石匠乐呀乐坏了哇。

崔氏：　（唱）我美个滋儿地拉住了郎君的手哇，

赵石匠：（唱）我笑模滋儿地扶住了媳妇儿你的腰哇。

崔氏：　（唱）你比那朱买臣可强百套哇，

　　　　　　嫁给你喝口凉水也上膘哇。

赵石匠：（白）要不你能这么富态吗！

崔氏：　（唱）听说你金银财宝攒不少哇，

赵石匠：（唱）这嘟噜钥匙我交给你管着哇。

崔氏：　（白）我想吃啥，

赵石匠：（唱）我撒个愣儿[2]地给你买。

崔氏：　（白）我想穿啥呀，

赵石匠：（唱）你麻溜对我学哇。

崔氏：　（唱）【纱巾扇】奴家我不穿哪粗拉布哇，

　　　　　　嗯哎哎嗨呀，

　　　　　　夏穿纱来冬穿毛哇。

赵石匠：（唱）绫罗绸缎任你挑哇，依儿呀儿啊。

崔氏：　（唱）奴家我不吃呀家常饭呀，嗯哎嗯哎啊，

　　　　　　粳米干饭猪肉炖粉条哇。

赵石匠：（唱）再给你蒸碗鸡蛋糕哎，依儿呀儿哟。

崔氏：　（唱）奴家我生来呀爱打扮哪，嗯哎哎嗨哟。

赵石匠：（唱）胭脂官粉你可劲销吧，

崔氏、赵石匠：（唱）浪不溜丢地招人瞧哎，依儿呀儿哟！

崔氏：　（唱）哎嗨儿哟。

赵石匠：（唱）哎嗨儿哟。

崔氏：　（唱）哎嗨哟。

赵石匠：（唱）哎嗨哟浪不溜丢地招人瞧，哎依儿呀儿哟。

崔氏：　（唱）【锔大缸】奴家我生来呀不愿动针线哪，

赵石匠：（白）你不会做针线活呀？

崔氏：　（唱）缝连补钉我妈她没教，

　　　　　　新衣裳穿破了就算拉倒。

赵石匠：（白）行哪，你说咋着啊就咋着吧。

崔氏：　（唱）奴家我生来胆子小呀，黑天白日……

赵石匠：（白）咋的？

崔氏：　（唱）你得陪着哇。

赵石匠：（白）那我不干活啦？

崔氏：　（唱）夜里你陪我把嗑唠，

　　　　　　白天你领我溜达多逍遥。

　　　　　　清晨起来你得帮我裹裹脚哇，

　　　　　　晚上睡觉你得给我捶捶腰哇。

赵石匠：（白）你可拉倒吧！越来越不像话了，我看你
　　　　是仨大钱买个豆杵子[3]——

崔氏：　怎么的呀？

赵石匠：贵贱不是个物啊！过门不到二年半，小家底儿
　　　　全给败光了！

崔氏：　拿来！

[1]　不大离儿：差不多。

[2]　撒个愣儿：马上，立即。

[3]　豆杵子：田鼠。

赵石匠：　啥呀？

崔氏：　元宝。

赵石匠：　早都让你败光了，还元宝呢！

崔氏：　我刚来那二年，觉着你挺阔气的，这阵子懒了？

赵石匠：　有多少钱也架不住你那么造[1]啊！没法干，我起早贪黑打石头，还供不上花。可让她折腾苦了！要不能这个德行么？（跛脚）

崔氏：　你那是干啥呀？

赵石匠：　搬石头腿砸瘸了呗！

崔氏：　这日子算完了！

　　（唱）【文嗨嗨】崔氏我过门呀不到二年半哪，哎……呀，

赵石匠：　（唱）把我的金银财宝哇，

　　　　　全都给报销哎哎嗨呀。

崔氏：　（唱）头一年常吃那个油煎饺，

赵石匠：　（唱）这工夫窝窝头儿[2]还一劲断条[3]。

崔氏：　（唱）头一年穿衣裳三脱三换，

赵石匠：　（唱）这工夫破布衫子当了棉袍。

崔氏：　（唱）头一年我头上哪，花枝招展哪……

赵石匠：　（唱）这工夫生了虱子，

　　　　　她还紧着挠嗨哎嗨儿呀。

崔氏：　（唱）值钱的东西全卖掉哇，

赵石匠：　（唱）我铲子锤子她都换了粘火勺。

崔氏：　（唱）我问你穿旧的衣裳还有多少？

赵石匠：　（唱）香炉后的破鞋底还有那么一包。

崔氏：　（唱）刚才那一个窝头儿我还没吃饱。

赵石匠：　（唱）年前的剩猫饭还有小半勺。

崔氏：　（唱）我脸上不搽官粉裂些干蚂蚱口，

赵石匠：　（唱）锅底糊嘎巴儿还有那一小挠。

崔氏：　（唱）赵石匠你咋不说人话，

赵石匠：　（唱）从今往后你少跟我要娇毛！

崔氏：　（唱）这样的日子我一天也过不了！

　　　　　我可不跟你把罪遭。

赵石匠：　（唱）分明你是把心变，

崔氏：　（唱）我这就跟你打八刀[4]！

赵石匠：　（唱）赵石匠一听心冒火，

　　　　　我怎能把这泼妇饶？

　　　　　你敢跟我要贫嘴，

　　　　　我抓住你的舌头往外薅！

崔氏：　（唱）不说打八刀也叫打刀把，

　　　　　你这个土包子还有哇啥招儿！

赵石匠：　（唱）我先给你来一个面兜兜的小嘴巴！（赵狠打崔一个嘴巴）

　　　　　老太太端灯我再把你的下巴敲哇！

崔氏：　（白）哎呀我说当家的！呀哎！

　　（唱）当初哇，我就知道你有元宝哇，

　　　　　哪承想你还有，还有那个这两招。

　　（赵石匠抓住崔氏）

赵石匠：　（白）打得该呀，打得好哇，这皮子三天不熟就刺挠。

　　（唱）皮子不倒还得打——

崔氏：　（白）倒了！倒了！倒了！

　　（唱）当家的你这两下子呀，

　　　　　可呀可呀可真高！

　　（赵石匠撒开崔氏）

赵石匠：　（白）哼！石头瓦块我砸碎多少，还治不了你这块臭肉！

崔氏：　（后退几步）你个老不死的！

　　（唱）打得我这脸哪像猫挠哎，

　　　　　端得我这下巴火燎燎。

　　　　　你有能耐你个人过，

　　　　　老娘我鞋底子抹油—— 这就蹽哇。

赵石匠：　（唱）败家娘们你想往哪跑？

崔氏：　（唱）你瘸啦吧唧的活没招儿。

赵石匠：　（唱）我上前一把没抓住，

---

[1]　造：相当于使劲地"吃、花、走"等。

[2]　窝窝头儿：玉米面的饽饽，一面有窝。

[3]　断条：中断。

[4]　打八刀：离婚。

崔氏：　（唱）我踹死你个老杂毛。（崔氏将赵石匠踢倒在地）

　　　　（白）哼！就凭我这小模样儿，得找个有钱有势的，有房子有地的。你赵石匠不露头便罢，你若是去找啊，我就叫伙计们把你扒光秃儿的，扔猪食锅里煮烂乎儿的，喂大狗！

赵石匠：你！

崔氏：　老娘我远走高飞了！

赵石匠：你回来，我这还有个小元宝呢！

崔氏：　在这儿呢！（掏出来）

赵石匠：你！你跑到天上，我也把你抓回来！

　　　　（崔赵下）

　　　　（锣乐声开道，朱买臣身着官衣坐在轿上，差役甲、乙抬轿舞蹈）

差役甲、差役乙：（唱）一顶哪小轿忽呀么忽闪闪，

　　　　哎嗨哎嗨嗨哎哎嗨嗨哎嗨哟哇，哎嗨哟哇——

朱买臣：（唱）砍柴的樵夫哇做了官。

　　　　皇封会稽新太守，

差役甲、差役乙：（唱）哎嗨嗨哎嗨呀哎嗨哟哇，

　　　　哎嗨哟哇哎嗨哟哇哎嗨哟哇，

　　　　夸官拜祖把家还哪，嗯哎嗨呀。

　　　　官爷轿杆忽呀忽闪闪哪，哎……

　　　　嗨哎哟哟，哎嗨呀哎嗨哟哇，哎嗨哟哇……

朱买臣：（唱）当年把柴担。

　　　　这条山路经常走，哎嗨儿呀，

差役甲、差役乙：（唱）哎嗨哟哇，哎嗨哟哇，

　　　　苦尽甜来心喜欢哪，嗯哎嗨呀。

　　　　（朱买臣舞似担柴，差役甲、乙落轿）

差役甲：（白）我说伙计，你看咱们老爷怎么像挑担儿似的呢？

差役乙：（低声）听说咱老爷是砍柴的出身哪！

　　　　（朱买臣听到，故作担柴状）

差役甲：老爷，哎……哎你这肩膀怎么直动弹呢？

差役乙：老爷，这是坐轿，也不是挑柴火呢！

朱买臣：唉，三句话不离本行，我不是砍柴的樵夫出身吗？

　　　　（伸出双手让二差役看，二差役抚摸朱买臣的手，朱买臣趁机攥住）

差役甲、差役乙：哎呀！老爷……快松手，快……老爷！

朱买臣：哈……（松手）

差役乙：老爷这力气还不减当年！

差役甲：（对乙）哎，我从小就上山打柴火，怎么到今个也没当上官呢？

差役乙：你？人家老爷那学问多大呀，文武百官推荐，皇上都佩服！

差役甲：你，你抬轿吧。

差役乙：老爷学问大，坐轿也不一样，抬别人死沉死沉的，今个觉着成是[1]轻巧呢。

差役甲：哈……老爷，再往前走，坐轿可就不如骑马方便了。

朱买臣：老爷我坐轿跟挑柴火顺拐，啊，那就骑马吧。

差役乙：老爷，马就在这儿呢。

　　　　（牵过马，二差役扶朱买臣上马）

差役甲：老爷，前边不就到你们家老屯了呢？

朱买臣：对对对，快走吧！

差役乙：走哇！驾！

　　　　（三人骑马舞下。崔氏拎要饭罐，拿打狗棍被狗撵上，打狗）

崔氏：　你们都不认识我了吧？我还是那个崔氏。唉，我寻思挠扯出来再找一家，哪承想，哎，把赵石匠蹬了，我这名声也臭了，折腾得我呀，眼也锈了，腿也坡了，一天比一天瘦了，这腮帮子上也没那疙瘩恋人肉了，小白脸遇着不少，人家一看哪……也就够了。哎，这日头爷[2]快下山了，把我也饿打蔫儿了，三天没吃饭了，买卖店铺也快收摊儿了。这有个煎饼铺，我得要点儿去呀。（向幕侧）我说掌柜的呀，帮帮

[1]　成是：很。

[2]　日头爷：太阳公公。

我吧！

（搭架子：这不是崔氏吗？）

崔氏：　可不是我咋的。

（搭架子：你混得不错吧？）

崔氏：　可别扯了，把我都饿堆了。掌柜的呀，有煎饼哪，给我一卷半卷儿的，有那残汤剩饭哪，给我一碗半碗儿的……

（搭架子：不给！我还留着呢！）

崔氏：　留着干啥呀？

（搭架子：喂猪。）

崔氏：　这个还大愿的，真缺德！我上那家要去，（向另侧）我说老财主哇，帮帮我吧！

（搭架子：这不是崔氏吗？）

崔氏：　可不是我咋的？

（搭架子：听说你享福了！）

崔氏：　可别逗了，把我饿扁了。有大饼子给我一块儿半块儿的，有咸菜疙瘩给我一片儿半片儿的……

（搭架子：不给！还留着呢！）

崔氏：　留着干啥呀？

（搭架子：喂狗。）

崔氏：　该大死的，欺负要饭的做损哪！

（唱）【红柳子】崔氏女讨要无门好伤心，

　　　　思前想后泪淋淋。

　　　　三年前逼着朱买臣把休书写，

　　　　嫁石匠到头来还是受寒贫。

　　　　自从我蹬了赵石匠，

　　　　哪承想满脸的褶子找不着人。

　　　　无奈何挨门去讨要，

　　　　见人就把大爷尊。

　　　　你说这帮人坏不坏，

　　　　不是笑骂就是关门。

　　　　这个说我是缺德女，

　　　　那个说我是坏良心。

　　　　三天要不上一碗饭，

　　　　饿得我眼冒金花头发昏。

（差役甲、乙手持杀威棒上）

差役甲：　（白）新任太守朱大老爷夸官，闲人闪开！

差役乙：　这个臭要饭的，闪开，闪开！

崔氏：　叫谁闪开呀？

差役乙：　叫你闪开呗！

崔氏：　闪开干啥呀？

差役甲：　会稽新任太守朱大老爷夸官，到家乡拜祖，闲人都得回避。

崔氏：　（急问）新任太守朱大老爷？

差役甲：　啊！

崔氏：　到家乡拜祖？

差役乙：　对！

崔氏：　（对旁）是不是朱买臣哪？（对差役）我说你们老爷姓啥？

差役甲：　姓朱。

崔氏：　姓朱！你们老爷到哪儿去拜祖？

差役甲：　就这个屯子！

崔氏：　啊！你们老爷是不是叫朱买臣哪？

差役甲：　大胆！

差役乙：　放肆！你敢叫我们老爷的名讳！

崔氏：　哟，叫叫名管啥的？（高兴地手舞足蹈）谢天谢地呀谢佛神！

差役甲、差役乙：你这是干啥呢？

崔氏：　你们知道我是谁？

差役甲：　你是谁？

崔氏：　我是谁，新任太守朱大老爷的元配夫人到了！

差役甲、差役乙：呃！呃！……（作呕）

崔氏：　（不解地）你们咋的了？

差役乙：　我们太守老爷的夫人就你这个德行？齗毛齗刺的，臭气拉哄的？靠后靠后！

崔氏：　咋的？你们细看看。（故意走几步卖弄娇姿）

差役乙：　俗话说，人不可貌相，海水不可斗量，万一她是真的，咱可得罪不起呀。

差役甲：　那就通禀一声！

差役乙：	通禀一声吧，别惹碴子[1]。
差役甲：	哎哎哎，你说你是我们老爷的元配夫人，报报你的名字吧。
崔氏：	我呀，家住在胳膊肘子街草帽子胡同儿，大号叫崔氏，小名叫碴子，外号叫崔大美人儿。
差役乙：	哎呀我的妈呀！（哭笑不得）
差役甲：	你等着吧，我们给你禀报老爷一声。
崔氏：	哎，老爷若是认我呀，我可忘不了你们。让我那丈夫老爷赏你们，像旗杆那么高的大官儿。（幕后众声嘈杂：恭喜朱大人！恭喜朱大老爷走马上任！）
朱买臣：	同喜同喜，（向幕后揖拜上）各位父老留步！别送了！（念）奉旨离京来上任， 喜见当年众乡亲。
差役甲：	（白）启禀老爷，马前有一妇人求见。
朱买臣：	有一妇人求见？
差役乙：	她说是……老爷的……
朱买臣：	老爷的？到底是谁呀？
差役甲：	她说是老爷的元配夫人崔氏。
朱买臣：	崔氏！嗯，崔氏，容她一见。
差役甲：	是。（转身对崔氏）大人说了，容你一见。
崔氏：	怎么的？（故意端架子）
差役甲、差役乙：容夫人一见。
崔氏：	哼！
差役乙：	哎，大人不见小人怪。（为崔氏掸土）
崔氏：	这是干啥？
差役乙：	刚才不知是夫人到了，大人不见小人怪。
崔氏：	嘟！大胆！狗才！刚才让你们去通禀一声，你们贼拉横，狗眼看人低，这老爷夫人还有假货吗？啊？
差役甲、差役乙：是，是，小的该死！小的该死！
崔氏：	行啊，赏你们个脸吧，你们两个给我禀一声也不容易，我得赏给你们俩点啥。这两件宝贝儿

留着也没用了。这个给你，你爹死了，做浆水罐，指定不漏汤。这个给你，你妈死了，做打灵头幡儿，准保够长。（见差役不高兴）咋的，不愿要哇？啊？

差役甲、差役乙：谢夫人，谢夫人。（拿到一旁扔掉）
崔氏：	待我上前认夫哇…… （唱）【红柳子】闻听容我呀去相认， 不由崔氏喜在心。 我这偷眼把他看， 呀—— 咋不像三年前我的那个朱买臣。 你看他呀—— 浓眉呀大眼多英俊， 威风哪凛凛有精神。 天生人家就是做官的命， 他身穿红袍头戴乌纱， 颤巍巍的两朵宫花， 真是爱死个人呀，哎哎嗨呀。 我这里呀—— 挠挠头发擦擦脸， 扯扯衣裳掸掸尘， 抻抻胳膊伸伸腿， 活活血脉舒舒筋。 来到马前忙跪倒， 我满脸堆笑叫大人。 奴是你妻崔氏女， 跪拜在地迎夫君，哎哎嗨呀。
朱买臣：	（唱）【靠山调】果然她是崔氏女， 往事历历涌上心。 想当初她手狠心毒恩绝义断， 今日她蓬头垢面马前跪倒， 满脸堆笑是何因？ 叫声崔氏你抬头看， 看看我就是你三年前赶出门的朱买臣。 你言说猪脑袋怎戴爷家的乌纱帽， 家雀骨头怎把爷家的蟒袍加身？

[1] 　碴子：胡搅蛮缠之人。

虾米腰怎扎爷家的横鞓玉，

熊蹄子穿朝靴丢死个人。

狗爪子拿不住象牙笏板，

老驴脸怎能上朝去面君？

你言说老天爷连下三天做官的雨，

半拉雨点也淋不到我的身。

因此上，你逼我已把那休书写，

为什么今天你跪在马前，

口口声声称夫君？

崔氏：　（白）哟，我说当家的呀，那是我恨铁不成钢，跟你闹着玩儿呢！

朱买臣：你平素非打即骂，那也是闹着玩儿吗？

崔氏：　唉，当家的呀！

　　　　（唱）【红柳子】我让你打柴把山林进，

怕的是你成天看书头脑昏。

虽说我抢过扁担把你打，

痛在奴的心，丈夫哇！啊……

朱买臣：（白）那你当初为什么非逼我写休书哇？

崔氏：　（唱）那是我怕你恋妻不上进，

假意逼你写下了休书退了婚。

我孤孤单单无人问，

让你一人清清静静读书文。

丈夫你呀，出人头地多不易，

为妻我当初总算没有白费心。

丈夫哇……

朱买臣：（白）哈……

　　　　（唱）【靠山调】叫声崔氏女你听真，

说话可要凭良心。

咱俩同床多少载，

我知道你是啥样人。

花言巧语不可信，

虚情假意要复婚。

要想为夫把你认，

你心要正话要真，

可不要一错再错骗夫君！

崔氏：　（无地自容。白）哟，我说当家的呀，我那点事

儿你还不知道吗？（羞涩地看一眼朱）不就是那回事吗！

朱买臣：是怎么回事啊？

崔氏：　当家的呀！

　　　　（唱）【红柳子】当初我猴子脾气不定性，

我可是刀子嘴来豆腐心。

千错万错都是我的错，

我不该撵你离家门。

自从丈夫你走后，

我无依无靠抱了蹲[1]。

要饭吃，饥一顿来饱一顿，

在外边，风也吹来雨也淋。

想丈夫你呀，

想得我刷刷地掉眼泪，

到夜晚翻身打滚像丢魂。

为寻夫我东奔西走千里远，

造得我浑身上下都不像个人。

喜的是呀，喜的是今日见到夫君的面，

为妻我跪在马前死了也甘心。

丈夫哇！

朱买臣：（唱）【靠山调】崔氏她哭哭啼啼把前情诉，

买臣我心绪难平乱纷纷。

往事何必细追问，

有道是一日夫妻百日恩。

我怎能身居高官把前情忘，

怎能让结发之妻流落风尘？

我怎能……我怎能心怀旧恨把她怪，

怎能让父老乡亲笑我不仁？

想到此方欲下马把她认……

（幕后，赵石匠喊：冤啊……）

朱买臣：（白）什么人吵闹喧哗？

差役乙：禀大人，有人喊冤。

朱买臣：快快传来喊冤人。

差役乙：喊冤人上前回话！

[1]　抱了蹲：抱蹲。失业，青黄不接难糊口。

（赵石匠上，崔氏发现，二人欲厮打）

崔氏：　我说当家的呀，快把他打死！他欺男霸女，杀人放火……

朱买臣：岂有此理。（对赵石匠）我说你有什么冤枉啊？

赵石匠：大人容禀。（跪拜时不慎跌坐于地）

朱买臣：站起来讲话。

差役甲：起来起来。

赵石匠：（唱）【靠山调】我姓赵是石匠，

　　　　家住靠山村。

　　　　多半辈子打光棍，

　　　　攒些金和银。

　　　　想当初崔氏逼你把休书写，

　　　　第二天她跟我没拜天地就成亲。

朱买臣：（白）啊！

崔氏：　哎呀，当家的，可别听他胡说八道哇！他……

朱买臣：多嘴！石匠接着往下讲！

赵石匠：（唱）没想到，没想到她馋又懒，

　　　　吃喝穿戴尽胡抢，

　　　　过门不到两年半，

　　　　钱财没剩半分文。

　　　　穷日子一天她也不想过，

　　　　这刁妇接连起外心。

崔氏：　（白）大人哪！当家的呀，你看他那个德行，那个长相，就凭我能嫁给他个一条腿的？

朱买臣：大胆的崔氏！退下！哼！

差役乙：去去去！

崔氏：　我的老爷呀——

　　　　（唱）【红柳子】我的我的丈夫啊，

　　　　老爷呀慢发火呀，

　　　　奴家有话劝夫君。

　　　　他胡言乱语不可信，

　　　　抢男霸女一刁民。

　　　　他看我无家可归容颜美，

　　　　三番两次来逼婚。

　　　　奴家本是贞节女，

宁死不和他成亲。

强盗心怀刻骨恨，

夫君你怎能容他——　一无凭、二无证、无中生有、信口开河、歪艄邪拉、胡诌八扯、强词夺理、血口喷人。

丈夫哇……

朱买臣：（点头。白）嗯，石匠你一无凭二无证，这光天化日之下，血口喷人，岂不是自讨苦吃！

差役甲：说！

赵石匠：（唱）大人你若不能信，

　　　　现有铁证在我身。

　　　　这休书可是大人亲笔写，

　　　　没这个我怎能和她成亲。

　　　　赵石匠句句说的实情话——

崔氏：　（唱）崔氏女哆哆嗦嗦吓掉了魂。

朱买臣：（唱）【抱板】看罢休书肺气炸，

　　　　骂声崔氏狗贱人。

　　　　没羞没臊没廉耻，

　　　　败风败俗败家门。

　　　　无情无爱无义女，

　　　　丧贞丧节丧良心。

　　　　花言巧语不可信，

　　　　诬告石匠罪孽深。

　　　　有何脸面来见我？

　　　　叫我怎能认你做夫人？

崔氏：　（白）哎呀，我的丈夫，老爷呀！

　　　　（唱）不看僧面看佛面，

　　　　不看鱼情看水情。

　　　　鱼情水情全不看，

　　　　也该看看你我同床共枕、共枕多年、多年相处、相处情深，

　　　　还有谁比咱俩亲哪？

　　　　丈夫哇！

朱买臣：（白）崔氏！

　　　　（唱）这有休书为凭证，

　　　　你早已不是朱家人。

0081

既然改嫁赵石匠，

又怎能厚颜无耻认我做夫君？

崔氏：　（唱）看他我就心难受，

宁死不进赵家门。

你打乌米眼往上看，

下水坏得没法闻。

我宁死一辈子打光棍，

也不和你这个狼心狗肺的畜生乱掺群。

赵石匠：（白）你跟我？我还不要了呢！

崔氏：　那我谢天谢地，我说丈夫老爷呀。

（唱）你千万别听他胡说八道，

咱俩是明媒正娶的元配婚。

我要是梳梳头洗洗脸，

这绫罗绸缎穿在身，

做老爷的夫人满够料，

准保是堂堂正正、正正堂堂、当朝一品、

一品当朝，水灵灵的女钗裙哪。

丈夫哇……

赵石匠：（白）这不害臊的药叫你都吃胀胀了！

崔氏：　滚！

赵石匠：老爷，常言说嫁出门的女儿，泼出盆的水儿，

我都不要她了，你还能收回这个败类！

朱买臣：怎么？嫁出门的女儿，泼出盆的水儿……（呼

唤差役）左右！

差役甲、差役乙：有。

朱买臣：快去打来清水一盆。

差役甲、差役乙：是。（下）

赵石匠：打清水一盆？啊——

崔氏：　（对旁）你们看朱买臣心软了，我一把鼻涕两

把泪，就把他唬住了，这不是给我打洗脸水去

了？我说丈夫老爷呀，你看这外面风呜呜的，

尘土呼呼的，等到老爷公馆再梳洗打扮呗。

赵石匠：这真是后脑勺子搭胭粉，把你都美翻背了！

差役甲：（端水上）老爷，端来清水一盆。

崔氏：　丈夫老爷呀，咱们回公馆去洗脸呗！

朱买臣：哈……崔氏！

（念）买臣马前要泼水，

让你把水收回盆。

收回清水夫妻在，

收不回满盆清水，休想做夫人！

赵石匠：（白）啊！好！

朱买臣：泼水！

差役甲：泼水了！（差役将水泼地）

崔氏：　哎呀不好，

（唱）一见清水泼在地，

崔氏我这里慌了神。

左一把来右一把，

东一把，西一把，

前一把，后一把，

东西南北，前后左右，

搂了一大阵，

（咳）连泥带水收回半盆哪，哎哎嗨呀。

赵石匠：（白）哈……

（唱）只因你是缺德女，

一盆清水剩半盆，哈……

崔氏：　（唱）说什么马前来泼水，

分明是马前差臊人。

人活百岁也是死，

不如早死化埃尘！

（崔氏撞地而死）

差役乙：（白）大人，崔氏撞死了！

朱买臣：怎么？崔氏死了？

赵石匠：该死！脚上的泡个人走的。

朱买臣：也罢，你去买口棺材，盛殓起来也就是了。

差役乙：是。

朱买臣：本官念你受崔氏蒙骗，落得家破人身残，送你

纹银百两，也好医病度日。

（差役甲赠银）

赵石匠：谢大人！

朱买臣：正是——

（念）人生在世德为本，

赵石匠：（念）千万可别坏良心。

0082

众人： （念）恶善到头终有报，

朱买臣： （念）马前泼水警后人。

摔子劝夫

又名《刘云打母》。故事出自山东小刘庄。刘云的父亲刘彦寿故去以后，刘云耍钱，打骂母亲康氏，被妻李桂珍摔子劝好。故事被东北蹦蹦艺人编成大秧歌里的小唱，后来分人物，拉开场子表演。此戏说口诙谐，东北乡土气息浓郁。

人物　　康氏
　　　　李桂珍
　　　　刘云
　　　　三叔
　　　　二大爷
　　　　吹手头
　　　　众吹手

（康氏拄拐杖上）

康氏： （念）老了老了真老了，

　　　　人老好似霜打的草。

　　　　人老猫腰把头低，

　　　　树老焦梢叶子稀。

　　　　黄瓜老了一包水儿，

　　　　茄子老了两层皮。

（白）老身刘门康氏，老头子早年下世去了。所生一子名叫刘云，自幼娇惯成性，长大不务正业，终朝每日在赌博场里鬼混。娶妻李桂珍倒是十分孝顺。我儿出门又有半个多月未曾回家，是我惦念于他，染病在身，思想起来好不愁闷哪！

（唱）【老摔镜架】独坐房中暗思忖，

　　　　思念我儿小刘云。

　　　　老头子活着时候拿他当成了宝儿，

　　　　谁承想冤家长大不成人。

　　　　庄稼活不干买卖也不去做，

　　　　每日里赌博场中度光阴。

　　　　满打算养儿一回能防老，

　　　　哪料他三天两头儿打骂娘亲。

　　　　儿子不孝媳妇儿孝，

　　　　好个贤德的李桂珍。

　　　　吃喝穿戴侍候得到，

　　　　知冷知热暖我心。

　　　　我儿他出门有半个月，

　　　　家里的事情不问不闻。

　　　　也不知冤家他多咱能回转，

　　　　浪子回头能做人。

　　　　思前想后长吁短叹……

（李桂珍上）

李桂珍： （唱）【红柳子】上房来了李桂珍。

　　　　婆母思儿得了病，

　　　　叫我时刻挂在心。

　　　　哄得孩子睡了觉，

　　　　上房来看年迈人。

　　　　迈步我把门儿进，

康氏： （白）刘云，我的儿呀！

李桂珍： （唱）又见婆母病呻吟。

（白）参拜婆母！

康氏： 原来是儿媳桂珍，你丈夫他回来没有？

李桂珍： 多谢婆母挂念。他……他还未曾回来。

康氏： 唉！

李桂珍： 婆母有病，想些什么汤汤水水，儿媳与您去做。

康氏： 我也不想清汤，也不想浑汤，想喝点儿珍珠拉拉汤，不知你可会做？

李桂珍： 儿媳会做。

康氏：　你抓上一把面儿，抆[1]上一匙饭儿，搁锅里熬成疙瘩蛋儿，再往里加点儿葱姜蒜瓣儿，我喝下去辣得出了一身汗儿，这病不好，也能去了一大半儿。

李桂珍：　儿媳这就去做，婆母您等候了。

　　　　（唱）我做面汤敬娘亲，

　　　　　　　代丈夫报答养育恩。

　　　　　　　转身就把厨房奔，（下）

　　　　（刘云上）

刘云：　（唱）走回来输了钱的小刘云。

　　　　（念）好吃好喝又好玩儿，

　　　　　　　哥儿们当中有人缘儿。

　　　　　　　赌博场上常露面儿，

　　　　　　　没有赢过净输钱儿。

　　　　（白）小子刘云，由家里出来半拉月了，在赌博场里和哥儿们连玩带耍十分痛快，今儿个这腰里的钱儿也没几个了，也想起家里头儿一个人来了。

　　　　（搭架子：你想谁了？）

刘云：　一不想我那死去的爹，二不想我那活着的妈，想的是我那好媳妇儿——狗剩他妈。天不早了，我得赶快走哇。

　　　　（唱）【靠山调】刘云迈步往前奔，

　　　　　　　回家去看李桂珍。

　　　　　　　半个月没见媳妇儿面，

　　　　　　　倒叫我时刻挂在心。

　　　　　　　穿街越巷走得快，

　　　　　　　眼前来到自家门。

　　　　　　　一脚门里一脚门外，

康氏：　（白）刘云，儿呀！

刘云：　（唱）无名怒火胸中焚。

　　　　（白）我说这两天儿怎么输起来没完呢，敢情这家里给我号丧哪！我得进去逗弄逗弄她。嗯哒！

康氏：　谁来了？

刘云：　我。

康氏：　儿呀，你回来了。儿呀，你可把为娘想坏了。儿呀，你……

刘云：　得了得了得了。儿呀儿呀，叫起来没完了，谁不知道我是你的儿子，怎么的？

康氏：　儿呀，这回你又输多少钱哪？

刘云：　有你这么说话的吗！告诉你，我在外面儿的朋友多，往后家来，你得懂点儿规矩。

康氏：　什么规矩？

刘云：　我教给你，我回来在门口儿一咳嗽，你赶紧起身迎接。进了屋，我坐着你站着，然后问我：刘大爷，这回赢多少钱哪？听明白没有？

康氏：　明白了。

刘云：　那咱们试试。嗯哒。

康氏：　刘……

刘云：　刘大爷。

康氏：　啊啊，刘大爷。

刘云：　嗯。

康氏：　刘……大爷，你这回赢多少钱哪？

刘云：　哎，这就对了！

康氏：　唉！

刘云：　你是怎么了？唉声叹气的。

康氏：　为娘想你想病了。

刘云：　是啊？那你有病不想点儿什么吃吗？

康氏：　我想吃，谁给我买去呀？

刘云：　我给你买呗，想吃什么？说吧。

康氏：　你给我买二两汤驴肉，再买两个火烧，把火烧割个口儿，把驴肉切成片儿往里一夹……

刘云：　这还有个名儿没有？

康氏：　这叫蛤蟆吞蜜。

刘云：　这哪是有病，分明是馋痨哇！我问你，你是哪儿想吃这蛤蟆吞蜜了？

康氏：　我心里想吃，嘴就说出来了。

刘云：　噢，心里想吃嘴还就说出来了，那你把嘴张开叫我看看。

[1]　抆（kuǎi）：舀。

康氏：　　看什么？（张嘴）

刘云：　　我看你牙长齐没有。着打！（打康氏一耳光）

康氏：　　好奴才！

　　　　　（唱）【抱板】忤逆之子真可恨，

　　　　　　　　　　打我年迈生病人。

　　　　　　　　　　今天我要把你教训……

　　　　　（康氏举拐欲打刘云，刘云夺下拐杖扔掉，将康氏推倒，拳打脚踢）

李桂珍：　（端面汤上。唱）【秧歌柳子】面汤做好娘沾唇。

　　　　　　　　　　听得上房人吵嚷，（看）呀！

　　　　　　　　　　又见刘云打母亲。

　　　　　　　　　　有心上前将他劝，

　　　　　　　　　　丈夫是个浑犟人。

　　　　　　　　　　暂且回房把主意想……（下）

刘云：　　（唱）这回看你还吞不吞！

　　　　　（白）你还想蛤蟆吞蜜不？

康氏：　　不想了。

刘云：　　那你的病怎么样了？

康氏：　　越来越重了。

刘云：　　那我还得给你治。（欲打）

康氏：　　不用治，（躲）好了，好了。

刘云：　　去根儿没？

康氏：　　唉！去根儿了。

刘云：　　（对观众）大伙看着没有？家里老人得了病，不用花钱请大夫抓药，一顿胖揍就去根儿。这还有个名堂，叫生打暴力丸。哟，光顾和她在这惹气了，我得回屋看看狗剩他妈——我媳妇儿去呀！（下）

康氏：　　（见刘云走远）好奴才呀！

　　　　　（唱）【大悲调】为娘将你养大成人，

　　　　　　　　　　不该狠心打母亲。

　　　　　　　　　　哭一声老头子下世早，

　　　　　　　　　　抛下我一人受艰辛。

　　　　　　　　　　我何不到郊外去一趟，

　　　　　　　　　　老头子坟前把冤申？

　　　　　　　　　　哭哭啼啼往外走……（拄拐下）

李桂珍：　（上。唱）【红柳子】上房转回李桂珍。

　　　　　　　　　　想好主意把丈夫劝，

　　　　　　　　　　坐在房中装病人，

　　　　　　　　　　假意呻吟把丈夫等……

刘云：　　（上。唱）【羊调】来了孝子我叫刘云。

　　　　　　　　　　我在上房把母亲打，

　　　　　　　　　　对我媳妇儿可又疼又亲。

　　　　　　　　　　一脚门里一脚门外……

李桂珍：　（白）罢了，我的夫哇！

刘云：　　（唱）听媳妇儿好像有病的人。（蹑手蹑脚地走到李桂珍面前，轻声地）

　　　　　（白）狗剩他妈，狗剩他妈。

　　　　　（搭架子：大点声啊。）

刘云：　　大点儿声，吓个好歹儿的呢？

李桂珍：　谁呀？

刘云：　　我，狗剩他爸。

李桂珍：　我寻思你死在外头了呢！

刘云：　　没有，我想你就回来了。

李桂珍：　哎哟！哎哟！

刘云：　　狗剩他妈，（急扶）狗剩他妈，狗剩……妈呀，你老人家这是怎么的了？

李桂珍：　我病了。

刘云：　　病啦。瞎了眼的老天爷，怎么让我媳妇儿得病呢！我说狗剩他妈呀，你病了，想点儿什么吃不呢？

李桂珍：　我想吃，谁给我买呀？

刘云：　　我，我，我给你买去呀。

李桂珍：　你妈有病你怎么不给买呢？

刘云：　　这……咳，妈是家出的，你是外来的，是花红小轿儿吹吹打打娶来的呀。想吃什么，说吧。

李桂珍：　我想吃黄瓜。

刘云：　　我给你买去。（欲走）

李桂珍：　回来！

刘云：　　哎。

李桂珍：　我不要这儿的黄瓜，我要北京顺天府的黄瓜。

刘云：　　那儿的黄瓜有什么出奇的？

李桂珍：	北京顺天府的黄瓜花朝里长着，籽儿朝外长着。
刘云：	这玩意儿上哪儿淘弄去呀？
李桂珍：	哎哟！哎哟！
刘云：	别急！别急！我这就给你淘弄去。（出门想主意）哎，问问街坊去。（向下场口）三叔在家吗？
三叔：	（上）什么事儿呀？
刘云：	三叔，你们家有没有那花朝里长着，籽儿朝外长着的黄瓜？
三叔：	有哇。
刘云：	匀给我两条行不？
三叔：	街坊住着，匀什么哪，要就拿两条去呗。
刘云：	谢谢您啦！
三叔：	谁想吃啊？
刘云：	我媳妇儿病了，想吃。
三叔：	噢，你媳妇儿想吃啊？没有。
刘云：	你不是说有吗？
三叔：	你妈要吃就有，你媳妇儿要吃呀——哈哈！没啦！（下）
刘云：	这个老豆包！总拿妈当事儿，妈算老几呀，我再问问别人。（向上场口）二大爷在家吗？
二大爷：	（上）什么事儿呀？
刘云：	二大爷，你们家有那花朝里长着，籽儿朝外长着的黄瓜吗？
二大爷：	有哇。
刘云：	匀给我两条行不？
二大爷：	街坊住着，匀什么呀？要就拿两条呗。
刘云：	谢谢您啦！
二大爷：	谁想吃啊？
刘云：	我媳……（背躬）我呀，跟他撒个谎吧。（对二大爷）二大爷，我妈想吃。
二大爷：	那行啊，一会儿我给你送去。要是你妈吃就留下，要是你媳妇儿吃——哈哈，我再拿回来。（下）
刘云：	呸！他们俩像一个人儿似的啊。（进门）狗剩他妈呀，黄瓜一会儿就送来，你还想什么呀？

李桂珍：	我想抽烟。
刘云：	那有现成的。
李桂珍：	我不要这儿的烟，我要关东烟。
刘云：	关东烟也好买，你等着。（向下场门）掌柜的……
	（搭架子：干什么？）
刘云：	我要四两关东烟。
	（搭架子：多咱用？）
刘云：	这就用。
	（搭架子：你头走，咱们随后就到。）
刘云：	嗯？这卖烟的怎么还管送啊！
	（吹鼓手们吹打着上）
刘云：	（拦）哎哎，你们干什么？
吹手头：	你不是叫四人吹鼓班吗？
刘云：	我要四两关东烟。
吹手头：	那你上我们鼓乐房干什么呀？
刘云：	走错门儿了，各位请回吧。
吹手头：	你得给钱哪。
刘云：	我也没找你们，给什么钱？
吹手头：	真不给？
刘云：	不给。
吹手头：	伙计们！
众吹手：	哎！
吹手头：	吹打起来。
	（吹鼓手们吹打）
刘云：	（拦）哎哎，别吹了，我们家有病人。
吹手头：	对呀，你们家没病人，怎么死人哪？不死人，找我们干什么呀？伙计们，吹！
刘云：	别吹，别吹！多少钱？
吹手头：	喇叭一响，黄金万两。
刘云：	啊？！
吹手头：	你给四十吊吧。
刘云：	（掏钱）给你。
吹手头：	（接钱）还得给小柜儿。
刘云：	小柜儿？不给。
吹手头：	不给？伙计们……

刘云：　　别吹，给小柜儿，要多少？

吹手头：　凭赏。

刘云：　　（背躬）看起来，给少还得吹呀。兜里的都给了吧。（掏钱）

吹手头：　（接钱）真不少哇！伙计们！

众吹手：　哎！

吹手头：　刘云真够大方。

众吹手：　不错。

吹手头：　小柜儿给这么多。

众吹手：　够朋友。

吹手头：　咱们得好好谢谢。

众吹手：　对。

吹手头：　没别的，奉送两段儿，吹。

　　　　　（吹鼓手们吹打，刘云拦不住，向吹鼓手们行礼）

刘云：　　行啦行啦，我的活祖宗们！

众吹手：　哎……（下）

刘云：　　（自语）这倒霉的事儿怎么都叫我摊上了呢？
　　　　　（进门）

李桂珍：　刚才外面吹吹打打怎么回事？

刘云：　　别提了，我给你买烟走错了门儿，来了四个吹鼓手，讹去了不少钱。

李桂珍：　好，财去人安乐。

刘云：　　只要你乐就行了。哎，你还想点儿什么？

李桂珍：　我想吃鸭蛋。

刘云：　　那容易。

李桂珍：　我不要这儿的鸭蛋，我要高唐州济都县白瞎子养活的白鸭子下的那白鸭蛋。

刘云：　　（对观众）我媳妇儿要的这玩意儿都生古[1]。

李桂珍：　你买完鸭蛋用褡子装好，道上有人问你是什么，你就拍拍胸脯说白压蛋哪白压蛋。

刘云：　　噢，白鸭蛋哪，白……哎，这不是骂人吗？

李桂珍：　你不会挎着吗？

刘云：　　对呀，挎着就没压着我。

李桂珍：　听我嘱咐你几句。

刘云：　　哎！

李桂珍：　你早住店晚登程，睡觉别把一头儿，小心做贼的挖窟窿。买完就快点儿回来，白天哪，大伙说说笑笑我能把你忘了，到晚上，我一抱起狗剩就想起你来了。

刘云：　　（对观众）看我媳妇儿多惦记我。

李桂珍：　没狗剩你打哪来呀？

刘云：　　那可不，没狗剩……（对观众）哎，这话不对劲儿呀！噢，她这是拿我打哈哈[2]哪。看起来老娘们儿是三天不打上房揭瓦，两天不踢扒墙啃泥，一天一顿她感恩不尽。（对李桂珍）你着打吧！（欲打）

李桂珍：　哎哟！哎哟！

刘云：　　（求饶）别别，我这就去，这就去！
　　　　　（唱）开柜取出雪花银，
　　　　　　　　背上褡子要出门。

李桂珍：　（唱）问声丈夫你往哪里去？

刘云：　　（唱）高唐州我把鸭蛋寻。

李桂珍：　（唱）我问你寻鸭蛋为的是哪一个？

刘云：　　（唱）为的是我妻李桂珍。

李桂珍：　（唱）咱母亲上房也得了病，

刘云：　　（唱）我已经治好给她去了根。

李桂珍：　（白）请大夫了吗？

刘云：　　没有。

李桂珍：　抓药了吗？

刘云：　　没有。

李桂珍：　一没请大夫，二没抓药，怎么治好了呢？

刘云：　　用的偏方。

李桂珍：　偏方？

刘云：　　啊，你没听说吗，偏方治大病。

李桂珍：　什么偏方？

刘云：　　生打暴力丸。

李桂珍：　咱那母亲千辛万苦把你抚养成人，你不该伤天

[1]　生古：稀奇，与众不同。

[2]　打哈哈：开玩笑。

害理打骂于她，真乃不孝之子。

刘云： 你得了吧！我们家老人，一没给我置下房产土地，二没给我留下买卖钱财，我孝顺他们干什么呀？

李桂珍： 养育之恩胜似财产，没有父母你打何处而来？

刘云： 我……我……我——我打石头缝儿里蹦出来的，你管得着吗？

李桂珍： 咳，你这个浑人哪！

（唱）【红柳子】李桂珍这里开了言，

听我把四恩对你谈。

天有恩，下的是甘露细雨，

地有恩，长的是五谷良田。

国有恩，朝内的臣忠将猛，

家有恩，后辈的子孝孙贤。

乌鸦反哺马不骑母，

小羊羔吃奶跪在地下边。

刘云： （白）它不跪着够不着咂咂[1]呀！

李桂珍： （唱）禽兽都有孝母意，

何况你是七尺儿男！

刘云： （白）什么七尺八寸的，老人哪，就是那么回事儿呗！

李桂珍： （唱）我这里好言把他劝，

他那里变脸变色不耐烦。

（李桂珍思索，忽听孩子哭叫）

【小悲调】忽听娇儿声声叫，

急忙抱在怀里边。

儿呀，儿呀！

为娘怀你十个月，

受尽煎熬与辛酸。

好似身得一场重病，

死去活来才把你添。

用水洗，用布缠，

怕你热来怕你寒。

左边尿湿挪到右，

右边尿湿挪到中间。

好东西到嘴我舍不得咽，

嘴对嘴地喂儿餐。

母亲恩情深似海，

父亲恩情重如山。

你的父五更起来半夜睡，

打柴挑担去换钱。

买粮买菜把儿喂饱，

买衣买帽给儿御寒。

千辛万苦抚养大，

又送你南学念书篇。

【抱板】哪承想你知恩不报反为怨，

真是个人面兽心肝。

老猫就在床上睡，

一辈一辈往下传。

有其父来必有其子，

儿长大也得将我下眼观。

张口就骂举手就打，

我孤苦伶仃多可怜。

趁你萌芽我把根斩断，

免得我老时受屈冤。

举起孩子摔下去……

（李桂珍假意摔孩子，刘云急忙把孩子接过来）

刘云： （唱）吓着狗剩我和你没完！

（白）狗剩，不吓，不吓啊！

李桂珍： 死了活该！

刘云： 两口子拌嘴打架，你拿孩子撒什么气？

李桂珍： 趁小把他摔死，免得长大打骂爹娘。

刘云： 别说这话，我不乐意听。

李桂珍： 我的孩子，我生我养的，我乐意摔。（欲夺孩子）

刘云： （躲闪）干什么呀？不想过了怎么的？不过就散伙。

李桂珍： 散就散。

刘云： 你……

李桂珍： 咱家四口人你要谁？

[1]　咂咂：乳房。

刘云： 这就分哪？

李桂珍： 说话算数。

刘云： 分就分，四口人儿我要狗剩，老太太归你。

李桂珍： 好，一言为定，不得反悔。

刘云： 悔什么呀？（外强中干地）大丈夫一言出口驷马难追。（李桂珍欲走，孩子哭）哎，你上哪儿去？

李桂珍： 到母亲房中。

刘云： 别介别介，给狗剩吃口奶呀。

李桂珍： 孩子归你，我就不管了。

刘云： 那哪行呢？（孩子哭）别哭，别哭，狗剩哎，你再哭你爸我这眼泪也下来了。（刘云与孩子同哭，李桂珍暗笑）嘿！我们爷儿俩哭成这模样，她那还笑上啦！

李桂珍： 我走啦。（欲走）

刘云： （急拦）你可走不得。（讨好）我看—— 咱们别散伙了，归伙吧。

李桂珍： 哎，你大丈夫一言出口驷马难追呀。

刘云： 两口子闹哩戏[1]，你较什么真儿呀？

李桂珍： 哪个与你玩笑！

（几次欲走，刘云左拦右挡）

刘云： 别别别！狗剩，给你妈头儿一个。哎哎，好头儿！再给你妈挠儿一个。哎哎哎，好挠儿！再给你妈打个哇哇。哎—— （自己打）哇哇哇哇。

李桂珍： （截刘云）你呀！（接过孩子）

刘云： 多谢媳妇儿大人开恩！

李桂珍： 你还得答应我三件事。

刘云： 哪三件？

李桂珍： 头一件，去上房给母亲磕头赔礼；二一件，从今往后不准打骂老娘；三一件，改过学好不到赌博场鬼混。

刘云： 这三件事儿……

李桂珍： 不答应吗？

刘云： 谁不答应了？

[1] 哩戏：玩笑。

李桂珍： 如此你随我来。

（李桂珍与刘云圆场，康氏暗上归座）

李桂珍： （对刘云）上前拜过母亲。

刘云： 哎。（低声）妈呀！

李桂珍： 你大点儿声。

刘云： 大点儿声我怕她听着。

李桂珍： 你……（假意要摔孩子）

刘云： 别，别！（对康氏）妈呀！

康氏： （吓）刘大爷赢多少钱哪？

刘云： （跪）妈呀，我……

康氏： （欲跪）哎呀，这……

李桂珍： （拦康氏）母亲不要惊慌，他与你赔礼来了。

刘云： 妈呀，我知错改错，你饶了我吧。

康氏： 奴才要对天盟誓。

李桂珍： 你对天盟誓。

刘云： 媳妇儿……妈呀！

（唱）【靠山调】地下跪着小刘云，

过往神灵你听真，

从今往后我学好，

再打妈五雷轰我身。

李桂珍： （唱）【红柳子】一见丈夫盟誓愿，

不由桂珍喜在心。

（跪）望求婆母将他饶恕，

不看儿媳还看孙孙。

康氏： （搀李桂珍。白）好个贤孝的儿媳，你回房歇息去吧。

李桂珍： 多谢婆母。

（李桂珍欲走被刘云拽住）

刘云： 哎，你别走哇！我这还矮半截哪。

李桂珍： 婆母，咱家几口人哪？

康氏： 四口人。

李桂珍： 婆母你老人家……

康氏： 我这坐着呢。

李桂珍： 儿媳我……

康氏： 你那站着哪。

李桂珍： 你那小孙孙……

康氏： 你怀里抱着呢。

李桂珍： 还有一个……

刘云： 我这儿跪着哪!

康氏： 可是与奴才讲情?

李桂珍： 请婆母开恩。

康氏： 看在媳妇儿面上,你也滚起来吧。

刘云： 谢谢妈!(站起)

康氏： 正是——

（念）不孝之子小刘云,

李桂珍： （念）不该上房打母亲,

刘云： （念）从今以后我改过,

康氏、刘云、李桂珍:（同念）摔子劝夫李桂珍。

康氏： （白）媳妇儿,搀娘来。

李桂珍： 是。

刘云： 妈呀,还有我哪!

（李桂珍与刘云搀扶康氏下）

王殿卿口述

白纪元记录

采录时间:1970年

采录地点:沈阳

秦雪梅吊孝[1]

又名《秦雪梅》《双吊孝》。取材于《三元记》传奇。秦雪梅自幼许配商林为妻。商家落魄,商林寄居在秦府读书。商林见雪梅一面后得了相思病,无奈回商府养病。商家欲替儿子完婚,秦父欲悔婚。丫鬟爱玉服侍商林

数月后,商林病亡。秦雪梅到商府祭灵,知爱玉已怀有身孕。雪梅留在商家与爱玉同住,爱玉生下儿子后,雪梅教其读书,儿子成人后得中状元。拉场戏只唱到"吊孝"止。

人物	秦雪梅
	爱玉
	商林
	商心
	车把式
	商父
	商母
	秦员外
	秦夫人
	秋菊
	知客甲
	知客乙

秦雪梅： （内白）丫鬟带路——

（内唱）楼上待得我心倦,

一到花园散散心去。

叫秋菊带路花园进,

（秦雪梅与丫鬟秋菊上）

满园的花草开得奇。

那盆开的是老来少,

这一盆开的佛手菊。

影壁墙上爬山虎,

影壁墙后头养鱼池。

养鱼池里长流水,

来往不断金银鱼。

回过头来忙开口,

叫声丫鬟小秋菊。

满园花草多茂盛,

观花已毕回楼去。

秋菊： （唱）秋菊这里忙开口,

口尊小姐听仔细。

小姐观花天气热,

你何不到花亭避暑去?

[1] 选自黑山县文化馆、黑山县非物质文化遗产保护中心编《黑山二人转传统剧目汇编(第一辑)》,沈阳出版社2016年版411—423页(张笑莲口述)。

秦雪梅：（唱）秋菊说话也在理，

　　　　　　快快带路花亭凉爽去。

　　　　　　秋菊扶我把花亭上，

　　　　　　在此歇息再回楼去。

　　　　　（商林上）

商林：　　（唱）在书房读诗书心中烦闷，

　　　　　　我何不花园散散心去？

　　　　　　迈步我把花园进，

　　　　　　满园春色收眼底。

　　　　　　碧草如茵花锦绣，

　　　　　　养鱼池畔假山依。

　　　　　　微风轻拂清波荡，

　　　　　　荷叶醉卧莲蓬举。

　　　　　　蝴蝶纷飞高又低，

　　　　　　小蜜蜂采花蕊忙来忙去，

　　　　　　倒叫商林我暗伤心里。

　　　　　　我在岳父家借馆把书念，

　　　　　　岳母她对我好，

　　　　　　岳父他老人家对我看不起。

　　　　　　我在这里莫久站，

　　　　　　一到花亭凉爽去。

　　　　　　迈步我把花亭上——

秦雪梅：（白）唉咍！

商林：　　（唱）那旁坐着一女花枝。

　　　　　　不用人说知道了，

　　　　　　一定是雪梅我的妻。

　　　　　　走向近前刚要讲话——

秋菊：　　（白）咳咃！

商林：　　（唱）那旁站的本是丫鬟小秋菊。

　　　　　　低头一计有有有，

　　　　　　我何不在影壁墙上把诗句题？

　　　　　　暗语开脱小秋菊。

　　　　　　上写拜上多拜上，

　　　　　　拜上雪梅我的妻。

　　　　　　要想夫妻得相见，

　　　　　　你叫秋菊打茶去。

　　　　　　写罢诗句一旁站立——

秦雪梅：（唱）惊动了姑娘女花枝。

　　　　　　我在花亭正凉爽，

　　　　　　忽见那旁站一公子瞧仔细。

　　　　　　不用人说知道了，

　　　　　　定是商林我的女婿。

　　　　　　我何不上前与厮相见——

秋菊：　　（白）咳咃！

秦雪梅：（唱）又见丫鬟小秋菊。

　　　　　　她在那边一旁站立，

　　　　　　倒叫雪梅步难移。

　　　　　　我往那影壁墙上送二目，

　　　　　　又见那墙上把诗句题。

　　　　　　上写拜上多拜上，

　　　　　　拜上雪梅我的妻。

　　　　　　要想夫妻得相见，

　　　　　　你叫秋菊打茶去。

　　　　　　看罢诗句明白了，

　　　　　　定是商郎巧主意。

　　　　　　回头来我把丫鬟叫，

　　　　　　叫声丫鬟你听仔细。

　　　　　　小姐待得口中干渴，

　　　　　　你快去给我打茶去。

秋菊：　　（唱）答应一声说我知道，

　　　　　　秋菊我心中犯狐疑。

　　　　　　何方狂生敢乱闯，

　　　　　　噢！想必是小姐的小女婿。

　　　　　　秋菊我这里不怠慢，

　　　　　　我急忙到绣楼打茶去。

秦雪梅：（唱）一见丫鬟回楼去，

　　　　　　倒叫雪梅我喜心里。

　　　　　　急急忙忙我把花亭下，

　　　　　　只见公子在那里。

　　　　　　走向近前刚要说话——

秋菊：　　（唱）丫鬟打茶来得急。

秦雪梅：（白）死丫头，

秦雪梅：　（唱）每天你打茶来得晚，

　　　　　　　　今天你为何这样急？

秋菊：　　（白）水开了呀。

秦雪梅：　（唱）跟我走来跟我走，

　　　　　　　　一到楼上去打你。

　　　　　　　　雪梅我这里头前走——

商林：　　（唱）上前去拉住丫鬟小秋菊。

　　　　　　　　问丫鬟，方才小姐是哪一个？

秋菊：　　（唱）她是雪梅你的妻。

商林：　　（白）罢了，妻呀——

秋菊：　　（唱）七八一十五，

商林：　　（唱）倒叫小生暗思疑。

　　　　　　　　何故雪梅匆匆去，

　　　　　　　　莫不是家贫遭嫌弃？

　　　　　　　　想罢此处心烦闷，

　　　　　　　　天旋地转头昏迷。

　　　　　　（白）商心哪里，快来！

商心：　　（上）少爷，怎的啦？

商林：　　我只觉得头迷眼黑。

商心：　　你不好好念书，到花园里干啥来啦？走，我扶你到前庭。（圆场）有请秦员外。

秦员外：　（上）何事？

商心：　　我家公子头迷眼黑，他有病了。

秦员外：　回家去好好养病，待等病体痊愈再来读书。

商心：　　公子爷，我扶你回家去吧，不好好读书，逛出毛病了吧！

　　　　　（商父上）

商父：　　（念）花开春前早，

　　　　　　　　霜落秋后迟。

　　　　　（白）小老儿，商元章。娶妻张氏，生一子名唤商林，自幼爱学读书。秦员外的女儿秦雪梅许配我儿为妻，是我家中贫困，我儿在他岳父家中借馆读书。但等大比之年进京赶考，高榜得中，也好改换门庭，如今数日无有音信，不知功课怎样，我放心不下。

　　　　　（商心扶商林上，坐下）

商心：　　参见老爷，我家公子爷在秦家读书，不幸身得重病，头迷眼黑。秦员外叫少爷暂回家中养病，待等病体痊愈再回去读书。

商父：　　快快请你老夫人出屋。

商心：　　有请老夫人。

商母：　　（念）忽听商心请，

　　　　　　　　进房问分明。（进房）

　　　　　（白）何事？

商父：　　咱家孩儿有病，不能读书，回家来了，这便如何是好啊？

商母：　　待我去问问孩儿得的什么病。

　　　　　（唱）一见我儿病不起，

　　　　　　　　倒叫老身疼心里。

　　　　　　　　回过身来忙开口，

　　　　　　　　叫声我儿听仔细。

　　　　　　　　醒来吧呀醒来吧，

　　　　　　　　你快快醒来娘有话提。

商林：　　（唱）忽忽悠悠在梦里，

　　　　　　　　瞧见雪梅我的妻。

　　　　　　　　走上近前扑一把，

　　　　　　　　原来是母亲在这里。

　　　　　　　　自从孩儿秦府去，

　　　　　　　　每日读书不迟疑。

　　　　　　　　那日房中心头闷倦，

　　　　　　　　散步去到花园里。

　　　　　　　　在花园遇见人一个，

　　　　　　　　原来是雪梅我的妻。

　　　　　　　　有心上前去讲话，

　　　　　　　　可恨那秋菊在旁难如意。

　　　　　　　　因此雪梅她回楼去，

　　　　　　　　留下孩儿独自一。

　　　　　　　　眼望着小姐离园去，

　　　　　　　　这才是棒打鸳鸯两分离。

　　　　　　　　自那时孩儿我病附体，

　　　　　　　　头昏眼黑怕命在旦夕。

　　　　　　　　妈妈呀，妈妈你快去找雪梅，

	选好良辰吉日把雪梅给我娶回家里。
商母：	（唱）闻听我儿讲一遍，
	倒叫老身急心里。
	开言便把老头子叫，
	老身有话对你提。
	（白）商心，你把你公子爷搀下去，好好将养。
商心：	是，公子爷，咱们到后房歇息去吧。（商心扶商林下）
商母：	老头子，你说咱孩子得的啥病啊？
商父：	我也不知道啊，我要知道也不能问你。
商母：	咱们那孩子得的单相思病呀。
商父：	啥叫单相思病呀？
商母：	单相思呀，就是咱儿子想人家，可人家不想咱们，这就叫单相思呀！
商父：	你这么一说，把我都给闹糊涂了。
商母：	哎呀，你还不知道呀！就是咱俩订亲的时候，见了一次面呀，也没说上话，你回家就病啦！你想我，我不想你，这就叫单相思。你叫你妈请人下喜帖，把我给娶过来了。咱俩拜了天地入了洞房，你的病就好了，这就叫有其父定有其子呀。
商父：	得了，得得得，说儿子的病，又把咱俩扯上干啥呀，这叫别人听着多笑话呀。
商母：	那行了，别说啦，赶快写喜帖，把咱儿媳妇儿娶过来就好了，你赶快写吧！
商父：	好，我这就写。（装书信）商心哪里？快来。（商心上）你把这封喜帖下到秦府，快去快回。
商心：	是。（下）
商母：	哎呀，我想起来了，倒不如叫咱家丫鬟爱玉先侍候咱儿子，你看如何？（咬耳朵）行不行？
商父：	好好，就依老伴儿，走吧，咱们给孩子弄点儿药去吧。
	（秦员外上）
秦员外：	前庭挂古画，福禄寿三星。
商心：	（上）参见员外爷。
秦员外：	你干什么来了？

商心：	我给你送个爹来。
秦员外：	唉，不像话了。
商心：	不是老爷，我把喜字忘了，不是送爹是喜帖，员外爷请看。
秦员外：	拿来我看。（看帖）唉，真真岂有此理？回去对你家老爷讲，但等你家公子病好高榜得中，再娶我家小女，榜上无名，休怪我退婚，把喜帖拿回去，唉！（帖抛地下）（商心圆场）
商心：	（自语）金……金……金榜题什么，题不上去啦，名……名什么，得……得……得了个大包，种……种什么种白菜，说说到了。（进门）有请老爷。
商父：	（上）商心，你回来了？
商心：	回来了。
商父：	喜帖可曾交到秦府吗？
商心：	交到了，可秦老爷他说叫我们公子爷上京城吊去！
商父：	吊什么？
商心：	吊去——得了个大包。
商父：	唉，想必是高榜得中。
商心：	对啦……啦……啦。
商父：	金榜题名，得中头名状元。
商心：	对了，不是中了大包，是大官呀。
商父：	无用的东西，给我滚了去！（商心下）唉，夫人哪里，快来。
商母：	（上）何事？
商父：	夫人有所非知，那秦府亲家言道，叫咱的儿子病好之后，速去京城科考，高榜得中，金榜题名回来，才能让雪梅与我儿成亲，这便如何是好？
商母：	咳，吃了不少药，爱玉丫鬟耐心地侍候他，他的病见灵验。咱们老两口子上街去，给他弄点好吃的补补身子。
商父：	对，咱们说走就走！
	（唱）听说我的儿病体痊愈，
	你我老夫妻喜在心里。

商母： （唱）今天老两口子上街去，

商父： （唱）我杀公鸡，我杀公鸡，

　　　　　煮熟了香气喷喷好给儿子。

商父母： （唱）老夫妻说说笑笑厨房去，

　　　　　看见我那独生子心欢喜。（下）

商林： （幕内。白）搀我来呀……

　　　（爱玉扶病重的商林上）

　　　（唱）自从那日有病回家里，

　　　　　茶不思饭也不想咽下去。

　　　　　我的父母下帖去聘礼，

　　　　　心中思念雪梅我的妻。

　　　　　岳父他叫我京城去，

　　　　　金榜之上把名题。

　　　　　商林我听此言气在心里，

　　　　　没想到我岳父嫌贫爱富，

　　　　　棒打鸳鸯我们二人两分离。

　　　　　叫爱玉搀我上床去，

　　　　　等父母到来了再问仔细。

商父母： （上。唱）迈步我把房门进，

　　　　　见了我儿痛心里。

　　　（白）儿呀，你的病怎么样了？

商林： 哎呀爹娘呀，自从我回得家来，幸蒙爱玉妹妹床前床后尽心服侍于我，使我心中不安。打量我的病已不能痊愈，只怕九死一生。爱玉在我身旁不离左右，我们二人已圆房，爱玉身怀有孕。咱们商家终归是有后了，望爹娘日后对待爱玉要另眼看待，儿纵死九泉也瞑目了！

　　　（唱）未曾开言把话提，

　　　　　口尊声父母听仔细。

　　　　　自从孩儿我身得病症，

　　　　　卧病在床三月有余。

　　　　　多亏爱玉把我侍奉，

　　　　　床前床后形影不离。

　　　　　我们二人有了情意，

　　　　　几度缠绵两依依。

　　　　　幸喜爱玉身怀有孕，

　　　　　商氏香烟得延续。

　　　　　日后生下一男半女，

　　　　　不愧是商门的贤德儿媳。

　　　　　望二老要高看爱玉，

　　　　　儿我纵死在九泉不挂心里。

　　　　　倘若是雪梅她来咱家里，

　　　　　把孩儿的心事对她提。

　　　　　孩儿为她得下冤孽病症，

　　　　　再想见面除非在梦里。

　　　　　儿死后雪梅她仍是你儿媳，

　　　　　爱玉乃是儿的二房妻。

　　　　　儿我纵是一身死，

　　　　　到那阴曹地府也忘不了的。

　　　　　说话之间我的气脉短，

　　　　　痰哽咽喉，哎呀，罢了！（商林倒地死去）

商父： （痛哭）儿呀——

商母： （唱）一见我儿把命丧，

　　　　　怎不叫人痛心里？

　　　　　开言便把老爷叫，

　　　　　叫声老爷我有话提。

　　　（白）老爷快写下丧帖，送到秦府，叫咱雪梅儿妻前来吊孝才是。

商父： 好，待我书写起来。（修书完毕）商心，（商心上）你把这封丧帖下到秦府，不得有误，快去！

商心： 是啦。（下）

商父母： 罢了，儿呀！到下面备办丧事去吧，儿呀！

　　　（下）

　　　（秦员外、秦夫人上）

秦员外： （念）女婿身得病，

　　　　　叫我心不宁。（归座）

商心： （上。白）参见老爷，这有丧帖一封，请老爷观看。

秦员外： 待我看来，哎呀，夫人哪，那商林他因病死去了！

秦夫人： 你待怎讲？

秦员外：　他死去了！

秦夫人：　哎呀，女婿呀——

　　　　（唱）听说女婿丧了命，

　　　　　　　怎不叫我痛在心里？

　　　　　　　老身我在房中哭女婿——

　　　　（秋菊上，偷听）

秋菊：　　（唱）惊动丫鬟小秋菊。

　　　　　　　听说是姑老爷已身死，

　　　　　　　我何不回楼去对小姐说仔细？

　　　　　　　急急忙忙把楼上，

　　　　　　　见了小姐报丧去。

　　　　（白）小姐大事不好了——

秦雪梅：　（上）秋菊，何事惊慌？

秋菊：　　我家姑老爷已死！

秦雪梅：　此话当真？

秋菊：　　当真！

秦雪梅：　果然？

秋菊：　　果然！

秦雪梅：　罢了，我的夫呀——

　　　　（唱）听说丈夫一声死，

　　　　　　　怎不叫我痛心里？

　　　　　　　急急忙忙把楼下，

　　　　　　　见了二老问仔细。

　　　　　　　迈步我把前厅进，

　　　　　　　站在一旁忙打礼。

秦夫人：　（唱）你不在绣楼习女红，

　　　　　　　来到门庭有何事？

秦雪梅：　（唱）听说你的门婿已身死。

秦夫人：　（白）何人对你言讲？

秦雪梅：　（唱）丫鬟报信我才知。

秦夫人：　（白）秋菊你，你退了下去。

　　　　（秋菊下）

秦雪梅：　（唱）孩儿我有心过府去吊孝，

　　　　　　　不知二老依不依？

秦员外：　（白）大胆！

　　　　（唱）奴才说话太无礼，

　　　　　　　没过门的媳妇儿怎能吊孝去？

　　　　　　　姑爷一死正遂我心意，

　　　　　　　为父与你再找一个有钱的好女婿。

秦雪梅：　（白）怎么说！

　　　　（唱）爹爹说话太无礼，

　　　　　　　难怪你把此话提。

　　　　　　　儿我本是宦家之女，

　　　　　　　岂能做出败门伤理失宦仪？

　　　　　　　当初订亲的也是你，

　　　　　　　你嫌贫爱富要把亲离。

　　　　　　　如今听说他已身死，

　　　　　　　你不悲伤还喜在心里。

　　　　　　　未曾做事你也不思一思来想一想，

　　　　　　　叫儿如何立天地？

　　　　　　　你叫儿去还罢了，

　　　　　　　若不然儿我撞死前厅里。

　　　　　　　回过身来把头叩——

秦夫人：　（唱）叫声我儿听仔细。

　　　　（白）儿呀，你别哭啦，你不就是要去商家吊孝吗？别哭啦，妈带你一起去。

秦员外：　老夫不开口，看你们哪个敢去！

秦夫人：　怎的，你敢连说三声去不得吗？

秦员外：　去不得，去不得，就是去不得！

秦夫人：　哈哈，我叫你说三声（升），你说了半斗啊，你……你真是了不得，我看你真不知马王爷三只眼呀，今天我非给你点厉害看看不可。

　　　　（回身要拿家法）

秦员外：　唉，夫人，不要生气了，你看咱的女儿还在跟前，也太难看了呀。好，去吧去吧！

秦夫人：　你不知道我的厉害呀，忘了吗？

秦员外：　好好，我早就同意了，去吧去吧去吧。（下）

秦夫人：　车把式上来。

车把式：　（上）参见夫人。

秦夫人：　赶快下去，套车去到商府吊孝。

　　　　（唱）叫声车把式，快把车来套——

车把式：　（白）是。（下）

秦雪梅：　（唱）雪梅我这里忙换上了孝衣。

秦夫人：　（唱）老身我在头前走，

秦雪梅：　（唱）后跟雪梅女花枝。

秦夫人：　（唱）迈步走出府门以外，

秦雪梅：　（唱）瞧见了小车停在路西。

秦夫人：　（唱）叫一声妈的闺女把车上，

秦雪梅：　（唱）雪梅我上车撩起了衣。

秦夫人：　（唱）叫一声车把式快把车赶，

秦雪梅：　（唱）心急如火双泪悲啼。

秦夫人：　（唱）今日商府去吊孝，

秦雪梅：　（唱）进灵堂哭悲声，

　　　　　　　我把心里话提。

秦夫人：　（唱）催一声车把式快把车来赶，

　　　　　　　吊孝一毕速回府里。

知客甲、知客乙：（念）商家设灵堂，

　　　　　　　你我来捞忙[1]。

知客甲：　（白）我说伙计，商家公子爷一死，你我二人前
　　　　　来值宾帮忙。

知客乙：　大事小情咱哥儿俩是少不下的。商心啊，过来，
　　　　　来来，你家少爷死了，你得穿白戴孝。打灵头
　　　　　幡儿，跑方，超度亡魂，尽了孝，分你家产，还
　　　　　给你娶个花不棱登的小媳妇儿。

商心：　　是吗，那我得立马去办。

　　　　　（商心下，复穿白孝，打灵幡儿上）

知客甲：　好吧，咱们开跑吧。

　　　　　（念）观东方甲乙木，要吃饸饹多搁醋。（跑方）

知客乙：　（念）观南方丙丁火，你妈睡觉跟着我。（跑方）

知客甲：　（念）观西方庚辛金，要吃牛杂得八斤。（跑方）

知客乙：　（念）观北方壬癸水，我和你妈打通腿[2]。（跑方
　　　　　完毕）

知客甲：　（白）商心哪，跑完了，你给你家少爷叩三个头。
　　　　　（商心叩头完毕）商心啊，没跑以前，你干什么
　　　　　来的？

商心：　　我在后院劈柴火来的，是你把我叫来啦。

知客甲、知客乙：这里事完了，你还是到后院劈柴火去吧。

商心：　　你不说给我娶个花不棱登小媳妇儿吗？

知客甲、知客乙：还没到时候呢，等办完丧事再说，快去吧。

　　　　　（商心下）咱俩到大门外看看来客没有。

　　　　　（车把式与秦夫人、雪梅上）

车把式：　夫人小姐，请下车吧。

知客甲、知客乙：哪来的客呀？

车把式：　秦府来的，叫你们接客吧！（下）

知客甲：　爱玉接客啦。

黄爱玉：　（内）是。我知道了哇……

　　　　　（上。唱）小爱玉在上房装烟倒水，

　　　　　　　　　忽听得门外叫我接客去。

　　　　　　　　　迈动了金莲往外行走，

　　　　　　　　　路过了商林灵棚里。

　　　　　　　　　哭一声天哪可罢了你，

　　　　　　　　　我不见棺材不落眼泪，

　　　　　　　　　一见棺材泪悲啼。

　　　　　　　　　你撒手西去只顾了你，

　　　　　　　　　抛下了为妻我依靠哪里？

　　　　　　　　　爱玉我在灵堂正哭夫主——

知客甲、知客乙：（白）接客啦。

黄爱玉：　（唱）忽听得外面叫我接客去。

　　　　　　　　　迈步走出灵堂外，

　　　　　　　　　大门不远眼前里。

　　　　　　　　　站在门里我用目观看，

　　　　　　　　　在车上坐着两个吊孝的。

　　　　　　　　　一个年老一个年少，

　　　　　　　　　年老的年少的岁数不齐。

　　　　　　　　　年少的身穿白来头戴孝，

　　　　　　　　　腰中紧系青麻皮。

　　　　　　　　　商府的人来人往熟悉的客，

　　　　　　　　　为什么这样的客我不认得？

　　　　　　　　　我在此处莫久站，

　　　　　　　　　进房禀报太太去。

　　　　　　　　　回过身来忙开口，

[1]　捞忙：帮忙。

[2]　打通腿：两人一颠一倒睡一铺炕。

尊声太太我有话提。

（白）禀夫人，门外来两个吊孝的，奴婢并不相

识，请夫人出堂迎接。

商母：　（内）爱玉是你搀我来呀！

（上。唱）商氏我上房内正哭儿子，

爱玉叫我接客去。

迈动了脚步门外走，

路过我那商林儿灵棚里。

我不见棺材不流泪，

一见棺材想起了我儿子。

这真是无情的寒霜单打独根草呀，

商儿的性命把人世离。

商林哪，妈的儿呀，

你可想死了我呀。

有老身在灵堂正哭儿子——

知客甲、知客乙：（白）接客啦。

商母：　（唱）忽听得值宾叫我接客去。

迈步我走出灵棚外，

大门不远眼头里。

一脚门里一脚门外，

那旁坐着两个吊孝的。

一个年老一个年少，

年老年少岁数不齐。

年老的满不过五十上下，

年少的满不过十五六七。

年少的头戴白来身穿孝，

三寸金莲慢慢移。

年老的八成是我亲家母，

年少的八成是雪梅我儿妻。

不见雕鞍不想骏马，

看见雪梅想起我那儿子。

回过身来忙开口，

开言有语叫声两个大孙子。

知客甲、知客乙：（白）什么孙子，我们是大值宾嘛。

商母：　对呀，是大值宾。你不知道呀，我那儿子一死

（拍知客甲），我这嘴都搬家啦。咳！我说大值

宾呀，是哪来的客呀？

知客甲、知客乙：秦府来的，是你亲家母来吊孝来了！

商母：　既然是亲家母来啦，给我引见引见呗。

知客甲、知客乙：好，给你引见引见！

商母：　唉，等一等，你看我这头也没梳，乱七八糟的，

我进屋去收拾收拾去呀。

知客甲、知客乙：咳，别的啦，都啥节骨眼儿啦。

商母：　那也好，（用唾沫在头上抹几下）带我去见。

知客甲：　这是秦府的夫人。

知客乙：　这是商府夫人，你们是亲家母，上前见客来。

商母：　那旁来的敢是亲家母呀。

秦夫人：　那旁来的敢是母亲家呀。

商母：　亲家见亲家，人到礼不差，亲家是我儿，

秦夫人：　我儿是亲家。

商母：　哎呀，你倒不吃亏呀，都啥时候啦，你还扯

这个！

秦夫人：　我说亲家母啊，孩子有病你也没请先生看看呀。

商母：　咳，我请了。请的张先生、李先生、王先生、赵

先生，啊，还听说有个刘高腿……

秦夫人：　不对，是刘高手吧？

商母：　对对，是刘高手啊，他给开了一个偏方。

秦夫人：　开偏方有什么用啊？

商母：　咳，偏方治大病啊，开的是七个素还有三个仙

人头。

秦夫人：　啥叫仙人头？

商母：　咳，就是那个……呗，我也把药抓来啦，我去

熬药去，人要老了就不中用啦，一不中用就把

那个药罐子给砸碎了，哎呀，当时我就抓瞎了。

秦夫人：　哎呀，药罐子打了，可不吉利呀！

商母：　谁说不是呢，我上我们隔壁老刘家大妈家去借

药罐子，一进屋啊，她就叫我上炕上去。

秦夫人：　干啥呀？

商母：　叫我上炕盘腿坐着去呗，叫我歇一会儿呗。她

大妈呀，就给我弄上啦。

秦夫人：　什么呀？

商母：　烟袋锅呗，我这袋烟还没抽完呢！爱玉就跑来

了，说夫人呀，大事不好啦，公子病重了，我
　　这一听啊，三步并着两步走，两步并着一步行，
　　一脚门里一脚门外，亲家母，我的儿啦——
　　(唱) 他就死了哇……

秦夫人：　(唱) 倒叫老身泪悲啼，

　　　　　　回过身来叫雪梅呀！

　　　　　　快去拜过你家婆母去。

秦雪梅：　(唱) 答应一声说知道，

　　　　　　款动金莲不迟疑。

　　　　　　走向前去忙跪倒，

　　　　　　口尊婆母听仔细。

　　　　　　孩儿吊孝来得晚，

　　　　　　望求婆母担待的。

商母：　(唱) 我在这里忙搀起，

　　　　　搀起雪梅我的儿媳。

　　　　　起来吧起来吧，

　　　　　快到上房去吃茶。

秦夫人：　(唱) 我们过府来吊孝，

　　　　　　你就不用太客气。

商母：　(唱) 既然你母女来吊孝，

　　　　　大家快请到灵棚里。

知客甲、知客乙：(白) 请入灵堂。(众人进灵棚) 拜灵棺，

　　　　　　叩首，一叩首，再叩首，三叩首，已毕。

　　　　　(秦夫人刚要拜灵堂)

商母：　我说亲家母，你这是干啥呀，他是你的姑爷呀。

秦夫人：　有道是亡人为大呀，受我一拜也就是了。

商母：　免了吧，免了吧，拜啥呀？

知客甲、知客乙：免了吧，免了吧，咱们到下面歇息去吧。

　　　　　(知客甲乙下)

秦雪梅：　(唱) 我那难见面的回不来的夫呀……

　　　　　　雪梅我在灵堂哭泪悲啼，

　　　　　　哭了声夫君我的女婿。

　　　　　　自那日在花园见了一面，

　　　　　　半句话也未从得提。

　　　　　　有心我上前去把话讲，

　　　　　　面前有丫鬟小秋菊。

　　　　　　当时你心生一计留下诗句，

　　　　　　叫秋菊去打茶不迟疑。

　　　　　　咱二人正要把话讲，

　　　　　　秋菊取茶回来急。

　　　　　　奴家只好回楼去，

　　　　　　公子有病回转家里。

　　　　　　奴有心过府把病探，

　　　　　　怎奈爹爹家法不依？

　　　　　　不料想丈夫你已身死去，

　　　　　　抛下了雪梅依靠哪里？

　　　　　　我好比双脚踏空失万丈，

　　　　　　又好比骏马失前蹄。

　　　　　　我好比孤雁失偶难成对，

　　　　　　又好比棒打鸳鸯两分离。

　　　　　　在灵堂哭得我昏天黑地——

黄爱玉：　(白) 罢了，我我我……

商母：　我……我……我的儿呀……

黄爱玉：　(唱) 倒叫爱玉红了脸皮。

　　　　　　回身我把夫人尊，

　　　　　　口尊夫人我有话提。

　　　　　　秦小姐在那旁哭夫主，

　　　　　　倒叫爱玉无有哭的。

　　　　　　我有心上前去哭夫主，

　　　　　　小姐问我怎把话提？

商母：　(白) 哭吧，老身与你做主！

黄爱玉：　(唱) 夫人与我做了主，

　　　　　　我把那羞耻二字一旁离。

　　　　　　我在这里哭夫主哭出了口，

　　　　　　夫啊——

秦雪梅：　(唱) 惊动姑娘女花枝。

　　　　　　我在灵堂哭夫主，

　　　　　　为什么那旁又来一个哭夫的？

　　　　　　回过身来把母亲尊，

　　　　　　口尊母亲儿有话提。

　　　　　　许配商林做大做小——

秦夫人：　(白) 乃是一夫一妻呀。

秦雪梅：（唱）为什么那旁又来个哭夫的？

孩儿有心上前把她问，

不知问得问不得？

秦夫人：（白）问得的。

秦雪梅：（唱）回过身来忙开口，

叫声那人你听知。

我哭商林为夫主，

你哭商林所为咋的？

黄爱玉：（唱）尊声夫人奴叫爱玉，

自从公子身得病，

煎汤熬药我服侍。

公子看我容颜好，

亲口许嫁我作二……

秦雪梅：（白）二什么？

黄爱玉：（唱）我的少夫人呀，

公子亲口许我二房妾。

秦雪梅：（唱）闻听此言心有气，

骂声死鬼无有脸皮。

早知道你收二房妻，

我母女不能吊孝来这里。

手拉母亲往外走——

商母：（白）我的儿呀……

秦雪梅：（唱）雪梅这里正要往外走，

忽听婆母娘泪悲啼。

回过身来那人叫，

再叫那人你听知。

你言说他收你做二房妾，

你有何凭作证据？

黄爱玉：（唱）你要证据我无有，

实实证据我有的。

小姐不信你低头看，

你看我腹中有……有……

秦雪梅：（白）有什么？

黄爱玉：怀揣有了……

（唱）我那少夫人呀，

身怀有孕三月余。

秦雪梅：（唱）闻听爱玉有了孕，

不叫爱玉叫妹子。

既然你怀揣有了孕，

敢随姐姐守孀居？

黄爱玉：（唱）你说守来咱就守，

该守不守使不得。

秦雪梅：（唱）姐妹相伴有依靠，

黄爱玉：（唱）哪依靠……

秦雪梅：（唱）靠妹妹身怀有孕三月余。

黄爱玉：（唱）生一男，

秦雪梅：（唱）守着过，

黄爱玉：（唱）生一女，

秦雪梅：（唱）我守贞节，

黄爱玉：（唱）我守寡居。

秦雪梅：（唱）你说此话我不信，

黄爱玉：（唱）一到灵棚盟誓去。

秦雪梅：（唱）好好好！

黄爱玉：（唱）跪埃地！

秦雪梅：（唱）姐妹跪，

黄爱玉：（唱）灵棚里。

秦雪梅：（唱）祷告祷告多祷告！

黄爱玉：（唱）过往神灵听仔细。

秦雪梅：（唱）姐妹商门来守寡，

黄爱玉：（唱）一心不嫁二夫婿。

秦雪梅：（唱）若有三心并二意。

黄爱玉：（唱）必遭天打五雷劈。

秦雪梅：（唱）叩罢头，

黄爱玉：（唱）忙站起。

秦雪梅：（唱）姐妹站，

黄爱玉：（唱）灵棚里。

秦雪梅：（唱）姐姐拉着妹妹的手，

黄爱玉：（唱）妹妹拉着姐姐的衣。

秦雪梅：（唱）我哭妹妹你命好苦，

黄爱玉：（唱）我哭姐姐你命好屈。

秦雪梅：（唱）妹妹呀，

黄爱玉：（唱）姐姐呀，

0099

秦雪梅： （唱）夫啊，

黄爱玉： （白）死鬼。

秦雪梅： （唱）天呀，地呀，我的夫啊……

回过身来母亲尊，

再叫母亲听仔细。

你回去吧来回去吧，

儿在商府守孀居。

秦夫人： （唱）我在这里忙开口，

叫声女儿听仔细。

快快跟妈回府去，

回去再给你找个好女婿。

秦雪梅： （唱）哀告母亲无有用，

只好求告婆母去。

走向近前忙跪倒，

口尊婆母您老听仔细。

你劝我的母亲回去吧，

儿媳妇儿在你府守孀居。

商母： （唱）闻听儿媳讲一遍，

不由老身喜心里。

老身这里不怠慢，

我知儿媳意，代她把言递。

（白）亲家母啊，你先回去吧，待我劝劝她，等三天守孝已满，再回去吧！

众人： （念）雪梅吊孝不回还，

秦夫人： （念）倒叫老身为了难。

黄爱玉： （念）爱玉身孕生贵子，

商母： （白）罢罢罢，活该商门出大贤。

秦雪梅： 商林——

黄爱玉： 夫主——

商母： 我儿——

秦夫人： 门婿——

众人： 儿啊，夫啊……

劝婆打碗[1]

取材于民间传说。赵金花是一个才过门的媳妇儿，她发现婆婆虐待奶奶婆，用一只破碗给奶奶婆送剩饭吃。金花故意说这碗是传家宝，将来也要用这只破碗给自己婆婆盛饭。婆婆自觉羞愧，将碗摔碎，全家和好。

人物　　婆婆

奶奶婆

赵金花

婆婆： （上。唱）【数板】一把钥匙响哗啦，

里里外外我当家，

每天开门七件事，

柴米油盐酱醋茶。

唉！挣的钱少花费大，

老太太就是个老败家。

七十多岁该死还不死，

想起了她，心里堵着一个大疙瘩。

（白）唉！我老刘家姑娘哪辈子烧了驴粪蛋了，给老胡家儿子做媳妇儿！做媳妇儿就做媳妇儿呗，偏偏摊上个老不死的婆婆，都说是六十岁不死就该活埋，她七十多啦，还没死哪！先把我老当家的给妨死了，我寻思我这一辈子没啥指望了，嘿，命好！摊上个有出息的儿子，娶了个有钱的媳妇儿，她爹开大买卖，她哥哥是管账先生*。将来我有个缺襟短袖的，跟媳妇儿一说，吃的，穿的，铺的，盖的，都得给我往家拽呀。若是没有那个老厌物，我就是一家之主老太太。唉！她怎么还不死哪！

（唱）【锔大缸】想起她来我就心窄，

［1］　选自耿瑛编《二人转传统作品选》，春风文艺出版社1983年版468—489页（月影记录）。

咬牙切齿，气不打一处来。

　　我将她锁冷房送饭不送菜，

　　她若是死了我心里才痛快。

（白）哟，我这破嘴说话连把门的都没有，这要是叫我那新过门的媳妇儿听见，我这不是——

（唱）自己把自己卖，

　　瞧了瞧媳妇儿她描眉打鬓面对梳妆台。

　　盛了碗冷饭，悄悄地走出房门外，

（圆场。取钥匙开冷房门，走进冷房）

　　叫一声老不死的快点塞饭来。

奶奶婆：（扶杖，战战兢兢地走上。白）我……

婆婆：（唱）又喊，又喊，讨厌的老妖怪，

　　　　拿饭堵上你的嘴，

　　　　吃完了就死，死了就往外抬。

奶奶婆：（白）求媳妇儿担待婆婆年纪迈……

　　　　（接过饭碗，嗅饭已酸，伤心地唉了一声）

婆婆：嘿，饭来了不吃，"愿香[1]"你还举上了。

　　　　（唱）好难侍候的老太太。

奶奶婆：（白）不是呀。

婆婆：哟，我给你送饭还送出不是来啦？

奶奶婆：啊……我……吃不下去呀。

婆婆：吃不下去你是不饿！

奶奶婆：这……饭是不是有点酸……

婆婆：嗯，你这不是造孽吗！这么好的饭，你敢说酸，过年吃什么哪？啊！

　　　　（唱）【红柳子】我想给你送一桌燕窝席，

　　　　　　　怕你的牙口没长齐。

　　　　　　　我还担心撑死了你，

　　　　　　　你死后，剩饭冷粥给谁吃？

奶奶婆：（唱）老而无能死不足惜，

婆婆：（唱）我看你活着也多余。

奶奶婆：（唱）活着也是累赘你，

婆婆：（唱）真不善，你还说句良心话。

奶奶婆：（白）只是我恨……

婆婆：你恨谁？你恨谁？说！

奶奶婆：（唱）我恨那新过门的孙儿之妻。

婆婆：（白）你凭什么恨人家？

奶奶婆：（唱）未过门她嫌我从何说起？

婆婆：（唱）嫌你肮脏老没有出息。

　　　　　打卦算命下轿都忌讳你，

　　　　　属相犯克嫌你的臭脾气。

　　　　　我念在婆媳情没叫你搬出去，

　　　　　新媳妇儿若知道揭了你的皮。

　　　　　锁在冷房是我可怜你，

　　　　　你不知好歹还觉着抱屈？

奶奶婆：（唱）说跟我属相犯克下轿把我忌，

　　　　　见孙媳一面我死也不屈。

　　　　　无故嫌我死也难把眼闭……

婆婆：（背唱）老乞婆想见媳妇儿诉诉委屈。

　　　　　我岂能叫她揭我的老底，

　　　　　呔！给你留脸不识抬举。

　　　　　没镜子，脱下破鞋照照自己，

　　　　（白）看看你长得这份缺德色儿，又黑又瘦，皮里抽肉，又脏又臭，头发梢上都长了锈。慢说你跟我那有钱的媳妇儿说话呀，你往跟前儿一走就熏得人家难受。我劝你叼着草根给我眯着。你要再提起见孙媳妇儿的一个字，哈哈！

　　　　（唱）休怪我对你不客气！

奶奶婆：是是是！（拭泪）

婆婆：呔！不准你哭！

奶奶婆：我不……哭。

婆婆：再听见你哭啊，哼哼！

　　　　（唱）我就活活饿死你！

（吓得奶奶婆低头不语。婆婆推开门刚要走，后面传来金花说话：哟，今天的天气真好啊！）

婆婆：（白）哎呦，要让媳妇儿看见可坏了！（狠狠地指着奶奶婆）

　　　　（唱）都怪你这老该死的。

（奶奶婆吓得后退。婆婆扒门缝儿往外看。金花愉快地跑上）

[1]　愿香：许愿或还愿的炷香。这里指举着筷子不动。

赵金花：　(唱)【红柳子】红日当空似火花，

　　　　　　绿柳成荫遮窗纱。

　　　　　　柳条儿摇摇摆摆把头垂下，

　　　　　　枝头的鸟儿叽叽喳喳。

　　　　　　篱笆小院虽然不大，

　　　　　　栽满了青枝绿叶，香喷喷的粉嘟噜的牡

　　　　　　丹、芍药，还有桃花。

　　　　　　攀花枝，压花叶，花朵摘下，

　　　　　　鬓边斜插一朵桃花。

　　　　　　一群小鸡围着母鸡转，

　　　　　　淘气的小公鸡钻进了篱笆。

　　　　　　呕嘶！呕嘶！呕嘶！(撵鸡)

　　　　　　母鸡朝前把小鸡护，

　　　　　　小鸡抖膀扑奔它的妈。

(俯身抚弄小鸡，母鸡鸽她的手)

　　　　　　哟！母鸡仰脖鸽了我的手，

　　　　　　想必是害怕我把它的孩子掐。

　　　　　　虽然是扁毛畜生不会说话，

　　　　　　母子情长和人也不差。

　　　　　　妈妈疼儿女，儿女敬妈妈，

　　　　　　有尊有让人人夸。

　　　　　　你们不用躲来也不用怕，

　　　　　　我是好心肠的赵金花，

　　　　　　新过门的媳妇儿刚到你家。

(赵金花捡花叶喂鸡。婆婆扒门缝儿看，奶奶
婆悄悄走过来，也扒门缝儿看，婆婆捂奶奶婆
的眼，恶狠狠地推奶奶婆下)

(白) 哟，小鸡儿是饿了。

(唱) 你们等着罢来，你们等着罢，

　　　　　　我喂喂你呀，等我去把粮食抓。

(金花跑碎步，走几步又站住。婆婆见金花要
回屋，刚要迈步出冷房，不料金花又站住，吓
得又退回去)

　　　　　　新过门，婆婆疼我，丈夫也夸，

　　　　　　这三天，婆婆她不让我做饭沏茶。

　　　　　　今早起我悄悄把厨房下，

　　　　　　没找着粮米，背着婆婆我去问他。

　　　　　　他说呀，米面放在了小偏厦[1]，

　　　　　　紧走几步到下屋去把米抓。

(金花往冷房走，婆婆怕媳妇儿进来，急忙走
出来锁门)

(白) 哟，婆婆您在这哪！

婆婆：　　啊！……

赵金花：　婆婆，您怎么把门锁上了？

婆婆：　　啊……破盆子，烂罐子，破衣裳，烂片子，不

　　　　　锁上能行吗？

赵金花：　婆婆您开开吧！

婆婆：　　又脏又臭，开它干啥？

赵金花：　我有事儿。

婆婆：　　(旁) 这不是要我的好瞧吗？什么事？

赵金花：　您开开，我……

婆婆：　　哎呦，把钥匙还锁屋里啦。开不开了。

赵金花：　锁屋啦？我看看。

(金花刚要往屋里看，婆婆急忙挡住)

婆婆：　　锁屋里就锁屋里，别看了。

赵金花：　您过来，我看有没有。

婆婆：　　没有，没有。

赵金花：　您不是说钥匙锁在屋里了吗？

婆婆：　　是锁屋里啦，锁屋里啦。

赵金花：　我知道了，我知道了。

婆婆：　　啊……你知道什么？

赵金花：　里边有一样东西，您就是怕我知道。对不对？

婆婆：　　啊……里边什么也没有啊！

赵金花：　有，我早就知道了。您开门我进去就能找着。

婆婆：　　啊……你知道有什么？说对了我就把门开开。

赵金花：　里面有米，有面。对不对？

婆婆：　　噢。(长出一口气)

赵金花：　您开开门吧！

婆婆：　　还不到做饭的时候，别开了。

赵金花：　不做饭，我抓点米喂鸡呀。

[1]　偏厦：搭建在正式房屋侧面的简易房。

婆婆： 钥匙锁在屋里了,拿什么开门哪?

赵金花： 哎,我想起来了,我屋里有开箱子的钥匙。我拿来试试,也许能开开。

婆婆： 你过来,妈跟你说话。

赵金花： 您说吧。

婆婆： 你今天过门三天啦,今天是回门的日子。你回去不回去呀?

赵金花： 您说哪?

婆婆： 我说还是按照老规矩办,不回去怕你妈挑婆婆理呀!

赵金花： 那我就回去呗。

婆婆： 哟!瞧我这个好媳妇儿呀!

(唱)【锔大缸】知情达理会说话,

心灵手巧貌如花。

真是高山出俊鸟,

好姑娘出在有钱人家。

你是婆婆的心肝肉,

你要干啥就干啥。

你要星星婆婆去取,

你要月亮婆婆去拿。

你回娘家婆婆借车马……

赵金花： (唱)【红柳子】伸手把我的婆婆拉。

媳妇儿要问几句话,

您指点明白我再回娘家。

婆婆： (白)有什么体己话,快对妈说。

赵金花： (唱)他待我好,您把我夸,

就是没见着奶奶她。

回娘家,问您好,问他好,

若问奶奶,我可怎么回答?

担心我娘,说儿不孝把我骂。

婆婆： (唱)你奶奶她,你奶奶她,

憋得我两眼冒金花。

赵金花： (唱)未见着奶奶儿心牵挂,

婆婆： (唱)昨天你也问过了妈。

你奶奶上姑娘家串门子去,

媳妇儿你何必惦记着她?

赵金花： (唱)老辈人数着奶奶年纪大,

孙子娶媳妇儿,为什么去串姑娘家?

婆婆： (唱)她呀,她呀,倔脾气上来比牛劲儿还大,

一家之主谁敢管她?

回娘家,见了你娘多说好话,

你走后婆婆将她接回家。

劝媳妇儿别难过我去借车马,

赵金花： (唱)您千万接回她老人家。

借车回来再办一点事……

婆婆： (白)还有什么事呀?

赵金花： (唱)您顺便再告诉,儿……的那个他。(金花羞答答跑下)

婆婆： (唱)看起来,恩爱夫妻真不假……

(婆婆走几步又回来,担心门没锁好,悄悄往里看,又把锁头摁了一下。金花又走出)

赵金花： (唱)婆婆走后院门未插,

见婆婆鬼鬼祟祟眼望着偏厦。

(白)您往偏厦里看什么?

婆婆： 啊……

赵金花： 婆婆您找什么呀?

婆婆： 我……

(唱)看看钥匙掉没掉地下。

赵金花： (白)婆婆,我找吧。

婆婆： 哎呀,你可别找啊!

赵金花： 不找怎么开门哪?门不开,我怎么进屋取米做饭哪?

婆婆： 哎呀!这个屋,你……可不能进去呀!

赵金花： 为什么不让我进去哪?

婆婆： 啊……这个屋有那个……那个……

赵金花： 有什么呀?

婆婆： 有……噢……有狐仙。

赵金花： 噢,里边供着狐仙!

婆婆： 对……了,供着狐仙呢。

赵金花： 那怕什么的,我娘家也供着哪。

婆婆： 咱家供的跟谁家的都不一样。

赵金花： 不一样?

婆婆： 他们供的是假的，咱们供的是真的。

赵金花： 真的什么样？

婆婆： 真的会说话，常变一个小媳妇儿。还能变……变个白毛老太太，谁要偷着看她，她把眼睛一瞪，谁就得嘴歪眼斜。媳妇儿你可别偷着看哪！

赵金花： 您看见过她吗？

婆婆： 我常看见她。

赵金花： 那您怎么嘴也没歪，眼也没斜哪？

婆婆： 啊……你可说哪！啊……我跟她有仙缘。你看就不行了，千万别看哪！

赵金花： 哟，还这么厉害呀？

婆婆： 可厉害了。

赵金花： 我先看看。

婆婆： 哎哟，媳妇儿啊！

（唱）这件事可不能逞大胆，

狐仙她性情暴脸子还酸，

不高兴马上就叫你难看，

闹一个嘴歪眼斜想好万难。

赵金花： （白）我不看还不行吗！

婆婆： （唱）好媳妇听话千万别看，

赵金花： （白）不看了！不看了！

婆婆： （唱）尊一声狐老太太有灵的大仙。

我到隔壁借车马，

求你慈悲别把我媳妇儿缠。

赵金花： （白）您说话她能听见吗？

婆婆： （唱）婆婆我跟她常见面，

嘱咐几句，保佑你平平安安。

媳妇儿千万别把狐仙冒犯，

赵金花： （唱）谁没事跟她找麻烦。

婆婆： （唱）几句话惊破了她的胆，

老乞婆也不敢信口胡言。

（婆婆下，金花看婆婆走远，有意过去看看，又不敢）

赵金花： （白）狐仙能变小媳妇儿，还能变老太太？看了就得嘴歪眼斜？看吧，还有点害怕；不看吧，

心里还觉着纳闷儿。嗯，我偷看看看。不等她瞅着我，我就跑了。对！

（唱）轻轻抬脚，不让她听见，

看一看真会变人的活狐仙。

看看她的尾巴是长还是短，

看看她嘴巴子是圆还是尖，

看看她怎么把小媳妇儿变，

看看她怎么变成白毛大仙。

（轻轻抬脚，走身段。来到门前，扒门缝儿）

使一个木匠单吊线，

里面漆黑也看不见狐仙。

溜着墙根儿到房后去看，

看也看不见，一股味儿又臭又酸。

莫不是婆母把我骗？

（金花心里犹疑，又走到门前往里看。奶奶婆上，扒门缝儿往外看，二人四目相对，金花吓得往回跑，奶奶婆吓得往后退）

看见了披头散发的白毛大仙。

急忙进房关上门两扇。

（金花又扒门缝儿往冷房看，奶奶婆也看。二人又侧耳听。金花开门想进来，奶奶婆推门往外看，无意推得门板响，金花吓得又跑回）

又只见冷房门板乱呼扇。

（又细听、细看）

（白）什么也没有啊！

（唱）莫不是我心虚看花了眼？

奶奶婆： （唱）新媳妇儿好像中了疯癫。

赵金花： （唱）听人说，狐仙出来都在夜晚，

红日当空她怎敢把人缠？

（咳嗽两声，壮着胆子又出来，往前走，嘴里说不害怕可直打冷战）

奶奶婆： （唱）我有意问她句话，又恐被她嫌。

担心她听见大气也不敢喘。

（金花刚走到门前。奶奶婆失声咳嗽，金花慌张后退，险些摔倒）

赵金花： （唱）莫非说你……当真是狐仙？

狐仙哪，狐老太太呀！

我可未曾把你冒犯……

奶奶婆：　（唱）她为什么口口声声说我是狐仙？

莫不是泼妇把孙媳妇儿骗？

难猜想是泼妇放刁还是孙媳妇儿不贤。

有意问又恐她翻脸，

若不问死在九泉心也不甘！

隔着门板用言语试探，

（白）啊……你是新过门的孙媳妇儿么？

赵金花：哎哟，她……还说话了，你……

（唱）是人，是鬼，还是狐仙？

奶奶婆：（唱）哪一个是鬼哪一个是仙？

赵金花：（白）你……是谁？

奶奶婆：（唱）【小悲调】提起我来苦似黄连。

我儿的妻子是你的婆母，

你丈夫是老身我的孙男。

我就是死不了的老讨厌，

赵金花：（唱）【红柳子】几句话说得我心起疑团。

瞅瞅地，望望天，

白昼间人与狐仙怎能交言？

莫不是婆婆故意把我骗？

再不然，另有情由在里边。

是真是假难以分辨，

趁此时，盘根搜底问实言。

我问你可是老祖母？

奶奶婆：（唱）是祖母，小姐面前怎敢高攀？

赵金花：（唱）是祖母，因何在冷房受磨难？

奶奶婆：（唱）问小姐，未过门因何把我嫌？

赵金花：（唱）儿嫌您的话儿可是您听见？

奶奶婆：（唱）你婆母亲口对我言。

赵金花：（唱）婆母如何说我把您烦？

奶奶婆：（唱）你与我命中犯克不投缘。

赵金花：（唱）您与我可曾见过面？

奶奶婆：（唱）没见面就结下海样深怨。

赵金花：（唱）今朝我与您可见了面，

奶奶婆：（唱）冒犯了贵小姐我胆战心寒。

可叹我，盼孙媳盼花了眼，

盼孙媳，坐不稳来睡不安。

盼孙媳，过门把你婆母劝，

盼孙媳，到此处把我可怜。

盼孙媳，过门救我出苦海，

谁料想，反把我的罪名添。

你婆母待我不如鸡和犬，

你过门儿又给我压上一座大山。

话已说明随你自便，

我苟延残喘还能活上几天。

赵金花：（唱）听奶奶悲声惨惨把我恨怨，

赵金花思前想后心中不安。

婆婆说奶奶串亲离家远，

谁料想亲人就在眼巴前。

原来是婆母从中离间，

花言巧语两头瞒。

怪不得我问起奶奶她就躲躲闪闪，

怪不得她又说冷房闹狐仙。

奶奶若有三长两短，

不孝罪名我得承担。

外人不知真和假，

难免耻笑我不贤。

等婆母归来良言相劝，

慢慢慢哪，又恐火上把油添。

进退两难无主见……

奶奶婆：（白）小姐呀！

（唱）年迈人老不爱来少的也嫌。

只求你开开门两扇，

全当是买雀放生把我可怜。

我扶棍挎筐挨门讨饭，

冻死，饿死，不把你们牵连。

到外边狼吞狗嚼死而无怨……

赵金花：（唱）被奶奶哭得我心酸。

心中好似扎钢剑，

木雕泥塑半晌无言。

怎忍让奶奶挨门讨饭，

进房诉说肺腑之言。

(欲进冷房，门上锁，为难多时，捡起一块大石头)

急忙忙砸开门两扇，

(进房。白) 奶奶！

奶奶婆： (唱) 吓得我，战战兢兢不敢向前。

赵金花： (唱) 见奶奶，皱纹堆垒蓬头垢面，

三分像人七分鬼一般。

(金花欲走近奶奶婆，奶奶婆疑心金花进来要打她，紧躲。二人转圆场。奶奶婆走至门前要往外跑，金花拉住不放，奶奶婆更加惊慌)

奶奶婆： (唱) 适才失言把小姐冒犯，

望求你饶恕把我容宽。

赵金花： (白) 奶奶，您过来我跟你有话说。

奶奶婆： (唱)【抱板】再三求饶不肯赦免，

我与你有什么仇来有何怨？

我活着不过吃碗剩饭，

破烂衣裳我遮寒。

你们嫌我，我就不端你们的碗，

又何必苦苦地把我阻拦？

赵金花： (唱)【红柳子】奶奶错把孙媳埋怨，

儿无故怎能把您嫌？

奶奶婆： (唱) 听她说话声音和善，

又恐怕心里毒辣口头儿甜。

赵金花： (唱) 您容儿良言把婆母劝，

救奶奶出苦海转危为安。

奶奶婆： (唱) 你婆母心如铁石一个样，

劝她可怜我难似登天。

你若可怜我快快放我走，

你婆婆回来我更为难。

赵金花： (唱) 相劝婆母心回意转，

举家和睦喜地欢天。

婆母当真心似铁，

奶奶随儿把家还。

儿端碗，您吃饭，

奶奶康健儿心安。

春秋四季把衣换，

与您预备单皮棉。

奶奶年迈不能动转，

捧茶敬水侍奉膝前。

孙媳孝心出本愿，

您无苦无忧度晚年。

孙媳妇儿若有半句谎，

跪奶奶面前告苍天。

奶奶婆： (唱) 莫非说这是一场梦？

赵金花： (唱) 奶奶看，红日当空照窗前。

奶奶婆： (白) 噢 …… 这 …… 不是做梦？

赵金花： 奶奶不是做梦。

奶奶婆： 孙媳，我错埋怨你了啊 ……

(唱)【搭调】悲喜交加拉住孙媳的手，

赵金花： (唱) 劝奶奶高高兴兴莫心酸。

奶奶婆： (唱) 奶奶糊涂把你埋怨，

赵金花： (唱) 奶奶受骗，儿无怨言。

我过门与您带来苦难，

奶奶婆： (唱) 你未来我也是缺吃少穿。

孙媳你看这碗冷饭，

就知道你婆婆待我是恶是贤。

赵金花： (唱) 用手端过一碗冷饭，

奶奶，奶奶，(同哭泣) 孙媳我永不把冷饭端。

稍时婆母借车回转，

所受的委屈当面言。

儿有良策从中解劝，

定让奶奶安心度晚年。

奶奶婆： (唱) 十余年未曾想能有今天，

总算奶奶没白把你盼 ……

婆婆： (唱)【纱巾扇】买来了四色礼物讨媳妇儿喜欢，

(提四色礼物笑嘻嘻上)

花钱不多要买这个脸。

亲家母她得给我加倍地还，

讲人情来往要放长线往远看。

(走进院门)

　　　　　（白）啊？这是谁？砸坏了门上的锁头了！

　　　　　（唱）【抱板】老太太她真翻了天，

　　　　　　　　　耗子敢把猫的鼻梁舔。

　　　　　　　　　她这是活得不耐烦，

　　　　　　　　　气冲冲走进冷房看……

　　　　　（进门，见金花与奶奶在一起，愣住，礼物掉在地下）

赵金花：（白）儿砸坏门上锁头，婆母容宽。

婆婆：　不怪你，你……你……

　　　　　（咬牙切齿指奶奶婆，奶奶婆往后躲，金花忙挡住奶奶婆）

赵金花：婆婆，不怪奶奶……

婆婆：　哎哟！她是狐仙，她是狐老太太变的，快把她打出去！

赵金花：她是狐仙，您应当磕头上供，您怎么还打她哪？

婆婆：　哎呦，把我都气糊涂了。这不是给她买的上供的点心吗？狐老太太，您可别怪罪我儿媳妇儿呀，您回洞修行去吧，狐老太太呀！

赵金花：您是狐老太太吗？啊，你说话呀！

奶奶婆：是呀，我说话，我是狐老太太。

婆婆：　你听听，是狐老太太吧。媳妇儿快走吧，她上来脾气一瞪眼，你就得嘴歪眼斜。好媳妇儿，快跟婆婆走吧。

赵金花：她瞅我好几眼了，你看，我嘴歪了吗？眼斜了吗？狐老太太，你倒说话呀！（递眼神叫奶奶婆）

奶奶婆：我是胡老太太，我丈夫姓胡，我的儿子你的丈夫姓胡，你的丈夫我的孙儿也姓胡，我们老少三辈都是胡家媳妇儿。我是你的婆婆，是你的奶奶婆，我怎么不是胡老太太呢？

赵金花：噢，您是我奶奶婆呀！

婆婆：　哎呀！她……不是呀。

赵金花：您说她是谁呀？

婆婆：　她是，那个……那个……把我气糊涂了。

　　　　　（唱）【数板】东跨院有个王老六，

　　　　　　　　　她是王六的疯子妈。

　　　　　　　　　说疯不疯，说傻不傻，

　　　　　　　　　闯东家来闹西家。

　　　　　　　　　见了小孩她就打，

　　　　　　　　　见了小媳妇儿用手掐。

　　　　　　　　　好媳妇儿听婆婆的话，

　　　　　　　　　随娘回房躲开了她。

　　　　　（拉金花，金花不走。婆婆怒指奶奶婆）

　　　　　　　　　这么一会我没在家，

　　　　　　　　　疯老婆顺嘴瞎叭叭。

　　　　　（白）出去！出去！给我出去！

　　　　　（往外推奶奶婆，奶奶婆瞅金花，金花拦）

赵金花：（唱）【红柳子】金花悄悄把奶奶拉，

　　　　　　　　　您是疯来还是傻？

奶奶婆：（唱）孙媳妇儿急得搓手咬牙。

　　　　　　　　　说了吧来讲了吧，

　　　　　　　　　话到唇边心似刀扎。

　　　　　　　　　谁是疯子？哪一个傻？

　　　　　　　　　受尽了百般虐待我装聋装瞎。

　　　　　　　　　实指望孙媳妇儿过门能得好，

　　　　　　　　　你反倒说谎话把我的罪名加。

　　　　　　　　　你心毒辣，我不辨真假，

　　　　　　　　　把孙媳妇儿当成对头冤家。

　　　　　　　　　又说我疯又说我傻，

　　　　　　　　　你待我不如鸡狗猪鸭。

　　　　　　　　　你心比豺狼还毒辣，

　　　　　　　　　我吃碗冷饭你切齿咬牙。

　　　　　　　　　当着孙媳说句良心话，

　　　　　　　　　我是疯子还是你的妈？

婆婆：　（唱）左捂右捂，我也没捂住啊，

　　　　　　　　　当着媳妇儿还不能找邪茬。

　　　　　　　　　我待她不好一句也没落，

　　　　　　　　　又好像两手把我的脖子掐。

赵金花：（唱）见婆母面红过耳如茶似傻，

　　　　　　　　　分明是心虚理亏无话回答。

　　　　　　　　　婆母娘啊！婆母娘生气把媳妇儿责打，

儿不该违背母命把门砸。

才引起奶奶说出伤心话，

您担待奶奶年迈耳聋眼花。

看媳妇儿之面将奶奶留下，

婆婆：　(唱) 媳妇儿，婆婆我 …… 屈呀 ……

她说我不好可屈死了妈。

她不说她脾气大，

歪着心眼儿说我虐待她。

我怕媳妇儿受她的气，

我怕她没事找你的邪茬。

没有她，少刷一个碗，

没有她，少做饭来少沏茶。

她说的那些都是假话，

赵金花：　(白) 这 ……

婆婆：　媳妇儿，你可别上她的当。

赵金花：　是。(知婆婆奸狡难劝，暗示奶奶婆说话，指背后的冷饭)

奶奶婆：　(唱) 当着媳妇儿面把自己夸。

这是你孝敬婆婆的一碗饭，

你自己拿去闻闻它！

(婆婆当着金花没脸接，装没听见)

如今孙儿成人长大，

合婚嫁娶媳妇儿娶到家。

你待我心狠毒辣，

别忘了，种豆得豆种瓜得瓜！

婆婆：　(唱) 说我不好就算我不好，

谁还不会把自己夸？

儿子是我抚养长大，

娶媳妇儿我自己把钱花。

今天既然翻了脸，

过不到一块就分家。

奶奶婆：　(白) 你 ……

赵金花：　(唱)【红柳子】劝奶奶消消气来压压火，

劝婆母忍让一句莫要多说。

一家人怎能分出你和我，

有尊有让焉能不和？

和和睦睦把日子过，

免去多少是非口舌。

您也伤心奶奶也不乐，

岂不是无故起风波？

奶奶若是搬出去过，

街坊谁不耻笑婆婆。

奶奶在外讨饭挨饿，

后辈儿孙脸往哪搁？

如今娶来了媳妇儿我，

盼望二老福寿双多。

侍奉奶奶有孙媳我，

端茶捧水孝敬婆婆。

愿奶奶与婆婆同欢乐，

媳妇儿我，每日口念千声佛。

婆婆：　(白) 媳妇儿啊，

(唱)【抱板】三句话不来她就上火，

有理没理穷嘟囔。

你说这日子可怎么过？

赵金花：　(唱) 您担待年迈气衰的奶奶婆。

奶奶虽然把话儿说错，

您当想，人上了年纪话就多。

婆婆：　(唱) 媳妇儿说话向她不向我，

若认错老脸往哪搁？

不能叫媳妇儿瞧不起我，

留着她我就去跳河。

若不然咱们就散伙！

赵金花：　(唱) 良言难劝狠心的婆婆。

一时想不出万全之策，

急得金花干把手搓。

奶奶婆：　(唱) 泼妇心狠似毒蛇，

急得孙媳干把手搓。

莫为我连累孙媳难过，

莫为我伤情面婆媳不和。

到外边何处黄土不埋我 ……

(欲走，舍不得离开金花，回身见冷饭)

吃这碗饭受尽了折磨。

我走，我走，我走先摔了这个破碗……

赵金花：（唱）【红柳子】赵金花见景生情把饭碗夺。

儿的奶奶呀，这么大的年纪还压不住火，

打碗洒饭怎对得起婆婆？

洒饭事小打碗非同小可，

饭碗虽破它的用处可多。

盛冷菜冷饭不用点火，

又不用刷碗随便地下搁。

碗虽破，千金难买这传家之宝，

传留后世它的好处多。

但等着，奶奶黄金入了柜，

媳妇儿我，盛饭端菜孝敬婆婆。

婆婆老了也往冷房里锁，

婆母娘啊，这就叫前面有车后面有辙。

婆婆：（白）哎哟！

（唱）【数板】要糟，要糟，

浑身好像凉水浇。

我对婆婆这一套，

媳妇儿也要跟我学。

顺着脚印踩我的道，

我自己点火把自己烧。

赵金花：（唱）婆母啊，如何保存这件无价之宝？

婆婆：（唱）我好像站在了独木桥。

媳妇儿跟奶奶走一条道，

要直我的罗锅腰[1]。

赵金花：（唱）婆母娘啊！

此宝无有，媳妇儿怎么尽孝？

婆婆：（唱）媳妇儿一个劲儿地出高招儿。

赵金花：（白）婆婆，你说这个宝贝放哪儿呀？

婆婆：（唱）我……摔了这个坑人败家的"现世报"！

（摔碗）

赵金花：（白）哎呀！您怎么摔了哪？

婆婆：（唱）它给我心里添熬糟[2]！

赵金花：（白）那将来您可使啥呀？

婆婆：媳妇儿，你……唉……

赵金花：那奶奶呢？

婆婆：你看着办吧。

赵金花：啊啊，奶奶快回上房吧。

奶奶婆：这……

赵金花：啊……您瞧，我婆婆把点心都给您买来了！

（提点心扶奶奶婆下）

婆婆：唉！

（念）碗也打啦，

饭也洒啦，

人家好啦，

我也傻啦。（垂头丧气下）

西楼会[3]

又名《鹦哥记》。房府小姐秀英与秀才衡林宝花园相遇私订终身，约定日后西楼相会。衡林宝苦无机会进入房家。恰好房家买丫鬟服侍秀英，衡林宝便男扮女装将自己卖入房府为仆，二人西楼相会互诉衷肠。后来衡林宝中了状元，娶秀英为妻。拉场戏只演西楼相会一段。

人物　　房秀英

衡林宝

（房秀英上）

房秀英：（念）满怀心腹事，

昼夜挂在心。

[1]　要直我的罗锅腰：直罗锅，改变他人的主张。

[2]　熬糟：窝囊上火。

[3]　选自黑山县文化馆、黑山县非物质文化遗产保护中心编《黑山二人转传统剧目汇编（第一辑）》，沈阳出版社2016年版406—410页（李文兰口述）。

（白）奴，房秀英。记得那日清明佳节，是奴一时高兴去放风筝，偏赶风筝引线，将奴引至秋千架下，正遇衡林宝。我二人见面情意相投，当时订下婚姻大事，约定三六九日在我西楼会面，至今半月有余，不见衡郎楼前来相会，好不叫我想念哪！

（唱）房秀英坐西楼长吁短叹，

想起了衡林宝那位生员。

清明节放风筝二人见面，

你有情我有意订下姻缘。

约定了三六九日西楼会面，

至今日半月余未到楼前。

盼得我在绣楼懒引针线，

盼得我昼夜里坐卧不安。

盼得我到白天神魂颠倒，

盼得我睡眠时懒脱衣衫。

盼得我到黄昏懒去安眠，

将身儿倒卧在牙床以上——

衡林宝：（唱）走来了衡林宝假扮丫鬟。（上）

（念）为访小姐事，

假扮一丫鬟。

（白）小生，衡林宝，自从清明佳节，与房小姐秋千架下相会，我二人订下婚姻大事，约定了三六九西楼相会，可是我来了几次府门紧闭。那日我在王妈家中借宿，王妈与我定下一计，叫我假扮丫鬟混入房府，真是天随人愿也。

（唱）今日里慢悠悠小步前往，

要学那房府的侍女丫鬟。

行步儿来至在小姐楼下，

一心要上西楼配成凤鸾。

捧茶盘扶楼梯忙把楼上，

上楼来见小姐倒睡床前。

我这里走上前低声呼唤，

小丫鬟请小姐快把茶餐。

衡林宝装了丫鬟一旁立站——

房秀英：（唱）惊醒了睡梦中的秀英婵娟。

梦儿里与相公正在会面，

是何人惊醒了我梦中姻缘。

揉杏眼我这里用目观看，

原来是小丫鬟站立床前。

这丫鬟我哪里见过面，

好像是衡林宝那位生员。

房秀英我这里心中盘算，

衡公子却为何扮作了丫鬟？

低下头仔细想主意拿定，

我必须细细地问他一番。

房秀英把丫鬟一声呼唤，

姑娘我有一言细听周全。

好香茶我不饮暂放桌面，

问丫鬟住何处哪里家园。

父何名母何氏对我来讲，

有兄弟和姐妹对我来言。

把真名和实姓细诉一遍，

你为何到我府身为丫鬟？

衡林宝：（唱）听小姐她问我家乡住处，

倒叫我衡林宝左右为难。

我有心真名姓对她言讲，

也不知小姐她什么心田。

我只得用谎言将她欺骗，

探探她有何话对我来谈。

请小姐且落坐红漆椅上，

细听我小丫鬟表说家园。

家住在榆林府米脂小县，

离县城十五里衡家庄前。

我的父本姓张名叫好善，

所生我小丫鬟名叫宝莲。

幼年间我父母双双下世，

抛下我苦命女多么可怜。

咱家中太贫寒难以度日，

流落在叔婶家受些艰难。

我叔父他倒有骨肉情谊，

我婶母她待我心眼太偏。

昼夜里她挑唆我的叔父，

我叔父才信她枕边之言。

他夫妻计议好将我出卖，

流落在你府中来当丫鬟。

太夫人她命我侍奉小姐，

要有哪不到处多有承担。

这本是真情话对你言讲，

望小姐宽待奴恩重如山。

房秀英：　（唱）我闻听小丫鬟言讲一遍，

　　　　　　　　榆林府米脂县衡家在前。

　　　　　　　　她与那衡林宝同乡居住，

　　　　　　　　我何不向丫鬟访问一番？

　　　　　　　　你住在榆林府米脂小县，

　　　　　　　　我问你有一人你可知全？

衡林宝：　（唱）要有名要有姓我便知晓，

　　　　　　　　无有名无有姓我不知全。

房秀英：　（唱）提起来这个人有名有姓，

　　　　　　　　你可知衡林宝那位生员？

衡林宝：　（唱）你要问旁人我不知晓，

　　　　　　　　你要问衡林宝我太知全。

　　　　　　　　衡林宝他与我姑表亲眷，

　　　　　　　　怎不知怎不晓那位生员？

房秀英：　（唱）衡林宝他与你姑表亲眷，

　　　　　　　　你知道这几天他可安然？

衡林宝：　（唱）你问他好不好他倒安好，

　　　　　　　　你问他安不安他倒安然。

　　　　　　　　我这里与小姐施了一礼，

　　　　　　　　小丫鬟我一言莫要发烦。

　　　　　　　　尘世上只有那男子访女，

　　　　　　　　西楼上女访男情理不端。

房秀英：　（唱）小丫鬟问得我脸上羞惭，

　　　　　　　　我只得将实话对她明谈。

　　　　　　　　清明节秋千下风筝引线，

　　　　　　　　我与那衡相公订下姻缘。

　　　　　　　　约定了三六九日西楼会面，

　　　　　　　　这多日他不来叫奴不安。

莫不是那相公心肠改变？

莫不是那相公忘了姻缘？

莫不是那相公被人挑散？

莫不是那相公上京求官？

莫不是那相公有灾有难？

莫不是那相公爹娘阻拦？

小丫鬟你与我行个方便，

到后来咱二人姊妹一般。

衡林宝：　（唱）听小姐把真情言讲一遍，

　　　　　　　　倒叫我衡林宝左右为难。

　　　　　　　　我有心将实话对她言讲，

　　　　　　　　恐怕她翻了脸反惹祸端。

　　　　　　　　我这里拿定了主意一件，

　　　　　　　　我不免用谎言吓她一番。

　　　　　　　　回过头我便把小姐呼唤，

　　　　　　　　听丫鬟我对你细说周全。

　　　　　　　　提起来衡林宝为人忠厚，

　　　　　　　　也不是负义的那样生员。

　　　　　　　　也不是那相公良心改变，

　　　　　　　　也不是那相公忘了姻缘。

　　　　　　　　也不是那相公被人挑散，

　　　　　　　　也不是那相公上京求官。

　　　　　　　　也不是那相公有灾有难，

　　　　　　　　也不是那相公爹娘阻拦。

　　　　　　　　那相公回家后相思病染，

　　　　　　　　可怜他到如今命丧黄泉。

房秀英：　（唱）闻听得衡相公命丧黄泉，

　　　　　　　　就如同扬子江失脚落下船。

　　　　　　　　天也转来地也旋，

　　　　　　　　一头栽倒牙床前。

衡林宝：　（白）不好，玩大了。小姐，小姐醒来——

房秀英：　（唱）房秀英正昏迷之处，

　　　　　　　　忽听得耳旁有人呼唤。

　　　　　　　　我不愿睁眼强睁眼，

　　　　　　　　看见了小丫鬟站在面前。

　　　　　　　　我一听衡相公命丧黄泉，

不由我心酸痛珠泪涟涟。

哭一声衡郎你死得好苦，

从今后再不能见面叙谈。

从今后再不能同观花草，

从今后再不能同打秋千。

实指望咱夫妻同床共枕，

实指望咱夫妻生女育男。

实指望咱夫妻白头到老，

实指望咱夫妻偕老百年。

不料想衡郎你身归地府，

抛下了小奴我独守孤单。

人都说红颜女俱是薄命，

从古时至如今话不虚传。

可怜你正青春年方弱冠，

读诗书做文章饱学生员。

你一死空负我好心一片，

我和你一同死也要团圆。

房秀英在西楼要寻短见——

衡林宝：　(唱) 急忙上前把她阻拦。

我一见房小姐要寻短见，

吓得我衡林宝心里不安。

悔不该用谎言将她欺骗，

险些儿骗小姐命丧黄泉。

这都怪林宝我不加检点，

骗小姐做此事理上不端。

房小姐你拿我当作哪一个，

我就是衡林宝那位生员。

房秀英：　(唱) 骂一声小丫鬟你好大胆，

竟敢在我面前冒充生员。

我今天用家法将你来打——

衡林宝：　(白) 小姐休要动怒，听我慢慢讲来——

(唱) 衡林宝走上前忙用手拦。

尊小姐慢动手你先落座，

听我把真情话细说一番。

自那日清明节风筝引线，

你有情我有意订下姻缘。

倘若你不信我大脚出现，

你看我是丫鬟还是生员？

我这里下楼去衣服更换。(下)

房秀英：　(唱) 在楼上闷坏了秀英婵娟。

想衡郎想得我肝肠断，

盼衡郎盼得我眼睛蓝。

肝肠断来不见衡郎面，

眼睛蓝来不得团圆。

若说他是丫鬟大脚出现，

若说他是衡郎却是丫鬟。

一定是衡林宝前来会面，

单等他上楼来畅谈一番。

衡林宝：　(换男装上。唱) 衡林宝把衣服已经更换，

头戴着儒生帽身换蓝衫。

上楼时我确是丫鬟打扮，

一霎时换成了读书生员。

急忙忙迈大步西楼来上，

你看我是丫鬟还是生员？

房秀英：　(唱) 我一见衡相公露出真面，

倒叫我房秀英喜在心间。

转过面我只把相公呼唤，

我问你这多日身可安然？

衡林宝：　(唱) 你问我安不安来我倒安好，

房秀英：　(唱) 这多日你为何不来楼前？

衡林宝：　(唱) 你听我把真情言讲一遍，

小姐你莫生气细听根源。

清明节放风筝二人见面，

咱二人情意深订下姻缘。

约定了三六九西楼会面，

谁想到来数次府门紧关。

你府门好比那金銮宝殿，

攀不上进不来也是枉然。

无奈何回学馆心中烦乱，

整日里常把你挂在心间。

昨晚间王妈家投借一宿，

我和她闲谈天吐出真言。

她言说小姐你身染重病，
日夜里心恍惚坐卧不安。
又听说你二老侍候不便，
买丫鬟来陪伴或可安然。
因此上她和我定计一件，
巧梳妆搽粉脂换去蓝衫。
今日里才和你楼上会面，
婚姻愿不愿和我明谈。

房秀英：（唱）婚姻事我没有丝毫改变，
早盼那并蒂莲开在水边。
咱二人好比那翩翩飞燕，
西楼上筑新巢情意绵绵。
兄莫学三九天冰块雪片，
化成水流他乡永不回还。

衡林宝：（唱）妹莫学那河边杨柳之树，
一年里只能够常青半年。

房秀英：（唱）兄当学魏公子蓝桥相会，
他与那蓝瑞莲死也团圆。

衡林宝：（唱）妹当学孟姜女去寻夫主，
哭倒了万里长城千古流传。

房秀英：（唱）兄莫学周廷章别后负义，
害姣鸾遗下诗长恨百年。

衡林宝：（唱）妹莫学田氏女劈棺取脑，
遗臭名不贤烈万古千传。

房秀英：（唱）兄莫学陈世美高官得中，
弃父母抛妻子骂名万年。

衡林宝：（唱）妹莫学潘金莲背夫失节，
引奸夫害死了武大夫男。

房秀英：（唱）兄莫学小罗成心毒意狠，
灭人伦杀妻子胡氏金婵。

衡林宝：（唱）妹莫学杨贵妃梨园醉酒，
诱禄山叛国政倒卖江山。

房秀英：（唱）兄当学狄仁杰夜辞媚妇，
到京城得中了头名状元。

衡林宝：（唱）妹当学王宝钏寒窑受苦，
等丈夫薛平贵一十八年。

房秀英：（唱）兄当学柳下惠坐怀不乱，
金精女戏探他不乱心猿。

衡林宝：（唱）妹当学昭君女和番北国，
为刘王投乌江人称大贤。

房秀英：（唱）兄好比许汉文游湖借伞，

衡林宝：（唱）妹好比白娘子情意相连。

房秀英：（唱）兄好比梁山伯十八相送，

衡林宝：（唱）妹好比祝英台化蝶飞天。

房秀英：（唱）兄好比崔文瑞寻茶讨饭，

衡林宝：（唱）妹好比张四姐临凡下天。

房秀英衡林宝：（唱）咱二人在西楼双双站立，
从今后相亲相爱偕老百年。

小姑贤

又名《三贤》，取材于《宣讲拾遗》。婆母替儿嫌妻，逼迫儿子休妻。小姑子从中说和，并假装上吊，恐吓母亲。最后婆婆与儿媳和好。这出戏的演出随乡随俗，艺人根据本乡本村发生的事儿，临时编口加唱。剧情矛盾冲突中也有用低俗来抓包袱儿的缺欠，但是又很符合人物性格。

人物　　王刁氏
　　　　王登云
　　　　周氏
　　　　王素花

王刁氏：（上。念）奇才奇才真奇才，
老妈我的模样长得怪。
王母娘娘来保媒，
把我许配丑八怪。

他也不嫌我丑，

我也不嫌他怪。

弯刀对着瓢切菜，

捱[1]着扢着一起来，一起来。

（白）老身哪，王门刁氏。

王登云：　（上）那咋还刁氏呢？

王刁氏：　啥话呢？八十岁了，我不是妇道吗？老母猪放屁，我不是荤腥吗？

王登云：　啊。

王刁氏：　太阳出来红似火，

王登云：　火——

王刁氏：　二八佳人胭脂抹。

王登云：　抹——

王刁氏：　越抹越红……

王登云：　越红呢？

王刁氏：　越红我就越抹呀。

王登云：　咋还越抹呢？

王刁氏：　不抹呀，台下这帮老头儿都不稀罕我。

王登云：　嘿。

王刁氏：　你说老身我呀，算命打卦的，说我吃八个井的井水，你甭说不准呀？这辈子什么老硬家、老软家、老长家、老短家的，都让我嫁个到。你笑，这好老头从我手里可真是没少过，这一辈子我可没少把花轿坐，不说了，说好像显（摆）似的！哎呀头一嫁你说我嫁给谁去了？

王登云：　谁了？

王刁氏：　嫁老软家，叫啥名呢？老头人好，老实巴交的这老头子，这屯子这帮人都给他起名，叫啥？叫软丢裆，妈呀，这对我才知疼知热。好景不长，没过上仨月，怎么样？咋不拉嚓……

王登云：　咋的了？

王刁氏：　死了。

王登云：　啥老爷们架得住你这么祸祸[2]？

[1]　捱（wǎi）：舀。

[2]　祸祸：祸害，糟蹋。

王刁氏：　第二嫁又找了……

王登云：　那咋又找了？

王刁氏：　妈不就是得意那玩意吗？

王登云：　我看你也守不住。

王刁氏：　这回嫁给老硬家了。

王登云：　这回过得挺好的。

王刁氏：　可不，我寻思老软头不抗造，老硬头能多活几年，可是没到半年，咋不拉嚓……

王登云：　又咋的了？

王刁氏：　死咧。

王登云：　啥老爷们架得住你这么祸祸？

王刁氏：　打这吧，你这屯都传，这是我妨汉子，我一寻思，守着。

王登云：　这把你得守着。

王刁氏：　对，守住了！守两年！

王登云：　那你没少守啊！

王刁氏：　腊月二十九死的，正月初一守不住了。

王登云：　守两天哪……

王刁氏：　我们屯子有个王豆腐边。

王登云：　王豆腐官！

王刁氏：　有事没事我就买他豆腐边，今天到我门口豆腐——，明天到门口豆腐——，这三腐两腐，结果我豆腐——逗活心了，我今儿个捡两块豆腐，明个捡两块豆腐，这一来二去豆腐捡多了，到秋后一算账，三麻袋黄豆，给不起人家了，这王豆边就炸了。我告诉你老王婆子，今天你要不给我这豆子钱，我跟你说，我跟你俩没完，我着忙等着拿这钱娶老伴儿。妈我一听我就说了，我说王豆腐官呀，还娶啥老伴呀？哼哼，你说这事，你也一个人，我也一个人，咱俩就……那啥得了呗……你说这老光棍子一个人，这家伙也一辈子也没说媳妇儿，那家伙一看这个乐啊，当天晚上咋嚓一下就给我摞上了……

王登云：　啥玩意儿呀？

王刁氏：　行李卷！

王登云：　你说那吓人道怪的。

王刁氏：　(归座) 你看我老王婆长这样，有福，结婚没到一年，咔不拉嚓，生了！是个大胖小子，叫王瞪人儿。

王登云：　王登云。

王刁氏：　这孩子长得大眼凸儿，就好瞪人，没到一年，又咔不拉嚓！

王登云：　又咋的了？

王刁氏：　生个大丫头，叫王麻花。

王登云：　王素花。

王刁氏：　我们丫头就愿意吃麻花，这可不是吹，你们大伙看看我老王婆长得，这模样长得，说心里话，那也叫嘎巴溜丢一摆摆，不擦胭粉自来色儿，杨柳腰赛笔杆儿，小金莲不大点儿，走起道来嘀嗒嘎达，叽达嘎达净是点儿呀。说心里话，咱生的那玩意儿，丫像丫，小像小的，溜光水滑，一个个的，就是娶那个媳妇儿不招人稀罕。叫啥名？叫周氏。我一看到她，我的手就刺挠，在我心目中就像眼中钉肉中刺似的。啥？要看看。在这等着，我给你擢龙[1]去。我说周氏我那小……小老婆？

王登云：　招呼妈！

王刁氏：　咋还招呼妈呢？

王登云：　不是你当初上轿前儿，那老婆婆咋说的嘞？

王刁氏：　要提我呀，那小孩没娘，说话可就长了。

王登云：　长话短唠呗。

王刁氏：　我老婆婆欠我八条裹脚布都没给我，我坐轿里我就不给她下来。我老婆婆一看，太阳都卡山儿了，再不下轿，耽误他儿子事儿了吧。对着我这轿前，亲亲热热叫了三声妈，你说我出溜，我就出来了。

王登云：　你得招呼妈！你不招呼妈也不能出来，老猫房上睡，一辈留一辈吗？

王刁氏：　外甥打灯笼？

王登云：　对—— 照旧 (舅)。

王刁氏：　让我招呼妈？出来我膈了她奶奶样。我说周氏呀！我那小……

王登云：　召唤妈。

王刁氏：　这妈怎这么难说呀？我那小妈呀！

王登云：　一声了！

王刁氏：　几声呀？

王登云：　三声。

王刁氏：　都是我那小……

王登云：　小啥呀？

王刁氏：　小拇手指盖儿……小妈……

王登云：　一声半。

王刁氏：　咋整半声呢？

王登云：　你那声太小，算半声。

王刁氏：　周氏我那小妈呀。

周　氏：　(上) 来了……

　　　　(念) 头上青丝赛麻窝，

　　　　　　 终朝每天受折磨，

　　　　　　 一天挨了三遍打，

　　　　　　 心中苦处向谁说。

　　　　(白) 忽听婆母唤，上前问根源。(进屋) 参见母亲。

王刁氏：　谁五斤哪？我这么大个坨儿，我就五斤啊？你二大爷打个兔子还八斤半呢？我五斤啊？

周　氏：　参见妈亲。

王刁氏：　你骂谁八斤啊？刚才你说是我五斤，转眼之间你骂我八斤来了，你给我灌铅了，你给我喝汤了？光说我看不上她，长那个起坟的脸。

周　氏：　参见婆母娘。

王刁氏：　你骂我是老羊？我有羊锛吗？有羊膻子吗？(追打周氏) 这玩意不归拢她能行吗？

周　氏：　母亲万福。

王刁氏：　千福万福，你妈那个臭豆腐！

周　氏：　(偷看王刁氏) 母亲万安！

王刁氏：　你给我串糖葫芦得了，你还叫我坐旗杆？哎呀气死我了！你叫我坐旗杆！你叫我坐旗

[1]　擢龙：又作"擢弄""擢落"。搅动、搅扰、鼓动三种含义。

杆！（追打周氏）这一天你不削她还能行？真手懒！

周氏：　母亲，唤儿妻出来，有何训教？

王刁氏：上外边看看去，啥时候了？

周氏：　婆母娘等候了，（圆场推门）婆母娘，这天，过巳到午了。

王刁氏：我跟你玩骰子呢？三眼四五六的。重看！

周氏：　知道了。（圆场推门）婆母娘，这天已到晌午了。

王刁氏：知道晌午了，还不早点过来呀？去，拿个小镖子去。

周氏：　哎呀，婆母娘，那是小刀子。

王刁氏：哪个告诉你那是小刀子？你把我肚子开开，看看有没有草刺啊？

周氏：　那是饭粒儿！莫不是婆母娘您老人家要吃饭呀？

王刁氏：我饿了，给我做点儿饭去！（王用烟袋锅打媳妇儿周氏）

周氏：　（躲）婆母娘等候了！

　　　　（唱）【红柳子】尊一声婆母娘你把儿媳妇儿等，

　　　　　　　等我烙饼孝顺婆母妈。

王刁氏：（白）回来！

　　　　（唱）你给妈烙饼妈妈我不想用，

　　　　　　　干巴啦嚓怕擦我的牙花呀。

　　　　　　　你再想别的法儿。

周氏：　（唱）儿媳我烙饼婆母娘不想用，

　　　　　　　儿媳我到厨房拨撸疙瘩。

王刁氏：（白）回来！

　　　　（唱）你给妈拨撸疙瘩老妈我不用，

　　　　　　　那稀里光汤光把尿撒。

　　　　　　　你再想别的法儿。

周氏：　（唱）儿媳我拨撸疙瘩婆母娘不稀用，

　　　　　　　等儿媳到厨房去把饺子掐。

王刁氏：（唱）你给我包饺子老妈我不用，

　　　　　　　咱们小家小户的吃不起它！

　　　　　　　你再想别的法儿啊。

周氏：　（唱）这个不用来那个也不用啊，

不知道婆母娘想吃点啥？

王刁氏：（白）吃啥？

　　　　（唱）老妈我一锅让你给我做上四样饭，

　　　　　　　这一样一样小老婆听根芽。

　　　　　　　锅前边你给我去捞干饭，

　　　　　　　锅后边你给我去把稀粥馇。

　　　　　　　锅左面你给老妈我烙上一张饼，

　　　　　　　锅右面你给我把面条拉。

　　　　　　　在当间剩下这么一个空儿啊，

　　　　　　　你给妈烀上一个这么大滴溜圆儿的大倭瓜。

　　　　　　　老妈我吃它有名讳，

　　　　　　　这就叫鲤子鱼来钻沙。

周氏：　（唱）这大锅本是生铁打，

　　　　　　　在中间怎能把障子夹？

　　　　　　　要不然婆母娘做饭儿媳去烧火。

　　　　　　　等儿媳我学会了再孝敬婆母妈。

王刁氏：（唱）小老婆你今天要说做来的话，

　　　　　　　无有话说无有话扒。

　　　　　　　今天你敢说声做不来的话，

　　　　　　　老妈我今天就要动家法。

周氏：　（唱）周氏我说了一句做不来的话，

王刁氏：（唱）倒把这个老刁婆子我气煞。

　　　　（白）好恼！

　　　　（唱）【红柳子快板】老刁婆子心好恼！

　　　　　　　骂一声小老婆听根芽。

　　　　　　　今天我若不打你，

　　　　　　　从今往后你不怕妈。

　　　　　　　越说越恼越来气，

　　　　　　　笤帚疙瘩手中拿。

　　　　　　　照着贱人往下打，（追着打周）

周氏：　（白）婆母娘！

　　　　（唱）我那婆母娘呀，

王刁氏：（唱）笤帚打得不解恨，

　　　　　　　换把锥子手中掐。

　　　　　　　我拿锥子往下攮啊，

周氏：　(唱) 我那狠心的婆母娘呀！

王刁氏：　(唱) 锥子攮她她不解气，

张飞跳马我骑上她。(将周氏骑在身下)

周氏：　(唱) 周氏坐下一使劲，(将婆母拱下)

王刁氏：　(白) 哎呀我的妈！(卧鱼，哭) 也别打了，也别拉了，他二大爷，把老王婆子屁股礅[1]错牙，再也不能吹喇叭呀。(慢起身归座) 过来！死老婆让你做点饭，你瞅你这德行，你要消停好好做饭，我能费这劲吗？你瞅把我累得！

周氏：　婆母娘，挨打的累。

王刁氏：　你说这小老婆，多狠哪，(对观众) 你们说说，是打人的累，还是挨打的累吧！大家都知道是打人的是累活。(欲再打)

周氏：　婆母娘，打人的累，打人的累。

王刁氏：　我说打人的累就打人的累。你说我哪对你不好？你说你结婚就结婚得了呗，到我们家没事你生孩子，生就生了，我给你去买鸡蛋去，可是没少买，差九个—— 不到十个，我给你买那么多鸡蛋，烀熟了，剥的笋白笋白的，一个鸡蛋你三口都给你吃了……

周氏：　婆母娘，一个鸡蛋吃三口，哪还有了呀？

王刁氏：　咋没有呢？还有鸡蛋皮儿呢。

周氏：　鸡蛋皮儿能吃吗？

王刁氏：　能吃。岁数大人不能吃了，你说你这年轻，有牙有口，嘎吱嘎吱待着没事嚼呗，补钙。(欲打)

周氏：　能吃，能吃。

王刁氏：　(拧周氏嘴) 我给你撕开！你说夏天我给你捂个皮袄穿，怕你晒透了热，我哪对你不好？

周氏：　夏天穿皮袄多热呀……

王刁氏：　你不会穿，你会穿，你站在四风岗上，把皮袄扣解开，南边来个风揣兜里，北边来个风揣兜里，整个麻绳子一系，那风出不去，嗖嗖嗖可凉快了。

[1]　礅 (dún)：重重地往下放。

周氏：　不凉快。

王刁氏：　凉不凉快？(欲打)

周氏：　凉快呀。

王刁氏：　赶紧做饭去。

周氏：　是，我知道了。

王刁氏：　瞅你长得雁长脖子呲了腿儿，不是受苦也是短命鬼儿。一看你我就来气。

周氏：　(唱)【大悲调】周氏我在上房挨了一顿打呀，

还得到厨房做饭孝顺婆母妈。

我迈步走出了房门以外，

不由得周氏我雨泪嗒洒。

我伤心不把旁人埋怨，

埋怨声我的二老爹妈。

世上好的人家多多的有哇，

不该把我许配老王—— 八家呀。

王刁氏：　(白) 你骂谁老王八家呀？

周氏：　婆母娘，你听错了，老王家。

(唱) 且不言周氏我厨房下呀，

王刁氏：　(白) 做饭！

(周氏下，王登云上)

王登云：　(唱)【靠山调】表一表王登云我放学转回家。

忽听得头上的老鸹叫呱呱，

不用人说我就知道了，

就知道我的老妈又在把仗抓。

王登云我迈步就把房中进，

看见了我的老妈她把嘴儿噘着。

王登云我这里深施一礼，

(白) 母亲，母亲……

(唱) 登云我迈步我就往前走，

王刁氏：　(唱) 老刁婆子往右边我一扭哒啊。

王登云：　(唱) 王登云我右边又施上一礼呀，

不知道何人得罪了老妈。

(白) 妈，到底谁得罪你了？

王刁氏：　我说儿子，咱们家能有几口人呀？

王登云：　咱家，几口人？妈，咱们家不四口人嘛。

王刁氏：　都有谁呀？

王登云： 有妈妈你，有我妹妹，还有孩儿我，还有老娘你，四个！你算算啊……

王刁氏： 老娘、孩儿、我老姑娘、母亲？

王登云： 哎，四个。呵呵，对吗，妈？

王刁氏： 和我来这套？还你妈双料的？你能忽悠过去？

王登云： 还有谁？没有谁了！

王刁氏： 四口人还有谁？

王登云： 对，还有我媳妇儿。

王刁氏： 就是周氏，你的小妈呀。

王登云： 妈，她咋得罪你了？

王刁氏： (唱)【红柳子】你妈我清晨起来让她去做饭，
　　　　　　她不但不做饭，
　　　　　　还把我好顿掐。

王登云： (白)掐哪啦？

王刁氏： (唱)我说这话儿子要不信，
　　　　　　踝子骨一边搂个大疙瘩。

王登云： (白)妈呀，那是踝子骨原先长的！

王刁氏： 打的！

王登云： 长的！

王刁氏： 打的！

王登云： 长的！

王刁氏： 打的！

王登云： 长的！我这不也长了吗！妈呀，你说是打的，你叫我咋办吧！

王刁氏： 给我出出气，
　　　　(唱)你把她休了吧，休了吧，
　　　　　　我再给你找个女孩家。

王登云： (白)你叫我休了？我可不休，休妻毁地，后来不济。孩儿我是读书之人，还想求一官半职的呢。

王刁氏： 哟，你休她吧！你看她长得矮的，像个地缸似的，没缸高比缸粗。

王登云： 你的意思没你俊呗？

王刁氏： 妈给你说个俊的，张家大妹子，李家大姐，要听说老王家说媳妇儿，媒人顺狗洞子往里钻，

拿掏灰耙撵[1]不出去，就凭妈这个老脸，要说几个说不着？有的是！

王登云： 妈呀！你说啥我也不能休！

王刁氏： 你敢说三声不休？

王登云： 不休不休就是不休！

王刁氏： 你说这孩子，我说三声(升)，他给我造半斗！

王刁氏： 你真不休！

王登云： 我真不休！

王刁氏： 好恼！

王登云： 恼也不休！

王刁氏： (唱)【红柳子快板】老刁婆子心好恼，
　　　　　　叫声我儿听根芽。
　　　　　　今天说声不休的话呀，

王登云： (白)咋地？

王刁氏： (唱)老妈我今天不活啦。

王登云： (白)不活了？

王刁氏： (唱)我回身打开描金柜，
　　　　　　柜里拿出个棉花瓜。
　　　　　　手拿棉花把头碰，

王登云： (唱)走上近前拉住她。
　　　　(白)真作呀！妈呀！你干哈呀？

王刁氏： (头撞棉花)哟！我不活了！

王登云： 妈你真不活啦？这啥呀？

王刁氏： 棉花。

王登云： 棉花软软乎乎暖暖和和的，你碰一千年也碰不死。

王刁氏： 儿子你不知道哇，妈的脑瓜是豆腐渣的，怎能碰过棉花瓜？若是不碰还罢了，一碰就散花。

王登云： 妈你要真想死呀，儿子给你出个法儿，(指桌子角)你往这撞！死得痛快的。你撞棉花死遭罪，你往这撞！

王刁氏： 撞它呀？

王登云： 对。往那撞。

王刁氏： (假装撞桌子角)儿子啊，疼，这玩意冰凉梆硬，

[1]　撵(duì)：杵。

碰上就没命。

王登云：　能作呀，这老妈，没招儿！你不是要死吗？

王刁氏：　(唱)闻听棉花撞不死呀，

　　　　　　　　我跳个大江喂王八。

　　　　　　　　我说要跳就要跳，

王登云：　(唱)拉住妈！

　　　　　(白)你回来吧，你别跳了，你跳江里王八都不吃你！

王刁氏：　王八咋不吃妈呢？

王登云：　你没人味儿。

王刁氏：　(唱)儿子说我你没人味儿啊，

　　　　　　　　我脚上拴两个咸菜疙瘩。

　　　　　　　　我说要跳就要跳，

王登云：　(唱)拉住妈！

　　　　　(白)回来，我和你商量点事。你别拴那咸菜疙瘩，王八说够得上，不吃你。

王刁氏：　(唱)王八又说不吃我呀，

　　　　　　　　我就往我儿怀里扎啊。

　　　　　　　　我说要碰就要碰啊，

王登云：　(唱)拉住妈！

　　　　　(白)行了，妈呀！你别闹了！孩儿我休她也就是了！

王刁氏：　咋样？休了吧？写！

王登云：　没有笔。笔落学校了。(欲走)

王刁氏：　干啥去？

王登云：　去学校取笔去。

王刁氏：　别和我扯。一说休媳妇儿心扑腾扑腾的，一会凉锅贴饼子—— 就溜了 …… 不兴走！我给你借去。(冲后台喊)老姑娘哎 ……

　　　　　(搭架子：妈，啥事呀？)

王刁氏：　快出来，姑娘。

　　　　　(搭架子：妈，你干啥你就说，我不出去。)

王刁氏：　妈找你借个笔借个纸。

　　　　　(搭架子：不借。)

王刁氏：　(唱)妈给你描个龙描个凤，

　　　　　　　　描个蝈蝈来蹭腚。

　　　　　(搭架子：不借！上次借完了，把人家毛都给杵没了。)

王刁氏：　(白)不借？跟他二大爷似的，都怕给毛杵没了。麻溜儿地借给妈就得了。这嘚瑟！(去后台拿笔返回)

　　　　　(搭架子：早点给我送回来。)

王刁氏：　(念)借笔没借着，

　　　　　　　　借了个大羊豪，

　　　　　　　　秃了光叽就没有毛。呵呵呵 ……

王登云：　(白)妈回来了，借来了吗？

王刁氏：　借来了，写吧。

王登云：　咋写？是什么词？

王刁氏：　不会写，跟你妈比差远了。来，妈告诉你，过来。

王登云：　妈呀！我得怎么写呀？人家没有过错，我怎么写呀？

王刁氏：　妈告诉你，你就这么写，你就写她扔米，泼面，养 ……

王登云：　养啥？

王刁氏：　养活小鸡不下蛋。

王登云：　上写 …… 休 …… 妈 ……

王刁氏：　还带休妈的呀！不能写妈！

王登云：　不是妈休的呀？

王刁氏：　别写这个！写妈那不是替儿嫌妻了吗？

王登云：　啊，不提妈呀，那写啥呀？

王刁氏：　写你不要她了，写你不得意她了，她在咱们家自己不听话了。

王登云：　休 …… 就这么写啊 ……

王刁氏：　写！我去找你二大爷摸两把儿 ……

王登云：　干哈呀？

王刁氏：　马掌！写！听着没有！(圆场出门)可算作出头儿了！(舞蹈下)

王登云：　(唱)且不说王登云这里休书写，

王素花：　(上。唱)【红柳子】惊动了三从四德我叫王素花。

　　　　　　　　王素花在北楼上抠花针凿啊，

忽听草堂外叫喳喳呀。

不用那人说素花我知道，

就知道我的妈妈和我的嫂嫂她们两个把架掐啊。

盘上了钢针，缠上了绒线啊，然后我夹起来五色的花，

打个小切身就把牙床下。

迈步我走出了上房以外，

我前去劝劝我那糊涂的妈。

素花我路过了书房门口啊，

王登云：　（白）哎……

王素花：　（唱）听见了哥哥就把这个咳声打。

　　　　　哥哥你不在南学衙你就把书念呀，

　　　　　不知你在家中划拉些个啥呀？

王登云：　（白）妹妹！

王素花：　哥，你写啥哪？

王登云：　（唱）咱的妈胡搅蛮缠她就不讲理，

　　　　　硬让我把你的嫂嫂她就休回家呀。

王素花：　（白）那你真写啦？

　　　　　（唱）【红柳子】可惜你戴的那是绒毡帽，

　　　　　你做事不如我们、我们女孩儿家。

王登云：　（白）你有法儿呀？

王素花：　那当然了。

王登云：　啥法呀？

王素花：　（唱）你把这休书交给我，

　　　　　我到上房劝劝糊涂的妈呀。

王登云：　（白）真能留下？

王素花：　肯定能留下。

王登云：　真能留下？

　　　　　（唱）你要能把你的嫂子留在家下，

　　　　　留以后哥给你找个、找个好婆家呀。

王素花：　（白）哥，你说啥呢？

王登云：　那我走啦？

王素花：　走吧！

王登云：　（唱）且不言王登云我把学去上啊，（下）

王素花：　（唱）再表表我这位我叫王素花啊。

我行行正走来得快，

草堂不远在目下呀。

我迈步就把草堂来进哪，

看见了我的妈妈她睡下。

　　　　　（白）妈！妈！

王刁氏：　死丫崽子，干哈来了？

王素花：　妈，我在北楼绣花样子，我有花样不会了，我想让你给我看看……

王刁氏：　妈呀，你找老妈我，算找对人了，你妈我可老巧了，给你二大爷做包脚布，八天了，一看，还毛边儿呢……

王素花：　妈你快给我看看。（王刁氏倒拿花样看）咋那么看呢？

王刁氏：　我不是前清的官——进士（近视）吗？

王素花：　妈你拿倒啦！

王刁氏：　我说卡巴拉[1]朝上呢。（正回来）老闺女这也不是花样，搁哪整来的？

王素花：　搁我哥那拿来的。

王刁氏：　嘿嘿嘻嘻，这不是休书嘛！

王素花：　妈你咋认识休书哪？

王刁氏：　你妈我走七家嫁八家，这玩意不认识？这辈子就拿这玩意了。

王素花：　妈你咋啥都说呀？

王刁氏：　（唱）老刁婆子心欢喜呀，

　　　　　不是休书是他吗啥呀？

　　　　　我手拿休书往外走喂，

　　　　　（素花抢过休书撕两半扔地下）

　　　　　素花抢去撕了它呀！

　　　　　老刁婆子不怠慢呀，

　　　　　我蹲在地下紧划拉呀。

　　　　　对的妻字缺个撇呀，

　　　　　我对个休字少个叉。

　　　　　缺个撇少个叉，

　　　　　呸呸呸，吐点唾沫粘上它呀。

[1]　卡巴拉：裤裆。

我手拿休书往外走啊，

(素花把休书撕碎)

王素花：(唱) 素花抢下来重重茬呀。

王刁氏：(唱) 老刁婆子心好恼啊，

骂声素花你王八下的！

王素花：(白) 你下的！你下的！你下的！

王刁氏：(唱) 妈妈不把你来打呀，

从今往后你不怕妈呀。

越说越恼越来气呀，

王素花：(白) 妈！

王刁氏：(唱) 烟袋锅子手中拿呀。

王素花：(白) 妈！

王刁氏：(唱) 要砸老姑娘，我往下打啊 ……

王素花：(白) 妈 …… 我的爹呀！(跪地哭) 我的
爹 —— 呀！

王刁氏：老姑娘，想谁？

王素花：我想我爹。

王刁氏：我的爹呀！(坐地哭)

王素花：我哭我爹，你哭什么爹呀？

王刁氏：老闺女你想你的爹，你想爹咋回事？我想你
爹咋回事？麻花是麻花 —— 它不是两劲儿
吗？！(忸怩作态) 你想你爹，你爹赶集回来
给你买个大麻花；妈想你爹，你爹赶集回来，
你爹进屋给妈个嘴儿 ……

王素花：啥？

王刁氏：烟袋嘴儿。老姑娘起来得了。

王素花：不起来。

王刁氏：起来，快点，听话，起来回去。

王素花：不起！你给我学个故事，我就起。

王刁氏：学啥故事？起来得了。

王素花：妈你给我学故事，我就起，你不给我学，我就
想我爹 …… (哭)

王刁氏：一个孩子惯啥样，你知道吗？

王素花：你不学不行。(撒娇)

王刁氏：学学！养这么个小姑奶奶，你说这还有治儿？

王素花：妈你给我学老公鸡，清晨起来在鸡架里出来，

一蹦蹦到马圈竿子上，跟马圈竿子上扑噜，踩
个蛋儿。

王刁氏：还得让妈蹦到马圈竿子上面？那都是小公鸡
干的，妈还能干了这事吗？妈试试，妈努力。
别学得了！

王素花：不行！(耍赖)

王刁氏：咯咯咯 …… (左腿抬起，搬椅子上椅子学公
鸡叫)

王素花：用那腿踩，搁那腿踩。

王刁氏：干吗那腿？(换右腿单腿站凳上) 那是公鸡踩
蛋，妈是老母鸡。

王素花：妈踩！

王刁氏：也没有小鸡，妈踩谁呀？就踩凳子背儿吧，
行了。

王素花：妈不行。再学一个大母兔子，八斤半，清早起
来去寻食去，这一跳，跳八个垄。

王刁氏：还得八个垄，我的妈，妈能蹦动吗？(学兔子)

王素花：妈没太使劲儿。

王刁氏：起来吧！

王素花：不起。

王刁氏：(对观众) 我跟你说，我老丫头就怕虫子，我一
说虫子，保证她起来，(对女儿) 老姑娘呀，你
后面有个虫子！哈哈哈哈 ……

王素花：妈呀！(吓得站起来) 妈，我问你个事儿，你为
啥欺负我嫂子？你为啥休我嫂子？

王刁氏：为啥休你嫂子？我的老姑娘唉 ……

(唱) 你嫂子到咱家她妨性太大，

到咱家妨咱家老王家一下败了家呀。

妨得鸭子扁扁嘴儿，

妨得鹅头上一个大疙瘩。

妨得这个老公鸡不下双黄蛋哪，

妨得这个母鸡下蛋一个劲儿地乱咯咯哒。

妨得那小骒秧子满院子跑啊，

直妨得牛犊儿没有生芽啊。

只妨得那咱家炕头直长草啊，

妨得那咱家锅台后不结大倭瓜。

王素花：（白）哎呀妈呀。你还敢说？咱家炕头长草是怎么回事？

王刁氏：你嫂子妨的。

王素花：得，那是你尿炕尿的，咱家炕底下铺的是谷子，这谷子看给它炕干，干了之后咱好去磨去，可你倒好，你天天晚上尿炕，一点一点的谷子就长芽了。

王刁氏：你嫂子妨的！

王素花：长的！

王刁氏：妨的！

王素花：长的！

王刁氏：你嫂子长得砢碜！

（唱）你嫂子模样长得丑啊，

她的模样不赶老妈妈！

王素花：（白）你说我嫂子长得丑啊，说你长得漂亮？对，你们大伙看看我妈这样真的挺漂亮的，你看这头发，你再看看这脸，我糊涂的妈呀！

（唱）【红柳子】你言说你的模样长得好啊，

你听那孩儿夸夸我的妈，

你三根头发绾着一个纂啊，

上边别一个牛肋巴啊。

你生来就是三瓣嘴呀，

未曾说话它咋还掉哈喇儿呀？

你生来就是个格崩子眼啊，

好眼睛上还有一个玻璃花啊。

你前边有一个那是鸡胸脯，

后边的罗锅似山压啊。

你生来就是蹦子腿，

两只大脚，就像那掏灰耙！

王刁氏：（白）那掏灰耙不是你爷爷小名吗？

王素花：我爷爷是掏耙！我爷爷是掏耙！

王刁氏：你虎呀！你爷爷不是木匠嘛！给东家干活剩下块板儿，给西家干活剩下根杆儿，拿家钉吧钉吧那不就是掏耙吗！

王素花：妈呀你可别瞎说。

王刁氏：我说老姑娘，再说你妈长得丑，也不怨妈，怨谁？那不怨你姥姥吗？

王素花：怎么怨我姥了？

王刁氏：你说你姥姥就是怀孕那时候就愿意吃这兔子肉，就逼着你姥爷东山里打兔子，西山里打兔子，使劲吃兔肉，完了结果，一生……（指三瓣嘴）

王素花：就你这么说，人家我嫂子可比你长得漂亮多了，你不知道孩儿我多大了？

王刁氏：你多大了？

王素花：今年我十六了，我来年多大？

王刁氏：多大？

王素花：明年……

王刁氏：十五。

王素花：后年……

王刁氏：十四。

王素花：咋越活越小？

王刁氏：你是罐里的王八—— 越养越缩缩。

王素花：我的妈呀！

（唱）孩儿我今年一十六岁，

没有那两年到了婆家，

倘若是我们小两口投心对意，

摊上了个婆母娘就像我那糊涂的妈。

她不是打素花，就是那把我骂，

三天两头把我赶回家。

王刁氏：（白）她敢？

（唱）她把你撵回娘家，

老妈我不怕呀。

妈领着我老姑娘多找几家，

妈给你多找婆家。

老妈我有好处啊，

老妈我多逗几个零钱花啊。

王素花：（唱）倘若是你把我嫂子休回家去，

人家老周家，可不是个让人茬，

她的哥哥嫂子就把大堂上呀，

去告你，我看你还能说些啥。

王刁氏：（唱）老周家要告你妈，你妈我不怕，

你妈我苞米瓢子搂屁股，

我不是让人家的茬啊。

王素花：　（唱）我左劝右劝，我还没劝好啊，

　　　　　我何不拿上吊劝劝我的糊涂的妈？

　　　　　快步走出上房间外，

　　　　　花园不远儿在目下。

　　　　　且不言王素花就要上吊，

　　　　　（白）我不活了。

　　　　　（搭架子唱：借壁儿[1]邻右把话搭。）

王刁氏：　干啥？

　　　　　（搭架子：我说老王婆啊，你们家出事儿了。）

王刁氏：　你们家才出事了……

　　　　　（搭架子：你不信，你们家真出事了，你们家有

　　　　　人上吊的了！）

王刁氏：　上吊了，带辫子的带纂儿的？指定是带纂儿的，

　　　　　不是带辫子的，你看看。

　　　　　（搭架子：对，带纂儿的。）

王刁氏：　我就寻思是我们那儿媳妇儿，那周氏小老婆，

　　　　　我儿子刚要休她，这家伙在家装上吊，死老婆

　　　　　咋不早几年吊死，耽误我这几年说大闺女。

　　　　　（搭架子：老王婆，您细看看，您那是带辫

　　　　　儿的。）

王刁氏：　（过去看）哎呀我的闺女呀！（大哭）老姑娘你

　　　　　说，你干吗？老姑娘我要知道你整这事儿，妈

　　　　　就把你嫂子留下来了。

王素花：　（突然地下来）喵……妈妈你说你把我嫂子留

　　　　　下了？

王刁氏：　没说。

王素花：　没说？你说了，就在这你说的。

王刁氏：　这么一会就留下话把儿啦？

王素花：　妈，你说把我嫂子留下了？

王刁氏：　不留。

王素花：　你不留我就不活了。妈，我上那院把我嫂子

　　　　　叫来？

[1]　借壁儿：隔壁邻居。

王刁氏：　叫她干啥？

王素花：　让她给你跪下，你骂她两句。

王刁氏：　我骂她两句出出气去？

王素花：　对，我帮你骂！

王刁氏：　帮妈妈快把她找来，我收拾你周氏你个小老婆。

王素花：　嫂子快来。（迎周氏）嫂子，我把咱妈劝好了，

　　　　　妈把你留在咱家了，这几年妈打你就当打我了，

　　　　　妈骂你就当骂我了，你就别往心里去了，你也

　　　　　别记恨了，走上前厅给咱妈赔个礼道个歉，这

　　　　　事就算压下了，走走。

周氏：　　（上）参见婆母。

王素花：　妈，我嫂子来了。

王刁氏：　二尺镐子让你二大爷拿去了。

王素花：　我嫂子。

王刁氏：　小棉袄让你哥穿去了。

王素花：　周氏我嫂子来了。（王刁氏拿烟袋锅欲打周氏）

　　　　　妈，你咋还要打人家？

王刁氏：　妈让她看看烟袋不透气儿。

王素花：　妈，你骂她两声，我帮你骂！

王刁氏：　（指周）我看你头大。

王素花：　（指妈）我看你头大。

王刁氏：　（指周）我看你杆儿细。

王素花：　（指妈）我看你杆儿细。

王刁氏：　（指周）我越看你越来气。

王素花：　（指妈）我越看你越来气。（王刁氏回头）

王刁氏：　你这指哄骂谁呢？

王素花：　（手指顺着妈的方向指嫂子）妈妈搁这……这

　　　　　么过去的。

王刁氏：　你是我亲闺女，再来！

王素花：　我帮你出气。

王刁氏：　（指周）我看你头像筐。

王素花：　（指妈）我看你头像筐。

王刁氏：　（指周）我看你脚像夯。

王素花：　（指妈）我看你脚像夯。

王刁氏：　（指周）我看你浑身上下好像泔水缸。

王素花：　（指妈）我看你浑身上下好像泔水缸。（王刁氏

回头，瞪眼睛）（手指顺着妈的方向指嫂子）

这把呀，这手是搁这过去的。嘿嘿嘿……

王刁氏：跪着吧！（周氏跪，素花也随着跪下）

王素花：怎么？叫她跪着，跪着好。我也跪着，妈呀！

跪着真好！

王刁氏：跪着好？那我也跪着。（王刁氏跪二女中间）

哟！咱们娘仨拜干姐妹得了，我还是老大呢！

周　氏：母亲，言过了！

王素花：您是大辈儿！

三人合：这正是——　（三人站起）

王刁氏：（念）三人吵闹在草堂，

周　氏：（念）多亏小妹女贤良。

王素花：（念）不找小妹贤良女，

三人合：（念）怀抱休书回家乡。

莎梦文化有限公司提供录像

耿柳记录

录像时间：1987年

记录时间：2020年

小天台[1]

取材于《韩湘子全传》。韩湘子名韩湘，字清夫，由叔父韩愈、婶母窦氏抚养长大。他9岁攻书，12岁学道，15岁娶林学士之女林芦英为妻。后上终南山拜吕洞宾为师。他成仙后，曾三次回家度化叔婶与妻子。

拉场戏《小天台》写韩湘子一度林英的故事，韩湘子化为跛足道人回家之事。后韩湘子化烟云而去，林英追悔莫及。唱词中没有婶母窦氏，而有丫鬟秋白，女主人林

芦英则叫林英。小说中有韩湘子画麒麟能走，画山景能游等情节，拉场戏中则改为韩湘子变成疯老道来度化妻子，一会儿唱大鼓，一会儿拉洋片，一会儿变古彩戏法，显示了艺人的多才多艺。

人物　　林英

秋白

韩湘子

（林英上）

林　英：（念）儿夫终南山，

一去未回还。（归座）

新盆洗脸不见干，

耳旁失落一只环。

不知金环落何处？

孤的孤来单的单。

（白）奴，林英，许配韩湘子为妻，丈夫终南山学道，一去三年未回。我不思想起来还则罢了，思想起来好不愁闷哪！

（唱）【二窝子】身靠帷屏手托腮，

桃花粉面落下泪来。

伤心不把别人怨，

埋怨东庄媒婆来。

一天到我家来三趟，

三天九趟到我家来。

吃完喝完她不走，

坐在炕上浑铺排。

一夸韩家多良善，

二夸韩家有银财。

三夸丈夫韩湘子，

生得伶俐长得乖。

三言两语媒保妥，

花红小轿把我抬。

小奴过门三个月，

湘子没到我的楼上来。

上学下学念经卷，

[1]　选自黑山县文化馆、黑山县非物质文化遗产保护中心编《黑山二人转传统剧目汇编（第一辑）》，沈阳出版社2016年版321—330页（郭文宝口述）。

夫妻情肠全撇开。

那日我进书房拉他一把,

他骂为奴是贱才!

甩甩袖子扬长去,

终南山学道一去没回来。

正是林英思夫主——

(秋白上)

秋白: (唱)【压巴生】来了丫鬟小秋白。

小丫鬟外边正然玩耍,

忽听见大婶悲叹起来。

叽噔噔咯噔噔忙把楼上,

我看见大婶泪流满腮。

大婶你悲叹所为何事?

你对我丫鬟细说明白。

林英: (唱)我悲叹不为旁的事,

为只为你大叔韩秀才。

秋白: (唱)若得我大叔重相见,

一到花园把香排。

林英: (唱)林英一听心中欢喜,

小丫鬟说话多么伶乖。

叫一声丫鬟头前带路,

一到花园去把香排。

秋白: (唱)小丫鬟便在头前走,

林英: (唱)后跟林英女裙钗。

秋白: (唱)主仆二人把楼下,

林英: (唱)下了八五十三台。

秋白: (唱)穿宅越院来得快,

林英: (唱)快步走进花园来。

秋白: (唱)花园门上一副对,

林英: (唱)上联下联看明白。

秋白: (唱)上一联春前有雨花开早,

林英: (唱)下一联秋后无霜叶不衰。

秋白: (唱)横批贴写四个字,

林英: (唱)闲来观花写得明白。

秋白: (唱)丫鬟开开门两扇,

林英: (唱)小姐林英走进来。

秋白: (唱)一进花园抬头观看,

林英: (唱)各样的花草全都放开。

哪有闲心观花望景,

叫丫鬟给我摆过香炉和蜡台。

(奏【鬼扯腿】或【小磨坊】。林英整衣掸尘,
秋白擦香炉蜡台摆香案)

秋白: (白)大婶,香案齐正了!

林英: (白)丫鬟闪开。

【佛调】三炷黄香拿在手,

递给丫鬟香炉里栽。

有林英一搂罗裙忙跪倒——

秋白: (唱)在一旁跪下丫鬟小秋白。

林英: (唱)摆香案不为别的事,

只为儿夫韩秀才。

他终南山上去学道,

一去三年没回来。

想必是终南山上得了道,

你也该度度为妻上天台。

想必是终南山上丧了命,

你也该半夜三更托个梦来。

林英哭得如酒醉——

秋白: (唱)在一旁叹坏丫鬟小秋白。

小丫鬟一搂罗裙忙站起,

走上前搀起我的大婶来。

林英: (唱)有林英带领丫鬟回楼去——

(林英、秋白下,韩湘子上)

韩湘子: (唱)【影梆子】蟠桃宴罢转回来。

湘子正在古洞坐,

耳鸣眼跳一阵心血涌上来。

想必是哪方天高下不雨,

哪方旱涝黎民有灾。

袖吞灵文忙掐算,

就知道林英把香排。

有心不把林英度,

花园哭坏女裙钗。

我不搭救谁搭救,

度度贤妻上天台。

迈步走出古洞外，

抓一把黄沙把洞门埋。

我有心步行走下去，

赶多咱能到韩家宅。

我跟师父学过道，

仙家妙法使出来。

就地画个双十字，

双足一跺驾起云来。

我若本体将她度，

林英看出不叫回来。

我在空中忙变化，

变个疯魔老道才。

呀呀呸！

(阴锣鼓中，演员在边幕戴髯口，将彩衣塞进后背，扮成罗锅疯道。风起)

【数板】好大风，真不善，

当时就把天刮变。

刮倒上方斗牛宫，

刮倒下方阎罗殿。

土地老，来观风，

胡子刮个稀胡乱。

【影梆子】一驾云头来得快，

远远望见韩家宅。

收下云头落在地，

轻轻落在地尘埃。

蒲团摆在大门外，

顺手拿过渔鼓来。

放着真经我不念，

赵钱哪孙马呢周吴哇郑牛啦念起来。

寄下老道把缘化——

林英：　(暗上。唱)【女影梆子】再表表林英女裙钗。

林英正在北楼坐，

忽听渔鼓响起来。

每天也有僧道化，

没有今天振心怀。

出言忙把丫鬟叫，

连叫丫鬟小秋白。

秋白：　(上。白)来了！来了！

林英：　(唱)你到门外看一看，

哪方道家临近宅。

让他化缘改门化，

你就说舍善大叔没回来。

等你大叔回家转，

来来回回管他一顿斋。

秋白：　(白)晓得了。

(唱)【下楼调】丫鬟闻听不怠慢，

叽噔噔咯噔噔跑下楼来。

急忙来到大门外，

见一疯魔老道才。

你若是化缘旁处化，

我舍善大叔没回来。

等我大叔回家转，

来来回回管你一顿斋。

老道哇！

韩湘子：(白)你叫我门鼻子吧，还钉锦儿呢！

(唱)【数板】有老道用眼溜，

从楼上跑下一个巴拉狗。

秋白：　(白)大妞妞。

韩湘子：谁叫大妞妞？

秋白：　我叫大妞妞。

韩湘子：我叫大妞妞！

秋白：　看你那个小样吧，长得罗锅巴相的，还大妞妞呢！

韩湘子：(唱)大妞妞哇你不害羞，

穿着个绣鞋露着脚趾头。

秋白：　(白)老道哇！你要化什么哪？

韩湘子：(唱)一不化砖来二不化瓦，

秋白：　(唱)不化瓦。

韩湘子：(唱)三不化木料庙台修，

秋白：　(唱)庙台修。

韩湘子：(白)让你大婶舍得了吧！

0126

中国民间文学大系 8-21

秋白： （白）什么玩意儿？

韩湘子： （唱）【数板】有老道，把口开，

尊声丫鬟听明白。

我本是终南山上云游道，

一到如今永没开怀——

永没开斋。

秋白： （白）永没开斋？

韩湘子： （唱）【数板】让你大婶舍得了吧，

前门舍了后门永不来。

秋白： （白）永不来。你还化什么？

韩湘子： 没什么了。

秋白： 没有，我告诉我大婶去了！（转身欲走）

韩湘子： 丫鬟！丫鬟……

秋白： 干什么？

韩湘子： 你去吧。

秋白： （唱）【锔大缸】丫鬟闻听不怠慢，

叽噔噔咯噔噔跑上楼来。

见着大婶忙回话，

尊声大婶细听明白。

门外来了一个云游道，

口口声声要化斋。

一不化砖二不化瓦，

三不化木料修庙台。

他让大婶你舍得了吧——

林英： （白）舍什么？

秋白： 斋饭，

（唱）前门舍了后门永不来。

林英： （唱）永不来！

秋白： （唱）永不来。

林英： （白）大门外是老老道，还是小老道哇？

秋白： 哟！你看我大婶呀，想我大叔都想疯啦，门外
来一个老道化缘，她问我是老老道还是小老道，
我就说是小老道，我糊弄糊弄她。大婶呀！门
外来的那个老道，长得眼儿是眼儿，眉儿是眉

儿，黑头发，白牙根儿，黄白净子[1]红嘴唇儿，
那老道长得可好啦！

林英： 我要看——

秋白： 你要看，我给你铺上。

林英： 什么？

秋白： 牌垫儿。

林英： 我要看老道。

秋白： 那你得跟着我。

林英： 干什么？

秋白： 下楼！

林英： 丫鬟，头前带路！

（唱）【梆子慢流水】吩咐声丫鬟头前带路，

移到门外我看道才。

秋白： （唱）小丫鬟便在头前走，

林英： （唱）后跟林英女裙钗。

秋白： （唱）一前一后把楼下，

穿宅越院出门来。

小丫鬟开开门双扇。

林英： （白）丫鬟，老道现在哪里？

秋白： 那不在那儿呢嘛！

林英： 噢！噢！气死大婶了！

（唱）打量疯魔老道才，

三根头发绾个纂，

半根筷子别起来。

脸上麻子铜钱大，

五个一摞没分开。

从小生个疤瘌眼，

嘴又斜来眼又歪。

前边长个鸡胸脯，

后边罗锅支起来。

一瘸一点半根腿，

颏下胡须根根白。

分明是个老老道，

你把大婶诓下楼来。

[1] 黄白净子：指人脸微黄。

越看越恼心越气，

连叫声丫鬟拿个座来。

（秋白拿凳）

秋白：　（白）大婶请坐！

林英：　（坐）丫鬟！

秋白：　干啥？

林英：　你看那老道，叨哩叽咕的做什么呢？

秋白：　是了。

韩湘子：弥勒嘛啦种黑豆，种黑豆打黑豆，打了黑豆做豆腐，做豆腐吃豆腐，吃豆腐做豆腐，拉了吃，吃了拉……

秋白：　老道哇！你那儿叨咕什么玩意儿呢？

韩湘子：我念经呢。

秋白：　你念的什么经？

韩湘子：我念东京、西京、南京、北京。

秋白：　那不是四大地名吗？

韩湘子：我给你大婶写路引呢，你大婶若是跟人家跑了哇，省着打听道儿。

秋白：　你还有什么经啊？

韩湘子：还有猪惊。

秋白：　猪不惊！

韩湘子：猪不惊？三十二个猪跑了三十一个，剩一个小瞎猪，没找着猪圈门儿。

秋白：　还有没有啦？

韩湘子：没了！

秋白：　没了，我告诉我大婶去了。

韩湘子：你告诉去吧！

秋白：　大婶啊！那老道在门外呀，叨哩叽咕念经呢！

林英：　他念什么经呢？

秋白：　他念东京、西京、南京、北京。

林英：　那不是四大地名吗？

秋白：　他给你写路引呢，他说你若是跟人家跑了啊，省着打听道儿！

林英：　这该死的老道！丫鬟你去问问那个老道，他从小做啥，长大做啥，他在哪山出的家，他师父是谁，师娘是谁，是庙前出家，是庙后出家，谁给他冠的金。问问他去吧！

秋白：　是了。

韩湘子：弥里默罗，弥里默罗……

秋白：　老道啊！我大婶问你，你从小做啥，长大做啥，你在哪山出的家，你师父是谁，师娘是谁，你是庙前出家，是庙后出家，谁给你冠的金。

韩湘子：哎呀！你若问我这些话呀，小孩没娘啊，话就短了！

秋白：　话长了。

韩湘子：长话短说吧。我从小哇，捐过两天黑学。

秋白：　什么叫捐黑学呀？

韩湘子：放过两天哭。

秋白：　放过两天猪！

韩湘子：（白）我放猪哇，猪蹽人家地去了，人家看见啦，把我打得贼啦啦地哭。然后我多就把我送南牢去了。

秋白：　送到南学去了。

韩湘子：到南学去念书哇，就像蹲监坐狱似的，老不让出来。念过两天《百家姓》，我念不会，先生打我呀，我从那儿跑了，就学了二十个字的买卖。

秋白：　什么叫二十个字的买卖？

韩湘子：溜捧奉承敬，坑蒙拐骗偷，奸嘎估董[1]坏，吃喝嫖赌抽。我还学会了摘灯笼。

秋白：　什么叫摘灯笼？

韩湘子：偷辣椒。

秋白：　你还干什么来？

韩湘子：押两天琵琶。

秋白：　什么叫押琵琶？

韩湘子：偷鸭子。

秋白：　老道你还是贼做的呢呀！

韩湘子：我是做贼的。官兵官将啊，拿我拿得太紧，我就跑了。

秋白：　跑到什么地方去啦？

韩湘子：我跑到东南沟去了。

[1]　估董：也作"古董、故懂"。阴险，坏心眼多，暗下里算计别人。

秋白：　终南山。

韩湘子：　有山就有沟，有沟就有水，有水稀得儿溜，用笊篱一捞哇，捞出两个麻麻嘟嘟的……

秋白：　什么玩意儿？

韩湘子：　山核桃。

秋白：　你师父是谁？

韩湘子：　驴子大仙。

秋白：　吕祖大仙。你师娘是谁？

韩湘子：　何仙笊篱。

秋白：　何仙姑。

韩湘子：　何仙姑扛个笊篱。

秋白：　你是庙前出家，庙后出家？

韩湘子：　丫鬟你懂得吗，什么叫庙前出家，什么叫庙后出家？

秋白：　我不懂。

韩湘子：　庙前出家呀，先出家后盖庙，若是庙后出家呀，先盖庙后出家。我就入江湖了。

秋白：　谁给你冠的金哪？

韩湘子：　我师父！

秋白：　你师父是谁呀？

韩湘子：　我师父是柳树茬子。

秋白：　没有柳树茬子。

韩湘子：　我说错了，是柳树梢子。

秋白：　给你冠几根金哪！

韩湘子：　冠两根半！

秋白：　咋还出来半根呢？

韩湘子：　我跑得紧，那半根掼[1]门框上了。

秋白：　你说完了吧，我告诉我大婶去了。

韩湘子：　你去吧！

秋白：　大婶呀，老道是在终南山上出的家！

林英：　终南山是大邦之地，好乐儿。咱们娘们儿在楼上，待得闷闷不乐，你去问问他，他有那小曲儿啦小唱啦，让他给咱娘们儿唱上几段，咱们听听。

[1]　掼（guàn）：（用刀）甩出去扎。

秋白：　是了，老道哇，我大婶管你要单呢。

韩湘子：　丹让狐狸炼了。

秋白：　要你点单。

韩湘子：　扁担挑柴火去了。

秋白：　要你戏单！

韩湘子：　戏单在戏台上呢。

秋白：　我要你伊呼咳，呀呼咳，小曲小唱。

韩湘子：　要小曲小唱有《哭五更》《叫五更》《扑蚂蚱》《扫地风》《怕老婆》《去顶灯》，地下跪两坑。男是女，女是男，娘儿俩开茶馆，起名就叫《铁弓缘》，唱得不好逗得欢。

秋白：　还有没有了？

韩湘子：　还有大姑子哭。

秋白：　大鼓书。

韩湘子：　人家说好了就是大鼓书，像我说不好啊，比哭都难听。

秋白：　好赖是大鼓书。你还有什么好唱儿？

韩湘子：　我还有个压箱底儿呢！

秋白：　你什么压箱底儿啊？

韩湘子：　纱窗里纱窗外，格波儿响叮蹲儿。

秋白：　格波儿响叮当。

韩湘子：　你大婶儿一下地呀，把木头底子踩折了，闹个腔蹲儿，这就叫格波儿响叮蹲儿。

秋白：　还有没有了？

韩湘子：　没了。

秋白：　大婶儿呀！他有大鼓书！

林英：　好，咱们听他的大鼓书。

秋白：　老道哇！我大婶要听你的大鼓书。

韩湘子：　了不说啦！

秋白：　说不了啦！

韩湘子：　没有鼓。

秋白：　我们有个小孩玩的拨浪鼓。

韩湘子：　给你拿着玩吧！不行，没有鼓架子。

秋白：　没有鼓架子，挂到大门框上吧。

韩湘子：　不行啊！靠帮，我得用活鼓架子。

秋白：　什么叫活鼓架子？

韩湘子：　你们娘们儿两个要好听啊，得给我抬着，我要说走场。

秋白：　好，给你抬出来了。老道你说吧！

（林英、秋白抬一鼓，韩湘子敲鼓走场，边敲边唱）

韩湘子：　（念）风吹河北岸，

　　　　　　花开向阳枝。

　　　　　　打开今古传，

　　　　　　再说上场诗。

（白）四句提纲叙罢，内引半段残文，众明公哑言落座，各挑向阳之地将身落稳，听愚下喉咙哑嗓，崩瓜掉字，扭腔转韵，白字居多，水字居广，待我扫动皮鼓，伙计捻动蟒皮三弦，听我慢慢地道来呀。

（唱）【四平调】小燕南飞尾巴朝东。

秋白：　（白）别唱了，你这也不是说书呢，是来糊弄我们来了！小燕南飞怎么尾巴朝东呢？

韩湘子：　你听着下回分解呀！老天爷偏刮西北风，一刮一侧棱[1]，你说朝东不朝东？

秋白：　好！你再唱段《响马传》吧，我们要听有秦二爷和罗成的。

韩湘子：　你要听《响马传》，咱们得走场说起来！

（唱）【四平调】秦二爷骑着一匹白龙马，

秋白：　（白）秦二爷不是骑着黄骠马吗？

韩湘子：　（唱）他和他八弟换了马能行。

　　　　　　秦二爷骑着一匹黄骠马，

　　　　　　颠达颠达进了城。

秋白：　（白）干啥去了？

韩湘子：　看八出戏去了。

秋白：　看他八弟去了！

韩湘子：　（唱）【四平调】小罗成，心眼猴，

　　　　　　长枪安着个镰刀头。

　　　　　　往前一扎一个眼，

　　　　　　往后一拽一道沟。

秋白：　（白）我们不听这个了，听你压箱底儿的！

韩湘子：　压箱底儿的，角可多呀！

秋白：　多少个角？

韩湘子：　三个角。

秋白：　都是谁？

韩湘子：　一个二大妈，一个二姑娘，一个王三公子。

秋白：　我们娘儿俩给你配两角。

韩湘子：　你去[2]哪个？你大婶儿去哪个？

秋白：　我大婶儿去二大妈，我去二姑娘，你去王三公子。

韩湘子：　我不干。

秋白：　你咋不干呢？

韩湘子：　两个美角都让你们挑去了。

秋白：　那你去哪个呀？

韩湘子：　我去二姑娘。

秋白：　那你那胡子怎么整呢？

韩湘子：　我能让它搬家！

秋白：　那怎么搬家？

韩湘子：　我能念咒。

秋白：　你念什么咒？

韩湘子：　我念默拉轰，默拉轰，你们说搬得净，搬得净，就搬了。

秋白：　来吧。

韩湘子：　默拉轰，默拉轰……

秋白：　搬得净，搬得净！

（韩湘子将髯口拿掉）

韩湘子：　这胡子搬家了，搬到后沟刘二红眼子那屯子去了，咱们这儿算太平了。

秋白：　你去二姑娘还得打扮打扮哪。

韩湘子：　怎么打扮哪？

秋白：　我告诉你，咱们走场，连唱带说。

（三人走场）

秋白、林英：（唱）【纱窗外】二姑娘你咋不洗脸哪？

韩湘子：　（唱）没有大瓷碗呀。

---

[1]　侧棱（zhāileng）：向一边倾斜。

[2]　去：扮演。

秋白、林英:(唱)二姑娘你咋不梳头哇？

韩湘子：　（唱）没有桂花油哇。

秋白、林英:(唱)二姑娘你咋不戴花哪？

韩湘子：　（唱）小男人没在家呀。

秋白、林英:(唱)二姑娘你咋不关门儿哪？

韩湘子：　（唱）外头还有个人儿。

林英：　　（唱）外边他是谁呀？

韩湘子：　（唱）东庙西二和尚啊！

　　　　　【梆子流水板】休当我是哪一个，

　　　　　　　　我是终南山上老道才。

林英：　　（唱）你是终南山上的云游道，

　　　　　　　　我打听个人儿你可认得？

韩湘子：　（唱）有名有姓我知晓，

　　　　　　　　无名无姓不认得。

林英：　　（唱）打听此人有名姓，

　　　　　　　　他是丈夫韩秀才。

韩湘子：　（唱）提起旁人不知晓，

　　　　　　　　提起湘子我认得。

林英：　　（唱）哪里见过韩湘子？

　　　　　　　　哪里见过韩秀才？

韩湘子：　（唱）一个师父学过道，

　　　　　　　　一个经堂把经排。

林英：　　（唱）把经排，把经排，

　　　　　　　　是怎么你来他没来？

韩湘子：　（唱）我师父留他看古洞，

　　　　　　　　打发我来他没来。

林英：　　（唱）你今天回到高山去，

　　　　　　　　你让他来你别来。

韩湘子：　（唱）若得夫妻重相见，

　　　　　　　　来来来，坐我老道蒲团上来。

林英：　　（唱）林英闻听心好恼，

　　　　　　　　骂声疯魔老道才。

　　　　　　　　好言好语对你讲，

　　　　　　　　你不该疯言疯语胡乱来。

　　　　　　　　吩咐丫鬟给我打——

秋白：　　（白）打死老道！

林英：　　（唱）打死老道买棺材。

秋白：　　（唱）丫鬟闻听不怠慢，

　　　　　　　　找一根大棍拿着来。

　　　　　　　　一棍起来一棍落，

　　　　　　　　棍棍打的老道才。

　　　　　　　　照着老道打下去——

韩湘子：　（唱）老道怕打驾起云来。

　　　　　　　　叫声林英你抬头看，

　　　　　　　　我是你丈夫韩秀才。

林英：　　（唱）你说此话我不信，

　　　　　　　　颏下胡须根根白。

韩湘子：　（唱）老道空中忙变化，

　　　　　　　　十八岁容颜露出来。

林英：　　（唱）林英这里抬头看，

　　　　　　　　看见儿夫韩秀才。

　　　　　　　　下来吧，下来吧！

　　　　　　　　度度为妻上天台。

韩湘子：　（唱）我好心好意将你度，

　　　　　　　　你恶言恶语骂出来。

　　　　　　　　你骂我，我不恼，

　　　　　　　　你不该叫丫鬟手使大棍将我拍。

　　　　　　　　若得夫妻重相见，

　　　　　　　　三度林英我再来。

　　　　　　　　在空中走了韩湘子——　（下）

林英：　　（唱）叹坏了林英女裙钗。

　　　　　　　　一见丈夫他走了，

　　　　　　　　一搂罗裙跪尘埃。

　　　　　　　　哭了声丈夫啊！

　　　　　　　　撇得林英茶呆呆。

　　　　　　　　出言就把丫鬟叫，

　　　　　　　　连叫丫鬟小秋白。

　　　　　　　　让你打来你就打，

　　　　　　　　让你拍来你就拍。

　　　　　　　　再若有僧道把缘化，

　　　　　　　　和尚老道请上我的楼来。夫君——

秋白：　　（白）走远了！

林英： 韩湘子！

秋白： 听不见了。

林英： 罢罢罢！我的夫啊！

秋白： 大婶儿不必啼哭，你们夫妻后来必有相见之时。

林英： 丫鬟哪里话来，跟大婶儿守着望门寡去吧！

（林英下，秋白随下）

小借年 [1]

王汉喜家贫如洗，在除夕夜求借到未婚妻爱姐家中，爱姐的嫂子刘氏在成全这一对年轻人时，敢作敢为且幽默风趣。贫贱不移，忠于爱情的爱姐最终与王汉喜成婚。

人物　　王汉喜

　　　　　　张爱姐

　　　　　　刘氏

（王汉喜拎一空口袋上）

王汉喜： （唱）【靠山调】日落黄昏风凄凄，

　　　　　肚内无食身上少衣。

　　　　　出了庙门往前走，

　　　　　想起了穷日子眼泪滴。

　　　　　庄里东院菜刀响，

　　　　　西院烧水要煺鸡。

　　　　　人家都准备把年过，

　　　　　可惜我母子没吃的。

　　　　　待要庄里去讨饭，

　　　　　大过年的谁还愿接济。

老母亲庙里出主意，

　　叫我到岳父家借年去。

　　没过门的亲戚难说话，

　　怎好张口借东西？

（左右为难，最后下了决心）

　　罢罢罢，为母亲哪顾得臊脸皮！

　　天已黑行人稀，

　　也没人看见我是王汉喜。

（白）来到岳母家的大门啦，待我进去——

（念）进得门来心胆虚，

　　不知岳父住在哪屋里。

　　上房里灯烛明亮，

　　一定在这里。

（欲进又停）

　　他居家围桌团团坐，

　　原来是全家吃酒过除夕。

　　岳父他在上首坐，

　　哥哥嫂嫂陪着席。

　　那边坐着一大姐，

　　原来是爱姐我未过门的妻。

　　她全家共饮欢喜酒，

　　却为何爱姐不欢喜？

　　只见她粉面低垂双眉皱，

　　莫非说嫌我汉喜是要饭的？

　　我要是当她面前去把年借，

　　怕她更害臊红脸皮！

　　我只得等着她家散席后，

　　再找岳父去借东西。

（嫂拿皮衣，爱姐抱着嫂的小孩，拉手同上，王汉喜急躲下）

刘氏： （白）别忙，我送你回去。

张爱姐： 不用送了，我自己回去吧！

刘氏： （唱）【红柳子】小妹妹，跟我走，

　　　　我送你回房安歇去。

　　　　只怕你的屋里冷，

　　　　给你件皮袄压压被。

[1]　选自黑山县文化馆、黑山县非物质文化遗产保护中心编《黑山二人转传统剧目汇编（第一辑）》，沈阳出版社2016年版397—405页（李文兰口述）。

张爱姐：　（白）多谢嫂嫂！

　　　　　（唱）嫂嫂，嫂嫂慢着走，

　　　　　　　　千万别摔着小侄子。

　　　　　（二人进屋，接过孩子，见爱姐不乐，欲走又停）

刘氏：　　（唱）咱居家欢天喜地过大年，

　　　　　　　　妹妹你为何不欢喜？（见爱姐不语）

　　　　　　　　小妹妹今晚不欢喜，

　　　　　　　　不知道她有什么事情闷心里。

　　　　　　　　我过门来二年半，

　　　　　　　　俺姑嫂二人真和气。

　　　　　　　　我做鞋来她绣花，

　　　　　　　　有点空她就给我抱孩子。

　　　　　　　　妹妹发愁我难过，

　　　　　　　　妹妹高兴我欢喜。

　　　　　　　　妹妹今晚心有事，

　　　　　　　　我可得要问仔细。

　　　　　　　　妹妹呀——

　　　　　　　　嫂子要有不对处，

　　　　　　　　你千万莫要记心里。

张爱姐：　（白）不是的，嫂子你说哪里话呀！

　　　　　（唱）嫂子一向对我好，

　　　　　　　　婶子大娘都夸你。

　　　　　　　　我学绣花学织布，

　　　　　　　　多亏嫂子你教给。

刘氏：　　（唱）莫非你哥哥得罪你？

张爱姐：　（唱）哥哥待我也不离。

　　　　　　　　我心里没有什么事，

　　　　　　　　嫂子不必乱猜疑。

刘氏：　　（唱）非是嫂嫂乱猜你，

　　　　　　　　是怕你有事不说闷心里。

　　　　　　　　我看你羞羞答答难张口，

　　　　　　　　是不是想起了小孩子他姑父王汉喜？

　　　　　　　　妹妹呀——

　　　　　　　　这件事情都怪我，

　　　　　　　　忘记了照顾咱的好亲戚。

　　　　　　　　今天已经天色晚，

　　　　　　　　到明天叫你哥去给他娘儿俩送东西。

张爱姐：　（唱）嫂子真会体贴人，

　　　　　　　　说到爱姐心眼里。

　　　　　　　　有心把心事对她讲吧，

　　　　　　　　怕的是嫂嫂笑我想女婿。（假装对嫂子刘氏生气）

　　　　　　　　嫂嫂你别开玩笑话，

　　　　　　　　你说这个我可不依。

刘氏：　　（唱）妹妹你别假正经，

　　　　　　　　我一眼就看你心眼里。

　　　　　　　　这件事情你别愁闷，

　　　　　　　　我跟咱爹娘商议。

　　　　　　　　他家贫穷娶不起，

　　　　　　　　过了年，咱给他来个倒插门[1]来娶女婿。

张爱姐：　（唱）嫂子话不知是真还是假，

　　　　　　　　搅得我心里如乱麻。

　　　　　（对嫂）鼓打二更天不早，

　　　　　　　　还在我房里胡咧咧。

　　　　　　　　嫂子你快快回房吧！

　　　　　　　　搂着小侄子睡觉去。

刘氏：　　（白）你慌啥，我不走啦！

　　　　　（唱）往日里桂姐和你来做伴，

　　　　　　　　今晚上人家回家过年去。

　　　　　　　　我怕你一个人心害怕，

　　　　　　　　嫂子陪你睡一宿。

张爱姐：　（白）多谢嫂子好心意，自己的绣房怕啥的！

　　　　　　　　嫂子你快去睡觉吧，别误了五更早起下饺子。

　　　　　（嫂出门，爱姐回手关门）

刘氏：　　（唱）妹妹的心事未猜中，

　　　　　　　　急回去和她哥哥做商议。

　　　　　（王汉喜冻得发抖，手提面袋上）

王汉喜：　（唱）【靠山调】只见她姑嫂二人回房去，

　　　　　　　　　　　　一定是全家散了席。

[1]　倒插门：上门女婿。

堂屋近灯烛辉煌亮堂，

可就是静悄悄的无声息。

西北风刮得嗖嗖响，

冻得我浑身颤又虚。

他们全家都睡了觉，

叫我怎么借东西？

忽忽悠悠往前走——

（圆场，二幕启，爱姐伴孤灯愁思）

啊！这屋里火烛还未熄。

蹑手蹑脚来窗下，

看一看何人住在这屋里。

润破窗纸向里视望，

灯光照着她的脸，

原来是爱姐我的妻。

她为何这时不睡觉，

面带愁容不欢喜？

莫非想她死去的母？

莫不是和嫂子吵嘴伤了和气？

人人都说她嫂子好，

姑嫂二人投脾气。

她为什么不高兴？

想必是丈夫贫穷心抱屈。

（白）待我听她说些什么。

张爱姐：（唱）【大悲调】我的苦命的穷女婿呀——

面对银灯哭悲啼，

想起了丈夫王汉喜。

【红柳子】想当年青梅竹马同长大，

两家爱好结亲戚。

自从公爹下世去，

这二年穷了你姓王的。

婆母年老要奉养，

丈夫你只得大街去讨乞。

曾记得去年在门外见一面，

羞得俺面红过耳把头低。

你也是面带羞愧回家去，

从那起一直没见你。

到后来才知道你搬到外村住，

赌志气搬得远远的。

不知你娘儿俩日子怎么过，

叫我时刻挂心里。

那一日大嫂对我讲，

她说是婆婆得病在家庙里。

她说你家少柴又无米，

还说你身上穿一件破棉衣。

我听了心里像刀割，

恨不能包些东西给你送去。

今天是腊月小尽二十九，

到明天就是年初一。

看人家欢天喜地把年过，

你母子还不知有吃没吃的。

相公呀！我的汉喜，

你为何不来俺家里？

你穷应该来俺家借，

亲戚照顾是应该的。

俺哥哥嫂嫂心眼好，

你来一定能够借给你。

万一他们不愿意，

我把私房全给你。

俺对你一片真心你不知道，

大不该搬家和俺赌闲气。

眼前要有丈夫在，

为妻的把心里的话儿说给你。

我不怕穷来不怕苦，

也不怕你要饭住在破庙里。

王汉喜：（唱）【靠山调】爱姐她在叨念我，

哪知道她不嫌穷来不怕苦，

汉喜我得了个贤惠的妻。

我越听心里越高兴，

借年之事我变主意。

去到高堂找岳父，

倒不如绣房里会会我好心的妻。

爱姐呀，你不用表白你的心意，

　　　　我马上就找你借东西。就在这里。

　　　　（王汉喜轻叩门）

张爱姐：（唱）【羊调】忽听房门叮当响，

　　　　　　吓得我心里战忾忾。

　　　　　　又听大风呼呼叫，

　　　　　　八成是一阵风刮的。

　　　　（王汉喜再叩门，爱姐又惊）

　　　　　　二次又听到房门响，

　　　　　　这事可真稀奇。

　　　　　　莫非说还真有鬼。

　　　　　　八成是嫂子和我闹玩哩！

　　　　（白）你不用吓唬我，我不害怕！

　　　　（爱姐出门寻找，王汉喜想乘机溜走）

张爱姐：（唱）哎呀呀，我的妈呀，这个黑糊糊的是啥

　　　　　　东西？

　　　　　　借着灯光仔细看——

　　　　（上下打量，王汉喜羞愧难当，以袖遮面）

　　　　　　啊——　原来是个要饭的。

　　　　　　你这人不懂礼，

　　　　　　为什么半夜跑到俺绣房里？

　　　　（白）快出去吧，出去！（见王汉喜不动）

　　　　（唱）叫你走你不走，

　　　　　　我喊俺哥来打你！

王汉喜：（急拦，作揖。白）小姐你莫把你哥哥

　　　　喊，我……

张爱姐：到底你是干啥的？

王汉喜：家庙里姓王的就是我！

张爱姐：你？

王汉喜：（唱）我的名字叫王汉喜。

　　　　（二人害羞地对看一眼，急躲开。爱姐过于紧

　　　　张，被灯烧手）

张爱姐：（唱）【红柳子】又惊又喜心发跳，

　　　　　　盼他来他果然来到俺家里。

　　　　　　走上前问他好，

　　　　　　未过门的夫妻怪羞的！（见王汉喜冻得

　　　　　　发抖）

　　　　　　相公穿得衣单薄，

　　　　　　他冷疼在我心里。

　　　　　　顾不得羞耻开口叫——

　　　　（白）相公，你坐下吧，

　　　　（唱）我给你端个火盆去。

　　　　（端火盆放在桌前）

王汉喜：（不安地坐下烤火。白）啊！啊！

张爱姐：（唱）腊月天气实在冷，

　　　　　　相公冻得战忾忾。

　　　　　　想找件衣服给他暖身体，

　　　　　　我房内哪里有男子衣？

　　　　　　人越着急越忘事，

　　　　　　爹爹的皮衣在这里。

　　　　（爱姐拿起皮衣）

　　　　（白）这是爹爹给我压足的，明早他还要哩。

　　　　叫他先穿上再说吧！

　　　　（唱）相公呀，你穿上吧，

　　　　　　冻坏了身子可了不得！

　　　　（将皮衣披在王汉喜身上，二人相视一笑）

　　　　　　问相公吃饭没吃饭——

王汉喜：（白）我……我……

张爱姐：（唱）相公我给你端饭去。（下）

王汉喜：（唱）【靠山调】一见爱姐去端饭，

　　　　　　汉喜乐得了不得。

　　　　　　我肚里饿得咕咕响，

　　　　　　吃点东西正适宜。

　　　　　　可就是脸上发热心里跳，

　　　　　　没结婚的夫妻怪臊的！

张爱姐：（端饭上。唱）【秧歌柳子】相公呀！请用饭，

　　　　　　来我屋里别客气。

　　　　（深情地望着王汉喜）

王汉喜：（唱）爱姐待我可真好，

　　　　　　又有馒头又有鱼。

　　　　　　她在那里直瞅我，

　　　　　　怕她笑话我没出息。

　　　　（想吃又停下）

　　　　　　老母在家把我等，

　　　　　　她叫我借到东西早回去。

　　　　　　爱姐留我来吃饭，

　　　　　　我饱母亲还忍着饥！

张爱姐：　（唱）方才看你好像饿，

　　　　　　为什么守着饭食你不吃？

　　　　　　人是铁饭是钢，

　　　　　　饿出毛病可了不得。

王汉喜：　（白）我 ……

张爱姐：　（唱）相公放心用饭吧，

　　　　　　你走时再给咱娘拿好的。

王汉喜：　（唱）爱姐聪明又伶俐，

　　　　　　她一猜猜到我心眼里。

张爱姐：　（唱）这时你来到俺家内，

　　　　　　有什么事情这么急？

王汉喜：　（白）我来 ……

　　　　　（唱）【靠山调】不用我说你也知道，

　　　　　　咱家少柴又无米。

　　　　　　母亲命我来你家把年借，

　　　　　　借点东西好过年去。

张爱姐：　（白）天都快二更了，你怎么才来呢？

王汉喜：　（唱）傍晚来到你家下，

　　　　　　你全家上房吃宴席。

　　　　　　我害羞未把上房进，

　　　　　　我打算散席后去找岳父借东西。

张爱姐：　（白）那你为什么到我绣房里来了呢？

王汉喜：　（唱）找岳父从你窗下过，

　　　　　　在窗外听你叨念王汉喜。

　　　　　　爱姐呀，谢谢你！

　　　　　　我吃了饱饭有力气。

　　　　　　你还得把过年的东西借给点，

　　　　　　给咱老娘拿回家去。

张爱姐：　（唱）【红柳子】你今夜来得真算巧，

　　　　　　过年的东西都在我屋里。

　　　　　　你把口袋快撑好，

　　　　　　我先给你搲点面去。

　　　　　　这根小绳你要拿好，

　　　　　　你要扎紧面袋看仔细。

　　　　　（王汉喜忙着收拾面袋）

　　　　　　相公你去把人看，

　　　　　　我再给你拿点好东西。

　　　　　（爱姐入内，提竹篮复上）

　　　　　　相公你往这里看，

　　　　　　你看合适不合适。

　　　　　　这是两个肥羊腿，

　　　　　　还有两只风干鸡。

　　　　　　五斤重一块肥牛肉，

　　　　　　半斤重的俩鲤鱼。

　　　　　　细粉捆了一小捆，

　　　　　　面碱包在手巾里。

　　　　　　这是些花椒、茴香、胡椒面，

　　　　　　还有那黄米面年糕豆包子。

　　　　　　饺子馅掭了两大碗，

　　　　　　回家去您娘儿俩吃顿现成的。

王汉喜：　（白）爱姐，这不少了，我走了！

张爱姐：　（唱）叫相公先别走，

　　　　　　我给咱娘去拿衣。

　　　　　（入内稍时，拎包复上）

　　　　　　有棉裤棉袄还有包头和带子。

　　　　　　正是因为咱家穷做不起，

　　　　　　我给咱母亲偷做的。

　　　　　　还有几两碎银子，

　　　　　　让母亲收着买东西。

　　　　　（白）相公，我这里还有二百私房钱，也给你拿
出去零花吧。

王汉喜：　（白）你花吧，我 …… 我不要！

　　　　　（爱姐把钱塞给王汉喜手里）

　　　　　（唱）【羊调】谢谢小姐好心意，

　　　　　　天已不早我得快回去。

张爱姐：　（唱）相公呀等一等，

　　　　　　我弄点酒菜咱把酒吃。

王汉喜：　（唱）小姐不要再费事，

惊动了别人了不得。

现在已经过半夜，

回去晚了娘着急。

张爱姐：　(唱)【红柳子】现在不到三更鼓，

你四更回去来得及。

我为你没喝辞岁酒，

咱这会辞岁也适宜。

酒菜不用动刀板，

什么都是现成的，

相公你且等一等——

(爱姐急入内)

王汉喜：　(唱)【靠山调】倒叫我又是欢喜又是急。

喜的是爱姐她对我好，

急的是老母家庙等我回去。

半夜里和爱姐来吃酒，

叫岳父看见了不得。

(爱姐端酒菜上，摆酒让座)

张爱姐：　(唱)相公你请上首坐——

(白)相公请酒！

王汉喜：　请！(同饮酒)

张爱姐：　(唱)【武嗨嗨】你就该把我娶到咱家里。

王汉喜：　(白)爱姐呀！

(唱)我心里早想——

张爱姐：　(白)你想什么呀？

王汉喜：　(唱)早想把你娶。

张爱姐：　(白)那你怎样不早办呢？

王汉喜：　(唱)自家里少吃没有住的。

无钱去雇花红轿，

张爱姐：　(唱)你就该借只小毛驴。

王汉喜：　(唱)无钱置买新铺盖，

张爱姐：　(唱)我不怕铺着狗皮盖花子衣。

王汉喜：　(唱)咱家少柴又无米，

张爱姐：　(唱)我情愿跟你要饭去。

王汉喜：　(唱)好好好，我回家给娘去商议，

看个日子来娶你。

张爱姐：　(白)酒凉了，快喝。

(二人饮起酒来。一阵零星的鞭炮响)

刘氏：　　(急上。唱)【小翻车】鞭炮一响天不早，

喊妹妹起来好下饺子。

小妹房里灯火亮，

她莫非忙着在穿衣？

(嫂欲上前拍门。王汉喜饮酒，爱姐又给他斟酒)

王汉喜：　(白)行了！我喝得不少啦！别再喝醉了。

张爱姐：　你才喝了几盅呀？再喝几盅不要紧。

刘氏：　　(吃惊)啊！

(唱)【红柳子】为什么屋有两人直说话？

窗子上的窟窿谁弄的？

(由窗外往里看)

怪不得不让我和她做伴，

原来是等着个学生把酒吃。

其中必定有缘故，

冤枉了妹妹不是玩的。

(白)这个学生好面熟哇，嘿！原来是小儿他姑父王汉喜。现天有四更鼓，他啥时候摸到妹妹绣房里？

王汉喜：　(唱)小姐对我这样好，

我的心里很感激。

张爱姐：　(唱)你不要再讲这些话，

别忘了把咱俩的事儿对娘提。

王汉喜：　(唱)这个事情我忘不了，

你急我比你还心急。

刘氏：　　(白)原来是这么回事啊，你这个丫头还避着我哩！

(唱)这事你要对我讲，

我更得多多成全你。

他们俩你有情来我有意，

都愿意早早结婚成夫妻。

妹夫家穷娶不起，

妹妹心里焦又急。

年除夕贵客既来到俺家下，

我何不成全他俩拜天地！

初一就是好日子，

不嫁闺女娶女婿。

她哥一定没说的，

就怕老头子不愿意。

低头一想有有有，

先斩后奏好主意。

说办就办回房去，

找她哥哥借新衣。（欲下）

王汉喜：　（白）天不早了，我回去吧，别叫咱嫂子起来下

饺子碰上！

张爱姐：　好！我送你回去！

刘氏：　（唱）我先逗逗他两个，

叫他们先惊后欢喜。

（向屋内）妹妹呀！天不早了，还不快来下饺子！

（爱姐与王汉喜慌作一团，嫂悄悄溜走）

王汉喜：　（唱）【靠山调】咱俩不该多吃酒，

你看看把我堵到你屋里。

你说叫我怎么好……

张爱姐：　（唱）叫我心里也慌乱的。

相公你快快藏起来……

（王汉喜手足无措）

没有地方心着急。

那边有个大木箱，

（白）相公呀！你受点委屈吧！箱子后头蹲一

时。（王汉喜躲进木箱）嫂嫂呀，你等一等，我

起来马上给你开门去！（欲开门又停，回头急

忙把酒菜收好，开门见无人，急回房）相公，

嫂子走了！你赶快出来吧！

王汉喜：　（急出来。白）你……你快送我走！

张爱姐：　这东西呢？

王汉喜：　不要了吧！

张爱姐：　咱娘还等着哩！

刘氏：　（抱新衣上）天不早啦！还不起来过年，还没

收拾好吗？

（爱姐又惊，王汉喜急又避起，嫂进屋四下看）

张爱姐：　（唱）【秧歌柳子】嫂子你可起得早？

刘氏：　（唱）妹妹你一宿不睡可怪困的！

张爱姐：　（唱）你抱着衣服哪里去？

刘氏：　（唱）就是来给你送的衣。

张爱姐：　（唱）明明是俺哥哥的新衣服。

刘氏：　（唱）叫新郎穿上也总可体。

妹妹你快点去打扮，

回头就结婚拜天地。

张爱姐：　（唱）嫂嫂好说玩笑话，

世界上哪有姑嫂拜天地？

成夫妻应该一男和一女，

咱俩谁装新女婿？

刘氏：　（唱）不用谁装新女婿，

新女婿现在你屋里。

张爱姐：　（白）啊！在你屋里。

刘氏：　什么？在我屋里！明明你屋里有！

张爱姐：　你屋里有你屋里有，你说你走不？你再在这儿

胡说八道，我叫俺哥哥来……

刘氏：　我走？我得把新女婿找出来才走哩！

张爱姐：　你找，你上你屋里去找，不能在我屋里找！

刘氏：　俺那屋里不用找，你哥哥在屋里睡觉哩！俺那

是官的，不用藏也不用掖，要在你屋里找着就

是私的！

张爱姐：　（无言对答）这……

刘氏：　属蝈蝈的，还嘴硬，等我掐住你的颈，非叫你

叫唤哩！

（寻找，爱姐手足无措，王汉喜在箱后害怕，把

箱子碰响）

刘氏：　（唱）小妹妹快来看，

箱子乱动是怎么的？

张爱姐：　（唱）嫂嫂你别害怕，

想必是老鼠啃箱子。

刘氏：　（唱）快端灯来打老鼠，

别叫老鼠咬坏了衣。

（爱姐不去，嫂自己去端灯，被爱姐吹熄）

刘氏：　（白）小妹妹快打火！

张爱姐：　不好啦！

（唱）不知火石丢哪里！

刘氏：（白）真巧啊！

（唱）说巧偏偏遇着巧，

　　　有个火盆救了急。

（引火点灯，爱姐又欲吹，被嫂发现）

（白）你再吹，我把你的嘴拧破！

（唱）小妹妹你往那边看，

张爱姐：（白）哪里！哪里！

刘氏：那里。

（回手将王汉喜拉出，对爱姐）在这里来！好大个的老鼠精，都变成人形啦！（对汉喜）好你个大胆要饭的，你竟敢来到俺家偷东西！

张爱姐：他不是……

刘氏：他怎么？你知道啊？

王汉喜：（唱）我并非是做贼汉，

（白）我……

刘氏：你是干什么的？

张爱姐：（唱）他是你妹夫王汉喜。

刘氏：（唱）他是汉喜你怎知道？

张爱姐：（白）这……

刘氏：（唱）俺俩从小就认得。

（白）就算你真是王汉喜，也不该来她绣房里，没过门的小两口，不该一块喝酒喝一宿。

王汉喜：（唱）【靠山调】叫声嫂子别生气，

　　　这事都怨我自己。

　　　奉母命我来你家把年借，

　　　怕害羞我才来到她绣房里。

　　　好心的嫂子放我走，

　　　一辈子忘不了嫂子好心意。

（白）嫂子你饶我这一回吧，我……

刘氏：（装生气）饶你？

（唱）【红柳子】你说你借年怕羞耻，

　　　你不怕人家说没过门的闺女偷女婿？

　　　这个人俺可丢不起，

　　　我一定对爹爹提！

（假意欲走，王汉喜与爱姐上前拉住嫂子，双

下跪）

张爱姐：（白）嫂子！

刘氏：（见二人跪，急扶起二人）

（唱）妹子妹夫别害怕，

　　　我是跟你闹着玩的。

　　　你们俩在屋里说的话，

　　　我在外边全听仔细。

　　　你二人愿意把婚结，

　　　嫂子我愿成全你。

　　　你俩快把新衣穿上，

　　　天明初一好日子。

　　　妹妹妹夫快打扮，

　　　拜了天地成夫妻。

王汉喜：（白）这……这能行吗？

张爱姐：（唱）嫂子，我怕，怕咱爹……

刘氏：（唱）咱爹要是不愿意，

　　　我去和他讲道理。

　　　我早就替你们盘算好，

　　　你俩放心别迟疑。

　　　先在这里把天地拜，

　　　待一会给咱爹拜年去。

　　　姑娘女婿一旁站，

　　　咱爹一定也欢喜。

张爱姐：（唱）【小翻车】拜天地成夫妻，

　　　多谢嫂嫂好心意。

刘氏：（白）一拜天地，二拜……

张爱姐：老嫂比母，理应当拜。

刘氏：好，夫妻对拜！妹妹妹夫请，走，给咱爹拜年去。

王小打鸟

原名《小王打鸟》《孤存打鸟》，取材于《走马春秋》。

齐潜王无道，宠邹妃，害死正宫国母，太子孤存被孙膑所救，逃出京城，流落他乡，在龚家庄被龚员外收留。员外酒后大醉，将孤存忘在门外。孤存自己走进龚家，小姐龚金定，得知孤存原是太子，上前讨封。孤存答应将来封她为正宫娘娘，丫鬟讨封，也被封为妃子。

拉场戏《王小打鸟》中龚金定是村姑苗梅，太子孤存是猎户王小。剧中的男、女二人语言风格就像一对东北农村青年，此本更符合人物身份。

人物　　苗梅
　　　　王小

苗梅：　　（唱）【红柳子】喜鹊檐前叫喳喳，

苗梅心中乱如麻。

东邻二丫早出嫁，

西院大凤有婆家。

三姑一对白胖小，

四姐怀抱小女娃。

嫁衣年年做不少，

不给张家给李家。

看看人家想想我，

还在娘家守着妈。

那天正在家中坐，

来了前街李大妈。

她说苗梅已不小，

应当给她找婆家。

有个猎户叫王小，

一十八岁没成家。

中等个，胖大大，

雪白脸蛋儿黑头发。

胳膊粗，力气大，

爬山越岭数着他。

神弹弓，不虚发，

十人见着九人夸。

若和苗梅成夫妇，

郎才女貌配一家！

（夹白）唉！

我爹妈，死脑瓜，

连连摆手叫大妈。

提起王小我知道，

两间草房没有啥。

人虽好，也白搭，

凤凰不能配乌鸦。

你要保媒别处保，

别在咱家闲磨牙！

气得大妈扬长去，

苗梅跺脚没办法。

我有心赶出房去把大妈喊，

又一想……

（夹白）不妥啊！

【羊调】我是个十六七的姑娘家。

今天爹爹去会客，

妈妈去上姥娘家。

愁人的天气实在热，

我何不到花园去解解乏？

【文嗨嗨】迈步出房往前走，

进了花园来观花。

这边开的江西腊，

那边开的玉枕花。

石榴开花结百籽，

葡萄两棵对面爬。

鸡冠开花红似火，

牵牛开花像喇叭。

凉亭前后芍药放，

假山左右牡丹花。

养鱼池里长流水，

金鱼戏水响哗啦。

对对蝴蝶花间舞，

【武嗨嗨】小蜜蜂飞来飞去你忙的啥？

我有心上前把它扑，

慢着，它快快活活我何必害它？

一路行来心烦闷，

又觉累来又觉乏。

凉亭上落座打了一个盹儿……

王小： （唱）【靠山调】王小打猎转回家。

正然走着抬头看，

花园里坐着一女娃。

黑油油的头发如墨染，

鲜红的绒线辫根扎。

金花银花戴两朵，

鬓边斜插海棠花。

上身穿着粉汗褂，

八幅罗裙腰中扎。

左看好像苗梅女，

右看正是苗梅她。

有心进园说句话，

她要问我咋回答？

左难右难难坏了我，

忽听空中叫喳喳。

我当是什么鸟飞过，

原来是一只山老鸹。

忽然一计有有有，

我何不借着打鸟会一会她？

主意拿定掏出泥丸弹，

牛角弯弓手中拿。

抿上朱弦搭上扣，

前手用力后手撒。

只听飕的一声响，

将鸟打掉落地下。

苗梅： （唱）【红柳子】苗梅正然打盹睡，

忽听空中响唰啦。

下了凉亭留神看，

原来是黑膀白脖山老鸹。

紧走几步忙拾起，

头上鲜血直滴答。

天空没有老鹞子转，

地上没有小猫拿。

不用人说知道了，

一定是墙外之人打老鸹。

这是谁练成百步穿杨手？

这是谁神弹凌空不虚发？

想罢多时才想起，

八成是王小来到啦。

不怪都称神弹手，

话不虚传实可夸！

像这样年轻人真少有，

我爹妈偏嫌他家穷没有啥！

举起老鸹墙外抛去……

（白）且慢，我何不借此为由会一会他？

王小： （唱）【武嗨嗨】提提精神壮壮胆，

手扶花墙往上拔。

使个张飞大跨马，

跳进花园把腰哈。

（施礼）

惊动了姑娘不能睡，

礼貌不恭愿意领罚。

苗梅： （唱）心里没气假装气，

沉着脸子把话答。

哪里来的野小子，

跳进花园干什么？

王小： （唱）打鸟落在花园内，

跳墙为把老鸹拿。

苗梅： （唱）花园本属咱家管，

花也全是咱家花。

花园有鸟不许别人打！

花园有花不许别人掐！

王小： （唱）这鸟本是我打下，

为什么不叫我来拿？

苗梅： （唱）你要取鸟也可以，

　　　　　　　　有几样事情要你回答。

　　　　　　　　我问你家住哪里？

王小：　　（唱）【羊调】南山坡前有我家。

苗梅：　　（唱）二老高堂在不在？

王小：　　（唱）父亲下世有个老妈。

苗梅：　　（唱）我问你指何为生计？

王小：　　（唱）每天打猎挣钱花。

苗梅：　　（唱）我问你娶妻谁家女？

王小：　　（唱）只因为日子贫寒还没成家。

苗梅：　　（唱）莫非你就是南山王小？

王小：　　（唱）对对对来一点儿没差。

苗梅：　　（唱）前几天托媒可是你？

王小：　　（唱）正是我托的李大妈。

苗梅：　　（唱）你为什么要娶我？

王小：　　（唱）【武嗨嗨】花园外常常见你来观花。

　　　　　　　　心里爱慕不敢讲，

　　　　　　　　那天来了李大妈。

　　　　　　　　我对她说出心腹话，

　　　　　　　　李大妈慷慨仗义才去你们家。

苗梅：　　（唱）没应亲怨我爹妈不怨我，

　　　　　　　　女孩儿家怎敢顶撞妈？

王小：　　（唱）今天花园会了面，

　　　　　　　　你有啥打算对我说吧。

苗梅：　　（唱）婚姻虽是自己事，

　　　　　　　　怎奈我当不了我爹的家？

王小：　　（唱）你算不能应下我？

苗梅：　　（唱）我就应下也不顶啥。

王小：　　（唱）【羊调】咱二人明明是一对鸳鸯鸟，

苗梅：　　（唱）咱二人真真一对并蒂花。

王小：　　（唱）你父亲一棒打散鸳鸯鸟，

　　　　　　　　你母亲一刀割断并蒂花。

苗梅：　　（唱）【红柳子】我只好认命闯大运，

　　　　　　　　也难免摊个瘸拐秃瞎。

王小：　　（唱）你这说法可不对，

　　　　　　　　自己主意自己拿。

苗梅：　　（唱）东西钱财都可以，

　　　　　　　　这个主意没法拿。

王小：　　（唱）金石良言她不信，

　　　　　　　　我何不假装要走吓唬吓唬她？

　　　　　　　　回身作揖尊小姐，

　　　　　　　　你别拿我当傻瓜。

　　　　　　　　明明是你不愿意，

　　　　　　　　凤凰哪能配乌鸦？

　　　　　　　　千错万错我的错，

　　　　　　　　近视眼打骨牌不该往近拿。

　　　　　　　　捡起老鸹转身走……

苗梅：　　（唱）【抱板】苗梅心里如刀扎。

　　　　　　　　有心应下婚姻事，

　　　　　　　　准要气坏我爹妈。

　　　　　　　　有心不应婚姻事，

　　　　　　　　王小生气要回家。

　　　　　　　　王小哥你真生我气？

王小：　　（唱）【武嗨嗨】应不应来没有啥。

苗梅：　　（唱）这事实在不怨我，

王小：　　（唱）不要提它算了吧！

　　　　　　　　二次回身往外走……

苗梅：　　（唱）苗梅上前把衣拉，

　　　　　　　　王小哥你先别走，

　　　　　　　　婚姻之事我应下。

王小：　　（唱）一言为定不能变卦，

苗梅：　　（唱）咱发誓去到葡萄架底下。

　　　　　　　　苗梅就在前头走，

王小：　　（唱）【秧歌柳子】王小后边跟着她。

苗梅：　　（唱）没有香炉搂堆土，

王小：　　（唱）没有黄香把草棍插。

苗梅：　　（唱）没有黄表生树叶，

王小：　　（唱）没有馒头摆上二十五个"土拉卡[1]"。

苗梅：　　（唱）苗梅我一搂罗裙忙跪倒，

王小：　　（唱）王小这里也跪下。

苗梅：　　（唱）我今年二八一十六，

[1]　　土拉卡：也作："土坷垃"，土块儿。

王小：　　（唱）我今年二九一十八。

苗梅：　　（唱）海枯石烂我心不变，

王小：　　（唱）咱们的爱情永远把根扎。

苗梅：　　（唱）你要想我来打鸟，

王小：　　（唱）你要想我来观花。

苗梅：　　（唱）打鸟记住三六九，

王小：　　（唱）观花别在二五八。

　　　　　　（搭架子：苗梅呀！）

苗梅：　　（唱）苗梅闻听心害怕，

　　　　　　　　这是我妈转回家。

　　　　　　　　王小哥你快出园去，

　　　　　　　　堵住了咱俩没话答。

王小：　　（唱）王小闻听刚要走，

苗梅：　　（唱）苗梅上前把衣拉。

　　　　　　　　王小哥你慢点儿走，

　　　　　　　　这只老鸹还没拿。

王小：　　（唱）咱俩已把婚约订，

　　　　　　　　还要老鸹干什么？

　　　　　　　　妹妹你赶快回房吧！

　　　　　　　　别忘了三六九日来观花。

王桂荣演出本

刘新记录

采录时间：1964年

采录地点：沈阳

海城喇叭戏

海城喇叭戏：距今已有近200年历史，是广泛流传于海城、鞍山、营口、辽阳一带的民间小戏剧种。它的主要伴奏乐器——唢呐，俗称"喇叭"，故称"喇叭戏"。早期的喇叭戏艺人，因受条件的限制，仅头戴一顶圆毡帽，身穿大布衫，系腰带，扮演戏中各种人物，因此又称"大布衫子"戏。因为它的声腔以"柳腔"为主，一度又被称为"柳腔喇叭戏"。

海城喇叭戏传统剧目有《王婆骂鸡》《梁赛金擀面》《老两口》《锔大缸》《打枣》《铁弓缘》《拉马》《杀江》《小两口分家》《双拐》《小放牛》《傻柱子接媳妇》《小老妈开唠》《摔镜架》《洪月娥做梦》《丁郎寻父》《马前泼水》《冯奎卖妻》《茨儿山》《神州会》《小上坟》《拉君》《后老婆打孩子》《人心不足蛇吞相》《白蛇传》《母女顶嘴》《小两口抬水》《小分家》《卖油郎》《丁香孝母》《杨香打虎》《井台会》《老三贤》《打杠子》《高成借嫂》《合钵》《张三赶会》《顶灯》等。

1958年，辽宁省文化厅根据中华人民共和国文化部《关于地方剧种以流行地区定名的通知》精神，将这一剧种定名为"海城喇叭戏"。1998年9月，海城喇叭戏被确立为辽宁省重点艺术科研课题；2006年6月，海城喇叭戏被确立为辽宁省首批非物质文化遗产保护项目；2008年6月，海城喇叭戏被确立为国家级第二批非物质文化遗产保护项目。

海城喇叭戏以当地民歌为基调，吸取山西、山东的"柳腔"，江西的"弋阳腔"，河北的"喇叭牌子"等外来声腔，兼收并蓄，形成了诸腔杂陈的喇叭戏声腔体系，由单曲体发展为曲牌连缀体。海城喇叭戏具有浓郁的地方风格和质朴的乡土气息，语言朴实、通俗易懂、幽默风趣、形象生动、雅俗共赏。

董凌山

后老婆打孩子

又名《狠毒计》，取材于二十四孝中的"单衣顺母"。周振楼一个人拉扯一女一儿，后续弦杨大莲。周振楼出远门后，继母杨大莲虐待周玉莲、周保庆姐弟。姐弟二人到生母坟前哭诉，弟弟在风雪中差点丧命。周振楼回来后气愤休妻，姐弟给继母求情。杨大莲被感动，一家人和好。

该剧在海城流传既久又广。每演至玉莲、保庆被继母撵出门外，在大雪纷飞、寒风呼啸中姐弟相偎，悲痛欲绝的一段戏时，台下观众亦痛哭失声，经久不息。此剧声腔在演出中有所变化，早期全部用评剧腔，以后逐渐改用二人转中【红柳子】【穷生调】等曲牌演唱。海城许多老艺人如谢永胜、李鹤龄等中年以后"解罗裙带"[1]改演彩旦，扮演剧中杨氏，给观众留下深刻印象。

人物	周振楼
	玉莲
	保庆
	杨大莲
	张三

张三：　　(打马上。念) 报子张三，

　　　　　　快马加鞭。(圆场)

　　　　(白) 来此已是，借问周振楼员外在哪个门道？

　　　　(搭架子：东数三个门。)

张三：　　一二三，一二三，周员外开门来。

周振楼：　(上) 何人叩门？待我开门去看。(走向台口开门，见张三) 你是从哪里而来，到此何事？

张三：　　山海关来封书信，员外请看。(递信，周接) 告辞。(打马下)

周振楼：　山海关来封书信，待我拆开一观。噢！让我去到那里清算账目，待我把杨氏唤出。杨氏哪里？快来。

杨大莲：　(上) 哟，跟着到这儿了，还离不开了，杨氏杨氏的，啥事呀？

周振楼：　山海关来了一封信，叫我到那里去清算账目。

杨大莲：　我没说吗，刚到这就走了。(哭泣)

周振楼：　真厌气[2]！

杨大莲：　真走哇？你把孩子唤出来，好好嘱咐嘱咐，像我这当后娘的，也是不易呀！省着以后长了短了，圆了扁了，深了浅了，磕了鼻子碰了脸了，都不好担待呀。

周振楼：　待我唤来——

杨大莲：　有我还显着你呀！(向内) 莲呀，庆呀，快来呀——

　　　　(玉莲、保庆上)

玉莲：　　忽听继母唤，

保庆：　　急忙到跟前。

玉莲：　　妈妈，唤儿何事？

杨大莲：　我没唤你，是你爹唤你。

周振楼：　为父到山海关去清算账目，你在家跟你继母娘学习针线。保庆让他上学念书。

玉莲：　　爹爹何时动身？

周振楼：　这就起身。

玉莲：　　爹爹呀！

　　　　(唱)【红柳子】未曾开言心痛酸，

　　　　　　口尊爹爹你听言。

　　　　　　你到山海关去清账目，

　　　　　　将我姐弟撇在家里边。

　　　　　　爹爹早去早回转，

　　　　　　莫让我娘儿三个把心担。

周振楼：　(白) 好好好。鞴马。

杨大莲：　员外呀，我把马给你鞴来了，我还给你打个包，包里包着袍子、褂子、靴子、袜子，还有八副包脚布子，可都是毛边的，日子多了谁给你洗洗涮涮，埋汰了，你好换换。我没说吗？咋

---

[1]　解罗裙带：卸下小旦穿的罗裙。

[2]　厌气：厌烦，令人生厌。

亲也亲不过两口子，啧啧！还不得我惦记你呀。

（递包）

周振楼：　好，就此分别。（对玉莲）儿呀，这有钥匙一十三把，你要管好。

玉莲：　是。（周振楼下）

杨大莲：　（念）口似砂糖舌赛刀，

　　　　　要害周门断根苗。（归座）

　　　　　（白）哼！你爹走了，就得归我管，我把你们两个小瘪犊子叫过来。

玉莲：　见过母亲。

杨大莲：　我这么大才五斤？（掐玉莲）才五斤？打个兔子还八斤呢。

玉莲：　参见妈亲。

杨大莲：　这么会儿工夫又给我掺糠加水啦？又八斤啦？

玉莲：　母亲，您老万福。

杨大莲：　千福万福，不如那个臭豆腐。

玉莲：　母亲万安。

杨大莲：　你让我坐旗杆！坐旗杆不把我穿死了吗？

玉莲：　罢了，老娘。

杨大莲：　管我叫老羊了，还怪我掐她？你看我这儿，（指臀后）有苦子吗？

玉莲：　母亲唤儿，何事吩咐？

杨大莲：　早这么说不就不掐啦？你爹走，把钥匙交给谁啦？

玉莲：　叫我爹带去啦。

杨大莲：　不打，你不说实话。（打保庆）

保庆：　叫咱爹带去了。

杨大莲：　（打保庆）什么咱爹！

玉莲：　兄弟快给她吧。

保庆：　给你个老卖糖葫芦的。（扔钥匙）

杨大莲：　这也不是仓房钥匙呀，把仓房的给我。

玉莲：　仓房的让我爹带去啦。

杨大莲：　不打你，你是不拿出来。

保庆：　给你个老杂毛。

杨大莲：　你把开马圈的给我干啥？

玉莲：　兄弟，都给她吧。

保庆：　给你个老酸包。

杨大莲：　哎，这才是开仓的钥匙呢，我问问你，你爹走时叫你干啥来的？

保庆：　叫我念书。

杨大莲：　叫你念书？我叫你放猪。玉莲，你爹让你干啥来的？

玉莲：　叫我跟妈学针线。

杨大莲：　我让你煮饭，我让你推磨拉面，我让你啥活都干！别待着。

玉莲：　干啥？

杨大莲：　上仓房。（三人圆场）到了没有？

玉莲：　走过了。

杨大莲：　咋的？走过了？我新到你们家，我哪知道，尽遛老娘腿，往回走。

玉莲：　到了。

杨大莲：　别倒了，留着喂狗吧。

玉莲：　仓房到了。

杨大莲：　把钥匙给我。

玉莲：　钥匙不在你手上吗？

杨大莲：　哟，是我拿着呢。（开门）撑着口袋，（往口袋里倒米）给我扛着。

玉莲：　娘啊，女儿身薄力小，扛不动啊。

杨大莲：　这也得我来，给我搁着。（被口袋压坐下）这是咋搁的，把我压趴下了。不扛了，你们抬着。（玉莲和杨大莲面对面抬）你看看，你看看！咱们对脸儿能不碰着鼻子吗？转过去。（背对背）这推牌好了，这不对虎吗？咱俩像大虾米似的，弯对弯能走吗？（比划着）你掉过来，妈在头前走！

玉莲：　妈，沉哪。

杨大莲：　沉？往那头儿点。

玉莲：　妈，轻巧哇。

杨大莲：　轻巧往这边点儿。

玉莲：　妈呀，还轻巧。

杨大莲：　再往这边点儿。

玉莲：　妈呀，到磨坊了。

杨大莲：怪不得你说轻巧，都在我这头儿呢。（开门）进去。

保庆：　妈呀，黑呀。

杨大莲：哎呀，大红眼耗子。

保庆：　哎呀，害怕。

杨大莲：妈跟你们闹笑话哪。我告诉你们，把面磨了，我要你一口袋白面，一口袋黑面，再要一口袋麸子。

玉莲：　妈呀，一麦不出二面。

杨大莲：咋的？不出二面？东院王豆腐匠，怎么出那么些个豆腐渣、豆腐浆、豆籽子、豆腐脑儿呢？

玉莲：　那本来是水里求财呀。

杨大莲：我要你沙里澄金，你能不能吧？说。

玉莲：　能，妈妈你回去歇着去吧。

杨大莲：歇着。趁我年轻，还想他们多抓挠二年呢。我给你锁上，让你出不来，我到隔壁看牌去了。（下）

玉莲：　打扫磨坊一回。

（念）一进磨坊冷飕飕，

　　　十人见了九人愁。

　　　虽然不是监牢狱，

　　　姐弟受罪在里头。

唱【悲文嗨嗨】姐弟磨坊泪涟涟，

　　　心中好像滚油煎。

　　　兄弟头前拉长纤，

　　　玉莲我后边抱磨杆。

　　　要咱一袋麸子两袋面，

　　　少了一样打骂咱。

　　　磨道虽短走不断，

　　　磨杆虽轻重如山。

　　　磨坊没灯黑一片，

　　　忽听谯楼一更天。

　　　一更里呀月牙往上弯，

　　　姐弟俩受苦谁来可怜？

　　　爹爹他一不该把后娘办，

　　　二不该算账去到山海关。

　　　三不该你不听孩儿相劝，

　　　四不该听信别人之言。

　　　老爹爹娶继母孩儿遭难，

　　　忽听梆声响鼓打二更天。

　　　二更里呀月牙转正南，

　　　夜静更深冷飕飕风吹透骨寒。

　　　想只想我姐弟何时脱苦难，

　　　想只想衣服磨破谁给连？

　　　想只想多咱能吃一顿饱饭，

　　　想只想到何时出苦进甜？

　　　玉莲我在磨坊胡思念，

　　　耳听谯楼上鼓打三更天。

　　　三更三点月儿圆，

　　　可叹月圆人不圆。

　　　盼只盼老爹爹早日回家转，

　　　盼只盼乌云散露出晴天。

　　　盼只盼继母娘回心转变，

　　　盼只盼爹爹归一家团圆。

　　　有谁知无娘儿不如鸡犬？

　　　又谁知隔层肚皮差一层山？

　　　玉莲我抱着磨杆身心打战，

保庆：　（唱）保庆我两腿软摔倒在地平川。（倒在地上）

　　　（白）姐姐，我饿了。

玉莲：　弟弟快起来，再拉两圈。

保庆：　一圈也拉不动了，人家饿了还让我拉，我不干了。

玉莲：　（扶起保庆）走，找妈去吃饭。（推门）哎呀，门锁上了。这可咋整？

保庆：　（哭）出不去了。

玉莲：　不怕，来！我从窗户把你搊出去，慢慢跳，别存腿[1]。

保庆：　（从窗户跳出）姐姐你咋出来呀？

玉莲：　我也从窗户出来。走，找妈去！妈呀，妈！

[1]　存腿：由于跳下等猛烈运动导致的腿部扭伤。

杨大莲：	（上）我正要找你们回家吃饭去哪！
	（唱）杨氏咬牙假喜欢，
	拽着孩子把家还。
	迈步就把大门进，
	杨氏一怒把脸翻。
	这脚踹倒小保庆，
	那脚蹬倒小玉莲。
	回身我把家法取，
	随手摸起二龙鞭。（玉莲、保庆身哭喊）
	鞭子打你不解恨，
	操起剪子扎玉莲。
	剪子扎你不解恨，
	我把烙铁拿手间。
	举起烙铁往下烙，
玉莲：	（唱）妈妈你老且容宽。
杨大莲：	（唱）气得我浑身直冒汗，
	叫声保庆小玉莲。
	（白）穿得暖暖和和的不干活，把衣裳给我扒下来。
	（杨大莲上前扒衣裳）
玉莲：	妈，冷啊。
杨大莲：	妈才不冷呢。
玉莲：	我冷。
杨大莲：	冷不怕，妈给你盖被。
	（杨大莲端水，往玉莲、保庆身上泼水）
保庆：	妈呀，更冷了。
杨大莲：	更冷了？给你盖厚点儿。（复泼水）还冷不冷？
	（玉莲、保庆坐地上，依偎不语）
杨大莲：	不吱声了，老天爷呀，你有神有灵，把这两个崽子给我冻死！我好给你芦花大公鸡上供，你要冻不死啊，不用说吃鸡呀，连个鸡屁股都没有。（下）
玉莲：	这个狠心的人哪！
	（唱）【红柳子】玉莲我未从开口泪满腮，
	腹内无食站不起来。

	可恨继母心肠太坏，
	打得我姐弟俩头都难抬。
	鞭子抽剪子扎还用脚踹，
	恨不得撮锹土将我们活埋。
	继母她输了钱用粮还债，
	整天的不干活出外看牌。
	摸了摸弟弟他快要断脉，
	玉莲我心有话说不出来。
	（大雪纷纷扬扬，姐弟被雪覆盖。鸡啼）
杨大莲：	（上。白）哎哟哟！雪住了，天亮了！
	（唱）【小上坟】杨氏女呀乐开怀，
	金鸡报晓窗户纸白。
	下地点火来做饭，
	看看屋里没干柴。
	走上前哪把门开，
	鹅毛大雪盖满街。
	拿起扫帚划拉划拉道，
	面前闪出两雪堆来。
	（白）哟！这块儿咋有两雪堆？不用说了，这不是哪个相好的给我送两袋白面搁这儿了，送屋去不得了，我还得拿屋去。哎呀！我得先摸摸。哎哟，这不是两个孩子吗？哎呀，这可咋整啊？还真冻死了。老员外回来，叫我现养活也不赶趟啊。我摸摸还有气没有。哎哟，这丫头有气也不大了，小子没气儿了。我得趴烟囱叫叫，玉莲呀，保庆啊，跟娘快吃饭！玉莲、保庆啊，跟妈吃饭穿袄——
玉莲：	（苏醒）哎呀——
	（唱）【还阳迷子】昏昏沉沉一梦间，
	忽听耳旁有人言。
	强打精神睁开眼，
	走上近前跪平川。
	（白）妈妈，饶命啊。
	（杨大莲扶起玉莲）
杨大莲：	哎呀，丫头醒过来了，小子还没过来呢，待我叫叫他。庆啊醒醒，跟妈吃饭去。（摸摸保庆）

胳膊腿不软乎呢，啊，我明白啦，他这是装死啊！我吓唬吓唬他，你看鞭子！

保庆：　哎呀，姐姐快拉着呀。

（保庆逃下，玉莲追下）

杨大莲：这服药还真灵呢。（背躬）这孩子叫我打怕了。

（另侧下）

周振楼：（上。念）来到山海关，

　　　　　昼夜心不安。

（白）自那日来到山海关清算账目已毕，家中撇下一双儿女，十分惦念，幸好事已办妥，即刻启程。来，鞴马。（下）

（玉莲、保庆上）

玉莲：（唱）【喇叭牌子】玉莲我手拉弟弟出了村，

　　　　　无意中来到亲妈的坟。

（白）妈，我想你呀，你看看我们姐弟吧。

保庆：　妈！

玉莲：　我的好妈妈——

（唱）【哭糜子】姐弟俩手拍坟头哭了一声妈，

　　　　呼千声喊万遍妈妈你咋不回答？

　　　　妈妈你两眼一闭不顾姐弟俩，

　　　　爹爹他出外清账又不在家。

　　　　娶来个继母心狠手辣，

　　　　又是打又是骂还用剪子扎。

　　　　黑夜里逼我姐弟去把磨拉，

　　　　大雪天不给饭还把衣裳扒。

　　　　姐弟俩跪在地上说好话，

　　　　继母娘嘴一撇手掐腰眼皮一抹奇。

　　　　小保庆被打得嗓子都哭哑，

　　　　玉莲儿被打得眼睛都哭花。

　　　　妈妈呀！

　　　　你有灵有神快叫去姐弟俩，

　　　　咱娘仨到阴曹地府去告她。

　　　　看弟弟手攥黄蒿他把瞌睡打，

　　　　玉莲我见此情心里像把抓。

　　　　我早想一死把弟弟留下，

　　　　为周家传香烟我悬梁自杀。

（白）弟弟，你睡着了吗？

保庆：　睡着了。

玉莲：　睡着了你还说话。

保庆：　你问我嘛。

玉莲：　来，姐姐拍拍你，睡吧！你一天没吃饭了，睡吧睡吧。（保庆睡去）弟弟睡着了，待我上吊。

（唱）傻弟弟呀你睡吧，

　　　姐姐我悬梁去自杀。

　　　绳子就往脖上挂……

周振楼：（上。唱）周振楼催马转回家。

　　　　猛见闺女在树上挂，

　　　　吓得我双腿打战浑身发麻。（救下玉莲）

（白）玉莲醒来，玉莲醒来。

玉莲：（唱）【还阳篇】天昏地暗黑嚓嚓，

　　　　周身疼痛手脚麻。

　　　　忽听耳旁人说话，

　　　　睁开两眼冒金花。

（白）你是何人？

周振楼：闺女呀，我是你爹爹还家来了。

玉莲：　哎呀，爹爹呀！

（唱）【散板】玉莲急忙跑地下，

周振楼：（唱）我儿为何要自杀？

玉莲：（唱）只因妈妈是我牵挂，

　　　　我想到阴间去找她。

周振楼：（唱）分明满嘴说胡话，

　　　　叫醒了小保庆你来回答。

（白）保庆醒来。

保庆：（醒）爹爹……

周振楼：你姐姐为何上吊？

保庆：　爹！

（唱）自从爹爹离开我姐弟俩，

　　　姐弟天天受欺压。

　　　继母娘人面兽心不掺假，

　　　嘴甜心苦坏到家。

　　　保庆我哭得嗓子哑……

周振楼：（唱）振楼心酸把泪擦。

	听了儿子一番话，
	气得振楼咬钢牙！
	(白) 你们两个不要多说，为父全知，但有一事你们要记下。
玉莲：	何事？
周振楼：	到家之后，继母唤你不要答应，为父唤你急速靠前。
玉莲：	这……
保庆：	爹呀，我听你的。
	(圆场)
杨大莲：	(上。唱) 二月里来龙把头抬，
	闲来没事去看牌。
周振楼：	(白) 杨氏哪里？
杨大莲：	哟！老头子回来了，这可咋办？哎，有了，女怕溜须男怕贱，老爷们就怕米汤灌。给他几句好话顺顺气儿。哎哟，员外爷你可回来啦，看把你累得呀，满身是土，我给你打盆水洗洗脸。
周振楼：	回来！
杨大莲：	员外呀，啥事还气呼呼的？你出去这么多日子把我都想坏了！我待你呀像热火罐儿似的，你待我呀像冰片儿似的。(装哭)
周振楼：	我来问你，我那一双儿女哪里去了？
杨大莲：	哎呀，员外你饿了，我给你做饭去。
周振楼：	回来！哪个饿了？我问你一双儿女哪里去了？
杨大莲：	你渴了，我给你烧水去。
周振楼：	回来！哪个渴了？三番两次前来打搅，让你说，你与我讲！
杨大莲：	我可不敢，员外呀，为啥事儿你说吧。
周振楼：	我来问你，玉莲、保庆哪里去了？
杨大莲：	刚才还在屋，八成上东院玩儿去了。
周振楼：	你把他们与我唤来。
杨大莲：	玉莲、保庆呀，你们快来呀。这算叫不来了。员外呀，这两个孩子不知跑哪玩去了，叫不来啦。
周振楼：	谅你也叫不来，待我唤来，玉莲、保庆快来。
	(玉莲、保庆上)

玉莲：	爹爹一路之上多受风霜之苦。
保庆：	坟上不见着了吗？
杨大莲：	可坏了，啥都说了。
周振楼：	保庆，你继母娘怎样待你，要从实讲来。
保庆：	不讲也罢。
周振楼：	杨氏近前回话。
杨大莲：	(猛地跪在周振楼面前) 员外……
周振楼：	贱人！
	(唱) 大骂杨氏太不贤，
	不该折腾女和男。
	山海关前去清账，
	险些一家不团圆。
	说着恼来道着怒，
	文房四宝拿手间。
	上写杨氏心毒辣，
	搅家不良败家园。
	这样泼妇我不要，
	你往北来我往南。
	刷刷点点写完毕，
	手模脚模按上边。
	叫声杨氏滚出去，
	休书摔到地平川。
杨大莲：	(唱) 杨氏女见休书泪往下抛，
	急叩头叫了声玉莲她爹。
	只想到我安分守己跟你度日，
	没想到丧天良我把德缺。
	千错万错都是我的错，
	我不该打骂玉莲折腾小少爷。
	世上人谁也没有我心坏，
	犯七出犯八败把事做绝。
	从今后下决心改邪归正，
	再使一点儿坏心眼儿上有老天爷。
	我哀告员外他也不发话，
	只见他生怒气直把胡子撅。
	转身形爬半步拉住玉莲手，
	好女儿上前劝劝你的爹。

0152

　　　　　倘若是发慈心将娘我留下，

　　　　　我对待你姐弟心眼不能邪。

　　　　　我若是说出来一句谎话，

　　　　　上有天下有地家有灶王爷。

　　　　　杨氏女苦哀告跪地不起，

玉莲：　（唱）玉莲我心肠软要劝我的爹。

　　　　（白）妈妈，你说的可是实话？

杨大莲：我有半句谎话，天打雷劈我。

玉莲：　妈妈等候。（向周振楼跪）爹爹，看在孩儿面上，

　　　　将继母留下吧。

保庆：　姐姐，咱不要她。

玉莲：　把妈留下好给咱做饭吃。爹爹，我继母真有改

　　　　悔之心，还是留下为好。

保庆：　爹，把她留下吧，好给我们做饭吃。

周振楼：咳！看在儿女面上，将她留下也就是了。杨氏，

　　　　你与我滚了起来。

杨大莲：我骨碌起来也谢天谢地呀！

周振楼：（念）杨氏不贤惹事端，

杨大莲：（念）怪我心眼长得偏。

周振楼：（念）从今以后要改过，

杨大莲、周振楼：（念）亲娘后续一样般。

杨大莲：（白）保庆呀，妈抱着。哈哈哈哈！

　　　　　　　　　吴万善口述

　　　　　　　　　张绍仁记录

　　　　　　　　　采录时间：2005年

　　　　　　　　　采录地点：海城市英落镇

锔大缸

又名《补缸》，取材于《钵中莲》传奇。百草山朝阳洞有狐狸精，修炼一大瓷缸以吸取胎衣，修炼幻化人形。天庭得悉，派雷公前往将大缸震裂，狐狸精变成"王大娘"，欲求箍漏匠补缸。观世音趁此机会派土地神假扮箍漏匠前去补缸，土地神将缸打碎后，戏耍王大娘。海城喇叭戏仅演其中《补缸》一折。辽宁牛庄艺人徐广金、望台艺人王兴忍曾饰箍漏匠，岔沟艺人李凤棠、耿庄艺人高德震曾饰王大娘。

　　　　　人物　　　张箍漏
　　　　　　　　　　王大娘

张箍漏：（上。念）土地老本姓张，

　　　　　小庙盖在山顶上。

　　　　　上来下去不得劲，

　　　　　屁股磨个滴溜光。

　　　　（白）我，土地是也。下方王家庄出了个妖怪，

　　　　她依仗拘魂瓶专门害人。奉了玉皇御旨，去到

　　　　下方捉妖降怪。待我变个箍漏模样，说变就变，

　　　　箍漏出现。是我王家庄走走。

　　　　（唱）【锔缸调】箍漏我出了店房，

　　　　　挑了担子我去下乡。

　　　　　今天不把别处去，

　　　　　一心要到王家庄。

　　　　　王家庄有个王员外，

　　　　　一辈子无儿仨姑娘。

　　　　　三个姑娘人才好，

　　　　　一个倒比一个强。

　　　　　老大是个双失目，

　　　　　老二本是目失双。

　　　　　就属小三长得好，

　　　　　未从走道手扶墙。

三个姑娘选女婿，

一个更比一个强。

老大选个秃葫芦，

二姑娘选个葫芦光。

就属老三选得好，

转圈有毛当间光。

叨叨念念来得快，

眼前来到王家庄。

游游荡荡把庄进，

眼前来到大街上。

担子放在十路口，

腰板一叉喊高腔。

头声招呼焊烟袋，

二声招呼配锁簧。

三声招呼锔盆碗，

四声招呼锔大缸。

压下箍漏且不表，

王大娘：　(内唱) 再表上房王大娘。

大娘正在上房坐，

(上。白) 呀！那不是箍漏儿吗？

张箍漏：　你叫箍漏不就得了呗，怎么还带个儿呢？

王大娘：　我们北京人说话都带个儿么。

张箍漏：　啊，你是北京人，说话都带儿。大娘莫非你坏
　　　　　了不成？

王大娘：　什么坏了？

张箍漏：　缸、盆、碗、罐坏啦。

王大娘：　(唱) 昨天打了个黄瓷罐，

今天打了个腌菜缸。

两件活计归你做，

要个价钱咱商量。

忽听街上响叮当。

不用人说知道了，

不是箍漏就是货郎。

若是货郎咱去打线，

若是箍漏咱去锔缸。

插下钢针盘绒线，

活计筐箩推一旁。

打个切身牙床下，

扭扭捏捏出绣房。

一步二步连环步，

三步四步菊花香。

五步六步红芍药，

七步八步花海棠。

九步十步来得快，

眼前来到大门旁。

用手打开门一扇，

留着这扇遮大娘。

东撒[1]西望无人走，

那旁站个黑箍漏。

照着箍漏摆摆手，

挑担过来咱商量。

张箍漏：　(唱) 没见活计怎么要价，

拿出活计咱再商量。

王大娘：　(唱) 黄瓷罐儿打个磕儿，

三道水璺通在底上。

张箍漏：　(唱) 大锅也得三百六，

小锔总得两大筐。

铜钱不要多或少，

老头票子一百张。

王大娘：　(唱) 买口新缸钱多少？

锔个旧缸这么些张！

张箍漏：　(唱) 漫天讨价许我要，

还个价码咱再商量。

王大娘：　(唱) 铜钱不给多或少，

给你俩钱买块冰糖。

张箍漏：　(唱)【杠子调】箍漏我今日好丧气呀，

遇见一个骚婆娘。

你的那活计我也不做呀，

挑起担子我上辽阳。

王大娘：　(唱) 一见箍漏他去了，

[1]　撒：撒目，东北方言读"撒么"，上下左右看看。

　　　　　　后边紧跟王大娘。

　　　　　　赶着赶着对了面，

　　　　　　一把拉住箍漏担箱。

　　　【二窝子调】方才和你开了玩笑，

　　　　　　箍漏何必恼在心上？

　　　　　　铜钱不给你多和少，

　　　　　　铜钱给你五十双。

　　　　　　愿意做来你就做，

　　　　　　你若不做就滚你的娘。（把箍漏推倒）

张箍漏：（白）哎呀，这可坏了，把我的风匣杆子给弄坏
　　　　了。大娘，你方才说给我多少钱？

王大娘：（唱）铜钱给你五十双。

张箍漏：（唱）我得算算，一五得五，越算越糊涂，如六
　　　　如六，越算越不够。

　　　【上坟调】合计合计将够本，

　　　　　　不图挣钱看大娘。

王大娘：（唱）大娘便在头前走，

张箍漏：（唱）一到你们家去呀铜缸。

王大娘：（白）紧跟上。

张箍漏：对，紧跟上。

　　　　（唱）二人正走中途路，

　　　　　　我与大娘唠家常。

　　　　　　我问大娘你贵姓？

王大娘：（唱）三横一竖娘姓王。

　　　　　　你问我来我问你，

张箍漏：（唱）弓长合上我姓张。

　　　　　　我问大娘年高寿？

王大娘：（唱）三十二岁娘属羊。

　　　　　　你问我来我问你，

张箍漏：（唱）一百零八我也属羊。

王大娘：（唱）箍漏说话驴放屁，

　　　　　　人家属羊你属羊。

张箍漏：（唱）你羊我羊不一样，

　　　　　　你属母羊我公羊。

王大娘：（唱）公羊也得母羊养，

张箍漏：（唱）没有公羊不能成双。

　　　　（白）大娘离家还有多远啦？

王大娘：　不远啦，还得会儿到家，咱们再唠扯唠扯。

张箍漏：（唱）【盘家乡调】问大爷或是在家或是在外，

　　　　　　士农工商他是哪一行？

王大娘：（唱）不提起你大爷还则罢了，

　　　　　　提起你大爷叫我好心伤。

　　　　　　奴十七他十八把门儿过，

　　　　　　夫唱妇随夫妻配成双。

　　　　　　过门儿来不到三个月，

　　　　　　你大爷一命见阎王。

张箍漏：（唱）【开调】莫非大娘你守着寡，

王大娘：（白）呀，箍漏子，

　　　　（唱）年轻的小奴家守空房。

张箍漏：（唱）我问你守空房冷不冷？

王大娘：（白）呀！箍漏子，

　　　　（唱）虽然不冷啊可觉着凉。

张箍漏：（唱）我劝大娘当是改嫁呀，

王大娘：（白）呀，箍漏子，

　　　　（唱）眼前无有我的得意郎。

张箍漏：（唱）你看我箍漏好也不好哇？

　　　　　　看好了咱二人今天拜花堂。

王大娘：（唱）我看箍漏倒也不错，

　　　　　　不错就是家底光。

张箍漏：（唱）别看我箍漏担担儿在外，

　　　　　　在上海还有个大洋行。

王大娘：（唱）家底光来不要紧，

　　　　　　我看箍漏脖子长。

张箍漏：（唱）脖子长来不要紧，

　　　　　　我与大娘你缩缩脖腔。

王大娘：（唱）脖子长来还不算，

　　　　　　我嫌箍漏手爪子长。

张箍漏：（唱）手指头长来有好处，

　　　　　　推牌九偷牌更妥当。

王大娘：（唱）叨叨念念来得快，

　　　　　　眼前来到大门旁。

　　　　　　大娘迈步把门进，

张箍漏： （唱）后边紧跟张箍漏。

王大娘： （唱）叫声箍漏把我等，

我到上房去搬缸。

头回拿来黄瓷罐，

二回去搬腌菜缸。

左搬右搬搬不动，

张箍漏： （唱）箍漏上前去帮忙。

王大娘： （唱）打兑箍漏把活做，

大娘回屋巧梳妆。

南来的官粉净净面，

苏州的胭脂点唇上。

上身穿件花大袄，

红绸裤子甩大裆。

走道好比风摆柳，

站下好似一炷香。

打扮已毕往外走，

扭扭捏捏出了房。

张箍漏： （唱）箍漏正然把活做，

抬头看见王大娘。

看着看着花了眼，

走了锤子砸碎缸。

王大娘： （唱）大娘一见心好恼，

开言骂声箍漏郎。

放着活计你不做，

瞪着眼睛瞧大娘。

张箍漏： （唱）打了旧缸不要紧，

砸了旧缸赔新缸。

王大娘： （唱）新缸不如旧缸好，

旧缸腌菜格外香。

张箍漏： （唱）箍漏闻听事不好，

低下头来自思量。

东瞧西望无人走，

我大脚踹在她小脚上。

王大娘： （唱）踹得大娘疼难忍，

噗通坐在地当央。

张箍漏： （唱）饿狗扑食按在地，

连手带脚一起忙。

打罢一回打够了，

二番上前捞捞秧。

（白）我问你还要不要赔缸？

王大娘： 不要了。

张箍漏： （唱）我来锔缸本是假，

为的砸坏你的缸。

土地我上天去交旨，

明日再拿女妖王。

王大娘： （唱）我离拉歪斜[1]往家走，

一到上房去养伤。

张庆志演出本

赵殿荣、余景新口述

张绍寅、张永夫记录

采录时间：1962年

采录地点：海城市牛庄镇

母女顶嘴

此为一出母女二人对唱的小喜剧。17岁待字闺中的女儿与母亲顶嘴、抬杠，母亲说不能随便嫁人，闺女偏说嫁谁都好。母亲赌气说给你找瘸子、瞎子，女儿说瘸子好，两口子打架不踢人，瞎子好，两口子打架不瞪人。最后母亲明白女儿心意，遂张罗给女儿找婆家。

人物　　　女儿

母亲

[1]　离拉歪斜：不走正道，东倒西歪。

女儿： （唱）有一位大姐今年整十七儿，

　　　　坐在床上思思意中人儿。

　　　　暗埋怨妈妈不问我的亲事儿，

　　　　有心想说张不开嘴唇儿。

　　　　越思越想越有气儿，

　　　　递给妈妈烟袋和烟盆儿。

　　　　你坐在炕上抽烟盘好腿儿，

　　　　咱们娘儿俩好好谈谈心儿。

母亲： （唱）丫头有话只管讲，

　　　　咱娘儿俩说话不必客气儿呀。

女儿： （唱）像人家姑娘大了都把婆家找，

　　　　谁像您老这么不关心儿。

　　　　我和你提过几次你不往心里去，

　　　　反倒说要找那家大业大的人儿。

　　　　依我看东庄的二锁就挺好，

　　　　他和我都是十七八的人儿。

　　　　庄稼院的活计是把好手，

　　　　提起来干活，他也不服人儿。

　　　　我和他做夫妻正呀正合适，

　　　　般般配配羡慕死个人儿呀。

母亲： （唱）二锁子是个庄稼院儿，

　　　　起早贪黑有啥大出息儿？

　　　　到春天打栅子捎带滤粪，

　　　　你要是嫁他呀，

　　　　起早贪黑喂猪打狗，还得看小鸡儿。

　　　　庄稼院的活计样样你得干到，

　　　　累得你头发晕、眼发黑，浑身就像散架
　　　　子儿。

女儿： （唱）找一个庄稼院的我也乐意，

　　　　起早贪黑有意思儿。

　　　　到春天忙把地下，

　　　　我也能顶着一个人儿。

　　　　他若是打栅子，我能滤粪，

　　　　他若是点种，我给他扶犁儿。

　　　　他若是铲地，我能拔草，

他若是盘炕[1]，我给他搬土坯儿。

　　　　他若是推碾子，

　　　　我能牵毛驴儿。

　　　　两口子过日子有活俩人做，

　　　　也不能有活就累一个人儿。

母亲： （唱）找个庄稼院的你也乐意？

　　　　这一回给你找个小瞎子儿！

　　　　白天你领他去算卦，

　　　　到晚上还得给他端尿盆儿。

　　　　伺候不到他就翻脸，

　　　　抓你的青丝发打你的眼眶子儿。

　　　　打你鼻子青来脸也肿，

　　　　我看你伤心不伤心儿？

女儿： （唱）找个小瞎子我也乐意，

　　　　省得他冲我乱瞪眼珠子儿。

　　　　我要学会了说大鼓，

　　　　他能给我弹弦子儿，

　　　　我就是领着他也冲我的心儿。

母亲： （唱）找一个小瞎子你也乐意？

　　　　这一回给你找个小瘸子儿。

　　　　一天走不到二里半路，

　　　　东西拿不了几十斤儿。

　　　　晚上睡觉蜷着腿儿，

　　　　膝盖顶着你背心儿。

　　　　顶你那腰酸腿疼，

　　　　唉——　唉——

　　　　一个劲儿紧捯气儿，

　　　　到那时看你伤心不伤心儿？

女儿： （唱）找个小瘸子我也乐意儿，

　　　　两口子打架他不能踢人儿。

　　　　虽说是腿脚不便不能把重活做，

　　　　他能到鞋店去学手艺儿。

　　　　他要是做帮，

　　　　我给他做底儿。

[1]　盘炕：砌火炕。

他要是包前尖儿，

我给他做后根儿。

说说笑笑有情趣儿，

照样能养活一家几口人儿。

母亲： （唱）找个小瘸子你也乐意儿？

我给你找个不说话的人儿。

一辈子不说一句话他是哑巴，

到那时我看你伤心不伤心儿？

女儿： （唱）找一个小哑巴我更乐意，

两口子打架他就会"嘎巴"嘴儿，

省得他骂人儿。

虽然说哑巴不会说话，

可是他心眼儿好照样会疼人儿。

十个哑巴九个手巧，

编筐织篓织席子儿。

他要是编筐，

我给他折沿儿。

他要是织席子儿，

我给他刮篾子儿。

母亲： （唱）给你找个小哑巴你也乐意？

这回给你找一个赶大车的人儿。

不是拉煤就是拉粪，

又累又臭熏死个人儿。

贪黑回来起早走，

刚穿的新裤子，

又划个大口子儿。

女儿： （唱）找个赶大车的我乐意，

身板结实有力气儿。

拿点东西不费劲儿，

搬搬扛扛省得求人儿。

多买几瓶花露水儿，

从头点到脚后跟儿。

一走香喷喷儿，

直冲妈妈你的鼻子儿。

衣服准备十几套，

划开几回儿补几回儿。

妈妈你不乐意孩儿乐意，

看妈妈你有什么门儿？

母亲： （唱）骂一声丫头敢和我顶嘴儿，

我叫你这辈子甭想去成亲儿。

女儿： （唱）丫头一听上来了倔脾气儿，

你不让我成亲我就一个人儿！

这辈子你养活我一个坐家老，

我能当一辈子黄花大闺女儿。

一年吃你粮和米儿，

光吃不做，衣服还要几身儿，

吃饱了就睡，醒了听小曲儿。

你要是敢说我，

撒泼打滚儿，活活儿作死个人儿。

母亲： （唱）老太太闻听这句话不对劲儿，

这丫头拿棒槌她还当了针儿。

不是妈妈不给你婆家找，

你看眼前哪有合适的人儿？

等过三年并两载，

妈妈给你找个好女婿儿。

又有钱来又有势，

吃穿不用你操心儿。

女儿： （唱）妈妈你不必往下讲，

丫头明白妈妈你一片心儿。

有财有势孩儿我不嫁，

他拿咱们不当人儿。

大户人家没事爱找事儿，

老头儿老太太立规矩儿，

还叫儿子打媳妇儿。

大姑子没事儿她爱挑邪理儿，

小姑没事儿她爱教训人儿。

妈妈去把闺女看，

人家不拿咱们当亲戚儿。

挑女婿不是买宝贝儿，

家有万贯不如人可心儿。

母亲： （唱）丫头说得对对对，

你真是妈妈的好闺女儿。

我要是早知道这件事儿，

哪能受你奶奶半辈子屈儿。

今后你的婚事妈不管，

只要你相中了，

妈妈给你找媒人儿。

女　儿：（唱）妈替我拿主意本是正理儿，

我也不能冒冒失失就成亲儿。

母　亲：（唱）丫头越说越有理儿，

妈妈我高兴得笑开了抬头纹儿。

母女合：（唱）《母女顶嘴》算一段，

直说得妈妈合不拢嘴儿，

高高兴兴娘两个多开心儿啊！

高红昆口述

戚永哲记录

采录时间：1962年

采录地点：海城市南关社区

墙头记

又名《鲍不平》。李老好妻子早亡，独自将两个儿子抚养成人。两个儿子娶妻后，都不愿意赡养父亲。儿媳妇儿张桂花、母夜叉见李老好的朋友鲍不平前来还钱，又争着抢公爹去自己家过年。

人物　　李老好

鲍不平

张桂花

母夜叉

（张桂花上）

张桂花：（唱）今天是腊月三十呀，

明天就是大年初一呀。

我淘米磨面把鸡宰，

过年可都吃好东西。

（白）我叫张桂花，配夫李大发，一宅分两院，俺们妯娌俩都当家，这家产全分好，就剩下个穷爸爸。我说爸爸呀，爸爸呀，爸爸呀！

（李老好上）

李老好：（白）哎，来啦！老汉今年七十八，耳不聋来眼不花，两个儿子都娶了妻，大儿媳叫张桂花，二儿媳叫母夜叉。

张桂花：（白）我说你怎么说话呢？

李老好：我说大儿媳呀，叫我有事啊？

张桂花：啊，没事能叫你呀！我问问你，你在这院都待几天啦？

李老好：我算算啊，二十七。

张桂花：一天。

李老好：二十八。

张桂花：两天。

李老好：二十九。

张桂花：对呀，那分家的时候不说得明白吗，老大老二一家三天。再说了，你没看老二那院，又煎鱼，又炸虾，又炒菜，又扒鸭，那饭菜早就给你做好啦，就等着你去吃呢。

李老好：那好，我上那院去。

张桂花：哎，你打算从哪走哇？

李老好：从大门走哇！

张桂花：你是不是老糊涂了？你不知道咱家有个规矩呀，三十初一这大门不许出，你要把财神爷带走了，你还上哪吃去呀！

李老好：那好，在你这院我再住三天。

张桂花：哎，你可饶了我吧，爹爹你往那看呀！

李老好：那不是狗洞吗？

张桂花：什么猫洞狗洞的，钻过去就得了呗。

李老好：我这么大岁数了，我不钻。

张桂花： 岁数大怎的岁数大？岁数大是你一岁一岁长的嘛！哎呀爹呀，不钻就不钻吧，你就顺着这墙头爬过去得啦！

李老好： 墙那么高我也上不去呀！

张桂花： 来扶你！坐好了，二妹子—— 二妹子——

母夜叉： （上）来啦，来啦，来啦！

（唱）自幼生来我的脾气大呀，

　　　外人送号我叫母夜叉呀。

　　　我在房中煎鱼又炸虾，

　　　大嫂她唤我究竟为什么呀？

　　　不用你们说呀，

　　　我就知道了哇，

　　　一定是送我一朵大绒花。

（白）每年过年那嫂子都送我一朵大红花，甭问，嫂子一定给我送花来了。

我说嫂子，你是不是给我送绒花来啦？

张桂花： 我说二妹子！

（唱）嫂子我没有大绒花，

　　　你哥他赶集没在家。

　　　二妹子接着吧，

　　　来你接着吧，

　　　我给你送个穷爸爸。

李老好： （唱）二儿媳快把我搀下去，

母夜叉： （唱）过年你休想到家呀。

　　　死了吧来死了吧，

　　　养你还不如养鸡鸭。

　　　小鸡小鸭还能下蛋呢！

　　　养你白把那粮食搭呀。

张桂花： （唱）闻听此言回房去呀！

母夜叉： （唱）怒气冲冲我也回家。

李老好： （白）大儿媳、二儿媳，咳，可苦死我了……

（唱）天也冷来地也滑，

　　　谁像我年迈苍苍还得把墙扒。

　　　看起来养儿别养俩，

　　　一到老了没有家。

　　　仰望苍天一声喊，

　　　叫一声大发二发死去的妈。

　　　你有灵有圣把我带去，

　　　一到那阎王殿上去告她呀。

　　　只哭得泣不成声喉咙哑，

鲍不平： （上。唱）冰天雪地道路滑。

（白）呀，这老头可真掉猴儿[1]，大年三十骑墙头。哎，老哥哥你吃饱撑的呀，跑墙头上趴着？

李老好： 大兄弟呀！我还没吃饭呢！

鲍不平： 啊，没吃饭就上墙头，要吃饱了还不得跑旗杆顶上蹲着去呀？

李老好： 我说大兄弟呀，你就别取笑了，快帮忙把我扶下去吧。

鲍不平： 哎呀，我这个人就见不了这个。来我把你扶下来，慢点慢点。

李老好： 谢谢！

鲍不平： 我说老哥啊，这冰天雪地，北风刺骨。今天可是大年三十啊，你怎么跑墙头上蹲着来了？

李老好： 大兄弟呀，一言难尽哪。

鲍不平： 老哥有什么事儿跟我说说，即使我帮不上忙也能给你出个小主意不是？

李老好： 家丑不可外扬啊。

鲍不平： 家丑……老哥哥这到底是怎么回事啊？你叫什么名字？

李老好： 我叫李老好。

鲍不平： 唉这个名字好啊，老好老好老来必然得好啊。好好好！好哇！

李老好： （唱）看起来有儿没有无儿好，

　　　多儿多女多冤家。

　　　我把他们拉扯大，

　　　娶妻生子抱娃娃。

　　　家家都有儿和女，

　　　他们俩合计合计分了家。

　　　家家都分骡和马，

[1] 掉猴儿：没正形，顽皮。

就剩下我这个穷爸爸。

大儿家住三天净吃冷饭，

二儿家住三天净喝冷茶。

今天已到三天满，

离开了大发家来到了二发家。

大儿媳不让我从大门走，

她让我年迈苍苍把墙爬。

二儿媳见到我就破口大骂，

她说养我不如养鸡鸭。

鲍不平：　（白）她们都叫什么名？

李老好：　（唱）大媳妇儿名叫张桂花，

　　　　　　　二媳妇儿她叫母夜叉。

鲍不平：　（唱）张桂花呀，母夜叉，

　　　　　　　骂声两个不孝小冤家。

　　　　　（白）可把我给气坏了。（想办法）有了，老哥哥我给你拿点散碎白银子，你先到那小店买点吃的。我保准一会儿让你那两个儿媳妇儿去接你。

李老好：　好人哪！（走）

鲍不平：　哎，回来，你可别走丢了！（李老好下场）砖头瓦块帮帮忙吧！

张桂花：　（上）攥走了老公公，过年得太平。

鲍不平：　有我鲍不平，休想得太平，开门。

张桂花：　谁呀？

鲍不平：　财神爷。

张桂花：　哎呀妈呀，怎么这么准呢！哎，你谁？

鲍不平：　这不是李老好家吗？

张桂花：　不是。

鲍不平：　噢，不是这院就是那院，我去那院去。

张桂花：　站住！

　　　　　（唱）你这个人来胆太大，

　　　　　　　大过年闯进我的家。

　　　　　　　你不是偷来就是盗，

　　　　　　　喊人来把你送进官衙。

鲍不平：　（唱）【数板】你也别着急，你也别上火，

　　　　　　　听我慢慢对你说。

我叫鲍不平，鲍不平就是我，

家住城南鲍家坨。

只因为二十年前日子不好过，

寻死上吊要投河。

这时遇见那一个，

李老好，我的老哥哥。

借我纹银二十两，

叫我外地谋生活。

如今我发家致了富，

回来报答老哥哥。

本利归还四十两，

外加十两给老哥哥打酒喝呀！

张桂花：　（唱）我闻呀此言哪，心喜悦呀！

　　　　　　　果然可来了财神爷。

　　　　　　　五十两银子不算少，

　　　　　　　见钱我可不能往外搁。

　　　　　　　叫一声大叔你老快请坐呀！

　　　　　　　坐在炕头上咱俩唠唠嗑。

　　　　　（白）哎呀大叔啊。

鲍不平：　你是……

张桂花：　大叔哇，您还不知道我呀，我就是大发媳妇儿。

鲍不平：　哎呀你就是大发媳妇儿呀！你说这上哪看去？前些年我来你家，那大发才这么大。

张桂花：　什么？

鲍不平：　小耳朵。

张桂花：　哎大叔哇，您还没吃饭吧！正好我做的蘑菇炖小鸡，您尝尝侄儿媳妇儿的手艺，我再给您烫一壶酒。

鲍不平：　跑这过个肥年来了！

张桂花：　大叔哇，来，您吃……

鲍不平：　哎，你公爹哪去啦？

张桂花：　啊！啊！我公爹去外面晒太阳去了，大叔您慢慢吃，我去找我公爹去，二妹子，二妹子。

母夜叉：　（上）你爹一声，妈一声，叫我干吗？

张桂花：　二妹子，是这么回事，我不是把爹送到你们家了吗，我回屋一寻思还是把我公爹送我这来过

年吧！

母夜叉：　这小老婆这阵儿又怎么开通了，小话儿说得像门神爷似的，还要去她那边过年去。（对张桂花）不知道。

张桂花：　不是你从墙上把他扶下去的吗？

母夜叉：　他压根从墙上就没下来过。

张桂花：　妈呀，八成从墙头上掉到墙外边了，这五十两银子、这五十两银子，我得赶紧去找找去。这大门许进不许出，这可怎么办，一不计百不计，你这纯属放狗屁，这五十两银子要紧。

母夜叉：　什么？还有五十两银子？

鲍不平：　你是二发媳妇儿吧！

母夜叉：　你是？

鲍不平：　我是你鲍大叔。

母夜叉：　呀，这会儿从哪整出个鲍大叔，我告诉你我是你鲍大奶奶。

鲍不平：　二侄儿媳妇儿你是不知道哇，前些年你老公爹借给我二十两银子，今天我来还他钱来了，连本带利正好是五十两啊！

母夜叉：　哎呀，大叔哇，这回我就明白了。

鲍不平：　明白人好办事，糊涂棒子好打架。

母夜叉：　看见没，是我爹年轻时候往外借的钱，现在连本带利回来了。怪不得这小老婆从早晨到现在一直跟我慌手慌脚的，原来还是五十两银子把你催的，我告诉你小老婆，这五十两银子你休想独吞，我得找我爹去。

鲍不平：　这回可有好戏看了！

张桂花：　爹哎！

母夜叉：　爸爸哎！

李老好：　（唱）大媳妇儿搀来二媳妇儿拉呀，
　　　　　她们俩亲亲热热叫爸爸呀！
　　　　　（白）莫非我是在做梦？

张桂花：　爹呀！

母夜叉：　爸爸呀！

张桂花、母夜叉：您老请坐下。

张桂花：　爹您坐。

母夜叉：　等等，您看这椅子上全是灰，来，爹呀，我给您擦擦凳子，坐吧。

鲍不平：　老哥哥回来啦。

李老好：　贤弟。

鲍不平：　我给你还钱来啦。

李老好：　哎呀，鲍贤弟这钱我可不能要。

张桂花、母夜叉：要要要，你干什么玩意……（把老头拉到一边）

张桂花：　（唱）大叔您把银子交给我，

母夜叉：　（唱）把银子给我，我给公爹花。

鲍不平：　（唱）你也要要，你也要拿。
　　　　　有心给你，有心给她，
　　　　　我有心一家给你们二十五两，
　　　　　大叔我不是给你们来分家。
　　　　　银子就往祖宗板上放，
　　　　　等你爹吃完饭咱就有办法。

张桂花：　（唱）我急急忙忙端饭菜，

母夜叉：　（唱）我连跑带颠回家取鱼虾呀！

张桂花：　（唱）爹爹您尝尝这菜口轻口重，
　　　　　要是淡了放点咸盐花。
　　　　　（白）大叔啊，
　　　　　（唱）我弟妹小老婆心狠毒辣，
　　　　　心无父母腹无爹妈，
　　　　　对公爹不是打来就是骂，
　　　　　常常用那锥子扎呀！

李老好：　（白）就你好。

张桂花：　（唱）大叔您听听我爹说的话，
　　　　　那银子可不能交给那个母夜叉呀。

母夜叉：　（唱）我急忙端来了饭和菜呀！
　　　　　爹爹您用它把酒来压呀！

张桂花：　（唱）我爹可不吃你做的饭和菜，
　　　　　我怕你下毒药药死老爸爸。

母夜叉：　（唱）大叔的面前说我的坏话，
　　　　　我恨不得这一脚把你的眼踢瞎。
　　　　　你嘴甜心狠，心眼毒辣，
　　　　　笑里藏刀，暗把人杀。

张桂花：　(唱)小老婆你再胡说我打你个大嘴巴，

母夜叉：　(唱)你敢碰一碰你这个老姑妈呀。

鲍不平：　(唱)老鲍我一见心冒火，

　　　　　　　上前忙把老哥哥拉。

　　　　　　　跟我走来跟我走，

　　　　　　　养老送终到我家呀。

　　　　　　　拉起老哥哥往外走哇，

张桂花：　(唱)上前忙把大叔来拉。

　　　　　　　大叔你消消气来压一压火呀，

鲍不平：　(唱)怒气冲冲叫冤家。

　　　　　　　你们是上有老来下有小，

　　　　　　　娶妻生子抱娃娃。

　　　　　　　将来你们子孙成人长大，

　　　　　　　跟你们学会了打爹骂妈。

　　　　　　　这就叫地基不正，房子要塌架，

　　　　　　　坏秧儿哪能结出好瓜？

　　　　　　　你们要思一思来想一想，

　　　　　　　思思想想究竟为什么。

张桂花：　(白)哈……(母夜叉讪笑)您好，大叔啊，我以后好好孝顺我公爹。

母夜叉：　哈……哎呀大叔啊，以后哇，我好好孝顺我的老爸爸。

鲍不平：　不行，你们俩说话我不信，今天啊是大年三十儿，各路神仙都下界了，你们俩呀当着你们家的祖宗板起个誓吧。

母夜叉：　还得起誓？

张桂花：　那就起吧，

　　　　　　　(唱)张桂花。

母夜叉：　(唱)母夜叉。

张桂花、母夜叉：(唱)姐妹双双趴在地下。

张桂花：　(唱)眼望着包裹呀我就要起誓，

母夜叉：　(唱)心想着银子我得把誓发。

张桂花：　(唱)我就跪着走，

母夜叉：　(唱)我就趴着爬。

张桂花、母夜叉：(唱)抓到那爹爹的脚跟底下呀，

张桂花：　(唱)我的爹爹呀！

母夜叉：　(唱)我的爸爸呀！

张桂花：　(唱)千错万错都是我的错，

母夜叉：　(唱)以前的事情您老别提它。

张桂花：　(唱)从今往后我要有错爹爹只管打，

母夜叉：　(唱)爹要是骂我，我就装哑巴。

张桂花：　(唱)爹要喝酒，儿媳去炒菜，

母夜叉：　(唱)爹要是吃香的，儿媳去把肉割。

张桂花：　(唱)爹不发话，儿媳不起呀！

张桂花、母夜叉：(唱)愿跪那海枯石烂，

　　　　　　　天塌地陷铁树开花。

李老好：　(唱)闻听此言哪泪流下，

鲍不平：　(唱)只有那不孝儿女，

　　　　　　　没有狠心爹和妈呀。

李老好：　(白)哎，两个不孝的奴才起来吧！

张桂花：　多谢公爹。

母夜叉：　爹呀，我给你磕个带把的头，走哪拎着体面。

张桂花：　大叔哇，您看这天呀也不早了。

母夜叉：　是呀，我大婶还在家等着一块和你过那团圆年呢。

鲍不平：　哈……我就一个人，哪来大婶子？

母夜叉：　呀，原来是个老光棍啊。

鲍不平：　老哥哥我走啦。

李老好：　大兄弟不能走哇。

母夜叉：　大叔哇，下次你再来呀，侄媳妇儿给你多做些好吃的。

张桂花：　弟妹呀，咱爹喝多了，快把他扶后屋睡觉去吧。

母夜叉：　走，爹去后屋睡觉去。你干什么呢？

张桂花：　我看看少没少？

母夜叉：　你拿来吧。

张桂花：　(唱)我也拽。

母夜叉：　(唱)我也拉。

鲍不平：　(唱)银子变成土拉咔。

张桂花、母夜叉：(白)大叔这咋变了呢？

鲍不平：　(唱)只因不孝爹和妈，

　　　　　　　金银变成土拉咔，

张桂花、母夜叉：(唱)从今往后要学好，

好好孝敬老爸爸。

董凌山记录

采录时间：1980年

采录地点：海城市南关社区

傻柱子接媳妇

取材于民歌《老妈叹十声》。在海城喇叭戏和东北大秧歌中，只描写傻柱子在年末进京接媳妇儿一段。舞台上演出，则有《老妈辞活》与《老妈开嗙》两场戏。《辞活》一场戏，阔少爷调戏小老妈不成，以种种借口，克扣小老妈的工钱，表现了财主对佣人的剥削与欺压。伪满时期，有人曾将小戏《老妈开嗙》改成大戏《枪毙小老妈》，增加了阔大爷与小老妈私通，定计害死傻柱子，最后犯案，小老妈被判死刑等情节。此戏有色情、凶杀内容。1951年后被禁演。1950年，沈阳的改编本《老妈辞活》，将故事时间改成了1949年前后，描写农民何柱子翻身后，进北平去接媳妇儿，小老妈辞活，与地主阔大爷清算剥削账等情节。

人物　　　傻柱子

　　　　　小老妈

　　　　　阔大爷

（傻柱子上）

傻柱子：（念）好汉无好妻，

　　　　　　　赖汉娶花枝。

　　　　　　　家住三河县，

　　　　　　　名叫傻柱子。

（白）你别看我人傻，可摊个好媳妇儿。咱那小媳妇儿可好啦，是大姑娘变的。上北京给人家当老妈子去了，四年半也没回来，眼看又快要过年了，我要上北京去接她去，回来好过个团圆年。媳妇儿脚小走不动，我到二大爷家借驴去。（出门走圆场）二大爷在家吗？

（内应：不在家。）

不在家怎么说话呀？

（内答：我把嘴扔在家里了。）

这个老灯泡，人没在家把嘴扔在家里。那好，你把驴借我。

（内问：你借驴干啥去？）

上北京去接侄媳妇儿去。

（内白：噢，去接侄媳妇儿，头下晚可得先到我这。）

到你这，这老东西，你要要驴[1]怎的？

（内白：不是，我想看看侄媳妇儿出没出息。好吧，你牵走吧！）

（唱）柱子一阵好欢喜，

　　　二大爷借给我哏嘎乱叫的大叫驴。

　　　手牵毛驴回家转，

　　　大门以外我拴上驴。

　　　给毛驴添上一把草，

　　　抖搂枕头壳子荞麦皮。

　　　嘿嘿！

　　　喂喂我的毛驴。

　　　将毛驴喂得十分饱，

　　　刷洗完毕鞴上鞍屉。

　　　回转身来上房进，

　　　拿过来溜光绽亮、绽亮溜光、千条瑞气、瑞气千条、冷气飕飕、热气腾腾的破钱褡子。

　　　钱褡搭在驴身上，

　　　合计还得我背着。

　　　手牵毛驴刚要走，

　　　叫声三叔二婶儿。

[1]　　要驴：作闹人。

（内应：啥事？）

我上北京去接媳妇儿，

家里家外给我照看着。

将毛驴牵到村庄外，

就着高岗上了驴。

催动毛驴快些跑，

鞭鞭打驴走得急。

这四十五里跑得这么快，

北京就在面头里。

北京城这几年有点大变样，

家家的货物摆得刷齐[1]。

穷人拉洋车他跑得比我毛驴快，

坐车的大老爷都是有钱的。

外国人在北京真不算少，

他们个子高皮肤白还大鼻子。

你看那有骑马的坐轿的，

推车的担担的。

都说是穷人生来命运低，

咱们是比上不足比下有余。

人来人往多热闹，

四年前送我媳妇来过一趟，

阔大爷的府门我还记得的。

阔大爷大门上边挂着一块匾，

四个大字是"洪福鼎居"写得稀奇。

门前的影壁修得高又大，

一边一块上马石。

柱子正走留神看，

大爷的府门就在这里。

急忙翻身把驴下，

石柱子上拴上驴。

柱子上前推门扇，

府门关得紧紧的。

有心门外高声喊，

大爷要怪罪可了不得。

只好在此慢等候，

出来人给我媳妇儿捎进信去。

且不言傻柱子门外等，

小老妈：　（上。唱）再把我小老妈提上一提。

小老妈在上屋打扫尘土，

从东屋打扫到西屋里。

瞧了瞧咱大爷没在府上，

我要到府门外买点东西。

今天不把别的买，

要买苹果鸭梨炮台烟卷铁盒的。

小老妈迈步往外走，

府门不远就在头里。

膝盖顶住门闩带，

十指又把插关提。

用手开开门两扇，

瞧瞧东来望望西。

东西大路无人走，

在门旁石柱上拴着一头驴。

我往那边送二目，

那边蹲个黑不溜秋什么东西？

我看此人好面熟，

好像见过面一时又想不起。

看罢多时我认识了，

那不是三河县傻当家的。

我们俩分别四年半，

大约看这傻东西不会认得我的。

且不言小老妈把疯卖傻，

傻柱子：　（唱）再把傻柱子提一提。

傻柱子在这里正把虱子抓，

忽听府门响咯吱。

傻柱子睁开一双绿豆眼，

府门里出来个花不棱登傻东西。

见此人也不知她开没开脸[2]，

又像媳妇儿又像个大闺女。

[1]　刷齐：整齐。

[2]　开没开脸：大姑娘出嫁那天要把脸上汗毛用绳绞掉，叫"开脸"。

不用人说知道了，

不是阔大爷的大奶奶就是小点子。

我想见大奶奶有点不好见，

我的穿戴不整齐。

掸了掸身上尘灰土。

搂搂头发擤擤鼻涕。

傻小子贼溜溜地问声大奶奶好，

趴下磕头起来又作揖。

有点小事求求你，

你给小老妈捎个信去。

小老妈：　（唱）府上老妈七八十个，

不知你找的叫啥名字。

叫声当家的你抬头看，

我是你妻你还认不认得？

傻柱子：　（唱）傻柱子闻听蹦高乐，

你是我媳妇儿我怎么不认得？

小脸蛋吃得白又胖，

身上穿得整齐齐。

叫声媳妇儿跟我走，

咱们回家过年去。

小老妈：　（唱）小老妈摆手连说走不了，

阔大爷留我有活计。

别的活计不让我做，

留着我白天黑夜，搂搂抱抱——

傻柱子：　（白）干啥？

小老妈：　（唱）抱孩子。

傻柱子：　（唱）傻柱子听此言干憋气，

骂一声媳妇儿你不是东西。

四年半没回家哪来的奶，

哪来奶水给人家奶孩子？

骂一声阔大爷你太不对劲，

你不该叫傻柱子当那大爪鱼。

是我媳妇儿快跟我走，

跟我回家过年去。

你若走来还罢了，

你若不走我要碰死在此地。

小老妈：　（唱）小老妈急忙上前去拉柱子。

（白）呀！傻当家的，你别死了，我跟你回家去。咱家有钱吗？

傻柱子：　有，这几年我和二大爷分种地，我把年都置办好了。

小老妈：　呀，把年都办好了，咱家今年都拎些什么？

傻柱子：　白面八斤，猪肉八斤，大米八斤，灶王爷[1]八斤，炸炮八斤。

小老妈：　买那么多灶王爷干啥？

傻柱子：　我妈说剩下留糊墙。

小老妈：　你在这等着，我去找大爷算账去。

傻柱子：　你快点回来，你回来把阔大爷家的黏糕拿来几块，我早晨忙活得没吃饱。

小老妈：　是啦。

（唱）且不言小老妈去算账，（下）

阔大爷：　（上。唱）再把我阔大爷提一提。

阔大爷皇城里去赴酒筵，

我和西太皇一张桌子。

暖阁里边用目看，

怎不见美不够的小老妈子？

且不言大爷我这睡觉，

小老妈：　（上。唱）小老妈要算账走得急。

迈步就把暖阁进，

看见了阔大爷睡觉把眼眯。

叫声大爷你醒醒来，

小老妈今天有话提。

阔大爷：　（唱）阔大爷正睡觉咬牙又放屁，

忽听耳旁有人把话提。

睁开一双修行眼，

哟！原来是美不够、浪不够的小老妈子。

开言便把老妈叫，

大爷正要叫你吩咐活计。

你先生着炭火盆，

再给大爷烤烤棉裤好起身。

[1]　灶王爷：指有灶王爷像的年画。

0166

然后再打一盆净面水，

拿来牙刷牙粉漱口盅。

你再沏上一壶香片水，

大爷我喝完水好吃点心。

小老妈：　（唱）尊声大爷少摆点儿谱，

小奴家有话对着您老提。

三河县来人将我找，

阔大爷：　（白）谁找你呀？

小老妈：　（唱）我们当家的接我回家过年去。

叫大爷给我们算算账，

该多该少与我们找齐。

阔大爷：　（白）莫非说你要辞活不做？

小老妈：　正是。大爷快给我算账吧，我非走不可啦。

阔大爷：　老妈，我的妈呀，你真要走哇？

小老妈：　非走不可啦！

阔大爷：　你要是真心算账要走，大爷要"扒短"。

小老妈：　我有什么短处？

阔大爷：　（唱）听我把你的短处提上一提哟。

自从你进大爷我的府哇，

大爷我眼上眼下高看你哟。

你大奶奶一旁要是多嘴呀，

大爷我眼睛一瞪定是不依哟。

各样的水果随你便去买，

一天三顿饭净吃好的。

大爷我给你买的穿戴你三脱又四换，

净穿绫罗绸缎不穿粗布衣。

三天两头带你去看戏，

怕你渴怕你饿，

水果香糖各样的糕点都给你带去。

大爷我待你哪点不好哇？

样样的事情我都依着你。

大爷我对你千般好也是留不住，

来来来你跟大爷算账去——

小老妈：　（唱）小老妈便在前头来走哇，

阔大爷：　（唱）阔大爷后边紧跟着哟。

小老妈：　（唱）小老妈迈步账房来进哪，

阔大爷：　（唱）大爷我关上门，插上这门插子。

小老妈：　（唱）大爷你为什么把它插得这么紧哪？

阔大爷：　（唱）关上门没有人，咱俩好好算呢。

大爷我伸手拿过来流水账，

小老妈：　（唱）小老妈急忙递过去算盘子。

阔大爷：　（唱）先打上三八二十二呀，

再打上四八三十一哟。

八八六十加上二个四呀！

九九六十再加一呀。

左打右打这糊涂账啊，

你净剩小钱七吊一。

小老妈：　（白）大爷我一年挣多少钱？

阔大爷：　一年不是五百三十吊么？

小老妈：　我一共在你家多少日子？

阔大爷：　正好四年半。

小老妈：　我一年挣五百三十吊，这四年半怎么才剩七吊一啦呢？

阔大爷：　你有很多花销哇！

小老妈：　什么花销？

阔大爷：　你刚来的时候，你就穿这样的衣裳么？不都是大爷给你买的么？

小老妈：　不是你叫我穿吗？

阔大爷：　你要在这不走算我的，你要走啦，那就得算你的啦。光这些衣裳就花了一百一十七吊。

小老妈：　这点衣裳怎么那么多钱呢？

阔大爷：　衣裳倒不值那么多钱，为了给你买衣裳，从北京到开封，东京城到金陵，从金陵到济宁，路过南京住半月，最后到了苏州城、住旅馆、观风景、吃喝拉撒看电影，为了你的衣裳天天等，来回是三个半月，处处都节省，这才花了一百一十七吊整。

小老妈：　还有什么花销？

阔大爷：　就说你这双鞋吧，为了买它，从角门到苹果园，从丰台到石门营，门头沟到霞云岭，从顺义到庙城，大白楼到武清，路过杨村到天津。在天津订做的，怎么样，鞋匠费了多少工，五颜六色绣得精，有花草有鱼鸟，打浪的帆船来回跑，你穿上它多少富家小姐也比不了，又不肥又不瘦，这才花六十六吊六百六。就说你头上戴的珍珠与玛瑙，逼得大爷东西南北到处跑，从北京到海南岛。就说你穿的这个裙子吧，你看这裙子多出奇，为了它大爷去趟天津白沟集，花了白银五十两，你穿上这条裙子街上走，谁不说你穿的戴的多美丽？去了你这些东西的花费净剩七吊一。

小老妈：我在这呆了四年半，就剩这么几个钱，叫我怎么办哪？（哭）我的妈呀！

阔大爷：哎呀！我的妈呀！

（唱）叫一声小老妈莫伤心莫落泪，

我背着你大奶奶给你拿银子。

我给你拿白银二十五两，

大爷我眼泪叭嗒递过去——

小老妈：（唱）小老妈走出大门叫声傻柱子。（往外走）

叫一声赶快过来接东西哟。

傻柱子快把驴来顺哪，

傻柱子：（唱）柱子我急忙牵过来驴哟。

小老妈：（唱）小老妈翻身把驴上哪，

傻柱子：（唱）傻柱子鞭鞭打驴走得更急哟。

小老妈：（唱）小老妈毛驴之上开言道，

叫一声我的傻当家的。

路上有人问到你和我呀，

你就说外甥送他老姨哟。

傻柱子：（唱）傻小子一听心里不愿意呀！

骂声媳妇你不该找我便宜哟。

这路上有人来问你呀，

你就说干爹送他干闺女哟。

小老妈、傻柱子：（唱）小两口儿说说笑笑来好快，

三河县不远在面头里。

骑驴就把村子进，

眼前来到自己家里。

小老妈：（唱）小老妈我这里把驴下，

傻柱子：（唱）柱子急忙接过驴，

拿下来好东西。

小老妈、傻柱子：（唱）夫妻二人把房进，

下回老妈开嗙吹牛皮。

李凤棠、陆云霆演出本

董凌山记录

采录时间：1962年

采录地点：海城市牛庄镇

铁弓缘

明代已故太原守备之女陈秀英与母亲茶婆开茶馆为生，其父留一铁弓，遗言能开弓者为婿。太原总镇公子史文欲娶秀英，被陈母痛打。史将匡忠劝解此事，匡忠能开弓，秀英钟情，二人成婚。史家父子合谋陷害匡家父子。史文再逼秀英，秀英假意允婚，将其杀死。后来经过一番周折，匡忠、秀英夫妻团圆。海城喇叭戏最初是在高跷上表演，后来发展到撂地儿野台子演出，利用了大秧歌里小丑、小旦、彩婆子三个主要人物，形成了小喜剧，剧情里主要是茶婆、陈秀英、史文及史文家丁的表演，使用了大量的东北方言土语，具有较强的东北民间性、喜剧性。全戏分为"分工""挂画""巧斗"三个小场。老艺人宋殿槐擅演此戏。海城喇叭戏只演"拆出"《开茶馆》（又名《英杰烈》《豪杰店》）一折。喇叭戏正式形成以后，《铁弓缘》也有全本演出，剧情与同名京剧略同。

人物　　茶婆

　　　　　陈秀英

　　　　　史文

　　　　　家郎四人（简称：家郎）

（茶婆上）

茶婆：（念）老头下世早，

抛奴正年轻。

母女来度日，

全凭这张弓。

（白）老身邱氏，老头子下世去了，抛下我们母女二人。我看今日天气晴和，有心把茶馆收拾收拾，卖几个钱，好留咱娘儿俩度日。待我把丫头唤将出来，和她商量商量。（向后台招手）呀！这死丫头，跟你妈开玩笑，也不怕你二大爷笑话。有何话讲？

陈秀英：（上。白）对啦，有何话讲？

茶婆：丫头，自从你爹 ……

陈秀英：哎。

茶婆：丫头，你有病么？

陈秀英：没病啊！

茶婆：没病你怎么哼哈的？

陈秀英：妈呀，咱娘儿俩说话不得上答下应吗？

茶婆：你上答下应，妈不吃亏了么？

陈秀英：妈呀，你吃亏也没吃到别人跟前，吃在你的女儿跟前，不过是一把半把的呗。

茶婆：你看咱这丫头有多会说话。妈再招呼，你可别答应啦。

陈秀英：是啦。

茶婆：妞哇，自从你爹 ……（英一缩脖）

陈秀英：妈呀，这回我没答应，叫我咽了。

茶婆：这丫头，你还咽你爹。

陈秀英：哎。

茶婆：这个死丫头，你等着。叫我给惯坏了，跟你妈开玩笑啊！好孩子，再别答应啦。

陈秀英：是啦。

茶婆：自从你爹下世，在汴梁大街抛下一个小小的茶馆。妈有心把这茶馆收拾收拾，卖下银钱好留咱们母女俩度日。把你唤出来，咱娘儿俩商量商量，不知丫头你愿意不愿意？

陈秀英：妈妈说好便好。妈呀，这做买卖可得说买卖话呀！

茶婆：咳哟，我和老头做了半辈子买卖，也不会说买卖话。丫头你会说，快说说给妈妈听听。

陈秀英：妈呀，叫你问急了，我还忘了。

茶婆：你好好想想。

陈秀英：是啦，待我想想。妈呀，我有了。

茶婆：你有了，妈抱着[1]。

陈秀英：咳，有对了啦。

茶婆：有对我抓着[2]。

陈秀英：有对联啦。

茶婆：把妈吓得一脑袋头发。你说上联，妈对下联。

陈秀英：上联是：买卖兴隆通四海。下联你对吧。

茶婆：下联是：财源滚滚 ……

陈秀英：不对，你看你对的。

茶婆：哎呀，傻孩子，谁不看小旦，哪有看老旦的[3]？

陈秀英：妈呀，你听着吧。上联是：买卖兴隆通四海。下联是：财源茂盛达三江。

（鼓伴奏）

茶婆：打鼓的这个老该死的[4]，他看小姐长得好，他给来个七八隆咚锵。你再听我的。上联是：买卖兴隆通四海。下联是：财源茂盛达三江。（鼓伴奏）哎哟，打鼓的这个老该死的，你倒好好打呀！怎单打我的老腰眼子？丫头你看打没打红？

陈秀英：哎呀妈呀，打肿了！

茶婆：咳，打红了。

陈秀英：对，打红了。

茶婆：妞啊，这茶馆一开，你是打里呢，还是打外呢？

陈秀英：妈呀，打里怎么计，打外怎么讲？

[1] 你有了，妈抱着：母女二人玩笑，指大姑娘有孩子了。

[2] 有对我抓着：这里指打牌，推牌九。

[3] 谁不看小旦，哪有看老旦的：一般的戏，主角都是小旦，老旦是配角。这里是老旦自嘲。

[4] 打鼓的这个老该死的：东北民间小戏演员与乐队调侃，是东北地方戏的一大特点。

茶婆： 打里是斟茶倒水，抹擦桌椅。

陈秀英： 那打外呢？

茶婆： 打外是铡草喂驴，开关大门，捎带划搂[1]院子。

陈秀英： 妈呀，孩儿我要去打外。

茶婆： 你快给我滚回来。你打外妈还不放心哪！你看你那两只眼睛水灵灵的，像个电灯泡似的，若不叫鼻梁子隔着就碰一块去了。外边什么人都有，妈我可不放心，还是孩儿打里、娘打外。咱母女二人收拾起来。

（茶婆下，乐起，英做擦桌抹凳，打扫屋地）

陈秀英： 有请妈妈。

茶婆： （上。白）不用请，到时候我就来了。丫头收拾好啦？

陈秀英： 妈呀，孩儿前后都给你擦啦。

茶婆： 什么？

陈秀英： 桌椅板凳。然后又给你捅了[2]。

茶婆： 什么？

陈秀英： 煤火炉子，好生大茶壶呀。

茶婆： 丫头，你忙累了，你先回屋歇一会儿，妈到外边挂幌去。（挂幌儿）待我招呼起来：南来的，北往的，猫生的，狗养的。（下）

（后台搭腔：呔，四川的，湖广的，对，四川的，湖广的，豪家居又开张了，有吃茶的，快请进来！）

史文： （上。念）走道溜墙根儿，

　　　　　爱看老娘们儿。

　　　　　头戴棒槌巾，

　　　　　念书不识字儿。

　　　　　念了四年半，

　　　　　闹个啥不是儿。

（白）大爷史文，我父史德龙，官居总镇之职。叫我南学读书，我是一个字整不进去，把眼睛

一眯缝是净合计别的事儿。现在也老大不小了，连个媳妇儿都没有，整天在书房里待着，你说有个啥意思！这几天总是闷闷不乐，有心到街上找个好妓馆，好茶馆，寻个热闹处，散散心、开开眼，好解心头之闷。我说小子们，你们谁知道哪个地方最热闹，领大爷我去溜达。

家郎： 大爷，我可知道有个热闹地方！

史文： 好！你说说，大爷我听听。

家郎： 大爷听着：

（唱）【数板】上大街往北拐儿，

　　　　　东门脸儿有个小茶馆。

　　　　　娘儿俩开茶馆儿，

　　　　　有个小妞妞不高不矮儿。

　　　　　柳叶眉，杏核眼儿，

　　　　　杨柳细腰好身板儿。

　　　　　悬胆鼻子樱桃口，

　　　　　桃花粉面瓜子脸儿。

　　　　　身上穿着藕荷色儿，

　　　　　小小金莲不大点儿。

　　　　　走起道来净是点儿，

史文： （唱）正对大爷我心眼儿。

（白）好！小子们，领大爷出府。

家郎： 大爷出土不是堵吗？

史文： 呔，大爷出府。

家郎： 对，大爷出府。大爷坐车或是坐轿？

史文： 不好，坐车颠得慌，坐轿闷得慌。

家郎： 大爷骑马。

史文： 更不好。骑马怕掰裆[3]。

家郎： 大爷，咱新买一根独杆轿[4]，那才好哪！坐着又风凉又眼亮[5]。

史文： 好！小子们，给大爷拿来我看看。

（家郎拿杠子上）

[1] 划搂：打扫。

[2] 捅了：包括前面的"擦啦"，都是"暗臭"。早年间东北地方戏里，没有女演员，男旦常常用男女之事插科打诨，使用谐音和暗语逗人一笑。

[3] 掰裆：用裤裆代指屁股。

[4] 独杆轿：独杆轿杂耍。两个人抬一根扁担或棍子，另外一个人坐在上面表演各种技巧。

[5] 眼亮：视野开阔，无遮挡。

家郎：　大爷你看看吧，这有多好。

史文：　好吧，给大爷顺轿。

　　　　（二家郎肩起杠子，史表演上杠子，走一圆场）

家郎：　大爷，到了。

史文：　到哪啦？

家郎：　到茶馆啦。

史文：　唤茶婆子。

家郎：　茶婆子！

茶婆：　（上。念）出来进去好买卖，

　　　　　　　不出不进不痛快。[1]

　　　　（白）干啥的？

史文：　吃茶的。

茶婆：　吃茶的，里边请！（走圆场，打帘子，史等进屋）请坐。要几个碟子几个碗？

史文：　一个碟子四个碗。

茶婆：　几个人吃茶？

史文：　一个人吃茶。

茶婆：　怎么一个人吃茶要四个碗？

史文：　大爷有钱！吃一看二眼观三。

茶婆：　他们都是干吗的？

史文：　他们是看茶的。

茶婆：　啊！他们是给你抗叉的。

史文：　是看茶的。茶婆子，把好茶给大爷沏上一壶。

茶婆：　（出门）妞子，打茶来！

陈秀英：（内白）哎。来啦！（端壶碗上，进门见一伙花屎壳郎[2]，又返回，提一大茶壶上，进门放下又返出门外）妈呀！他们都是干啥的？

茶婆：　吃茶的。

陈秀英：妈呀！凭他们这群花屎壳郎蛋，吃咱娘儿们的茶？

茶婆：　丫头，咱们做的是买卖，为了挣钱，管他们干啥的？

陈秀英：妈呀！我把他们好有一比。

茶婆：　比作何来？

陈秀英：好比八仙桌子放夜瓶。

茶婆：　此话怎讲？

陈秀英：好像个尿鳖子[3]。（下）

史文：　小子，她怎么把大爷叫尿鳖子？

家郎：　大爷，你别炸，你知是谁叫的？

史文：　谁叫的？

家郎：　是小姐叫的。这个名可好啦！这是小姐送给你的雅号。

史文：　这名字好！

家郎：　好！咱们还摊不着哪！

史文：　那好，以后你们别叫我大爷了。

家郎：　叫什么？

史文：　叫尿鳖子。

家郎：　那可不能白叫。

史文：　叫一声给你们一百钱。

　　　　（众家郎轮叫：尿鳖子！）

史文：　先别叫，等回府再叫。

家郎：　大爷，茶来了，你尝尝吧。

史文：　哎呀！这水也没开，叶子也没落，叫我喝进肚子叽里咕噜净冒泡。

茶婆：　呀，想必是小姐忙得荒数[4]了，给你错搁上啦[5]。

史文：　什么？

茶婆：　茶叶。（向后招手）小姐再二番打茶来。

　　　　（英端壶上，进门放在桌上，下）

史文：　又来啦，大爷我尝尝，嗯，这回么，水也开了，叶子也落了。

茶婆：　喝好啦！（伸手）拿来吧！

史文：　什么？

茶婆：　茶钱。

史文：　怎么？大爷我喝你点水还要钱！昨天在我二大

[1]　"不痛快"两句："暗臭"。

[2]　花屎壳郎：贬损史文带的一群家郎。

[3]　尿鳖子：夜壶。

[4]　荒数：不确定的数目。

[5]　给你错搁上啦：也是"暗臭"。

爷家喝了半桶,分文没要。

茶婆：你二大爷那不是饮驴吗！我这是做买卖,钱非要不可！

家郎：大爷,有钱得花在刀刃上。

史文：对,大爷有钱！(摸钱包)哎！坏啦,钱包忘带啦。(众家郎慌神躲开)
小子们,这些小子怎么都没有了？有了。这些小子都爱财,待我诓他们一回。哎,我说这钱包是谁掉的？

(四家郎都急忙出来,争说：我的。)

史文：小份子吧,还伙的！纸包的吧,还裹的！你们都上哪去了！

家郎：我去解手儿啦。

史文：小子们,大爷没带钱来,你们谁有钱先借给大爷。

家郎：借可不能白借。

史文：大爷不白借,借一两还二两。

家郎：我有。

家郎：大爷借多少？

史文：借大爷十两。(一家郎递过)茶婆子,大爷给你十两银子,刨去茶钱,剩下的给小姐买朵花戴。

(茶婆欠腰接银子)

史文：好啊,这钱没白花,还给大爷我谢礼。

茶婆：我是提鞋。

史文：嗯,提鞋。小子们,大爷要回府。

家郎：大爷,先别急呀！这个提字上有文章。提鞋也是提,提亲也是提,大爷何不当面提提呢？

史文：对呀！待我提上一提。我说茶婆子你还有事没事？

茶婆：没事啦。

史文：噢,你没事啦,山东人讲话,你打个坐,咱俩拉两句呱吧。

茶婆：有话你就说,有屁你就放。

史文：大爷我要问问你,这端茶的小姐,是你们家养的,还是外雇的？

茶婆：大爷—— 是我养的！

史文：小的们,听着没,她说大爷是她养的。

家郎：大爷你别炸,人家说小姐是她养的。

史文：噢,是说小姐啊,我当是说我呢。这个老茶婆子,我问你,你这小姐今年多大啦？

茶婆：后花园果大。

史文：后花园果大是什么哪？

家郎：大爷—— 我明白了。

史文：你个臭鳖蛋,你给谁当大爷？

家郎：我说错了,我是说大爷,我知道。

史文：你知道,你说说。

家郎：大苹果(另三个家郎七嘴八舌：烂桃、老茄种、大窝瓜)。

史文：不对！老茶婆子,你实说了吧。

茶婆：十六 (石榴)。

史文：好岁数。老茶婆子,你看大爷我有多大岁数？

茶婆：你也不是我生的养的,我没给你记着。

史文：大爷我也六啦,六六—— 三十六啦,老茶婆子,小姐有没有婆家？

茶婆：没有啊！

史文：凑巧……真凑巧。大爷我还没有媳妇儿。老茶婆子,大爷我有句话,说出来周不周的,你可不要烦恼！

茶婆：有话快说！

史文：大爷我有心将小姐配为夫妻。那有多光彩。我家有钱有势。我父身为总镇,赫赫有名,哪个不知,谁人不晓？过得门来,车来马去、荣华富贵,那有多么体面啊！

茶婆：你真是癞蛤蟆戴花—— 臭美。(转身)

家郎：大爷,你看看,你不拜丈母娘,人家挑眼[1]啦。

史文：对呀！(整衣冠)丈母娘在上,小婿这厢有礼啦！(茶婆再转身)我说老茶婆子,你不要敬酒不吃吃罚酒。你把小姐许配大爷还则罢了,如若不然,大爷我要做二字买卖。

[1]　挑眼：挑理。

茶婆：　怎讲？

史文：　要抢！

茶婆：　且慢，那我也得和小姐商量商量。

史文：　快些来！

茶婆：　你等着。

（茶婆下场。手拿棒槌上，进门将四家郎一一打倒，逼近史文，史左右遮挡，寻机溜跑，茶婆追）

茶婆：　好个花屎壳郎！待老娘撵你老家去。

（亮相。下）

高德震演出本

孙洪池口述

张永夫记录

采录时间：1968年

采录地点：海城市牛庄镇

双拐

又名《倒拐》。骗子王利在大街见一女子哭泣，起拐骗之心。偏巧这个女子李妹也是骗子，二人各怀骗意订下婚事，携手回家。到家后，女骗子拐走了王利的毛驴和首饰，王利偷鸡不成反蚀一把米。海城中小乡喇叭戏艺人姜洪文、王兴忍擅演此戏。

人物　　王利
　　　　　　李妹

（王利手锣上）

王利：　（念）小子生来不瘸，

　　　　　好穿牛皮底靸鞋。

　　　　　上房踩瓦不动，

　　　　　下房追风赶月。

（白）在下王利，从小没学什么手艺，学会了坑蒙拐骗。这两天有点攥拳头睡觉——手乏；攥席米儿[1]上墙——勒手。我不免去至大路见到那南来的北往的，我拐点儿什么，骗点儿什么，也好喂喂脑袋，就是这个主意。就此前往！

（唱）有王利儿离了家门儿，

　　　要到在大路心儿。

　　　一到大街前去游混儿，

　　　买卖客商遇见了我，

　　　拐他包裹和金银儿。

　　　精的灵的混上一混儿呀，

　　　正然行来得好好快，

　　　大路不远在面头里儿！

（白）来在大路之上一个人儿也没有，叫我崩谁拐谁呢？（左右望）那旁有一黄泥大沟，我不免到那里躲藏一时，单等有人来时再做道理。

（下）

（李妹上）

李妹：　（念）有李妹，好风流，

　　　　　梳洗打扮抹头油。

　　　　　有人问我名和姓，

　　　　　我是东庄拐子头。

（白）在下李门卞氏。

（内：吃饼子不吃扁食。）

李妹：　那是我娘家姓。

（内：吃桃也不吃杏。）

李妹：　我们家老祖先排下来的谁也管不了。从小什么也不会，就会坑蒙拐骗。这两天连过夜之米都断了，我不免去到大路上，有那南来的北往的，崩点儿东西换来银钱，也好买孩子喂米。

[1]　席米儿：席篾儿，编席子用的细麦秆条。

(内：原来是买米喂孩子。)

李妹： 说走咱就走。

（唱）有李妹离了家乡，

要到在大路上，

一到大路前去游逛。

买卖客商遇见了我，

拐他包裹和行囊，

精的灵的上了我的当。

正然行来得好好快，

大路不远在面旁。

（白）来到大路上一个人没有，叫我崩谁拐谁？（左右望）那旁有一黄泥大沟，我不免到那里躲藏片刻，单等来人再做道理。（手锣小圆场）瞧，这个老黑哥在这儿睡上啦！菜园子把头——觉儿可倒勤。我有心崩他，浑身上下不值半刀烧纸钱。哎，有啦！我崩他这小褂还值个一文半文，崩他这个帽儿回家给我儿子做尿罐。就是这个主意。我得怎么崩他呢？唉，有了！我不免装作夫亡痛哭，将他哭醒再做道理。

（唱）有李妹泪如雨儿呀，

哭了声天叫了一声地儿呀，

哭了声下世我的小女婿儿呀！

你身一死只顾了你，

抛下为奴守寡居。

出来进去没有一个趣儿呀！

到在白天还好受，

最怕夜晚鼓打三更里。

翻过来调过去，

不大得劲儿呀！

李妹越哭心酸痛，

不住两眼泪云云儿。

王利： （上。白）哎呀，我的妈呀！

（唱）有王利儿困蒙眬，

忽听耳旁有人声。

一哭就是一个心酸痛，

揉揉二目抬头看，

面前里，站花容。

这个娘们儿长了一个冲啊，

光看见后身没看见脸儿，

王利儿心里不大受应[1]。

（白）一觉睡出个小娘儿们儿，从后影看蛮漂亮，怎么想法儿看一看前脸儿。哎，有了！常言说得好：前边有人走，后面莫放喉；后面放声喉，前面必回头。我不免咳嗽一声。（佯装咳嗽）完了，这样漂亮小佳人竟是一个聋子。我不免再咳嗽一声看看。

（复咳）

（唱）【数板】有王利儿细留神儿，

上下打量这个小娘儿们儿。

青丝发、红辫根儿，

白白的脸蛋没麻子儿。

悬胆鼻子樱桃口，

元宝耳朵金钳子儿[2]。

柳叶蛾眉弯又细，

水灵灵眼睛爱煞人儿。

上身穿得绣花袄，

八幅罗裙系腰里儿。

喇叭裤腿蛇皮带，

红缎子绣鞋绿叶跟儿。

有心上前斗个嘴儿，

又怕女子她不依。

低头一计有有有，

就说有个假亲戚儿。

（白）说什么亲戚呢？我说两姨亲，她说姑舅亲，她说姑舅亲，我说两姨亲。我给她来个两头堵，来个两姨姑舅亲乎亲。我上前就管她叫大妹子，她要是翻茬子[3]再说，对！就是这个

[1] 受应（shòuying）：舒坦。

[2] 钳子儿：耳环。

[3] 翻茬子：否定之前的。

主意。(上前作揖) 好呗，大妹子！

李妹：　管谁叫大妹子？

王利：　大妹子，你不认识你王利哥啦？咱俩不是有亲
　　　　戚吗？

李妹：　咱俩有什么亲戚？

王利：　咱俩不是那个姑舅亲吗？就你妈不就是我那都
　　　　都都……

李妹：　对呀，是姑舅姑。

王利：　你爹不就是我那都都都都……

李妹：　是姑舅姑父。

王利：　对呀！那你不是我的大妹子吗？

李妹：　你说咱俩是亲戚，你知道我姓什么吗？

王利：　(背躬) 我知道她姓什么？有了，我从百家姓
　　　　往下数，反正她的姓得在百家姓上。大妹子，
　　　　你姓赵钱孙……

李妹：　人家姓李。(同说李) 那你知道我住在哪呀？

王利：　我知道她住在哪？我给她来个东西南北堵，大
　　　　妹子，你住在南、北、东、西 (同说西)，你看我
　　　　说对了吧？你就是住在西边，你家门前有块砖。

李妹：　是有个山。

王利：　在那山下我还尿泡尿。

李妹：　是有个庙。

王利：　我在庙前放过屁。

李妹：　是唱过戏。

王利：　这就对啦！咱们俩就在那戏台下见过面嘛。就
　　　　在那个时候，戏台上一吹号子，就煞台[1]了，
　　　　我到台后买了二斤"拨拉粗"……

李妹：　什么"拨拉粗"？

王利：　油条 —— 不是越拨拉越粗，越粗越拨拉！然
　　　　后，我又买了二斤"拨拉硬"……

李妹：　什么"拨拉硬"？

王利：　麻花 —— 不是越拨拉越硬，越硬越拨拉吗！
　　　　咱俩不就那个时候见的面吗？大妹子，你不
　　　　在家跟妹夫好好过日子，一个女人怎么往外

跑呢？

李妹：　(欲哭) 王利哥呀，你不提你妹夫我还好受，提
　　　　起你妹夫他呀……
　　　　(唱) 叫我好难哪！
　　　　　　　提起你的妹夫，一命染黄泉，
　　　　　　　抛下为奴守孤单。
　　　　　　　到在白天还好受，
　　　　　　　最怕夜晚，鼓打三更天。
　　　　　　　翻过来，调过去，
　　　　　　　没有人做伴。
　　　　　　　你妹越哭心酸痛，
　　　　　　　不住两眼泪涟涟。

王利：　(哭，白) 噫噫噫呀呀呀，大妹子别哭啦！谁知
　　　　道闹了半天，妹夫叫鸡鸽了。

李妹：　(白) 是宾天啦。王利哥，请问嫂子在家都
　　　　好吧？

王利：　大妹子问起我呀！
　　　　(唱) 我比你还难。
　　　　　　　提起你嫂子，一命染黄泉，
　　　　　　　抛下我一个人守孤单哪！
　　　　　　　到在白天还好受，
　　　　　　　最怕夜晚鼓打三更天。
　　　　(白) 趴下起来我睡不着，到外边解解手，我又
　　　　回来倒下，不行，我又起来。还是睡不着，我
　　　　又起来合计，确实没法办。
　　　　(唱) 王利越哭越悲痛，
　　　　　　　不住地两眼泪不干。
　　　　(白) 大妹子，这就叫姐儿俩守寡 —— 谁难受
　　　　谁知道。大妹子，你可不好办，你个女人家难
　　　　立门户。这么办吧，我给你出个主意，我给你
　　　　画道杠你走过去，你再走过来。大妹子你明白
　　　　了吧？

李妹：　我明白了，你是叫我另改嫁。

王利：　大妹子，我可没叫另改嫁呀，我是叫你另走
　　　　一家。

李妹：　王利哥，我早想另走一家，可是没有相当的

人家。

王利:	好，你这件事王利哥给你包下了。好，你拉住我的尾巴根子……
李妹:	是衣裳巾子。
王利:	对，衣裳巾子。咱们好好相看，众位就看谁有福啦，哪位有福之人摊着这么俊个小媳妇儿，大概你八天八夜也睡不着觉吧？（绕圈）怎么样？你看那位怎么样？
李妹:	那位岁数太大，咱们不嫁，另外还有毛病。
王利:	有什么毛病？
李妹:	晚上净放屁。
王利:	你怎么看出来的？
李妹:	他胡子往上撅。
王利:	那你跟着再往前走几步，你那个小老弟怎么样？
李妹:	不行，他岁数太小，晚上还尿炕。
王利:	你怎么看出来的？
李妹:	他嘴唇发干。
王利:	这可不好办，老的你嫌岁数大，小的你嫌岁数小，那么我给你找一个岁数相当、年轻漂亮、能说会道、举止大方、不瘦不胖、体格真棒、读过诗书、上过学堂、会写情书、满腹文章、出门办事、绝不上当、买卖会做、手艺百行、当过陆军、扛过机枪、后来转业、做过所长、唱过西皮、捎带二黄、煎炒烹炸、样样专长、提起烟酒、互不相让、麻将牌九、样样内行、妻子一死、痛断心肠、媒人多少、都不相当、要讲模样、就属他强。请往远看……
李妹:	远处没人哪！
王利:	近在身旁。
李妹:	原来就是王利哥你呀！哎哟，瞧你还绕了个大圈子，我早就看上王利哥你啦。
王利:	啊！大妹子你不是跟我说瞎话吧？大妹子你到底看中我什么地方？
李妹:	我早就看中王利哥你这两撇小王八胡啦。
王利:	哎，小黄胡啦！大妹子，你若是真愿意的话，

我可要那啥——那啥了。

	（唱）王利上前拉娇妻……
李妹:	（唱）慢动手，有你的， 　　　早晚奴家我是你的妻呀！
王利:	（唱）我本是个小光棍儿，
李妹:	（唱）我本是个小寡居。
王利:	（唱）光棍儿，
李妹:	（唱）寡居。
李妹、王利:	（唱）咱俩插伙[1]，多么相宜呀！
王利:	（唱）向前行走来好快， 　　　不觉来到自己家里。 （白）大妹子到家啦，等我给你开门，钥匙还在后沟[2]里呢。
李妹:	是在后兜里呢。
王利:	对，后兜里呢。（做开门式）吱吱吱——
李妹:	王利哥怎么那么紧哪？
王利:	紧？不紧。这两天下雨有点生锈。 （唱）【数板】开开门，走进人， 　　　小伙子领着媳妇儿， 　　　分文没花弄来了大闺女儿， 　　　你说这件事嘚儿不嘚儿。 （内：驴叫）
李妹:	（白）王利哥还养活两头驴呀？
王利:	是呀！不是给你预备的吗？往外一走咱们一人骑一头。
李妹:	王利哥想得真周到。
王利:	等我给你开门哪。（开门式）大妹子，进屋吧。
李妹:	王利哥家里这么多摆设呀？
王利:	大鼓、小锣、大镲子、小钹、大弦、二胡、火炕、地炉、两日三餐、亲自造厨、两个枕头、两套被褥。晚上睡觉、不打呼噜，因为有炕，总想"热乎"。对啦，大妹子咱们俩得拜天地呀！人家

[1]　插伙：搭伙。

[2]　后沟：指屁股沟。

不都说：拜天地，入洞房，喝了交杯酒，呛[1]那个疙瘩汤。

李妹：王利哥，过日子不容易呀，咱们是一不惊动亲友，二不预备喜酒，灶王面前三叩首，嫁鸡跟鸡飞，嫁狗随狗走。

王利：嘿！总是我王利时来运转，娶这么一个好媳妇儿。知道勤俭，一切全免，新事新办，省事省钱。这样好人，上哪去选？是我王利，艳福不浅。好吧，咱俩就灶王爷这磕个头，又省香来又省油，不用摆供菜，不用点蜡头儿。只要两情愿，就能到白头儿。大妹子，咱们简便行事，咱把那些旧的老一套都给免去，咱们一不坐福，二不梳妆，三不吃喜面，四不焐新床，咱们是解下全副武装，来个同入梦乡。

李妹：王利哥！那可不行。我们娘家有个规矩，成亲先拜爹和娘，然后才能入洞房。不然的话，生男聋哑，生女双盲，不是打八刀，就是半路亡。

王利：哎呀！这件事可真厉害，我怎么没听说过呢？

李妹：你大概没到过小妹家乡。

王利：大妹子家住哪儿呀？

李妹：不远，离此二十里有座山乡，名叫"有人屯"。

王利：对！就紧挨着那个"冒烟堡"。好吧，那就先去参拜我的岳父岳母二位老大人了，那也得拿点礼物啊。

李妹：不用多拿，八样就可以了。八斤鱼、八斤肉，八件果子不需凑。八斤面、八斤糖，样样都要四斤装。八斤粉、八斤油，八十元钱不许旧。最后还得买馒头一百五，免得老来身受苦。

王利：好哇！看来我这俩钱要搭在媳妇儿老大人身上了。

李妹：王利哥，我打扮，把死去嫂子留下的簪环首饰都拿出来我都戴上，好叫人瞧得起咱们，然后咱们骑驴去。

王利：那是自然，我鞴驴去。（拉马鞭）媳妇儿老大人，收拾好了没有？赶快上驴吧。

（唱）有王利，心着急，

叫了声我的那个妻，

咱们一同上了驴，

王利骑驴前边走——

李妹：（唱）李妹打驴走得更急。

向前行走心暗想，

忽然一计上心里。

（白）王利哥呀，坏啦！

王利：怎么啦？

李妹：我头上的簪子怎么没啦？

王利：我看看掉在哪啦？（向天上看）

李妹：你往哪看？我想起来啦，是放在家里忘戴了，快回去给我取来。

王利：那我骑驴回去取。

李妹：你不能骑驴，一天都没喂了，它还能跑得动吗？我在这儿放它们俩，把它放饱了也喝好了。

王利：那我也就累拉倒了。

李妹：哎呀！我听人说有个王利不得了，他比兔子都能跑，八百里的马拉松，不用贪黑不用起早。

王利：是有这么一回事，那是五月端午早晨锻炼，从长春街跑到锦州街，八百米，他们听错了，弄个八百里。从那以后都管我叫"兔子王"。你看我一起步就没影儿，栽沟里啦。大妹子，你别着急，安心静等，王利去也。（下）

李妹：王利这个笨蛋，他哪知骗子手背后还有美人油。得到财宝，马上就跑。我有钱花，不管他活了活不了，待我一蹽拉倒。（骑驴下）

王利：（上）媳妇儿，李妹儿，把驴放哪去啦？上树顶上啦？没听说驴上树吗？喝水淹死啦？应该有个尸首啊！对啦，问问邻居二大爷吧。二大爷，方才你看没看见俩驴骑一个人？

（内应：是一个人骑俩驴。）

王利：我着急上火把话给说颠倒了。

（内应：小子你知道她是谁吗？她是东海沱子村拐子头李妹，你上当受骗了。）

[1] 呛：大口大口地吃。

王利：　（哭）我的妈呀！我总觉得道行不浅，还叫老鹰鸽了眼。明知道上当受骗我还不敢撵，她捡我也是白捡，我要不骂她两句，显着瞎了我两只眼。

（唱）有王利，泪悲啼，

　　　骂声李妹你不是东西。

　　　你骗我的金银首饰还罢了，

　　　不该骗我的两头毛驴。

　　　哭罢多时想起来了，

　　　这头驴我也是骗人家的。

（白）正是一般皆由命，半点不由人。恶有恶报，立刻来到。多行善事，胜过祈祷。改邪归正，马上学好。去找警察，立即报告。这叫坦白从宽，隐瞒不得了。我不管她张妹李妹，少来这套，我要坦白检举。哈哈，我看你往哪跑，不是我不讲人道，反正咱们也没登记，也没睡觉。说蹽就蹽，再晚一会儿，毛驴子就要挨刀。

（王利急下）

徐广金、宋殿槐演出本

李鹤令口述

赵有年记录

采录时间：2005年

采录地点：海城市英落镇

王婆骂鸡

取材于杂剧《目连救母》。农妇王婆赶会返家后，发觉家鸡丢失一只，盛气之下街头巷尾叫骂。同村周大姐听后按捺不住，出来狡辩，王婆以"渔""樵""耕""读"为指进行咒骂。周大姐一一予以开脱，王婆察觉出周是偷鸡人，周大姐拒不承认。

辽宁海城艺人高凌霄（1851－1920，艺名高小云），以扮演剧中的农村老太太而成名。中华人民共和国成立后，高凌霄之子高德震的演出加进了《茨儿山》与《神州会》的部分唱词与曲调。

人物　　王婆

　　　　　周大姐

　　　　　铁蛋

　　　　　栓柱

王婆：　（上。念）老身我本姓王，

　　　　　两只大脚一尺长。

　　　　　上山踢死虎，

　　　　　下山踩死狼。

　　　　　可叹老头子下世早，

　　　　　撇下我无儿无女缺少姑娘。

　　　　　庄稼买卖全不会，

　　　　　只好养鸡养鸭度时光。

　　　　　今天是四月十八娘娘庙会，

　　　　　我们一到那里去烧香来，去烧香。

（白）我，老王婆子！自幼许配王贵为妻，先夫早年去世，也没给我留下个一男半女的。我是一孩没一孩，捎带没开怀[1]。今天是四月十八娘娘庙会，往年我在那许过愿。常言说得好，许愿就得还愿，还愿就得烧香，这天也不早了，我呀得收拾收拾上庙去烧香去，打扮起来！

（唱）【数板】老身我来到那个草堂上，

　　　　　梳洗打扮赛鲜花。

　　　　　左边梳了个牛屎纂，

　　　　　右边梳了一个美人发，

　　　　　在鬓间斜插一朵喇叭花。

（白）我还走不了！有两个孩子早就和我商量好了，要和我上庙看戏去，我呀把他们叫出来，看看他们在家没。铁蛋、栓柱哎……

[1]　没开怀：没怀过孩子。

铁蛋、栓柱：来啦，二大娘我来啦！

王婆：　　什么叫二大娘我来了呢！那叫二大娘您来啦！

铁蛋、栓柱：二大娘您来啦！

王婆：　　这就对了。

铁蛋、栓柱：哎！二大娘今天你打扮得怎么这么漂亮呢？

王婆：　　这孩子不会说话，二大娘本来就漂亮啊！

铁蛋、栓柱：二大娘今天你上庙还想求点啥呀？

王婆：　　这孩子不会说话，二大娘就不能求个一男半女的呀！

铁蛋、栓柱：您都多大岁数了？

王婆：　　不大！才六十八！你们没听说呀！八十八还生枝花！九十九还生个吹鼓手呢！上不去炕啊，还生一对双儿[1]呢！孩子们！你们跟二大娘去上庙你妈知道不？

铁蛋、栓柱：知道！中午你管饭！

王婆：　　没问题，那咱们就走嘞。

　　　　　（唱）带领着铁蛋啊小栓柱啊，

　　　　　　　　一心上庙要上茨儿山哪哎，要上茨儿山哪。

　　　　　　　　王婆我穿的是啊花大袄哇，

　　　　　　　　里边啊穿的是绿罗衫啊，绿罗衫啊。

　　　　　　　　路边的小草望着我们笑哇，

　　　　　　　　你看那蝴蝶啊蝴蝶舞翩跹啊，蝴蝶舞翩跹啊。

　　　　　　　　他二人那有说有笑累得我直发喘哪，

　　　　　　　　见一只小野兔它往草棵钻哪，它往草棵钻哪。

　　　　　（白）哎呀妈呀这把我累得！我不去，你们自己去吧！你们一会扑蝴蝶一会抓野兔的。我都六十多岁了能跟上你们吗？

铁蛋、栓柱：二大娘，我们听你的不跑了！

王婆：　　能听我的？那把我扶起来吧！你看看他又跑啦！

铁蛋、栓柱：二大娘你看都演上了！

王婆：　　演上啦！那咱们先看戏后烧香？

铁蛋、栓柱：好！那咱们就先看戏后烧香！

王婆：　　看戏嘞！

　　　　　（唱）头一出唱的是《天官赐福》，

　　　　　　　　二一出唱的那叫《走雪山》。

　　　　　（夹白）铁蛋啊（应）栓柱哎！（应）

　　　　　　　　曹祖上南山。

　　　　　　　　三一出唱的《刘燕逛庙》，

　　　　　　　　四一出唱的那叫《临潼山》。

　　　　　（夹白）铁蛋啊！（应）栓柱哪！（应）

　　　　　　　　杨广杀李渊。

　　　　　（雷鸣，大雨倾盆，铁蛋、栓柱逃下）

王婆：　　（唱）一阵雷鸣闪电炸，

　　　　　　　　嗖嗖又把冷风刮。

　　　　　　　　紧接着大雨哗哗下，

　　　　　　　　小孩子撒腿跑回家。

　　　　　　　　我三把两把没抓住，

　　　　　　　　一屁股摔个仰八叉[2]。

　　　　　（摔倒，左右看看，起身）

　　　　　　　　悄么声地起来吧，

　　　　　　　　没有孝子把我拉。

　　　　　　　　摔脏了衣裤崴了脚，

　　　　　　　　一瘸一拐转回家。

　　　　　（回家，开门）

　　　　　　　　推门进屋往外看，

　　　　　　　　风停雨住满天出彩霞。

　　　　　（白）嘿！这点儿雨就是给我下的。天不早了，待我取米喂喂鸡。

　　　　　（持盆，取米，唤鸡，咕咕咕，数鸡）

　　　　　（唱）【数板】老身的鸡个个都是有数的，

　　　　　　　　一对两只鸡，两对四只鸡，

　　　　　　　　三对六只鸡，四对八只鸡，五对……

　　　　　　　　怎么剩了九只鸡？

　　　　　（白）呀！

---

[1]　一对双儿：双胞胎。

[2]　仰八叉：四脚朝天。

(念) 老身的鸡个个都是有名的，

　　　南京捎来的石印鸡，

　　　西京捎来的麓耳鸡，

　　　北京捎来的卷毛鸡，

　　　单丢我，东京捎来的龙头凤尾，

　　　大冠高腿，鹰眼虎嘴儿，

　　　豹花点儿的豆绿翠的……

(唱) 紫金鸡呀！

　　　老身的鸡个个都是有用的，

　　　吃米烧柴指着鸡，

　　　穿穿戴戴指着鸡，

　　　人情门户指着鸡，

　　　点灯熬油指着鸡，

　　　到夜晚买块火石火镰火油，

　　　指着我那鸡呀……

(念) 丢了鸡我心着急，

　　　一到外面去找鸡去找鸡！(下)

(周大姐上)

周大姐：　(白) 嗯哼！

　　　　　(念) 为人不当家，

　　　　　　　当家乱如麻。

　　　　　　　清晨早早起，

　　　　　　　油盐酱醋茶。

　　　　　(白) 一早王婆不在家，我偷了她的鸡吃了，鸡骨头埋后院樱桃树底下了。刚才这老王婆子一边找鸡一边骂，一边骂一边找鸡，骂得我脸上可有些挂不住了！一会儿她再打我这门前走，我得说说她。(王婆上) 王婆子，鸡找着了？

王婆：　　没找着哇。周家大妹子，你说这偷鸡贼多损，偷我一个孤老婆子的鸡，我油盐酱醋，吃粮烧柴，可都指着这几只鸡呀！

　　　　　(唱)【数板】王婆我越想心里越气，

　　　　　　　　　　恨不得撕了那个偷鸡的！

周大姐：　(唱) 王婆你说话好没道理，

　　　　　　　你知道是谁偷了你的鸡？

王婆：　　(白) 呀！

(唱)【数板】若是那渔夫偷了我的鸡，

　　　　　我叫他趟趟鱼儿打不齐。

　　　　　遇狂风连人带船翻河里，

　　　　　看他偷鸡——

　　　　　不偷鸡！

周大姐：　(唱)【数板】若是渔夫偷了你的鸡，

　　　　　　　　不去打鱼去钓鱼。

　　　　　　　要问钓鱼的哪一个，

　　　　　　　渭水河边——

　　　　　　　(唱) 姓姜的。

王婆：　　(白) 呀！

　　　　　(唱)【数板】若是樵夫偷了我的鸡，

　　　　　　　　偷我的鸡吃遭雷劈。

　　　　　　　打柴掉在山涧里，

　　　　　　　看他偷鸡——

　　　　　　　不偷鸡！

周大姐：　(白) 哼！

　　　　　(唱)【数板】若是樵夫偷了你的鸡，

　　　　　　　　不去打柴会听曲。

　　　　　　　要问打柴哪一个，

　　　　　　　马鞍山前——

　　　　　　　钟子期。

王婆：　　(白) 呀！

　　　　　(唱)【数板】若是农夫偷了我的鸡，

　　　　　　　　打了铧子撅了犁，

　　　　　　　天旱仨月不下雨，

　　　　　　　看他偷鸡——

　　　　　　　不偷鸡！

周大姐：　(白) 哼！

　　　　　(唱)【数板】若是农夫偷了你的鸡，

　　　　　　　　地上小苗长得齐。

　　　　　　　要问种地的哪一个，

　　　　　　　大舜天子——

　　　　　　　来把犁。

王婆：　　(白) 呀！

　　　　　(唱)【数板】读书的偷了我的鸡，

偷了我的鸡吃没脸皮。

往后开了龙虎榜，

三卷文章做不齐。

落了榜转回家里，

看他偷鸡——

不偷鸡！

周大姐： (白) 哼！哼！

(唱)【数板】读书的偷了你的鸡，

偷了你的鸡吃长伶俐。

三篇文章做得好，

龙虎榜上得第一。

要问读书的哪一个，

周游列国——

孔仲尼。

王婆： (白) 哟！看来这偷鸡贼是不能骂了。

周大姐： 怎么不能骂了？

王婆： 再骂，我那些鸡都得丢喽。

周大姐： 说得是呢！王婆子，您活了那么大岁数，咋不知道俗话说得好，拿贼要赃，捉奸要双。您这没凭没据的，光骂有个什么用呢？

(内传来狗叫)

王婆： 周家大妹子，你顺着我的手瞧—— (指内)

周大姐： (向内看，惊) 哟，可不好了，大黄狗啥时候跑我后院里，把鸡骨头给刨出来了？(欲下，铁蛋、栓柱上，拦住周大姐)

铁蛋、栓柱：你站住！你看这是啥？

周大姐： 鸡爪子。

王婆： 这两个孩子没大没小的，怎么和你周大姨这样没礼貌呢？

铁蛋、栓柱：二大娘！你家的鸡就是她偷的！

王婆： 胡说！你周大姨能偷我一只鸡吗？

周大姐： 唉！大姐！那只鸡是我 ……

王婆： 鸡爪子都吐出来了！行了，以后不要干这种事了，孩子们！其实二大娘那只鸡没丢，长两只大膀飞上天变凤凰了。这正是——

周大姐： (念) 悔不该一时嘴馋丢了丑。

王婆： (念) 多亏了你家那条大黄狗！

铁蛋： (念) 演了一出荒唐戏，

栓柱： (念) 唱过了百年笑声留。

高凌霄演出本

董凌山记录

采录时间：1953年

采录地点：海城市耿庄镇

落子

落子：清末由冀东莲花落（彩扮莲花落）发展而来，在河北唐山称为"唐山落子"，传出关外到沈阳称为"奉天落子"。

奉天落子在乡村是农村过年的文化盛宴，腊月排演，正月村村巡演。兴盛时几乎大村屯都有落子班。

民国时期沈阳北市场首个专营落子的大观茶园，为"奉天落子"发展发挥了重要作用。奉天落子不断融合东北小调、东北民歌等特点，与当地群众的语言、习俗相结合，形成了粗犷豪放、激昂高亢的特点，老百姓也叫它为"大口落子"。奉天落子代表了当年辽沈地区的文化形象，极具文化价值。

奉天落子传统剧目有《败子回头》《打狗劝夫》《丑荣归》《丁香孝母》《洞房认父》《独占花魁》《冯奎卖妻》《高成借嫂》《黄爱玉上坟》《借女吊孝》《井台会》《锔大缸》《开店》《可怜的秋香》《蓝桥会》《李桂香打柴》《李香莲卖画》《刘翠屏哭井》《刘云打母》《六月雪》《密建游宫》《秦香莲》《秦雪梅吊孝》《三度林英》《双婚配》《王少安赶船》《乌龙院》《小老妈开嗙》《小两口逗趣》《小天台》《绣得勒》《夜宿花亭》《因果美报》《张彦赶船》《状元配》《子孝孙贤》等。

奉天落子以二小（小丑、小旦）戏为主，代表艺人金开芳、花莲舫、筱桂花、筱麻红等。

落子随时代发展不断丰富，一部分艺人成为编剧、编导，剧目骤增，行当也越来越多，为后来的评剧奠定了基础。

刘家声

丑荣归

又名《小上坟》《小寡妇上坟》。刘禄景入都应试，欲归不得，历久始得县缺。其妻萧素贞在家，疑夫亡故。萧氏家况萧条，公婆去世，艰难度日。刘禄景还乡路过祖坟，与发妻萧素贞相遇，因分别过久，初见已难辨认容貌。萧素贞见其老态龙钟，不敢深信。刘禄景乃述家中琐事，不差毫厘。萧素贞疑团始释，二人相抱大哭，悲喜交集。

人物　　　刘禄景
　　　　　萧素贞
　　　　　衙役甲
　　　　　衙役乙

刘禄景：（内白）打道啊！

衙役甲、衙役乙：（内）噢！

　　　　（刘禄景上，衙役分列两旁）

刘禄景：（唱）【柳子腔】刘禄景去求官，

　　　　我是一去三载未回还。

　　　　金榜得中威名显呀，

　　　　刘家的祖坟冒青烟，冒青烟。

　　　　哎嗨哎嗨哎嗨哎嗨哎嗨嗨哎哎哎。哎嗨
　　　　哎个哎。

　　　　今日还乡来祭祖，

　　　　我这心里阵阵好喜欢。

　　　　荣华富贵享不尽，哎嗨哎，

　　　　我们居家团圆在今天，在今天。

　　　　哎嗨哎嗨哎嗨哎嗨哎嗨嗨哎哎哎……

　　　　哈哈哈……哎嗨哎。

（念）荣禄贵，人品不贵，

　　　做官高，薪钱不高。

（白）下官刘禄景，只会上窜下跳，不知羞耻害臊，忝得高官厚禄，混来这身荣耀。且喜衣锦
荣归，回家上坟祭扫，左右。

衙役甲：有。

刘禄景：打道。

衙役乙：哦。（刘禄景下）

萧素贞：（幕后唱）【柳子腔】萧素贞在房中坐，

　　　　（上）我就欠身起，

　　　　　　　回身来带上两扇门。

　　　　　　　我今天不到别处去，

　　　　　　　为我那公婆去上坟。

　　　　　　　正走之间泪满腮，

　　　　　　　想起那苦人蔡伯喈。

　　　　　　　他上京城去赶考，

　　　　　　　赶考一去不回来。

　　　　　　　一双二老冻饿死，

　　　　　　　五娘兜土垒坟台。

　　　　　　　坟台垒起三尺土，

　　　　　　　从空中降下一个琵琶来。

　　　　　　　身背琵琶描容像，

　　　　　　　一心上京找夫回。

　　　　　　　找到京城不相认，

　　　　　　　哭坏了五娘女裙钗。

　　　　　　　贤惠五娘遭马践，

　　　　　　　到后来五雷轰顶蔡伯喈。

　　　　　　　哎哎哎哎嘿哎。

　　　　　　　正走之间抬头看，

　　　　　　　不觉来到新坟台。

　　　　　　　坟前放下千张纸，

　　　　　　　公公婆婆哭起来。

　　　　　　　哎呀哎……哎……

（白）想我萧素贞好不命苦，丈夫刘禄景上京赶考，一去三载未见回，二老公婆相继死去，是我替夫藏埋双亲，至今守孝期满，略烧纸钱以表孝心。

（萧素贞打火状）

刘禄景：（上。白）打道。

衙役甲、衙役乙：有。

萧素贞：	(唱)) 奴家哭到伤心处哇。
刘禄景：	(唱) 又来了为官受禄人。
衙役甲：	(白) 万福知会老爷。
刘禄景：	你们慢动手。
衙役乙：	那坟前有一女子啼哭。
刘禄景：	啼哭？哎呀，奇怪，想我刘家的坟冢因何有女子在此啼哭，其中必有猫腻儿。来呀，驻轿。
衙役甲、衙役乙：	是。
刘禄景：	问那女人因何在此啼哭？
衙役甲：	那一女子为何在此啼哭？
萧素贞：	呀！
	(唱) 萧素贞这里把头抬，
	尊一声老爷打哪里来？
刘禄景：	(白) 京中来。
萧素贞：	(唱) 坟前无有关王庙，
	坟后无有接官亭，
	坟东无有放马场，
	坟西无有饮马坑。
	又不通南北各大道，
	我的老爷呀，
	你为何来到刘家的新坟？
刘禄景：	(白) 来。
衙役甲、衙役乙：	有。
刘禄景：	上前去说。就说你老爷我是清官到了。
衙役乙：	那一女子，我家老爷清官到了。
萧素贞：	啊，
	(唱) 听说一声清官到。
刘禄景：	(白) 这位女子，你有什么冤枉一桩一桩地说来。
萧素贞：	容禀！
衙役甲、衙役乙：	我们要吃饼。
刘禄景：	哎，来他半斤。
萧素贞：	(唱) 有心告状无人写，
刘禄景：	(白) 何故？
萧素贞：	(唱) 口诉的状儿句句真。
刘禄景：	(白) 头一状？

萧素贞：	(唱) 头一状不把别人告，
	我告的是，告的是公婆二老双亲。
刘禄景：	(白) 告他何来？
萧素贞：	(唱) 终日打来每日骂，
	打骂得奴家我实实难挨。
刘禄景：	(白) 哎，公婆打骂本所当然，头状不准，二状诉来？
萧素贞：	容禀——
衙役甲：	老爷又吃饼。
刘禄景：	来他半斤。
萧素贞：	(唱) 二状不把别人告，
	告的是娘舅李大公。
刘禄景：	(白) 告他何来？
萧素贞：	(唱) 他一日三餐我家走，
	挑唆我公婆二老双亲。
	我的老爷呀，
	挑唆我的公婆让我改嫁旁人。
刘禄景：	(白) 哎，自古以来哪有娘舅挑唆的道理啊？二状不准。三状诉来。
萧素贞：	你若不准，我就不告了。
衙役甲、衙役乙：	回老爷。
刘禄景：	你们两个怎么又把我放到这里了？
衙役甲：	那一女子说老爷不准她的状子，她就不告了。
刘禄景：	上前去说，就说你老爷我准了她的状子。
衙役乙：	那女子，我家老爷准了你的状子。
萧素贞：	这么说来，你家老爷准了我的状子了？
衙役甲：	准了你的状子。
萧素贞：	如此说来，奴家我还要告。
	(唱) 三状不把别人告，
	告的是我夫刘禄景。
刘禄景：	(白) 哎哎哎，你们两个为何这样吹毛求疵？
衙役乙：	她动了老爷的杂碎了。
刘禄景：	她动了老爷的杂碎，与你们五脏有什么相干啊？大胆，放肆！还不与我下去！
衙役甲、衙役乙：	老爷回见。(下)
刘禄景：	这位女子，你有什么冤枉？你就慢慢地讲。

萧素贞： (唱) 可说是我那清官老爷，

听我慢慢地诉来。

唉唉唉………

萧素贞配夫刘禄景，

我与他青梅竹马两无猜。

他为取功名求上进，

乡里应试中秀才。

那一年他往京都去赶考，

一去三载未回来。

公婆打骂难忍耐，

奴家我受尽折磨，我是苦难挨，

哎，我那难见面的夫啊，

哎哎哎嘿哎……

哎哎哎啊哎哎哎哎，我那天爷啊！

他赶考忘却了夫妻恩爱，

为功名把二老双亲全忘怀。

那一日我舅父前来送信，

说我夫赶考未中遭病灾。

无钱治病死在外，

远离家乡无人埋。

我那老公爹闻凶信气绝身死，

婆母娘思娇儿心痛离尘埃。

二老双亲想儿死，

抛我一人女裙钗。

这真是严霜单打独根草，

晴天霹雳雨打来。

为什么我的命这么样的苦，

芙蓉遭霜雪里埋？

老天要降下那杀人剑，

倒不如我一死免受苦灾。

刘禄景： (唱) 为官一听怒冲冲，

骂一声娘舅李大公。

我交你银子三百两，

还有那家书信一封。

你隐瞒真情把人骗，

你逼我妻要改嫁他姓。

你昧我银子是小事，

绝不该说我死在京都城。

圣上赐我尚方剑，

先斩后奏不容情。

叫声贤妻认认我，

我是你的儿夫转回程。

萧素贞： (唱) 我道你是清官到，

却原来是个糊涂虫。

贪吃五谷是禽兽，

人皮包着你不是个人。

槽头拴着逍遥马，

你少鞍无辔我认你不成？

刘禄景： (唱) 贤妻打我我不恼，

贤妻骂我我应承。

打我骂我是小事，

绝不能断了你我夫妻情。

萧素贞： (唱) 你说你是夫君到，

我有几桩大事情。

你若对不出我那三宗宝，

你就是公子王孙我认你怎生？

刘禄景： (唱) 我道她是裙钗女，

原来她是一个有心人。

二十四箱打开看哪，

从里面取出那宝贝珍。

宝贝放在那流平地儿，

叫一声贤妻你认认宝珍。

萧素贞： (唱) 拿起乌绫看一看，

四四方方手帕巾手帕巾。

拿起菱花我照一照，

八月十五放光明放光明。

拿起绣鞋我对一对，

千针万线我做成我做成。

刘禄景： (唱) 一点也真不错啊。

萧素贞： (唱) 宝贝宝贝真宝贝，

禄景还是个假禄景。

刘禄景： (唱) 宝贝宝贝真宝贝，

	禄景今日转回程。
萧素贞:	(唱) 我的夫上京城,
	他本是十七八岁的读书生。
	到如今你回来,
	满脸上长胡须你好不丑人。
刘禄景:	(唱) 我的妻她本是十七八的裙钗女,
	到如今我回来,
	满脸上长皱纹你好不丑人。
萧素贞:	(唱) 有皱纹, 无皱纹,
	与你有什么相干?
刘禄景:	(唱) 有胡须, 无胡须,
	与你有什么心疼?
萧素贞:	(唱) 你若是我的夫君到,
	我有几桩大事情。
	家住哪州并哪郡?
	哪一个村庄有门庭?
	爹姓甚来娘何氏?
	你家弟兄有几人?
	娶妻本是谁家的女?
	她姓啥又叫什么名?
刘禄景:	(唱) 家住山东济南府,
	刘家村庄有我的门庭。
	我父姓刘叫刘老六,
	我母吃斋好善人。
	上无兄来我是下没有弟,
	只生我禄景一个人。
	娶妻本是萧家的女,
	她姓萧名儿叫素贞。
萧素贞:	(唱) 果然你是我夫到,
	奴家随你到那接官亭。
刘禄景:	(唱) 为官迈步朝前走,
萧素贞:	(唱) 后面跟随萧素贞。
刘禄景:	(唱) 迈步进了关王庙,
萧素贞:	(唱) 奴家随你进庙门。
刘禄景:	(唱) 忙将乌纱正一正,
萧素贞:	(唱) 在头上去了孝布绫。

刘禄景:	(唱) 只说夫妻难相见,
萧素贞:	(唱) 只说夫妻难相见,
刘禄景、萧素贞:	(唱) 夫妻相见在这接官亭。
刘禄景:	(白) 哎 …… (哭)
萧素贞:	这夫妻相见本是大喜之事, 你哭的什么啊?
刘禄景:	是呀! 夫妻相见本是大喜的事, 不哭了, 不哭了。
萧素贞:	哎, 我说咱们回家去吧。
刘禄景:	好, 回家去吧。
萧素贞:	嘿, 你给我回来。
刘禄景:	我回来了。做什么?
萧素贞:	我问你, 你去赶考, 一去好几年, 怎么连家都给忘了?
刘禄景:	为了升官发财, 心无二用。这家么, 忘了忘了。
萧素贞:	哎, 我再问问你, 你去赶考的时候, 是一个文质彬彬的小白脸, 怎么做了官儿, 您就变成了这副德行了?
刘禄景:	哎, 利禄熏心, 这心坏了, 德行也就变了。
萧素贞:	哎, 这是什么哪?
刘禄景:	这是胡须啊。
萧素贞:	怎么这么长啊?
刘禄景:	我天天留须 (溜须), 天长日久的, 它就长长了。
萧素贞:	哎, 我说, 还能去得掉吗?
刘禄景:	哎, 怎么去不掉啊? 说掉就掉。一刮就掉。
衙役甲、衙役乙:	(上) 噢——
刘禄景:	噢什么噢, 又长上了。来!
衙役甲、衙役乙:	有哦!
刘禄景:	与夫人更衣备轿。
衙役甲:	官轿只有一乘, 夫人坐轿, 老爷您哪?
刘禄景:	夫人坐轿, 老爷我跨沿儿。
衙役甲、衙役乙:	哦。
刘禄景:	不要啰嗦, 与夫人更衣备轿。
萧素贞:	老爷请。
刘禄景:	夫人请。(萧素贞更衣) 请夫人迈轿杆, 我给夫人撩轿帘。
衙役乙:	起轿了。

衙役甲：　哎呦，我这边的轿子怎么这么轻啊？

衙役乙：　哟，轿底掉了，老爷怎么办啊？

刘禄景：　甭管它，走你——

　　　　　（下）

杜宝珍、宫静演出录像

杨东乐记录

采录时间：1980年

记录时间：2020年

小老妈开嗙

清代北京有一些"老妈店"，住的人多数是三河县进京打工的女人。京城大户人家都到"老妈店"来找女佣人。戏中的傻柱子何某与小老妈就是三河县人。剧本反映了当时的现实生活。《开嗙》一场戏，描写小老妈回到家乡后，唱年关将至沿途繁忙景象，以及小老妈叙说北京的繁华风光，吹嘘自己进京一年见过世面，曾跟阔大妈进过皇宫，见过西太后等情形。

人物　　小老妈
　　　　傻柱子

（头段）

傻柱子：　（唱）走上前去我推了一把，

　　　　　　　　大门未开紧闭着，

　　　　　　　　门外等啊。

小老妈：　（唱）小老妈在上房正生炉子啊，

　　　　　　　　生完炉子我们打扫地土。

　　　　　　　　东屋里打扫到西屋里，

哎啦我说套间屋里。

瞧了瞧我们大爷他未在府下，

我何不到门外，

我就散散心去？

款动了金莲往外行走，

一来散心我们二来是买东西。

我今天不把旁的买，

去买那橘子、香蕉、苹果，

还有大肚鸭梨。

磕膝盖顶住了门闩带，

十指尖尖我把那个插关儿提。

（二段）

小老妈：　（唱）用手开放了大门两扇，

　　　　　　　　瞅一瞅东来我望了望西。

　　　　　　　　东西大街是有人行走，

　　　　　　　　下马石拴着一匹小毛驴。

　　　　　　　　哎呀我说那是谁的？

傻柱子：　（唱）那是我的驴。

小老妈：　（唱）向石台下我送了二目，

　　　　　　　　在那旁蹲着一个黑不溜秋什么东西？

　　　　　　　　我看此人是有点面善，

　　　　　　　　在哪里见过面我一时想不起。

　　　　　　　　看罢多时我认也认得了，

　　　　　　　　原来是三河县的傻小柱子，奴家我的女婿。

　　　　　　　　我夫妻四年半的光景未曾见面，

　　　　　　　　打量着傻小子他不能够认得。

　　　　　　　　我何不在他面前摆上几摆？

　　　　　　　　我看这个傻小子他着急不着急？

　　　　　　　　小老妈月台以上风流儿卖。

（三段）

傻柱子：　（唱）北京城，

小老妈：（唱）也倒不离，

傻柱子：（唱）城门那楼子，

小老妈：（唱）八九十呀。

傻柱子：（唱）那方圆总占着，

小老妈：（唱）六七百里地，

傻柱子：（唱）哎呀我说，

小老妈：（唱）太平年。

傻柱子：（唱）城门上包的，

小老妈：（唱）都是那个金叶子呀，

傻柱子：（唱）年太平啊。

小老妈：（唱）城门楼子上，

傻柱子：（唱）镶着宝石，

小老妈：（唱）珍珠哪玛瑙，

傻柱子：（唱）上边儿也镶之啊。

小老妈：（唱）像茶壶那么大个儿的，

傻柱子：（唱）猫啊猫儿眼儿，

小老妈：（唱）太平年。

傻柱子：（唱）哩滴嘟噜，

小老妈：（唱）人啊人着迷。

傻柱子：（唱）年太平。

小老妈：（唱）我们大爷呀，

傻柱子：（唱）是一个宗室，

小老妈：（唱）皇上爷常上啊，

傻柱子：（唱）上那里边去呀。

小老妈：（唱）管大爷都叫一声，

傻柱子：（唱）小呀小把弟，

小老妈：（唱）哎啦我说，

傻柱子：（唱）太平年。

小老妈：（唱）说说那个笑笑，

傻柱子：（唱）有点儿俚戏，

小老妈：（唱）年太平。

傻柱子：（唱）皇上相貌长得，

小老妈：（唱）也是不离，

傻柱子：（唱）八尺多高，

小老妈：（唱）是一个黄胖子啊。

傻柱子：（唱）那黄脸足有咱们那个，

小老妈：（唱）八仙桌那么大呀，

傻柱子：（唱）太平年。

小老妈：（唱）二尺多长的，

傻柱子：（唱）黄呀黄胡须，

小老妈：（唱）年太平。

傻柱子：（唱）穿黄袍子，

小老妈：（唱）紫龙袖子啊，

傻柱子：（唱）黄马褂子钉着，

小老妈：（唱）黄金纽扣子。

傻柱子：（唱）穿一双靴子足够，

小老妈：（唱）七呀七八尺呀，

傻柱子：（唱）太平年。

小老妈：（唱）北京城的皇上，

傻柱子：（唱）他是没有辫子，

小老妈：（唱）年太平啊。

傻柱子：（唱）那一日，

小老妈：（唱）太后生日，

傻柱子：（唱）皇上大撒帖，

小老妈：（唱）文武拜寿去。

傻柱子：（唱）大奶奶随人情，

小老妈：（唱）小老妈也去。

傻柱子：（唱）太平年。

小老妈：（唱）皇宫各院，

傻柱子：（唱）老妈赴过席，

小老妈：（唱）年太平。

▶ **（四段）**

傻柱子：（唱）天气不早，

小老妈：（唱）也该坐席，

傻柱子：（唱）霎时端上，

小老妈：（唱）干鲜碟子。

傻柱子：（唱）娘娘给斟酒，

小老妈：（唱）太后来布菜，

傻柱子：（唱）太平年。

小老妈：（唱）与老妈布了一块，

傻柱子：　（唱）醋溜西瓜皮啊，

小老妈：　（唱）嘎吱嘎吱响啊，

傻柱子：　（唱）吃多了就拉稀，

小老妈：　（唱）年太平。

傻柱子：　（唱）小太子，

小老妈：　（唱）有点离奇，

傻柱子：　（唱）伸着个小手，

小老妈：　（唱）抓点菜吃，

傻柱子：　（唱）拉拉油沾了老妈的，

小老妈：　（唱）毛蓝大布衫儿，

傻柱子：　（唱）太平年。

小老妈：　（唱）娘娘打了太子，

傻柱子：　（唱）两筷子呀，

小老妈：　（唱）年太平。

傻柱子：　（唱）那老太后，

小老妈：　（唱）疼她的孙子，

傻柱子：　（唱）打了娘娘，

小老妈：　（唱）两个嘴巴子。

傻柱子：　（唱）小老妈走上前，

小老妈：　（唱）拉了一把，

傻柱子：　（唱）太平年。

小老妈：　（唱）老太后认老妈，

傻柱子：　（唱）做了个干闺女，

小老妈：　（唱）年太平。

傻柱子：　（唱）天气不早，

小老妈：　（唱）眼看日平西，

傻柱子：　（唱）小老妈请安，

小老妈：　（唱）慌忙地就告辞。

傻柱子：　（唱）娘娘送至在，

小老妈：　（唱）午朝门外，

傻柱子：　（唱）太平年。

小老妈：　（唱）老太后送出我们，

傻柱子：　（唱）棋盘大街西。

小老妈：　（唱）年太平。

傻柱子：　（唱）我们大爷，

小老妈：　（唱）跟班去，

傻柱子：　（唱）车马轿夫，

小老妈：　（唱）甚是威势。

傻柱子：　（唱）六七百跟班的，

小老妈：　（唱）还呀还嫌少，

傻柱子：　（唱）太平年。

小老妈：　（唱）六十四人抬了，

傻柱子：　（唱）一顶花轿子，

小老妈：　（唱）年太平啊。

傻柱子：　（唱）我们大爷，

小老妈：　（唱）有好房式，

傻柱子：　（唱）前廊后厦，

小老妈：　（唱）修盖得也不离。

傻柱子：　（唱）长搭天棚，

小老妈：　（唱）不咋拿当个事，

傻柱子：　（唱）太平年。

小老妈：　（唱）怕的是太阳老爷，

傻柱子：　（唱）串了门子，

小老妈：　（唱）年太平。

傻柱子：　（唱）我们大爷，

小老妈：　（唱）后花园子，

傻柱子：　（唱）月牙河，

小老妈：　（唱）紧对养鱼池。

傻柱子：　（唱）真山真水，

小老妈：　（唱）真有一个趣呀，

傻柱子：　（唱）太平年。

小老妈：　（唱）还有那九篷九柜，

傻柱子：　（唱）火轮船两只，

小老妈：　（唱）年太平。

傻柱子：　（唱）小老妈开唠，

小老妈：　（唱）众位笑嘻嘻，

傻柱子：　（唱）出言叫声，

小老妈：　（唱）美大嫂子。

傻柱子：　（唱）你说北京，

小老妈：　（唱）景致好，

傻柱子：　（唱）过了新年，

小老妈：　（唱）我看看去。

傻柱子： （唱）老妈摆手，

小老妈： （唱）去也不去了，

傻柱子： （唱）无有好脸子，

小老妈： （唱）去也去不得。

傻柱子： （唱）我一言唱不尽，

小老妈： （唱）老妈开完了嘚，

二人合： （唱）愿诸位富贵荣华吉庆有余。

民国时期百代唱片

芙蓉花、赵德广合演

穆凯、邵缨记录

记录时间：2020年

蓝桥会

取材于春秋时期信士尾生高的故事。尾生高与女子期于梁下，最后抱桥柱而死。后世戏文曲词多有《蓝桥会》或《水漫蓝桥》。南方作品男作韦郎保，女作贾玉珍（蓝家童养媳，改名蓝瑞莲）；北方作品男作魏魁元，女作蓝瑞莲（婆家姓周）。落子的《蓝桥会》与子弟书、二人转人名相同，情节却不同，是大团圆结局。蓝瑞莲不是弃夫私奔，而是亡夫后孤独，与魏公子也不是一见钟情，而是青梅竹马，因父母干预劳燕分飞。最后魏公子找到蓝瑞莲，二人蓝桥相会，有惊无险，终成眷属。

人物　　魏魁元

蓝瑞莲

（蓝瑞莲幕后：哎咳！）

蓝瑞莲： （上。唱）老爷儿[1]它叽里咕噜出了山，

[1]　老爷儿：太阳。

照得人那叫个舒舒坦坦。

二梦天堂[2]起床来到前院，

总觉着有事它抓心挠肝。（下）

（魏魁元幕后：哎咳……）

魏魁元： （上。唱）老爷儿它稀里哗啦下了山，

小凉风摩挲着肉皮儿他是舒舒坦坦。

扒拉口米饭就往前甸子赶，

前甸子点名要唱蓝桥相会这一篇儿。

（下）

蓝瑞莲： （急上。唱）都说是喝酒误事那是常见，

可今天这事就是不一般。

原来是老爷儿已经往后山转，

你看我咋就分不清晚上与白天。

顾不得收拾我就往前甸子赶，

前甸子点名要唱蓝桥相会这一篇儿。

魏魁元： （唱）深一脚浅一脚不管三七二十三，

蓝瑞莲： （唱）五八三十六脚下小道一会儿一拘挛[3]。

魏魁元： （唱）越过了五里高粱地，

蓝瑞莲： （唱）穿过了三里烂石滩。

魏魁元： （唱）苹果树下我不敢怠慢，

蓝瑞莲： （唱）瓜田李下我可要避嫌。

魏魁元： （唱）一上小桥我就往前看，

蓝瑞莲： （唱）六盏气死风灯它就在六处悬。

魏魁元： （唱）高台下看戏的老少爷们早就站满，

蓝瑞莲： （唱）满满当当地等着咱。

魏魁元： （唱）在后台我看了搭档她一眼，

蓝瑞莲： （唱）我这里心有灵犀急忙走上台前。

（白）奴家蓝瑞莲，命苦似黄连。过门刚刚两年半，死鬼丈夫就去了黄泉。我有心早早跟他去，可我还是舍不得从小的玩伴儿魏魁元。

（唱）蓝瑞莲命苦就像黄连加苦胆，

孤孤单单孤孤零零没人可怜。

白天里喂鸡喂鸭子还要赶猪上圈，

[2]　二梦天堂：睡糊涂了。

[3]　拘挛（jūlín）：肌肉收紧。

到晚来做饭洗衣还要抱磨杆。

起大早还要把那磨糊搅拌，

支起鏊子点上火就把煎饼摊。

婆婆若是不高兴，

不是说煎饼太厚就是不酸。

从来不用正眼把我看，

吐口水带着呸还用眼睛剜。

老妖婆说我不能给她下个蛋，

没有公鸡还把我往死里看。

挑水有时回来得晚，

她那嘴噘得都能把叫驴拴。

她来气锥子扎人红一点，

老妖婆要是掐人那得疼上好几天。

这样的日子我一天也不想过，

可孙猴子怎能逃出佛家的五指山？

我听人说魏魁元把那小买卖做，

走乡串户一人一副货郎担。

我们有缘若是能相见，

对他吐吐苦水心里的冤。

眼见得老爷儿离树梢不远，

我要去挑水拿起榆树扁担。（下）

魏魁元：（白）拜师学艺刚下山，三年里也忘不了发小蓝瑞莲。她一笑眼睛眯成了线，要是发起脾气眼睛瞪得比鸡蛋圆。天生的一副鸭蛋脸，眉毛黑过锅底烟。白里透红的脸蛋都能掐出水，两只耳朵两个元宝悬。为还债她爹用她抵了账，小胳膊遇上粗大腿那就算是一个完。听说她的丈夫嗝了屁[1]，嗨！小寡妇的日子那是处处难。今天我假扮货郎把她找，不难也难全在缘。

（唱）小时候的小事忽隐忽现，

　　　思想起来心里就是一个甜。

　　　那一年，她十二我十三，

　　　我们隔三差五打连连[2]。

有一次我们把那家家过，

她让我装女她装男。

我闻听这样的编排就是不干，

她一劝二哄说是她能保护咱。

听她言不由我红了脸，

那一会子我就认准了蓝瑞莲。

有一回玩儿了一次打老爷，

第一个输的就是我魏魁元，

别人输了都要揪着耳朵走，

可瑞莲偏偏把我的手儿牵。

那小手，肉乎乎软瘫瘫，

还一个劲地揉搓咱。

揉得人就像吃了红焖肉拌那大米饭，

吃在嘴里香，想在心里甜。

她教我翻花绳翻出各样图案，

我教她挑挑抬抬老牛赶山。

雨后玩儿那扎关针我们半斤对八两，

下雨天我们炕头一起去玩儿九连环。

我们野地里一起剜过苦麻菜，

石埂子边摘山枣它就往死了酸。

她偷着从家里给我拿来煮鸡蛋，

我麦田捉蝈蝈让她玩儿。

一件件一桩桩，一桩桩一件件，

找不回瑞莲我也不回还。（下）

蓝瑞莲：（上。白）喂饱了猪鸡我才能吃饭，收拾完碗筷我就找扁担。大号缸十桶八桶都装不满，满缸水累得人腿发颤来腰发酸。挑着水桶出来院，前几天听说了一件事让人心寒。我那婆婆贪图银子要将我卖，卖给后山的秃头拐子李家川。他拐子秃头还不算，罗锅腰塌鼻子还有一只眼睛残。要是此事如了他们的愿，我一根麻绳就去黄泉。挑着水桶我往前走，看前面来了一个货郎担。

魏魁元：（上）针头线脑绣花线，小刀糖块花样全啦。

蓝瑞莲：（唱）冷眼看这货郎有点儿面善，

　　　　听声音就是我那魏魁元。

[1]　嗝了屁：死了。

[2]　打连连：不间断联系。

落子

我这里故意把脚步放慢，

魏魁元：　（唱）魏魁元紧走几步用眼观。

看背后身像我日夜思念的瑞莲女，

到跟前认出她就是蓝瑞莲。

（白）瑞莲！

蓝瑞莲：　魁元！

（唱）莫不是我二人梦里相见，

梦里相见那都难。

魏魁元：　（唱）这些年你过得怎么样？

蓝瑞莲：　（唱）说这些现在没有时间。

我婆婆嫌我不能生儿养女，

要把我卖了去换钱。

你要是个爷们男子汉，

带我私奔到天边。

只求有个茅屋能吃上饭，

我和你唠嗑唠起来就没完。

这里并非说话地，

你看这事怎样才周全？

魏魁元：　（唱）听罢此事心中发颤，

这件事来得它就太突突它就那个然。

怎么办来怎么办？

猛然间想起了蓝河上的船。

瑞莲啊，你要真心和我走，

就要吃得了百样苦，不怕千样难。

蓝瑞莲：　（唱）我与你一片真情永不变，

吃苦受累我心里甜。

魏魁元：　（唱）开弓没有回头箭，

驷马难追出口的言。

今晚咱们蓝桥上见，

下桥坐船我们一气儿就到大海边。

蓝瑞莲：　（唱）一言为定不见不散，

魏魁元：　（唱）我这马上就去找那艄公仔细谈。（下）

蓝瑞莲：　（唱）我这里忙把水桶打满，

只等那日落早黑天。（下）

魏魁元：　（上。唱）与艄公砍完船价天色已晚，

就等着瑞莲一到马上就开船。

突然间雷也鸣电也闪，

雨点子落在水里像铜钱。

我脱下长衫来挡雨，

狂风将我的衣服吹挂在了桥栏杆。

为避雨我不顾衣服忙着往桥下赶，（下）

蓝瑞莲：　（上。唱）顶风冒雨跑来了我蓝瑞莲。

站在桥头用力看，

咋没看着我那魏魁元？

跑到桥中更让我心惊胆战，

桥栏杆挂着一件男人衫。

到此时我可不能胡思乱想，

下桥来我沿着河边找魁元。

蓝瑞莲：　（白）魏魁元……魁元……（下）

魏魁元：　（上。唱）忽听桥上有人喊，

桥洞子里跳出来我魏氏男。

抬手遮雨我往往对岸看，

果然是来找我的蓝瑞莲。

蓝瑞莲：　（上。喊）魁元……（下）

魏魁元：　（唱）左岸她喊右岸我也呼唤，

（白）瑞莲……

（唱）雨大风紧听见我的喊声难。

我脚下加劲儿跑在前面，

依手做语把信息传。（魏魁元用肢体语言
让蓝瑞莲往回跑）

蓝瑞莲：　（上。唱）大雨中我看了一眼河对岸，

猛见得一个人比比划划不知和谁谈？

停下脚我再仔细再一看，

原来对岸就是魏魁元。

他比划的意思我明白了，（下）

魏魁元：　（唱）见她往回跑我心下稍安。（下）

蓝瑞莲：　（上。白）魁元……

魏魁元：　（上）瑞莲……

（二人跑到桥中间拥抱在一起。突然，魏魁元
抱起蓝瑞莲）

魏魁元：　（白）走了，我们上船，上船了……

（魏魁元抱着蓝瑞莲急下）

丁喜珍、赵万成演出本

车爱军记录

记录时间: 1975年

记录地点: 朝阳县东五家子乡

李凤仙逛小河沿[1]

此篇透过一个被生活所迫堕入青楼的女子的视角, 描写了20世纪初, 沈阳大东区小河沿的市井生活。其中对当时流行的剧种、曲种, 名艺人所擅长的剧目、曲目以及戏楼里看戏喝茶等情形均有描述, 是一篇语言略庸俗, 但史料价值较高的落子小唱。

人物　　　李凤仙

李凤仙: (念) 小奴生得好美哉,

　　　　飞眼吊棒勾客来。

(白) 奴家小凤仙, 年长十七岁。落在烟花柳巷, 今日天气太热, 院中无客。我何不上小河沿走走？

(唱) 李凤仙, 离了座,

　　　　打扮已毕真利索。

　　　　说与妈妈你把头子叫,

　　　　叫头子雇上一辆车。

　　　　头子叫车门外等,

　　　　凤仙出来上了洋车。

　　　　拉车的一跑穿城过,

　　　　凤仙自己暗琢磨。

　　　　也是奴的命儿薄,

烟花柳巷混吃喝。

家中爹娘五十多岁,

我家还有一哥哥。

大哥名字叫连贵,

奴的名字叫秀娥。

年月不济实在难过,

家中无吃又无喝。

万般出在无可奈,

二老只卖了我。

将我卖在奉天省[2],

卖了奉票五百元多。

进门来才问领住妈妈好,

同院姐妹来看我。

二月初三打的头客,

卖盘子[3]一天三十还多。

一月也有二十个住客,

五天一算账二百元多。

领住妈妈待奴也不错,

我出来进去不用跟着。

今日好, 天晴了,

小河沿去吊一个俏皮哥。

心烦思想来得快,

小河沿不远对胸窝。

过了大桥把车下,

车钱拿出一元多。

顺着马路往东走,

吆里吆喝买卖多。

也有男来也有女,

男女老少非常地多。

明湖春饭庄必然不错,

堂倌儿说卖菜就酒喝。

在畅观茶园是音乐,

捧笙吹管打铜锣。

---

[1] 选自民国时期奉天东都石印局石印本《逛小河沿》(佟悦提供)。小河沿: 地名, 沈阳大东区万泉公园。

[2] 奉天省: 今沈阳。

[3] 盘子: 指妓院的客人。

牙香亭吕家姐妹女大鼓，

滦州影戏唱得得[1]。

凝香榭的大鼓山东调，

孙大玉、孙二玉，

还有一个孙仲合。

在路北有个李家茶社，

韩敬文各种戏法变得更绝。

永泉楼也不错，

喝茶也得两毛多。

回回饭馆在对过，

看里边座钟两点三刻。

小花船在桥下来回过，

河边上小茶棚内人也不多。

有心再溜溜天气太热，

找一个街去歇着。

百花楼内锣鼓响，

京班大戏唱得得。

迈步又往戏楼走，

凤仙女子进了门阁。

打票的只才把楼上，

楼上包厢人也不多。

南面包厢落下座，

前门牌的洋烟拿出一盒。

手巾把的过来自来火，

这才点着烟卷一颗。

打票的正在眼前过，

戏报又往桌上合。

拿过报来看了看，

不知今天唱什么？

打过三通开了戏，

听我把戏名说一说。

牛兰芬的《乌玉带》，

月牙红的《挑华车》。

铁蝈蝈的《烟鬼叹》，

于月楼的《长坂坡》。

信宝成的《清官册》，

彭瑞林的《南北和》。

高福安的《大八义》，

小菊处的《斩窦娥》。

正然看，四下一望，

北面上坐着一位俏皮哥。

二十上下长得不错，

有一顶文明草帽也得八元多。

身穿着大褂古铜花四个，

中衣甩腿金丝罗。

高勒洋袜丝绵做，

琥珀烟嘴出在美国。

奴看他，他看我，

莫非他要那么着？

他与奴家有缘分，

此人心中必恨我。

凤仙欠身把楼下，

北包厢云头大爷暗琢磨：

女子好，长得得，

不是妲己是嫦娥。

莫非说九天仙女下了界，

织女牛郎离了天河？

不知女子住何处？

姓甚名谁叫什么？

女子走，我也走，

女子要坐车，我也坐洋车。

想罢云头离了座，

下了包厢细看娇娥。

凤仙女子把车坐，

云头他也雇洋车。

在左手牛角镶边八角扇，

没穿汗衫右手拿着。

拉车的一跑把桥过，

不多一时过了河。

行走如飞穿城过，

平康不远还对胸窝。

凤仙下车一伸手，

车钱把了五毛多。

云头看见将车下，

把了车钱进门阁。

进门头子说到屋内坐，

您老请坐把茶喝。

云头大爷落了座，

再把头子说一说。

伸手招呼说是见客，

同院姐姐乐呵呵。

大玉、宝来、小翠娥，

子如、金红长得得。

宝兰、凤兰姐妹两个，

凤仙长得不用说。

见客必问大爷你挑哪一个，

云头说我挑那凤仙女娇娥。

凤仙就往屋里请客，

上盘子打手巾又把茶喝。

日平西五点三刻，

客头不走为什么？

凤仙抬头看了看，

西正交了六点多。

大云头卦盘子要把客住，

吃局饭叫头子你把桌子撤，

大局头开局钱二十元多。

窑子内查条子两回查过，

小凤仙回头来捂被窝。

倒上茶把水喝，

喝着喝着上了劲儿，

他二人就要把门着。

月明珠演出本

佟悦提供

耿柳记录

记录时间：2020年8月

小两口逗趣

小两口一问一答，妻子埋怨丈夫不学无术，丈夫与妻子抬杠，富有生活气息，诙谐有趣。

人物　　丈夫
　　　　妻子

（一段）

丈夫：　（白）听了！

　　　　（唱）我开言就语叫声媳妇儿，

　　　　（白）你咋站那没扭嘞哎。

　　　　（唱）你听我咱二人说几句开心的话儿，

　　　　　　　咱们两个解解闷儿。

　　　　　　　我问一声小娘子儿，

　　　　　　　你今年个有多大咧？

妻子：　（唱）小奴家我今年虚长了三十二啊，

　　　　　　　丈夫你好么着是比我大吧？

丈夫：　（唱）我比娘子你大上两岁儿，

　　　　　　　我今年个三十四儿。

妻子：　（唱）我问问你可知何为这个本？

　　　　　　　有多少房产、菜园子和着那个地儿啊？

丈夫：　（唱）我这房子窄小，没数儿的地呀。

妻子：　（唱）我说你咋那些个地耶哎？

丈夫：　（唱）嘿嘿，我给那看青的还打过了几天柜儿。

妻子：　（唱）你这房子窄小，没个家底儿，

　　　　　　　这日子过着呀，咱们俩也没个什么趣儿。

丈夫：　（唱）我倒有几样看家的好本呀事儿，

　　　　　　　算我稀奇你还没处儿找这个对儿。

妻子：　（白）我说，怪不说的你都是有啥本事呀哎？

丈夫：　（唱）你听着，我慢慢儿地和你说说。

妻子：　（唱）你说说。

丈夫：　（唱）听啊！

　　　　（唱）要是搁宝我会支浑嘴儿，

　　　　　　　要是掷骰子我会使寸劲儿。

　　　　　　　要是看牌我更不慌张啊，

　　　　　　　要推牌九我还会七对儿。

（二段）

妻子：　（唱）你快别说咧，

　　　　　　　支吾又么张个嘴儿么呀呵，

　　　　　　　一点个本事儿你呀不窜好地儿。

　　　　　　　你拿着丢人儿当成了嘴儿，

　　　　　　　叭叭叨叨那是没有这滋味儿。

　　　　　　　从今往后你丢了家丑咧，

　　　　　　　不提你冤家打着你那光棍儿。

　　　　　　　要见你哥哥呀就像那活鬼儿，

　　　　　　　你捂个正面背面是个人儿？

　　　　（白）你还是做买卖呀，还是或者什么事呀？

　　　　（唱）再不呀胡装人，你石头剪刀布儿呀！

丈夫：　（唱）小娘儿们你说的还有理儿，

　　　　　　　从今后学好，不要欺骗自己儿。

妻子：　（唱）快拉倒吧，你那人说话没有这什么准儿呀，

丈夫：　（唱）哎你看着，我要是没有准儿，

　　　　　　　我比你小一辈儿。

妻子：　（白）呀，我说，你比我小一辈儿，你管我叫啥呀？啊！

丈夫：　（唱）我……我管你叫妈！

妻子：　（唱）哎呦！别逗了。

　　　　（唱）逗得我眼泪笑出这么一个疙瘩辈儿。

丈夫：　（唱）二人房中左右相啊……

　　　　　　　哎嗨哎嗨哎嗨……

民国时期百代唱片

金开芳、任鹤声合演

穆凯记录

记录时间：2020年

绣得勒[1]

这是一出夫妻二人斗嘴，互相嫌弃对方的小喜剧。此本是朝阳县东五家子乡民间艺人吴万里保存的，为辽宁朝阳联合乡（原下三家子乡）曹杖子村尹家店村民组老艺人丁喜珍和七道泉子镇赵万成二人的演出孤本。

　　　　人物　　　丈夫

　　　　　　　　　妻子

（乐起。丑手拿酒瓶，旦左手拿烟袋，右手拿把笤帚同上）

丈夫：　（念）天上下雨地下滑，

妻子：　（念）下得地下稀拉巴扎。

丈夫：　（念）白天同吃一碗寡，

妻子：　（念）夜晚睡在一个旮旯。

　　　　（白）哎！我问问你，你说，怎么一碗……

丈夫：　噢！这你还用问？摔的摔，打的打，不使一个没有俩呀！

妻子：　不是。我问的是啥叫一碗寡。

丈夫：　噢！这你就不明白啦。咱喝的稀粥一粒儿跟着一粒儿跑，这和守寡差多少？

妻子：　咳！你……

丈夫：　我……哎！我问问你，皆因啥总睡旮旯呢？

妻子：　哼！这你还觍脸问呢。房子破得盖不起，挡不住风，遮不住雨，没法儿就往旮旯里挤。你说，挨挤是不是怨你？

丈夫：　那……哈哈！我说呀，（转了话题）你看看，天也不早啦，人也不少啦；蛐也不叫啦，牛也不咬啦……

妻子：　哎……鸡也不叫啦，狗也不咬啦。

[1]　得勒：也作"特勒"，是蒙民族服饰的一种。

丈夫：　对！鸡也不叫啦，狗也不咬啦。咱们别白话啦，再白话一会儿呀——把老少爷们儿都乐跑啦。

妻子：　不！是气跑啦。

丈夫：　是呀！都气跑啦。大家伙儿要是一散呐，咱俩在这儿可站不住脚儿啦！

妻子：　哎呀！那可咋办呐？

丈夫：　咋办？有办法，叫咱伙伴儿把弦儿定得高高的，咱俩把嗓子亮得姣姣[1]的，把大嘴一张哭起来。

妻子：　不！把樱桃小嘴儿一张唱起来。

丈夫：　好！那就唱起来！

妻子：　（唱）二八大姐崔大姑，
思想起二老太糊涂。
小奴家来到出阁日，
所要的陪送一点儿也无。
一不要躺箱二不要立柜，
不要镜架与柜橱。
所有的东西全不要，
给我的女婿要个烟灯打把酒壶。
嗳哎……

丈夫：　（唱）有老汉，多么喜欢，
摊了个老婆她体贴咱。
陪送个酒壶知我好喝酒，
带来个烟灯知我好抽烟。
小两口儿说话脸儿对着脸儿，
说说笑笑心里舒坦。
从今往后我不把活儿干，
吃喝落道学着要钱呐。
哎……

妻子：　（唱）过了一年又一年，
天长日久甜变酸。
只曾想摊上个好女婿，
风风流流过几年。
摊了个落倒邦子[2]该死的鬼，
吃喝抽要啥都贪。
不怨地也不怨天，
怨我那命苦似黄连。
有朝一日回家转，
见着我妈诉诉冤屈哭皇天呐。
哎……

丈夫：　（唱）猴蹄子，臭蝲蝲蛄，
动不动地你就要哭。
眼睛哭成烂桃儿样儿，
大嘴一噘就瘪咕[3]。
有朝一日瘪咕烦了我，
卖你个王八老婆装酒壶。
嗳哎……

妻子：　（唱）卖我更好卖我更中，
省得跟你王八受贫穷。
咱一撒口儿是一家的主儿，
找上一个俊俏书生。
乐乐呵呵把日子过，
再也不把你的门儿登。
嗳哎……

丈夫：　（唱）你不登就不登，
好了疮疤你忘了疼。
吃穿花用没缺着你，
明明你是饱饭撑。
我看你是享够了福，
老说我穷瞎嘟哝。
嗳……哎……

妻子：　（唱）睁开你的瞎眼睛，
看看咱还咋叫穷？
老娘的褂子不遮体，
灯笼裤子净补丁。
小丫头成天光着腚，
小儿子不离灶火坑。
你的柴火没一捆儿，

[1]　姣姣：响亮、嘹亮。

[2]　落倒邦子：不务正业的人。

[3]　瘪咕：形容塌陷，不好看。此处意为嘟囔，叨叨咕咕。

你的小米儿不到半升。

急得我成天价心焦火燎，

还怨老娘我嘟哝。

嗳哎……

丈夫：　　（唱）屋老婆你只管嘟哝，

捂上耳朵我都不喜听。

有朝一日价嘟囔烦了我，

打上个包裹我下关东。

大关东，小关东，

关东有座沈阳城。

沈阳有个泰来号，

我到那里去打更。

挣得铜钱拿不动，

攒得银子无处盛。

关东好了关东过，

在那儿娶上个花不棱登。

过上三年并二载，

给我生个小顽童。

撇下你王八老婆守活寡，

看你还嘟哝不嘟哝。

嗳哎……

妻子：　　（唱）猴崽子，狗杂种，

这话我没当耳过风。

你走了我少生多少气，

糗在家里我真膈应[1]。

谁愿看你个窝囊废，

恨不能一下剜出你这眼中钉。

嗳哎……

丈夫：　　（唱）别看我是你眼中钉，

我真走了怕你不中。

白天想我还好受，

最怕半夜到三更。

摸一把松，蹬一脚空，

你想想那有多么冷清。

[1]　膈应：指讨人厌、遭人烦。

嗳哎……

妻子：　　（唱）谁稀得蹬，谁稀得摸，

王八你别打俏皮嗑儿。

没事儿我到门前坐，

勾搭一个俏皮哥儿。

吃穿花用他供着我，

打打闹闹多么乐呵。

嗳……

丈夫：　　（唱）王八老婆你想得个美，

难道你跟我就不乐呵？

老汉我不缺鼻子不少眼，

个子不矮也不矬。

你跟帮二流子把皮扯，

胡作妖闹地乱掺合。

有了情人就看不上我，

数数答答啰里啰嗦。

哎……

妻子：　　（唱）别怨我啰里啰嗦，

怨你个王八不愿干活儿。

你要是一扑纳心儿地把活儿做，

穿得好来吃得又多。

舒舒服服得过且过，

哪个王八老婆才把你说！

哎……

丈夫：　　（唱）孩子妈我的老婆，

你有这话咋不早说？

今后起早我捡粪，

吃罢早饭我搂柴火。

柴也有来米也有，

省得咱们受折磨。

你在家里哄着孩子过，

我找个地方去干活儿！

哎……

妻子：　　（唱）死王八你可别说，

抻着个脖子去干活儿？

干啥也是个愚囊货，

走道儿睡觉都把头磕。

一个月能挣几个子儿，

一年许挣十吊多？

有名无实你误了正事儿，

一骰子输它个八吊多。

哎……

丈夫：　　（唱）十吊多，八吊多，

不赶你撒米把面泼。

怨你个王八老婆不会过，

有钱你偷着买饽饽。

偷吃偷喝都背着我，

老汉我一点儿也没尝着！

哎……

妻子：　　（唱）这个话，谁对你说，

哪个短命鬼儿下的舌？

那天我抱着孩子把门儿串，

他三姨家蒸饽饽。

你的那个王八崽子看见了，

哭哭啼啼要馍馍。

嘎咕老婆一个也不舍，

馋得孩子直劲儿吐噜舌。

回家捣了二升麦，

捞到碾房把米磨。

自己压，自己罗，

自己烧火蒸饽饽。

老娘没舍得吃一个，

喂了你的王八崽子小那个。

这也怨我不会过？

咋说撒米把面泼！

哎……

丈夫：　　（唱）王八老婆你穷对合[1]，

再说你偷拿粮食换酒喝。

一斗高粱换了二斤酒，

拿回家来捞了作[2]。

炒的是鸡蛋、鸡子[3]和白果，

找来咧咧[4]你们俩喝。

依着咧咧蔫儿喝酒，

你说是不搳拳来不乐呵。

人家拳好赢了你，

你就滋儿滋儿地可劲儿喝。

三盅两盏你喝醉了，

灶火坑里去撅着。

老汉半夜回家转，

可真叫我把火窝。

有心上前踹你几脚，

王八老婆身板不利落。

压了一压心头火，

拎着你大腿往炕上挪。

上头给你枕上鸳鸯枕，

底下给你焐上红绫被窝。

妻子：　　（唱）死王八，你瞎嘚嘚，

尿罐子打酒你不是个好家伙。

当着大伙儿你作践我，

换酒的事儿我说一说。

那天王八你不在家下，

营子来了个换酒的车。

高粱扤了二升半，

换了二斤白干儿喝。

一顿我喝不上二两酒，

两顿喝不上四两多。

一来给你省下米，

二来给你省柴火。

省下柴火烧热炕，

省下小米儿馇粥[5]喝。

精打细算省俭着过，

---

[1]　对合：对付，凑合。

[2]　捞了作：捞作，指上别处厨房帮忙。此处指在家里像在饭店一样忙活做吃的。

[3]　鸡子：公鸡的睾丸。

[4]　咧咧：人的外号。

[5]　馇（chā）粥：熬粥。

不该说我偷酒喝！

哎……

丈夫：（唱）自己的梦自己圆，

叨叨木子[1]打食儿——全仗嘴尖。

换酒的事儿算你对，

咱再说说你嘴头儿馋。

借壁儿[2]二大妈家煮肥肉，

王八老婆鼻子真尖。

抱着孩子去把门子串，

东耙子西笤帚穷搭讪。

不会抽烟假装点儿，

趁人不见偷把锅掀。

捡起一块白片肉，

不管凉热往嘴里添。

烫你个王八老婆一嘴燎焦泡，

人家问你无有话言呐！

哎……

妻子：（唱）死王八，别胡诌，

那回别怨我把肉偷。

怨你个王八没能手，

上顿下顿糊嘟粥[3]。

月科的孩子没有奶，

嘟啦[4]干巴妈妈头儿。

王八崽子黄又瘦，

眼瞅小命儿就要丢。

二大妈家里煮肥肉，

一点儿不给我才偷。

为了给孩子长口奶，

老娘的肠肝五脏也挂点儿油呐。

哎……

丈夫：（唱）王八老婆，不承认馋，

咱不是淡渴[5]得那么可怜。

那天看牌儿我赢了，

腰里摸出两吊钱。

买了一块儿肥猪肉，

大人孩子解解馋。

依着我煎煎炒炒滋味儿好，

你急着要清水煮烂点咸盐。

有了肉，你又要喝酒，

等我买酒回家转，

你把猪肉全吃完。

掀开锅我扒拉着看，

剩块儿骨头在里边。

老汉一见急了眼，

捡着块儿骨头嘟啦七八天。

你抢过骨头囫囵咽，

说说你这是馋不馋呐？

哎……

妻子：（唱）顺嘴诌，净胡编，

砍的不如旋的圆。

愣说吃你块儿肥猪肉，

吃你块儿豆腐都难上难。

未从吃饭淡抱着碗[6]，

伸出筷子找不着菜盘儿。

这才叫口挪肚里攒，

针鼻儿点儿玩意儿，

不糟践[7]还说我馋呐。

哎……

丈夫：（唱）绿豆蝇坐月子你抱屈（蛆），

再说你人情不懂算个啥东西！

三从四德你不懂得，

成天价拨弄是非瞎叽叽。

在家吵闹还罢了，

[1] 叨叨木子：叨叨木子指啄木鸟。

[2] 借壁儿：隔壁邻居。

[3] 糊嘟粥：玉米面粥。

[4] 嘟啦：反复吸吮。

[5] 淡渴：饥渴。

[6] 淡抱着碗：只有饭没有菜。

[7] 糟践 (zāojin)：浪费，白瞎了。

你不该骂骂咧咧去搅局。

光棍儿哥们儿谁不讲究[1]你，

可真是光腚骂街不顾脸皮。

哎……

妻子：　（唱）搅局的事儿你还有脸提，

提起这事儿气掰儿肚皮。

老娘越想越有气，

找你找到大宝局[2]。

没打你我也没骂你，

当着大伙儿臊臊你的皮。

哎……

丈夫：　（唱）臭娘儿们儿你个臊老婆，

狗掀帘子你拿嘴对合。

有人没人你臭白[3]我，

叫我说说你不愿干活儿。

使得咱大碗套小碗，

使得咱大锅套小锅。

使得咱马勺拿不动，

使得咱筷子赛梁柁。

带着老爷儿就睡觉，

一觉睡到小晌火[4]。

老汉拥都拥不起来你呀，

初一的尿盆等到十五泼。

哎……

妻子：　（唱）死王八你还有脸说，

说起这话你缺老德。

黑更半夜你不睡，

叽叽喳喳你直劲作。

作来作去不要紧，

老娘成了大肚弥勒佛。

咱那个丫头才不大点儿，

忽然又生了小那个。

[1]　讲究：也作"讲咕"，非议。
[2]　大宝局：赌场。
[3]　臭白：埋汰（人）。
[4]　晌火：下午。

大的哭，小的就作，

撕皮掠肉不让干活儿。

锅碗瓢盆嘎巴厚，

怨你个王八不替我。

游手好闲是活儿不做，

横草不拿竖棍不摸。

生气我就和你靠，

想和你靠倒泰山靠干黄河。

要不是二舅公公来家坐，

那盆骚尿我还不泼。

哎……

丈夫：　（唱）有老汉，气堵脖儿，

破口大骂王八老婆。

今后你要再靠我，

拽着小辫儿加脚窝。

一脚踢出你八个屁，

两脚踢出你十六个。

给你廿四个灯笼挂，

让你个王八老婆趴了窝。

哎……

妻子：　（唱）给你打，给你窝，

不打不骂你是长脖儿。

今天你要打了老娘我，

娘家有两个好哥哥。

我的大哥知道了，

挑了你的盖子熬汤喝。

我的二哥知道了，

挑了你的王八窝。

哎……

丈夫：　（唱）再别提你两个哥哥他，

咋不怕人们笑掉了牙？

你大哥挺长的瓠子脸，

锃亮的盖子没头发。

钩钩鼻子尖嘴巴，

左眼是个玻璃花。

你二哥好像个黄瓜架，

走道儿大腿直扔达[1]。

挺长的脖子眼睛不大，

呲呲着两个大门牙。

他们两个来打架，

架不住我拿指头一扑拉。

一手按住他们俩，

问问他俩想干吗。

你妹妹愿意把我嫁，

张牙舞爪来闹扯啥？

哎……

妻子：　　（唱）软皮蛋，你个死王八，

张开驴嘴就胡拉拉。

当初哪个愿把你嫁？

都怨你爹和我妈。

你爹他背着粪筐去捡粪，

借事为由他到我家。

小奴装烟又点火，

问寒问暖又倒茶。

他看奴家心灵性儿巧，

拐弯抹角地套弄我妈。

问明了奴的青春多么大，

他说是他的儿子刚十八。

两家门当户又对，

愿和我妈轧亲家。

我妈她嫌你们太穷不愿意，

你爹他闹个臊毛儿回了家。

这事王八你知道了，

求你爹又哭你妈。

茶不吃来饭不咽，

一心想娶我这一枝花。

你爹出于无奈计，

有事儿没事儿往我家溜达。

今儿个酒，明儿个茶，

再不就把果子拿。

我妈一看你们挺外面儿[2]，

两家才把亲事儿轧。

三月初七把盅儿换[3]，

十月初六给你成家。

你家拿来四合礼儿[4]，

差点没把我妈气煞。

二斤粳米少两碗，

四斤白面少两抓。

人家娶亲是花红小轿儿，

你家使的是牛车拉。

女家人客搀我把车下，

一边转过你个死王八。

葫芦头儿脑袋后边有个把儿，

小辫儿上的虱子来回爬。

奔儿喽头[5]鼓赛猴眼儿，

唇外露着大凸牙。

水蛇腰儿来罗圈腿儿，

未从走道儿只哈巴。

奴家和你拜天地，

乐得你脑门儿磕了个大疙瘩。

拜罢天地洞房进，

差点儿把我熬糟杀。

半间屋子锅连着炕，

地下不平坑坑洼洼。

一领炕席七八块儿，

大点儿的用水抹了抹。

你唤小奴来坐福，

你妈把子孙饺子往上拿。

奴家刚想去接碗，

王八你伸手下把抓。

[1]　扔达：一踢一踢的，形容走路样子难看。

[2]　外面儿：在外挺有面儿，拿得出手。

[3]　把盅儿换：换盅，定亲仪式。

[4]　四合礼儿：四种礼物，民间风俗男方去女方家，要备酒肉面米四种礼物，表示富足和诚意。

[5]　奔儿喽头：额头、脑门。

踢溜秃噜地下作架儿[1]，

差点儿烫掉你两个牙。

哎 ……

丈夫： （唱）得得得，得得得，

咋还不赶你个破砂锅？

当初听说你长得不错，

哪承想你是个夜叉婆？

芥菜疙瘩脑袋根儿朝上[2]，

仰脸朝天缩缩着脖儿。

蒜头鼻子蛤蟆眼儿，

惨白麻子撺成撺儿。

两只片脚一尺半，

走道儿好像带拖车。

差点儿叫你吓杀我，

谁见你吓得不哆嗦？

接你回门儿我不去，

你两个哥哥哀告我。

磕头捣蒜地把揖作，

万般无奈我才上了车。

你大哥鬼哭狼嚎地把车赶，

你二哥伸着个王八腔子拉着车。

眨眼之间来得快，

来到你家王八窝。

你那块儿爹妈迎接我，

一步三摇我往里挪。

半间屋子把天露，

使个盖顶把窟窿遮。

葫芦瓢里盛咸菜，

火盆儿里放把乱柴火。

炕上席子没一块儿，

铺块儿草片儿叫我坐着。

你妈一见姑爷到，

家里无米怎么下锅？

东家求来西家借，

借来了半升高粱碴粥喝。

你妈一看没有酒，

有粥没酒使啥压桌儿。

你的妈脱下她那条破单裤，

叫你二哥换酒奔烧锅。

不知换了多少酒，

一边走着一边喝。

你大哥爬头瞧影地看见了，

上前就把酒瓶夺。

嘴对嘴一仰脖儿，

喝得剩有半盅儿多。

你看他毛的愣地进了厕所，

瓶儿里撒上尿一泼。

你妈她一看有酒没有菜，

急得她直劲儿转磨磨。

仰脸朝天地出臊汗，

看见房笆[3]上的小燕窝儿。

拿火钩把燕儿窝戳，

小燕儿掉在地平坡儿。

不摘毛儿也不剔骨，

剁巴剁巴下了锅。

炒一碗燕子吊鳖的肉[4]，

直让老汉把酒喝。

我看着恶心没动筷儿，

单说你爹个老下作。

这老家伙可真愣，

连酒带菜一碗撮。

不管脏净凉与热，

咕嘟咕嘟连汤儿喝。

哎 ……

妻子： （唱）哎哟哟，你咋啥都说，

褒贬我爹妈你不怕缺德。

[1]　下作架儿：下作，卑鄙下流的样子。

[2]　芥菜疙瘩脑袋根儿朝上：芥菜疙瘩形状类似三角形，相当于说人瓜子脸倒着长。

[3]　房笆：旧时穷人家用竹片或树枝编成笆片当房盖。

[4]　吊鳖的肉：挂着的腊肉。形容做招牌，给人看，不给人吃。

我的二老对你不错，

未从说话你摸摸心口窝儿。

爹娘劝我跟你好好过，

少串门子多干活儿。

对待女婿要知疼热，

把汉子打扮成俏皮哥儿。

爹娘一再地嘱咐我，

我才给你绣了一个大得勒。

哎……

丈夫：　（唱）喔喔喔，哦哦哦，

你还有脸提起得勒？

不说起来不生气，

提起来把我肠子快气折。

我买了二尺水蓝布，

麻溜给我绣得勒。

连量带铰一个月，

上领钉扣儿两月多。

贪黑还得吃夜饭，

叫我给你准备吃喝儿。

马板肠你吃了八斤半，

麻花烧饼一筐箩。

整整做了半年整，

你叫老汉穿得勒。

我穿上得勒大街逛，

呼啦围上来人一拨儿。

后边的人跷脚儿看，

前边人笑得歪了脖儿。

老头儿笑得咬掉烟袋嘴儿，

老婆儿笑得直劲儿咳。

大姑娘扭脸撇嘴儿乐，

小孩子跳着脚儿地把手搓。

失目的先生往里边挤，

请问各位你们看什么？

这里准有稀罕景儿，

快快对我说一说。

人们说这有一位外国客，

穿着一件洋得勒。

大伙儿一说我挺高兴，

认为这得勒准够格儿。

瞎子听说往前凑，

哎！大哥，请您叫我摸一摸。

摸了半天他翻白眼儿，

拍着我的肩膀叫大哥。

人家的得勒一个领儿，

你的得勒俩领窝儿。

人家的得勒两上袖儿，

你的得勒袖儿三个。

前边不到磕膝盖，

后边还有一拖罗。

前腰还有一个口儿，

脊梁骨上留个豁儿。

哪有一点儿得勒样儿，

这是哪个瞎琢磨？

得勒要是裁缝做，

拿钢叉挑他下油锅。

要是家里大嫂做，

回到家里管管老婆。

打耳光，踢屁股，

问问她为啥这样拙。

哎……

妻子：　（唱）死王八，你知什么？

听你那瞎子净胡说。

针线活计不一样做，

我做的得勒用项多。

俺做的得勒多个领儿，

预备着刮风下雨给你当围脖儿。

俺做的得勒多个袖儿，

上集赶庙给孩子装馍馍。

前边不到磕膝盖，

你耍钱抓赌跳墙利落。

后边多那一拖罗，

看牌儿炕凉你好坐着。

前腰留的那个口儿，

撒尿得劲儿方便得多。

后边留的那个豁儿，

得劲儿穿来又好脱。

样样都是为了你，

王八你还挑眼把刺儿拨。

哎……

丈夫：　（唱）王八老婆实是会说，

豁牙子啃西瓜——道道儿真多。

这样的娘们儿世间少有，

不如光棍儿没老婆。

嘴又馋，手又拙，

好串门子不干活儿。

有的扯没的也说，

家里外头净惹祸。

今天我叫你认识我，

非得踢瓣儿你个破砂锅。

哎……

妻子：　（唱）黄瓜架样的小犟驴儿，

我就看你扔达扔达蹄儿！

毛驴不济你怨轴棍[1]儿，

自己放屁你赖别人儿？

嫌我不好我就走，

老娘不能赖眼求食儿。

看你饿了谁做饭，

衣裳破了谁给你动针儿。

崽子哭了谁喂奶，

晚上谁给你拿尿盆儿？

你四六不分，好赖不懂，

打扮打扮离开你这个门儿。

哎……

丈夫：　（唱）哎呀呀，我怔了神儿，

没成想她将我这一军儿？

今天她若真走了，

没个娘们儿可不像一家子人儿！

有她好歹地缝缝补补，

有她好歹地熬口食儿。

孩子饿了我没有奶，

哭着要妈我有啥门儿？

看这个架落[2]她真要走，

急得我抓耳挠头皮儿。

哎……

妻子：　（唱）脸上擦点彩儿，头上戴朵花儿，

谁她妈见着都得把我夸！

汉子好比高粱茬，

满地都是我怕啥？

看着谁好我就嫁，

嫁个就强气[3]，你个死王八。

说走就走往外走，

看哪个小子敢把我拉。

哎……

丈夫：　（唱）走上前拉住孩儿他妈，

拙嘴笨腮的你闹叉啥？

我跟你说了几句玩笑话，

放果子不吃你就把糖拿！

今儿个就算我不对，

来来来……

我给你烧水沏壶茶。

哎……

妻子：　（唱）谁喝水，哪个吃你的茶？

谁是你的孩儿他妈？

张王李赵任我嫁，

咱俩月牙两分家。

闭上臭嘴撒开脏爪儿，

没工夫跟你闲磨牙。

哎……

丈夫：　（唱）哎呀呀我的那个妈！

[1]　轴棍：驴垛子上用来固定货物的木棍。

[2]　架落：架势。

[3]　强气：桀骜不驯。

扑通双腿跪在地下。

我的乖乖你不要走，

你若走了我可抓了瞎！

咱俩好比是一个枝儿上两个杈儿，

怎能忍心一刀刺？

不看僧面看佛面，

不看鱼情看对儿虾。

不看百灵儿看呼巴拉[1]，

不看狸猫看看炕巴儿[2]。

这些情面你全不看，

看看咱那两个小冤家。

今天你要改了嫁，

我上哪儿给孩子淘弄[3]妈？

孩子哭得有个好歹，

难道你不疼自己的肉疙瘩？

从今往后不和你打架，

一定学会勤俭持家。

哀告得口干舌燥喉咙哑，

语不成声泪如麻。

你回心吧转意吧，

若不然，我一跪到铁树开了花儿。

哎 ……

妻子：　　（唱）孩他爹，跪在地下，

哭得我心里酸唧呀！

不对不对我也不对，

我俩吵架不净怨他。

过日子之道我做得差，

不教养就奸懒馋滑。

丈夫、妻子：（唱）性情古怪舞风倒飙，

惹得哭哭啼啼好像孩儿没妈！

妻子：　　（唱）疼得我心焦如火燎，

上前叫声孩儿他爸爸我的他。

起来吧，你快起来吧，

叫外人看见这像个啥？

哎 ……

丈夫、妻子：（唱）天上下雨地下流，

公母儿俩打架不记仇。

屁股臭了不能往外扭，

错了就得把嗑儿收。

谁家的马勺不碰锅沿儿，

谁没斗嘴儿顶过牛儿？

老少爷们儿别见笑，

谁没给老婆磕过头？

哎 ……

丁喜珍、赵万成演出残本

吴万里续补

车爱军记录

采录时间：1952年

采录地点：朝阳东五家子乡

[1]　呼巴拉：伯劳鸟。一种食肉的小型雀鸟。

[2]　炕巴儿：炕上的小巴狗。

[3]　淘弄：也作"淘登"，淘换，寻找。

小评剧

小评剧：源于落子，是清末由河北传到辽宁而形成，沈阳、锦州、营口、铁岭等地都有落子园。落子的剧情比较简单，表现形式和唱腔也很单一。后吸收河北梆子、京剧和滦州影（皮影戏）的剧目、音乐和表演方法，经过对口莲花落、唐山落子、奉天落子等阶段，由成兆才、月明珠、金开芳等人改革发展成了评剧。

小评剧曲调活泼自然，擅长表现生活。第一代的评剧剧作家成兆才在民国十六年（1927）创作改编了《杨三姐告状》《驼龙》《黑猫告状》等剧目，此后又有《啼笑因缘》《孔雀东南飞》《花为媒》等大戏推出。

小评剧传统剧目有《女秀才移花接木》《韩玉娘》《告金扇》《人面桃花》《貂蝉》《打狗劝夫》《夜宿花亭》《樊金定骂城》《珍珠塔》《鲁达除霸》《喝面叶》《借当》《拾玉镯》《闹東》《盗金砖》《陈妙常》《花园会》《陈三与五娘》《窦娥冤》《茶瓶计》《荀灌娘》《庚娘传》《三节烈》《杨八姐游春》《尼姑泪》《拾金不昧》《李桂香打柴》《孟姜女》《小姑贤》《半夜夫妻》《刘翠屏哭井》《快嘴李翠莲》《杜十娘》《临江驿》《婉香与紫燕》《喜荣归》《唐伯虎点秋香》《左连成告状》《百年长恨》《桃花庵》《珍珠衫》《朱买臣休妻》《打金枝》《马寡妇开店》《铡阁老》《书囊记》《崔莺莺》《包公三勘蝴蝶梦》《夜审周紫琴》《卓文君》《丝绒计》《菱角血》《人头狗》《高成借盟嫂》《金精戏窦》《保龙山》《孝感天》《双生贵子》《子孝孙贤》《穆桂英挂帅》《枪毙刁三》《七人贤》《井台会》《二县令》《花魁从良》《富春院》《一计害三贤》《闹严府》《恩与仇》《鸳鸯冢》《天雨花》《凤还巢》《潘金莲》《天竺峰》《宦官潮》《张羽煮海》《西施》《风筝误》《请东家》《紫鹃试玉》《鲍不平》《武侯宴》《螺女传》《闹花堂》《苦肉计》《杨二舍化缘》《昭君出塞》《王华买父》《岳霄醉酒》等。

刘家声

茶瓶计

取材于东北大鼓书《单宝童投亲》。宋代朝臣单君平、龚孝两家友好，包公为媒，单家公子宝童与龚家小姐秀英订亲。后来单氏家道中落，单公子去洛阳投亲，龚孝留女婿住下后，外出监工造塔。龚夫人嫌贫爱富，逼单公子写退婚文书，遭到拒绝，把单公子吊在马棚拷打。丫鬟春红闻讯，报告小姐。二人定计故意打碎订亲时的茶瓶，小姐追春红，来到马棚。小姐求舅父王洪贵放下单宝童，小姐赠银让单宝童回乡。王洪贵得知姐姐要把女儿龚秀英嫁给自己的儿子，又去追赶单宝童，搜出银两，诬为盗贼，送进官府，屈打成招。龚小姐带春红女扮男装进京告状，包公断清此案。

本段是从单宝童投亲到龚小姐偷看姑爷止。其中的"今天府门外……""小春红不慌又不忙……"两段经典唱段经常登上综艺晚会的舞台。

人物：　单宝童
　　　　龚秀英
　　　　马金才
　　　　龚孝
　　　　王氏
　　　　春红

（单宝童上）

单宝童：（念）乌云遮住天边月，
　　　　　　　狂风打落园中花！

（白）小生单宝童，江南泗水县人氏。我父在世，官拜户部尚书，只因年迈，告老还乡。不幸家遭大火，烧得片瓦无存，可怜我父命丧火场，只落得家徒四壁，度日艰难。母亲命我身带衫襟合同，前往岳父家中投亲。千山万水，今日来到洛阳。适才打听，前边广亮大门便是龚府。待我紧走几步，上前叩门。里边哪位听事啊？

（马金才上）

马金才：（念）站在高门下，
　　　　　　　捧茶敬上人！

（白）哪个？

单宝童：院公请来见礼。

马金才：还礼，还礼，公子叩门为何？

单宝童：此处可是龚府？

马金才：正是龚府。

单宝童：有劳通禀，就说江南泗水县的单……

马金才：噢，你是单姑老爷？

单宝童：你怎么相识于我？

马金才：公子你是忘记了。老奴马金才，当年跟随我家老爷曾到过你府，见过公子一面，因此我还记得啊。

单宝童：原来如此。我的岳父大人可曾在府？

马金才：现在二堂。

单宝童：待我去见。

马金才：公子在此稍等，待我前去传禀。

单宝童：有劳院公。（下）

马金才：哎呀呀，单姑老爷投亲来了，待我禀明老爷知道。（进门）有请老爷！

（龚孝上）

龚孝：（念）逢人和颜悦色，
　　　　　　遇事巧妙安排。

（白）何事？

马金才：单姑老爷来了。

龚孝：啊，单姑老爷来了？

马金才：正是！

龚孝：是骑马而来，还是坐轿而来？

马金才：一不骑马，二不坐轿，单姑老爷是步行而来。

龚孝：（旁白）这山高路远，不骑马、不坐轿，步行而来，却是为何？噢，是了，亲翁啊，想你我乃是爱好结亲，为何又命你儿乔装打扮，莫非试探于我？啊，马金才——

马金才：奴才在。

龚孝：吩咐家下人等，大门悬灯，二门挂彩，红毡铺地, 鼓乐吹动, 迎接你家单姑老爷进府啊!

马金才: 是。下边听真, 老爷有命: 大门悬灯, 二门挂彩, 红毡铺地, 鼓乐吹动, 迎接单姑老爷进府啊!(下)

(龚孝、马金才和单宝童分别从两边上)

龚孝: 门婿在哪里?

马金才: 姑老爷, 这是我家老爷。

单宝童: 参见岳父大人!(作揖)

龚孝: 贤婿免礼, 请来先行。

单宝童: 小婿不敢, 还是岳父先行。

龚孝: 如此说来, 你我翁婿同行。(进房)

单宝童: 岳父上坐, 受小婿一拜。

龚孝: 不要拜了。请坐, 请坐。

单宝童: 告坐。

龚孝: 你父可好?

单宝童: 我父不幸下世去了。

龚孝: 啊, 怎么, 你父下世去了?

单宝童: 正是。

龚孝: 唉, 亲翁啊!贤婿, 你为何落得这般光景?

单宝童: 岳父容禀!

(唱) 您与我父分别后,

至今算来有数秋。

不幸我家失了火 ……(哭)

龚孝: (白) 怎么, 你家失了火了?

单宝童: (唱) 可怜我父一命休!

家业凋零难度日,

龚孝: (白) 如此说来, 你家一贫如洗了?

单宝童: (唱) 是啊, 奉母之命来把亲投。

借馆读书徐图上进,

望求岳父把我收留。

小婿日后功名成就,

岳父的恩德, 我永记心头。

龚孝: (白) 不必伤心, 老夫一概明白了。

单宝童: 我岳母 ——

龚孝: 哦 —— 你家岳母也在想你。

单宝童: 小婿正要拜见岳母。

龚孝: 马金才, 请老夫人出堂。

马金才: 遵命。有请老夫人!

(王氏上)

王氏: (念) 谁甘心雪里送炭,

我愿意锦上添花。

(白) 何事?

马金才: 恭喜夫人!

王氏: 喜从何来?

马金才: 单姑老爷来了。

王氏: 现在哪里?

马金才: 现在二堂。

王氏: 待我去见。(进房) 哦, 老爷。

龚孝: 夫人来了, 请坐。

王氏: 咱那门婿现在哪里?

龚孝: 啊, 贤婿, 见过你家岳母。

单宝童: 遵命。岳母大人在上, 小婿这厢有礼。

王氏: (惊) 啊?老爷!

龚孝: 他就是咱家的门婿。

王氏: (愣神) 他是咱家的门婿?

龚孝: 是啊!

王氏: (不悦) 他 ……

龚孝: 嗯, 回避了。(王氏下)

单宝童: (不解。白) 啊 …… 岳母 ——

龚孝: 贤婿, 你家岳母想你, 得了疯魔病症, 说话颠三倒四, 你不要介意。

单宝童: 哦 ……

龚孝: 马金才, 将你家姑老爷送到书房, 梳洗更衣。

马金才: 遵命。(向单宝童) 姑老爷随我来。

(单宝童随马金才下)

龚孝: (唱) 宝童家贫来把亲投,

倒叫老夫犯了忧愁。

单家男、龚家女, 婚姻当成就,

千金小姐, 怎能嫁他穷骨头?

若不然, 要回合同, 把他赶走 ……

且住!做媒的三位大人岂肯罢休?

杨吉风、老寇准官高爵显,

黑包拯铁面无私情面不留。

倘若是他三人变了脸，

老夫的前程一旦丢！

事要三思，莫把真情露，

见机而行，顺水推舟。

(白) 是呀，这样的大事，不可草率，必须三思而行。

马金才： (上) 启禀老爷……

龚孝： 讲来！

马金才： 单姑老爷梳洗更衣已毕。

龚孝： 速去花厅摆酒，与单姑老爷接风洗尘。(下)

马金才： 遵命。

(春红上)

春红： (唱) 府门外悬灯又结彩，

不知其故，问声马金才。

(白) 马伯伯，府门外悬灯结彩，鼓乐喧天的，什么事这样热闹？

马金才： 这样的喜事，你还不晓得吗？

春红： 什么喜事，把老伯伯乐得这个样儿！

马金才： 单姑老爷来了。

春红： 啊，单姑老爷来了？

马金才： 是啊！

春红： 真的？

马金才： 我这大年纪，还能与你道谎不成？(欲走)

春红： 马伯伯，马伯伯！

马金才： 哎呀呀，你试以得啰嗦了。老爷命我花厅摆酒，与单姑老爷接风，我还要准备酒筵去呢！(下)

春红： 哎呀！单姑老爷来了，我得给小姐送个信儿去。

(唱) 听说来了单相公，

不由乐坏我春红。

欢天喜地绣楼奔，

给小姐报喜，我走一程。(下)

(龚秀英上)

龚秀英： (唱) 春色恼人柳垂青，

闺房闷坐龚秀英。

终身许配单公子，

远隔千里，未把婚成。

满腹的心事向谁诉？

幸有那体贴我的小春红。

她言说，单公子一定是人才俊俏，

与小姐可算得玉女配金童。

择良辰郎才女貌成婚配，

小夫妻双双对对好像那对对双双的这对茶瓶。

这对茶瓶是包三叔送，

婚姻事也是他老为媒来做成。

面对茶瓶把公子思念……

春红： (上。唱) 来了丫鬟小春红，

急急忙忙把楼上，

见小姐又在看茶瓶！

(白) 小姐，别看啦，他来啦！

龚秀英： 什么？

春红： 喜来了，你接喜吧！

龚秀英： 啊？

春红： 你今天也想我们单姑老爷，明天也盼我们单姑老爷，单姑老爷他来啦！

龚秀英： 真的来了吗？

春红： 唉，一点消息也没有啊！

龚秀英： 该死的丫头！

(唱) 死猴丫头把我气坏，

耍笑姑娘理不该。

春红： (唱) 急忙认错，我飘飘下拜，

(白) 小姐，别生气啦！

(唱) 您到底，把我们单姑老爷盼了来。

龚秀英： (白) 我才不信呢。

春红： 真的！

(唱) 今天府门外悬灯又结彩，

鼓乐喧天吹打起来，

老爷迎出府门外，

把这位贵公子让到书斋。

龚秀英： (白) 你看见了吗？

春红： 小姐呀！

	(唱) 适才间，我去花园给小姐把花儿采，
	在前厅遇见了马金才。
	他说是，花厅摆酒把姑老爷款待，
	因此上，我给小姐报喜来。
龚秀英：	(唱) 听说是公子来，喜在心怀，
	羞羞答答，我的头难抬。
春红：	(唱) 见小姐，发茶呆，
	羞答答，她的头不抬。
	她的脸蛋儿啊，
	一阵红来，一阵白。
	(白) 小姐您怎么的啦？
	(龚秀英不语)
春红：	小姐呀！
	(唱) 您的扣儿，我能解，
	您的心闷儿我能猜。
	您是不是，想看那 ——
	心里想的，嘴里念的，
	天天盼的，泗水县的，
	那位单公子 ——
龚秀英：	(唱) 叫春红你不要信口胡猜，
	你不学好来偏学坏。
春红：	(唱) 您何必假装生气鼓着腮？
	心里愿意，嘴里把我怪，
	为什么面对茶瓶笑起来？
	您向它笑，它可不能对您笑，
	它比不了，单姑老爷美郎才。
	茶瓶常在您的案头摆，
	单姑老爷可是初次来。
	茶瓶虽好，不能跟您讲恩爱，
	要想看单公子，我有安排，
	老爷他，在花厅把公子款待，
	咱们俩在外边，偷偷看看再回来。
龚秀英：	(唱) 姑娘我，大门不出二门不迈，
	外人知道笑我无才。
春红：	(唱) 人不知鬼不觉有什么妨碍？
	(白) 小姐呀，过了这个村可没有这个店啦！

	(唱) 咱快点走吧，你又何必抹不开！
	(春红推龚秀英下)
马金才：	(上。白) 有请老爷、姑老爷。
	(龚孝、单宝童上)
龚孝：	(对马金才) 退下。
马金才：	(白) 是。(下)
龚孝：	(唱) 手拉门婿花厅上，
单宝童：	(唱) 跟随岳父喜洋洋！
	(单宝童随龚孝下。春红引龚秀英轻快地上)
春红：	(唱) 春红带路走慌忙，
	后跟小姐出绣房。
	转过了月亮门，
	绕过了影壁墙。
	(白) 小姐呀！
	(唱) 右边您小心芭蕉树，
	左边您别碰了养鱼缸。
	脚底下留神爬山虎，
	(白) 看着点！
	(唱) 头顶上藤蓬挂衣裳。
龚秀英：	(唱) 叫声春红慢着点走，
春红：	(白) 小姐呀！
	(唱) 这时候不忙，您什么时候忙？
	花厅以外止住步，
	(幕后单宝童声：岳父请酒。)
	(白) 小姐你听呀！
	(唱) 公子正在饮酒浆。
龚秀英：	(唱) 迈步就把花厅上，
春红：	(唱) 拦住小姐莫着慌。
	(白) 小姐！您要干什么去？
龚秀英：	不是你叫我看单姑老爷吗？
春红：	(唱) 小姐呀，在楼上您跟我装模作样，
	到这您比我还大方！
	您冒冒失失往里闯，
	(白) 老爷要问您，您说什么呢？
龚秀英：	若不然回去吧，别叫我心慌。(欲走)
春红：	若回去，岂不是白来了一趟？

龚秀英：　那怎么办呢？

春红：　（唱）我倒有个好主张。

龚秀英：　（白）你有什么主意？

春红：　小姐，您来呀！

　　　　（唱）小春红不慌又不忙，

　　　　　　　轻抬脚上花厅闪在一旁。

　　　　（白）小姐走啊！

　　　　（唱）用唾沫润湿窗户纸，

　　　　　　　捅了个小窟窿不圆也不方。

　　　　　　　使了个木匠单吊线，

　　　　　　　嘿，好一个俊书生，端端正正大大方方。

　　　　　　　姑爷长得好，姑娘长得强，

　　　　　　　真好像织女配牛郎。

　　　　　　　回头看，小姐站在那里直发愣，

　　　　　　　我何不，说几句笑话把她诳？

　　　　　　　小姐呀，单公子，又不高、又不矮、又不瘦、又不胖，

　　　　　　　粗眉大眼还是个高鼻梁。

　　　　　　　就好似，三国的张飞一个样，

　　　　　　　又好比，老爷庙里扛刀的猛周仓。

　　　　　　　小姐您别不高兴，

　　　　　　　好歹丑俊，一人一副眼光。

龚秀英：　（白）怎么走？（无精打采地走）

春红：　哎！叫您朝这边走。

　　　　（唱）我在这里把人望，

　　　　　　　我若是咳嗽，

　　　　　　　您就急忙回绣房。

龚秀英：　（唱）犹豫不定，我把花厅上。

　　　　（春红咳嗽，秀英忙转身）

春红：　（唱）我嗓子眼儿发咸，

　　　　　　　您着的什么慌？

　　　　　　　快去看吧，没有人来往，

龚秀英：　（唱）该死的丫头，你再开玩笑，

　　　　　　　我给你两巴掌。

　　　　　　　斜身注目往里看，

　　　　　　　春红啊，可是靠东面坐的那位少年郎？

春红：　（白）是啊！

龚秀英：　（唱）看公子真好比司马相如一个样，

　　　　　　　死丫头说瞎话，

　　　　　　　闹得我心慌意乱没有主张。

　　　　　　　他一定满腹文章怀锦绣，

　　　　　　　何愁不中状元郎？

春红：　（唱）小春红，在一旁，

　　　　　　　抿嘴笑，不敢嚷。

　　　　　　　笑只笑，十七八岁的大姑娘，

　　　　　　　身不动，头不晃，

　　　　　　　不害羞，真大方，

　　　　　　　没过门儿的媳妇儿偷看夫郎。

　　　　（幕后马金才：嗯吠！）

春红：　（唱）忽听那旁脚步响，

　　　　　　　春红这里着了慌。

　　　　（白）小姐呀，有人来了，别看啦，咱回去吧！

　　　　（唱）我手拉小姐回楼去，

　　　　　　　早晚给你们拜花堂！

　　　（春红拉龚秀英下）

花淑兰演出本

郝赫记录

采录时间：1976年

采录地点：沈阳

打狗劝夫 [1]

又名《德孝双全》《赵连弼借粮》，取材于同名元杂剧。赵氏有兄弟二人，兄抚养弟成人，弟成家后兄弟分居。兄赵连弼因除夕缺粮，求借于弟赵连芳，被赵连芳冷言拒绝，并掷粮袋于墙外，弟妹桑氏助银米等物。桑氏见连芳不念手足情，热衷结交狐朋狗友，设计打死老狗，着以衣帽，佯称家遭横祸，令赵连芳处置。赵连芳恳求其酒肉朋友车三、王二协助移尸，车、王溜走。此时赵连弼不计前嫌帮助掩埋狗身，车、王偷窥后向官府告发赵连芳杀了他舅父。公堂上桑氏历述打狗劝夫之经过，官府勘明真相，兄弟二人重归于好。

人物： 张氏
赵连弼
赵连芳
桑氏
小香
车三
王二
酒保
乡邻甲
乡邻乙

（张氏上）

张氏：（唱）丈夫他出外去借粮，

张氏我等得心发慌。

今天是腊月二十四，

家里还没有下锅粮。

大人挨饿还倒罢了，

孩子啼哭叫我心疼难当。

虽然是租种几亩洼地，

大水冲走了青苗秧。

今年的日子可怎么过，

只好求借找人帮。

越思越想越急躁，

不知丈夫借没借回来粮。

迈步出门把丈夫望，

（赵连弼上）

赵连弼：（唱）两手空空来到家门旁。

（赵连弼将空口袋交给张氏，夫妻失望对视）

张氏：（白）你去了半晌，怎么还未借来粮米啊？

赵连弼：来到年关，哪家还有粮米呢？我只好空手回来了。

张氏：你到二弟那里去了没有？

赵连弼：二弟吗？不想去了。

张氏：为何不找二弟求借去呢？

赵连弼：那赵连芳啊，他早已不认我是他的哥哥了。如今他整日与那富家子弟车三、王二，花天酒地，任意胡为，素日见我，头也不抬，睬也不睬，就是前去也不能相助啊！

张氏：当初你我夫妻将他抚养成人，你们又是一母所生，如今我们遇着难处，他岂能不念兄弟之情？

赵连弼：这……

张氏：你还是去上一趟吧！

赵连弼：咳！事到如今，也只好去上一趟了。

张氏：你要早早回来啊。（将口袋递给赵连弼）

赵连弼：晓得了！（张氏下）

（唱）赵连弼饿着肚子去求帮，

身穿单薄破衣裳。

饿得我走一步来晃三晃，

北风刺骨阵阵凉。

我紧走几步往前赶，

不觉来在二弟门旁。

大门紧闭未开放，

莫非是二弟还没起床？

我走上前去推一把，

（白）二弟在家吗？

[1]　选自沈阳市文化局剧目室内部资料《评剧汇编》第二集（1981年版）。

(唱) 门闩紧挂无人搭腔。

　　　只好坐在门旁把他等，

(狗咬声，赵连芳上)

赵连芳：　(唱) 连芳早起走出房。

　　　用手开门两扇，

　　　瞧见哥哥在门旁，

　　　假装没见往回走，

赵连弼：　(唱) 急忙向前拉住衣裳。

　　　(白) 二弟你好啊？

赵连芳：　哦，还是你啊！我当是叫花子呢！

赵连弼：　咳！几年来是旱涝不收，因此落到这般光景。

赵连芳：　你也真不走运，水怎么单淹你的地呢！我还有事，改日再唠吧。(欲走)

赵连弼：　二弟，我找你有事呀。

赵连芳：　你有事！人家车三爷、王二爷等我还有急事呢。等我回来再说吧！

赵连弼：　哎呀！你可知道车三、王二他们是什么样的人吗？

赵连芳：　谁不知道人家是有财有势的呀！

赵连弼：　二弟！他们整日领你花天酒地，任意胡为，他们是富家子弟，我们不可高攀啊！

赵连芳：　你住了吧！人家是人趁家值，跟我赵连芳换帖。你高攀不上，我还高攀不上？你怎么挑唆我们兄弟不和呢？

赵连弼：　我说的俱是为你，可不要上了他们的当啊！

赵连芳：　上当不上当的，就请你不要多管闲事，我有急事。(欲走)

赵连弼：　二弟呀！

　　　(唱) 叫二弟莫急躁听我来讲，

　　　来到年底没有吃粮，

　　　到处求借全无有，

　　　无奈何找二弟来求帮。

　　　过了年定能还上这笔账，

赵连芳：　(唱) 我家里也没有这富余粮。

赵连弼：　(唱) 家家都有个缺长少短，

　　　谁也不敢说不用谁帮。

赵连芳：　(白) 我可没求过你呀！

赵连弼：　二弟呀！

　　　(唱) 难道你把手足之情全都忘，

　　　哥哥挨饿你脸上也无光！

赵连芳：　(不耐烦地，白) 把口袋给我吧！

　　　(唱) 灌多灌少你可别生气！

　　　我还得背着你弟妹去灌粮。

　　　你在门外把我等，(进门)

　　　急忙回身把门关上。

　　　我有心借给他粮二斗，

　　　又怕他三番五次来求帮。

　　　不借不借我还是不借，

　　　我把口袋扔出了墙。

　　　(把口袋扔出墙外)

　　　纵然有事也求不着你，

　　　有我的好友来把我帮。

　　　我从后门偷偷溜走，

　　　去找我的好友喝一场。(下)

赵连弼：　(白) 咳！还是自己的兄弟啊！(猛然看见口袋，气愤地拾起，推门) 好你个赵连芳，你不借就不借，你不该把口袋给我扔出墙外呀！赵连芳！你给我滚出来！

　　　(狗咬声，桑氏、小香同上)

桑氏：　　(唱) 桑氏正把针线忙，

　　　忽听门外闹嚷嚷，

　　　只惊得狗吠声不断，

　　　不知是何人来到门旁？

　　　叫小香快把门开放，

小香：　　(开门。白) 我大爷来啦！

桑氏：　　(唱) 问一声我的哥哥你可安康？

　　　既然是来到家门口，

　　　冷冷的天气为何不进房？

赵连弼：　(白) 你看我衣帽不整，进得院去，岂不与你们丢脸吗？

桑氏：　　(唱) 见此神色我明白了，

　　　一定是兄来求借弟未帮。

		叫兄长不必生气快把房进，
		请到房中避避风霜。
		叫声小香拿着布袋，
		头前带路进到上房。
		尊声兄长请落座，
		吩咐小香快下厨房。
		急忙炒菜快做饭，
		将酒烫热再温上一碗汤。

小香：　（白）是。（下）

桑氏：　（唱）问声侄男侄女长得可健壮？

再问声我的嫂嫂可安康？

过年的东西可预备好？

家里可有余富粮？

赵连弼：　（唱）今年的雨水大收成不好，

只落得年底没有吃粮。

我到处去借都没有，

无奈来求二弟把我帮。

他借与不借我不恼，

好不该把我的口袋扔出墙。

他竟把手足情谊全都忘，

怎能不叫我把心伤？

桑氏：　（唱）请哥哥恕他无知多原谅，

（小香端酒饭上）

先喝杯酒吧，暖暖心肠。

你还要宽心多用饭，

小香啊！

咱们到仓房去灌粮。

（赵连弼吃饭，小香、桑氏携口袋同下）

赵连弼：　（唱）弟妹还肯把我帮，

做来酒饭又去灌粮。

（桑氏、小香携一袋粮同上）

桑氏：　（唱）问声哥哥用完饭？

赵连弼：　（白）用过了。

桑氏：　（唱）这是我给你灌来的二斗粮。

一斗麦子一斗米，

回过身来打开箱。

取出银子整二两，

给侄女买件新衣裳。

暂时将就把年度过，

过了年关弟妹再帮。

赵连弼：　（白）这粮米我收下，这银两我不能要啊！

桑氏：　何必推辞？

赵连弼：　恐怕二弟回来追问银两，岂不惹你夫妻不睦吗？

桑氏：　（唱）这是我平日积攒的银两，

你只管去用莫挂心上。

小香：　（白）大爷，拿着吧！

桑氏：　还是收下的好。

（唱）取出几挂深蓝线，

一块蓝布有四尺长。

给我那侄男侄女做鞋袜，

哥哥你缺长少短只管把口张。

你兄弟不对休跟我嫂子讲，

你替弟妹问嫂嫂安康。

赵连弼：　（唱）温酒热语暖心肠，

雪里送炭把我帮。

弟妹的好心实难忘，

桑氏：　（唱）你兄弟年幼无知哥哥担当。

赵连弼：　（唱）告别弟妹回家去，（下）

桑氏：　（唱）见哥哥背米回家喜洋洋。

叫小香你把那门关上，

母女二人走进房。

长叹一声床边坐，

暗暗地埋怨我的丈夫郎。

每日里与狐朋狗友常来往，

吃喝玩乐不务正行。

怎能劝我的丈夫回心把意转，

必须要想出一个巧妙主张。

左思右想没有主意，

（狗咬声）

忽听狗咬有了主张。

要劝我的丈夫回心把意转，

我何不打、打、打狗劝夫郎。

（白）小香！有一事对你说明，你不要叫外人知晓。

小香：　妈！你老说吧！

桑氏：　我有心将狗打死……

小香：　打死狗，谁给咱们看家呀？

桑氏：　只因你父亲结交狐朋狗友，不务正业，因此将老狗打死，扒去狗毛，与它穿上靴帽蓝衫，扮成人形……

小香：　这要干什么？（桑氏与小香耳语）哦……我知道啦！

桑氏：　随娘来！（同下）
（车三、王二同上）

车三：　（唱）车三爷，

王二：　（唱）王二爷，

车三：　（唱）走在大街上，
　　　　摇摇摆得意洋洋。
　　　　闲来没事进赌场，
　　　　吃喝嫖赌咱是老在行。

王二：　（唱）叫车三你不要吹来不要唠，
　　　　我的把戏比你强。
　　　　咱们同把连芳找，
　　　　酒楼宝局去逛逛。

赵连芳：（上。唱）迈步来到大街上，

王二：　（唱）巧遇贤弟赵连芳。

赵连芳：（白）车三爷，王二爷！

车三：　连芳，你怎么才来呀？

王二：　我们哥儿俩找你半天啦。

赵连芳：咳！别提啦，一清早就来个借粮的，堵住门就是不放我出来。

车三：　谁呀？

赵连芳：咳！我那个穷哥哥呗！

王二：　你借给他了没有？

赵连芳：我借给他，得哪年还我！

王二：　把钱借给他，还不如扔在水里听个响！

车三：　走，今天哥哥请你吃饭，给兄弟顺顺气。

王二：　今天的这个客，让我请吧！

车三：　咳！你这个人，我把话说在头里，我要不请那我算什么人？

王二：　我非请不可！

车三：　我非请不可！

王二：　你请不了！

赵连芳：哎！今天算你们两个请客，我花钱，你看好不好？

王二：　好！这个面儿卖给兄弟你啦！

赵连芳：走！
（唱）兄弟三人手足一样，

车三：　（白）走！
（唱）去到酒楼饮酒浆。

王二：　（唱）有说有笑走得快，
　　　　眼前就是一品香。

车三：　（唱）你谦我让把楼上，（三人上楼）

王二：　（唱）叫声堂倌儿快摆酒浆。

酒保：　（上。白）哎！三位爷台吃酒吗？

赵连芳：来四个菜，烫一斤白干！

酒保：　好！（端酒菜）

赵连芳：酒钱写在我的账上。来！干一杯！

车三：　（白）车三，

王二：　（白）王二，

赵连芳：（白）赵连芳，
（唱）好比桃园结义刘关张，
　　　　玩玩乐乐多么欢畅。

桑氏：　（上。唱）桑氏提灯到街上，
　　　　找遍大街与小巷，
　　　　却怎么不见我夫赵连芳？
（赵连芳、车三、王二猜拳）
　　　　听见楼上有人嚷，
　　　　猜拳行令太荒唐。
　　　　酒楼以下止住了步，
（白）堂倌儿，借问一声，楼上可有赵连芳吗？

酒保：　有一位。

桑氏：　你就说家中有事找他商量。

酒保：	你等一等。赵二老爷，家中来人找您。(下)
赵连芳：	我去看看去。(下楼) 你干什么来啦？
桑氏：	(白) 我的夫哇！
	(唱) 你只顾到外边来饮酒，
	家中出了大祸一场。
	也不知是何人与咱们有仇恨，
	打死人命给咱们安赃。
	死尸扔在后院里，
	这可怎么办哪，我的夫郎！
赵连芳：	(唱) 一听此话嘚嘚战，
	人命大事非比寻常。
	那死尸扔在咱家后院里，
	叫人看见要遭殃。
桑氏：	(唱) 乡约地保要看见，
	一定吃官司抓到公堂。
赵连芳：	(唱) 我忙中无计头昏脑涨，
	去求知心朋友把咱来帮。
	等我一会儿到楼上，
桑氏：	(唱) 不是知己别声扬。
赵连芳：	(白) 这是我知己连心的好朋友。(上楼) 二哥，三哥，别喝啦，你弟妹来啦！
车三：	请上来喝几杯吧！
赵连芳：	不好了，你弟妹给我送信儿，我家里摊了人命啦！
王二：	啊！人命？不要紧，我爹跟县太爷磕头，有事明天办，咱们喝个通宵。
车三：	对！
赵连芳：	不行，不行，快给我出个主意，等到明天就糟些！
王二：	好，我这就给你办去。(急下)
赵连芳：	三哥！你看我二哥能不能办到啊？你们可得帮我的忙啊！
车三：	咳！我看王二他冒冒失失的靠不住，八成是溜啦。你不要着急，见死不救非君子，我给你办去！(急跑下楼)
赵连芳：	(紧跟下楼) 三哥……你……

车三：	咳！你等着，你等着！(急下)
赵连芳：	咱们回去吧！
桑氏：	你那朋友呢？
赵连芳：	他们听说摊了人命都跑了。
桑氏：	哼！好一个知己连心的朋友哇！
	(唱) 休要迟疑快点走，
	回到家里再去商量。
	穿过胡同和小巷，
	不多时来到家门旁。
	没进门我把灯熄灭，
赵连芳：	(白) 为什么把灯熄灭啦？
桑氏：	(唱) 外人看见不妥当。
赵连芳：	(白) 尸首现在在哪里？
桑氏：	(唱) 顺着我的手往那旁看，
	尸首现在草垛旁。
赵连芳：	(唱) 战战兢兢摸一把，
	他多咱死的周身冰凉。
	这事可叫我怎么好？
桑氏：	(唱) 人命大事我也没有主张。
赵连芳：	(唱) 急得我脸滚热手冰凉，
	浑身打战气喘口张。
	此事若被官府知晓，
	轻则败产重则抵偿。
	我妻快把主意想！
桑氏：	(唱) 依我说去求求哥哥快把咱帮。
赵连芳：	(唱) 冤家路窄不相让，
	一针扎在我的脑门上。
桑氏：	(唱) 他煎汤熬药救过你的命，
	这点小事定能把你帮。
赵连芳：	(白) 他不能来！
桑氏：	能来！
赵连芳：	咳！他不能来！
桑氏：	他为什么不能来呢？
赵连芳：	(唱) 白天他来把粮借，
	不但没借，我……
桑氏：	(白) 你怎么样？

赵连芳： （唱）我反把布袋扔出墙。

　　　　　　纵然是硬着头皮走一趟，

　　　　　　恐怕他也未必把咱帮。

桑氏： （唱）丈夫做事理不当，

　　　　　　你忘了哥嫂待你的好心肠。

　　　　　　船入江心要先防漏，

　　　　　　马到临崖要早收缰。

　　　　　　人到难处拉一把，

　　　　　　患难的弟兄要鱼水相帮。

　　　　　　我叫你去来你就去，

　　　　　　进门叩头把哥嫂央。

　　　　　　哥哥他定能来把咱帮助，

　　　　　　嫂嫂待人也是个热心肠。

赵连芳： （唱）叫我妻快把灯笼掌。

桑氏： （唱）外人看见不妥当。

赵连芳： （唱）蹑手蹑脚走出院门外。

桑氏： （唱）关上大门走回房。（关门，下）

赵连芳： （唱）摸着黑道贴边走，

　　　　　　心头乱跳脚步慌。

　　　　　　月小星稀梆声响，

　　　　　　就好像更夫贴在身旁。

　　　　　　轻轻叩门把哥嫂唤，

　　　　　　快快开门有事商量。

　　　　（白）开门哪！

张氏： （上。唱）果然是人逢喜事精神爽，

　　　　　　月到中秋分外光。

　　　　　　多亏那好心弟妹把我们帮助，

　　　　　　给我们银两布匹还有二斗粮。

　　　　（赵连芳叫门）

　　　　　　忽听得门外有人叫嚷，

　　　　　　也不知是何人来在草堂。

　　　　　　我这里开开了门两扇，

赵连芳： （白）嫂嫂可好？

张氏： （唱）原来是二弟赵连芳。

　　　　　　问一声赵二老爷你可好？

　　　　　　再问声孩子婶婶可倒安康？

　　　　　　不在你的贵府把身体养，

　　　　　　来到这茅屋草舍所为哪桩？

赵连芳： （白）咱们到屋再说吧！

张氏： （唱）休怪嫂嫂不把你让，

　　　　　　房屋窄小太肮脏。

　　　　　　二弟你穿的本是绸与缎，

　　　　　　怕只怕沾了你的好衣裳。

赵连芳： （白）这是怎么说的！

张氏： （唱）你既然不嫌弃你就往里请，

　　　　　　叔嫂二人走进房。

　　　　　　尊声二弟请落座，

赵连芳： （白）嫂子，我哥哥呢？

张氏： （唱）问二弟你为何这样惊慌？

赵连芳： （白）嫂子，我摊上人命啦！

张氏： （惊）怎么？人命？

赵连芳： 啊！找我哥哥拿个主意。

张氏： 你稍等一会儿。丈夫起床来吧！

赵连弼： 三更半夜什么人到此？

张氏： 二弟来了。

赵连弼： 啊！赵连芳？好！待我去见他！（进屋）你莫非为，借……

赵连芳： （跪）哎呀！哥哥呀！

　　　　（唱）白天借粮是小弟的错，

　　　　　　前来赔罪跪在前堂。

赵连弼： （白）啊！你是来认错……

赵连芳： 咳！哥哥呀！

　　　　（唱）不知何人与我有仇恨，

　　　　　　打死人命给我安赃。

　　　　　　尸首现在草垛一旁放，

　　　　　　哥哥呀！

　　　　　　趁夜晚帮助我把尸埋藏。

赵连弼： （白）怎么？你摊了人命了？

赵连芳： 当真！

赵连弼： 好啊！

　　　　（唱）我这里连说好好好，

　　　　　　这是你自作自受自遭殃。

常言说有事不报罪加三等，

我只得连夜报到公堂。

连弼假意往外走，

张氏：　（唱）张氏向前拉住衣裳。

赵连芳：（唱）拉住哥哥不肯放，

千万不可上公堂。

赵连弼：（白）我一定要去！

张氏：　你还是问个明白吧。

赵连弼：好！有话你讲！

张氏：　（唱）二弟低头跪草堂，

只见他又羞又愧又是惊慌。

他今天摊了人命事，

才找他的哥哥把他帮。

趁机会我说说他把往事来讲讲，

叫一声孩子他的二叔呀，你切莫要着慌。

怎么说家中摊了人命事，

来找你的哥哥把你帮。

你的哥哥他本是庄稼汉，

人命大事他办不妥当。

你结交富豪有仰仗，

怎么今天就没有了主张？

车三、王二你们常来常往，

吃喝不散会成帮。

你怎么不去投个明路，

求你那知心朋友出个巧妙方！

赵连芳：（白）我那朋友，听说我摊了人命，他们都跑了。

赵连弼：怎么？你那知心的朋友都跑了？

赵连芳：嗯！

赵连弼：哼！跑得好哇，你不是说，有事靠你那朋友，用不着我吗？

赵连芳：哎！这都是我的错。

张氏：　（唱）你结交狐朋狗友花天酒地。

你的哥哥找你借二斗粮都舍不得帮！

我有心提起当初以往事，

好像是妇道人家见识短小心肠。

嫂子我一十九岁把门过，

遭不幸公爹下世婆母身亡。

二弟那时尚在年幼，

你九岁那年在学堂。

到秋深做上棉衣怕你冷，

那单夹衣呀，嫂子给你勤洗又勤浆。

你身体衰弱常得病，

你的哥哥披星戴月求药方。

我们夫妻千辛万苦把你抚养，

哪知道你不念以往的情肠？

来到腊月二十四，

我们家断了下锅粮。

你的哥哥万般无奈去求你，

你竟忍心米粒也不帮。

你借与不借我不恼，

你好不该反把布袋扔出墙。

你不看你的哥哥当看嫂嫂我，

你想一想嫂子待你何等情肠。

兄弟之情你全不念，

也要可怜那侄男侄女小孽障。

老的小的全不看，

你只顾找那狐朋狗友饮酒浆。

休怪嫂子揭你的短，

看起来你真是丧尽天良。

劝罢一个又一个，

回身再劝我的丈夫郎。

二弟已经知道改过，

你别生气啦，赶快前去把他帮。

赵连弼：（白）我才不去呢！

张氏：　（唱）不看二弟看弟妹，

想一想呀，弟妹对咱何等情肠？

要不是弟妹把咱们救，

举家冻饿实难搪，

想想人家酒看看人家饭，

想想人家银子看看人家粮。

喝水别把打井的忘，

好了疤瘌你别忘了疮。

有恩不报非君子，

你不要忘恩负义狠心肠。

也不知我说得对也不对，

总要你前思后想拿个主张。

赵连弼：　（唱）他低头不语已经后悔，

走上前来扶起连芳。

（扶起赵连芳）

连芳！

当初不听我良言相劝，

才出了横事遭祸殃。

想起了白天事我本想不去！

咳！如今你已后悔哪能不帮？

赵连芳：　（白）多谢兄嫂！

赵连弼：　咱们走吧！

张氏：　你们要多加小心！（关门，下）

赵连弼：　知道了！（四望）

（唱）兄弟并肩走出房，

赵连芳：　（唱）心中有事脚步忙。

赵连弼：　（唱）三步并成两步走，

赵连芳：　（唱）不觉来到自己门旁。

轻轻叩门把妻唤，

桑氏：　（上，开门。白）哥哥来啦！

（唱）请到房中避避寒凉。

赵连弼：　（白）慢来，还是埋尸要紧。

（唱）问二弟尸首现在何处放？

赵连芳：　（唱）尸首就在草垛旁。

赵连弼：　（唱）连弼向前摸一把，

弯腰把尸首扛在肩上。

伸手仔细摸一摸，

这个人身材不大下巴挺长。

叫二弟拿锹镐，

村庄以外把他埋上。

（二人出门四望，车三、王二偷偷地溜上看）

来在树林把尸首放，

赶快动手把他埋藏。

我一锹，

赵连芳：　（唱）我一镐，

挖个坑二尺多宽四尺来长。

（二人埋）

赵连弼：　（唱）二弟，尸首埋好，我要回家往，

赵连芳：　（唱）到我家烫壶酒暖暖心肠。

兄弟二人回家往，（同下）

车三：　（唱）又只见赵连弼还有赵连芳。

他二人埋好了死尸回家往，

忽然想起一个好主张。（与王二耳语）

王二：　（白）好！这个主意不错。你可要一口咬

定啊！

车三：　你可要给我当证人啊！

（车三、王二得意地同下，桑氏、小香同上）

桑氏：　（唱）忽听四更梆声响，

菜饭做好酒烫上。

剔亮灯光把哥哥等，

（赵连弼、赵连芳同上）

赵连弼：　（唱）走进连弼，

赵连芳：　（唱）和连芳。

桑氏：　（白）哥哥辛苦了。

赵连弼：　自家弟兄，何言辛苦二字？

桑氏：　天很冷啊！

赵连弼：　我还出汗了。

桑氏：　女儿摆酒。哥哥请坐！哥哥请饮酒！

（唱）尊声哥哥请转上，

略饮几杯压压寒凉。

酒薄菜淡家常饭，

无非是弟兄们叙叙家常。

（赵连弼、赵连芳饮酒，小香暗下）

赵连弼：　（白）此事从何而起呀！

桑氏：　（唱）哪里来的尸首真叫人难测，

也不知何人有仇给咱安赃。

今夜晚多亏哥哥来到此，

不然难免大祸一场。

赵连弼：　（白）哪有不帮之理？

桑氏：　（唱）这才是鱼水相帮，有来有往。

（赵连芳低头不语）

赵连弼：（白）是啊！你与车三、王二花天酒地，任意挥霍，可是你待我呀……唉！

桑氏：（唱）尊声哥哥不要悲伤。

夫啊！

我倒有几句肺腑话，

说出口对与不对，你仔细思量。

咱们本是庄稼汉，

勤俭持家理应当。

车三、王二银钱广，

他借给你钱没安好心肠。

吃喝玩乐进赌场，

引诱你不务正业学荒唐。

真假不分上了当，

有眼无珠交豺狼。

山前麋鹿山后狼，

狼鹿结拜在山岗。

狼若有难鹿搭救，

鹿若有难狼躲藏。

车三、王二豺狼一样，

他看咱们似绵羊。

平日里形影不离装模作样，

你可知遇到难时，他们二人躲在一旁。

从今后对人处事要多谨慎，

要知道狐朋狗友不能久长。

赵连弼：（唱）听弟妹一番话连把头点，

赵连芳：（唱）我妻的言语打动心肠。

赵连弼：（白）二弟呀！弟妹说得有理。（赵连芳难过地低下头去）不要难过了，还是吃酒吧！

（赵连弼、赵连芳饮酒，桑氏暗下；车三、王二同上）

车三：（叫门）赵连芳！赵连芳！

赵连芳：（惊慌地开门）找找……我有什么事？

车三：什么事？你们官司犯啦，不光你，（指赵连弼）还有他，走，打官司去！

（拉赵连芳）

桑氏：（急上）车三你拉我的丈夫要向何往？

车三：你们还假装不知道呢，你们的官司犯啦！你们俩同谋，图财害命，打死我的舅舅埋在树林。走！打官司去！

赵连弼：慢来，慢来，你们弟兄素日甚好，还是慢慢地商量吧！

车三：走，走，走，你别在这装好人！

赵连芳：三哥，你看我敢打人吗？死的既是咱的舅舅，我把舅舅好好发送发送吧！

车三：发送发送就算完啦！人家老小吃什么？

王二：这样吧！你就给舅舅家三百两银子吧！

赵连芳：我到哪找这三百两银子去呢？

王二：兄弟家里钱不够，宁肯把地照拿出来，也比偿命强。

赵连芳：这个……

车三：不愿意呀？走！打官司去！

桑氏：车三，你想趁此机会前来讹诈，是万万不能！

王二：弟妹呀！我可是为你们好啊！

赵连弼：少给些银两不行吗？

桑氏：任凭他们去办！

车三：好！你不怕我就喊啦。（喊）乡亲们哪！快来，出人命啦！

（众乡邻上）

乡邻甲：车三爷，什么事啊？

车三：赵连芳打死我的舅舅埋在树林子里啦。走！打官司去！

（车三拉住赵连芳）

桑氏：我的丈夫打死你的舅舅，何人见证？

车三：有哇！

王二：我亲眼看见的！

桑氏：怎么，你的见证？有什么凭据？

王二：大马一匹，五百两银子，还有一个烟袋。

桑氏：你怎么知道有五百两银子？

王二：这个……我上树林子里去，捡了一张五百两银非子[1]，才知道的。

桑氏： 我想树林之内埋的未必是你的舅舅吧？

王二： 我亲眼看见的。

桑氏： 恐怕未必。

车三： 哈哈！你还想抵赖，走，咱们验尸去！

王二： 对，咱们拿着锹镐走！

乡邻甲： 咱们到树林看上一看！

（众人进树林）

车三： （哭）哎呀！舅舅哇！

乡邻甲： 侄媳妇儿哇，这里边埋的倒是……

桑氏： 车三、王二！

（唱）未曾说话我气噗噗，

　　　骂声车三、王二两个恶徒！

　　　我们赵门哪一点对不住你？

　　　你无端讹诈要见官府。

　　　你告我图财害死你的舅父，

　　　问王二这件事情你可清楚？

王二： （白）我亲眼看见的嘛！

桑氏： （唱）马匹银两你也亲眼目睹，

　　　埋尸你也认得清楚？

　　　我丈夫埋尸果然不假，

　　　有一段隐情他们糊涂。

　　　在此处埋的本是看家的犬，

　　　并非是车三他的舅父。

车三： （白）哎！你打死我的舅舅还敢骂人！验尸，验尸！

乡邻甲： 侄媳妇儿！为什么要埋死狗呢？

桑氏： （唱）提起了此事话长远，

　　　听我把其中的缘故细说清楚。

　　　不幸我的公婆下了世，

　　　抛下了我兄嫂和丈夫。

　　　我的丈夫被他们引诱不把正业务，

　　　反复思量无计可出。

　　　无奈打死看家犬，

[1] 非子：赌钱用的筹码。

我与它穿鞋戴帽披衣服。

大街去把丈夫找，

在酒楼上遇见车三、王二两个恶徒。

我假说摊了人命事，

为的是警醒丈夫出迷途。

车三、王二听见了，

怕受牵连进官府。

好一似见了鹰的两只兔，

他们跑下酒楼踪影无。

我的丈夫信以为真走投无路，

吓得他浑身打战滚下汗珠。

因此才求兄长把他帮助，

把那尸首暗地抬出。

车三哪！

你硬说老狗是你的舅父，

你们居心讹诈天理无。

咱们就此把尸验，

是人是狗看清楚。

要是车三他的舅父，

我们情愿抵偿心也服。

要是一只看家的犬，

我说乡亲们哪！

该怎么发落这两个恶徒？

桑氏诉罢我的肺腑，

咱们赶快验尸自会清楚。

车三： （白）好，快点，不验尸还不行呢！

王二： 还想赖供呢？

乡邻甲： 乡亲们！大家一起动手。（众乡亲挖土）这不是……

乡邻乙： 车三爷，你来看看你的舅舅！

车三： 那当然要看看啦！（哭）舅舅哇！—— 这不是一条狗吗？

乡邻甲： 到底是狗，还是你的舅舅呢？

车三： 八成叫他们给换了。

乡邻乙： 别胡说啦，幸亏是条牙狗，若是条母狗还说是你的姥姥呢！

（众笑，车三、王二羞下）

桑氏：　诸位费心了！

豆汁记

又名《金玉奴棒打薄情郎》《乞丐千金》《金玉奴》《棒打薄情郎》。取材于《喻世明言》。落魄穷书生莫稽饿倒在一个叫花子金松家的门外，被叫花子的女儿金玉奴用豆汁儿救活，为报救命之恩，书生"以身相许"。他考中功名后却谋害糟糠之妻金玉奴，将其推入江中并赶走金松。玉奴被淮西转运使许德厚所救并收为义女，并将玉奴以亲女之名许莫，洞房中玉奴见新郎为莫，随令使女乱棍打之。

本小戏只演出金玉奴豆汁救莫稽一段。

人物：　　金玉奴
　　　　　莫稽
　　　　　金松
　　　　　二杆子
　　　　　众乞丐

（幕后白：好冷的天啊！）

莫稽：　（上。唱）天寒冷冻得我浑身颤抖，
　　　　　　　　身无衣肚无食乞讨街头。
　　　　（白）天哪！
　　　　（唱）大雪漫天，寒风刺骨，
　　　　　　　　饥肠辘辘，气息奄奄。
　　　　（白）眼见就要冻饿而死了哇！
　　　　可惜我满腹文章怀锦绣，
　　　　但不知何日里才得出头？
　　　　（白）哎呀，
　　　　（唱）一霎时腹内饥难以行走，

穷秀才只落得倒卧街头。

（倒在下场门）

（金玉奴内：啊哈！）

金玉奴：　（上。念）青春正二八，
　　　　　　　　　生长在贫家。
　　　　　　　　　绿窗春寂静，
　　　　　　　　　空负貌如花！
　　　　（白）我，金玉奴，老爹爹金松，乃是本城的一个花子头儿。清晨起来，他老人家替别人料理喜事去了，天到这般时候，还不见回来。是我放心不下，不免到外边张望爹爹便了。
　　　　（唱）人在天地间原有俊丑，
　　　　　　　　富与贵贫与贱好不强求。
　　　　　　　　遭不幸我的母下世太久，
　　　　　　　　抛下了父女们苦度春秋。
　　　　　　　　老爹爹为衣食东奔西走，
　　　　　　　　风雪天路难行叫人担忧。
　　　　　　　　不放心我只好门外去瞅，（出门，张望）
　　　　（白）哎哟，好大的雪呀！（行至下场门，踩着了莫稽）
　　　　（唱）见一个花儿乞丐倒在门楼。
　　　　（白）哎哟，哪来这么个倒儿[1]呀？待我上前摸摸他有气儿没气。哟，还有点气儿呢！待我把他唤醒了。我说你给我醒醒！嘿，我说你给我醒醒！

莫稽：　啊！

金玉奴：　你是干什么的呀？为什么倒在我家门首呢？

莫稽：　我乃是饥寒之人，是我一日三餐未曾用饭，腹内饥饿难忍，故而倒在你家门首。

金玉奴：　怎么着，你一日三餐未曾用饭？哎哟，还是真真的怪可怜哪！想我家有的是现成的豆汁，给你一碗半碗的充充饥，你看可好哇？

莫稽：　如此，多谢小姑娘！

金玉奴：　外面风大，你还到院里去吧！

[1]　倒儿：尸倒儿，尸体。

莫稽：　多谢小姑娘！(欲起，动不了)唉，我这两足疼痛难以行走哇！

金玉奴：噢，你言说两足疼痛难以行走，难道说还能叫我背着你、抱着你不成吗？

莫稽：　如此说来，我就爬了进去吧。

金玉奴：这就对了，你就爬进来吧。(二人进门)我说你在这等着，我给你端豆汁去了。

　　　　(唱)饥寒人最知道饥寒难受，
　　　　　　端一碗豆汁也把好修。
　　　　(白)你等着。(下)

莫稽：　唉！
　　　　(唱)今日里受饥寒姑娘相救，
　　　　　　也是我命不该绝天赐剩粥。
　　　　(金松幕内：啊哈！)

金松：　(上。唱)每日里吃的是残茶剩酒，
　　　　　　待人家守门户倒也风流。
　　　　　　做丐头众兄弟奉我为首，
　　　　　　回家来坐草堂无忧无愁。
　　　　　　嘿嘿嘿……(进院，遇莫稽)

莫稽：　(白)原来是位老丈。

金松：　老账？先别说老账，咱们先说说新账吧。你是干什么的？

莫稽：　我乃是饥寒之人哪。

金松：　噢，饥寒之人？是个要饭的。你也不打听打听，我是干什么的。

莫稽：　请问老丈，你是做什么的？

金松：　我是花子头儿，专管这儿要饭的！这要饭也有要饭的规矩，你干吗跑到我家院子里来要哇？

莫稽：　啊，老丈，不是我要进来的。

金松：　不是你要进来的，难道是哪一位用红白帖子把你给请进来的吗？

莫稽：　有位小姑娘叫我进来的。

金松：　什么？哪的这么一位小姑娘呀？

莫稽：　是里面那位小姑娘，她叫我进来的呀。

金松：　哇！哇！哇！再给你个哇！我家姑娘叫你进来的？好，我把她叫出来问问，要真是她叫你进

来还则罢了，要不是她叫你进来的，我可叫你吃不了兜着走！

莫稽：　老丈，你去问哪。

金松：　可是，我得问问，玉奴，丫头，你给我走出来吧！

　　　　(金玉奴内：来了。)

金玉奴：(手端豆汁上。唱)听呼唤不由我双眉紧皱，
　　　　　　声声吼怒不休是何缘由？
　　　　　　走上前施一礼爹爹好否？

金松：　(白)你这叫怎么回事呀？你气死我喽！
　　　　(唱)你叫我这大杆头儿脸面全丢！

金玉奴：(白)爹呀，您回来了？

金松：　我回来了！我回来了！我的家我干吗不回来？

金玉奴：爹呀，您跟谁生这么大的气呀？

金松：　我跟你！我跟你！我简直的就都跟你！

金玉奴：我说爹呀，您跟女儿干吗生这么大的气呀？

金松：　哎！我说孩子，自从你母亲去世，我把你拉扯这么大可不容易呀。实指望你长大成人，给你找个好人家嫁出去，可怎么我这么会儿不在家，你竟把个卖零碎绸子的叫到家里来了？要是叫街坊邻居们看见，好说不好听！我是爹爹，咳！你叫我说什么好呢？

金玉奴：我当为了什么，原来为的就是他呀。

金松：　不为他还为的是我呀？

金玉奴：我说爹呀，您先别生气，听女儿我慢慢地告诉您。

金松：　说你的吧！

金玉奴：清晨起来，您老人家与人家了望喜事去啦。

金松：　是呀，那是咱爷们的公事呀！

金玉奴：天都这般时候，还不见您老人家回来。

金松：　我的事忙！

金玉奴：是女儿我放心不下，到门外张望您老人家去了。

金松：　嗯，这是你的一点孝心哪！

金玉奴：可没想到偏偏就遇见他了。

金松：　他便怎样？

金玉奴：	他倒在咱家的门首。我说爹呀，咱父女俩都是善心之人，哪有见死不救的道理呀？
金松：	你管闲事也得问清楚了呀？
金玉奴：	女儿我问他是干什么的，他说是饥寒之人。
金松：	喔，是个要饭的！
金玉奴：	他说一日三餐未曾用饭哩。
金松：	他不愿意吃，你管他呢！
金玉奴：	我说爹呀，想咱们家有的是现成的豆汁，给他一碗半碗的让他吃饱了再走。常言说得好，救人一命胜造七级浮屠！可您回得家来，也不问个青红皂白，就跟女儿生这么大的气。我说爹呀，您至于吗？您至于吗？岂不冤死女儿呀？（哭）
金松：	（消气了，笑）这么说是我错怪你了。（转脸对莫稽）在院子里喝多冷啊，你干脆进屋来喝吧。
金玉奴：	爹呀，刚才我叫他进院您还生气哩，这会儿您又把人家请进屋里了？
金松：	咱爷儿俩不是热心肠人嘛，我也见不得这个！（指莫稽）进屋里来吧。
莫稽：	我又登堂入室了。
金松：	（问玉奴）我问你豆汁端来了没有啊？
金玉奴：	端来了，可是都凉了。
莫稽：	啊，老丈，凉了我也将就了。
金松：	真是饿急了。
	（金玉奴端过豆汁给金松，金松给莫稽）
金玉奴：	我再给你端碗热的去。
金松：	你去吧。
	（金玉奴下，转身回来端豆汁给莫稽；金松拦下，亲自送给莫稽）
金玉奴：	（对莫稽）热的来了。（见莫稽猛喝，忙喊）烫！
莫稽：	（大叫）哎哟！
金松：	怎么了？
莫稽：	烫了我的舌头了！
金松：	你的嘴也太急了！
莫稽：	哈哈！哈哈！啊，哈哈哈！
金松：	你吃饱了，喝足了，还跟我打哈哈来了，留神

	我的碗！
莫稽：	（唱）霎时间腹内饱精神抖擞，
	这才是热心肠仗义情由。
	走向前施一礼多谢搭救！
金松：	（白）我揍你！
金玉奴：	爹呀，您干吗打人家呀？
金松：	刚才他管我叫老丈，这会儿吃饱了喝足了，又管我叫大舅子了，合着净找我的便宜！
金玉奴：	是吗？我问问他去。哎！我说你这个人怎么不通情理呀？
莫稽：	怎么了？
金玉奴：	你吃饱了，喝足了，怎么还管我爹叫大舅子呀？
莫稽：	哎哟，老丈你听错了！我说的是搭救之"救"呀！
金玉奴：	噢，是搭救之救呀？（不好意思地转向松）我说爹呀，您听错了！
金松：	怎么了？
金玉奴：	人家说的是搭救之救，不是什么大舅子。
金松：	啊？搭救，大舅，搭，大，搭，大？（笑）这音同字不同，是我错怪你了。
莫稽：	岂敢？
	（唱）救我命如再造七级浮屠。
金松：	（白）你吃饱了吗？
莫稽：	吃饱了！
金松：	喝足了？
莫稽：	喝足了！
金松：	身子暖和了没有？
莫稽：	身子也暖和了！
金松：	那两山摞一块 —— 请出吧！
莫稽：	老丈，你叫我走啊？
金松：	我不叫你走，那你还叫我走哇？
莫稽：	如此说来我就走。
金玉奴：	我说你给我回来！
莫稽：	啊？我回来了。
金松：	玉奴呀，人家走得好好的，你干什么又叫他回

来呀？

金玉奴：　我还有话要说呢。

金松：　好，那你跟他说吧。

金玉奴：　我说你吃饱了吗？

莫稽：　吃饱了。

金玉奴：　喝足了？

莫稽：　喝足了。

金玉奴：　你这个人好不通情理呀！你吃饱了，喝足了，怎么连个谢字都没有呢？

莫稽：　适才谢过老丈了。

金玉奴：　噢，你谢过我爹了，那你再谢谢我，你看使得使不得呀？

金松：　哎呀，姑奶奶挑眼了！那你再谢谢我们家小姑娘吧！

莫稽：　如此，多谢小姑娘！

金玉奴：　罢了！

　　　　　　（唱）见此人眉目间透着清秀，

　　　　　　　　　　不像是久贫人沦落街头。

　　　　　　　　　　招赘他为夫婿金门有后，

　　　　　　　　　　又恐怕父不允错过鸾俦。

　　　　　　（白）我说爹呀，您过来，我看他不像是久贫之人，为何落到乞讨之中呢？

金松：　管他呢，叫他走得了。

金玉奴：　你去问问吧。

金松：　麻麻烦烦的！

金玉奴：　你去问问，你去问问嘛！

金松：　好好好，我去，我去，我去！哎！我们姑娘说了，看你不像是久贫之人，怎么就落到乞讨之中了呢？

莫稽：　实不相瞒，老丈……

金松：　（指玉奴）跟她说。

莫稽：　噢，小姑娘！（欲走近）

金松：　你离她远着点儿！

莫稽：　（退后，对松）小生乃是本城黉门中一秀才。

金松：　（惊讶地拉玉奴）姑娘呀，人家还是个秀才哪！

金玉奴：　他是个秀才？跟咱们家门不当户不对的。

金松：　哎！人家是念书人，咱们是要饭的，这说不到一块儿！

金玉奴：　可他这么流落街头也怪可怜的。

金松：　（问莫）你是个秀才，教教书也能吃饭哪。

莫稽：　只因父母双亡，家业凋零，疏亲少友，故落得乞讨之中。

　　　　（金玉奴伤感落泪）

金松：　你哭什么呢？

金玉奴：　爹呀，听他说得怪可怜的。咱们家有的是杂合菜，再给他一碗半碗的，您看好不好呢？

金松：　那杂合菜我还留着下酒哩。

金玉奴：　好的，给您留着呢。

金松：　这是你的孝心。可我问问你，你已经给他豆汁喝了，这不就得了吗？

金玉奴：　可他净喝稀的，待一会不又饿了吗？

金松：　他跟咱既不沾亲又不沾故，也不是我的干儿子，我还能管他一辈子呀？

金玉奴：　您真管了他一辈子，他不就成了您的儿子了吗？

金松：　我没听说过。就为一碗杂合菜就给人家当儿子了？

金玉奴：　什么儿子不儿子的，我想他是个念书人，日后还能没有出头的日子吗？他要是不离开您，日后不就成了一家子了吗？

金松：　啊？你这么说，岂不成了我的……你可真是人大心也大了！好了好了，你去热杂合菜去吧。

金玉奴：　唉！（对莫）我给你热杂合菜去了，你可别走哇，你可别走哇，你可别走哇！（下）

莫稽：　我是不走的了，我是不走了，我是不走哇！

金松：　你是吃定了我了，你是吃定我了，你是吃定了我呀……取笑了，请坐。

莫稽：　告坐。

金松：　请问相公尊姓大名？

莫稽：　小生姓莫名稽。

金松：　此乃是莫稽莫相公，失敬了！

（莫无语闷坐）

嘿嘿嘿，你这人怎么这么不客气？我问完你，你倒是再问问我呀？

莫稽：　不是老丈提起，我倒把您耽搁了！

金松：　你这是怎么说话呀？

莫稽：　请问老丈贵姓？

金松：　小老儿姓金。

莫稽：　请问老丈大名？

金松：　单名一个松字。

莫稽：　噢，金松老丈失敬了！

金松：　岂敢！

莫稽：　老丈做何生意？

金松：　我是本城的一个丐头！

莫稽：　什么叫丐头呀？

金松：　就是个花子头儿，就是杆上的头！

莫稽：　原来老丈你是杆上的呀！方才那位小姑娘，她人呢？

金松：　方才那位小姑娘她，是我跟前的。

莫稽：　原来是令爱。

金松：　不敢当。

莫稽：　如今多大年龄了？

金松：　一十六岁。

莫稽：　噢，一十六岁。请问令爱芳名？

金松：　她叫金玉奴。

莫稽：　啊，老丈，可是金银之金？可是玉佩之玉？可是奴家之奴？（边说边在手心写）

金松：　正是。

莫稽：　好个响亮名字哟！（边说边舔去手心的字）

金松：　哎，你怎么把她吃进肚子里了？

莫稽：　我吃在腹中，记在心内，我是一辈子也忘不了的。

金松：　原来是个书呆子。小老儿告辞了！

莫稽：　请便。

金松：　哎呀，且慢，我看莫稽人有人样，文有文样，丫头也老大不小了。刚才她话里话外的也有那么点意思。倒不如成全他们做对小两口儿，让

莫稽儿、婿两当，待我百年之后，也好捧把土把我埋了。可这个话怎么跟人家说呢？唉，我把脸往下这么一拉，拉成长脸！对，就这么办！（转向莫）方才你和玉奴的表情我可都看见了！

莫稽：　看见了？

金松：　她叫金玉奴。

莫稽：　叫金玉奴。

金松：　今年一十六岁。

莫稽：　今年一十六岁。

金松：　我看相公人有人才，文有文才，我打算……

莫稽：　你打算？

金松：　我打算……

莫稽：　你打算怎么样啊？

金松：　我打算揍你！

莫稽：　取笑了。

金松：　您别挤对我成不成？

莫稽：　老丈请讲。

金松：　你听我说呀，我就这么个闺女，我们爷儿俩都是热心肠的人。

莫稽：　是呀，您爷儿俩心地善良，日后老丈一定是儿孙满堂！

金松：　我老婆早死了，我没有儿子，我眼下要有个儿子……

莫稽：　噢，我明白了，老丈是我的救命之人，若不嫌弃，我愿拜在老丈名下做个义子，你看如何？

金松：　不敢当！虽然是干儿子，可总还不大亲近。我就这么一个闺女……（欲言又止，干咳）若是再近乎一层，大家变成一家人多好啊！

莫稽：　噢，老丈您是说？

金松：　嗳，我就直说了吧，我想要你做个儿、婿两当，你也有了安身之处，我女儿也有了人家，我也有了儿子，这三全其美，你看怎么样？

莫稽：　哎呀，且住！（自语）想我莫稽乃黉门秀才，岂能要这丐头之女？

金松：　你在嘀咕什么？

莫稽:	咳,什么秀才不秀才,秀才现在不也是个要饭的吗!与他何异呀!
金松:	你倒是说句话呀,好这么把我晾在一边吗?
莫稽:	岳父在上,受小婿大礼参拜!
金松:	(受宠若惊)哎呀!哎呀!哎呀!
莫稽:	只是我一贫如洗,拿不出彩礼呀。
金松:	哎,咱们是爱好结亲,讲什么彩礼不彩礼的,你会说大话吗?
莫稽:	说大话会呀。
金松:	这不就结了,说两句大话就得了!
莫稽:	好,好!岳父大人,小婿备下了 ——
金松:	备下什么了?
莫稽:	珍珠冠一顶!
金松:	是要戴的。
莫稽:	霞帔一身!
金松:	是要穿的。
莫稽:	锦缎百箱!
金松:	太多了,往哪搁啊?
莫稽:	黄金千两!
金松:	凤冠霞帔、锦缎百箱,小老儿收下了,这黄金千两,小老儿实实地不敢收。
莫稽:	岳父大人收下吧!
金松:	小老儿不敢收!(两人撕扯,莫稽装作放进他的兜里)哎呀呀,使不得!
莫稽:	使得的!
金松:	哎呀,这么一高兴,姑老爷花大发了,我也预备下了。
莫稽:	预备什么?
金松:	象牙床一张。
莫稽:	总要用的!
金松:	闪缎子被褥一百床。
莫稽:	盖不了许多的!
金松:	留着你们慢慢盖!
莫稽:	取笑了。
	(二杆子与众乞丐上)
二杆子:	啊哈!

	(念)饥寒真饥寒,
	保暖真保暖。
	饥寒的要饭,
	保暖的做官。
	(白)兄弟们,找大哥去!(圆场)说着说着就到了。大哥在家吗?
金松:	嘿,兄弟们来了,来得正好!(众人进屋)过来过来,见见众位叔叔大爷!
莫稽:	(无奈)叔叔大爷,我这厢有礼了!
二杆子:	瞧瞧,嘴多甜!
众乞丐:	罢了!罢了!
二杆子:	大哥,这是谁呀?
金松:	这是我给你侄女招的女婿,莫稽莫相公!
众乞丐:	我们给大哥道喜了!多会儿给他们操办喜事呀?
金松:	还没选好日子呢。
众乞丐:	丁是丁,卯是卯,哪天拜堂哪天好,今天就是好日子!
金松:	不成不成,姑老爷连外面穿的褂子都没有呢。
二杆子:	我这有一件呢。
金松:	拿来我看。(接过看)咳,这是条裤子,可怎么穿哪?
二杆子:	这可有个吉祥话呀。
金松:	什么吉祥话?
二杆子:	金银满库!
金松:	好!好!这白裤腰带撕掉了吧?
二杆子:	撕不得!这也有个吉祥话!
金松:	什么吉祥话?
二杆子:	白头到老呀!
金松:	好,好,吉祥,吉祥!请姑老爷入裤吧!
	(莫立中间,二杆子将两条裤腿搭在他的两肩)
金松:	可是大姑娘还没有盖头哪?
二杆子:	大哥,我这还有一块!
金松:	好,一事不烦二主,兄弟你说两句吉利话,赞个礼吧,我去搀姑娘。(下)
二杆子:	(作揖再作揖,念)一块沉香木,

雕刻一马鞍。

新人往上跨，

步步保平安！

（白）奏乐！搀新人！（金松搀金玉奴上，莫稽上前去迎）

二杆子：　一拜天地！二拜高堂！

夫妻对拜，搀入洞房！

（莫、金二人行礼，入洞房）

众乞丐：　大哥，你大喜了！

金松：　　同喜，同喜！

众乞丐：　我们告辞了。

金松：　　慢着，我还有点现成的杂合菜，来上二两烧刀子，咱们来个蝴蝶会！

众乞丐：　好！咱们敬大哥！

原复县评剧团董菊秋传授

汪淑珍演出本

刘永峥提供

采录时间：2020年

采录地点：瓦房店

发财还家

又名《纺棉花》。王氏女配夫商人张三，夫出外经商三年未归。王氏独居家中。一日，正在边纺棉花边唱小曲。适商人张三归来，闻唱小曲，互相责骂，打诨一场。这是一出京评两合水的小戏，王氏（彩旦）由筱桂花唱评戏，张三（小丑）由张春山唱京戏。

人物：　王氏
　　　　张三

王氏：　　（念）丈夫一去不回家，

抛奴每日思想他。

（白）奴家王氏，许配张银匠为妻。自我过门三天，我丈夫就出外做买卖去了，一去三年，连封书信都没有。是我独坐房中，思想起来，好不愁闷人也！

（唱）独坐在房中心头暗想，

思想起奴家我的那个丈夫郎。

自从奴家我把门过，

我过门三天丈夫他离了家乡。

我丈夫出门有三年整，

撇下奴孤孤单单守着那个空房。

丈夫他在家中是何等的模样，

到如今只落得孤孤单单，

我冷冷清清我守着空房。

一阵阵我好不悲伤。

我坐在房中前思后想，

张三：　　（唱）不觉得来在了自己的门旁。

（白）在下张春山，我是银匠手艺。我在北京学买卖，学了三年，后来熬了个二掌柜的，三年算大账，算了几百两银子，回家得看看我老婆子。我娶她三天，出来三年了，我也不放心，今儿个回家看看，行行去去，去去行行，拐弯抹角，到了。哎呀！这个门儿还是我的门儿，里头这个人儿，是我的人儿不是我的人儿，我就不知道了。我有门牌，我看看，不错，是这儿，门牌还是六百零六。我也不能冒昧，待我上前叫门。

王氏：　　呀，慢着，我自己在当屋坐着，挺闷得慌的，我不免唱段小曲。

张三：　　哎呀咱们走得怪累的，咱们听段小曲吧。

王氏：　　哟，那么我唱什么好呢？

张三：　　咱们听什么好呢？

王氏：　　我呀，有了，我唱孟《姜女过关》的小曲。

张三：　　咱们听听吧。

王氏：　　待我唱起来。

（唱）春季里来是清明，

家家户户上坟茔。

人家坟前烧白纸，

到后来我孟姜坟茔冷清清。

张三： （白）好的，真唱得不错，挺好。

王氏： 我呀，再唱二一段。

（唱）夏季里来荷花开满塘，

忽然间飞出一对好鸳鸯。

又被狂风冲失散，

夫妻到老不成双。

张三： （白）好，真不错。

王氏： 我呀，再唱三一段。

（唱）秋季里来桂花香，

孟姜女寻夫好不凄凉。

自从我丈夫离家下，

时时刻刻挂在了心上。

张三： （白）唱完了，唱完了该我叫门了。

王氏： 慢着，你先别忙，我呀，再唱四一段。

张三： 怎么？咱们听四一段。

王氏： （唱）冬季里来冷凄凄，

与我的丈夫去送寒衣。

对对乌鸦来领路，

我丈夫在长城冷冷凄凄。

张三： （白）哎哟，唱得这么完全，跟谁学的呢？她这么一唱不要紧啊，我又是气又是乐，我也犯了戏瘾了，这么办，我也唱两句，唱什么呀？《骂毛延寿》，叫露兰春的，我唱起来：

（唱）【西皮流水】毛延寿啊！

我把你卖国的奸贼！

未开言不由我这牙根咬恨，

骂一声毛延寿你卖国的奸臣。

你祖先食君禄理当把忠尽，

为什么投番邦丧尽了良心？

今日里在北番纵然丧了命，

为国家一死方是忠臣。

死是汉家的官，活是汉家臣，

落一个青史名标万古就美名存。

想这等伤天理总有报应，

常言道暗室亏心神目如电，

那时间千刀万剐就一旦化灰尘。

骂奸贼骂得我呀牙根咬恨，

今日里纵一死万古留名。

（白）哈哈，她会唱小曲了，大概这里必有了事了，我叫门，开门啊！

王氏： 哟，谁叫门啊？八成是老三吧？

张三： 什么老三，还老六呢，开门吧！

王氏： 哟，谁啊那么横啊？我开门看看去。哟，当家的回来了吗？

张三： 好贱人！

王氏： 哟，当家的，你回到家来，一言不发，掌手就打，你打我为什么啊？

张三： 好贱人，想当年娶你刚刚三天，因为家中经济困难，万般无奈，去到北京求生活，你就应当在家里好好过日子，又唱小曲，看你浑身上下，真真的是 ——

（唱）摩登的容样，

不由我一阵阵怒满胸膛。

也是我家贫穷银钱不广，

娶了你刚三日我远离故乡。

你就该在家中休生妄想，

你不该浑身上下摩登的装。

漆皮鞋你这后跟高，

旗袍瘦小紧邦邦，

箍在了你的腰。

头发烫得一个稀呼脑乱，

香水远离之闻着香。

名誉羞耻你全不想，

一心让我把王八来当。

王氏： （念）走上前，把话讲，

口尊一声奴的夫郎，

张三： （白）你少要灌米汤。

王氏： （唱）口尊声丈夫你细听其详。

丈夫你出外三年往，

撇下了小奴守着空房。

你在外边把良心来丧，

难道说你忘了结发的糟糠？

你说我爱摩登妇道不讲，

讲平权男与女一样主张。

我的夫啊。

民国时期百代唱片

筱桂花、张春山合演

穆凯记录

记录时间：2020年

高成借盟嫂[1]

又名《借盟嫂》《昏官断》《打马红眼》《密云县》，取材于《缀白裘》。高成在妻子病故后嗜赌，其岳父将亡女财产拉走，允诺高成续弦时奉还。高成在赌博场输了钱，欲借盟兄马洪元（外号"马红眼"）的妻子刘瑞清假充继室，到岳父家后，岳父岳母挽留过夜，盟嫂本就嫌弃马洪元又老又丑，故意留下与高成弄假成真。马洪元到大堂去告高成，县官把刘瑞清断给高成。

人物：　高成

　　　　刘瑞清

　　　　马洪元

　　　　铁氏

　　　　佟员外

　　　　院公

　　　　县官

　　　　衙役

　　　　女禁人

[1]　选自民国年间奉天东都石印局石印本《高成借盟嫂》（耿柳提供）。

（高成上）

高成：　（念）贤妻下世早，

　　　　　　　每日守空房。

　　　　　　　寂寞实难禁。

　　　　　　　入了耍钱行。

（白）学生高成，自从贤妻下世去了，终日闷闷不乐。因此我入了耍钱之道。昨日邀会皮三、毛四二人耍钱，输与他们铜钱八百吊整，言明三天之内还账，思想起来，好不难死人也。

（唱）高成房中心内烦，

　　　　思前想后左右难。

　　　　自恨自己失了主意，

　　　　最不该受了皮三、毛四圈。

　　　　输了他们铜钱八百吊，

　　　　应着三天还人家钱。

　　　　三天若是还上账，

　　　　一笔勾销无话言。

　　　　三天若是还不上账，

　　　　他二人难免把脸翻。

　　　　千难万难难死了我，

　　　　忽然一计上眉间。

　　　　马洪元与我结一拜，

　　　　何不找他去借钱？

　　　　叨叨念念往前走……

（刘瑞清上）

刘瑞清：（念）自幼生来好心眼，

　　　　　　　就是爱那小白脸。

　　　　　　　奴家好比一枝花，

　　　　　　　生来落在臭粪注。

　　　　　　　若得奴家随心愿，

　　　　　　　除非离了老马家。

（白）奴家刘氏瑞清，许配马洪元为妻，是我过得门来，男女全无。我们当家的不行正道，终日里耍钱为游。不思想起来还则罢了，若是思想起来，好不愁人也。

（唱）瑞清女坐在了窗前，

奴的命儿好难缠。

我只嘴强心强命不好，

寻了个丈夫马洪元。

我丈夫今年五十二岁，

小奴家打罢新春二十三。

言说老夫少妻不般配，

纵然同床心不欢。

不但长得十分丑，

吃喝落道学会耍大钱。

每日出外把钱要，

十天半月不把家还。

越思越想无头绪，

耐到何时是个了然？

好似吃了蝇子喝了猫尿，

打心眼儿里恶心不好言。

左思右想心中闷，

无精打采坐在房间。

且不言瑞清女床前坐，

高成：　　(唱) 再表高成言一言。

正走之间抬头看，

来到大哥他的门前。

手拍门板连声叫，

叫声大哥快把门开。

(白) 大哥开门来。

刘瑞清：　外边何人叫门？

高成：　　是我呀。

刘瑞清：　原来是盟弟来了。盟弟屋里请坐。

高成：　　嫂嫂请坐。嫂嫂可好？

刘瑞清：　我是好的。盟弟可好？

高成：　　嫂嫂承问了。嫂嫂我大哥往哪里去了？

刘瑞清：　你大哥出去要钱去了，半月咧。

高成：　　我大哥未在家中，小弟要告辞了。

刘瑞清：　我说盟弟呀，你大哥不在家中，你就要走，难道说你大哥就近了，嫂嫂我就远咧？你大哥在家不在家的，嫂嫂与你做点饭吃，叫别人看着也好看呀。

高成：　　嫂嫂费心了，嫂嫂我大哥几时回来呢？

刘瑞清：　你大哥不准哪一天回，今天要是不回来，盟弟你可住下吧。

高成：　　那可不行，无有此理。

(马洪元幕后：可说是盟弟？你就着嫂子在一个屋里睡吗？)

马洪元：　(上) 开门来，开门来。

刘瑞清：　外边何人叫门？

马洪元：　你快开门吧。

刘瑞清：　原来是当家的回转了。待我与你开门，你还回来咧？

马洪元：　我不回来，我还死在外头不成吗？到屋里再说。

高成：　　大哥回来了，大哥请坐。

马洪元：　咳，是兄弟来了，坐着坐着。自己兄弟，不要客气。

高成：　　大哥这几天要得如何？

马洪元：　倒也不错。盟弟来了，还不做饭？

刘瑞清：　拿来。

马洪元：　什么？

刘瑞清：　粮米！你去了多少日子？

马洪元：　我去了半月咧。

刘瑞清：　给我留下一斗米。莫说是吃，就是叫我一个米粒一个米粒数，也把它数过来了。

马洪元：　无有米，烧水去。

刘瑞清：　柴火咧？

马洪元：　我给你留上两个秫秸呢？

刘瑞清：　别说是烧，就是一根一根抔的，我也抔完了。

马洪元：　想起来了。我这酒壶里有酒，你给烫去。

刘瑞清：　我看盟弟的面子，烫烫去。(圆场) 我说盟弟，酒也热了，菜也熟了，我与盟弟满上一盅。

马洪元：　你也与我满上。

刘瑞清：　我不与你斟。

马洪元：　你不斟，我自己斟上。兄弟请饮。兄弟家中孩子们可好？无有熬糟？

高成：　　咳，大哥是你非知，小弟道来。

(唱) 高成有语把话言，

口尊大哥你听周全。

自从你弟妹下世去，

吃喝落道学会了要钱。

那一天出外去游逛，

遇有毛四与皮三。

将我请到会仙馆，

我三人吃酒又猜拳。

一共吃了七吊五。

全是我一人出的酒钱。

出了酒馆闲游逛，

商商量量去赌钱。

也是我一时失了主意，

受了皮三毛四圈。

输与他们铜钱八百吊，

应着三天还人家钱。

三天若是还不上输赢账，

他二人难免把脸翻。

我万般出在无计奈，

才找大哥来借钱。

大哥若有钱借我，

好与兄弟把脸圆。

（白）大哥若是有钱借给兄弟，还上此账，兄弟脸上有光。

马洪元：　说来说去我弟妹还是死咧。

高成：　　正是。

马洪元：　不知兄弟你借多少钱呢？

高成：　　我借八百吊钱足用。

马洪元：　不瞒兄弟你说，我兜里净剩铜子还有八个。

刘瑞清：　我这里还有呢。

高成：　　你还有多少？

刘瑞清：　我还有铜子两个，还是假的。

高成：　　兄嫂取笑了。

（唱）高成闻听这句话，

忽然一计上眉间。

开言又把大哥叫，

叫一声大哥你听言。

自从你弟妹下世去，

抛下了衣服和妆奁。

临死之时岳父讲，

把这些东西拉他家园。

所有的东西全拉去，

还有大洋八十元。

日后若是把弦续，

那些东西全送还。

我有心把我盟嫂借，

去到岳父他家园。

就说我前日把弦续，

叫我岳父岳母看上一看。

至那里就说把亲认，

岳父家中闹回假姻缘。

马洪元：　（白）拿着你当朋友，你跑到我们家里闹假姻缘来了。

高成：　　（唱）口尊大哥休动怒，

小弟有话对你言。

借我盟嫂不白借，

内有相应未说完。

到那里诓来洋元八十块，

你四十来我家四十元。

大哥愿去就便去，

不愿去了就算完。

刘瑞清：　（白）我说当家的，你别生气咧。咱跟盟弟去一回。诓来洋钱，咱两家均分。你说有多便宜。

马洪元：　对呀。这是发财的道儿。盟弟你别生气咧。愚兄多有冒犯，望祈海涵。咱先说下，去可是去，不许在那里就住下。吃顿饭就回来，千万别叫我丢了丑。

高成：　　大哥愿去吗？

马洪元：　这个事相应，我还有不愿意去之理？

高成：　　大哥既然愿去，叫盟嫂快梳洗梳洗。大哥你借一辆车，明日前去。小弟家中有事，我先告辞了。

刘瑞清：　贤弟你再喝碗水吧。

高成：　　　嫂嫂费心了。

刘瑞清：　盟弟你走咧。早回来呀。嫂嫂可不远送了。

　　　　　（高成下）

马洪元：　不去咧。

刘瑞清：　你为何又不去咧？

马洪元：　动不动你就望着人乐咧，在家里你就这样乐，你到人家，你二人还不乐在一处去呀？

刘瑞清：　一个乐乐，你也真的生气。

马洪元：　你要看人家乐，我就吃醋。

刘瑞清：　到在那里，我不会不乐？

马洪元：　你说啥，也不去咧。

刘瑞清：　不去咱们就饿着。

马洪元：　对呀。要是不去，响大洋钱到不了我手里。要不了媳妇儿咱们还是去去吧，你可愿意去？

刘瑞清：　我可不愿意去呢。

马洪元：　你真不愿去？

刘瑞清：　我真不愿去。咱们二人哪个愿意去，是个天大的王八。

马洪元：　我愿意去。你要不去，我这里就跪下了。

刘瑞清：　我说当家的，你起来吧，我去去就是了。

马洪元：　待我借车去。（下）

刘瑞清：　当家的愿意了，待我巧梳换新装。

马洪元：　（上）二大爷在家里吗？

　　　　　（搭架子：洪元做啥？）

马洪元：　您老把车借我使使吧。

　　　　　（搭架子：那不中，我还送粪呢。）

马洪元：　您老借我使使吧。

　　　　　（搭架子：要不你就使去。）

马洪元：　车子借来了，待我套上。

高成：　　（上）大哥你车可借来了咧？

马洪元：　借了来了。贤弟来啦，你还备什么东西无有？

高成：　　我什么东西无有，咱们就走吧。

马洪元：　媳妇儿请上车吧。

刘瑞清：　（上）当家的，盟弟来了吗？

马洪元：　他早就来了。

刘瑞清：　当家的，你架我一把。

马洪元：　盟弟你也坐上车，待我赶起车来，我们与你走吧。

刘瑞清：　（唱）瑞清女在车上心中乐，

高成：　　（唱）高成外边跨着车辕。

马洪元：　（唱）马老洪这才不怠慢。

　　　　　　　　吆吆喝喝赶了一溜烟。

刘瑞清：　（唱）瑞清坐车好有一比，

　　　　　　　　小两口恩恩爱爱拜新年。

马洪元：　（唱）马老洪不住偷眼看，

　　　　　　　　我媳妇儿她把盟弟观。

　　　　　　　　她看盟弟抿嘴笑，

　　　　　　　　看我老洪用白眼翻。

　　　　　　　　心中不住暗思想，

　　　　　　　　要当王八可不费难。

　　　　　　　　且不言老洪暗吃醋，

高成：　　（唱）高成抬头仔细观。

　　　　　　　　开阔大路人行步，

　　　　　　　　也有女来也有男。

　　　　　　　　高成懒观路途景，

　　　　　　　　庄村不远在面前。

马洪元：　（唱）马洪元赶车把庄进，

　　　　　　　　到佟家骗来大把钱。（三人下）

　　　　　（佟员外、铁氏夫妇上）

佟员外、铁氏：（念）家中虽富豪，

　　　　　　　　有些大元宝。

　　　　　　　　女儿下世去，

　　　　　　　　终日内心焦。

佟员外：　（白）老夫佟森。

铁氏：　　老身佟门铁氏。

佟员外：　夫人。

铁氏：　　员外。

佟员外：　咱那姑爷高成，不务正道，入了赌钱之途。自从咱们女儿下世去了，把女儿东西拉到咱家。言说他若能续上弦的时节，原物送回。若不思想起来，还则罢了，若要思想起来，好不愁闷人也。

	(唱) 夫妻二人坐在房间,
	思想前后好不耐烦。
	一辈无儿只生一女,
	许配高成结姻缘。
	姑爷每日不务正道,
	吃喝落道学耍钱。
	女儿今春下世去,
	倒叫老夫心痛酸。
	思思想想房中坐,
院公：	(唱) 再把打头的言上一言。
	(白) 老东家，高姑爷来了。
佟员外：	他来咧。关上大门别叫他进来。
院公：	老姑爷此回套了车来咧。还有一个小媳妇儿呢。
铁氏：	员外啊，咱姑爷必是说上人了。咱夫妻看看去吧。
	(高成、马洪元、刘瑞清上)
高成：	岳父在哪里？岳父可好？
佟员外：	我是好的。
刘瑞清：	父母可好？
铁氏：	好呀好呀，闺女你好。
高成：	母亲称问。
铁氏：	闺女、姑爷请。
刘瑞清、高成：请。
铁氏：	闺女、姑爷请坐。
刘瑞清：	父母在上，受女儿一拜。
佟员外、铁氏：不用磕头了。
刘瑞清：	哪有不拜之理？
铁氏：	闺女坐下说话。这边有座。打头的，将车把式领到屋里用饭去吧。
院公：	是。
佟员外、铁氏：姑爷你说这个人花了多少钱？
高成：	花了大洋八十元。
铁氏：	不多不少。
高成：	但是人难进门。还无有钱交价。因此前来，求借岳父。
佟员外：	借别的无有，要借洋钱有的。

高成：	是。
佟员外：	夫人你吩咐伺候姑爷闺女。
铁氏：	请。
院公：	请下把式，你上这屋里来吧。
马洪元：	来了。
院公：	把式，你贵姓？
马洪元：	我姓马。
院公：	就是马大哥了。咱哥儿俩初次见面。喝上一嗓子。
马洪元：	要说别的不行，要说喝酒那中。
院公：	酒现成的。我与大哥满上。
马洪元：	喝干，我不喝了。
院公：	你看他喝酒不多倒醉了。待我把他放到炕上，叫他睡下去吧。
	(院公、马洪元下，佟氏夫妇上)
佟员外：	(唱) 老夫今年五十一，
铁氏：	(唱) 一辈无儿一闺女。
高成：	(唱) 因为赌钱作出事，
刘瑞清：	(唱) 来到岳家认亲戚。
高成：	(白) 岳父天气不早，我夫妻要告辞了。
铁氏：	闺女你初次来到我家，等住下明天再走吧。
高成：	那可不行。我家还忙呢。
院公：	(上) 禀高爷，你们把式喝醉了。
佟员外：	把式已经醉了，你夫妻就住下吧。
刘瑞清：	咱爹妈叫咱住下，咱们就住下吧。
铁氏：	对咧，闺女说得有理。
佟员外：	夫人你领女儿上后屋里睡去吧，我爷儿俩就在这屋里睡。
铁氏：	那可不行。叫他们夫妻在一个屋里睡去。
佟员外：	哦哦，明白了。你们小两口就在这里睡吧。
铁氏：	睡可是睡，可别淘气呀。我把门锁上点儿。
	(下)
高成：	我说回家去，你定要住下。把咱二人锁在一处睡觉到明天，我大哥岂肯与我甘休？

0238

刘瑞清：　　那有啥法儿，讲不起[1]咱就在一起睡吧。

　　　　　　（唱）忽听谯楼鼓打一更，

　　　　　　　　　床头闷坐刘瑞清。

　　　　　　　　　反思复想睡不着觉，

　　　　　　　　　手打床帐眼望高成。

　　　　　　　　　只见他在那边困了觉，

　　　　　　　　　枕边放着一盏灯。

　　　　　　　　　灯下留神仔细看，

　　　　　　　　　打量盟弟美俊容。

　　　　　　　　　只见他天庭饱满多主贵，

　　　　　　　　　地阁方圆福不轻。

　　　　　　　　　脸儿似粉又白又嫩，

　　　　　　　　　两道浓眉大眼睛。

　　　　　　　　　有一顶青缎帽盔头上戴，

　　　　　　　　　一双缎鞋足下蹬。

　　　　　　　　　绣花鞋子春绸面，

　　　　　　　　　锦缎马褂正时兴。

　　　　　　　　　好一似终南山的韩湘子，

　　　　　　　　　不亚于宋玉又重生。

　　　　　　　　　盟弟相貌长了一个好，

　　　　　　　　　最可怜年轻人守着那盏孤灯。

　　　　　　　　　若到白天还好受，

　　　　　　　　　怕的是夜里到了三更。

　　　　　　　　　鸳鸯绣枕闲着半截，

　　　　　　　　　红缎被里半边空。

　　　　　　　　　这边无有人做伴，

　　　　　　　　　那边亦无人挡着风。

　　　　　　　　　黑夜白日就是自己，

　　　　　　　　　出来进去有多么冷清。

　　　　　　　　　他今借我会新眷，

　　　　　　　　　二老留下不放行。

　　　　　　　　　今日我二人好比洞房花烛夜，

　　　　　　　　　又好比玉女配金童。

　　　　　　　　　我二人果然结连理，

　　　　　　　　　不穿棉袄可以过冬。

　　　　　　　　　喝口凉水也不觉饿，

　　　　　　　　　讨着吃要着喝不嫌他穷。

　　　　　　　　　与我盟弟只要成恩爱，

　　　　　　　　　阿弥陀佛我念千声。

　　　　　　　　　待我近前把他唤醒，

　　　　　　　　　慢慢着复又辗转暗叮咛。

　　　　　　　　　我想这事都是男赶女，

　　　　　　　　　哪有个女子先调情？

　　　　　　　　　常言道哪有驴子不掠道，

　　　　　　　　　再又说哪家猫儿不爱腥？

　　　　　　　　　我今撒下金钩线，

　　　　　　　　　但等鱼儿来斗渔翁。

　　　　　　　　（打二更）

高成：　　　　（唱）谯楼以上鼓打二更，

　　　　　　　　　忽然睡醒小高成。

　　　　　　　　　揉揉二目睁开眼，

　　　　　　　　　举目抬头看分明。

　　　　　　　　　见我盟嫂牙床上睡，

　　　　　　　　　斜倚绣枕困蒙眬，

　　　　　　　　　红罗帐半边吹落半边挂，

　　　　　　　　　灯影儿一边暗一边明。

　　　　　　　　　白天看她长得好，

　　　　　　　　　灯光下观看美俊容。

　　　　　　　　　只见她黑沉沉乌云如墨染，

　　　　　　　　　胭脂官粉亮又明。

　　　　　　　　　两道蛾眉如新月，

　　　　　　　　　葡萄杏眼水灵灵。

　　　　　　　　　口似樱桃牙似玉，

　　　　　　　　　苏州胭脂一点红。

　　　　　　　　　穿一身能人织成花丝袄，

　　　　　　　　　往下看金莲不过二寸零。

　　　　　　　　　穿一双手织袜鹦哥绿，

　　　　　　　　　新式坤鞋正时兴。

　　　　　　　　　小胳膊好一似白莲藕，

　　　　　　　　　十指尖尖如春葱。

---

[1]　讲不起：说不明白，实在不行。

手表扣里描花腕，

细看才交十点钟。

又想到大哥家中无有此物，

想必是借戴把体面增。

怪不得大哥常夸好，

话不虚传果实情。

盟嫂睡卧牙床上，

面带笑容眼眯缝。

好似那酒醉杨妃睡卧红罗帐，

不亚如宋朝崔莺莺。

此女容貌难描画，

十人见了九人惊。

我有心近前成恩爱，

（白）哎呀，不妥。

（唱）到明天怎对大哥马盟兄？

复又上床去睡觉，

（打三更）

刘瑞清：　（唱）忽听谯楼鼓打三更。

红罗帐睡醒刘瑞清，

思想起高成小盟弟，

不由得欲火烧身往上攻。

（白）哎呀，我的妈呀，那我可活不了，盟弟呀。

（唱）欲火烧身把床下，

叫一声盟弟你是听。

醒来吧呀醒来吧，

嫂嫂与你叙叙交情。

高成：　（唱）高成床上正睡觉，

忽听床上有人声。

睁开二目抬头看，

见我的嫂嫂来调情。

盟嫂哇半夜三更不睡觉，

搂搂抱抱为何情？

刘瑞清：　（唱）盟弟呀你是明知故问，

你不用睁着眼睛给我装蒙。

这个样的酒席你怎不敢赴？

放着果子不吃你还拿烧饼。

你跟盟嫂把床上，

没有亏吃只有相应。

又娇又羞向前凑……

（白）我说说盟弟啊，你怎么这么傻吧？

高成：　（唱）高成闻听这句话，

口尊嫂嫂你是听。

我与哥哥结一拜，

多年弟兄是口盟。

咱二人今夜做出此事，

到天明怎对大哥马盟兄？

尊盟嫂免去心肠休如此，

我高成还要困觉感蒙眬。

刘瑞清：　（唱）什么叫做结拜不结拜？

什么叫做盟兄不盟兄？

常言古语说得好，

都是仇人做夫妻。

再又说了男女同房人议论，

到明天谁说你好我正经。

你跟嫂嫂把床上，

红罗帐里叙交情。

高成：　（白）唉，我觉着此事不大体面似的。

刘瑞清：　管体面不体面的傻东西，你跟我来吧！

（念）携手揽腕入罗帐，

含羞带愧把灯吹。

铁氏：　（上。念）老身生来命不吉，

亲生女儿死了续。

（白）老身铁氏，天气不早咧，姑爷闺女的也快

起床了。

高成：　我们早就起来了，一宿也没睡觉。

铁氏：　你们做啥来着？

高成：　我们两个挖坑来着。

铁氏：　走吧，洗洗脸去吧。（下）

马洪元：　（上）今日来串亲，烧酒喝得饱。我说打头的，

今日这日头怎么在东边去了？

院公：　（上）马大哥，你是喝醉了，这到了清晨了。

马洪元：　怎么又亮咧？

0 2 4 0

院公：　可不是亮咧。

马洪元：　打头的，你当那小娘儿们是他媳妇儿？那是我媳妇儿。

院公：　你妈妈那个尾巴，打你的小舅子的。

（佟员外、铁氏上）

佟员外：　打头的，为啥打他？

院公：　他说咱姑娘是他媳妇儿，非打这个臭王八蛋不可。

马洪元：　高成，我非告你不可，咱二人衙门里见吧！（下）

佟员外：　姑爷，这是怎么回事？

高成：　不瞒岳父说，此女是我借了来的，上您老这里诓钱来了。

佟员外：　办的这叫啥事！人家告去了。

高成：　讲不起与他打官司去吧。

铁氏：　我说你到底是哪个的媳妇儿？

刘瑞清：　这一回我也不知道我是哪个媳妇儿咧。

铁氏：　你倒愿意跟着那马洪元，愿意跟着高成？你愿意跟着我姑爷，你就得向着我姑爷说。你今年多大咧？

刘瑞清：　我今年二十三岁。

铁氏：　你别说二十三岁。你就说十八岁咧。

佟员外：　讲不起往衙门打点打点去吧。（下）

县官：　（上。念）衙门口儿冲南开，

　　　　　要打官司拿钱来。

　　　　　起小生来无书底，

　　　　　长大学会把赃吃。

　　　　　管他有理无有理，

　　　　　先给我两包大铜子。

（白）下官沈不清，多蒙圣上恩典，放我密云县一任。自我上任以来路不拾遗，夜不闭户，清雅地面，也无有个打官司的。前几天手中一个铜子也无有，实在无有法子，将太太的坤鞋当了一只。但这几天，连一个铜子也未想着。今乃三六九日，人来。

衙役：　（上）有。

县官：　将放告牌挂出去。

马洪元：　（上）大老爷冤枉。

衙役：　禀老爷，有人喊冤。

县官：　带上堂来。

衙役：　喊冤人上堂来了。

马洪元：　与大老爷叩头。

县官：　你叫何名字？

马洪元：　我叫马洪元。

县官：　来写上"马红眼"。

衙役：　老爷，这马怎么写？

县官：　你连个马也不会写，你就等着老爷写这个马字。我也是不会写，你就画上一个马吧。

衙役：　老爷，这个眼怎么写？

县官：　怎么连眼也不会写？咳咳。我也是不会写，你就画上一个眼吧。画得太大了，不成了马红大眼了？马红眼，何人害死你的父？哪个逼死你的母？你慢慢说来。

马洪元：　老爷听。高成我二人乃是结拜兄弟。他借我妻，往他丈人诓钱去，诓来洋钱我二人均分。不料想他看我妻有几分姿色，硬霸在那里成亲。叫我一门儿地吃醋。故此呈告于他。求老爷与小的做主吧！

县官：　原来如此。来人，传高成到案。

衙役：　是。禀老爷，将高成、刘瑞清传到。

县官：　将高成带上堂来。

高成：　（上）高成与老爷叩头。

县官：　高成你可知罪吗？

高成：　有罪便知，无罪不晓。

县官：　你不该借你盟嫂、马洪元之妻，往你岳父家中诈财。诈财亦是小事，最不该硬逼在那里成婚过夜。你这不是罪上加罪？

高成：　回禀老爷，马洪元我二人并非是结拜兄弟。他乃是我家雇工，见我妻有几分姿色，他乃暗中调戏，被我看见了，羞辱他一场，因此怀恨在心，故而诬告我。回禀老爷，他说是他媳妇儿，问问他，知她多大岁数了。

县官：　　马洪元，你的妻子多大了？

马洪元：　我媳妇儿二十三岁了。

县官：　　高成，你妻多大了？

高成：　　十八岁。

县官：　　这就好了。来人。

衙役：　　有。

县官：　　带刘瑞清上堂。

刘瑞清：　（上）来了，刘瑞清与老爷叩头。

县官：　　你是刘瑞清吗？

刘瑞清：　正是。

县官：　　抬起头来。好一个俊俏媳妇儿。你今年多大
　　　　　岁数？

刘瑞清：　一十八岁。

县官：　　如此说，马洪元你是诬告高成。你这混账东西，
　　　　　可恶极了。

马洪元：　再说他媳妇儿身上有啥记号，我媳妇儿大腿里
　　　　　子上有块黑痣。

县官：　　这就是了。高成，你妻身上有什么记号？

高成：　　我妻一身白肉。

县官：　　传女禁子上堂。

女禁人：　（上）来了。

　　　　　（念）十三打花案，

　　　　　　　　十五押官媒。

　　　　　　　　忽听老爷唤，

　　　　　　　　上前问原因。

　　　　　（白）女禁子与老爷叩头，呼唤小人有何
　　　　　吩咐？

县官：　　你将此女带到后面的房中验上一验，有啥记号
　　　　　没有？

女禁人：　遵命。（女禁人下又上）回禀老爷，浑身上下连
　　　　　一个黑点也没有。

马洪元：　我媳妇儿爱上高成小白脸子了。这官司我算打
　　　　　不好了。

县官：　　马洪元，不要紧，老爷自有主意。马洪元、高
　　　　　成、刘瑞清你们三人听批：高成年幼无知，不
　　　　　务正业，每日赌钱为由，与匪棍同伙，输与他

人之钱若干，无奈自生邪念。生出意外，诬骗
有夫之盟嫂，败坏五伦之情理，照理应重责，
念你年幼无知，今罚你大洋一百元，给马洪元
另娶妻房，也就是了。马洪元贪财受害，古来
有之，你既贪财，去做车夫，就不该醉饮刘伶，
乃是自失主意。再者老夫少妻，终究与你败坏
门庭，不如早出其手，免除后患。要你领钱回
家，另娶一房，安守家业，以此具结了案。不
可再究，下堂去吧！

合：　　　谢过老爷。

县官：　　这正是——
　　　　　做官不与民做主，
　　　　　枉吃咸菜臭豆腐。
　　　　　打鼓退堂。

喝面叶

陈世铎在外面吃喝玩乐，不顾家事，妻子梅翠娥为了帮助丈夫改正错误，谎称病重，让其丈夫陈世铎下面叶，丈夫笨手笨脚，不是忘了放水，就是点不着火，手忙脚乱，最后在梅翠娥暗中帮助下才勉强做好了一锅面叶。从此陈世铎知道妻子劳作的辛苦，梅翠娥因势利导，使他幡然悔悟，变成顾家爱妻的好丈夫。该剧因其离生活近，很受观众欢迎。

人物：　　陈世铎

　　　　　　梅翠娥

（陈世铎上）

陈世铎：　（唱）五月忙，五月忙，
　　　　　　　　大麦小麦都上场。

高粱红，谷子黄，

七八月里还是忙。

(白) 我，陈世铎，陈家洼人氏。家里有五六亩地，还有一头小毛驴，娶了个老婆叫梅翠娥，比我小五岁，今年二十一。我们俩日子过得还不错，人家都说我陈世铎有福，娶了个好媳妇儿。不论家里、地里、纺花、织布、粗活、细活，烧茶、做饭，样样都行。就是有一样，脾气不大好，我骂她一句，她就得还我一句，我还得顺毛驴[1]摩挲着她、顺着她。顺着她就顺着她吧，反正是我娶来的老婆、买来的驴，任我使来任我骑。她还不得听我的？今年的麦子已经收进了家，东庄麦收后唱会戏，哈哈，我就好听个戏，要个小钱儿，一去住了个三四天也没回家。今天的戏也完了，我带去的几个钱儿也花光了。想给我老婆买几个粽子，买几根麻花的钱都没剩下。哎，连我自己也没吃东西呢。(抬头看了看天色)，还是赶快地回家要紧哪！

(唱) 赶会赶了三天多，

看了这三天大戏好快活。

头一天看的三国戏，

赵子龙大战《长坂坡》。

第二天看的《天河配》，

牛郎织女会银河。

第三天看的《闹天宫》，

孙悟空偷桃把仙酒喝。

散了戏我把饭馆进，

要了四两老酒喝。

炒了两荤和两素，

吃了五个大饽饽。

酒足饭饱心里真高兴，

赌博场里我押几台。

头一回输了一吊五，

二一回输了三吊多。

一吊五，三吊多，

世铎我心疼了不得。

一路上走来肚子这个饿呀，

吃干输净没奈何。

老婆子在家等着我，

回去免不了把嘴磨。

越走越饿越难过，

(看看天色，叹了口气)

离家还有五里多。

顺着大道往前走，(下)

(梅翠娥上)

梅翠娥：　(唱) 从房里走出来我梅翠娥。

石榴开花红得不得了，

翠娥在家里蒸饽饽。

今年的小麦收成好，

庄户人家笑呵呵。

细细的白面，好白的饽饽，

留给我丈夫陈世铎。

他到东庄去赶会，

一去就是三天多。

自从我结亲，

已有三年多。

他时常偷懒也不干活，

家里的事情摸都不摸。

我又洗衣服又把饭做，

还得给毛驴把草割。

清晨下地我去把锄榜，

夜里点灯还要做针线活。

只因我心灵手巧心肠热，

东邻西舍都爱把我托。

替南院的老大娘缝了一件袄，

不长不短不肥不瘦正把身合。

给西院的小孙孙把兜兜绣，

绣了个长命百岁五子登科。

我一天在家忙到晚，

他在外面又好吃来又好喝。

[1]　顺毛驴: 指爱听奉承话，不喜人忤逆。

回家时常把我骂，

气得我火儿心里窝。

这天下的事情就不公道，

为什么男人总要管老婆？

日上三竿我要把饭做，

男人回来又要吃来又要喝。

(白) 我还是到地里摘把豆角，给他炒了吃吧。

(拿上小篮子走圆场)

(唱) 离了家门走出了庄，

路上的杨柳长成了行。

来到了地头上抬头望，

绿莹莹的豆苗细又长。

(放下篮子摘豆角)

摘豆角拨开豆秧，

露水珠儿湿透衣裳。

豆角长得鲜又嫩，

(看见一只蚂蚱)

小蚂蚱扑啦啦飞进了豆秧。

(放下手里的豆角扑蚂蚱)

我在这边扑，它往那边藏，

闹得我翠娥心里慌。

左扑右扑我追不上，

又恐怕碰折了豆角踩坏了秧。

(抬头看天，擦汗)

日头高高热难挡，

豆角摘了一满筐。

手提篮子我回家转，

柳荫树下我歇歇凉。

(走进柳荫下，擦了擦汗)

小河流水绕村前，

(忽然听见棒槌声音)

谁家的媳妇儿在洗衣衫？

棒槌抡起响连环，

浪花儿溅起来滚滚翻翻。

她洗了一件又一件，

只累得汗淋淋湿透了衣衫。

喘吁吁，苦难言，

是何故女人洗衣给男人穿？

说话间翠娥我回到家里，

等候世铎把家还。

我叫他做顿饭，

看他烦不烦。

我不刷锅不洗碗，

安安稳稳消消闲闲。

叫他知道这日子如何过，

也叫他懂得我这做活的难，

我们俩今天就换一换班。

(向远处看)

(白) 那边来的人好像是世铎，我赶紧回家去呀。

(唱) 我赶紧回家不怠慢，

来到自家大门前。

(推门) 用手推开门两扇，

(放下篮子) 等候世铎把家还。

我躺在床上装有病，

陈世铎：　(上。唱) 一路上走得我两腿酸。

来到村前留神看，

这大门不远在眼前。

这家家户户都忙做饭，

为什么我家的烟囱不冒烟？

莫非说翠娥她回了娘家去？

(白) 不会呀，她要是走了，

(唱) 谁给我世铎把家看？

迈步我把家门进，

(白) 老婆子，我回来了！

(唱) 为啥没人来答言？

（又到另一边去叫）

(白) 老婆子，我回来了！

梅翠娥：　(躺着叫) 哎哟，世铎，你怎么还不回来呀！

陈世铎：　(唱) 迈步我把房门过，

见床上躺着梅翠娥。

起来起来你起来吧，

丈夫我有话对你说。

快到厨房给我把饭做，

我肚子饿得了不得。

从清晨到现在我还没有把饭用，

梅翠娥：（唱）你今天还回来干什么？

陈世铎：（白）啊，我这不是回来了吗？

（唱）叫老婆你别生气，

有个原因跟你提。

我到东庄去看戏，

本想当天就回到家里，

你二哥那天他也去赶会，

硬叫我一同看戏把他陪。

第二天我就要往回走，

又碰见咱舅和咱姨。

我耽误了三天你可别生气，

我人在外心在家，时时地惦记你。

梅翠娥：（白）你惦记着我，那你给我买点什么回

来了？

陈世铎：啊这？（找词儿）啊！

（唱）我本想给你买针线，

撕二尺花布做鞋穿。

江米粽子买一串，

再买上半斤豆腐干。

梅翠娥：（白）这些东西你都给我买回来了吗？

陈世铎：这个……

（唱）我出门带的钱有限，

梅翠娥：（白）哎，你不是带去了五吊钱吗？

陈世铎：这……啊！

（唱）你二哥借去了一吊三，

请我舅舅吃了一顿饭。

还……还……还……

梅翠娥：（白）还什么？

陈世铎：还……

梅翠娥：还耍钱输了吧？

陈世铎：啊，这回没耍钱！

梅翠娥：那钱都哪儿去了？

陈世铎：（突然地）噢，对了！

（唱）还叫那小偷儿偷去了两吊钱。

我腰里没钱难随心愿，

下一次我再去赶会一定给你都买全！

梅翠娥：（白）世铎呀！

（唱）你赶会一去不回转，

我一病病了两天多。

为妻我得了伤寒病，

发冷发热浑身打摆子……

陈世铎：（白）打摆子？

梅翠娥：就是打哆嗦，

（唱）浑身上下打呀打呀打哆嗦。

病倒床上无人问，

两天水米没沾着。

今天你要不回转，

为妻眼看命难活。

强打精神把话讲，

（白）哎哟！浑身这关节散了架子地疼啊！

（假哭）

陈世铎：（唱）在一旁吓坏了陈世铎！

我出门的时候她还好好的，

怎么忽然病来磨？

她要是有个好和歹，

可砸了我世铎的锅[1]。

我急忙赶上前去扶她坐，

梅翠娥：（白）哎哟！哎哟！

陈世铎：（唱）只急得我陈世铎干把手来搓。

我给你去请先生李子和，

我给你抓药不能耽搁。（欲走）

梅翠娥：（白）慢着！

陈世铎：怎么？

梅翠娥：（唱）不用抓药别请那李子和，

陈世铎：（唱）耽误了治病那可了不得！

梅翠娥：（唱）叫世铎为妻我只觉得肚子饿，

[1]　砸了我世铎的锅：砸锅，办砸了，做事失败。

一阵阵心发慌，虚汗出得多。

陈世铎：（唱）好说好说这好说，

你想吃什么我买什么！

梅翠娥：（唱）我想吃龙肝凤胆……

陈世铎：（白）啊？

梅翠娥：（唱）那是胡扯，我就想把面叶喝。

陈世铎：（白）这有什么，家常便饭。

梅翠娥：那你就给我做碗面叶喝吧。

陈世铎：行，行，行！

梅翠娥：那快去做吧。哎哟！饿得前胸贴后胸了。

陈世铎：（唱）听说她要喝面叶，

这才忙坏了我陈世铎！

我到厨房给你做，

你躺着你别动，

一动体力消耗就多。

迈步我把厨房进，（下）

梅翠娥：（唱）在床上惊动了我梅翠娥。

世铎他到厨房给我把饭做，

我偷偷地去看看，看他咋忙活！（下）

陈世铎：（上。唱）【数板】陈世铎，心冒火，

老婆病了愁死我。

紧紧腰带忍住饿，

不会烧锅学烧锅。

梅翠娥：（上。唱）后跟来，梅翠娥，

看他笑话逗逗乐。

陈世铎：（唱）不会做饭学着做，

梅翠娥：（唱）隔着窗户看明白。

陈世铎：（唱）忙坏了，陈世铎，

我是先和面来先烧锅？（抓耳挠腮）

我先把，火点着，

烧上柴火再把面和。（打火石点火）

三番两次点不着，

趴地下，来吹火，

（陈世铎吹火，梅翠娥掩嘴笑）

烟熏火燎实难过！

老婆子，把病得，

我世铎，受折磨，

她闹灾病我遭祸。

（白）火是点着了，柴火没有了。我还得抱捆
柴火去。（下）

梅翠娥：（进厨房，打开锅）哎呀！你看他呀，火点了，
锅里没放水，这不把锅烧炸了吗？（望望门外）
我赶快给他添上水吧。

（添上水，退出厨房藏起）

陈世铎：（抱柴火上，揭开锅盖看）哟，锅里有水？是刷
锅的水吧？不要，刷锅的水不干净，别给我老
婆吃坏了肚子。

（往外舀水）

（唱）拿面盆，把面和，

回手往，桌上搁。

盛碗白面真不错，

不知是少还是多？

我世铎，还要喝，

宁多别少多多做。

和，和，和，和白面，（和面）

擀，擀，擀，一大片。（擀面）

切，切，切，莲花瓣，（切面）

下到锅里团团转。（下面）

放上姜，放上蒜，（切姜、蒜，放到锅里）

老婆喝了好出汗！

（梅翠娥偷笑）

我把面叶做完毕，

梅翠娥：（唱）只见他满头的汗水湿透衣衫。

我本想进去帮一把，

（止步，听）

陈世铎：（抱怨。白）真不像话，男人做面叶给老婆喝，
这要叫外人知道了，还不笑话死我？有病？有
什么鬼病！

梅翠娥：（唱）又听他口口声声地抱怨咱。

回去吧来回去吧，

也叫他尝尝这做媳妇儿的难不难。

迈步我且回房走，（下）

陈世铎：　(唱) 事不经过不知难。

　　　　　　累得我浑身出大汗，

　　　　　　做锅面叶可不简单！

　　　　　　拿双筷子拿个碗，(盛面叶)

　　　　　　急忙朝着房里端。

　　　　　　端着面叶我把房门进，

　　　　(进门，把碗放到桌子上)

梅翠娥：　(唱) 见一碗面叶放在面前。

　　　　　　心中不住暗暗地笑，

　　　　　　他给我做饭这还是头一天。

陈世铎：　(白) 快喝吧，别凉了。

梅翠娥：　(端起喝了一口) 你怎么没放盐？

陈世铎：　(尴尬地) 啊，我忘了。

梅翠娥：　(不满) 没咸淡怎么喝呀？

陈世铎：　我去拿。(抓来盐，放到桌子上)

梅翠娥：　(放上盐，又喝了一口) 你怎么没搁油啊？

陈世铎：　(不高兴) 事真多，将就喝点吧。

梅翠娥：　(一口气喝完) 我喝完了，再给我盛一碗去。

　　　　(陈世铎盛一碗来，又喝完)

梅翠娥：　喝完了，再给我盛去。

　　　　(陈世铎不高兴又去盛了一碗，生气地磕到桌子上)

梅翠娥：　还有吗？

陈世铎：　不是，属驴的啊？老喝老喝！

梅翠娥：　还有没有吧？

陈世铎：　稀的没有了，就剩干的了。

梅翠娥：　我就喜欢喝干的，你干吗老让我喝稀的啊？

陈世铎：　你有病能吃干的吗？

梅翠娥：　能，我就要你捞干的。(见世铎不动) 去呀！

陈世铎：　常言说得好，有病多喝汤，胜似开药方。干的喝多了不好。

梅翠娥：　你没听人说吗，有病先喝干，胜似把药煎。

陈世铎：　哪有这说法？

梅翠娥：　你去不去给我盛啊？

陈世铎：　(怀疑) 你的病不是挺厉害吗？

梅翠娥：　(玩笑) 喝了你给我做的面叶，我的病就好了！

陈世铎：　(生气) 你到底有病没病？

梅翠娥：　世铎呀！

　　　　(唱) 叫声世铎你听我说，

　　　　　　喝面叶胜似把药喝。

　　　　　　要想为妻我病体好，

　　　　　　还得喝上那么五六锅。

陈世铎：　(生气。白) 气死我了！

　　　　(唱) 没有病来装有病，

　　　　　　活活气死我陈世铎。

　　　　　　今天我要管管你，

　　　　　　我要打你这梅翠娥！

　　　　　　举起拳头我朝下打，

梅翠娥：　(唱) 为妻我有话对你说。

　　　　　　自从我来到你们家下，

　　　　　　至今已有三年多。

　　　　　　思一思来想上一想，

　　　　　　为妻可是个懒老婆？

　　　　　　白日里我跟你一同去下地，

　　　　　　到黑夜里点灯我要做活。

　　　　　　好好的日子你不爱过，

　　　　　　去赶会一去三天为什么？

　　　　　　里里外外全都靠着我，

　　　　　　样样的事情你不摸。

　　　　　　地里的谷子我去耪，

　　　　　　我还得给毛驴把草割。

　　　　　　你在外面又吃又喝又玩又乐，

　　　　　　还到那赌博场中去赌博。

　　　　　　我今天装病气一气你，

　　　　　　你自己心中要暗琢磨。

　　　　　　你做了这一碗没搁油盐的白水煮面有什么了不得！

陈世铎：　(唱) 听她把话说一遍，

　　　　　　心中有气我不好言。

　　　　　　今天我要把她打，

　　　　　　她句句说得理占先。

我忍气一旁不说话，

(蹲在一边)

梅翠娥： (唱) 就知他心里不喜欢。

走上前来把世铎叫，

为妻与你要笑玩。

你不是还没吃过饭？

刚蒸的饽饽我去端。

我给你炒上一盘嫩豆角，

五个鸡蛋炒一盘。

再给你做上一碗热汤面，

陈世铎： (唱) 刚才的面叶还没喝完。

(白) 我给你做的面叶不是还没喝了嘛。

梅翠娥： 那我加把火熬一熬，再放点油盐。

陈世铎： (天真地) 我给你烧火去。

梅翠娥： (玩笑地) 算了吧，连火都不会点。还得趴在地上吹 (学他点火的动作)，差一点把锅给我烧炸了！

陈世铎： 什么？

梅翠娥： 你锅里不搁水就点火！

陈世铎： 那锅里的水？

梅翠娥： 是我给你搁的！

陈世铎： 嗨，我当作刷锅水给你涸了！

梅翠娥： (点他的额头) 你呀！

原复县评剧团袁桂荣演出本

汪淑珍记录

记录时间：1978年

记录地点：瓦房店

刘永峥提供

借当

又名《王定保借当》《王令安借当》。学生王定保利用老师外出踏青之际，与同学赌博输了钱，怕父母责骂，不敢回家要钱，去其未婚妻张春莲家借钱。张春莲将嫁妆衣裳给王定保当钱还债。恶霸李武举羡慕张春莲之美貌，知道这件事以后便趁机诬赖王定保是偷盗他家之物，把王定保打入南监。张春莲知道后，星夜赶到县城公堂喊冤，终于救出王定保。

人物： 张春莲

秋莲

王定保

(张春莲上)

张春莲： (唱) 春光明媚艳阳天，

闺房中走出我张春莲。

爹娘与我把亲订，

许配了表弟王令安。

自从我们姑表姐弟订下亲眷，

六年的光景他未曾拜过年。

也不知道他的诗书是好是不好。

又不知道他出息了哇什么样的好容颜。

爹娘叔叔婶婶把亲探，

留下我们姐妹把家看。

我何不到前院与妹妹做伴，

也免得她一人孤孤单单。

我跨过角门来到东院，

(白) 妹妹快开门哪。

(秋莲上)

秋莲： (唱) 在房中走出小秋莲。

张春莲： (白) 妹妹。

秋莲： 姐姐快请进来。姐姐坐这儿。

张春莲： 妹妹你也坐下吧。妹妹，叔叔婶婶到远方探亲去了，剩下你一个人在家，你不害怕吗？

秋莲：　姐姐是跟我做伴来了。

张春莲：是。

秋莲：　哎呀，那太好了。姐姐你的那些活儿都做完了吗？

张春莲：什么活呀？

秋莲：　就是那些嫁妆呗。

张春莲：你说这个死丫头……都做完了。

秋莲：　噢，都做完了，就等着那一天了吧。

　　　　(唱) 单等着中秋节佳节那一天，

　　　　　　 与表兄欢欢喜喜大拜花堂。

　　　　　　 他那里躬身施礼又把娘子唤，

　　　　　　 啊！娘子。

　　　　　　 你那里羞羞答答忸忸怩怩心里比蜜甜，

　　　　　　 来来你蒙上它把新娘扮！

　　　　(白) 啊，相公，你要娶我来呀。

张春莲：你这死丫头！

　　　　(王定保上)

王定保：走哇！

　　　　(唱) 我王定保锁双眉心里烦，

　　　　　　 悔不该与同窗学会了赌钱。

　　　　　　 一骰子输了铜钱八串，

　　　　　　 有法子输来无法子还。

　　　　　　 无奈何舅舅家中把钱借，

　　　　　　 转眼来到这张家湾。

　　　　　　 自从与表姐订下亲眷，

　　　　　　 六年光景未曾拜过年。

　　　　　　 此番借钱非正用，

　　　　　　 我的表姐若知道心里烦。

　　　　　　 事到如今也顾不得脸面，

　　　　　　 轻打柴扉叩门环。

　　　　　　 不敢高声低声唤，

　　　　　　 舅舅舅母可在家园？

秋莲：　(白) 听见了。

　　　　(唱) 姐妹房中说又笑，

　　　　　　 却听见房门外叩门环。

秋莲：　(唱) 放下钢针盘织线，

张春莲、秋莲：(唱) 姐妹双双走出房间。

秋莲：　(唱) 一边走来一边问。

　　　　(白) 谁来咧？哪来咧？

张春莲：(唱) 门板打得那么响连天。

秋莲：　(唱) 叫一声叩门的人儿，

　　　　　　 你把我来等啊，

　　　　　　 等我与你开门闩。

张春莲：(唱) 叫声妹妹，你且慢。

　　　　　　 低声慢语叫秋莲。

　　　　　　 倘若是婶子大娘来把门串，

　　　　　　 让进房中也无关。

　　　　　　 他若是轻狂少年游浪子，

　　　　　　 开开门他若进来那可不是玩。

　　　　　　 未曾开门先把他问，

　　　　　　 你是何人叩打门环？

王定保：(白) 小生王定保。

秋莲：　表兄来了。

　　　　(唱) 表兄来得可真凑巧，

张春莲：(唱) 一旁羞坏我春莲。

　　　　　　 羞羞答答回东院，

秋莲：　(唱) 秋莲上前拉住衣衫。

　　　　　　 我的姐姐，六年的光景你们未曾见过面，

　　　　　　 今天正好谈一谈。

张春莲：(唱) 妹妹休说玩笑话，

　　　　　　 传扬出去成笑谈。

秋莲：　(唱) 若不然你到西屋去躲一躲，

　　　　　　 等他进来你偷偷看看。

　　　　　　 伸手开开门两扇，

　　　　(白) 是表兄来了。

王定保：表妹！

秋莲：　是表兄来了。

　　　　(唱) 是我怠慢表兄海涵。

　　　　　　 飘飘下拜问声表兄好，

王定保：(唱) 定保恭恭敬敬忙把礼还。

秋莲：　(唱) 表兄啊，此处不是讲话之处，请到房中把茶端。

表兄是客，你前边走，

秋莲随后把门关。

尊声表兄你往东屋里请，

西屋里无人住常常上着闩。

手搭门帘快请进，

秋莲急忙去把茶端。

（白）表兄啊，请喝茶。

王定保：　啊！

秋　莲：　表兄，姑父姑母可好？

王定保：　好！舅舅舅母可好啊？

秋　莲：　好！爹妈到远方探亲去了。

王定保：　怎么？舅父舅母不在家？

秋　莲：　是呀！

王定保：　哎。

秋　莲：　我说表兄你总也不到我们家来，幸亏就来这么
　　　　　一次，你不是哼啊就是哎的，难道说有什么心
　　　　　事呀？

王定保：　纵然有事对你言说，你也是办不了。

秋　莲：　呦！可真是隔着门缝儿瞧人 —— 把人都瞧扁
　　　　　了。这大事办不了，可这小事还能出个主意什
　　　　　么的。

王定保：　如此说来，表妹听了。

　　　　　（唱）未曾说话羞红了脸，

　　　　　　　　吞吞吐吐不好明言。

　　　　　　　　都只为老师会客不在学校，

　　　　　　　　众家学友闹翻了天。

　　　　　　　　大师兄画黑脸唱了出《芦花荡》，

　　　　　　　　二师兄画红脸唱了过五关。

　　　　　　　　定保我无有别的唱，

　　　　　　　　无奈何唱了一个《刘备取西川》。

秋　莲：　（白）呦！这么热闹。那你怎么不搭个梯子让
　　　　　我姐姐也来看看呢？

王定保：　（唱）这样的玩耍还嫌不够，

　　　　　　　　众家学友又学赌钱，

　　　　　　　　一骰子输了铜钱八串，

限期我三日还钱实在是难。

表妹有钱借与我，

千万别对外人言。

张春莲：　（唱）好恼！气得我春莲嘚嘚战，

　　　　　　　　站在门外叫秋莲。

　　　　　　　　秋莲哪，他要借钱买笔砚，

　　　　　　　　十吊八吊我有钱。

　　　　　　　　借钱去还输赢账，

　　　　　　　　想借此钱难上难。

　　　　　　　　往日里婶子大娘夸他好，

　　　　　　　　却原来他是倒栽的柳树越长越弯。

王定保：　（白）怎么说？

　　　　　（唱）臊得定保出冷汗，

　　　　　　　　春莲何时到门前？

　　　　　　　　常言说树有皮来人有脸，

　　　　　　　　怎能让没过门的媳妇儿把我怨？

　　　　　　　　秋莲你家有钱我不借，

　　　　　　　　远走高飞到外边。

　　　　　　　　去个十年八载不回转，

　　　　　　　　也免得给你张家丢脸面。

秋　莲：　（唱）表兄你先别生气，

　　　　　　　　姐姐与你说笑谈。

张春莲：　（唱）他要走来他就走，

　　　　　　　　哪个叫他学耍钱？

王定保：　（白）我就走……

秋　莲：　你且慢。

张春莲：　（唱）叫声秋莲你别拦。

王定保：　（唱）怨气不息往外走，

秋　莲：　（唱）走上前拉住衣裳，

　　　　　（白）表兄你别生气。

　　　　　（唱）姐姐她是跟你闹着玩。

张春莲：　（白）谁跟他闹着玩呀？

秋　莲：　姐姐。

张春莲：　哼！

秋　莲：　表兄。

王定保：　哼！

0250

秋莲： 哎呦我的表兄啊！

（唱）劝表兄你落座啊，

姐姐她与你说的都是玩笑话，

（白）消消你那个气儿吧，你请落座，

（唱）叫姐姐她与你装上一袋烟哪。

王定保： （白）哼！咱们可劳驾不起。

秋莲： （唱）回过头我又把姐姐劝。

表兄他一时做错事，

你再着急也枉然。

咱们是至亲又是亲眷，

怎么能够遇事不管袖手旁观？

倘若是还不上输赢账，

打个包裹就到外地，

十年八载不回转，

撇下姐姐你就变孤单。

你们是没过门的小两口儿，

你不成全谁成全？

他当花子你讨饭，

他做状元你戴凤冠。

我劝姐姐好盘算，

有道是丈夫欠债媳妇儿就得还。

张春莲： （唱）听妹妹一番话，我的柔肠百转，

低下头来细思量暗打算盘。

我只说表弟他把书念，

不料他不求上进学会了耍钱。

我有心不借他铜钱八串，

脸热的表弟要离开家园。

倘若是有一个三长两短，

岂不是急死姑父姑母悔死我春莲？

我有心借与他铜钱八串，

爹娘不在家箱柜锁得严。

千难万难难坏了我……

秋莲： （唱）叫姐姐快与表兄去拿钱。

张春莲： （白）妹妹啊，爹娘没在家，我也没有钱。

秋莲： 哎呀，你也没有钱，那你还没有衣服吗？

张春莲： 要衣服干什么？

秋莲： 去当了换钱呀。

张春莲： 怎么衣服也能换钱？

秋莲： 是。

张春莲： 这就好了。

（唱）叫妹妹一句话提醒了我，

她言说衣服也能够当钱。

叫表弟他稍等我回东院，

我与那表兄弟打点衣衫。

秋莲： （唱）一见姐姐去东院，

（白）我何不与表兄说句笑话？哎呀，可不好
了。我说表兄，你跟我姐姐这一闹可不要紧，
姐姐她跳井了。

王定保： 秋莲哪，别愣着，赶快救人哪。

秋莲： 表兄啊，别害怕，我跟你闹着玩呢。

王定保： 哎呀，你呀！

秋莲： 表兄哪，我姐姐取衣服去了。

王定保： 取衣服何用？

秋莲： 取衣服换钱。

王定保： 衣服也能换钱？

秋莲： 是呀。

王定保： 哎呀，真是我的好……

秋莲： 好什么？

王定保： 好表姐。

秋莲： 真不害臊。

张春莲： （唱）为表弟舍嫁衣哪顾得脸面？

怕不够背着妹妹为他装上两串钱。

叫秋莲将包裹送去，

告诉你那表兄别再耍钱。

秋莲： （唱）接过了包裹我撇了一撇嘴，

真叫人暗点头心里喜欢。

看起来打咧闹咧全都是假，

爹亲妈亲不如他们小两口儿投缘。

王定保： （白）多谢表姐。

（唱）拜别表姐忙把路赶。

秋莲： （唱）表兄你早点赎回来，

耽误我姐姐上轿好穿。

辽宁瓦房店剧团董菊秋传授

汪淑珍演出本

记录时间：2020年

记录地点：瓦房店

刘永峥提供

李桂香打柴[1]

又名《慈虐异报》《苦肉计》《清官断》《打丁会》《双继母》，取材于《宣讲拾遗》。李大发前妻去世，后续金氏带来半子丁会。伺李外出之际，金氏逼前房女桂香上山打柴。寡妇秦柴氏怜之，留至家中用饭，被丁会窥见，暗告其母。母子二人将桂香暴打之后，逼其磨房推磨。桂香啼哭，被秦克礼看见，问明原委，禀告继母秦柴氏，赠以饮食，送其回家。金氏母子诬桂香与秦私通，施以毒打。桂香含冤欲投井，因犬吠声惊动秦，救回家，秦母又亲到李家劝金氏善待桂香。但事后桂香又遭金氏母子毒打，丁会怒气不息，又到秦家寻衅，被秦克礼误伤打死。秦柴氏亲生子秦克让自称凶手前去投案。经知县勘查，真相大白。判秦兄弟无罪，奖誉了秦母，并将桂香判与克礼为妻。

人物：　李大发

　　　　金氏

　　　　丁会

　　　　李桂香

　　　　秦克让

　　　　秦柴氏

　　　　秦克礼

　　　　县官

　　　　地方

（李大发、金氏同上）

李大发：　（念）先妻下世命归阴，

金氏：　（念）一遍拆洗一遍新。

李大发：　（白）在下李大发。

金氏：　奴家金氏。

李大发：　夫人，我出外贸易，家中又有小女。夫人只可费心高看才是。

金氏：　咳，我说当家的不用费心吩咐。你的女儿岂不是我的女儿吗？定要高看才是。你看我是那狼心狗肺的人吗？既然出外贸易，但不知何日起身？

李大发：　今日就走。

金氏：　当家的，你我在一起生活真好，要外出，我实在不愿意。

李大发：　你不要生气。

金氏：　不是我生气，你想，我们老娘们儿，出一家人一家也不容易，你要出门得先对我说一声。

李大发：　好，以后一定这样，快为我打点行李盘费吧。

金氏：　早已备好。

李大发：　待我就走。

金氏：　你可早去早来。

李大发：　那是自然，夫人！

金氏：　是。

李大发：　我若不在家中，好好看守小女。叫丁会打柴拾粪。

金氏：　不用吩咐。我送送你罢，你到了外边，要多加保重。

李大发：　回去罢，我走咧。（下）

金氏：　是。我一连嫁了八处，顶属此处是心满意足。我们当家的临走和我说叫丁会打柴拾粪，不免把丁会叫来说与他。会儿快来！

（丁会上）

丁会：　从小生来命儿孤，跟着我妈走了八处。管人家叫亲爹，人家管我叫带犊儿[2]。我丁会忽听

---

[1]　选自沈阳市文化局剧目室内部资料《评剧汇编》第六集（1982年版）。

[2]　带犊儿：妇女带孩子再嫁他人，叫"带犊子"。

妈妈唤，只得前去见。我说，妈妈叫我有何事干？

金氏：　一边坐下。

丁会：　坐下就坐下。有话就说，有屁就放。

金氏：　好孩子，这是跟妈妈说呢？

丁会：　母亲叫孩儿，有何话说？

金氏：　你爹出外去咧，临走吩咐，叫你打柴拾粪。

丁会：　妈，你真糊涂，我爹在家不得不做，他不在家，我要享福了。

金氏：　你要不做，有谁去做？

丁会：　不是有个大闲人吗，那桂香她……

金氏：　她父不在家中，她娘下世去了，一个女孩，得高看一眼才是。

丁会：　妈呀，你觉着不大离儿的呢，当着面她管你叫妈，背地儿我常听见管你叫后老婆。

金氏：　当真吗？

丁会：　你亲儿子还跟你说瞎话？

金氏：　我待她百好也讨不出好来，连个妈她也不叫，净叫后老婆。我只得给点苦处叫她知道我的厉害。哎呀，她要不去怎好？

丁会：　妈你要不打她，她就能去了？

金氏：　是呀，会儿，你叫她去。

丁会：　待我叫去。不怕没好事，就怕没好人。桂香，妈叫你呢。

李桂香：（上。念）母亲下世早，
　　　　　每日哭滔滔。
　　　　　（白）奴桂香，亲娘下世，爸爸又娶继母，忽听母亲唤，只得前去见。母亲万福。

丁会：　妈呀，她管你叫白薯啦。

金氏：　你为何管我叫白薯哇？

李桂香：孩儿不敢。

丁会：　她说你挑她的眼啦。

李桂香：母亲将孩儿唤来有何教训？

金氏：　你也没有活计，叫你上山打柴去。

李桂香：母亲，打柴之事，那是男子的活计，女儿怎能做的，叫我哥哥去做吧。

丁会：　你拿着我是外人，你吩咐不起。

金氏：　你若去，还则罢了，你若不去，吃我一顿打。

李桂香：母亲不必动怒，等孩儿换上衣服便了。

金氏：　去就好说。

李桂香：（唱）桂香女一见继母把脸翻，
　　　　　吓得奴家心胆寒。
　　　　　命我上山把柴打，
　　　　　可恨继母心太偏。
　　　　　迈步出了上房门，
　　　　　绳子扁担搁在肩。

金氏：　（白）不用回来，晌午不吃饭了。

李桂香：（唱）晌午不许我回转，
　　　　　打柴饥饿怎么担？
　　　　　哭声亲娘下世早，
　　　　　抛下孩儿多可怜。
　　　　　爹爹出外无人管，
　　　　　折磨孩儿怎知全？
　　　　　继母从前待我好，
　　　　　不知因何变心田？
　　　　　必是丁会调他母，
　　　　　继母听信他的言。
　　　　　母子同心折磨我，
　　　　　逼我打柴上深山。
　　　　　无奈桂香把柴打，（下）

金氏：　（唱）金氏这才把话言。
　　　　　（白）会儿，桂香打柴去了，留下咱娘儿俩吃好的。

丁会：　那是自然，咱们吃饺子，吃肉，吃鱼，把日子吃干了，我再当带犊子。

金氏：　对呀，这有两吊钱，买二斤肉、五斤面、四斤鱼、二斤油。

丁会：　混蛋妈，两吊钱买这些东西了？

金氏：　再拿着一吊钱，别叫它剩下，可钱花罢咧。

丁会：　我就去买（下）。

　　　　　（秦柴氏上）

秦柴氏：（念）终日苦守在草堂，

思想起来好悲伤。

（白）奴柴氏，嫁与秦闰甫为妻，先房抛下一子，名叫秦克礼，过门来，我又生一子名克让，不幸丈夫下世去了，抛下我母子三人度日，他兄弟上学读书去了，我在家做些针线，思想起来好不愁闷。

（唱）秦柴氏坐草堂自思自叹，

　　思想起来从前事好不惨然。

　　我丈夫下世去难以度日，

　　抛下我柴氏女少衣无穿。

　　无奈何反罗裙别门改嫁，

　　嫁了个丈夫秦家男。

　　先抛一子名克礼，

　　后生克让小儿男。

　　丈夫临危吩咐我，

　　怕我后来把心偏。

　　我的主意早拿定，

　　长子厚、次子薄方为正端。

　　教训他兄弟成人长大，

　　也对得过死去的丈夫临终吩咐言。

　　且不言柴氏女房中思叹，

（秦克让上）

秦克让：（唱）再把那秦克让言上一言。

　　克让下学回家转，

　　思想哥哥礼不端。

　　他在学堂欺压我，

　　吃穿花费在我先。

　　回家见了我的母，

　　以往曲直对娘言。

　　克让迈步把房进，

　　见了母亲泪不干。

秦柴氏：（白）我儿下学回来了。

秦克让：儿回来了。

秦柴氏：下学为何悲啼？

秦克让：我哥在学堂打我来着，母亲与儿出气罢。

秦柴氏：小冤家莫哭了，你必是在学堂玩闹，你哥说你

几句，也是有的。竟敢谎言告我，还不与我跪下？

（唱）柴氏女闻此言心中起火，

　　叫了声小奴才细听娘言。

　　从今后再听你这些谎话，

　　为娘的重打你定不容宽。

　　且不言柴氏女房中训子，

（秦克礼上）

秦克礼：（唱）再把那秦克礼言上一言。

　　克礼下学回家转，

　　思想起我弟弟早到家园。

　　在学中与弟弟争吵几句，

　　回家中对我母定说谎言。

　　也不知我母亲信与不信，

　　我何不在窗外听上一番？

　　秦克礼在窗外止住了步，

秦柴氏：（唱）柴氏房中又把话言。

　　你哥哥他本是前娘生养，

　　厚待他薄待你理所当然。

　　你的父临终时吩咐于我，

　　怕我到后来待他心偏。

　　我若是听你话把他责打，

　　也难免庄中人说娘不贤。

　　小奴才年幼小见识太浅，

　　无有父尊兄长理所当然。

　　昔晋时有王祥继生王儿，

　　他后母待王祥甚是心偏。

　　那王儿继母前苦苦相劝，

　　劝他母回了心万古流传。

　　看此情弟对兄不可恨怨，

　　岂不知家庭内孝悌为先？

　　只因你无道理打了几板，

　　从今后再如此绝不容宽。

　　柴氏女举起板来将你打，

秦克礼：（唱）秦克礼走进房跪在平川。

　　望母亲高抬手休打我弟，

这件事我的错望母海涵。

儿不孝望母亲高抬贵手，

恕兄弟责打我理之当然。

秦柴氏：（白）儿们如知教训，从此改过，用心读书。

秦克礼、秦克让：儿遵命。

秦柴氏：教子成名传万冬，尽心读书用苦功。儿们随娘用饭来。

秦克礼、秦克让：来了。（三人同下）

李桂香：（上）奴桂香受继母折磨，叫奴上山打柴，天不早了只得回家。

（唱）桂香打柴下了山，

时候不早转家园。

自幼未把房门迈，

这样重活实难担。

鞋弓袜小山坡道，

高低石块不平川。

肩担柴担难行路，

浑身疼痛两腿酸。

早晨并未吃饱饭，

晌午未从把家还。

腹中饥饿身无力，

骨软筋柔只流汗。

眼含热泪把庄进，

歇息歇息回家园。

不言桂香落了坐，

秦柴氏：（上。唱）再把柴氏言一言。

看看日落天不早，

我的儿放学也该把家还。

站在门外留神看，

那边坐着女婵娟。

旁边放着柴草担，

好像桂香坐那边。

（白）那不是桂香吗？

李桂香：正是。

秦柴氏：因何坐在这里？

李桂香：清早奉母之命前去打柴。

秦柴氏：清早就去了，你晌午吃饭了吗？

李桂香：我早晨用了饭。

秦柴氏：你饿不饿？

李桂香：不饿。

秦柴氏：哪有不饿之理，到伯母家中吃了饭再回家去罢。

李桂香：不用了。

秦柴氏：走罢！走罢！（下）

丁会：（上）从小生来命儿孤，人人管我叫带犊，我小子丁会，闲着没事干，上老秦家溜达溜达。丁会方才走进院内，听桂香在他家吃饭，有心在窗外听听，又怕有人看见，反为不美，何不回家见了我妈撒个谎，告诉告诉？

金氏：（上）我金氏叫桂香打柴去啦，这晚还不回来。

丁会：回来再说。

金氏：会儿你上哪里去着？

丁会：方才上老秦家串门去着，走到他家窗外，听见桂香在他秦家吃饭啦，我在窗外听声，她骂你啦。

金氏：骂我啥来着？

丁会：妈，你听了！

（唱）丁会这里忙开口，

叫声妈呀你听着。

方才来把活计干，

串门我往秦家挪。

桂香在他家正吃饭，

听她骂你我气堵脖。

金氏：（白）她骂啥来着？

丁会：（唱）她骂你后娘长来后娘短，

不给饭吃让干重活。

寻找错缝把她打，

身上衣衫又单薄。

夜晚不叫炕上睡，

过堂屋里风吹着。

推车拉磨还不算，

还叫她打柴上山坡。

金氏：（白）她未骂你吗？

丁会： 骂来着。

(唱) 她骂我带犄长来带犄短，

光吃好的不做活。

单等她爹回家转，

赶出门去把脚挪。

金氏： (唱) 金氏闻听气炸肺，

桂香回来再论说。

李桂香： (上。白) 奴桂香辞别伯母只得回家转。

(唱) 桂香辞别秦伯母，

挑起柴担往家挪。

行走来到大门里，

柴火担子当院搁。

院中放下柴草担，

进房才要把话说。

金氏： (唱) 金氏一见发了怒，

该死的你上哪去着？

李桂香： (白) 孩儿去打柴了。

金氏： 你哪是打柴去了，你上老秦家骂我去了。

李桂香： 孩儿不敢。

金氏： 谅你也不实说，会儿拿绳子来，给我绑上。

丁会： 妈呀，绑上咧，这回我给你点厉害。

金氏： (唱) 金氏拿起一根棍，

一棍打她命难活。

浑身上下力用尽，

李桂香： (唱) 桂香疼得直哆嗦。

望求母亲饶了我，

只当修好积阴德。

金氏： (唱) 金氏越打越有气，

丁会： (唱) 丁会夺棍气堵脖。

(白) 你给我来，你一点劲儿也没有，看我的。

金氏： 会儿别打她啦，打她还得使劲儿，用针钉她的

十指。

丁会： 妈你打，我拿铁火筷子烙这家伙。

李桂香： (唱) 桂香疼得哆哆嗦嗦地战。

好心的妈呀 ——

哥哥呀你别再把我折磨。

痛得我心如刀割，

烙得我肉绽皮也破。

金氏： (白) 这是轻的，一会使刀割你。

李桂香： (唱) 一听此言魂不在，

儿我犯了何等错？

金氏： (白) 你上秦家去未去？

李桂香： (唱) 孩儿从他门前过，

伯母留我坐家唠唠嗑。

金氏： (白) 你在人家吃过饭没有哇？

李桂香： (唱) 秦伯母留我吃饭我未用，

伯母她给我两个冷饽饽。

金氏： (白) 我不重打，你不说。

李桂香： (唱) 儿认错来我改过，

望求母亲饶了我。

金氏： (白) 你父亲回来，你必向你父说。

李桂香： (唱) 我的父亲回家转，

若说一字雷击我。

金氏： (白) 也罢，饶了你，这里有斗半谷子，今夜若
推不完，一定要你死！把针给我拔出来，绳子
给你解开，你就去推罢了，我们睡觉去了。

李桂香： 咳，可叹我李桂香受这样苦处。若是不推，明
早岂肯饶我？不如一死，免受苦刑。等他母子
睡沉，我暗暗走出门到母亲坟上痛哭一场。

(唱) 桂香女听他母子沉沉睡，

自己偷偷开了门。

坟堂离家不甚远，

坟地道路记得真。

不多时来到了坟地，

好像看见我娘亲。

满眼落泪双膝跪，

死去的妈呀您听真。

妈呀您死自顾你，

抛下孩儿苦难云。

母亲您老若在世，

拿着孩儿如宝珍。

疼儿冷来知儿热，

幼小背抱不离身。

眼看孩儿已成长，

不幸母亲归了阴。

母亲一死无家主，

儿我年幼靠何人？

我父万般无计奈，

继娶金氏过了门。

带来一子名丁会，

母子狠毒黑了心。

我父在家待我好，

父走拿我不当人。

一日两顿饭不饱，

浑身破衣不遮身。

夜晚睡觉无被褥，

冻得我浑身打战冷难禁。

天明叫我把柴打，

晌午不叫回家门。

孩儿日落回家转，

饿得无力少精神。

遇见了秦家伯母心慈善，

叫我吃饭到家门。

不料丁会他看见，

对他母亲把话云。

孩儿回家母子怒，

把儿绑在地埃尘。

棍打脚踢还不算，

十指之上钉大针。

丁会又用火棍烙，

哭声惊动左右邻。

哀求母子住了手，

母子又生狠毒心。

斗半谷子交与我，

如推不完要三魂。

(白) 爹爹呀，儿在家受尽折磨，怎得知信？娘呀！女儿这样苦处对哪个说？爹呀，从今后咱父女不能见面。娘呀，有灵应叫去儿的三魂。

(唱) 儿有心在此身一死，

悬梁带子无处寻。

哭罢一回向家转，

何不投井命归阴？

桂香迈步把庄进，

惊得犬吠乱纷纷。

不言桂香把庄进，

秦克礼： (上。唱) 再把克礼云一云。

克礼正把夜学念，

忽听犬吠惊人心。

出了房门留神看，

井台站着一个人。

八成他人来投井，

何不近前看个真？

(白) 原来是桂香姐，因何前来投井？快随我到我家中，对我母亲细说情由，桂香姐姐随我来呀！

李桂香： 咳，罢了哇！

秦柴氏： (上) 奴柴氏，我儿念夜书去了，此时也该回来了。

李桂香： 伯母还未安歇呢？

秦柴氏： 桂香这时候前来有何事故？

秦克礼： 桂香姐姐必是受她继母折磨，无了生路，前去投井，被儿看见，救到家中来见母亲。

秦柴氏： 原来如此，桂香不必悲伤，今晚别回家了，等天明我去劝你母亲回心，便送你回家。桂香随我来呀。

李桂香： 好，来了。

金氏： (上) 早晨起来，怎么不见桂香，道说还未推完呢？待我看看去呀，怎么无有咧？上哪里去了呢？待我找找去罢。(秦柴氏上) 那不是柴大嫂吗？

秦柴氏： 是。

金氏： 上哪里去？

秦柴氏： 上你家串门。

金氏： 来吧，大嫂无事不来。

秦柴氏： 有件心事前来对你说说。

金氏：　　　有何心事？

秦柴氏：　　像咱当后娘的，因前生无德死了丈夫，别门改嫁，如有先抛儿女，真正为难。

　　　　　　(唱) 柴氏这才忙开口，

　　　　　　　　叫了声金氏弟妹听我言。

　　　　　　　　我今到此非别事，

　　　　　　　　咱把那当后娘的说一番。

　　　　　　　　出一家入一家来往不容易，

　　　　　　　　有先抛儿女更为难。

金氏：　　　(白) 怎不为难？

秦柴氏：　　(唱) 分外地高眼看待，

金氏：　　　(白) 要不高看，外人说闲话。

秦柴氏：　　(唱) 当后妈废前子丑名难担。

　　　　　　　　待他好待他歹难瞒众眼，

　　　　　　　　厚亲薄疏人家耻笑咱。

　　　　　　　　因咱们是同类可来相劝，

　　　　　　　　有些话不周到望你海涵。

金氏：　　　(白) 若有不是尽管说。

秦柴氏：　　(唱) 桂香她十几岁正学针线，

　　　　　　　　青年女去打柴难免闲言。

金氏：　　　(白) 针线活她不会光等着吃饭。

秦柴氏：　　(唱) 针线活她不会慢慢教导，

　　　　　　　　也是咱当后娘一点心田。

金氏：　　　(白) 她又不受管吗！

秦柴氏：　　(唱) 不受管长成人后来无怨，

　　　　　　　　更不该穿破衣周身无棉。

金氏：　　　(白) 新的她已穿破咧。

秦柴氏：　　(唱) 有一日她的父若回家转，

　　　　　　　　见女儿这惨相未必心甘。

金氏：　　　(白) 我未折磨她，我就对起她爹。

秦柴氏：　　(唱) 你还说未对她折磨陷害，

　　　　　　　　昨夜晚因何故叫苦连天？

金氏：　　　(白) 不对心事就哭呗。

秦柴氏：　　(唱) 昨夜晚桂香她去寻短见，

　　　　　　　　正遇见克礼儿救回家园。

金氏：　　　(白) 多得令郎搭救。

秦柴氏：　　(唱) 从今后再不可把她虐待，

　　　　　　　　倘若有不美时后悔就难。

金氏：　　　(白) 秦大嫂只管放心，过后再折磨她时节，我不得好死。

秦柴氏：　　既然如此，就叫桂香回家来，看我面上不可难为她了。

金氏：　　　大嫂只管放心罢！

丁会：　　　(上) 妈你这是白费，柴氏回家必有传说。她爹若是回来了，岂肯容让咱们？

金氏：　　　那有啥法？

丁会：　　　我有一计可以两全其美。依我的主意就说秦克礼与桂香有私情，拿着刀找他去吵闹一回，告他强霸幼女，逼死桂香，这不是一举两得吗！

金氏：　　　(唱) 总是我们会儿有主意。

丁会：　　　(白) 待我找他去便了。

丁会：　　　(唱) 丁会拿刀向外走，

　　　　　　　　秦家门口骂连天。

　　　　　　　　王八羔子秦克礼，

　　　　　　　　不然咱就告当官。

秦克礼：　　(上。唱) 克礼一听冲冲怒，

　　　　　　　　　　手提大棍到门前。

丁会：　　　(唱) 丁会向前用刀砍，

秦克礼：　　(唱) 克礼一棍打恶男。(丁会死)

金氏：　　　(上。唱) 金氏见儿魂不在，

　　　　　　　　　　抱着会儿哭连天。

　　　　　　　　(白) 会儿，我的儿呀……

地方：　　　(上) 你光哭也是不中用，别叫凶手走了，我报官去。

县官：　　　(上。念) 人心似铁不是铁，

　　　　　　　　　　官法如炉真如炉。

　　　　　　　　(白) 本县王尽忠，上任以来治得民间路不拾遗，夜不闭户。

地方：　　　大人在上，西乡地方郑连春叩见。

县官：　　　郑连春你今见本县有何官事？

地方：　　　今有西乡秦家庄，秦克礼打死丁会，小人特报堂上。

县官：	回去告诉明日前去验尸，下去。
地方：	是。
县官：	退堂！（县官、地方下）
秦柴氏：	（上）先抛儿子克礼，将丁会打死，地方回来云明日验尸，若叫儿他顶命，又对不过死去丈夫，等我儿克让回来，再作商议。（秦克让上）我儿来了，为娘有件心事与儿商议。
秦克让：	母亲有何心事？
秦柴氏：	你哥打死了丁会，明日前来验尸，准将你哥带去，我心让你替你兄长偿命，方对过你死去的父亲。
秦克让：	母亲就舍弃儿子，让我替死吗？
秦柴氏：	万般无奈了，苦哇！（下）
县官：	（上。念）国正天心顺，
	官清民自安。
	（白）本县王尽忠，是有秦家庄命案一件，今日前去验尸。（入验尸，出）本县将尸验明，乃木伤一处，人来！
衙役：	有。
县官：	带凶手秦克礼。
秦克让：	（上）秦克礼与老爷叩头。
县官：	秦克礼你因何将丁会打死，实实招来，不招定动大刑。
秦克礼：	（上）冤枉冤枉！
县官：	何人喊冤枉？带上堂来。
秦克礼：	大老爷在上，丁会是我打死的。
县官：	你叫什么名字？
秦克礼：	我叫秦克礼。
县官：	现在的凶手叫秦克礼，你怎么也叫秦克礼呢？
秦克礼：	现在的凶手乃是我兄弟克让。
县官：	其中定有缘故，带地方。
地方：	（上）有，地方与老爷叩头。
县官：	丁会却是何人打死的？
地方：	是秦克礼打死的。
县官：	既然是秦克礼打死人命，你为何带秦克让到案呢？

地方：	大人息怒，小人还有下情。
县官：	快说。
地方：	是。秦克让、秦克礼是一父二母生养，秦克礼是先妻之子，秦克让是继娶柴氏所生，他父早亡，母子三人度日。郊民李大发之女桂香，也是前妻所生，继母金氏，带来一子名叫丁会，这小子坏透啦，老爷！
县官：	混账东西，快些说来。
地方：	李大发贸易出去，金氏同丁会折磨前女，推辗拉磨打柴，均是桂香去做，若有一事不遂，丁会与他妈非打则骂，桂香受刑不过，才去投井。二更时分，惊得犬吠，秦克礼夜间读书，听犬吠声，怕有贼偷盗，开门来看，见一人急奔井台，意欲投井，克礼赶前一看，原是桂香。克礼把她领到他母面前，柴氏问明其故，次日清晨，到金氏家中，把金氏劝好，柴氏亲自将桂香送在她家。柴氏随后回家，天已过午，克礼回家用饭，丁会拿刀堵门大骂说，克礼与桂香有私情。克礼一听，心中起火，手拿大棍闯出门来，二人交手，克礼失手将丁会打死。小人将凶手捉住，命人看守，柴氏把小人叫在一旁言说，长子一岁丧母，五岁丧父，孤命难言。无奈将亲生之子克让顶命，小人斗胆将克让带到。未想克礼自来投堂，弟兄当堂争罪，是此求老爷公判。
县官：	听你之言，柴氏是个好人了？
地方：	正是好人。
县官：	下去。
地方：	这老爷好暴脾气，差点把我甩了。
县官：	带柴氏！
秦柴氏：	（上）小妇人与老爷叩头。
县官：	柴氏把你儿行凶情由诉上来。
秦柴氏：	是，老爷容禀！
	（唱）老爷在上听我讲，
	柴氏女把事说分明。
	丁会乃金氏亲生子，

前娘抛下一花容。

母子同心折磨女，

桂香苦难受非刑。

夜间寻死去投井，

合庄老井我门东。

长子念书二更后，

忽听犬吠心不宁。

怕贼偷我柴与草，

我儿开门看分明。

见有一人井台奔，

光景好像气丧生。

细看原是桂香女，

将她劝到我房中。

小妇叫她实言诉，

她说怎受兄母刑！

小妇劝到天明亮，

去劝金氏到家中。

劝得金氏回心意，

才送桂香回门庭。

县官：（白）你一片好意，你儿为何打死丁会呢？

秦柴氏：（唱）晌午我儿来用饭，

丁会拿刀骂难听。

诬赖勾引桂香女，

我儿心屈岂肯容？

手拿木棍赶出去，

二人交手下绝情。

丁会身子未躲便，

克礼一棍送性命。

县官：（白）你长子打死丁会，为何叫你次子顶案？

秦柴氏：（唱）长子仁慈反遭祸，

先娘抛他苦伶伶。

无奈将我亲生子，

认罪顶命救前兄。

县官：（白）既舍次子顶案，为何长子又来认错？

秦柴氏：（唱）长子慈善心刚烈，

不忍叫弟把命顶。

县官：（白）你可实心叫你次子偿命？

秦柴氏：（唱）情愿次子替兄长，

实心真意无虚情。

柴氏哭诉悲又恸，

青天堂上便开声。

县官：（白）柴氏言到与地方说的无二，且把克礼押在班房，等我问明金氏再作道理，带金氏。

金氏：（上）金氏与老爷叩头。

县官：金氏，桂香伤痕可是你一人打的，还是丁会打的？

金氏：不是我娘儿俩打的，是她自己做的伤。

县官：胡说，与我住嘴，金氏若不实招，看大刑过来。

金氏：大老爷不必动刑，十指钉针是我，烙伤是丁会。

县官：丁会持刀害良，可是你的主意？

金氏：是丁会的主意，与小妇无干。

县官：罢了。

（在本案者上堂齐跪）

县官：秦柴氏舍亲生贤惠慈善，门前挂匾："贤慈无双。"秦克礼兄弟均免去其罪。李桂香念秦克礼救命之恩结为夫妇。丁会用非刑折磨桂香，又持刀无良，恶意迫害先养幼女，理当处死，其尸埋于乱地。金氏回李宅，等夫归出则出，不出则收留，地方办公无私，赏银十两，赏罚分明，各自回家度日。下去！

同白：谢过大老爷！

县官：退堂！

马寡妇开店[1]

又名《状元图》《阴功报》。取材于《浓情快史》狄仁杰进京赶考，中途夜宿店房，店家年轻的马寡妇见狄仁杰清秀，夜间到房中求欢，狄仁杰拒之。小评剧来自莲花落，沿用鼓词唱本的辙韵及情节。

民国初年，辽西黑山县艺人于得水（艺名于麻子），人称于二先生，喜编新词。传说是他增补了"后店"一段马寡妇思春的唱词。评剧艺术家成兆才曾把这出小戏改成大戏，20世纪30年代后演出。后半部增加了马寡妇之子长大成人后考中状元，成为狄仁杰门生等情节。

人物：　狄仁杰
　　　　书童
　　　　马寡妇
　　　　店小二

（狄仁杰内：走哇！）

（书童担书与狄仁杰上）

狄仁杰：　（唱）在家中辞别了高堂母，
　　　　　　　　一心科考奔京都。
　　　　　　　　只望蟾宫能折桂，
　　　　　　　　脱去蓝衫换紫服。

书童：　（白）相公！

（狄仁杰兴高采烈，未理书童）

狄仁杰：　（唱）行程正遇春三月，
　　　　　　　　绿草铺地柳叶舒。
　　　　　　　　有几位农夫耕于野，
　　　　　　　　往来的客商在路途。
　　　　　　　　你看哪……

（书童坐地下，懒懒地走不动了）

狄仁杰：　（白）怎么，你倒走啊？

书童：　走……

狄仁杰：　走！

书童：　走，走不动了。

狄仁杰：　咳，路途之上不要撒娇，我们赶路要紧哪！

书童：　您赶路要紧，我的两腿难跟哪！天儿不早了，也该住店啦。

狄仁杰：　哎呀呀，这荒郊野外，哪有店房哪？

（书童闻听，跃然而起）

书童：　没有？我去看看！（四望，忽有所见，高兴地）相公，您看……

（狄仁杰依书童所指望去）

狄仁杰：　好！催马！

书童：　是咧。

狄仁杰：　（唱）红日西沉天色晚，
　　　　　　　　主仆催马奔店屋。（齐下）

（马寡妇上）

马寡妇：　（念）堪叹心强命儿孤，
　　　　　　　　双十年华死丈夫。（归座）
　　　　　　　　青春一去无回路，
　　　　　　　　空房寂寞实难度。
　　　　　　　　老母幼子伶仃苦，
　　　　　　　　满腹愁肠何处诉！

（白）我，李氏桂花，许配马如虎为妻。自我过得来，公爹辞世，丈夫身亡。上抛白发婆母，下有三岁婴儿，为的一家生计，在此开设一所店房。看天色已晚，不免命小二照客。小二！小二哪里，快来！

（店小二睡意蒙眬上）

店小二：　（念）生来不糊涂，
　　　　　　　　睡觉打呼噜。
　　　　　　　　东家一叫唤，
　　　　　　　　我就一骨碌。

马寡妇：　（白）堂倌儿，你骨碌什么呀？

店小二：　我睡觉哪。

马寡妇：　怎么又去睡觉？

店小二：　天黑了，怎么不睡觉？

[1]　选自沈阳市文化局剧目室内部资料《评剧汇编》第十集（1983年版）。

马寡妇：	唉，干啥的说啥，卖啥的招呼啥。我们开店的就该门外照客呀！
店小二：	好，我点灯去。
马寡妇：	点灯干什么？
店小二：	照客呀！
马寡妇：	照客，就是让你招呼客人前来住店！
店小二：	让我招呼客人来住店？
马寡妇：	对了。(小二欲走) 回来！
店小二：	怎么又回来了？
马寡妇：	做买卖你可会说买卖话？
店小二：	不会。
马寡妇：	你听！孟尝君子店……
店小二：	有酒也有面。
马寡妇：	不对。千里客来投，
店小二：	没钱不用愁。
马寡妇：	不要胡说，听着！
店小二：	是。
马寡妇：	这孟尝君子店……
店小二：	千里客来投。
马寡妇：	好，好，好一个千里客来投。是你小心照客！
	(下)
店小二：	(学马寡妇) 好，好，好一个千里……(不慎踩了脚) 哎哟……哟……
	(跛脚走出)
	(唱)【数板】我手扶门户，大声招呼，
	住店住店，里边舒服。
	单间、便铺，洁净雅肃，
	喝酒有壶，吃面有卤，
	日落天黑，还有灯烛。
	有钱就给，没钱别哭，
	我给垫上，不留你衣服。
	(唱) 站在门前正照客，
	(白) 住店啦！
	(书童担书，狄仁杰拉马上)
狄仁杰：	(唱) 仁杰拉马奔店屋。
店小二：	(白) 您住店吗？

狄仁杰：	正是。
店小二：	里边请吧！
狄仁杰：	带路！
店小二：	(小二拉过马来) 是！(小二引书童、狄仁杰进店房) 您坐！(狄仁杰不理)
书童：	相公，您请坐吧！
狄仁杰：	一路之上，我也曾教导于你，这席不正不坐，你怎么又忘记了？
	(书童正椅)
店小二：	怎么的？
书童：	这椅子歪了。
	(狄仁杰坐)
店小二：	啊，(向狄仁杰) 您用什么？
狄仁杰：	明灯一盏，暖茶一壶。
店小二：	明灯一盏，暖茶一壶咧！(随声下，旋即取茶上) 您喝茶。(向书童) 咱俩玩去？
狄仁杰：	唉，侍君子不离其左右，他怎么去玩耍？你且退下！
店小二：	是！还有这么些讲究。(下)
狄仁杰：	拿书来！
书童：	您歇歇吧。
狄仁杰：	哼，学而时习之，乃圣贤的明训，不要多口！
书童：	是！少说话。(拿书给狄仁杰)
狄仁杰：	(唱) 正席端坐展黄卷，
	谨遵古训圣贤徒。
	为人不受寒窗苦，
	怎能够独占鳌头名列鸿儒？
	仁杰正然把书看，
马寡妇：	(上。唱) 来了我开店之家马寡妇。
	听前店声音响亮何人说话？
	急匆匆来至在小店前屋。
	傻堂倌儿他自己去照客，
	我听听他买卖的话儿熟不熟。
	窗棂以外止住脚步，
	却怎么不见堂倌儿打招呼！
	用手点破窗棂纸，

呀！斜身单目看得清楚。

堂倌儿不在店房内，

有两位客爷甚是对付。

他二人一个坐着一个站立，

看光景好像是一主一奴。

那个坐着的也不过二十二三岁，

那个站着的十四岁可多十六岁不足。

那个坐着的右手端着一个小哇小哇小茶碗，

左手拿着一本书。

他脸儿似粉又白又嫩，

眉赛弯月大眼如珠。

天庭饱满多么主贵，

地阁方圆盖世无。

好一似终南山上的韩湘子，

不亚于潘郎再世吕布重出。

他目不斜视把书看，

端端正正多么雅儒。

像这样的斯文客，

傻堂倌儿怎么不来好好照顾？

有心亲自去款待，

新来乍到还没处熟。

想到此处倒退几步，

堂倌儿前来听我嘱咐。

店小二：　（上。白）你说吧！

马寡妇：　（唱）住店的那一位斯文客，

　　　　　你小心照顾不要马虎。

店小二：　（白）好了。

马寡妇：　（唱）前店人多又吵又闹，

店小二：　（白）住店还怕人多？

马寡妇：　请客爷后院书房去读书。（马寡妇下）

店小二：　书房 …… 请！（进屋）客爷，我们东家 ……

　　　　　说了，这前店人吵得慌 ……

狄仁杰：　想必是人多吵闹。

店小二：　对了，您请到书房去吧！

狄仁杰：　倒也不错，挑灯带路！

书童：　　真麻烦！

狄仁杰：　唉，良禽择木而栖，君子择地而出，理应如此。

店小二：　好，您请吧！

　　　　　（唱）堂倌儿我托灯头前儿引路，

书童：　　（唱）书童肩上担着书。

狄仁杰：　（唱）出得门来抬头看，

　　　　　春夜景色似画图。

　　　　　皓月当空明如镜，

　　　　　满天星斗闪烁齐出。

　　　　　月照庭院如白昼，

　　　　　花草树木看得清楚。

　　　　　庭前栽着芭蕉树，

　　　　　甬路两旁配绿竹。

　　　　　影壁墙上扇子面，

　　　　　上边画着吕祖夜奔洞庭湖。

　　　　　转过月亮门一座，

店小二：　（白）客爷，您请吧！

狄仁杰：　（唱）小堂倌儿在一旁打开了门户。

　　　　　迈步我把店屋进，

　　　　　好一所店房甚是雅素。

店小二：　（白）客爷，您还用什么呀？

狄仁杰：　暂且退下。

店小二：　是。

书童：　　（见屋内的陈设甚为稀奇，用手去摸）这还有个小蛤蟆哪！

狄仁杰：　唉，不要乱动。摆好书案，用饭去吧！

书童：　　是。（书童摆书案）

狄仁杰：　（唱）你要用饭只管去，

　　　　　经管着一匹坐马两箱子书。

　　　　　夜晚不要光睡觉，

　　　　　坐马槽头草料要足。

店小二：　（白）您放心吧。

　　　　　（店小二拉书童下）

狄仁杰：　（白）好一所雅素的书房啊！

　　　　　（唱）纸糊天棚赛雪洞，

　　　　　斗大方砖把地铺。

左边是楠木条案紫檀椅，

右边是八仙桌子涂丹朱。

上边摆着掸瓶帽筒穿衣镜，

二龙吐须古铜炉。

瑶琴棋盘当中摆，

案头还有几部书。

一张琴桌床上放，

虎皮褥子两边铺。

桌上摆几只精致的漆茶碗，

当中配红花白地小茶壶。

上边挂着朱砂判，

手拿宝剑瞪眼珠。

粉墙以上几幅画，

水墨丹青笔法不俗。

有一幅，姜太公渭水河边垂钩钓，

有一幅，刘氏玄德三顾茅庐。

有一幅，顺说六国苏季子，

有一幅，孔子执笔删诗书。

孔夫子删定诗书传后世，

苏秦他三寸口舌列国皆服。

姜太公也曾把文王辅保，

诸葛亮鼎足三分蜀、魏、吴。

两旁配着一副对儿，

笔走龙蛇有功夫。

上联写，两耳不听世间语，

下联配，一心只读圣贤书。

读破缥缃[1]书万卷，

方能直上青云踏宦途。

书中自有颜如玉，

书中自有黄金屋。

(狄读书)

马寡妇：(上。唱) 命堂倌儿请出了那位斯文客，

亲到书房去照顾。

一挑竹帘把房进，

[1]　缥缃：丝织品，指书卷。

看见人家正读书。

不敢惊动怕耽误功课，

狄仁杰：(唱) 却怎么一个女子闯进我的屋？

授受不亲分男女，

手拿书本急忙躲出。

马寡妇：(唱) 客爷呀，您不必多疑不必走，

我本是开店之家一个主妇。

狄仁杰：(唱) 我不管开店之家过路客，

古礼圣训不能荒疏。

男女避嫌自古的礼，

马寡妇：(唱) 也还是拜而相答我记得熟。

一路上可有同行伴？

自己行路不觉孤独？

狄仁杰：(唱) 行路本是我们主仆两个，

还有那一匹坐马两箱子书。

马寡妇：(唱) 问客官家住哪州在哪村？

贵姓高名多大岁数？

狄仁杰：(唱) 家住山西太原府，

狄家庄上有我的住处。

狄仁杰就是我的名和姓，

二十三岁科考奔京都。

马寡妇：(唱) 尊客官天色不早该用饭，

请把那心爱的菜名告诉奴。

爱吃荤来爱吃素，

吩咐一声好去造厨。

狄仁杰：(唱) 凉热荤素俱可以，

与我烫上暖酒壶。

马寡妇：(唱) 答应一声不怠慢，

急忙走出书房屋。

此菜我何不亲手做？

不用堂倌儿大师傅。(下)

狄仁杰：(偷看，见马寡妇已去。白) 哎呀！这是哪里说起？(自我安慰) 啊啊 …… 天之将降大任于斯人也，必先苦其心志 …… 苦其心志呀！哈，哈！

(唱) 定定心神把书看 ……

马寡妇： （端茶上。唱）连酒带菜端进了书房屋。

（进屋）

（白）客爷呀！

（唱）您放下书吧快用饭，

菜若凉了口味难符。

狄仁杰： （白）放下。

马寡妇： （唱）这本是煎炒烹炸四个菜，

上等老酒烫来一壶。

粳米稀饭有点绿豆，

香油打饼您尝尝酥不酥。

狄仁杰： （看也不看。白）啊，啊……

（唱）厨下的师傅手艺巧，

做出的菜饭对心腹。

一定是喝口酒来酒味美，

吃口菜来滋味足。

马寡妇： （唱）我们生来手拙性又鲁，

口轻咧口重咧请您担待奴。

狄仁杰： （唱）这饭菜莫非是你亲手做？

马寡妇： （白）您尝尝吧！

店小二： （上。唱）想起了客爷还饿着肚腹。

（白）客爷，您饿了吧！（见饭菜）啊！怎么做来了？

马寡妇： （唱）客爷到此你不照顾，

饿坏了身子谁担负？

店小二： （白）这……

马寡妇： 客爷您用吧！

狄仁杰： 啊，退下！退下！

马寡妇： 您不用什么啦？

狄仁杰： 不用。

马寡妇： （出房。唱）默默无言回房去，

狄仁杰： （以为马寡妇还没走。白）退下！退下！

店小二： （以为说自己）您不用什么啦？

狄仁杰： 不必啰嗦，退下！

店小二： 是。（出房来）

店小二： （唱）闹得我堂倌儿好糊涂。（下）

狄仁杰： （白）退下，退下！（少顷偷看，见均退出，长

嘘一声）哎呀！（见饭菜）这饭菜……（暗下）

马寡妇： （上。唱）在上房安慰了我的婆母，

为什么我的精神恍恍惚惚？

自从见了那位青云客，

（白）唉！（孩子哭声）

（唱）我的儿呀，你怎么连哪连声哭？

（孩子又哭）

（白）别哭了，哟，妈的宝贝啦，挑理了？

（唱）妈搂着，妈抱着，快吃妈的乳吧，

狼来咧，狗来咧，等妈给你打马虎。

小孩子吃奶咂得你这个心乱哪，

（孩子又哭）

（白）啊……啊……睡吧，别哭了。呦，我的

儿子真听说，还笑呢！

（唱）哟，小孩子睡觉也会打呼噜。

你快长快长快快长，

长大了妈妈我供你去念书。

单等你知事支撑门户，

妈妈给你娶个媳妇。

我的儿子心眼儿好，

儿子媳妇更贤淑。

小两口子必然过得好，

娶了媳妇别忘妈的苦。

（放下孩子。）唉！数说着孩子想起我那短命鬼，

你抛下为妻多么孤独。

有你在我们夫妻讲恩爱，

没有你在为妻守空屋。

如今是名在实不在，

有了婆家没有丈夫。

（白）月下老啊！

（唱）不是婚姻当初别给我们配，

既相配就不该让我守寡穿孝服。

想心事想到伤心之处，

扑簌簌两眼滚下泪珠。

心意混乱精神倦怠，

神志不清糊里糊涂。

啊！猛然间见丈夫站在门外，

（白）你回来了？进来吧！

（唱）为什么光看着为妻不进屋？

（白）丈夫啊！一年多的光景你可往哪里去了？

（唱）你可知为妻想你泪流尽，

　　　却为何你见为妻一言不出？

（白）还是老脾气呀！还得我搀你呀！

（唱）急忙上前拉一把，

（碰壶惊醒）

　　　却怎么人儿不见碰倒了茶壶？

　　　只说是夫妻又相会，

　　　原来是梦里见丈夫。

　　　这真是水里捞月难到手，

　　　唉！镜中取花难如所图。

　　　你若是前店那位青云客，

　　　咱们说说笑笑乐何如？

（白）唉！想这个干啥，睡觉吧！

（起更）

（唱）谯楼起更难入睡，

　　　他搅得我心乱如麻神志恍惚。

　　　想必是我们两个有缘分，

　　　若不然他怎么住在我店屋？

（白）是咧，一点不错。

（唱）我做的饭菜他连声夸好，

　　　他说句话儿我听着舒服。

　　　若不是傻堂倌儿前去打扰，

　　　我跟着客爷唠唠心腹。

　　　何不与他会一会？

（白）哟，今个这是怎么的了！

（唱）事到临头又糊涂。

　　　三从四德闺门训，

　　　妇德古礼不可无。

　　　节烈二字要谨守，

　　　方不愧名门之女读过书。

（白）再说咧，

（唱）婆母面前我夸过口，

　　　一心做个节孝妇。

（白）唉！好好守着吧，想这个要让人家知道了多丢人哪……

（唱）泼水难收话儿出了口，

　　　早知今日何必当初？

　　　想要放下放不下，

　　　想要说来说不出。

　　　这真是没吃黄连不知苦，

　　　不当寡妇怎知道孤？

　　　瑶琴稳放无人舞弄，

　　　暖床锦被为谁铺？

　　　忙乎了家里又得跑外，

　　　油瓶子倒了无人扶。

　　　指着婆母，婆母年高迈，

　　　她耳聋眼花痰喘咳嗽。

　　　都说是有儿就有靠，

　　　我那小冤家直到如今三岁不足。

　　　家境一天更比一天苦，

　　　全凭开店把口糊。

　　　寡妇佣人也不好雇，

　　　闲言碎语没法对付。

　　　无奈我雇个傻子缺点儿心眼儿，

　　　谁承想他倒给我添了担负。

　　　至如今出来进去都成了鬼，

　　　人前人后大气难出。

　　　这样的日子何时是了？

　　　莫非说这辈子就得受凄苦？

　　　为什么活人走死路，

　　　怕狼怕虎进退踌躇？

　　　趁此夜深人也静，

　　　会一会客爷乐何如？

　　　若是有了那位青云客，

　　　小日子过得多舒服。

　　　我开店房他把书来念，

　　　亲亲热热是对好夫妇。

主意打定把床下，

稳定菱花青丝另梳。

朱唇重点再加胭脂粉，

随手换上两件衣服。

打扮已毕往外走，

(出房门往外走)

巧哇，书房里已经点灯烛。

此事凑巧真凑巧，

慢、慢、慢，却怎么心头小鹿跳扑扑？

人世上求爱都是男赶女，

哪有脸大女子自寻夫？

人家愿意还罢了，

最怕人家说声不。

到那时去了好去怎么回转？

岂不是羞辱见笑白搭辛苦？

(白) 唉！这可怎么办哪？

(唱) 低头看炭火炉子还没灭，

一条妙计上心腹。

急忙烧开半温的水，

刷拉沏上茶一壶。

纵然此去无媒证，

拿着送水做个题目。

(圆场到书房)

急急忙忙书房奔，

却怎么堂倌儿在此守看门户？

莫非他知道我的心腹事，

(白) 快拉倒吧！

(唱) 让他看见怎么对付？

转身刚要回房去，

(白) 哟！哪有人儿呀！

(唱) 原来是树影儿恍恍惚惚。

(白) 这眼睛也找病。

(唱) 定定心神把房进，

霎时间心如擂鼓粉面热乎乎。

(白) 客爷呀！

狄仁杰：　啊！哎呀，黉夜之间你怎么不告而入？

马寡妇：　客爷呀！

(唱) 我怕您念书念得口干渴，

特意送来茶一壶。

狄仁杰：　(唱) 烧水自有伙计做，

吃饭堂倌儿去下厨。

妇德古礼你当顾，

黉夜间不该来店屋。

马寡妇：　(唱) 我们不来有哪个？

狄仁杰：　(唱) 堂倌儿伙计你的丈夫。

马寡妇：　(唱) 你可别提那个短命鬼，

提将起来苦死了奴。

我娘家是忠孝传家书香门第，

公爹做过四品都。

我的丈夫名叫马如虎，

一十七岁与我拜花烛。

我们今年二十二，

十九岁那年做的媳妇儿。

过门来生下一个子，

不料想短命的他呀一命呜呼。

上抛白发老婆母，

下有婴儿三岁不足。

狄仁杰：　(白) 哎呀呀，哪一个问你这些呀？

马寡妇：　客爷呀！

(唱) 您是不知我们寡妇的苦，

要知道就该可怜可怜……

狄仁杰：　(白) 可怜什么？可怜什么？

马寡妇：　(唱) 我是说您长夜读书，

可怜可怜我们这店小，少费灯烛。

狄仁杰：　(白) 哎呀呀，君子屈己待人，我多给你店钱就

是。你请回吧！

马寡妇：　客爷呀，我还有点事儿呢。

狄仁杰：　有事明天再讲。

马寡妇：　唉，客爷呀！

(唱) 明天说怕耽误了您赶路。

狄仁杰：　(白) 唉，常言道：瓜田不纳履，李下不正冠。

这黉夜之间，旅店之内，男女应该避嫌才是，

你有话明天再讲，还是请回吧！

马寡妇：　（唱）客爷呀，您的心肠咋这么冷？

　　　　　　　　求你点小事应允不？

　　　　　　　　礼尚往来也是古礼，

　　　　　　　　我们来请教您，

　　　　　　　　您怎么不答复？

狄仁杰：　（白）这……（背白）哎呀呀，常言道：寡妇门前是非多。我怎么住在寡妇店里了？哎呀呀……

马寡妇：　您帮个忙吧！

狄仁杰：　你讲！你讲！

马寡妇：　（唱）我们成年守寡受着清苦，

　　　　　　　　天长日久可难死了奴。

　　　　　　　　我想丈夫愁家私身得了病，

　　　　　　　　请您给开个药方把病除。

狄仁杰：　（唱）我本是赶考的斯文客，

　　　　　　　　生熟药材一点儿无。

马寡妇：　（白）您给摸摸脉吧！

狄仁杰：　（唱）汤头歌赋我未读，

　　　　　　　　治病摸脉更不熟。

　　　　　　　　店嫂既然得了病，

　　　　　　　　快请名医把病除。

马寡妇：　（唱）我请过大夫也曾把偏方找，

　　　　　　　　有几味药材可不大好对付。

　　　　　　　　"桂花"出门曾"贝母"，

　　　　　　　　"半夏""羌活""远志"无。

　　　　　　　　不管"三七"甘遂"使君子"，

　　　　　　　　舍出了"女贞子"来找"何首乌"。

　　　　　　　　可不能"豆蔻"不开心如"冰片"，

　　　　　　　　哪找这"浮萍""百合""生地"变熟？

狄仁杰：　（唱）这几味药材我不懂，

　　　　　　　　店嫂快请我要读书。

马寡妇：　（唱）闻听客爷口话紧，

　　　　　　　　我只得如此这般话说出。

　　　　　　　　我问你窈窕淑女爱不爱？

狄仁杰：　（唱）有好图者我不图。

马寡妇：　（唱）我也不必蒙着鼓，

　　　　　　　　你也别小心眼儿里装糊涂。

　　　　　　　　你在年轻我在年少，

　　　　　　　　何不画张七巧图？

狄仁杰：　（唱）店嫂说话要尊重，

　　　　　　　　可知我是圣贤徒。

　　　　　　　　我常学坐怀不乱柳下惠，

　　　　　　　　做一个正人君子美名出。

　　　　　　　　你纵然摆下黄花宴，

　　　　　　　　我仁杰不是那等酒色之徒。

马寡妇：　（唱）听客爷说出酒色二字，

　　　　　　　　真叫人气恼心不服。

　　　　　　　　我一片真心来找你，

　　　　　　　　不要把好意当轻浮。

　　　　　　　　我也是名门之女宦门妇，

　　　　　　　　配你这斯文也对付。

狄仁杰：　（唱）你既是名门之女宦门妇，

　　　　　　　　圣贤古训你当熟。

　　　　　　　　常言道一马不把双鞍鞴。

　　　　　　　　一女怎能嫁二夫？

　　　　　　　　王昭君被辱殉了节，

　　　　　　　　后世流传节烈图。

　　　　　　　　女慕贞节你当记，

　　　　　　　　人伦大礼不可无。

马寡妇：　（唱）你说比古就比古，

　　　　　　　　有几辈古人我也恍惚。

　　　　　　　　山伯、英台两位友，

　　　　　　　　私订终身同读书。

　　　　　　　　有一位天仙张四姐，

　　　　　　　　思凡下界自寻夫。

　　　　　　　　白娘子她看人间好，

　　　　　　　　自配许仙在西湖。

　　　　　　　　有一个文君卓氏女，

　　　　　　　　新寡之后夜奔相如。

　　　　　　　　这神仙都有思凡意，

　　　　　　　　为人怎不能自寻夫？

狄仁杰： (唱) 白娘子本是妖蛇一转，

　　　　　　卓文君也是贞节行里的一个叛逆妇。

　　　　　　你既是书香门第闺阁女，

　　　　　　三从四德也该清楚。

　　　　　　节烈永媚你该守，

　　　　　　教你儿子去读书。

　　　　　　单等一声春雷动，

　　　　　　他独占鳌头在帝都。

　　　　　　圣上亲口封赠你，

　　　　　　玉石碑刻贞节图。

　　　　　　非亲非友都来贺，

　　　　　　方显你教子成名天下无。

　　　　　　你今夜晚忘了贞节，

　　　　　　怎对起亡人你的丈夫？

马寡妇： (唱) 客爷呀！这话儿好说这日子难过，

　　　　　　贞节二字可害死了奴。

　　　　　　您知道人世上讲苦没有我们寡妇苦，

　　　　　　为什么苦命的是寡妇？

　　　　　　你们男子丧妻可再娶，

　　　　　　这女子为何不能再配夫？

狄仁杰： (唱) 说出话来你不知羞辱，

　　　　　　可知你开店是个寡妇。

马寡妇： (唱) 啊！寡妇也是人一个，

狄仁杰： (唱) 不应该忘记名节伤风败俗。

马寡妇： (白) 哎呀！天啊 ……

　　　　　(唱) 我只当你们读书的人儿心肠热，

　　　　　　谁承想冷若冰霜半点儿情无。

　　　　　　我们好心好意巴结你，

　　　　　　反闹个忘记名节伤风败俗。

　　　　　　你若答应还罢了，

　　　　　　若不然 ……

　　(马寡妇出，即归。狄急关门)

　　　　　　你为什么回手关上门户？

狄仁杰： (白) 啊！这 ……

马寡妇： (急挡住。白) 你们这念书的人儿呀！

　　　　　(唱) 你闭门纳入黄花客，

　　　　　　为什么心里愿意嘴说不？

狄仁杰： (白) 啊！这 ……！店嫂你要尊重了。

马寡妇： (唱) 你还是收回假象说真话吧，

　　　　　　应下我的亲事你再赶考奔京都。

狄仁杰： (白) 这 …… 唉！唉！书童！堂倌儿！

马寡妇： (唱) 你明知他们都睡觉，

　　　　　　何必故意图鬼符？

狄仁杰： (白) 这 ……

　　　　　(唱) 我叫书童无他意，

马寡妇： (白) 干什么？

狄仁杰： 这 ……

马寡妇： 干什么？说呀！

　　　　　(唱) 你不要跟我打马虎。

狄仁杰： (唱) 和店嫂说话口干渴，

　　　　　　我让书童去下厨。

马寡妇： (唱) 你若答应配夫妇，

　　　　　　酒咧菜咧管你个足。

　　　　　　你摸摸哪头炕凉哪头炕热？

　　　　　　小心眼儿不要装糊涂。

狄仁杰： (唱) 自古婚配有媒证，

　　　　　　无有媒证怎配夫妇？

马寡妇： (唱) 虽然你我无媒证，

　　　　　　这有引路的一把茶壶。

狄仁杰： (白) 这 ……

马寡妇： 客爷呀！

　　(马寡妇往前凑，狄仁杰后退)

狄仁杰： 啊 ……

　　　　　(唱) 你先去把酒菜备，

　　　　　　酒过三巡唠心腹。

马寡妇： (白) 怎么的？

狄仁杰： 喝了酒再说。

马寡妇： 说了再喝酒，

狄仁杰： 喝了酒再说。

马寡妇： 好，好，你等着！(马下)

狄仁杰： (唱) 一见店嫂她去了，

　　　　　　不由汗流气长出。

悔不该我把寡妇店住，

无耻的寡妇难以对付。

店家怎比读书门第，

寡妇怎配圣贤徒？

是非多在寡妇门户，

弄得我进退两难主意全无。

（白）唉！罢了！书童，书童！（书童上，小二跟上）快快鞴马！

店小二：　您这是怎么的了？

狄仁杰：　赶路，赶路！

书童：　天还没有亮哪！

店小二：　您睡糊涂了吧？

狄仁杰：　快，快！（与书童慌张地收拾书籍，急出）

店小二：　（上前拉住狄仁杰）唉，唉……

狄仁杰：　放开，放开！

店小二：　您……您……

狄仁杰：　你做什么呀？

店小二：　您给店钱哪。

狄仁杰：　哎呀。（向书童）拿银子，拿银子！快！

书童：　在您那儿哪。

狄仁杰：　哎呀！（急掏一锭银子给小二）店钱。

店小二：　（又拉住狄仁杰）唉，唉。

狄仁杰：　又做什么？

店小二：　要不了这些。

狄仁杰：　哎呀，都给了。

　　　　（念）万恶淫为首，

　　　　　　　百善孝当先。

　　　　（向书童）快走！

　　　　（狄仁杰、书童慌张地齐下）

店小二：　（白）这是怎么回事呀？

　　　　（马寡妇高兴地端酒菜上）

马寡妇：　（唱）亲手温来一壶美酒，

　　　　　　　去跟客爷唠唠心腹。

　　　　（进屋，人不见了，急问）人呢？

店小二：　（误以为是问银子，拿给马寡妇看）这儿呢！

马寡妇：　（立刻明白了一切）啊！

（酒菜脱手而落，小二接住）

店小二：　您这是怎么的了？

马寡妇：　（唱）命苦命苦真命苦，

　　　　　　　好心遇上了一个薄幸徒。

　　　　　　　寡妇何时能出头露面？

　　　　　　　难道说一辈子得守空屋？

（马寡妇沉痛地伏在桌上，小二莫名其妙地两手一扎）

拾玉镯

又名《买雄鸡》《孙家庄》。妙龄女孙玉姣坐在门前绣花，公子傅朋见她貌美，一见倾心，便借买鸡为名和她说话。玉姣见傅朋潇洒多情，也对他产生爱慕之心。两人束于礼教，不敢表白。傅朋故意将一只玉镯丢落于地，玉姣含羞拾起表示应允。邻居刘妈看出了他们两人的心思，遂出面撮合，成全了他们俩的美事。

瓦房店评剧团在演出这出小戏时，充分发挥几个年轻演员做功的特点：牟淑梅扮相漂亮、身段优美、做功细腻、唱腔甜润；王喜友精于丑行、机智风趣；刘晓霞长相姣好，且出演花旦、老旦，皆是其拿手好戏。三人把此戏演绎得风趣幽默、妙趣横生，以虚拟、写意、传神的艺术手法表现生活细节和揭示人物的内心活动。

　　人物：　　孙玉姣

　　　　　　　傅朋

　　　　　　　刘妈妈

（孙玉姣上）

孙玉姣：　（唱）孙玉姣清晨起梳洗已过，

　　　　　　　女儿家为什么愁多虑多？

　　　　　　　闲无事在门首针黹绣做，

门儿外好春光日暖风和。

(傅朋上)

傅朋：　(白) 啊大姐请来见礼！

孙玉姣：　还礼。

傅朋：　请问大姐，此处可是孙妈妈门首？

孙玉姣：　正是家母。

傅朋：　口称家母敢莫是孙大姐？

孙玉姣：　不敢。

傅朋：　小生傅朋，就在前街居住，闻听孙妈妈家中惯养雄鸡，我是前来买鸡使用。

孙玉姣：　噢，雄鸡倒有，只是我母亲不在家中，请君子往别家去买吧！

傅朋：　如此小生告辞。

孙玉姣：　不送。

傅朋：　告辞。

孙玉姣：　不送。

傅朋：　我 …… 告辞了。

孙玉姣：　不送了。

(玉姣、傅朋一见钟情，傅朋故意将一只玉镯丢落，玉姣拾起玉镯。刘媒婆在一旁看到了 —— 刘妈妈上)

孙玉姣：　我不要，你拿去，你拿去 ……

傅朋：　送与大姐！

孙玉姣：　哎呀！我不要，你拿去，你拿去 ……

刘妈妈：　(唱) 孙玉姣拾玉镯被我看见，

　　　　　来到了她的家手叩门环。

孙玉姣：　(白) 是哪个？

刘妈妈：　(唱) 我本是姓刘的人将你探望。

孙玉姣：　刘妈妈来了，待儿与你开门。妈妈你等着。

刘妈妈：　孩子，快点开门哪！

孙玉姣：　来了，妈妈在哪里？

刘妈妈：　我在这哪。

孙玉姣：　妈妈请进。啊，妈妈你看些什么？

刘妈妈：　(唱) 问一声你的母可在家园？

孙玉姣：　(白) 我母亲往普陀寺听经去了。

刘妈妈：　哦，听经去了。

孙玉姣：　啊，妈妈可要用茶？

刘妈妈：　不喝茶干什么呀？

孙玉姣：　妈妈请坐，待女儿取来。妈妈用茶。

刘妈妈：　孩子快坐下。孩子这头是谁给你梳的？

孙玉姣：　妈妈我自己梳得可好？

刘妈妈：　好倒是好，就是有一朵花戴歪啦。

孙玉姣：　现在哪里？

刘妈妈：　在这儿哪，在这儿哪！

孙玉姣：　妈妈。

刘妈妈：　孩子，你手上是什么东西？

孙玉姣：　无有什么。

刘妈妈：　妈妈我都看见啦！

孙玉姣：　乃是一只玉镯。

刘妈妈：　拿下来给我看看。

孙玉姣：　妈妈，妈妈！

刘妈妈：　干吗这么小气，拿给我看看。

孙玉姣：　妈妈请看，啊妈妈 ……

刘妈妈：　在这儿哪，挺好的，收起来吧。我问问你，这玉镯是哪里来的？

孙玉姣：　嗯，是我们祖上传下来的。

刘妈妈：　不对吧，八成是个小伙子送给你的吧？

孙玉姣：　住了！我母亲不在家中，与我们女孩儿家这样胡言乱语，真真岂有此理！

刘妈妈：　怎么，还让妈妈我说给你听听吗？

孙玉姣：　你讲，你讲，你讲！

刘妈妈：　没羞，没羞。你生气是假，妈妈我生气才是真的哪！

孙玉姣：　上前赔个礼儿也就是了！啊，妈妈。

刘妈妈：　别理我！

孙玉姣：　妈妈呀！

刘妈妈：　我问问你，有没有这回事？好，咱们来个摇头不算点头算。有没有这回事？啊？嗯！好啦快起来吧，啊哈！

孙玉姣：　妈妈怎么样了？

刘妈妈：　我跟你闹着玩儿哪！快起来。我说孩子，人家送给你玉镯，你有什么稀罕之物送给人家？

孙玉姣：　我家贫寒，哪有什么稀罕之物？

刘妈妈：　这绣的是什么？

孙玉姣：　乃是绣鞋。

刘妈妈：　这也能当聘礼。

孙玉姣：　就依妈妈。

刘妈妈：　放心吧，我走啦！

孙玉姣：　啊，妈妈，几时回音哪？

刘妈妈：　三年怎么样？

孙玉姣：　妈妈太多了。

刘妈妈：　那就三天吧。

孙玉姣：　（唱）妈妈此去要谨言，

刘妈妈：　（唱）不必叮咛再二三。

孙玉姣：　（唱）但愿妈妈早回转，

刘妈妈：　（唱）保管蝴蝶入桃园。

　　　　　（白）快进去吧。

孙玉姣：　妈妈，几天哪？

刘妈妈：　三天，三天，丫头片子。

孙玉姣：　啊，妈妈，到底几天哪？

刘妈妈：　这丫头，数着点，今天，明天，后天，快回去吧。

孙玉姣：　啊妈妈……

刘妈妈：　唉，三天，三天，没羞，没羞……

瓦房店评剧团牟淑梅、王喜友、刘晓霞
演出本
刘永峥记录
采录时间：2020年
采录地点：瓦房店

杨二舍化缘 [1]

又名《王美蓉观花》《花墙对诗》。由杜小楼、王金香于20世纪30年代中期根据同名唱词改编并首演于大连，后成为东北评剧团代表剧目之一。杨二舍与燕山王怀之女王美蓉订亲后父母去世。二舍婶母张氏为谋杨家财产，派人追杀杨二舍，幸得樵夫相救，二舍得以幸免。二舍去岳父府投亲，美蓉父亲非但不认，反将二舍驱出，二舍无奈在关王庙栖身。一日，杨二舍化缘至王府门前，借机大骂王府，王美蓉闻讯遂对其隔墙盘问。二舍细说前情，夫妻相认，并于当夜三更二人花园相会。王美蓉以金相赠，嘱二舍进京赶考。杨二舍赶考得中，夫妻团圆。

人物：　杨二舍
　　　　王美蓉
　　　　梅香

（梅香上）

梅香：　（唱）偷偷我把花墙上，

　　　　　　看看墙外啥景致。

　　　　　　墙外没有一人走，

　　　　　　墙上爬的净是蚂蚁。

　　　　　　小蚂蚁拖着一个大虫子，

　　　　　　大蚂蚁慌里慌张地找不着食。

　　　　　　那群蚂蚁正在打架，

　　　　　　黑压压一片成了群。

　　　　　　扑哧一下我吹口气，

　　　　　　哎呦呦小淘气迷了我的眼珠子。

（杨二舍上）

杨二舍：　（白）走哇！

　　　　　（唱）正行走来用目观，

[1]　选自辽宁省文化局剧目工作室编《评剧传统剧目选》，春风文艺出版社1980年版255—275页。

哼！又来到王怀大花园。

高大壁墙青石八面，

树木廊林倒也威严。

当中悬挂着一块匾，

上写着"王怀"老狗官。

我不见老狗的名字不生气，

见了他的名字怒冲冠。

我每日化缘从此过，

不骂你几句心里烦。

我千山万水来投奔，

你不该认下张宽不认咱。

你乱棍打不死杨二舍，

你想要另嫁你的闺女难上难。

杨二舍虽不是铁打的汉，

我倒要探探黄河几时干。

骂老贼解不了心中恨。

梅香： （白）呸！

（唱）骂声老道你双眼瞎。

莫非说你妈死得早，

你爹爹叨叨我，我就嫁给他。

叫老道近前来，

近前来吧你近前来吧，

近前认认你的亲妈妈！

杨二舍： （白）原来是位疯丫头。

梅香： 疯老道！

杨二舍： 是你疯还是我疯呢？

梅香： 你疯！你疯！你疯！

杨二舍： 怎见得是我疯呢？

梅香： 你不疯你敢骂我们老爷？

杨二舍： 慢说是你家老爷，就是你家小姐，我骂她几句又待何妨？

梅香： 呀哈！你旗杆顶上绑鸡毛 —— 好大的掸（胆）子！

杨二舍： 胆小我也不来！

梅香： 胆大？你敢拿蝎子吗？

杨二舍： 淘气的丫头！

梅香： 哼！我问你，你是愿意做小人哪，还是做君子？

杨二舍： 想必是君子吧？

梅香： 噢，对啦，君子。

杨二舍： 你怎么一言两讲啊？

梅香： 你要是愿意做小人哪，你就鸡蛋长爪，连骨碌带爬，给我滚得远远的。

杨二舍： 你骂呀，我只当没听见。

梅香： 你要是做君子啊，你就在这等着，我去禀告我们小姐去！

杨二舍： 好好好，你快去吧！

梅香： 我偏不去！

杨二舍： 你怎么不去了哇？

梅香： 哼！

杨二舍： 想必你也不敢去呀！

梅香： 哼！我还走了哪！

（唱）小梅香，不消停，

下了花墙一阵风。

（白）你等着！（下）

（王美蓉上）

王美蓉： （唱）王美蓉自幼儿大门不出二门不迈，

怎么就会得罪化缘小道童！

美蓉上墙来，举目把头抬，

四顾无人走……

杨二舍： 嗯 —— 嗯！

王美蓉： （唱）那旁闪出道童来。

（白）梅香！

梅香： 小姐！

王美蓉： 是他骂我？

梅香： 就是他！就是他！

杨二舍： （唱）猛抬头用目撒，

墙上站出一位女菩萨。

菩萨她在墙上站，

就好似日出东山飞彩霞。

一轮明月江心照，

雪地里现出一盆花。

虽然她不是那天仙女，

月里的嫦娥比着她。

王美蓉：（唱）墙下站立一个小老道，

他目不转睛把我瞧。

方巾帽，灰道袍，

大大的眼睛弯眉毛。

他好像明月青松山间照，

又好像乌鸦群里出仙鹤。

道童比作梧桐树，

王美蓉比作一只百灵鸟，

百灵飞在梧桐树上，

脚踩梧桐歇春宵。

小梅香你看道人好不好？

梅香：（唱）叫我仔细瞧一瞧。

（白）他好像个呆头呆脑的小傻子。

王美蓉：怎么是小傻子哪？

梅香：小姐呀，你看他站在那这么呆头呆脑的，活像

个小傻子！

王美蓉：小道人！

梅香：小傻子！

王美蓉：小道人！

梅香：噢，小道人！

（唱）他爹像金妈像银，

养活这个孩子可爱死个人儿。

我看他像大豆腐嫩凉粉儿，

白面饽饽鸡蛋皮儿，

才将他养活成这个水灵灵的小瓷人儿。

你直脖瞪眼把人瞅，

小心你的那个眼珠子，

掉在了地上沾上了泥儿。

杨二舍：（唱）花园比作一江水，

小姐你比作采莲船。

丫鬟好比来掌舵，

二舍我比作过河男。

有心我把船来上……

梅香：（白）你敢？我打你！

杨二舍：（唱）船家莫打过河的钱。

（白）哎呀，且住！看这墙上，分明是我妻王美
蓉，我不免在这墙上留下诗句一首，若是解开
其中之意，我们夫妻也好相会，也好相会！

（念）二舍把笔提，

墙上留诗句。

解开其中意，

丫鬟打茶去。打茶去！

梅香：（白）哎小姐！你看你看你看！他把咱们家粉
皮墙，画个乱七八糟的！

王美蓉：在哪里？

梅香：在那呢！

王美蓉：在哪里？

梅香：在那呢，在那呢！

王美蓉：梅香，

梅香：小姐。

王美蓉：与我打杯茶吃。

梅香：小姐，在楼上你怎么不喝呀？

王美蓉：在楼上我不渴。

梅香：哎，我马上就去！

王美蓉：回来！今日打茶不比往日，让我交代于你。

梅香：哎，您说吧！

王美蓉：我那桌案之上，有一个小小的瓶儿，你把它拴
上一个长长的红绒绳，到在后院八宝琉璃井，
沉三沉，拖三拖。

梅香：哎，我知道了！

王美蓉：回来！咱家有个八印锅，你把它打满了，再把
它烧开了，烧剩下半碗水，给我晾得不凉不热，
再给我端来。

梅香：小姐呀！你今天吃茶怎么这么麻烦哪！

王美蓉：炖茶吃味不苦哇！

梅香：噢！您这么一说呀，我就知道了！

王美蓉：明白了，就快去吧！

梅香：哎，我去了！

杨二舍：哎呀，妙哇！

梅香：庙？你妈去姑子庵！（下）

0274

杨二舍：　（唱）一见丫鬟打茶去，

　　　　　　　　不由我二舍喜在心。

　　　　　　　　小姐你好比一锭金，

　　　　　　　　因没有人拾落在江心。

王美蓉：　（唱）因何见金你不拾？

杨二舍：　（唱）那山又高来水又深。

王美蓉：　（唱）山高也有人走路，

　　　　　　　　这水深也有摆渡的人。

杨二舍：　（唱）将金拾在我的手，

　　　　　　　　我轻轻度过几十春。

王美蓉：　（唱）道童比作一棵莲，

　　　　　　　　长在江心水中间。

杨二舍：　（唱）因何见莲你不采？

王美蓉：　（唱）我脚下缺少采莲船。

　　　　　　　　有朝一日船打好，

　　　　　　　　双脚登船去采莲。

　　　　　　　　将莲采在我的手，

　　　　　　　　我轻轻过上几十年。

杨二舍：　（唱）小姐你好比一树梨，

　　　　　　　　青枝绿叶长得齐。

王美蓉：　（唱）长得齐来长得齐，

　　　　　　　　管叫你看来得不着梨。

杨二舍：　（唱）虽然说得不着那梨儿用，

　　　　　　　　想必是有人看这梨。

　　　　　　　　单等那看梨的人儿去用饭，

　　　　　　　　移到树下去摘梨。

　　　　　　　　袍袖兜回那关王庙，

　　　　　　　　背着师父偷看梨。

　　　　　　　　将梨描在经卷上，

　　　　　　　　三三见九偷看梨。

　　　　　　　　虽然是当不了茶和饭，

　　　　　　　　喝一口凉水我也充饥。

王美蓉：　（唱）道童比作一树桃，

　　　　　　　　又中看来又中瞧。

杨二舍：　（唱）中看中瞧有何用？

　　　　　　　　只能够看来得不着。

王美蓉：　（唱）得不着，得不着，

　　　　　　　　想必是有人看着桃。

　　　　　　　　单等那看桃的人儿去用饭，

　　　　　　　　怀抱树身摇几摇。

　　　　　　　　将桃摇在我的手，

　　　　　　　　袖儿拾来汗巾包。

　　　　　　　　将桃包在绣楼上，

　　　　　　　　买管新笔把它描。

　　　　　　　　把它描在相册上，

　　　　　　　　一天三遍把它瞧。

　　　　　　　　一天看它三遍整，

　　　　　　　　三天看它整九遭。

杨二舍：　（唱）为什么光看你不用？

王美蓉：　（唱）我看着桃儿就把闷消，

　　　　　　　　用了之后再也瞧不着。

杨二舍：　（唱）小姐你好比一个琵琶四根弦，

　　　　　　　　终朝每日在墙上悬。

　　　　　　　　琵琶落在我的手，

　　　　　　　　我怀抱琵琶不敢弹。

王美蓉：　（唱）怀抱琵琶你因何不乐？

杨二舍：　（唱）恐怕是欢乐之中断、断了弦。

王美蓉：　（唱）道童儿，

杨二舍：　（唱）女神仙，

王美蓉：　（唱）近前来，

杨二舍：　（唱）你有何话谈？

王美蓉：　（唱）叫你近前你且近前，

杨二舍：　（唱）莫非说小姐你把缘簿来填？

王美蓉：　（唱）虽然不是上缘簿，

　　　　　　　　我要与你把家乡盘。

杨二舍：　（唱）小姐你有话只管讲，

　　　　　　　　小道童家住在河南。

王美蓉：　（唱）你在河南哪里住？

杨二舍：　（唱）卫辉府内卧牛湾。

王美蓉：　（唱）百家姓上的哪个字？

杨二舍：　（唱）木易杨字就是咱。

王美蓉：　（唱）在河南有位大人杨啊杨继风，

杨二舍：　（唱）那是我父二品官。

王美蓉：　（唱）问一声你的爹娘他老人家好？

杨二舍：　（唱）我爹娘不幸染黄泉。

王美蓉：　（唱）爹娘下世何人照看你？

杨二舍：　（唱）我伯父大娘照看咱。

王美蓉：　（唱）伯父大娘待你好不好？

杨二舍：　（唱）他先待我好后待我不贤。

王美蓉：　（唱）先待你好是怎么样的好？

杨二舍：　（唱）送我在南学念书篇。

王美蓉：　（唱）后待你不贤把你怎么样？

杨二舍：　（唱）他差去杨青暗害咱。

王美蓉：　（唱）杨青杀你焉有你的名？

杨二舍：　（唱）多亏了小妹杨金莲。

王美蓉：　（唱）你妹妹救你是怎么样地救？

杨二舍：　（唱）绣楼之上把身安。

王美蓉：　（唱）绣楼也不是你安身的处，

杨二舍：　（唱）我存身不过三五天。

王美蓉：　（唱）三五日后逃到何处去？

杨二舍：　（唱）叫我投身奔燕山。

王美蓉：　（唱）临行给你是什么物？

杨二舍：　（唱）靴帽蓝衫还有盘缠钱。

王美蓉：　（唱）年轻幼小谁给你做伴？

杨二舍：　（唱）有一个管家名叫张宽。

王美蓉：　（唱）张宽待你好不好？

杨二舍：　（唱）密松林内暗害咱。

王美蓉：　（唱）密松林里是怎样把你害？

杨二舍：　（唱）马缰绳勒脖子推下高山。

王美蓉：　（唱）推下山涧焉有你的命？

杨二舍：　（唱）打柴的樵夫救了咱。

王美蓉：　（唱）樵夫他怎样把你救？

杨二舍：　（唱）解开了缰绳背回家园。

王美蓉：　（唱）你在他家住了多少日？

杨二舍：　（唱）我前后调养整七天。

王美蓉：　（唱）七天之后何处去？

杨二舍：　（唱）叫我投亲奔燕山。

王美蓉：　（唱）何日起身何日到？

杨二舍：　（唱）五月十四我走到八月十三。

王美蓉：　（唱）共合走了多少日？

杨二舍：　（唱）我走了三月没零八十九天。

王美蓉：　（唱）左算右算少了一日？

杨二舍：　（唱）六月里小，还短了一天。

王美蓉：　（唱）到燕山你把哪门进？

杨二舍：　（唱）我进的南门火龙关。

王美蓉：　（唱）你在哪里吃的饭？

杨二舍：　（唱）在王家小店打的尖。

王美蓉：　（唱）我问你吃饱没吃饱？

杨二舍：　（唱）一副肠子还半副闲。

王美蓉：　（唱）因何吃饭不吃饱？

杨二舍：　（唱）我腰中缺少盘缠钱。

王美蓉：　（唱）夜晚哪里睡的觉？

杨二舍：　（唱）房厦子底下打野盘。

王美蓉：　（唱）我问你铺的什么睡来盖的什么睡？

杨二舍：　（唱）铺着地来盖着天。

王美蓉：　（唱）问你夜晚你冷不冷？

杨二舍：　（唱）我拘挐一团就打战战。

王美蓉：　（唱）清晨起来何处去？

杨二舍：　（唱）王老爷府内我投亲眷。

王美蓉：　（唱）老爷可曾认下你？

杨二舍：　（唱）他认下张宽不认咱。

王美蓉：　（唱）因何认他不认你？

杨二舍：　（唱）他里穿绸外穿缎，

　　　　　衣冠楚楚，靴帽蓝衫。

王美蓉：　（唱）你进府之时什么穿戴？

杨二舍：　（唱）既无靴又无帽，

　　　　　衣服褴褛，片片补连。

王美蓉：　（唱）莫非说老爷他嫌贫爱富？

杨二舍：　（唱）他将我四十大板赶出门前。

王美蓉：　（唱）赶出门前你往哪里去？

杨二舍：　（唱）关王庙里把吊悬。

王美蓉：　（唱）关王庙上吊焉有你的命？

杨二舍：　（唱）多亏我的师父张道仙。

王美蓉：　（唱）他救活之后把你怎么样？

杨二舍：　（唱）叫我学道去化缘。

王美蓉：　（唱）化来金钱做何用？

杨二舍：　（唱）先修大殿后修佛坛。

王美蓉：　（唱）你的工程满没满？

杨二舍：　（唱）还有个鼓楼没修完。

王美蓉：　（唱）说此话莫非你是杨二舍？

杨二舍：　（唱）叫小姐既知二舍莫要高言。

王美蓉：　（唱）茶里思来饭里我把你想，

　　　　　　　　魂里梦里俱是一般。

　　　　　　　　我日日夜夜盼你到，

　　　　　　　　你千里投亲遭了多少艰难？

杨二舍：　（唱）四四方方一块铜，

　　　　　　　　一斧下去两下崩。

王美蓉：　（唱）一块落在河南地，

杨二舍：　（唱）一块落在燕山城。

王美蓉：　（唱）河南铸了一个紫鸣磬，

杨二舍：　（唱）燕山城铸了一口紫鸣钟。

王美蓉：　（唱）磬打三下嗡嗡地响，

杨二舍：　（唱）钟打三下响嗡嗡。

王美蓉：　（唱）嗡嗡响 ——

杨二舍：　（唱）响嗡嗡 ——

王美蓉：　（唱）好好的夫妻不能相逢。

杨二舍：　（唱）咱二人好比一盘棋，

　　　　　　　　五卒二马对双车。

王美蓉：　（唱）我父好比那当头炮，

杨二舍：　（唱）那一炮打得咱们两分离。

王美蓉：　（唱）两分离，两分离，

　　　　　　　　东的东来西的西。

　　　　　　　　若得夫妻重相会 ——

杨二舍：　（唱）除非是拱卒吃炮马踩双车。

王美蓉：　（唱）咱二人好比一对鹅，

　　　　　　　　高的高来矬的矬。

杨二舍：　（唱）高的墙上少欢乐，

　　　　　　　　矬的墙下我受折磨。

王美蓉：　（唱）为什么好好的夫妻不能到一处？

　　　　　　　　隔花墙如隔万里河。

杨二舍：　（唱）咱二人好比一对鸳鸯，

王美蓉：　（唱）墙上墙下哭凄凉。

杨二舍：　（唱）凄凄凄凉哭，

王美蓉：　（唱）哭呀哭凄凉。

杨二舍：　（唱）好夫妻，

王美蓉：　（唱）不成双。若得 ——

杨二舍、王美蓉：（唱）夫妻到一处，

王美蓉：　（唱）除非是大水冲倒花园墙。

　　　　　　　　二人正在把话儿谈，

杨二舍：　（唱）东北角打雷阴了天。

王美蓉：　（唱）东北风 ——

杨二舍：　（唱）阵阵寒，

王美蓉：　（唱）下小雨 ——

杨二舍：　（唱）湿衣衫。

王美蓉：　（唱）湿了衣衫你冷不冷？

杨二舍：　（唱）我贪恋小姐我不觉寒。

王美蓉：　（唱）湿了衣衫谁疼你？

杨二舍：　（唱）墙上的小姐心疼咱。

王美蓉：　（唱）湿了衣衫我真心疼，

　　　　　　　　回头来我把爹爹骂几声。

　　　　　　　　有眼不识金镶玉，

　　　　　　　　拿着真金当黄铜。

　　　　　　　　老娘死了我穿重孝，

　　　　　　　　你若死了我披大红。

　　　　　　　　送灵送到大门外，

　　　　　　　　哭你三声我笑你三声。

　　　　　　　　为什么哭？为什么笑？

　　　　　　　　只因你 —— 只认衣衫你不认人。

　　　　　　　　回头我把相公叫，

　　　　　　　　我是你妻王美蓉。

　　　　　　　　我父不认算他瞎了眼，

　　　　　　　　我今认你我府中。

　　　　　　　　鼓打三更花园进，

　　　　　　　　绣楼给你银子铜。

　　　　　　　　银钱拿回关王庙，

　　　　　　　　请个先生把书攻。

念书念到龙虎日，

大比之年求功名。

你若金榜身得中，

我落个贤惠也有名。

杨二舍： （唱）你叫我三更取银两，

你拿何物作证凭？

王美蓉： （唱）要证凭，有证凭，

头上金簪拿手中。

当中一撅两头挺，

叫声河南二相公。

久后若有金簪在，

你就是要饭的花郎我不嫌穷。

久后无有金簪在，

你就是逍遥驸马认不清。

我将金簪交予你，

公子啊！你拿何物作证凭？

杨二舍： （唱）低头看，用目观，

瞧见素珠挂胸前。

素珠一百单八个，

五十四对没有单。

你一半来我一半，

三更时分做证件。

三更若有素珠在，

你就是烧火的丫头我不嫌。

三更无有素珠在，

你就是九天仙女我不贪。

（幕后铜锣声）

杨二舍、王美蓉：（唱）二人正讲知心话——

又是铜锣响连天。

是是是来明白了，

想必你我父转回还。

杨二舍： （唱）我辞别小姐回家转。（下）

王美蓉： （白）公子！天阴路滑，你要好好走哇。

夜审周紫琴

又名《胭脂判》。周百禄之女周紫琴在家门前遇少年吴凤岐，二人互生爱慕，邻居妇周冯氏窥见。周冯氏无意中将此事说与奸夫郑小娃，郑素羡紫琴姿色，乃冒凤岐之名夜入周宅，欲行奸时紫琴呼救，郑小娃抢一只绣鞋而逃。更夫李二也与周冯氏有染，恰巧拾得郑小娃所遗绣鞋，探知紫琴和凤岐事，持鞋亦冒凤岐名去调戏紫琴，周父发觉持宰羊刀追出，被李二夺刀所杀。紫琴疑其父为凤岐杀害，遂报官。州官与太太相商，太太孙氏夜审紫琴，得悉详情。后州官传来冯氏、郑小娃、李二等，查明案情，分别论罪，指派紫琴与凤岐成婚。

人物： 周紫琴

吴凤岐

周冯氏

周百禄

郑小娃

李二

周百祥

州官

太太

茯苓

张三

王四

（周紫琴上）

周紫琴： （念）一树梨花似白雪，

最怕狂风暴雨来。

（白）奴周紫琴，不幸我母下世，跟随我父度日，家业贫寒，以至于我父宰羊为生。我父西村杀羊去了一天，到这般时候未回家门，叫我放心不下呀！

（唱）凄凄凉凉心头发闷，

长叹一声自沉吟。

红颜薄命自古道，

话不虚传果然真。

不幸我母下世早，

跟随我父度光阴。

我父清晨西村去，

这般时候未到门。

不放心我只得门外去看，

欠身离座出房门。

（出门走）

走出门外四下张望，

但只见太阳已落西村。

（吴凤岐上）

吴凤岐：　（唱）凤岐散心到街前四下观看，

贫穷富贵不一般。

也有那凉亭闲坐摇绫扇，

也有那推车担担汗涟涟。

也有那雕花隔扇装五彩，

也有身居陋巷草舍茅檐。

也有贵身穿着绫罗缎，

也有那拐瞎秃丑丑陋不堪。

越过大街往前走，

小巷口里心放宽。

抬头看四下无人多清静，

转眼瞧见女红颜。

只见她黑发似墨染，

鬓儿光亮又齐边。

桃色粉面花儿含露，

玉米银牙嘴唇儿鲜。

穿一身家常衣服多优雅，

金莲不过二寸三。

银镯首饰描花腕，

青衫袖里玉指尖。

此女容貌难描画，

那一派端庄稳重出自然。

远看她如同东风吹弱柳，

近看时好似青云照牡丹。

又如同广寒仙女下了界，

也好似嫦娥降下凡。

姑娘的相貌长得过好，

是人见了魂飞天。

且不言吴凤岐暗暗夸赞，

周紫琴：　（唱）紫琴女暗叹慢转回身。

见一位美少年门前站稳，

目不转睛偷看我，羞答答退回闺门。

推单扇稳住身把那人偷看，

天庭满地阁圆眉清目秀，

右手拿避暑扇两面烫着金。

穿蓝衫戴方巾脸蛋似粉，

我看他笑非是笑自来爱人。

不知他住何处离此远近，

又不知他贵姓谁家儿孙。

眼看着口中念喜爱不尽，

两脚酸木散精神。

两眼来二目去有了情意，

（周冯氏上）

周冯氏：　（唱）冯氏近前又把话云。

（白）我说妹子，你看什么呢？

周紫琴：　我张望我爹爹呢。

周冯氏：　你不用瞒我，我看见了，你和人家吊膀[1]呢，我说妹子，方才那人他是北街吴进士之子叫吴凤岐。他父母双亡，新近又把妻子丧去了咧，你要看着他好，我给你说说叫你二人做个小两口儿，你看如何呢？

周紫琴：　嫂嫂快快去吧！

周冯氏：　你们爷们听了，也不知叫我给她说媒去呀，也不知叫我家去，闹了个稀里糊涂，真是常言说得好，女大不可留，留来留去她就会和人家吊起膀子来，可把我气杀咧。（下）

（周百禄上）

周百禄：　（念）西庄去杀羊，

天晚回村庄。

[1]　吊膀：也作"吊膀子"，指调情。

（白）我周百禄天色不早回家咧。

（唱）清晨西庄去杀羊，

　　　一到天晚回家乡。

　　　迈步如梭走得快，

　　　来到自己大门旁。

　　　迈步就把大门进，

（白）女儿在家吗？

周紫琴：　爹爹回来咧？

周百禄：　回来咧。

周紫琴：　儿与你倒茶去。

周百禄：　不用，天已不早，你方便去吧。

周紫琴：　儿遵命。

周百禄：　（念）搬石去磨刀，

　　　　　　　　明日把羊剖。

周冯氏：　（上。白）周门冯氏，不幸丈夫去了世，抛下我孤孤伶伶，若到白天则还罢了，若到夜晚那才难受。我无奈就靠了个亲家，叫郑小娃，这几天未上我这里来，想必是又靠了别人咧，可把我愁杀了！

　　　　　（唱）周氏女独自坐在房间，

　　　　　　　　凄凄凉凉好不耐烦。

　　　　　　　　不幸我的丈夫下世早，

　　　　　　　　抛下了小奴受孤单。

　　　　　　　　若到白天还好受，

　　　　　　　　怕的是夜晚三更天。

　　　　　　　　鸳鸯绣枕闲着半截，

　　　　　　　　红绫被里少半边。

　　　　　　　　清晨起来巧装扮，

　　　　　　　　有事无事站在了门前。

　　　　　　　　偏遇见了郑小娃打伞门前过，

　　　　　　　　我二人一见面就有了缘。

　　　　　　　　把他请到我家内，

　　　　　　　　酒饭款待行令又搳拳。

　　　　　　　　酒是色媒真不假，

　　　　　　　　我二人携手上了巫山。

　　　　　　　　自从那日交情好，

　　　　　　　　至今也有数十余天。

　　　　　　　　周氏女正然思念，

　　　　　（郑小娃上）

郑小娃：　（唱）小娃来到了门前。

　　　　　（念）从小不服管，

　　　　　　　　长大便现眼。

　　　　　　　　花钱比别人多，

　　　　　　　　办事不露脸。

　　　　　（白）在下郑小娃，新近靠了个亲家周门冯氏，这些天总也未曾上那里去，今日身闲无事，何不到那里快乐一回？正是：去去行行，行行去去，不多时来到，亲家开门来呀！

周冯氏：　必是我们亲家来了，待我开门，你可来了！

郑小娃：　我不是无空啦。

周冯氏：　有话屋里说去，我说亲家这几天做什么去了？

郑小娃：　上天津与你买东西去着。

周冯氏：　买的什么东西？

郑小娃：　坤袄坤裤子，坤鞋坤袜子。

周冯氏：　买来了吗？

郑小娃：　一件也未商量成。

周冯氏：　亲家你竟闹嘴，再说了，咱二人交好也不在乎东西不东西的，亲家这几天未来，我这里出了一件新鲜事。

郑小娃：　啥新鲜事与我说说何妨？

周冯氏：　我有个叔伯妹子叫周紫琴，昨日在当街会吴凤岐他俩吊膀子被我看见，我说说妹子你做啥呀，她说张望爹爹呢。我说你不用瞒我，我看见了，我又说方才那人是北街吴进士之子名叫吴凤岐，你要看他好，我给你说说去，你们俩做个小两口儿好与不好呢，她用手把我一推，她说嫂嫂你快去吧，也不知叫我说媒去，也不知是叫我家去，闹了个稀里糊涂，亲家你说怎么好？

郑小娃：　依我说，闲事少管。

周冯氏：　如此说来我就不管了，亲家呀天色不早了，咱二人睡觉吧，正是：青春媚妇入罗帐，说说笑笑把亲家陪。（下）

周紫琴： （上）独坐房中闷忧愁。奴周紫琴，白日在门口张望我父，遇见了吴凤岐于门前过，我二人一见面各有情意，被我嫂嫂看透，羞得面红过耳，回到我的房中思想起来，好不闷愁人也！

（唱）周紫琴坐在房中凄凄凉凉，

把香腮靠绣枕身卧牙床。

思想起来白天事好不感伤，

见一位读书客有貌的才郎。

满面福相又不张来又不狂，

偷看我透出一种情喜爱得非常。

我们俩目传情有话未曾讲，

周四嫂看破了我羞愧难当。

嫂嫂她猜透情对我言讲，

说他叫吴凤岐进士的儿郎。

父母下世妻又把命丧，

正要选美女做一个填房。

周氏嫂愿做媒愿走一趟，

叫我俩成夫妻年貌相当。

我二人果成就百年夫妇，

我情愿吃长斋白日烧香。

周氏嫂话不准她好说谎，

做媒人也不知她愿当不愿当。

咳，我是瞎盼哪有一个指望，

想此伤心处落下泪两行。

老爹爹太粗心他不细想，

看不见我女儿身大袖长。

婚姻事有母在儿还好讲，

做父的要不提儿怎声扬？

至而今不理论婚姻之事，

难道说留在家鬓发皆霜？

周紫琴哭哭啼啼二更锣响，

郑小娃： （上。唱）再表那郑小娃偷出绣房。

（白）我郑小娃今夜晚我何不充吴凤岐吵闹周紫琴一回？正是这个主意，我走走行行，去去行行，不多一时，到来咧。待我跳墙过去，不免叫门。周紫琴开门来咧，我来咧。

周紫琴： 外边何人叫门？

郑小娃： 我吴凤岐，自从在门外你一眼我一眼，今夜晚就望你，望花眼咧。

（唱）自从在门外见你一面，

勾引我魂灵上了望乡。

今夜我来到此无有别想，

开开门我二人快乐一场。

周紫琴： （唱）周紫琴熄灭灯低声讲，

隔窗棂叫凤岐且莫张狂。

你既是书香门孔子教训，

万不可失五常混乱我的闺房。

你当学狄仁杰夜别孀妇，

不可学昔张生夜跳花墙。

你当学坐怀不乱柳下惠，

不可学夜进香闺周廷章。

你当学秉烛达旦关夫子，

不可学夜会巫山楚襄王。

你有情我有意明处言讲，

托媒人求吾父无不应当。

成夫妇哪怕望风摆荡，

拜大堂再无人说短论长。

这时候偷香瞒人不讲，

终久后哪有个不透风的墙？

伤风败俗惹人嚷唱，

方显出乱闺房失去五常。

休笑我贫户女年幼贫相，

我也明妇道理谨守闺房。

凤岐呀你沉下心去吧，

休妄想趁此时无人知快回家乡。

郑小娃： （唱）小娃闻听此言暗思想，

我何不假意把她诓？

开言又把周姐姐叫，

叫声周姐姐听衷肠。

因为你我两顿未吃饱饭，

因为你终日懒念文章。

你就是开门我摸摸手，

也不负此来白辛苦一场。

周紫琴：（唱）紫琴闻听了这么句话，

叫一声凤岐听其详。

你说的话莫要失信，

开开门不许进我的闺房。

紫琴这里把床下，

不由得一阵心发慌。

有心喊叫不敢喊。

恐怕惊动左邻右厢。

用手推开门闩带，

郑小娃：（唱）郑小娃进房中我推倒姑娘。

周紫琴：（白）我喊！吴凤岐我把你个恶贼！（郑跑）

（唱）又羞又愧泪双垂，

骂一声吴凤岐杀人的贼。

又哭声母亲死得早，

丢下孩儿实可悲。

此时若有我的母亲在，

贼人他不敢进我的深闺。

羞羞愧愧回房去，

李二：（上。白）小心着，小心着。（郑跑大过场）这是谁？从老周家跑出来的，待我追上看看是哪个。

（郑跑李二追，郑小娃将绣鞋丢落，李二拾去大过场）

周冯氏：（急上）伸手摸一把，不见郑小娃。

郑小娃：（急上）幸亏跑得快，慢了挨顿打。

李二：（急上）追了多半夜，听听这是哪。（偷听）

周冯氏：亲家去做啥去着？

郑小娃：我吵闹周紫琴一回。

周冯氏：她可与你开门来着呀？

郑小娃：原先未开，后来我将门诓开，一把将她推倒床下，她刚要喊，我一伸手把绣鞋脱下一只来啊，亲家你看看，呀！还丢了。

周冯氏：你别瞎闹，咱睡觉去吧！（下）

李二：我也假充吴凤岐吵闹周紫琴去，待我走走行行，去去行行，来到咧，待我跳墙过来咧，不免前

去叫门，周紫琴哪，开门来呀！

周百禄：（上）心惊眼又跳，上炕睡大觉。

李二：哎，紫琴开门来呀。

周百禄：等与你开门，奸贼哪里走？

（周李夺刀，李二杀周下，周紫琴上，跪哭）

周紫琴：（唱）一见爹爹倒尘埃，

鲜血淋淋染尸骸。

吓得奴家颜色变，

扑簌簌两眼落下泪来。

哭了声爹爹死得早，

抛下奴家好苦哉。

姑娘越哭越心痛，

（白）罢了，爹呀！

周百祥：（上）紫琴半夜三更哭什么？

周紫琴：不知我爹爹被吴凤岐怎么杀死！

周百祥：罢了，紫琴你既知道吴凤岐杀死我的大哥，何不到大堂告他一状？

周紫琴：孩儿本是女流之辈，怎能申冤告状？

周百祥：叔父引你前去。

周紫琴：如此说叔父头前带路，上大堂与父报仇。

（州官、张三、王四上）

州官：（念）做官不与民做主，

枉受皇家封爵禄。

（白）下官王进忠，多蒙皇上恩典，放我黄州一任，自我上任以来清平世界，国泰民安，今乃三六九日放告挂出，人来，有事无事？

张三、王四：有一女子喊冤。

州官：带上堂来。

周紫琴：是来了，民女与大老爷叩头。

州官：原来是一疯女。

周紫琴：怎见得是一个疯女？

州官：蓬头散发，闯上老爷公堂，定是一个疯女。

周紫琴：我有十大冤枉。

州官：可有呈报？

周紫琴：写状不及。

州官：口诉上来。

周紫琴：　老爷听了！状告北街吴凤岐！

州官：　你家住在哪里？姓甚名谁快快诉来！

周紫琴：　大老爷听了！

　　　　　(唱) 未曾说话泪双淋，

　　　　　　　口尊声大老爷贵耳听真。

　　　　　　　家住在城东八里堡，

　　　　　　　父母起名我叫周紫琴。

　　　　　　　女不言父周百禄，

　　　　　　　不幸我母她早归阴。

　　　　　　　那日我父往西村去，

　　　　　　　抛我一人看守家门。

　　　　　　　天过午我的父还未回转，

　　　　　　　民女我到门外去张望天伦。

　　　　　　　正遇恶人吴凤岐，

　　　　　　　黉夜闯进我的家门。

　　　　　　　我父持刀将他赶，

　　　　　　　反手夺刀杀死我天伦。

　　　　　　　一往事情全诉尽，

　　　　　　　望老爷听准此案快拿行凶的人。

州官：　(白) 依你说来你有十大冤枉，你下堂去吧，老
　　　　爷与你办案就是。

周紫琴：　谢过大老爷。

州官：　人来！

张三、王四：有。

州官：　拿老爷火签一支，去传吴凤岐。

张三、王四：是。

州官：　有事无事？

张三、王四：无事。

州官：　无事打退堂鼓。

张三、王四：奉了老爷命，去传吴凤岐。待我疾去，来到了
　　　　　　吴凤岐家，人在哪里？

吴凤岐：　(上) 二位公差到此何事？

差役：　周紫琴将你告了！走，到衙门口去说吧。

吴凤岐：　并未做行凶犯法之事，谅也无妨。(下)

州官：　验尸已毕转回衙，判断虚实归王法。下官王进
　　　　忠，差人去传吴凤岐，为何还不见到来？

张三、王四：禀老爷，将吴凤岐传到。

州官：　带上堂来！

张三、王四：吴凤岐上堂！

吴凤岐：　吴凤岐与大老爷叩头。

州官：　吴凤岐，你可知罪吗？

吴凤岐：　大老爷将周紫琴传上来，她可认识与我。

州官：　人来！

张三、王四：有。

州官：　传周紫琴上堂。

张三、王四：是！周紫琴上堂！

周紫琴：　(上) 来了，周紫琴与大老爷叩头。

州官：　将他传到，与他对词。

周紫琴：　吴凤岐你这个杀人的贼呀！

　　　　　(唱) 周紫琴跪大堂心神不稳，

　　　　　　　羞答答眼落泪话难出唇。

　　　　　　　人命事大如天十告九准，

　　　　　　　县太爷追实底还要搜根。

　　　　　　　我怎说吴凤岐逼奸不允，

　　　　　　　若不说从前事难以见真。

　　　　　　　报父仇顾不了羞耻人伦，

　　　　　　　羞答答低下头叫称县尊。

　　　　　　　提起花鞋为证有根有据，

　　　　　　　说讲起太羞耻面目无存。

　　　　　　　母身亡抛父女苦熬岁月，

　　　　　　　那一夜吴凤岐闯进闺门。

　　　　　　　劝不醒迷心人一退一进，

　　　　　　　男身强女身弱推倒埃尘。

　　　　　　　掠去了一只鞋往前够奔，

　　　　　　　我喧哗他惊怕这才转身。

　　　　　　　我父闻手持刀追赶一阵，

　　　　　　　吴凤岐反夺刀杀死了我的天伦。

　　　　　　　抛下了红绣鞋跳墙逃走，

　　　　　　　民女我见此鞋才知其因。

　　　　　　　一往事始终情全然说透，

　　　　　　　望爷追实底感激大恩。

吴凤岐：　(白) 大老爷莫听周紫琴一面之词，小的还有

下情回禀！

（唱）大老爷细听小的从头论，

　　　　周紫琴好不该血口喷人。

　　　　岂不知闺阁幼女廉耻要紧，

　　　　好不该往自己头上扣脏盆。

　　　　凤岐跪爬多半步，

　　　　连喊冤枉口奉县尊。

　　　　我虽系当庄隔离远，

　　　　再又说周吴二姓无有不亲。

　　　　我父当年两榜文进士，

　　　　积德行善爱老怜贫。

　　　　我父亲在世上曾把我训，

　　　　我怎敢色迷心身犯邪淫？

　　　　常言道上天有眼神目如电，

　　　　我这心只有青天见得真。

　　　　若不信差贵差役下乡访准，

　　　　我凤岐不是那等犯法人。

州官：　　（白）你二人各有各理，叫我难审难问，人来！

张三、王四：有。

州官：　　将周紫琴送回店去，将吴凤岐押起来。

张三、王四：是。

州官：　　打退堂鼓！

　　　　（州官、差役同下）

太太：　　（上。念）头戴金银翡翠，

　　　　　　身穿绸缎绫纱。

　　　　　　使奴唤婢在县衙，

　　　　　　一世富贵荣华！

　　　　（白）老身孙氏，随老爷来到任上，天已不早，怎么不见老爷退下堂来？

州官：　　夫人在房吗？

太太：　　老爷回来了，请转上坐。

州官：　　便坐。

太太：　　每天老爷回来欢天喜地，今日为何面带不悦？莫非遇到了棘手的案子不成？

州官：　　夫人是你不知，今日接一案，周紫琴状告吴凤岐因奸杀父，我看吴凤岐不像犯法之人，他二人各说各有理，叫我难审难问。

太太：　　周紫琴有多大年岁？

州官：　　十八九岁。

太太：　　人才如何？

州官：　　八九分人才。

太太：　　老爷不要焦躁，妾身倒有个主意，今夜晚将周紫琴带到内宅，妾我定要审问她一番，老爷您看如何？

州官：　　夫人高见。

太太：　　老爷的洪福，人来！

差役：　　（上）有。

州官：　　传周紫琴到内堂听审。

差役：　　是，禀老爷，将周紫琴传到。

州官：　　命她进见。

差役：　　是，周紫琴，老爷命你进见。

周紫琴：　（上）是，来了。周紫琴与老爷太太叩头。

太太：　　好一个伶俐的孩子，你莫要害怕，站起来讲话。

周紫琴：　是，谢过太太。

太太：　　紫琴你将以往事情对太太说说，太太自然与你做主。

周紫琴：　老爷、太太容诉！

　　　　（唱）未曾开口粉面通红，

　　　　　　老爷太太容我禀明。

　　　　　　我家住在八里堡，

　　　　　　周紫琴就是民女的名。

　　　　　　五岁时母下世天遭不幸，

　　　　　　跟随我父苦度秋冬。

太太：　　（白）你们父女是同房而眠哪，还是隔房安寝呢？

周紫琴：　我们父女本是隔房住。

太太：　　你胡说，你父女既是隔房安眠，你可怎么知道你父被杀呢？

周紫琴：　咳，太太呀！

　　　　（唱）我忽听我爹爹叫了一声，

　　　　　　民女出房去，我父丧残生。

　　　　　　杀人贼逃了无踪无影，

太太： （白）你又胡说，既是贼人逃得无影无踪，你怎么就知道是吴凤岐杀的呢？

周紫琴： 太太呀，民女虽然不知晓，

（唱）那城墙虽厚可亦能透风。

太太： 着哇，城墙虽厚亦能透风。想必是有打干证[1]的。

周紫琴： 没有。

太太： 有人看见来着？

周紫琴： 没有。

太太： 一无有人看见，二无干证，吴凤岐杀死你父可有什么根据呢？

周紫琴： 咳，太太呀！

（唱）羞答答说是有鞋一只，

那就是杀人贼的凭证。

太太： （白）哦，我明白了，一定是吴凤岐把他的鞋丢在你们家里一只，是么？

周紫琴： 咳，不是。

太太： 那么是谁的鞋呢？

周紫琴： 那个鞋不是他的。

太太： 那个鞋是谁的呢？

周紫琴： 那个鞋……

州官： 那个鞋……（太太向州官使眼色，州官会意）这个我不知道。

太太： 老爷，外边师爷请老爷议事呢。

州官： 外边无……（太太又使眼色，州官会意）哦哦。外边吴师爷找我，待我去看看去。（州官下）

太太： 紫琴哪，那鞋到底是谁的呢？

周紫琴： 太太呀，那鞋是我的。

太太： 你胡说，他杀人，怎么你的鞋作干证呢？

周紫琴： 那……这个……

太太： 什么？不用你这个那个的，太太我一概的明白。你母亲下世太早，把你抛于你父亲手中抚养，你是人大心大不做好事，你与那吴凤岐有火热之情，常来常往，那一天你的奸夫又来咧，

被你父亲知晓。你父亲手持钢刀追赶你的奸夫，你的奸夫躲他不及，反手将你的父亲杀死。

周紫琴： （急）太太，不不不可呀！

（唱）紫琴害怕跪下身，

口尊太太容我禀明。

我二人见面只一次，

并未交言更无别情。

（白）太太饶命吧！

太太： 小孩子家着的唬吓，这么一唬吓就说出实话来咧，你们两个见几次面？

周紫琴： 就是一次面。

太太： 我觉着要是没见过，绝对出不来这种事情，站起来讲话。

周紫琴： 谢过太太！

太太： 紫琴哪，那一天你父亲上哪去啦？你与吴凤岐见面的时候，可有旁人看见来着没有？要你一一地说来。

周紫琴： 太太容诉！

（唱）眼又跳，耳又鸣，

眼冒火光粉面通红。

太太呀，我父女二人度日月，

忽然就把灾祸生。

太太： （白）他什么时候进你的宅院呢？

周紫琴： （唱）凤岐进院二更鼓。

太太： （唱）他什么时走的呢？

周紫琴： （唱）他来去不过三分钟。

太太： （白）哦，这三分钟时候不大，什么事也办不了，你爹爹几更被杀呢？

周紫琴： 鼓打三更我父亲丧了命，杀人贼临行把花鞋丢在地中央，才知吴凤岐杀死我父亲，忍辱进衙来把冤申。

太太： 你父亲上哪里去了？吴凤岐怎么进你的宅院？慢慢地说来！

周紫琴： 太太呀！

（唱）那一天我父西村杀羊去，

天色过午未回家中。

[1] 打干证：打证明。

不放心门外张望我的父，

正遇吴凤岐从我们的门前行。

他看我有些轻狂不稳重，

如呆似傻眉目传情。

小民女急忙转身回绣房，

吴凤岐跳墙进院在二更。

他手拍窗棂说胡话，

我问他是谁他自表自名。

我千言万语劝他也不走，

他说出那个话儿令人难听。

太太：　（白）他说什么来着？

周紫琴：　他呀……

太太：　他说什么？

周紫琴：　他呀……

太太：　哦，他哦他哦，必是渴咧，茯苓哪里？

茯苓：　（上）太太。

太太：　给紫琴点水喝。（给水，喝完）水也喝完了，他到底是怎么的？

周紫琴：　咳，太太呀！

　　　　　（唱）他叫开开门他要摸摸我的手……

太太：　（白）怎么着？你看这有多么大意，紫琴说半天说出这句话，我还没听清楚，这几天打牌有点上火，你再说这句太太听听。

周紫琴：　（唱）他叫我开开门摸摸我的手，

　　　　　　　　也不枉白来一趟辛苦之情。

太太：　（白）哦，他叫你开开门，他要摸摸你的手是不是？（周紫琴羞态不说）紫琴哪，是不是你倒说呀，问你话呢，你看这孩子气不气人，茯苓拿鞭子打！

茯苓：　哎。

周紫琴：　太太呀，是呀，是呀。

太太：　哦是，那么你开了门没有呢？手你叫摸咧没叫摸呢？

周紫琴：　咳，太太呀！

　　　　　（唱）长叹一声望了望衣镜，

　　　　　　　　挪了挪脚步望了望顶棚。

暗想到太太真能盘问短处，

她把那羞辱细问了一个清。

话不说明如同混镜，

怎与我的爹爹把冤申？

说了说吧，讲了讲吧，

尊太太你老人家容我禀明。

我若是不开门他也不走，

又恐惊动了外人我父知情。

无奈何才把门开放，

太太：　开门了吗？

茯苓：　开开门，太太可坏了。

太太：　什么开开门，太太怎么坏呢？你个小丫头什么都知道，明天两毛钱我也把你卖了，紫琴哪，开开门怎么样的？

周紫琴：　咳，太太呀！

　　　　　（唱）那凤岐一拥而进他不容情，

　　　　　　　　拉拉扯扯推推拥拥掠去了红绣鞋就往外行。

我父知道把他追赶，

反来夺刀杀我父害了命。

这就是祸从根头起，

站得我两脚发酸二足痛。

太太：　（白）据你之言此事是实，再又说道你二人见面之时还有别人看见无有呢？

周紫琴：　有我寡妇嫂嫂看见。

太太：　你嫂嫂有多大年纪？

周紫琴：　有二三十岁。

太太：　人才呢？

周紫琴：　人才有八九分。

太太：　贞节如何？

周紫琴：　太太，这话……常言说过，眼见为实，耳闻是假，哪敢说好与歹呢？

太太：　听紫琴这话我心亦明白，你且回店去吧，太太自然与你做主。

周紫琴：　谢过太太。（下）

太太：　老爷也该回房来了。

0286

州官：　　（上）夫人审得如何？

太太：　　真正审出一件缺计。

州官：　　什么缺计？

太太：　　周紫琴说她与吴凤岐见面之时，有紫琴的寡妇嫂嫂看见。我就问她嫂嫂人才如何。她说有八九分。我问贞节如何。她说眼见为实，耳听为假。此事岂不是她寡妇嫂嫂引奸么，老爷明日升早堂如此而问自然水落石出。这正是妇人之见明如海，老爷洪福盛如天。（下）

张三、王四：（上）奉了老爷命，去传周冯氏。

张三：　　我张三。

王四：　　我王四。大哥你我奉了老爷之命去传周冯氏，这个差事临在咱二人头上，天气不早咧，咱们走呀，行行去去，去去行行，来到咧。

郑小娃：（上）二位公差到此何事？

张三：　　问你周冯氏住在哪里？

郑小娃：问她何事？

王四：　　她的妹子紫琴病在店里，我们二人前来接她服侍她的妹子去。

郑小娃：原来如此，等我与二位看看去，亲家你的妹妹病咧！（周冯氏上）有二位公差前来叫你去服侍你妹子去。

周冯氏：如此说，你与我看家，待我去见公差。二位老爷辛苦。

张三、王四：你妹子病在店里，老爷着我们接你前去服侍与她。

周冯氏：既如此，咱就走。

　　　　（唱）周氏这才把车上，

张三、王四：（唱）二位公差随后行。

　　　　　　不多一时来好快，

　　　　　　衙门不远面前迎。

　　　　　　暂且不言衙门进，

州官：　　（上。念）领凭上了任，

　　　　　　　做官管万民。

　　　　（白）下官王进忠清晨差人去传周冯氏，为何不见到来？

张三、王四：禀老爷，将周冯氏传到。

州官：　　带上来！

张三、王四：周冯氏上堂。

周冯氏：是，来了。

　　　　（唱）冯氏下车乐悠悠，

　　　　　　衙门口里卖风流。

　　　　　　大堂上的规矩我也知道，

　　　　　　未曾走道捏捏扭扭。

　　　　　　自觉人才有八九，

　　　　　　站在人前敢出头。

　　　　　　青丝发绾了一个卧龙的样，

　　　　　　褂子袖口儿瘦，下身裤子是半绸。

　　　　　　穿坤鞋底儿还不要厚，

　　　　　　蛇皮锦袜子把脚背露。

　　　　　　苏州胭脂满脸抹，

　　　　　　如此这样把人勾。

　　　　　　迈步来在大堂口，

　　　　　　我与大老爷叩上几个头。

　　　　（白）冯氏与大老爷叩头！

州官：　　你就是冯氏吗？

周冯氏：可不是咱！

州官：　　看你二目斜视，定然节烈不稳，必有情人。

周冯氏：我们可是无有哇。

州官：　　你若说还则罢了，如若不然难免皮肉受苦。

周冯氏：你就是打死我，我也无有。

州官：　　谅来不打，你也不说，人来！

差役：　　有。

州官：　　与我掌嘴。

周冯氏：大老爷不用动刑，我说就是了，我有一个情人名叫郑小娃。

州官：　　如此说，去传郑小娃。

差役：　　是。（下又上）将郑小娃传到。

州官：　　带上来！

郑小娃：小娃与老爷叩头！

州官：　　你就是郑小娃吗？

郑小娃：正是，老爷。

州官： 郑小娃你可知罪吗？

郑小娃： 我一不欠粮，二不欠草，何罪之有？

州官： 杀死周百禄与你定有关系。

郑小娃： 老爷，这是无有的勾当。

州官： 周冯氏！

周冯氏： 有。

州官： 我看你还有别人？

周冯氏： 我们无有了。

州官： 你快说了，不然仍然受苦。

周冯氏： 老爷不要动怒，我说就是了，我还有未贴字[1]的亲家是更夫李二。

州官： 去传李二。

张三、王四：是。（下又上）禀老爷，李二传到。

州官： 带上来！

李二： 李二与大老爷叩头。

州官： 李二你可知罪吗？

李二： 大老爷，小人一更敲一下，二更打二下，我何罪之有？

州官： 杀死周百禄定与你有关系。

李二： 那可是无有的勾当。

州官： 不动大刑，量你不招，人来！

二差： 有。

州官： 拉下去重打四十。

李二： 大老爷不要动刑，杀死周百禄是我，至今后悔莫及也。

州官： 李二既然招供，就判李二与周百禄偿命。郑小娃因奸破孀妇之节，理应加罪，念其年幼无知，罚他一百元大洋以备周百禄殡葬之用。周紫琴你父已死，你也无依无靠。老爷做主，将你许配吴凤岐为妻。周冯氏回家改过守节。你们当堂谢恩，各自回家去照办。

众人合： 谢过大老爷。（下）

州官： 正是 ——
（念）人心似铁真是铁，

---

[1] 未贴字：男女换贴才算正式订婚，未贴字指口盟亲家。

官法如炉胜如炉。（下）

辽宁省法库县剧团演出本

郝赫记录

采录时间：1978年

采录地点：法库

夜宿花亭

又名《玉镯记》《花亭会》。取材于《珍珠记》传奇。高文举与表姐张美英订亲后，赴京应试，得中状元。丞相文通逼高文举与其女儿成婚，并假借高文举的名义给张美英写了退婚书。高文举不从，被困相府。适逢张美英因独自上京寻找未婚夫，不幸流落到相府当丫鬟。二人在花亭前不期而遇，互诉衷情，计议美英包府告状，以便夫妻团圆。

人物： 高文举
张美英

（高文举上）

高文举： （念）一树杏花红十里，
状元及第马如飞。
做状元扬名天下，
享不尽富贵荣华。
只可叹夫妻离散，
困相府难以归家。

（白）下官，高文举，乃涿州范阳人氏。幼年丧去父母，多蒙姑父姑母抚养成人。恩姐张美英教我读书识字，姑父姑母又将她许配与我为妻。大比之年，来京赶考，幸喜得中头名状元。

来在文通主考府中拜相，可恨文通老贼强留府中，立逼招亲。虽曾百般推辞，怎奈老贼言道，不应亲事，难以在朝居官。万般无奈，只得应允。我也曾与家中去上一封书信，说明以往之事，谁知杳无音信，思想起来好不愁闷人也。

（唱）高文举坐房中，

思想起来好伤情。

幼年不幸丧去父母，

多蒙姑父姑母抚养长成丁。

恩姐教我读书写字情意重，

我与她姑表姐弟又把亲成。

大比之年来京赶考，

幸喜得中状元红。

文府里参师来拜相，

文通老贼立逼招亲在府中。

自从娶下小姐文秀英，

跟我前妻不得相逢。

看起来戴乌纱好比量人斗，

系玉带好比捆人绳，

穿蟒袍如同蹲监坐狱，

粉底朝靴如同陷人坑。

文府里陷住高文举，

眼睁睁夫妻不得相逢。

早知道居官也遭灾难，

何苦来十载寒窗求功名。

坐在书房我心中烦闷，

日落西山出了星。

有心回在前厅上，

懒见老狗贼文通。

有心回在绣楼去，

懒见丫头文秀英。

前厅绣楼我不去，

何不读书到花亭？

迈步走出房门外，

花亭以上去用功。（下）

（张美英上）

张美英：　（上。唱）张美英进花园心中不快，

花园本是欢乐地，

我在花园受苦灾。

天已黑人已睡风摇树摆，

冷风吹寒露降叫人难挨。

受罪的张美英愁加八百，

满腹的怨恨事解也解不开。

恼恨那高文举把良心坏，

到京城去赶考不回家来。

写休书到家门心肠忒歹，

好可怜气死了爹娘叫人悲哀。

我美英找到京城寻夫在外，

问文举因何休我你说个明白。

到京城找不见文举所在，

住黑店恶店婆盗去我的钱财。

恶店婆盗去我的银两又把我卖，

卖在了文府内侍奉裙钗。

这才是事该凑巧冤家路窄，

逃出了黑店又入了凶宅。

相府里无王法把我残害，

官宦人家比黑店贼更把心歪。

文小姐她心肠毒歹，

堪说是虎狼之心匪盗为怀。

为茶盅她把我粉面烧坏，

周身衣服全扯碎，

我的青丝又用剪裁。

文小姐下毒手成心把我害，

残伤了我，又把我打在花园身受苦灾。

她言说牡丹花在我的命在，

牡丹花死了把我的头来摘。

可怜我千里寻夫，我的夫又不在，

满腹的委屈对哪个说来？

哭了声二爹娘把儿我想坏，

骂一声高文举休我理不该。

强打精神上花亭伤痛难耐，

（上花亭）

坐在花亭上站不起来。

我美英好苦啊！

美英挣扎着站起来。

（白）桌案以上书籍文章这样散乱，我不免将它收拾齐整。

（翻看文章）

哎呀且住！这文章乃是我家兄弟高文举的笔体，这文章怎么会落到花亭以上？（想）噢！是了！是我进到府来，听说有一位新科状元在此招亲，莫非说这位新科状元他就是我的丈夫高文举不成吗？我不免再仔细找上一找。

（见玉环）

哎呀且住！这墨盘底下有一个玉石耳环，这耳环本是我张美英之物。这原是一对，我们夫妻分别的时候，我留下一只，给我兄弟拿了一只。我不免将我那一只拿了出来对上一对。

（对玉环）这耳环果然是成双配对。我们夫妻分别的时候，我说得明白，耳环要是成双配对，就是夫妻相见之日。今日耳环成双，那位新科状元他想必是高文举了。也罢，待我将我这个玉环与他压在文章以上，将他这个玉环还与他压在墨盘底下。他若果然是文举，认得出这对玉环，就知道我美英来了。

（放好玉环）

将玉环放好，待我退下花亭。慢来，恐怕是文举一时不解其意，我不免再与他留下诗句一首。

（研墨写诗）

上写"举子喜得中，弱女苦凄零，夫妻若相见，夜晚宿花亭"。诗句留好，压在玉环以下，待我退下花亭。正是：花亭留诗寄文举，但愿夫妻早相逢。（下）

高文举：（上。唱）月亮门转过来高文举，

顺着花丛往前行。

正然行走举目观定，

花亭就在面前迎。

撩袍端带把花亭上，

（上花亭）

上在花亭掌上明灯。

（白）啊！往日来在花亭肮里肮脏，今日来在花亭掸扫个干干净净。不知哪一个掸扫？待等明日我是重重地有赏。

（见文章）

这书籍文章也收拾齐整了。

（看玉环）

哦！我这玉环本是压在墨盘以下，是哪一个取出放在桌案以上？真乃大胆！待到明日我是重责不贷，这还了得！待我还是放在墨盘以下。

（揭墨盘，怔神）

啊！墨盘以下的玉环原封未动，这桌案以上的玉环是从何而来？看这玉环好像恩姐之物，待我对上一对。

（对玉环）

果然分毫不差，这玉环乃是我恩姐之物，我姐弟分别之时，将一对玉环分开，各带一只，言明物遇人相逢。今日里玉环因何来在花亭以上？难道说我的恩姐来了不成？（想）啊？桌案以上还有一首诗句，待我看来。"举子喜得中，弱女苦凄零，夫妻若相见，夜晚宿花亭。"看这诗句好像恩姐笔体，恩姐，恩姐，莫非你也来在相府？（想）不会的。想这山高路远，恩姐怎会来到此地？（想）若不是恩姐来到，这玉环和诗句又是出自何人之手？我想此中定有缘故。不免宿在花亭看个分晓便了。

（唱）看罢诗句喜心中，

又是喜来又是惊。

在花亭我把恩姐等，

但愿得恩爱夫妻又相逢。

关上花亭门两扇，

今日夜晚宿花亭。（睡）

（起一更）

张美英：（上。唱）张美英我进了花园打罢一更锣，

满天上散星斗万盏灯多。

按东方东斗离，离（犁）不能耕地，

按西方西极星，极（机）不能穿梭。

按南方南斗梢，梢（筲）不能够提水，

按北方北斗勺，勺不能添锅。

有大昂和二昂三昂明亮，

有参星和商星二星不和。

紫微星不离北斗，

牛郎星织女星隔着一道天河。

张美英观星斗二目泪落，

（起二更）

忽听得谯楼上又打二更锣。

二更二点二更梆，

想起前朝事一桩。

前朝有个陈世美，

进京赶考得中状元郎。

在京招亲他把良心丧，

撇下了秦香莲受凄凉。

秦香莲受尽千辛万苦，

我为那高文举痛断肝肠。

正观星斗二目泪降，

（起三更）

忽听谯楼上打动三更梆。

谯楼以上打三更，

鸡不叫犬不咬无有人声。

碰得花枝刷拉拉拉地响，

百鸟展翅腾了空。

腾空飞到松林去，

撇下了受罪的张氏美英。

美英我在花园观星望斗，

不见文举哪里行。

哭哭啼啼我把花亭奔，

面前来到观花亭。

往日花亭没有人住，

却怎么今天秉着明灯？

手扶栏杆我把花亭上，

（上花亭）

上了一层又一层。

急忙舔破窗棂纸，

一眼合着一眼睁。

斜身单目往里看，

里边坐着一位状元公。

只见他头戴乌纱帽，

身穿锦袍照眼红。

腰中紧系横鞓玉，

粉底朝靴足下蹬。

前影儿好像高文举，

后影儿好像那个高学生。

高文举，高学生，

忘了姐姐张美英。

我有心上前去把夫认，

（想进又退）

慢，慢，慢，错认了官亲那可了不成。

他纵然是我的丈夫高文举，

他不认我，夫妻也不能得相逢。

我往那旁留神看，

呀！

瞧见了花盆我把巧计生。

从花盆抓来一把黄沙土，

我将沙土往亭里边扔，

扔黄沙打响窗棂纸，

惊醒里边那位高学生。

主意已定把花亭下，

（下花亭）

下了花亭往前行。

将我的身子藏在花枝底下，

将黄沙土就往亭上扔。

（抓一把土扔过去，下）

高文举：（唱）高文举睡蒙眬，

眼见恩姐到花亭。

照着恩姐扑一把，（扑）

却原来是桌上一盏孤灯。

梦见恩姐依旧花容貌，

细语娇声问安宁。

醒来知是一场梦，

满心欢喜落场空。

心中愁闷难成寝，

何不亭外去观星？

迈步走出花亭外，

举目抬头看分明。

只见天河里来天河外，

里里外外都有星。

一道天河分南北，

牛郎织女列西东。

牛郎星好比高文举，

织女星好比张美英。

天河好比文丞相，

天河水好比文秀英。

他父女截住我们姐弟，

眼睁睁夫妻不得相逢。

我也曾往家中去书信，

杳无回音所为何情？

心中烦闷正观星望斗，

张美英：（内哭）苦啊！

高文举：（唱）忽听花中哭了一声。

（白）哎呀且住！是我正在观星望斗思念恩姐，忽听花中哭声，却是为何？（想）唔！是了。想那文通老贼在朝居官，害人必多，杀人必广，那冤魂冤鬼前来找他报仇也是有的。但说是冤鬼呀，冤鬼！我本是新科状元，别把我错当作文通老贼……

张美英：（内哭。白）苦啊！

高文举：啊！但说是冤鬼呀，冤鬼！你不必吓唬于我，花亭以上现有圣贤书、避邪剑，难道说我还怕你不成？

（唱）夜深人静冤鬼叫，

文举心里不妥牢。

三篇文章怀中抱，

押书宝剑手中抄。

端带撩袍把花亭下，

（下花亭）

张美英：（内哭。白）苦啊！

高文举：（唱）又听冤鬼哭号啕。

冤鬼哭了一声高，

好似张良品玉箫。

冤鬼哭了一声低，

好似霸王别虞姬。

一声高一声低，

好似孤雁落水里，

顺着声音找下去，

（张美英溜上，与高文举碰头）

高文举：（唱）呀，又见冤鬼在眼头里。

手使宝剑砍下去！

（举剑就砍）

张美英：（唱）美英屈膝跪丹墀。（跪）

（白）贵人饶命吧！

高文举：饶命自是饶命。我来问你，你可是一人，可是一鬼？

张美英：我是一人，不是一鬼。

高文举：你既是一人，黑夜之间为何来在花亭这样吓唬于我？

张美英：奴婢不敢。是我与贵人掸扫花亭来了。

高文举：啊！这……（背语）她言道掸扫花亭来了，莫非花亭上诗句就是她……（转问张美英）你既是一人，敢随你家状元花亭上讲话？

张美英：任凭状元爷。

高文举：是你站起来。

（唱）战兢兢头前走，我的心中不定，

张美英：（唱）后边跟战兢兢，我的心中不宁。

高文举：（唱）我看你是人又像鬼，

张美英：（唱）我七分像鬼三分人形。

高文举：（唱）你头剪青丝像个尼姑样，

张美英：（唱）我半像俗来半像尼僧。

高文举：（唱）战战兢兢把花亭上，（上花亭）

张美英：（唱）望求贵人把我的命容。（随上花亭）

	（白）贵人饶命吧！（跪）
高文举：	饶命自是饶命。我来问你，方才言道你是一人，你是府中什么人？
张美英：	一名丫鬟！
高文举：	你既是一名丫鬟，怎么我进府以来，未曾见过你这丫鬟？
张美英：	我是新进府的丫鬟。
高文举：	这就是了。你半夜啼哭想必有冤屈之事。是你家住哪里？姓甚名谁？慢慢讲来。
张美英：	贵人要问，
	（唱）【搭调】听我慢慢地道来。
	我家住涿州范阳郡，
高文举：	（白）啊！好你这丫鬟，明明知道你家状元是范阳人氏，你就攀起乡亲来了。
张美英：	奴婢不敢。
高文举：	谅你也不敢！你家可是住城啊，可是住乡呢？
张美英：	（唱）离城十里住在张家营。
高文举：	（白）你父何名？
张美英：	（唱）我的爹爹名叫张明义。
高文举：	（白）你母？
张美英：	（唱）我母高氏老诰封。
高文举：	（白）你们兄妹几人？
张美英：	（白）贵人哪！
	（唱）我上无三兄下无四弟，
	二爹娘只生我……
高文举：	（白）你叫何名？
张美英：	（唱）我叫张美英。
高文举：	（唱）听她言来吃一惊，
	果然她就是恩姐张美英。
	有心上前把她认，
	且慢！
	还得再仔细问分明。
	（白）哎呀且住。听她适才一番言语，想起花亭上的玉环和诗句，想必果真是恩姐到来。我有心上前把她认下，又怕是这里还有什么差错。想我那恩姐在家大门不出二门不迈，这山

高路远，她怎会来到此地？又怎么偏偏落到文府当了丫鬟？再者说，我那恩姐长得如花似玉，娇声细语，是何等美好，今日里会落到这般光景？也罢，我不免再盘问下去，问得水落石出，再认她也不迟。

	（唱）高文举起疑心，
	扳倒大树要搜根。
	打破砂锅璺（问）到底，
	小丫鬟你在家中许配何人？
张美英：	（唱）在家中许配了高文举。
高文举：	（白）念你我同乡，是你站起来讲话。
张美英：	谢贵人。（站起）
高文举：	不必多谢。我再问你，你二人是怎样结亲？
张美英：	（唱）我们姑表姐弟又把亲成。
高文举：	（白）他可是在家在外？
张美英：	（唱）我兄弟大比之年来赶考，
高文举：	（白）可曾得中无有？
张美英：	（唱）听说得中状元头一名。
高文举：	（白）可有家书吗？
张美英：	（唱）不提捎书还罢了，
	提起来捎书叫我伤情。
	贼强人赶考把京城奔，
	得中一甲第一名。
	好容易盼得他来了书信，
	却原来是一封休书写到家中。
	本来我的爹娘就有病，
	见休书气死二老丧残生。
	爹娘一死我无依无靠，
	无奈何寻找文举奔京城。
	一路上遇见了我的兄弟叫张小义，
高文举：	（白）啊！适才你言道上无三兄下无四弟，这时你又哪里来的兄弟呀！
张美英：	那是我的叔伯兄弟。
高文举：	这就是了。往下讲！
张美英：	（唱）我们姐弟二人够奔京城。
	行走路过苏家山寨，

遇见了苏龙、苏虎下山峰。

杀死了我的叔伯兄弟张小义，

抢我上山要把亲成。

兄要要，弟不让，

弟要要，兄不应。

二强贼为我正争吵，

山下来了喽啰兵。

言说山下来了粮草，

两个强贼下山好像一溜风。

贼人叫他小妹妹把我看守，

也是我跪前跪后哀告连声。

哀告得苏小姐心慈面软，

我与苏小姐结拜兰盟。

好心的妹妹救了我的命，

我们姊妹二人远逃生。

贼人追赶把我们冲散，

至如今也不见我的小妹苏秀萍。

进京又错把黑店住，

逃出了龙潭又入了火坑。

恶店婆做事心肠狠，

盗去我的银两不留情。

也是我又惊又怕身得病，

病倒在郝家店可不轻。

一病病了半个月，

四十多天才见轻。

病好无钱还店账，

店婆花言巧语把我蒙。

她笑里藏刀把我哄，

骗我卖身大街行。

高文举：　（白）把你卖在哪里？

张美英：　（唱）遇见文府的家院把我买，

上楼就把小姐来侍奉。

初进府来小姐待我倒也不错，

高文举：　（白）后来呢？

张美英：　（唱）到后来问明白了我的来历又把心横。

小姐叫我把茶打，

暗下毒手不留情。

开水往我手上烫，

我失手碎了一个茶盅。

文小姐就把眼瞪，

在楼上拷打我张美英。

将我推倒在当地，

抓住我的头发不放松。

抡起鞭子将我打，

贵人哪！我的贵人哪！

高文举：　（白）怎么了？

张美英：　（唱）打得我皮开肉绽骨头疼。

高文举：　（暗哭，急问）后来怎样？

张美英：　（唱）那个样地打，还不解恨，

文小姐又把毒计生。

头上剪去了我的青丝发，

香火烧坏我的面花容。

周身的衣服全扯碎，

把我打至在花园受酷刑。

白天挑水十数担，

夜晚叫我掸扫花亭。

旁的花死，打我一顿，

牡丹花死，叫我偿性命。

我的状元老爷您老想上一想，

哪有个人与花草去把命顶！

高文举：　（白）可也是呀，你真真是受了委屈了。

张美英：　（唱）这都是为了我的兄弟高……

高文举：　（白）高什么？

张美英：　（唱）高……

高文举：　（白）高什么？

张美英：　（唱）为我兄弟高文举，

为我丈夫高学生。

听说兄弟身得中，

不知真情是假情，

求状元你官官相会访一访，

访见我的兄弟高学生。

眼前见不着高文举，

一笔勾销无话明。

眼前见着高文举呀！

高文举： （白）你便怎样？

张美英： （白）贵人哪！

（唱）我咬他一口问他一声！

高文举： （白）呀！

（唱）文举一旁仔细听，

当真是恩姐找进京。

听她前前后后讲一遍，

文举又恨又喜又吃惊。

心中我把文家父女恨，

苦害我妻张美英。

有朝一日反过了手，

定与恩姐报冤情。

美英姐受苦遭灾难，

都只为文举在此招亲贪功名。

恩姐为我受万苦，

我的罪过实难容。

走上前来双膝跪，

我把恩姐尊了一声。（跪）

张美英： （白）状元老爷你这是怎么了？

高文举： 哪一个是状元老爷？我是你兄弟高文举在此。

张美英： 噢！怎么你就是高文举呀！

高文举： 正是小弟。

张美英： 我把你这好狠心的强人哪！

（唱）上花亭早知道你是高文举，

早认出你这忘恩负义的狠心虫。

高文举你心太狠，

你得中怎么忘了姐姐张美英？

高文举： （唱）你知道兄弟高文举，

弟不知道恩姐找上京。

要知道恩姐你来到，

我九里接来十里迎。

张美英： （白）怎么着兄弟你不知道姐姐我来？

高文举： 小弟不晓得。

张美英： （唱）姐也不怪，

不怪你这狠心的高学生。

我念的是咱们俩夫妻一场，

本应当把兄弟搀起……

高文举： （白）多谢恩姐！（欲起）

张美英： （伤心而又气恼地。白）你跪了吧！

（唱）忍不住恼恨你薄幸无情。

任你说得天花坠，

想叫我搀你万不能！

高文举： （站。唱）姐姐不搀弟自起，

抖抖浑身袍大红。

恩姐为我遭不幸，

小弟有罪姐宽容。

张美英： （唱）既然你把良心丧，

何必花言巧语把我蒙？

高文举： （唱）姑父姑母待我好，

恩姐待我有恩情。

张美英： （唱）说恩情，道恩情，

你不该忘了夫妻情。

我问你在何人家中把书念，

何人是你教书老先生？

高文举： （唱）我在姑父姑母家中把书念，

恩姐是我的教书老先生。

张美英： （唱）我再问你五经四书哪个教会？

梅花篆字哪个教成？

高文举： （唱）五经四书恩姐教会，

梅花篆字恩姐教成。

张美英： （唱）提起从前教你念书事，

倒叫我美英好伤情。

你念书念到一更鼓，

姐姐给你掌上灯。

念书念到二更鼓，

姐姐给你打茶润喉咙。

念书念到三更鼓，

姐姐给你准备点心把饥充。

念书念到四更鼓，

姐姐给你把火盆生。

念书念到五更鼓，

姐姐陪你到天明。

你思一思来想一想，

怎能忘却了夫妻情？

高文举：　（唱）恩姐待我情高义重，

文举时时刻刻念在心中。

张美英：　（白）嗯，恐怕你是嘴说罢了！

高文举：　小弟我是真心实意。

张美英：　我还要问你！

（唱）上得床去怎样论？

下得床来怎样称？

高文举：　（唱）上得床去夫妻论，

下得床来姐弟相称。

张美英：　（唱）你再叫姐姐我打你的嘴，

（作势欲打）

高文举：　（白）你打我何来？

张美英：　（唱）打你忘恩负义把我扔。

高文举：　（唱）姐打弟，应当打，

打的来历我摸不清。

张美英：　（唱）高文举你心太刁，

得中你怎么不把家书捎？

高文举：　（唱）七月二十身得中，

八月十五把书捎。

捎书不过一个月，

怎么说我捎迟了？

张美英：　（唱）水流千遭归大海，

我急忙就把书信掏，

我把书信摔在地，

无义的强人拿去观瞧！

高文举：　（唱）恩姐不要发急躁，

忙把书信手中抄。

书信本是我亲手写，

上边的言语我都记着。

上写拜 ……

张美英：　（白）你住了吧！那明明写个"休"，你为什么
念个"拜"？

高文举：　啊！恩姐，月下观书不准，容我灯下去看。

张美英：　我容你到灯下去看。

高文举：　待我往灯下看来。

（唱）高文举不消停，

手拿书信奔明灯。

上写着张老婆，张老翁，

老驴老马老畜生！

张家女儿张家聘，

高文举不要张美英！

噢！恩姐呀！

小弟我把书信写，

改书定是老文通。

张美英：　（白）你住了吧！

（唱）分明是你把良心变，

为什么埋怨那老文通！

高文举：　（唱）书信要是我写的，

敢对苍天把誓盟。

张美英：　（唱）把誓盟来把誓盟，

你且盟来我要听。

高文举：　（唱）好一个烈性张美英，

立逼我文举把誓盟。

走向前来忙跪倒，

尊声恩姐你是听。

这书信要是我文举写，

准被这天打五 ……

张美英：　（急捂高文举的嘴。唱）倒叫我美英大吃了一惊。

上前捂住了我那兄弟的口，

连把我那兄弟，兄弟叫了几声。

兄弟呀！姐姐面前不要盟誓，

你要有个好共歹呀，

叫姐姐竹篮打水岂不落场空？

叫声兄弟快站起，

你再跪着我心疼。

今日姐弟得相见，

你就该搭救为姐出火坑。

高文举：　（唱）明日我修下申冤状，

姐姐公堂把冤申。

头一状你告文丞相,

二一状你告丫头文秀英。

三一状你把小弟告,

告我忘恩负义把你扔。

张美英: (唱)兄弟一言你把我提醒,

明日公堂我去把冤鸣。

但愿能把冤仇雪,

夫妻团圆前恨清。

啊,正是姐弟相见在花亭,

高文举: (唱)恩爱夫妻又相逢。

张美英: (白)兄弟!

高文举: 恩姐!

张美英: 搀我来呀!(同下)

沈阳评剧院演出本

刘艳霞、苏宁记录

采录时间: 1980年

采录地点: 沈阳

小京剧

小京剧：清乾隆五十五年（1790），为庆祝皇帝八十大寿，三庆班、四喜班、和春班、春台班进入北京，这就是京剧历史上著名的"四大徽班"进京。四大徽班各有所长，历有"三庆的轴子，四喜的曲子，和春的把子，春台的孩子"之说，轴子指连台本戏，曲子指昆曲，把子指武戏，孩子指童伶。春台班的孩子们有大有小，大一点的孩子演成本大套，小一点的孩子垫场，演些小戏，也很受观众欢迎。

嘉庆初年，四大徽班在北京戏曲舞台上取得主导地位，《梦华琐簿》记载："戏庄演剧必徽班。"从而揭开了200多年波澜壮阔的中国京剧史的序幕。随后，又有启秀、霓翠、三和、嵩祝、金钰、大景和等大小戏班如同雨后春笋般地不断出现。这些戏班要生存，就要竞争，一是出现了程长庚、张二奎、余三胜、梅巧玲、谭鑫培等名角；二是把板腔体和曲牌体混合，形成皮黄；三是大大地丰富了上演剧目，不仅出现了连台大戏，同时也出现了许多小戏。

小戏又叫"帽戏"，主要是为正戏垫场。最初，春台班的孩子们演出小戏，随后，众戏班纷纷效仿。小戏起到了等客、稳定场内秩序等作用。演员亦非名角，多为"底包"或初学者。上演的剧目多为风趣、喜兴、载歌载舞之内容，如《杀狗》《打灶王》《三家福》《张三借靴》《小放牛》《小借年》《小上坟》《刘海砍樵》《打面缸》《葛麻》等。

郝赫

打面缸

周腊梅厌倦卖笑生涯，求县衙判其从良。县衙大老爷垂涎美色，图谋不轨，当堂断与差役张才为妻，却令张才火速前往山东投递文书，趁机夜潜张家。王书吏与四老爷也想借机揩油。张才私自改变行程回家，在房中抓到三位不速之客：灶台烫出王书吏，打面缸打出四老爷，床下请出县太爷。周腊梅、张才小两口逐走大小官吏，共庆新婚。

人物：　　王书吏
　　　　　大老爷
　　　　　周腊梅
　　　　　张才
　　　　　四老爷
　　　　　衙役

王书吏：　(内白) 张头李头，老爷升堂了。

衙役：　　(内) 升堂了！

大老爷：　(内唱)【唢呐腔】打三梆，坐大堂，

　　　　　(四衙役同上，王书吏上，大老爷上)

大老爷：　(唱)【唢呐腔】众衙役，列两旁，

　　　　　　　　枷棍板捗当堂放。

　　　　　(周腊梅上)

周腊梅：　(唱)【吹腔】手拿状子朝前走，

　　　　　　　　大老爷，作主张。

　　　　　　　　小女不在烟花巷，

王书吏：　(接状子。唱)【吹腔】王书吏，看端详。

大老爷：　(白) 我说王先生，

王书吏：　老爷。

大老爷：　没有事咱们退堂。

王书吏：　老爷不要退堂，有打官司的。

大老爷：　在哪儿呢？

王书吏：　诺，在那里跪着呐。

大老爷：　原来是位堂客[1]。

王书吏：　是的。

大老爷：　我说你是谁？

周腊梅：　老爷你连我都不认识吗？

王书吏：　老爷你连她都不认识了？

大老爷：　我不认识你认识？

王书吏：　我也不认识。

大老爷：　耍什么滑头，你是谁呀？

周腊梅：　我就是行院中的周腊梅。

王书吏：　老爷她就是行院中的周腊梅，周腊梅就是她，腊八周就是她。

大老爷：　得了，什么时候喝腊八粥？你是行院中的周腊梅，不在行院中挨饥 ……

周腊梅：　什么？

大老爷：　受饿，跪我这儿干什么来了？

周腊梅：　我上你这儿冤来了。

大老爷：　带多少钱上我这儿冤来了？

周腊梅：　我是申冤告状。

大老爷：　你告谁呀？你拿来呀！

周腊梅：　要什么？

大老爷：　拿状子来。

周腊梅：　我交给王先生了。

大老爷：　王先生，把状子交给你了吗？

王书吏：　什么状子啊？

大老爷：　挺长的四方的那个。

王书吏：　长的方的那是状子啊，我以为是钞票呢！

大老爷：　你这是财迷，我说王先生你看看去。

王书吏：　老爷看看，我再看。

大老爷：　还是王先生你先看。

王书吏：　老爷看了，我好办公事。

大老爷：　你这不是挤对哑巴说话吗，老爷我不认识字。

王书吏：　什么，不认识字就出来做官。

大老爷：　马马虎虎。

王书吏：　这幸亏有我。

[1]　堂客：成年女子。

大老爷:	若没你,我不绝后了嘛。
王书吏:	什么绝了?
大老爷:	没有你我不就让人给撅了吗?
王书吏:	哪里的事情,马马虎虎做了官,我看看老爷,这头一个字念什么?
大老爷:	得了,说了我半天,你也不认识。
王书吏:	就是头一个绕笔不认识。
大老爷:	不认识咱们撕去往下念。
王书吏:	往下念,我来看看,老爷哈……你把它都撕掉了吧。
大老爷:	怎么?
王书吏:	一个认识的也没有。
大老爷:	拿过来吧。我说周腊梅呀,老爷这堂上没有认识字的,干脆你到别的地方去告吧!
周腊梅:	老爷我跟你打个哑谜吧。
大老爷:	什么哑谜?
周腊梅:	山中的老虎吃豆腐——
王书吏:	老爷,山中老虎吃豆腐,你问问它是酱豆腐、臭豆腐还是五香的豆腐干。
大老爷:	得了,你卖臭豆腐是哪儿的事情?周腊梅呀你说山中老虎吃豆腐,此话怎讲呢?
周腊梅:	老虎吃豆腐 —— 口素(述)。
大老爷:	那么你就说吧。
周腊梅:	老爷你可知道我们那个鸨儿……
王书吏:	什么上得堂来胡说八道,宝儿宝儿的,你不晓得我们老爷的小名叫宝儿?
大老爷:	我小名还叫珠儿。宝儿怎么样呢?
周腊梅:	会喝不会撒。
大老爷:	此话怎讲?
周腊梅:	她跑了。
大老爷:	你怎么样呢?
周腊梅:	我打算要从良。
大老爷:	粮米挺贵的,存什么粮?
周腊梅:	我是从良过日子。
大老爷:	你打算跟谁呀?
周腊梅:	我打算跟老爷你。

大老爷:	连我媳妇儿还当女招待去了呢。
周腊梅:	你给我找一个。
大老爷:	你跟我们这个当差的……
周腊梅:	不好。
大老爷:	你跟我们那个当差的。
周腊梅:	那个更不好了。
大老爷:	那么跟谁好呢?
王书吏:	老爷呀,你来给我办理办理哈……
大老爷:	我明白了。我说腊梅呀,我们王先生给你磕头认干妈。
王书吏:	什么认干妈,我们两个人做个小两口过日子。
大老爷:	他要跟你过日子,怎么样?
周腊梅:	老爷我可不要他。
大老爷:	你怎么不要他?
周腊梅:	他飞眼。
王书吏:	老爷她说我是飞眼,我要飞,我要飞飞飞。
大老爷:	拿鸡笊把他扣起来。
王书吏:	不飞了。
大老爷:	不飞了,我说后头谁死家口了?
王书吏:	张才,张头儿。
大老爷:	唤张才张头儿。
王书吏:	张才 ——
张才:	(内)啊哈!
	(上。念)忽听唤张才,
	急忙走出来。
	张才是我,
	我是张才。
	(白)参见老爷,哪旁使用?
大老爷:	无事不敢劳动尊神。哇呀……
王书吏:	你要怎么样?
大老爷:	我要开武戏,老爷赏你个媳妇儿。
张才:	老爷的媳妇儿,小人不敢要。
大老爷:	我的媳妇儿也不能给你呀,我说腊梅呀你看他怎么样?
周腊梅:	这才是清如水明如镜,我的大老爷来吧,喳喳喳。

大老爷：　有板有眼你玩过票来吧喳喳喳，我说你要她得了。

张才：　老爷我不要她。

大老爷：　怎么？

张才：　她们行院中的人，好吃嘴懒做活。

大老爷：　人家说你们了，你们行院中的人好吃嘴懒做活，见了那个往前拿来罢。喳喳喳。

周腊梅：　我说老爷，好吃的我们也不吃了，好喝的我们也不喝了，好揍你那……

大老爷：　什么呀？

周腊梅：　那个活我们也会做呀。

大老爷：　也会做活，我说王先生。

王书吏：　老爷。

大老爷：　你不开过裁缝铺吗？

王书吏：　开过。

大老爷：　你盘问她做什么她会。

王书吏：　好好好，腊梅你可会做裤子？

周腊梅：　对了。

王书吏：　几道缝？

周腊梅：　裤子七道缝。

王书吏：　哪七道缝？

周腊梅：　前缝后缝左缝右缝上下缝裆门间还有一道缝。

王书吏：　老爷她会做裤子是缝……

大老爷：　连片子嘴你这玩意儿，她会做裤子你要她得了。

张才：　老爷没有凭据我不敢要她。

大老爷：　还跟我要点凭据，老爷当堂赐点红，叫张才领下堂。

张才：　(唱)【吹腔】谢老爷作主张，

周腊梅：　(唱) 今日才见儿夫郎。

张才：　(唱) 手拉手儿把堂下，

周腊梅：　(唱) 扭回头，细端详。

（张才、周腊梅同下）

大老爷：　(唱) 急得老爷我要当当，

　　　　　　低下头来自恭详。

（白) 有的，腊梅是来找我来了，我怎么断给张才了呢？这件事情怎么办呢？有了，我把他支

走。我说衙役的，老爷升堂了，我升堂了！

王书吏：　升堂了。

大老爷：　这是什么味儿，这玩意儿？

王书吏：　就是这个味儿。

大老爷：　别搅人了，我说每年山东公文都是谁去呀？

王书吏：　张才，张头儿。

大老爷：　唤张才张头儿。

王书吏：　张头儿。

张才：　(上) 谢谢老爷的媳妇儿。

大老爷：　好了，传名，别谢了。每年的山东公文都是你去呀？

张才：　不错，是我去。

大老爷：　这会儿还得你去。

张才：　今年我不去了。

大老爷：　怎么不去了？

张才：　成家要紧。

大老爷：　公事要紧。

张才：　成家要紧。

大老爷：　公事要紧。

张才：　还是成家要紧！

大老爷：　哈哈，不听指挥！来呀！

四老爷：　(上) 是。

大老爷：　给我打！

　　　　（张才下）

四老爷：　跑了。

大老爷：　跑了？衙门口不究治这个。

衙役甲：　老爷，我告假。

大老爷：　告假干什么？

衙役甲：　回家娶媳妇儿去。

大老爷：　去你的。(衙役甲下)

衙役乙：　我也告假。

大老爷：　你告假干什么去？

衙役乙：　剃头去。

大老爷：　去你的。

衙役乙：　是。(衙役乙下)

衙役丙：　我告假。

大老爷：　你告假干什么？

衙役丙：　洗澡去。

大老爷：　洗你的。(衙役丙下)

衙役丁：　我也告假。

大老爷：　你干什么去？

衙役丁：　我想我妈了。

大老爷：　想你妈了，趁早快去！(衙役丁下) 有的，都走了，剩了我一个人，我没事找腊梅，我们两个人说说话，叽叽咕咕的多美呀！我说王先生还在那儿呢？

王书吏：　老爷呀。

大老爷：　你怎么还没歇着去呢？

王书吏：　我在这儿伺候老爷。

大老爷：　简直退了堂了。

王书吏：　我要伺候老爷。

大老爷：　我要到内宅跟太太说话去了。

王书吏：　我要到内宅给太太请个安。

大老爷：　怎么我上哪儿你要上哪儿？

王书吏：　可是你走到哪里我要跟到哪里。

大老爷：　我走到哪儿你跟到哪儿，这不成了穷磨了嘛。

王书吏：　什么穷磨，我是穷磨，大清早晨起来公事不办，跟这个周腊梅这么嘀嘀咕咕成什么官事？这个样子我不干了。

大老爷：　别着，王先生这个年头儿凑合着干，你不干这个你干什么去呢？

王书吏：　我有我的小经营。

大老爷：　你有小经营，那么干什么经营？

王书吏：　我要做买卖。

大老爷：　做什么买卖？

王书吏：　我还卖我的臭豆腐、酱豆腐、五香的豆腐干。(下)

大老爷：　有的，他们都走了，剩下我一个人了，我找腊梅我们勾搭勾搭。

　　　　　正是——

　　　　　(念) 大堂无人喊，

　　　　　　　　仪门无人掩。

　　　　　左手抱印盒，

　　　　　右手去打点。

　　　　　(白) 打点鼓响，老爷退堂了，烟卷瓜子。(下)

张才：　(内唱)【唢呐腔】有张才把家起，

　　　　(张才、周腊梅同上)

　　　　叫腊梅我的妻，

　　　　老爷命我山东公干去，

　　　　家中事儿交与你。(张才下)

周腊梅：　(唱) 有腊梅掩柴扉。(下)

王书吏：　(上。唱)【唢呐腔】一旁闪出了王书吏。(下)

四老爷：　(内唱)【吹腔】有本厅把夜查，

　　　　　(上。唱) 我也到腊梅家，

　　　　　　　　见了腊梅我寻根蜡，(下)

大老爷：　(上。唱)【吹腔】手拿灯笼我朝前走，

　　　　　　　　走呵一个劲走。

　　　　　　　　我也到腊梅家，

　　　　　　　　我是腊梅的干爸爸。

　　　　　(王书吏、四老爷同上)

大老爷：　(白) 有的，两个澡堂开一块来了，我让给你。

　　　　　(下)

四老爷：　我要上腊梅家去，我还不知道路，我打听打听。我说借光您呐，我要上腊梅家去，往哪儿走哇？

王书吏：　你要找周腊梅，我来告诉你，从老龙头买了车票奔了张家口，再奔古北口再一打听就到了。

四老爷：　那么老远我不去。(下)

王书吏：　哈哈…… 他哪儿晓得，我认识就在这里住，周腊梅开门来。

周腊梅：　谁叫门？

王书吏：　我呀。

周腊梅：　王先生到了，你进来进来。

王书吏：　周腊梅你好哇？

周腊梅：　我好。

王书吏：　我给你办的事情好哇。

四老爷：　(上) 开门来！开门来！

周腊梅：　谁叫门？

四老爷：	四老爷。
王书吏：	哪个来了？
周腊梅：	四老爷来了。
王书吏：	四老爷，他是我的上司，怎么样？
周腊梅：	你藏起来。
王书吏：	我藏在哪儿，我……藏在面缸里。
四老爷：	那是我的地方。
王书吏：	我入了灶腹去吧。（下）
四老爷：	我说腊梅，我给你办的那段事情，怎么样你瞧？
周腊梅：	办得很好。
大老爷：	（上）开门！
周腊梅：	谁叫门？
大老爷：	大老爷。
周腊梅：	四老爷，可不……不得了。
四老爷：	怎么？
周腊梅：	大老爷来了。
四老爷：	这怎么办呀？
周腊梅：	你藏起来。
四老爷：	我往哪儿藏？
周腊梅：	你说呢？
四老爷：	我藏在床底下吧。
大老爷：	那是我的地方。
四老爷：	是我藏在哪里？
周腊梅：	你藏在面缸里。（四老爷下）
大老爷：	我的人都上这儿来了，我说开门呐。
周腊梅：	外边谁叫门？
大老爷：	大老爷来了，
周腊梅：	怎么说大老爷来了，你等一会儿给你开门。大老爷请进。
大老爷：	我说腊梅呀，这件事情给你办得怎么样？
周腊梅：	办得很好。
大老爷：	断给张才了，张才也支走了，没别的今天咱们打点酒买点菜，你让我乐和乐和。
周腊梅：	我说大老爷呀，你把我断给张才了，你叫我跟你乐和乐和，这句话有点说不到吧。

大老爷：	不是什么乐和，唱两句咱俩开开心。
周腊梅：	唱两句，唱两句什么呢？
大老爷：	来江南的十八摸唱两句。
周腊梅：	十八摸呀，我都把它忘了。
大老爷：	不要紧，你忘了我还记得住。
周腊梅：	怎么说，大老爷你还记得吗？
大老爷：	我帮腔。
周腊梅：	你会帮腔？
大老爷：	会。
周腊梅：	好，那么咱们就唱起来。
大老爷：	好唱起来。
周腊梅：	（唱）一位佳人困到半夜三更天，
大老爷：	（白）呐哈。
周腊梅：	真有你的。
大老爷：	行吗？
周腊梅：	困也困不着。
大老爷：	摸手摸脚我想个开心，我指头要开心。
周腊梅：	（唱）伸手摸到姐姐头发边。
大老爷：	（唱）姐姐的头发桂花香，头发桂花香。
周腊梅：	（唱）嗳嗳哎哟……
大老爷：	（唱）嗳嗳哎哟。
周腊梅：	（唱）嗳呀，嗳呀。嗳嗳嗳呀。
大老爷：	（唱）嗳……头发桂花香。嗳嗳哎哟……
周腊梅：	（唱）伸手摸到姐姐面孔边。
大老爷：	（唱）姐姐的面孔粉头鲜，面孔粉头鲜，哧咯咙咚呛。
周腊梅：	（唱）嗳嗳哎哟。
大老爷：	（唱）嗳嗳哎哟。
周腊梅：	（唱）哎哟，哎哟，嗳嗳哎哟。
大老爷：	（唱）嗳……面孔粉头鲜呀。嗳嗳哎哟……
张才：	（上。白）好。
大老爷：	你跟谁学的这玩意儿？
周腊梅：	我跟我姨学的。
大老爷：	学得真不错，那你教教我。
张才：	开门呐！
周腊梅：	谁叫门？

张才： 我。

周腊梅： 你是谁呀？

张才： 连我的声音你都听不出来了吗？

周腊梅： 可我听不出来嘛。

张才： 有的，腊梅到了我们家真守规矩，有人叫门都得问明白了才开，我告诉她。我是你丈夫张才回来了。

周腊梅： 大老爷可不得了啦。

大老爷： 燎不得烧着吃。

周腊梅： 什么烧着吃？

大老爷： 什么了不得了？

周腊梅： 我们当家的回来了。

大老爷： 赶车的回来了？

周腊梅： 什么赶车的呀？

大老爷： 不是当家的赶车的挨着吗？

周腊梅： 是我的男的回来了。

大老爷： 是你爷们儿回来了。

周腊梅： 对了。

大老爷： 不能够，我派他山东公干去了，怎么会回来呢？有了，我充你的声音我问问他。我说外面谁叫门呐？

张才： 她还是不放心。

大老爷： 怕是有冒充的？

张才： 这话也对，我是你汉子。

大老爷： 你们爷们真回来了，我藏在哪儿，这玩意儿。

周腊梅： 这怎么办呢？

大老爷： 这怎么办，有主意，隔着墙你把我扔出去得了。

周腊梅： 我也没有那么大的力气。

大老爷： 要不你把我揣起来。

周腊梅： 也没有那么大的怀。

大老爷： 怎么办？这玩意儿，我藏哪儿呢？咱们俩见了面他得跟拼命。

周腊梅： 你藏在床底下吧。

大老爷： 床底下很脏的，哪儿行，这玩意儿。

周腊梅： 你对付着闷一会儿吧。

大老爷： 把我闷坏了，我藏起来吧。

张才： 快点开门呐。

大老爷： 别忙，还没藏好呢。（下）

周腊梅： 你别忙，我这儿不给你开门了嘛。

张才： 瞧瞧你们，这慢慢腾腾的你干什么呢？

周腊梅： 我给你做裤子呐。

张才： 做裤子？

周腊梅： 对了，你不是上山东去投文了吗？

张才： 对了，老爷叫我上山东投文去，我想打点酒买点菜咱们俩先喝点儿。

周腊梅： 怎么的，要喝点儿酒呵，好，咱们喝吧。

张才： 给我烫酒去。

周腊梅： 我不会烫酒。

张才： 烫酒你都不会，你都会什么呀？

周腊梅： 我就会做裤子。

张才： 合着你净会做裤子。

周腊梅： 对了。

张才： （唱）你不会烫我自己烫去。

【吹腔】灶腹膛忙点一把火，

王书吏： （上。唱）灶腹里烧出了我，

　　　　　　　烟熏火燎实难过。

张才： （唱）手使大棍朝下打，

四老爷： （上。唱）面缸里打出了我，

　　　　　　　搬把椅儿四老爷坐。

张才： （白）有的，我这么一会儿不在家，我们家里有多么乱。王先生也来了，四老爷也来了，这算什么家庭？我说四老爷。

四老爷： 什么事？

张才： 今天你来了赶上了，你给我断一断家务事吧。

四老爷： 怎么，断断家务事？

张才： 对了。

四老爷： 好，你听了——

（唱）【锁板】叫张才你过来，

　　　　　　　细听四老爷说明白。

　　　　　　　大老爷差你山东公干去，

　　　　　　　为什么私自转回来？

　　　　　　　放着冷酒你不喝，

　　　　　一心要往灶腹里头塞。

　　　　　灶腹里烧出了王书吏，

　　　　　面缸里打出我四老爷来。

　　　　　清官难断家务事，

　　　（白）你请。

张才：　请谁呀？

四老爷：（唱）【锁板】床底下请出大老爷来。

张才：　（白）哈，热闹的都在后头呢！有请大老爷！

大老爷：（上。唱）【吹腔】床底下闷坏了张知县，

　　　　　低下头往外钻。

　　　　　一见张才我吓得嘚、嘚、嘚战，

王书吏：（唱）灶腹里烧得我黑、黑、黑，一身黑。

四老爷：（唱）面缸里一身面，

大老爷：（唱）床底下闷了我一身汗。

张才：　（白）你瞧瞧我个家里头够多么热闹。我说这
　　　　　个王先生，你哪，干什么来了？

王书吏：婚居贺喜来了。

张才：　婚居贺喜来了，我这儿先谢谢你。

王书吏：好说。

张才：　你拿来吧。

王书吏：拿什么来？

张才：　婚居贺喜的银子。

王书吏：婚居贺喜还要银子？

张才：　那多新鲜呐。

王书吏：多少呵？

张才：　五十两。

王书吏：小意思，哈……没有。

张才：　没有钱，就来婚居贺喜来了。

王书吏：没有，明日衙门里去拿。

张才：　衙门里头儿拿不行。

王书吏：怎么的，不行怎么样？

张才：　今天如有银子便罢，如若没有我要扒你！

王书吏：哪有扒师爷的道理？

张才：　我还是说扒就扒。

王书吏：不要忙不要忙，我找个保人好不好？

　　　　　四老爷，书办有礼。

四老爷：王先生你干什么来了？

王书吏：婚居贺礼来了。

四老爷：好事呵！

王书吏：他们跟我要银子。

四老爷：多少两？

王书吏：五十两。

四老爷：给人家吧。

王书吏：我没有带许多的银子，你给我垫上，明天衙门
　　　　　里给好了。

四老爷：明天想着给我。叫他走吧。

周腊梅：我给你开门。

王书吏：我走灶腹里吧。（下）

张才：　我说四老爷。

四老爷：什么事？

张才：　你干什么来了？

四老爷：婚居贺喜来了。

张才：　婚居贺喜来了，你拿来吧！

四老爷：拿什么呀？

张才：　拿婚居贺喜的银子。

四老爷：多少两？

张才：　五十两，连王先生那五十两是一百两。

四老爷：没有怎么办？

张才：　没有我扒剥你。

四老爷：别扒，我给你找个保行不行？

张才：　要找快找，出门无效。

四老爷：参见大老爷。

大老爷：呵，老四呵。

四老爷：是我。

大老爷：你干什么来了？

四老爷：婚居贺喜来了。

大老爷：婚居贺喜是好事。

四老爷：他们跟我要银子。

大老爷：要银子，要多少两？

四老爷：一百两，没有别的说，你给我保起来吧。

大老爷：没银子就来给人家婚居贺喜。

四老爷：是是是。

大老爷： 你们可真能行，这么办得了，我替你负担吧。

周腊梅： 我给你开门。

四老爷： 不用开门，蹲面缸里得了。（下）

张才： 全都走了。我说大老爷，该你的了。

大老爷： 该我的就得给我呀。

张才： 什么该你的给你呀？

大老爷： 不是该我的怎么？

张才： 该你拿银子了。

大老爷： 我拿银子，我拿多少两？

张才： 一百两，连他们两个人的一百两，前后是
二百两。

大老爷： 归着包堆二百两银子？

张才： 二百两。

大老爷： 小事，衙门去取。

张才： 衙门取不行，我这就要。

大老爷： 你还就要，我没带着钱。

张才： 没带着钱，今天就要扒你。

大老爷： 哈……大你的胆子，你敢扒大老爷我吗？

张才： 我不但敢扒，我还是说扒就扒。
（唱）脱圆领摘乌纱帽，
　　　推出去，门关了。

大老爷： （唱）捂着屁股往家里头跑。（下）

张才： （唱）白得银子二百两。

周腊梅： （唱）这丑名，奴担了，

张才、周腊梅：（唱）夫妻拍手哈哈笑。

民国时期百代公司唱片

张春山等合演

穆凯提供

杨东乐记录

记录时间：2020年

关公月下赞貂蝉[1]

此为唐韵笙1948年根据传统剧目《关公月下斩貂蝉》改编。民国十九年（1930）前后，唐韵笙开始苦心钻研和编写三国戏，着重在塑造关羽的艺术形象上下功夫。他根据自身条件，兼取各家和各行当之长，简化脸谱，改革服装，以形壮神，突出了关羽忠义、勇武、骄矜和刚愎自用的性格。他还对三国戏的一些情节进行考证和修改。此戏演曹操欲用貂蝉留住关羽，关羽盛赞貂蝉的舍身救国行为，称其为巾帼英雄。貂蝉羞愧难当，内心敬佩关羽侠肝义胆，为了成全关羽，夺过关羽宝剑自刎而死。

人物： 曹操
程昱
关羽
郭嘉
中军
貂蝉
马夫
旗牌

（曹操、程昱、郭嘉、中军上）

曹操： （唱）【西皮摇板】掌乾坤替主沉浮，
扫群雄为灭孙刘。
军政权吾握在手，
千军易得一将难求。
斩颜良云长封侯，
唯恐他寻兄切我终难留。

郭嘉、程昱：（白）参见丞相。（曹操沉思未觉）

郭嘉、程昱：（高声）参见丞相！

曹操： 哦！二位先生到了。老夫正在沉思，未曾听见，
二先生见谅，快快请坐。

郭嘉、程昱：多谢丞相。啊丞相，为何沉思不快？

[1] 选自唐玉薇编著《唐韵笙舞台艺术集》，沈阳出版社1991年版422—439页。

曹操：　老夫心中正愁思一桩大事。

程昱：　丞相何不言明，我二人当与丞相划策。

曹操：　今乃中秋佳节，老夫约请关羽过府赏月，不料他推谢。你道为着何来？

郭嘉：　莫不是思兄心切？

程昱：　难道有离去之意？

曹操：　前者黄河一战，老夫探得刘玄德现在河北袁绍处。关云长在白马坡斩颜良诛文丑，解了黄河之围，唯恐他得知玄德之讯，意欲寻兄，辞我而去，怎不叫老夫忧虑矣！

郭嘉：　丞相，想那关羽，自到曹营，丞相待他恩高义厚，封为汉寿亭侯，可算名禄双得。料他未必忘恩而去，丞相何必担忧？

曹操：　先生此言差矣！桃园弟兄誓同生死，老夫虽然待他恩厚，怎比他弟兄桃园结义，生死之情？云长大仁大义，其心难动乎！

程昱：　啊，丞相，功名厚禄，若不能动其心，何不施一胭粉之计？

曹操：　这美人之计么？嗳！关羽初进我营，老夫也曾赠过美女十名，被他婉言回绝。云长非见色忘义之人，先生此乃下策也！

郭嘉：　啊丞相，前者所赠不过平庸之女，眼前有才貌双全、智高过人、聪明伶俐、能歌善舞之人，哪怕云长不动其心？

曹操：　她是何人？

郭嘉：　此人就是刺董卓、灭吕布的巾帼英雄……

曹操：　哦！貂蝉！

郭嘉：　这真是美人配英雄。

程昱：　这英雄也难过美人关。

曹操：　这倒是个上策，唯恐貂蝉不从，如之奈何？

郭嘉：　丞相用言语打动于她，若能从命，一来可免关羽寻兄之念，二来貂蝉终身有靠。她身得其所，恐怕喜不过来，还要感丞相的大恩大德。

曹操：　如此说来，此乃一举两得。

程昱：　也算得一兼两益。

曹操：　啊？哈哈哈哈………

（唱）【散板】佳人当配英雄汉，

　　　　　　　貂蝉才貌两双全。

　　　　　　　暗中定下香饵计，

　　　　　　　管叫金鳌上钩线。

（白）二位先生，我们暂且回避。来，唤貂蝉进见。

（郭嘉、程昱、曹操相视一笑，下）

中军：　丞相有令，貂蝉进见！

（貂蝉上）

貂蝉：　（唱）【南梆子】愁风怨雨随风散，

　　　　　　　风波浪里且自宽。

　　　　　　　对镜常自声声叹，

　　　　　　　夜夜秉烛照红颜。

　　　　　　　义父司徒有恩典，

（曹操暗上归座）

　　　　　　　知恩图报理当然。

（白）丞相万福！

曹操：　罢了，一旁坐下。

貂蝉：　谢坐。丞相召见，不知有何吩咐？

曹操：　貂蝉，想你久居相府，此非长计，况且你青春未过，怎能孤独生存？

貂蝉：　这……

曹操：　为此将你唤来，一来有重任相托，二来也是为你终身着想。

貂蝉：　妾蒙丞相相救，大恩未报，若有用妾之处，敢不从命乎？

曹操：　老夫有意将你献于当今英雄关云长，你与他朝夕相处，不离左右，好好侍奉，你可愿意么？

貂蝉：　这个……丞相吩咐，妾当从命，只是妾身前侍董卓，后许吕布，蒲柳之姿望秋落叶，何堪再醮？恐被君侯见弃，事若不成，妾脸面何存？还望丞相三思。

曹操：　嗳！那董卓、吕布乃是当今国贼，连环之计你立下大功，谁人不尊，哪个不敬？凌烟阁上标的是大大美名，怎说蒲柳之姿？那关羽对你的舍身救国，岂不敬仰？你何必多虑？今当中秋之际，随同老夫拜见关羽，你在前奉酒，婉言陈词，打动于他，老夫从中调和，此事哪有不成之理？

貂蝉：丞相明见。只是君侯非董卓、吕布之辈，妾心惶恐，不敢造次。

曹操：貂蝉！

（唱）【西皮快原板】你本是巾帼女忠心为上，

　　却为何心胆怯神意彷徨？

　　你好比孤凤失侣难合唱，

　　但愿你在席前引凤求凰。

貂蝉：（唱）蒙丞相多器重怎敢违抗？

　　卑贱女攀英雄愧不敢当。

　　他本是礼仪君人人敬仰，

　　唯恐我难说服大义纲常。

曹操：（唱）【流水】全凭你才和貌风韵绝响，

　　用言语劝君侯留在许昌。

　　但愿他终身为我帐下良将，

　　扶社稷灭孙刘永振朝纲。

　　倘若是难挽留任从他往，

　　只怕是放虎归山把人伤。

貂蝉：（唱）常言道施仁德必得良将，

　　寿亭侯他也能以恩报偿，

　　妾失身于国贼名节已丧，

　　随吕布风月中如梦黄粱。

　　蒙丞相活命恩偷生世上，

　　又何必以秋花再招蜂狂？

曹操：（唱）你本是女中魁颇有志量，

　　灭国贼曾施过舌剑唇枪。

　　老夫我为国家设计求将，

　　此一举两双全你也应当。

貂蝉：（唱）灭国贼渡过了狂风巨浪，

　　到如今无着落心意彷徨。

　　无心再把妆台上，

　　无意再穿红罗裳。

　　不愿再登锦花堂，

　　不愿再弄舌中枪。

并非违背曹丞相，

桃园结义非寻常。

弟兄亲如手足样，

誓共生死一炉香。

兄在天涯他必往，

君侯岂能留许昌？

此番劝他若无望，

泼水难收我的脸无光。

曹操：（唱）他纵然志气高千丈，

　　要你从容柔克刚。

　　我言既出谁敢抗？

　　要你从头细思量。

貂蝉：（白）呀！

（唱）【散板】鱼儿落入无情网，

　　马到悬崖难收缰。

　　丞相啊！

　　唯恐我栽花花不放，

曹操：（唱）我料你无意插柳柳成行。

貂蝉：（唱）【散板】无奈何且应允，拜别丞相。

（貂蝉欲走）

曹操：（白）回来！

（唱）休得要把你我两事俱伤。

　　事不成老夫我失却良将，

　　你这半世的青春也无下场。

（貂蝉三拜曹操，曹搀起，背手下。貂蝉望曹背影）

貂蝉：（唱）曹丞相言语中不难猜想，

　　貂蝉女我只能左圆右方。

　　此一举见君侯把衷言奉上，

　　到头来也难想是短是长。

（黄昏，庭院。关羽背向观众缓缓上）

关羽：（白）唉！

（唱）【吹腔】秋风阵阵透骨寒，

　　极目关山信茫然。

　　仁兄义弟难得见，

　　有笔修书投递难。

虽受侯爵气长叹，

久居许昌心不安。

梦中常闻兄召唤，

(夹白) 大哥，大哥，大哥？你，你……你在何处哇？三弟，翼德，你……

你在何方？

思兄想弟夜难眠。

人在曹营心在汉，

寻兄访弟燃在眉尖。

(幕内马嘶声)

马夫：　(上) 启禀君侯，赤兔战马长嘶不止。

关羽：　将它牵至庭院，待某亲自观看。

马夫：　是！

　　　(下，牵马复上，马嘶声)

关羽：　(抚摸马背。白) 赤兔啊！赤兔！

　　　(念) 蛟龙终非池中物，

　　　　　跃马扬鞭离许都。

　　　　　星夜兼程寻故主，

　　　　　重扶汉室展宏图。

　　　(马嘶声，马夫作牵马舞，马夫被马扑倒，关羽亲自持鞭降马)

　　　(白) 牵了下去，多加草料。

　　　(马夫牵马下)

关羽：　且住！近日夜间，赤兔长嘶青龙刀啸，不知是何缘故？(抬头望月) 噢噢是了！想是大哥三弟，近在咫尺。今当中秋月圆之时，莫非弟兄相会不远？

　　　(唱)【吹腔】仰面对月细观瞻，

　　　　　月明如镜照广原。

　　　　　恨只恨，下邳一战失计被陷，

　　　　　叹只叹，弟兄们地北天南。

　　　　　保二嫂约三事息征罢战，

　　　　　寄居在许都一十二年。

　　　(白) 大丈夫遇知己者死。常言道飞禽择良木而栖，贤臣择明主而侍。想我弟兄三人誓同生死，共扶汉室，关某岂能被富贵所移？但愿弟

兄早日团圆也！

　　　(唱) 大丈夫必须要声振名远，

　　　　　我定要寻兄奉嫂还。

　　　　　纵有那兵和将何堪一战，

　　　(白) 看刀来！

　　　(马夫递刀，关羽起刀舞后亮相。曹操暗上)

关羽：　(唱) 敢挡者管叫他横尸马前。

　　　　　凭着俺青龙刀砍青虹剑斩，

　　　　　复桃园哪怕是万水千山。

　　　(曹操闻言惊呆。马夫暗上)

关羽：　(白) 刀前何人？

曹操：　(急步迎上) 曹孟德！

关羽：　呜呼呀！关某险些误当贼人，丞相莫怪。(刀交马夫，马夫下)

曹操：　我与君侯同朝为官，又是挚友，怎作歹人乎？

关羽：　丞相深夜到此，有何见教？

曹操：　今当中秋佳节，家家张灯结彩，合家赏月，操特备杜康佳酿，与君侯共饮赏月。来，酒宴摆上。(旗牌上，摆酒) 君侯请！

　　　(关羽举杯叹息，停杯不饮)

曹操：　君侯为何停杯不饮？

关羽：　圆月当空，家家团圆。关某弟兄分散，如同天边流星，东西南北，无寻无觅，故而停杯不饮。

曹操：　君侯仁义为重，乃当世英雄矣！曹某请一英雄前来与君侯同饮。

关羽：　但不知何人也？

曹操：　君侯稍待，中军，传老夫口令，请！

中军：　(上) 有。(下)

曹操：　君侯请酒。

关羽：　且慢！关某恭候英雄前来同饮。

曹操：　呃？好好好！

貂蝉：　(上。唱)【西皮流水】曹丞相与君侯赏月饮酒，

　　　　　命貂蝉在席前故卖风流。

　　　　　明则是为貂蝉芙蓉有主，

　　　　　暗则是将关羽久留许都。

　　　　　虽然是我有意也难配佳偶，

貂蝉我心惶恐暗把泪流。

(白) 贱妾与丞相见礼。

曹操：君侯在此！

(示意貂蝉与关羽见礼)

貂蝉：君侯万福。

关羽：亭下哪位英雄？关某安敢受礼！

曹操：啊君侯，她就是扶汉灭奸的女中豪杰貂蝉！

关羽：噢，貂蝉！闻得你除董卓、灭吕布，乃安邦定国的巾帼英雄，关某失迎！

貂蝉：君侯恩赞，妾受宠若惊。君侯乃汉室栋梁，当今的英雄。今日得见，乃妾之幸也！

曹操：妙哇！今夜英雄会聚，月光之下，同宴琼浆，岂不乐乎！貂蝉，快与君侯把盏。

貂蝉：妾从命就是。

曹操：看酒伺候。

(三人归座)

曹操、貂蝉：君侯请！

关羽：请。

(三人饮酒)

程昱：启禀丞相，今有夏侯惇将军攻取汝南不克，亲自回信来，面见丞相。

曹操：(故意) 哦！元帅回来，必有紧急军情。如此，君侯稍坐片刻，老夫去去就来。

关羽：丞相既有军情，就请吩咐貂蝉在亭外等候，关某在此静坐片刻。

曹操：身为大将，过于细节了。貂蝉与君侯敬酒。正是 ——

(念) 亭阁赏月宴，
阵前军情传。

关羽：(念) 静候丞相转，

貂蝉：(念) 愁煞女貂蝉。

(曹操下，关羽进阁，貂蝉随后)

貂蝉：(白) 请君侯前来入席。

关羽：且等丞相回来一同就坐。

貂蝉：君侯不愿入席，就请便坐何妨？

关羽：这倒使得。

(上马夫摆座，下)

貂蝉：君侯请坐，待妾与君侯敬酒。

关羽：且慢。稍候片刻。

貂蝉：此乃丞相之命，妾怎敢怠慢？

关羽：有道是主不请，客不饮。

貂蝉：话虽如此，想丞相与君侯同殿为臣，何必谦恭太甚？贱妾久闻君侯大义纲常，熟读《春秋》，幸而今夜拜识君侯，乃妾平生之幸，妾斗胆奉敬君侯一杯酒，不知君侯尊意如何？

关羽：嗯！多谢你了。(饮酒) 貂蝉，闻你乃王司徒之女，不知本家尊姓何名？祖居何处？

貂蝉：贱妾自幼失姓，身世不明，蒙张温大人恩养成人，自知姓张，后由张大人寄养司徒府受名貂蝉。

关羽：哦！原来如此！除董卓，灭吕布，你有舍身救国之志，锄奸定乱之功，令人敬佩。

(念) 昔有越溪女，
鬒眉吴王昏。
勾践兴国志，
西施头一功。
汉皇江山靖，
功在巾帼中。
芳名凭谁问，
貂蝉乃英雄。

貂蝉：(白) 君侯过奖。贱妾不过是穿针引线之劳，何足挂齿？怎比君侯有鸿鹄之志，与曹丞相同室共爵，共扶宏图大业？

关羽：嘿！我今虽与曹丞相同殿为臣，只是桃园弟兄誓同生死，不可背也。

貂蝉：请问君侯，春秋鼎盛，孔圣之训，其中可有恩怨之事？

关羽：俱是忠孝论文，也有节义廉明。

貂蝉：想君侯生平不愧为忠义之士也。

(念) 姜尚兴周历艰难，
伯牙、子期流水传。
虎姿雄风英雄汉，

忠义之士在桃园。

关羽：（白）何以敢当？

貂蝉：这孝与节呢？

关羽：想你虽是司徒养女，亲同骨肉，奉父之命，为国锄奸，算得是孝字当先，这节字么……

貂蝉：这节么，叫我好恨！

关羽：恨从何来？

貂蝉：君侯哇！

（唱）提起了孝与节不难诉说，

　　思往事却叫我无可奈何。

　　貂蝉女身似那白玉失琢，

　　遵父命订连环受尽折磨。

　　自下邳到如今身无着落，

　　满腹的言和语无人诉说。

　　当年事功与过貂蝉所作，

　　自有那后来人论一论是非清浊。

关羽：（唱）好一个貂蝉女颇有志略，

　　连环计使董卓父子操戈。

　　虽失身非是你把事做错，

　　原因为扶汉室灭却国贼。

　　你好比松柏常青绿，

　　你好比冬梅耐寒波。

　　你好比吴越春秋西施女，

　　舍身立志灭吴国。

　　貂蝉你为国家有功无过，

　　留得美名在凌烟阁。

貂蝉：（唱）怎敢当君侯你称赞于我？

　　妾女流少见识无才无学。

　　近闻得欲辞曹要把关过，

　　劝君侯留许昌免受奔波。

关羽：（唱）我弟兄同生死捧香拜过，

　　岂能够留许昌安享禄爵？

　　若得知兄与弟有了下落，

　　奉二嫂寻兄长即刻走脱。

貂蝉：（唱）曹丞相待君侯恩情甚厚，

关羽：（唱）我也曾立功劳报效恩泽。

貂蝉：（唱）倘若是事不成非同小可，

关羽：（唱）复桃园立基业志不可夺。

貂蝉：（唱）曹丞相有重兵怎能放过？

关羽：（唱）他纵有千军万马岂奈我何！

　　大丈夫必须要有言必诺，

　　岂能够……

（白）得新（扯外袍"一击"），忘旧（扯内袍"一击"）

（唱）有负重托。

貂蝉：（白）呀！

（唱）【散板】忠于兄义于弟英雄本色，

　　看起来曹丞相弄巧成拙。

　　我本当把再醮事对他说破，

　　又恐怕事无成羞愧难活。

　　左思量右辗转双眉愁锁，

（白）也罢！

（唱）到如今顾不得红颜命薄。

（白）听君侯之言定要保嫂寻兄无疑了？

关羽：正是。

貂蝉：倘若丞相强留……

关羽：何惜一死！

貂蝉：若是皇叔不在呢？

关羽：当从于地下。

貂蝉：如此说来不幸有二。

关羽：我问这一？

貂蝉：君侯乃当世英雄，未复桃园轻身于地下，岂不可惜？

关羽：这二呢？

貂蝉：这二么……

关羽：难道有人预谋加害关某？

貂蝉：并非有人加害，只是有人……（羞介）

关羽：要言不言，要语不语，莫非有诈？

貂蝉：君侯你来看。（取头上簪花）此乃芙蓉簪花，乃妾身终身所饰之物，今日拜识君侯，妾甚敬佩，要意将此物相赠，以作终身敬念之意，望君侯笑纳。

关羽：　且慢！你今此举并非关某不明，你乃巾帼英雄，某乃须眉丈夫，瓜李之嫌，人言可畏，某财色分明，此举岂不有失体面？

貂蝉：　（叩头）哎呀君侯呀！说什么有失体面，那曹丞相唯恐君侯闻兄辞去，故而命我在席前挽留君侯，并要把貂蝉……

关羽：　禁声！看明月高悬，你且回府去吧！（貂蝉欲言，关羽止）

貂蝉：　正是芳香浓艳散，蜂蝶逾墙垣。（关羽暗磕剑，貂蝉惊）请问君侯，何物响亮？

关羽：　关某青虹剑啸。

貂蝉：　剑焉能会笑？

关羽：　乃是龙吟虎啸之啸。

貂蝉：　剑啸何为？

关羽：　若遇不平不德之事，它便铮铮作响。

貂蝉：　可能制止？

关羽：　试过锋芒方能制止。

貂蝉：　不知君侯要以何物试刃？

关羽：　只好斩断花头。

（以剑斩花，貂蝉惊，暗泣）

貂蝉：　（唱）剑斩芙蓉花头落，

　　　　　　不由暗自泪如梭。

　　　　　　青虹削尽忧和怨，

　　　　　　也免得凄凉春梦多。

　　　　（白）也罢！

　　　　（唱）倒不如花断人也断，

　　　　　　玉殒香消免风波。

　　　　（白）君侯，妾要借剑一观，不知可肯赐下？

关羽：　有何不可？要小心锋芒。待某摘下。

貂蝉：　好剑哪！好剑！

　　　　（念）青虹寒光照，

　　　　　　锋芒射红颜。

　　　　　　玉碎珠也沉，

　　　　（曹操暗上）

　　　　（白）君侯，丞相回来了。（关羽回头）

　　　　（接念）花落月儿残！（貂蝉自刎，关羽转身欲拦）

关羽：　（白）惜乎哇！惜乎！

　　　　（唱）血斑斑染石阶玉殒香消，

　　　　　　不愧为巾帼中一代英豪。

　　　　　　但愿你化春风人间缭绕，

　　　　　　凌烟阁载史册把美名标。

曹操：　（白）咳嘿！

（关羽取酒洒尸前，亮相）

教育镜[1]

民国时期姚清煦编的"教育新剧"。通过小夫妻对话，宣传国民义务、男女平等内容。

　　　　人物：　顾若姒

　　　　　　　　慕洋

　　　　　　　　管家婆

（顾若姒上，慕洋跟上）

顾若姒：（念）岁月驱人万火牛，

　　　　　　刹那间暑假当头。（同坐）

慕洋：　（念）国民义务两肩担，

　　　　　　莫把学生作等闲。

顾若姒：（念）女子亦是国民一，

　　　　　　从今男女是平权。

慕洋：　（白）学生我，姓慕名洋，字欧风，中华人氏。

顾若姒：学生我，顾若姒，真正中华人氏。

慕洋：　让你说吧。

顾若姒：男女平权，有你一分子，就有我一分子，你是

[1]　选自民国时期奉天教育司模范说书馆评词鼓书研究社印本（穆凯提供）。

学生，难道是不许我称学生吗？

慕洋：　你要我既系平权，须讲公法，我是主体，你是客体，我未到堂，你先入户，我未出问题，你早发言，是这等强宾夺主，侵犯权限，必须裁判来。

顾若姒：谁让你缩头缩尾，不能竞争，事事甘心退步？

慕洋：　甘心呀，退步哇。

顾若姒：须知道这20世纪时代，优胜劣败，适者生存，乃是天然的公理。

慕洋：　诸君听着，今后对于夫妻可也要实行那竞争手段。

顾若姒：(笑)取笑呀，怎么就认了真啦？

慕洋：　夫妻可是取笑的？如此看来，你的学业还是不完全，有缺点。

(顾若姒气移坐，慕洋趋向)

慕洋：　好激烈的性质。

(唱)【二簧】是非只为多开口，

烦恼皆因强出头。

放暑假一个月为期已久，

急应当将学业详细研求。

(白)你就不表同情，莫不是未开通依然守旧？莫不是往日里违约法，惹得你余怒未休？莫不是佯装醉来阴吃酒？莫不是鼓动你的爱国心致起了万绪千愁？是怎么，俺这里连声问候。你那里为何故一句话儿没有？

(顾若姒仍不语)

慕洋：　(白)不要气，不要气，待鄙人与娘子扇扇。

(管家婆上，送茶)

慕洋：　(怒)未经许可，擅入人家内室，警察学你是毫未阅历，野蛮极点。

顾若姒：先生文明之人，深通经史，难道那不迁怒、不二过都忘了吗？

慕洋：　腐败的文章，我的脑筋中早已无有影响。

顾若姒：(笑)好了好了，

(唱)听此言好一似才储八斗，

堪称为哲学家程度最优。

却封于管家婆悬河其口，

又好比蜉蝣儿不知春秋。

我学生岁驽骀堪造就，

圣人道无悔焉自行束脩。

愿先生发热心将我教授，

管家婆你把那厅堂上的杯盘儿一起来收。

(白)学生，顾若姒，参见欧风先生。

慕洋：　顾女士，今日你上我这里留学，本是个人志愿。既是抱定了的宗旨，绝不可改变方针，须将保证书写来。

顾若姒：夫妻闲话就要实行，岂不逗人笑煞？

慕洋：　夫妻闲话，认作实行。真正叫人笑煞。

(各笑)

老黄请医

取材于《幽闺记》传奇。有一男一女两位住在招商客店，男客身染重病，店主老黄代为请附近医生刘高手前往诊治，刘高手医术低劣，老黄一路与刘高手插科打诨，讽刺庸医误人。

人物：　老黄
　　　　　刘高手

(老黄上)

老黄：　(白)啊哈。孟尝君子店，千里客来投。在下老黄，就在此地开了一座招商客店。我的店房住了一个老客，身得重病，请了几个先生也不见好。我忽然间想起刘高手来了。我不免请他，叫他给治治。就此前往。行行去去，去去行行。拐弯抹角，来到啦。先生在家呢没有？

（刘高手上）

刘高手：　谁呀？

老黄：　　我。

刘高手：　请我干什么呀？

老黄：　　请您治病。

刘高手：　去不了。找俩人把我抬了去吧。

老黄：　　您怎么样啦？

刘高手：　我也病了。

老黄：　　别挨骂了，出来吧。

刘高手：　嗯哼。四代名医。

老黄：　　先生您砸了。

刘高手：　没唱就砸了？

老黄：　　人家都是三代名医，您怎么四代呢？

刘高手：　我多一代。

老黄：　　多哪一代？

刘高手：　传真方卖假药都是我七代的……

老黄：　　什么？

刘高手：　好朋友。三方人尽知。

老黄：　　您又砸了。

刘高手：　怎么又砸了？

老黄：　　都是"四方人尽知"，您怎么三方呢？

刘高手：　我说的是东南西。

老黄：　　北边儿呢？

刘高手：　都让我给治死了。有人来请我……

老黄：　　俱是有缘的。

刘高手：　都是该死的。

老黄：　　好顺序！先生您好啊！

刘高手：　你讲理不讲理？

老黄：　　怎么不讲理呢？

刘高手：　没开门就问好。

老黄：　　我再出去。

刘高手：　我开开门看看是谁呀。呦呵呵，兄弟你呀？

老黄：　　不错是我。

刘高手：　兄弟你好！

老黄：　　好！

刘高手：　你们家里好！

刘高手：　好。

刘高手：　一家子鸡猫狗儿都好！

老黄：　　都好！

刘高手：　格蚤[1]臭虫好！

老黄：　　问得挺全克[2]！

刘高手：　还在那住呢？

老黄：　　没搬家。

刘高手：　昨天还念你！

老黄：　　今天就来啦。

刘高手：　真有缘！

老黄：　　有缘！

刘高手：　哈哈哈。你是谁呀？

老黄：　　问了半天不认识我吗？

刘高手：　仿佛咱们哥儿俩在哪个地方儿……

老黄：　　见过？

刘高手：　没有啊。

老黄：　　我就是开招商客店的老黄。

刘高手：　好王八蛋！

老黄：　　怎么骂我呢？

刘高手：　不是骂您，骂我这俩眼睛。这两天上了火啦，连兄弟您都不认得了。再过两天儿，连鸡蛋也分不出大小来了。

老黄：　　别玩笑。

刘高手：　你干什么来了？

老黄：　　我的店房住了一个相公，身得重病，请您前去治病。

刘高手：　那是哥哥的本分。多咱走啊？

老黄：　　今天就走。

刘高手：　去不了。

老黄：　　怎么呢？

刘高手：　没人给我提溜包袱。

老黄：　　往日谁给您提溜？

刘高手：　我孙子。

[1]　格蚤：方言。跳蚤的别名。

[2]　全克：全。克为语气词。

老黄：　哪去了？

刘高手：　打醋掉沟里了。

老黄：　你不嫌弃我给您提溜着。

刘高手：　恕罪！

老黄：　怎么呢？

刘高手：　你只当我的孙子！

老黄：　别玩笑。

刘高手：　拿着包袱，出门。

老黄：　出门。

刘高手：　关上点儿门。

老黄：　关上门干什么？

刘高手：　不但关门，而且还得吩咐吩咐。

老黄：　吩咐什么呢？

刘高手：　吩咐一声"丁香"奴，好好看守"麦门冬"，留神"木贼"子盗去我的"丹砂"袍子、"硇砂"褂子、"瓜蒌皮"的帽子、"皂角"靴子。将我的衣服放在"陈皮"箱内，用"玄胡素"锁好，放在"瓜蒌"以上。倘若"人参"找我，让在"何首乌"内。渴了给倒碗"普洱"茶，饿了吃"草子膏""益母膏"的点心。然后拉出我那"海马"，套上你母亲那辆"紫河车"。接我"当归"。倘若一步来迟，打你三千"灯草"杠子、四千"竹叶"片子，我是"半夏"不饶！

老黄：　先生就该念起附子之情。

刘高手：　不念"附子"之情，"车前子""马钱子"，我打出你的使君子！

老黄：　先生您干什么呢？

刘高手：　我这背药方呐。

老黄：　别挨骂了。走吧。

刘高手：　走。

刘高手：　兄弟。

老黄：　啊。

刘高手：　咱们走什么地方？

老黄：　咱们今天走箭道。

刘高手：　什么叫箭道？

老黄：　就是前清跑马演箭的地方。

刘高手：　走那个地方啊？

老黄：　啊。

刘高手：　您另请高明！

老黄：　怎么呢？

刘高手：　我那地方有缺角儿。

老黄：　有什么缺角儿呢？

刘高手：　上一回我走那个地方，有一个跑马演箭的，箭也撒手啦，起当中间儿过来一个人，这个箭射到人的太阳这边。这边穿过去，那边是箭头，这边是箭尾，这人眼看要死。大伙都着了急啦，没主意。我起那路过，呵，刘高手刘先生来啦，没别的，积德行好，您给看看吧。我这么一看呢，不要紧，我说这么办得了，你们找个锯跟锉去吧。把锯也拿来啦，把锉也拿来啦。我两边给锯掉了，抹平了，贴了两贴太阳膏。这人扭头走了，好啦。

老黄：　哦，好啦？

刘高手：　嗯。

老黄：　先生您漏啦。

刘高手：　我怎么漏了？

老黄：　您想啊，两头锯掉啦，里边那半截呢？

刘高手：　哎，我是外科不管内科。

老黄：　不用说，叫您给治死了。

刘高手：　谁说不是。

老黄：　咱们今天走乱尸岗子。

刘高手：　什么叫乱尸岗子？

老黄：　就是埋死人的地方。

刘高手：　走那个地方啊？

老黄：　啊。

刘高手：　走坟丘子？

老黄：　不错。

刘高手：　不行，您另请高明吧。

老黄：　怎么又有缺角儿吗？

刘高手：　那地方也有缺角。

老黄：　什么缺角儿啊？

刘高手：　上次我走那地方，有几个小孩拍这个皮球呢。

我老来少心，我心想要拍两下，一没留神呐，把皮球拍到坟窟窿里头了。这几个小孩跟我要这皮球。我心想给几个钱让他们买一个吧，不行啊，非要这个球儿不可。我没法子啦，我一看这坟窟窿也不深，也不浅。我伸进手给他摸摸吧。我这么一摸呀，了不得啦，摸到死人嘴这儿了。这个皮球正在嘴这儿。这个死人我给他看过病，把他吓活啦，攥着我手跟我讲理，哈哈，好刘高手刘先生，你欺人忒甚呢。我活着的时候你拿汤药灌我，死了还拿大力丸打我。把皮球当大力丸了。

老黄： 这么一说又叫您给治死的？

刘高手： 谁说不是呢？

老黄： 咱们今天走粮食市儿吧。

刘高手： 粮食市儿？

老黄： 啊。

刘高手： 什么叫粮食市儿？

老黄： 就是卸米卸面卸豆的地方。

刘高手： 哦，卸米卸面卸豆子的地方？

老黄： 啊。

刘高手： 咱们走那个地方吗？

老黄： 走那地方儿。

刘高手： 不行不行。另请高明吧。

老黄： 又有缺角吗？

刘高手： 哎呀，上次我走那地方儿，人家正卸绿豆呢。介南边来了个小孩儿，赤身露体的，六月天气，没穿裤子，唱唱咧咧的。你倒留点神呢，扑，一下子，这小鸡子里头进去一个绿豆，这个尿不出尿来，这孩子不要尿给憋死么？呵，大家伙儿都着了急啦。我起那边过，呵，刘高手刘先生来啦。没别的，积德行好，您给看看吧。我这么一看，不要紧，我说你们找个镊子去吧。我心想给它镊出来。不想到绿豆大，这小窟窿眼儿小，怎么也镊不出来。当着人千人万的，大伙儿这么一乐，我也挂不住啦。这么点小玩意儿都治不好！我使了一个特别的法子。

老黄： 什么特别的法子呢？

刘高手： 我张开大嘴，我照着小鸡子……这么一下，我给嘬出来啦！大家鼓掌欢迎啊。第二天，吹吹打打，给我挂了匾啦。

老黄： 给您挂的什么匾？

刘高手： 说是圣手回春，能嘬绿豆！

老黄： 哦，闹了半天，您会嘬啊？

刘高手： 别挨骂啦，咱们走吧。

老黄： 走。

民国时期百代唱片

张春山等合演

穆凯记录

记录时间：2020年

骂殿 [1]

又名《赵二舍登基骂金殿》。宋太祖赵匡胤死后，弟赵光义继承帝位。贺后以丈夫死因不明为由，携长子德元上殿质问，赵光义怒，德元愤而撞柱死。贺后次子德芳上殿，历数光义之过，光义理屈谢罪，封德元为八贤王，并封贺后为太后。

人物： 张永恩

赵光义

潘洪

杨继业

赵德元

赵德芳

贺后

众朝官

[1] 选自清光绪癸卯年（1903）海城海邑聚友堂木刻本。

(张永恩上)

张永恩： (念) 家住在西洋，

扶保锦上邦。

学会阴阳算，

与主定家邦。

(白) 下官钦天监张永恩，因老王晏驾，二主登基，命我天地台前，扶鸾[1]，天赐国号为太宗元年。扶鸾已毕，回禀圣驾得知。金钟三响，圣驾登殿来也。

(赵光义上)

臣，钦天监张永恩见驾。命臣天地台前扶鸾，天赐国号为太宗元年。

赵光义： 平身，将鸾卦呈在殿前。

张永恩： 遵旨。

赵光义： 听朕传旨，老王晏驾，新君登基。一赦欠粮欠草，二赦狱中囚牢，三赦临阵脱逃。唯有十大恶者不赦。外帘官连升三级，内朝官上殿讨封。

(众朝官引潘洪同上)

众朝官： (念) 新君登宝殿，

文武叩丹墀。

潘洪： (白) 臣与我主叩贺天喜。

赵光义： 潘爱卿，你女驾坐昭阳，封你掌朝太师，潘龙、潘豹封为国舅，在朝众卿连升三级，领旨下殿。

潘洪： 满朝文武上殿讨封，不见继业老儿上殿讨封，想是他心中不服，趁此机会动他一本。臣启奏：满朝文武上殿讨封，不见继业老儿上殿。想是他心中不服我主，就该拿问。

赵光义： 与孤传旨。

潘洪： 继业上殿。

杨继业： (内) 接旨。

(上)

(念) 忽听君王召宣，

九龙口忙接声音。

(白) 臣继业参见陛下！

[1] 扶鸾：占卜。

赵光义： 潘龙、潘豹，将帘撩起！

杨继业： 当是老王登殿，原来是二主篡位。罢了！老主爷呀！

潘洪： 启奏陛下，继业上得殿来，仰面视君，有欺君之罪，我主就该拿问。

赵光义： 好一杨继业，上得殿来，仰面视君！潘龙、潘豹，推出午门斩首！

潘洪： 刀下留人！启奏陛下，继业斩不得的。

赵光义： 怎样斩不得？

潘洪： 杀了继业，他有几个虎狼儿子，杀上金殿，何人是他们的对手？

赵光义： 依爱卿本奏？

潘洪： 依臣本奏，将他放回村来，叫他贬家为民。

赵光义： 依爱卿本奏。替朕传旨，继业回乡。

潘洪： 万岁有旨 —— 继业回乡。

杨继业： (念) 只说法场死，

死而复又生。

潘洪： (念) 不是我保本，

焉有你性命！

杨继业： (念) 斩也由他斩，

何劳你作情？

潘洪： (念) 既然不怕死，

随吾上龙庭！

潘洪、杨继业：请！

杨继业： 谢万岁不斩之恩！

赵光义： 非是朕不斩你，多亏潘爱卿苦苦保本，老王在世，曾赐你杨家百亩花园，将你全家打在花园受罪，囚男不囚女，囚单不囚双。百天离了京地，就是罢了，若还不离京地，斩你个二罪归一。死罪赦过，活罪难免，职署卸在龙案，下殿去罢！

杨继业： 遵旨。

(唱)【西皮摇板】在金殿忙把职署卸，

背过身来恨天爷。

既然降下潘仁美，

不该生下杨继业。

上殿来若带儿七舍，

定把奸贼狗头切。

悲悲切切人下金殿，

回府去学与太君说。

（杨继业下，赵德元、赵德芳上）

赵德元、赵德芳：（唱）【西皮摇板】翰林院来了大太保，

又来了双人二弟兄。

站立宫门一声请，

引出皇娘说分明。

（贺后上）

贺后：（唱）【西皮导板】忽听皇儿一声请，

【西皮摇板】贺后离了昭阳宫。

又见娘儿面带泪，

为娘把话来说分明。

你父晏驾丧了命，

儿何不上殿讨江洪？

赵德元：（唱）【西皮摇板】皇娘、王弟请回宫，

（贺后、赵德芳下）

大太保上殿去讨江洪。

文官面前施下礼，

武将队里打下躬。

哪个保王登龙位，

我与他皇叔御弟称。

潘洪：（白）满朝文武听真哪！哪一个保大太保登基，

与那继业一同问罪。

赵德元：（唱）【流水板】奸贼潘仁美吓住文共武，

并无一人敢应承。

二次我把皇娘请，

请出皇娘说分明。

奸贼吓住文共武，

并无一人敢应承。

（贺后、赵德芳上）

贺后：（唱）【西皮摇板】忽听皇儿把话明，

倒叫贺后吃一惊。

这才是人在人情在，

老王一死谁有情？

何用文来何用武，

为娘保儿上龙庭。

拉着皇儿上金殿，

又见二主把基登。

我的儿上殿破口骂，

赵德元：（白）骂出祸来？

贺后：（唱）骂出祸来娘担承。

赵德元：（唱）皇娘、皇弟请回宫，

（贺后、赵德芳下）

大太保上殿讨江洪。

不言不语一旁站，

他问我一言应一声。

赵光义：（唱）金风不住绕殿长，

长随官手执一炉香。

吾兄得病龙床上，

王带领文武去问安康。

潘仁美一旁拿本上，

用金簪刺死了我的兄王。

我兄王晏驾龙归沧海，

众文武扶寡人坐了家邦。

盘古初分从头讲，

哪有个弟谋兄位夺了家邦？

若不然脱袍把位让，

学一个尧舜并禹汤。

潘洪：（白）我主既要让位，将文武官宣上殿来，大家
商议。

赵光义：（唱）【西皮摇板】潘爱卿一旁拿本上，

他言说脱袍让位再作商。

错了就打错上讲，

大太保皇儿来听叔皇。

你父晏驾龙归沧海，

论宗派该皇叔执掌家邦。

相劝皇儿莫要嚷，

一定封儿为贤王。

赵德元：（唱）【西皮摇板】昏王不必把我哄，

听我把话说分明。

既然你把江山坐，

你可不与我一母生。

赵光义：　（唱）【西皮摇板】大太保儿太无礼，

上得殿来把叔皇欺。

慢说皇儿大太保，

亲生父母难容你。

叫声潘龙与潘豹，

绑出午门斩首级！

（潘龙、潘豹绑赵德元）

赵德元：　（唱）大太保金殿受了绑，

扭回头来骂昏王。

我父与你何仇恨？

不该害他见阎王。

骂得昏王无言语，

扭回头来哭奸党。

文看文来武看武，

凭着何物在朝堂？

不过是你女生得俊，

才封太师在朝房。

骂得奸贼无言语，

扭头回来哭父王。

【哭板】哭一声父王难得相见，父王啊！

养老院再拜过儿的娘。

人活百岁也是死，

不如一死见父王！

（赵德元碰死，贺后、赵德芳上）

贺后：　（唱）【哭板】大太保死在金殿以下，

好一似钢刀把心挖。

叫潘龙与潘豹尸首移下，

气得我贺金蝉咬碎银牙。

上殿来破口大骂，

潘洪：　（白）臣有本启奏我后。

贺后：　（唱）奸贼！【叫板】昏王！

【西皮摇板】骂一声赵二舍无义贼杀。

你兄王为江山受过刀剐，

才扶把柴大哥执掌荣华。

柴大哥火焚药王庙下，

众文武辅你兄驾坐中华。

你好比司马师进宫杀驾，

又好似红娘女怀抱琵琶。

恨不能把昏王千刀万剐，

恨不能把昏王油锅去炸！

你好比贼杨广上殿要骂，

赵二舍在龙庭并不应答。

母子们坐在这金殿以下，

看赵二舍怎样开发。

赵光义：　（唱）【西皮导板】大太保碰死在皇府金殿，

（哭）【叫板】儿啊！

【西皮原板】好一似寸钢针把孤心剜。

大太保儿见识实浅，

上殿来讲出了不逊之言。

王若是不把冤家管，

怎坐朝位压朝班？

并无有忠良来上殿搭救，

碰死了我皇儿赵德元。

手扶着九龙案往下观看，

他母子哭哀哀甚是可怜。

赵德芳哭他兄不得相见，

皇嫂嫂哭的是皇儿德元。

她那里哭骂我已礼不端，

只骂得宫娥彩女皱眉间。

只骂得坐不住金銮宝殿，

坐江山如同坐针毡。

若不然王端带撩袍下金殿，

潘洪：　（白）臣接驾。

赵光义：　（唱）奸贼！

【西皮原板】又见那潘洪狗贼奸。

我兄王待你恩实非浅，

你为何使谋定计下金簪？

闲宫以内把计献，

一条计写了龙两盘。

奸贼不信殿角看，

害得孤儿寡妇甚是可怜。

今但不能把冤辩，

我兄王等你到鬼门三关。

潘洪：　　（唱）【西皮摇板】埋怨埋怨错埋怨，

埋怨微臣也枉然。

坐江山本是你情愿，

为什么口声声骂臣奸？

赵光义：　（唱）【西皮摇板】埋怨埋怨错埋怨，

我埋怨爱卿是枉然。

坐江山本是王情愿，

不应把卿来埋怨。

太师莫跪一旁站，

朝事已毕王封官。

回头又见贺氏嫂，

为王把话对你言。

封王侄八大贤王府，

你在那寿仙宫去落安然。

贺后：　　（唱）昏王不必把我哄，

我的心中明镜悬。

既然封我寿仙宫，

凭着何物管三宫？

赵光义：　（唱）好一个聪俐贺氏嫂，

讲出话来王爱听。

我既封她寿仙宫，

全凭何物管三宫？

将身坐在九龙口，

一件一件要分明。

三尺宝剑挂红绒，

说与宫娥彩女听。

哪家不准贺后管，

王法定斩不容情。

孤封儿一天王，二地王，三仁王，四义王，

五行王，六鸟王，七星王，拷打残臣八王

主公。

上殿不参王，下殿不辞王，

金铜代孤管朝班。

上打皇亲与国戚，

下打文武二班臣。

叔皇金殿也许你，

当面动铜孤无声。

恨不能把儿封上天，

你是我赵门后代阙龙。

上前来拉起儿太保，

叔皇把话对你明。

来来来，随皇叔殿前下，

晓谕满朝文武听。

朝中新封八王位，

要你们同把他来尊。

哪一个不服八王管，

凹面金铜不容情。

上打皇亲并国舅，

下打文武两班卿。

上打皇亲并国舅，

潘洪：　　（白）万岁，打死皇亲国舅，该问他什么罪呢？

赵光义：　这个……

潘洪：　　这个什么？

赵光义：　（唱）你听着 ——

【西皮摇板】有孤王不管这闲事情。

赐予了皇儿凹面铜，

在孤皇头上也管三分。

回头来再封贺氏嫂，

细听孤王将你封：

封你寿仙宫中为太后，

你与孤代管六院与三宫。

孤王不是也要管，

万里江山是你母子们。

贺后：　　（白）大太保，儿啊！

赵光义：　（唱）【西皮摇板】一事未了一事起，

死的皇侄未曾封。

王有一子赵德晋，

0322

罚儿帘外[1]去充军。

为什么将儿贬得远，

他与死去的皇侄偿性命。

封过一个又一个，

再叫王侄听孤封。

王的清消府改为贤王府，

王侄府里可安身。

王又赐三尺凹面铜，

言与朝内文武听。

哪一家若把御路行，

当即定斩不容情。

叔王府门金钉钉，

御侄府门钉银钉。

本该全用金钉钉，

不分君来不分臣。

每年赐儿粮百石，

每岁赐儿万两金。

府门赐儿碑一座，

文过下轿武离鞍。

慢说满朝文共武，

皇叔到此也步行。

皇儿你且殿角站，

叫声死侄且听封：

午门外盖一座祠堂庙，

皇侄儿你去安身。

每日文武官把香来上，

到晚来为王我参封点灯。

回头来又尊贺氏嫂，

孤有言来听分明。

赐你一把斩杀剑，

还有一对龙凤灯。

斩杀剑来龙凤灯，

你母子双双下龙庭。

贺后： （唱）好一个有道的二王爷，

金殿之上把我封。

手挽着小娇儿金殿跪定，

你把我孤儿寡妇好看承。

赵光义： （唱）皇嫂嫂说的哪里话，

你的儿为王也心疼。

贺后： （唱）叩罢头来龙恩谢，

母子双双下龙庭。

潘洪： （白）送国太！

贺后： （唱）奸贼！

【西皮摇板】回头来再与奸贼论，

本后言来听分明。

你女坐在昭阳院，

本后执掌寿仙宫。

如若犯了我的手，

我把你刮舌熬油掌长灯。（下）

潘洪： （白）送八千岁！

赵德芳： 你送八千岁，你可认得八千岁？

潘洪： 认得八千岁！

赵德芳： 你认得我怀抱何物？

潘洪： 我认得是凹面金铜。

赵德芳： 你认得凹面金铜，恐凹面金铜可不认识你！你要在朝走得正，保得端，倘若一步走错，小王我与你这奸贼算账！（下）

赵光义： （唱）【西皮摇板】皇嫂皇儿下金殿，

一块金砖落了台。

（白）潘爱卿听旨。

潘洪： 臣在。

赵光义： 光禄寺大排筵宴庆贺，文武官员领旨下殿。

众朝官： 臣等领旨。

（同下）

[1]　帘外：书曲中指京城之外的官员。

探窑[1]

又名《邱氏搬女》。王宝钏是唐朝宰相王允的三女儿。她天生丽质，聪明贤惠。到了婚嫁年龄，彩楼抛绣球，砸中了薛贫贵。不料王允反对。王宝钏与父亲王允三击掌后断绝了父女关系，嫁给薛贫贵住进了寒窑。后薛贫贵远赴西凉征战，王宝钏苦守寒窑18年，贫病困顿。薛贫贵历尽风险，建立了赫赫战功，娶了西凉国公主玳瓒，当上了西凉国的国王，并迎回王宝钏，可惜王宝钏只当了18天皇后便病故。《探窑》一段是王允之妻邱氏去寒窑探望王宝钏，欲接其回府被王宝钏拒绝一段。

人物：　王宝钏

邱氏

丫鬟

院公

（丫鬟引邱氏上）

邱氏：　（白）鬓发秋霜感君恩，居住华堂。

（念）可恨老天不公平，

　　　　母享受荣华女受穷。

　　　　虽然身居在相府，

　　　　日夜思想不安宁。

（白）老身王门邱氏，老爷王允与唐为臣，官居宰相。老身封为一品夫人，膝下无儿，所生三个女儿，长女配与苏龙，次女配与魏虎，全在朝中伴驾。只有三女宝钏，性情最直，多蒙圣上钦赐彩楼招亲。谁想打中花郎[2]贫贵，可恨相爷嫌贫爱富，将他夫妻赶出相府，不招白丁之人。可惜三女节烈，不嫁二夫，在席棚与他爹击掌，随定贫贵居住寒窑。偶遇西凉造反，

[1]　选自清盛京（沈阳）文盛堂木刻本。

[2]　花郎：叫花子。

苏龙挂印为帅，魏虎前战先锋，贫贵随征西凉，至今数载未见音信。可怜我儿独守清贫，不进相府。老身日夜牵挂，今早我命家院去到寒窑，迎接女儿，这般时候不见回来。

院公：　（上）忙将寒窑事，报与夫人知。夫人在上，老奴拜见。

邱氏：　罢了。命你去接你三姑娘，怎么样呢？

院公：　三姑娘身染重病。

邱氏：　哎呀，我儿身染重病。可说是宝钏哪宝钏，你好苦命人也。

（唱）听一言，不由人心内惨叹，

　　　　哭一声我的儿命苦宝钏。

　　　　想当初在府中为娘照管，

　　　　至如今在寒窑身受熬煎。

　　　　在府时穿的是绫罗绸缎，

　　　　到而今粗布衣不能遮寒。

　　　　儿宝钏在寒窑身遭危难，

　　　　每日里叫为娘心内不安。

　　　　叫家院套车辆预备米面，

　　　　到那里接娇儿及早回还。

（白）家院！

院公：　有。

邱氏：　将衣服、米面打点备整，随我去到寒窑接你家三姑娘进府养病。

院公：　是。（下。上）启夫人，车辆齐备。

邱氏：　如此伺候。

院公：　啊。

邱氏：　带路。

（唱）叫家院你与我忙把路引，

　　　　悔不该想当年抛彩球招亲。

　　　　至如今母女们不能相近，

　　　　寒窑内苦煞了相府千金。

　　　　一去到那里将儿劝，

　　　　别寒窑回相府永不受贫。

院公：　（白）启夫人，来此已是寒窑。

邱氏：　啊。

院公：　（白）叫家院你与我前去通报，
　　　　　你就说老夫人探女来临。
院公：　（白）是。三姑娘开门来。
王宝钏：（内唱）【倒板】叹丈夫征西凉不见回转，
　　　　（上）可叹奴十八载受尽饥寒。
　　　　　想当年在彩楼抛彩招亲，
　　　　　绣花球打着了贫贵花男。
　　　　　因此奴细思量姻缘配定，
　　　　　随夫贵随夫贱不配二男。
　　　　　我的父嫌贫贱赶出府院，
　　　　　我夫妻寒窑内终把身安。
　　　　　西凉国那番王兴兵造反，
　　　　　我丈夫征西凉不见回还。
　　　　　昨日里偶听得有人言讲，
　　　　　他言说奴的夫命丧军前。
　　　　　也是我闻此言身染重病，
　　　　　又恐怕奴福薄命浅赴黄泉。
院公：　（白）三姑娘开门来。
王宝钏：呵。
　　　　（唱）又听得窑门外有人呼唤，
　　　　　不知道是何人来到此间。
　　　　　用手儿开放了窑门两扇，
　　　　　却原来老掌家来到门前。
院公：　（白）与三姑娘叩头。
王宝钏：起来，你不在相府侍奉你家老爷，来在寒窑
　　　　做甚？
院公：　老夫人到此探望。
王宝钏：呵。
　　　　（唱）他言说我的娘到此来探望，
　　　　　只得上前去迎接慈颜。
　　　　（白）母亲在哪厢？
邱氏：　儿啊，为娘在此。
王宝钏：（哭）母亲。
邱氏：　（唱）见娇儿不由人心中好惨，
　　　　　十八载改变了少年容颜。
　　　　　到如今面黄瘦容貌消减，

头无饰身无衣不如丫鬟。
王宝钏：（唱）老娘亲你请上孩儿拜见，
　　　　　恕为儿不孝罪少问娘安。
　　　　　但愿得老娘亲身体康健，
　　　　　但愿得老娘亲福寿长绵。
　　　　　问娘亲你不在相府宅院，
　　　　　你来在寒窑内所为哪般？
邱氏：　（唱）听我儿身染病特来望看，
　　　　　为娘我朝思夜想无法安眠。
　　　　　我的儿住寒窑受尽熬煎，
　　　　　为娘我诸日里心不安然。
　　　　　在府中穿的是绫罗绸缎，
　　　　　儿现今穿布衣不能遮寒。
　　　　　终日里在寒窑身遭危难，
　　　　　倒不如随为娘今回家园。
　　　　（白）儿啊，今日就该随为娘回府养病才是。
王宝钏：母亲哪，孩儿福薄命浅不能回相府去了哇。
邱氏：　吾儿还是回府吧！
王宝钏：（哭）哎老娘亲！
　　　　（唱）尊老娘你不必将儿来劝，
　　　　　孩儿我把当年细对娘言。
　　　　　都只为老爹爹五鼓上殿，
　　　　　他把那章子本启奏君前。
　　　　　圣主爷将本章传进宫院，
　　　　　龙国母见本章心内伤惨。
　　　　　念老臣恩赐下五色绒线，
　　　　　儿的父领彩绒转回家园。
　　　　　结成个五色球堂前供献，
　　　　　择良辰二月二抛彩招贤。
　　　　　未上楼孩儿我盟下誓愿，
　　　　　或打富或打贫命由老天。
　　　　　有王侯和公子来往不断，
　　　　　五色球打中了贫贵花男。
　　　　　老爹爹闻听心中不愿，
　　　　　用银两买彩球断绝姻缘。
　　　　　孩儿我闻此言心如火炼，

急慌慌到二堂拜见尊颜。

老爹爹对孩儿细说一遍，

他言说与孩儿另招儿男。

为儿我听此言心中不愿，

一霎时父女们断绝恩连。

父言说他至死不把儿见，

与孩儿断情义击掌堂前。

见我要官宅内探母一面，

绝义的天伦父不容回还。

孩儿我无奈何出离府院，

来至在寒窑内暂把身安。

终日里想老娘不思茶饭，

逐日间思老母泪珠不干。

　　（白）母亲哪！

邱氏：　（哭）娘的儿啊！

　　（唱）忽听我儿说一遍，

不由老身恼心间。

不怨我儿心肠狠，

老狗做事太无端。

王宝钏：（白）哎母亲啊！

　　（唱）老娘你不必恼心间，

都只为老爹爹做事不端。

父女们二堂把脸变，

打赌击掌席棚前。

无奈何只得出庭院，

破瓦窑内把身安。

淤泥河内妖魔现，

红鬃烈马现祸端。

我丈夫降了红鬃马，

唐王见喜封他官。

封为将军都督府，

五营四哨掌兵权。

可恨爹爹心肠变，

本奏圣上革兵权。

又遇西凉兵造反，

苏龙、魏虎掌兵权。

爹爹复又把本上，

将丈夫改为先行官。

去征西凉未回转，

可叹奴寒窑内受尽饥寒。

邱氏：　（白）哎，儿啊！

　　（唱）说什么你的爹心肠改变，

宝钏儿近前来细听娘言。

在绣楼也有那丫鬟陪伴，

我的儿到此间独自安眠。

倒不如随为娘一起回转，

转到府中享荣华快乐安然。

王宝钏：（白）哎，母亲啊！

　　（唱）老娘亲你不必将儿苦劝，

孩儿我永不把相府回还。

邱氏：　（唱）我儿心好似铜打铁炼，

你在此寒窑内娘心何安？

　　（白）也罢。

　　（圆场）

　　（唱）叫家院快将银米送上，

小丫鬟与小姐更换衣衫。

丫鬟：　（白）是，三姑娘，这是衣服首饰，请来更换。

王宝钏：你三姑娘乃是命薄之人，换它做甚？放在一边去吧。

邱氏：　儿啊，快快更换好，随为娘回府。

王宝钏：母亲啊，儿是定然不能回府去了哇。

邱氏：　却是为何？

王宝钏：哎，母亲啊。

　　（唱）在席棚与我父争吵变脸，

父女们失恩义弃舍家园。

今日里与老娘重逢相见，

恕孩儿缺孝道不遵母言。

但愿娘去忧愁请免惦念，

但愿母早晚间饮食增添。

非是儿心似铁不能回转，

只因为狠心父寒透心尖。

望母亲早回府请登车辇，

恕女儿不能随娘回转家园。

邱氏： （唱）叹娇儿心好似铜打铁炼，

娘一定要你去回府安眠。

（白）家院、丫鬟，你二人劝你家三姑娘回府。

院公、丫鬟：是。三姑娘还是回府吧，要不然，老太太生气。

王宝钏： 哎！

（唱）听一言女儿心中思量，

怜娘动怒不由人心内不安。

（白）有了！母亲，儿随娘回府也就是了。

邱氏： 怎么，儿你回心转意了么？

王宝钏： 儿回心转意了。

邱氏： 好哇，这才是儿的正理。

王宝钏： 母亲且请先行。

邱氏： 我儿随娘亲去吧。

王宝钏： 儿晓得。

邱氏： （唱）今日里我的儿心意回转，

母女们回相府依然团圆。

王宝钏： （唱）见母亲出寒窑珠泪不断，

无奈何我只得把寒窑来关。

邱氏： （白）儿啊，你不回去倒也罢了，为何将窑门
关闭？

王宝钏： 母亲，恕孩儿不孝，（哭）

（唱）老娘今日来将儿宽恕，

击下掌再不能回转家乡。

恕孩儿缺孝心不能回转，

恕孩儿在寒窑跪送老娘。

邱氏： （白）儿宝钏……

王宝钏： 老娘亲！

邱氏： （唱）那三女儿心似铜铁，

情愿受贫寒破窑安歇。

（白）家院，顺车辇回府，我一定过几日再把她
劝。宝钏儿啊！

（下）

辽南影调戏

辽南影调戏：由辽南皮影戏（即复州皮影戏）衍变而来的。清朝时期，复州的娘娘宫是辽南地区最大、最繁华的港口。河北唐山、滦县的皮影从水路传到复州，当地皮影艺人结合辽南地区的风土人情将唐山皮影逐渐演变成独具特色的辽南皮影戏。

早期复州"韩家八人班"演员经常用皮影戏唱腔演唱舞台古装戏《大朝阁》《大花亭》等。1948年，复州教师用传统的辽南皮影戏唱腔，模仿影窗上皮影影人的动作，创作演出了揭露国民党反动派发动内战的小戏曲《点将》，随后复州的民间艺人又创作演出了《备耕忙》《一家人》《半担苞米》《一本账》等多出影调小戏。

1959年，复县（今瓦房店市）代表队的影调戏《半担苞米》参加旅大市（今大连）文艺调演，引起文艺界的极大兴趣，于是将影调戏正式定名为"辽南影调戏"。由此，瓦房店地区作为辽南影调戏的发源地，先后创作演出了《放猪姑娘》《银针新歌》《查账》《路遇》《卖马》《祖传秘方》《加林与巧珍》《山这边，海那边》《姜云胜》《月在别时圆》《圆谎》《奉天落子》等数十出辽南影调戏。

1991年戏曲电视剧《山这边，海那边》参加全国第六届戏曲电视剧评奖时，评委们一致惊呼："辽宁省还有这么好的一个剧种吗？！"2002年，辽宁省正式将该剧种更名为"辽剧"。

刘永峥

柜中缘

宋代抗金英雄岳飞之子岳雷，为躲避官兵的追捕，阴差阳错，误入刘家。赵氏与子刘春回娘家，留女儿玉莲看守门户。去后不久，岳雷被害逃出，被玉莲急藏于柜中。刘春回家取物，发现柜内有人，责备妹妹行为不正，吵闹起来。母在途中久等不见子来，急转回家，见此状，怒斥其女。后问明情由，遂将女玉莲许与岳雷。

人物：　　赵氏
　　　　　玉莲
　　　　　刘春
　　　　　岳雷
　　　　　官兵甲
　　　　　官兵乙

（赵氏上）

赵氏：　　（念）思念丈夫泪如梭，

　　　　　　　　抚养儿女受奔波。（归座）

　　　　（白）老身赵氏，配夫刘俊为妻。生下一儿一女。男名刘春，女名玉莲。不幸丈夫早年去世，抛下一双儿女，依靠老身抚养成人。这且不言，昨天东庄来人送信儿，言说我兄弟染病在床。我有心前去探望，不知他们兄妹谁陪我去，谁搁家看家。春儿，玉莲，你们快来呀。

（刘春、玉莲上）

刘春、玉莲：　来了。

玉莲：　　（唱）清晨闷坐提针线，

刘春：　　（唱）读书有如坐针毡。

玉莲：　　（唱）忽听母亲一声唤，

刘春：　　（唱）三脚两步走上前。

刘春、玉莲：（白）参见母亲。

赵氏：　　罢了。

刘春、玉莲：妈呀，您把我们叫出来有什么事呀？

赵氏：　　昨天东庄来人送信，言说你舅父染病在床。妈

有心前去探望，不知你们兄妹谁跟我去，谁搁家看家？

玉莲：　　妈，我去。

刘春：　　妈，我去。

玉莲：　　不，我去。

刘春：　　啊，我去。

玉莲：　　我去，我去，我去……

刘春：　　得了吧，这一趟二十多里地，你一个姑娘家的，跟在毛驴后边跑，我说你能跑得了吗？妈呀，还是我去吧。

玉莲：　　不，妈，我去。

刘春：　　妈，我去。

玉莲：　　我去。

赵氏：　　唉，这有什么抢头儿啊？这回带去的，下回就不带去。

玉莲：　　哦，那就让哥哥跟您去吧，女儿我看家也就是了。

赵氏：　　还是我闺女听话。儿子，快给妈妈鞴驴去。

刘春：　　是了。（出屋）

赵氏：　　玉莲啊，听娘嘱咐。

　　　　（唱）此去探望你舅父的病体，

　　　　　　　我的儿在家中莫要心急。

　　　　　　　闲无事你就该学针黹，

　　　　　　　你不可到外边玩耍去。

玉莲：　　（唱）老娘亲您只管放心前去，

　　　　　　　嘱咐我的一席话我记在心里。

　　　　　　　望母亲一路上多加仔细，

　　　　　　　早回转莫等到红日沉西。

　　　　　　　但愿得我的舅父早早地痊愈，

刘春：　　（唱）叫一声老娘亲快上毛驴。

　　　　（白）妈呀！

赵氏：　　哎。叫春儿将为娘搀扶上去。玉莲啊！

玉莲：　　哎。

赵氏：　　（唱）你一人看守门户多加仔细。

　　　　（白）好好看家啊！

玉莲：　　是了。

赵氏：　听娘话啊！！

玉莲：　知道了。

刘春：　驾！

赵氏：　慢着点，别把妈摔着。

刘春：　哎，我说你怎么还不进去啊？

玉莲：　我再玩会儿。

刘春：　挺大个姑娘在外边玩什么？快进去吧。

玉莲：　走你的吧。

刘春：　快去，快进去。哎呀，你给我进去！哼，敢不进去。（刘春、赵氏下）

玉莲：　哎，妈呀！

　　　　（唱）我这里将门户紧紧关闭，

　　　　　　　独坐在房中我做活计。

　　　　　　　我这里穿针引线表心意，

　　　　　　　救命恩似涌泉铭刻心里。

　　　　　　　一不绣百鸟朝凤凤凰展翅，

　　　　　　　二不绣傲雪的红梅喜鹊登枝。

　　　　　　　我单绣赤胆忠心的岳飞岳鹏举，

　　　　　　　为黎民扶社稷血战疆场马不停蹄杀退顽敌。

　　　　　　　想当年风云变狼烟四起，

　　　　　　　金兀术侵我中原杀声急。

　　　　　　　我的父亲被杀害往事历历，

　　　　　　　我的家无依无靠甚是惨凄。

　　　　　　　多亏了岳元帅发兵到此，

　　　　　　　打败了那金兀术才得安居。

　　　　　　　似这样啊大恩德呀我永世牢记。

　　　　　　　我的针针线线绣不尽对恩公的感激，

　　　　　　　岳家将保江山我们无忧无虑，

　　　　　　　但愿他福体康宁威震华夷。

岳雷：　（上。白）走！嘟……后边追兵追赶甚紧，这便如何是好？看前边有户人家，我不免暂避一时，再做道理。开门来，开门。

玉莲：　谁叫门呀？这一狂徒，为何大胆闯入我家？

岳雷：　啊，大姐，我是避难之人，你要救我一救！

玉莲：　我与你素不相识，怎样搭救与你？你快快走去便罢。如若不然，我便喊叫。

岳雷：　且慢……我去就是。哎呀，大姐呀，小生名唤岳雷，乃忠良之后，后有追兵，追赶甚紧，望大姐你要救我一救。

玉莲：　（惊）随我进房来。

岳雷：　多谢大姐。啊，大姐，我藏在何处啊？

玉莲：　你就藏在床下吧。

岳雷：　就依大姐。

　　　　（众官兵上）

官兵甲：开门来！

玉莲：　你们这伙官兵，为何无故闯入我家？

官兵甲：我等奉了秦丞相之命，捉拿要犯岳雷。若在你房中将他献出，保你无事。

玉莲：　唉，想我们女孩子家不出闺阁一步，哪懂得什么岳雷岳雨的呀？

官兵甲：哪里许多闲话，两厢进去搜。

玉莲：　哎。

官兵乙：两厢无有。

官兵甲：嗯？你身后何物？

玉莲：　衣柜呀。

官兵甲：快取钥匙过来。

玉莲：　干什么呀？

官兵甲：要搜衣柜。

玉莲：　那可不行，我妈说了，这柜子里面都是女孩家的东西，不要给你们男人看。

官兵甲：快快拿来。（搜衣柜，兵马声起）快些带马，追！（下）

岳雷：　（床下出）哎，大姐。官兵可曾走去？

玉莲：　官兵已然走去，你快快逃命去吧。

岳雷：　如此，多谢大姐。

玉莲：　不用了。

岳雷：　哎，大姐。那官兵他……他……他又回来了。哎，大姐。我还是藏在床下吧。

玉莲：　公子不可。方才官兵前来搜过衣柜，未搜床下。此番前来，必搜床下。依我之见，你暂藏在衣柜之中，料然无事呀。

岳雷：　就依大姐。

官兵甲、官兵乙：开门！

玉莲：　你们怎么又回来了？

官兵甲：适才搜了衣柜，未搜床下。

玉莲：　还有完没完呐。

官兵甲：床下去搜。

玉莲：　哎。

官兵乙：床下无有。

官兵甲：啊，这个小孺子他逃到哪里去了？

玉莲：　站住！你们这伙官兵，三番两次闯进我家，哪里是搜查什么犯人，分明是看我女孩一个人在家，存心欺压于我。也罢，待我唤来乡间地保，来来来，随我当官辩理。

官兵甲：且慢，我等是奉命差遣，刚才搜查多有冒犯，望大姐见谅。

玉莲：　那我就不怪罪你了，快走吧。

官兵甲：带马追。

玉莲：　哎呀，我的妈呀，可吓死我啦。

岳雷：　啊，大姐，官兵可曾走远？

玉莲：　官兵已然走远。

岳雷：　多蒙大姐相救，请受小生一拜。

玉莲：　不必拜了，不必拜了。

岳雷：　告辞了。

玉莲：　公子慢走。(岳雷险些摔倒) 公子你莫非是腹中无食饥饿难行吗？

岳雷：　惭愧了。

玉莲：　待我热些饭食与你充饥。

岳雷：　多谢大姐。

玉莲：　你等着，你等着。

　　　　(唱) 常言说救人救到底，

　　　　　　怎能够听任他担惊忍饥？

岳雷：　(白) 难得呀，难得。

　　　　(唱) 小姑娘可算得有胆有识，

　　　　　　智退追兵解我危急。

　　　　　　好一个年幼女胆大心细，

　　　　　　她看透我这避难之人腹内饥。

　　　　　　这才是患难中得遇知己，

玉莲：　(唱) 尊公子请用饭暂且充饥。

　　　　　　见公子他用饭我一旁偷觑，

　　　　　　暗地里喜爱他品貌出奇。

　　　　　　怨只怨我与他非亲非里，

　　　　　　用过饭也只好任他远离。

岳雷：　(白) 多蒙大姐如此相待，请上受小生大礼参拜。

玉莲：　还礼了，还礼了。

岳雷：　小生告辞了。

玉莲：　一路保重。(雨声) 公子慢行，公子，我看你还是避避雨再走吧。

岳雷：　就依大姐。

刘春：　(上。唱) 行至到中途天降大雨，

　　　　　　我的母亲命我来取棉衣。

　　　　(白) 开门啊！

玉莲：　谁叫门啊？

刘春：　哎呀，连我的声音你都听不出来了。

玉莲：　你是哥哥回来了？

刘春：　哎呀，是啊，快开门。

玉莲：　哎呀，这可怎么办啊？我哥哥回来了。

刘春：　哎呀，怎么这么慢啊，快开门呀。

玉莲：　来了，来了。

刘春：　哎呀，快开门。

玉莲：　来了。

刘春：　嗯，我说你这个人怎么这么慢慢腾腾的？

玉莲：　你还说呢，方才吓了我一跳，我还以为是差……

刘春：　拆？拆什么？

玉莲：　差……我还以为是要拆咱们家房子的呢。

刘春：　哼！谁敢拆咱们家的房子！

玉莲：　哎，哥哥你渴不渴呀？

刘春：　哎呀，你问得正是时候，渴呀。

玉莲：　渴啦，那厨房里有水，你自个儿烧去吧。

刘春：　这你问个什么劲儿啊，我不渴了。

玉莲：　哎，哥哥你饿不饿呀？

刘春：　哎呀，一早晨就跟妈出去了，饿呀。

玉莲：　饿呀，那厨房里有剩饭。你自个儿热去吧。

刘春：　又叫我自己热，我不吃了。

玉莲：　哎，哥哥你不渴不饿的你回来干什么？

刘春：　哎呀，你听我跟你说呀。我跟妈呀，刚走了七八里地。这天就下起了雨来了。我找了一个破庙避雨，把妈给冻得，嘚嘚嘚一个劲直打哆嗦。妈叫我回来取棉袄来了。

玉莲：　棉袄在哪儿搁着呢？

刘春：　妈说了，不是在后屋箱子里，就是在你前屋柜子里。

玉莲：　哦，柜里？

刘春：　啊。

玉莲：　哥哥，这么办吧，咱们两个分开去找，你到后屋开箱子，我在前屋开柜子，你看好不好哇？

刘春：　不好，我才不找呢。

玉莲：　怎么不好呀，省得耽误工夫，时间长了，咱妈该着急了。

刘春：　那行，就依你的。

玉莲：　哎，哥哥，你可得仔细点儿找啊。

刘春：　哎呀，瞧你这啰嗦劲儿。

刘春：　妹子呀，给我钥匙啊。

玉莲：　啊！钥匙？啊，哥哥，给你钥匙。

刘春：　妹子，我说你这……这……这是怎么了？

玉莲：　我……我……我身上发冷。

刘春：　啊。身体不舒服呀，多喝点开水儿出点汗就好了。哎呦，我妹子今儿个这是怎么了？

刘春：　妹子呀，后屋箱子里没有哇。

玉莲：　怎么没有呢？你再好好找找嘛。

刘春：　哎呀，没有就是没有，找也白搭。哎，你前屋柜子里有没有？

玉莲：　没有，没有。

刘春：　我说那你找没找？

玉莲：　没找。

刘春：　没找你怎知没有？快点儿找去。

玉莲：　哥哥，要不然我把我的衣服给咱妈拿去得了。

刘春：　哎呀，你什么岁数，妈什么年纪？妈怎么能穿

你的衣服呢？快点找吧。

玉莲：　哥哥呀，要不然你出去转悠转悠，我再给你找。

刘春：　转悠个什么劲儿呀，你找你的，我又不碍你的事儿。快点儿找吧。

玉莲：　你不出去我怎么给你找呀？我不能给你找。

刘春：　哼！你不能给我找，我就不找了，今儿个我自己找。

玉莲：　待着你的。咱妈说了这柜子里是我的东西，我不让你开。

刘春：　你不让我开，我就不能开了？今个我是非开不可。

玉莲：　哎，往后点儿，别过来，往点后儿，别过来。往后点儿，往后点儿，往后点儿。

刘春：　哎呦，今儿个我妹子这是怎么了，妹子，妹子……

玉莲：　哎……别过来，往后点儿，别过来，别过来，别过来，别 —— 过 —— 来。

刘春：　啊，我明白了。她这是趁妈不在家，变着法来欺负我呀。哼！躲开点儿，躲开点儿。哎呀，你给我躲开吧！

玉莲：　哎，我不给你钥匙，看你怎么开。

刘春：　不给我钥匙我就不能开了？常言说得好，这好锁它也架不住三鞋底子。

玉莲：　哥哥！

刘春：　我把它砸开。

玉莲：　哥哥！

刘春：　哎呀，你给我躲了吧。嘿，我把它砸开了。啊？哎呀，哎呀，哎，哎呀！我说我叫门的时候你怎么这么慢慢腾腾，原来家里头藏了这么个大活人。

玉莲：　哥哥，人家是避难的。

岳雷：　是呀，我是避难的呀。

刘春：　你得了吧。哪儿避不了难，偏跑我们家来避难。你小子姓什么，叫什么？快说。

岳雷：　小生名唤岳雷。

刘春：　哼，我看你不叫岳雷，叫"躲雷"。

岳雷：　怎样讲话呀？

刘春：　你不叫"躲雷"，跑我们家来干什么？

岳雷：　只因官兵追赶甚紧，万般无奈，才到家中躲难来。

刘春：　这话又说回来了，我们家的衣柜也不通阳光大道呀。

玉莲：　哥哥，人家可是好人呀。

刘春：　好人？好人你把他藏起来。

岳雷：　啊，大哥。

刘春：　你管我叫什么？

岳雷：　大哥。

刘春：　你得了吧。我都快成你大舅子了。

岳雷：　大哥，此事实实地误会了。

刘春：　什么？捂坏了？谁让你进去的？

岳雷：　真是毫不懂情理啊。

刘春：　我不懂情理？我妹子一个人在家，你个大小伙子跑来做什么？

玉莲：　哥哥，你真糊涂。

刘春：　啊，你明白，十七八岁的大姑娘，家里藏着这么个大活人，这要是传扬出去，让街坊邻居知道，哎呀，叫哥哥我这脸可往哪儿搁啊呀。

玉莲：　哥哥，你别胡说八道的。

刘春：　我胡说八道？等妈回来，非告诉妈打你不可。

玉莲：　告诉妈打你。

刘春：　告诉妈打你。

玉莲：　打你。

刘春：　打你。

玉莲：　打你。

刘春、玉莲：打你，打你，打你……

刘春：　躲了吧，你。

赵氏：　（上。唱）在庙中等得我着急生气，
　　　　天放晴赶回来我询问仔细。

刘春：　（白）告诉妈打你。

玉莲：　告诉妈打你。

刘春、玉莲：打你，打你……

赵氏：　哎呀，这怎么还哭了，好啊，我叫他回去取棉袄，

敢情他倒欺负起他妹妹来了。呸！快开门！

刘春：　什么人叫门啊？

赵氏：　是妈回来了。

刘春：　哎呀，妈回来了，我去开门去。

岳雷：　且慢，大哥此事万万不可。还是放我逃走了吧。

刘春：　没那么便宜。常言说得好，好汉做事好汉当。你没有亏心事，你跑什么？

岳雷：　非是小生有亏心之事。倘若老妈妈回来，再生误会，岂不让大姐为我受累[1]？

刘春：　呀哈，你还挺会说话的。我说你是从哪出来的？

岳雷：　衣柜呀。

刘春：　那就再请君入柜吧。

玉莲：　啊呀，怎么办？怎么办？

赵氏：　快开门！

刘春：　来了，来了。

玉莲：　哥哥。

刘春：　啊，妈呀。

赵氏：　好啊，你呀，你呀。

玉莲：　妈呀。

赵氏：　好了闺女，别哭了，别哭了。好呀，你呀，你呀，我叫你回来取棉袄，你倒欺负起你妹妹来了。

玉莲：　（哭）唉……

赵氏：　别哭了，别哭了。

刘春：　妈呀，我进门的时候，她也是这么慢慢腾腾的。

赵氏：　你妹妹一个人在家，是得问清楚了才能开门呀。

刘春：　是啊，我问她了，她说是这两天身体不舒服。我让她喝点水，出点汗就好了。她也没搭我的茬儿。后来她又说，哥哥你渴不渴，饿不饿呀？

赵氏：　你妹妹惦记你还不好？

刘春：　哎呀，妈呀，她光动嘴不动腿儿，气得我没吃饭也没喝水。

赵氏：　你都这么大了，还叫你妹妹伺候你。

刘春：　那行，这就算是我的不是。后来她又说哥你不

[1]　受累：受连累。

渴不饿你回来做什么，我说妈叫我回来取棉袄来了。她说棉袄在哪放着呢？我又说妈说了不在后屋箱子里，就在你前屋柜子里。她又说，哥哥这么办吧，你到后屋开箱子，我在前屋开柜子。我到后屋这么一看呀，没有。

赵氏：　那可放在哪儿了？

刘春：　没有是没有呀，她还没找呢。

赵氏：　没找，怎么就知道没有啊？

刘春：　是啊，后来我要找，她死活不让我找。我要开前屋柜子吧，她又不给我钥匙。我一气就把锁给它砸开了。

赵氏：　你……

刘春：　哎呀，妈呀，可不得了了。

赵氏：　怎么了？

刘春：　啊，咕噜家伙出来一个活的。

赵氏：　活的？活的是什么呀？

刘春：　妈呀，您猜吧。

赵氏：　是老鼠？

刘春：　比老鼠大。

赵氏：　是猫？

刘春：　比猫还大。

赵氏：　那可是什么呀？

刘春：　妈呀，您怎么净猜的四条腿的？这可是两条腿的。

赵氏：　呦，是鸭子？

刘春：　哎呀，妈呀，你怎么净猜小玩意呀？妈呀，我告诉您，您可别生气呀。

赵氏：　你说吧，我不生气。

刘春：　是个大活人。

赵氏：　你胡说，你妹妹一个人在家，哪儿来的大活人？

刘春：　妈呀，您还不相信呐，我把他叫出来，你看看就知道。来来来，出来呀，出来呀。（开柜子）

岳雷：　（出）哎哎，妈妈。

赵氏：　哎呀，可气死我了。

　　　　（唱）见狂生不由我心头火起，

回身来骂一声无耻的闺女。
你不该把狂生藏在柜里，
你不怕笑坏了街坊邻居。

（白）哎呦，可气死我喽！

玉莲：　啊，母亲，老娘啊！
　　　　儿的娘啊！
　　　　（唱）一见母亲生了气，
　　　　　　　不由玉莲心内急。
　　　　　　　孩儿岂是无耻女，
　　　　　　　怎知孩儿我的委屈？

刘春：　（白）你住了吧！
　　　　（唱）现有人证物证在家里，
　　　　　　　你还巧言把娘欺。
　　　　　　　娘是怎么样地嘱咐你呀，
　　　　　　　你败坏门风不守规矩。

赵氏：　（唱）叫春儿快把鞭子取，

玉莲：　（白）妈……
　　　　（唱）孩儿有话对娘提。
　　　　（白）母亲慢打，这里边有个缘故。

赵氏：　春儿啊，快过来，怪不得你妹妹把他锁在咱们家柜里。闹了半天，他偷了咱们家一条棉裤。

刘春：　哎呀妈呀，多咱偷咱棉裤了？我妹说这里面有个缘故。

赵氏：　哎呀。把我的耳朵都气聋了。今个不管什么缘故，你非给我说清楚了不可。

玉莲：　母亲您不要着急不要生气，您不能不问青红皂白举鞭就打，可不能冤枉孩儿，我的老娘亲，听儿我慢慢地道来呀 ——
　　　　（唱）尊母亲且息怒，
　　　　　　　容儿辩理呀，
　　　　　　　儿岂肯无故地招惹是非？
　　　　　　　都只为母亲你探病去，
　　　　　　　这公子为避难来到咱家里。
　　　　　　　躲追兵暂叫他柜中隐藏，
　　　　　　　偏偏的我的哥哥来取棉衣。
　　　　　　　他进门来全不顾询情问理，

満嘴的胡言乱语把我来气。

救人命原本是一片好意，

怎能说女儿我不守规矩？

娘若听信他胡言乱语，

儿只得寻一死避免嫌疑呀。

呀，唉……娘啊……

儿自幼尊母训颇知礼仪，

娘不该听信兄言打你的闺女。

刘春：　（白）你住了吧。

　　　　（唱）你不该把男人藏在衣柜里，

　　　　　　　你没羞没臊你没有脸皮。

玉莲：　（白）啊，妈，我……我可不活了。

赵氏：　别哭了，别哭了。你可不能死啊，来来来，坐这，坐这。妈也不能光听你的，妈也得去问问他去。（对岳）哎，我说你这个人呢，姓什么，叫什么，为了什么事来到我们家呀？

岳雷：　小生名唤岳雷。我父岳飞被奸臣所害，是我保全母弟，连夜逃出家门，又被官兵冲散。万般无奈才到妈妈家中躲藏。望妈妈不要错怪大姐。

赵氏：　哦，原来是岳公子到了。老身不知，多有得罪。来来来，公子请来上坐。

岳雷：　妈妈请坐。

刘春：　看来我八成要糟。

赵氏：　春儿啊，到外边看看有人没有，把大门关上。

刘春：　是了。妈呀，外边没人，门也关好了。

赵氏：　是了。

岳雷：　妈妈，为何如此相待？

赵氏：　公子，你哪里知道。想当初，皆因金兵杀进我们村，眼看我们全家就要失散，多亏岳元帅杀退金兵，我们一家才得安生。今天见到公子，如同见到元帅一样，哪有不尊重的道理呢？

岳雷：　哦，原来如此。

赵氏：　哎，可叹岳元帅被奸臣所害，死得那样凄惨。真叫人心里……难受哇。

岳雷、玉莲：唉……啊！

赵氏：　公子稍待。

岳雷：　妈妈请便。

赵氏：　玉莲啊，刚才的事妈错怪你了，你还记恨妈妈？

玉莲：　母亲打孩儿、骂孩儿都是应该的。唯独我哥哥他，他不该胡说八道。我不活了，我不活了。

赵氏：　别哭了，别哭了，好闺女，别哭了。（对春）春儿呀，快过来，听见没有，快去给你妹妹赔个不是去。

刘春：　啊，妈呀，哪有当哥哥的给妹妹赔礼的？

赵氏：　今个你不把她哄乐了，我跟你没完。去不去？

刘春：　不去。

赵氏：　去不去？

刘春：　好好好，我去，我去。嘿嘿嘿，妹子呀，今儿是哥的不对，哥哥我给你赔礼了。嘿嘿嘿，妹子，今个是哥的无礼了，哥这儿又给你作揖了。哎呀，（对岳）别坐这看热闹了。来，过来帮个忙吧。

岳雷：　哎呀，大姐。今儿举家争吵全由小生一人所起，大姐若不饶恕了令兄，定是在责怪于我。小生这厢赔礼了。

玉莲：　还礼了，还礼了。

刘春：　哎呀，谢谢你了，谢谢你了。

玉莲：　哥哥，我跟你闹着玩儿呢。

刘春：　你得了吧。

赵氏：　请问公子准备到哪儿去呢？

岳雷：　寻找我母弟下落。

赵氏：　春儿，多带点钱和干粮，送公子起身。

刘春：　哎。

玉莲：　哥哥，慢着。妈妈，您这边来。妈呀，外面捉拿公子甚紧，倘若出得门去被官兵擒住，岂不枉费我们一家一片好心吗？

赵氏：　哎呀，是啊，那可怎么办呢？

玉莲：　不如叫我哥哥多带些钱和干粮出外探听风声，但等风平浪静，再叫公子启程，您看如何呐？

赵氏：　嗯，说得对。春儿呀，多带些钱和干粮，到外面去探听探听。

刘春： 是了。

玉莲： 哥哥慢着。

刘春： 慢着？

玉莲： 母亲，还是不妥。

赵氏： 又怎么了？

玉莲： 妈呀，您想我哥哥出得门去，不知几时才能回来。家里所用东西又差谁去买呢？

赵氏： 你哥哥走了，家里所用的东西总不是娘去买吧。

玉莲： 母亲与兄长都不在家，孩儿与公子多有不便呐。

赵氏： 哎呀，是啊，那可怎么办呢？

玉莲： 妈呀，咱们家除了灶王爷，可就是您大了。这大主意还得您自个拿呀。

赵氏： 春呀，你妹妹说了，咱娘儿俩走了，她与公子在家多有不便。你妹说这大主意叫我拿。你说这，我可哪儿有主意呐？

刘春： 妈呀，我妹妹在那跟您绕脖子呢。

赵氏： 怎么了？

刘春： 您看我妹妹那个岁数，公子那个年纪，他俩正好配一对小两口儿。哎呀，那样再方便也没有了。

赵氏： 哎呀，是啊。那我去问问？

刘春： 问问。

赵氏： 玉莲啊，你看这位公子既是忠良之后，他人品又好。妈有心把你的终身许配给他，你愿意吗？（玉莲不语）春呀，不是那么回事，你妹妹什么都没说呀。

刘春： 哎呀，妈呀，你可真糊涂。我妹妹十七八岁大姑娘，她能"妈呀，我愿意"吗？

赵氏： 那你去问问。

刘春： 瞧，瞧我的。妹子，刚才咱妈跟你说的话，你是愿意还是不愿意？哦，你是不好意思说呀。这么办吧，咱们来个摇头儿不算点头儿算。这样哥我把脸给挡上点儿。来来来，你是愿意还是不愿意呀？哦，你是不愿意呀？

玉莲： 啊！哥哥……

刘春： 哈哈！要说你不愿意呀，这是谁也不相信呐。

妈呀，我妹妹愿意了，您呐？

赵氏： 妈早就乐意了。

刘春： 您也乐意了，我妹妹也认可了。哎呀这里边，就兴许有一个人不愿意的。

赵氏： 谁？是你？你也敢……

刘春： 这事您得问问人家啊。

赵氏： 呦，是啊，那谁去问呢？

刘春： 妈呀，妹子不是说了吗，家里除了灶王爷就属您大了。这事还得您去问去。

赵氏： 唉，也顾不了那么多了。请问公子可曾娶过妻室没有？

岳雷： 尚未婚配。

赵氏： 哦，巧了。老身有一言出口，到与不到的，望公子不要见怪。

岳雷： 妈妈有话请讲。

赵氏： 老身我有心……这……哎呦……这……这话叫我怎么说……

岳雷： 妈妈有话请讲。

刘春： 哎呀，就是把我妹子给你做媳妇儿你乐意不乐意。

岳雷： 嗯。

赵氏： 这可有点高攀了。

岳雷： 妈妈待小生恩重如山，何言高攀？只是我父新丧，母弟失散，只恐日后连累大姐。

赵氏： 咳，这些公子无需多虑。你们二人就暂以兄妹相称，日后找到夫人再行婚礼也就是了。

岳雷： 如此，岳母在上，请受小婿大礼参拜。

赵氏： 罢了，快起来，快起来。春呀，准备酒饭，为你妹夫迎风。

赵氏： （念）喜得佳婿娘遂愿，

玉莲： （念）白头偕老到百年。

岳雷： （念）大姐待我恩非浅，

刘春： （念）真乃柜中巧姻缘。

赵氏： （白）闺女。

玉莲： 母亲。

赵氏： 贤婿。

岳雷：　　岳母。

赵氏：　　随我来呀。

岳雷：　　岳母请。

辽宁省瓦房店剧团张丽君传授

汪淑珍演出本

刘永峥提供

采录时间：1986年

采录地点：瓦房店

猴王戏八戒

源于"扁担戏"（布袋木偶戏）剧目《猪八戒背媳妇》。唐僧取经途中，一路上收下仨徒弟。唐僧让八戒去化缘，八戒偷懒。孙悟空变化女花容戏耍八戒。

人物：　　孙悟空

猪八戒

唐僧

沙僧

女花容

（师徒四人上）

唐僧：　　（白）悟空。

孙悟空：　弟子在。师父呼唤弟子，有何吩咐？

唐僧：　　你到前面探路。

孙悟空：　是，弟子遵命。（下）

唐僧：　　八戒。

猪八戒：　师父呼唤老猪何事？

唐僧：　　为师行多半日，腹内饥饿，你去化些斋饭，与为师充饥止渴。

猪八戒：　（转身）这样苦，找到我。（转回）老猪去就是啦！（下）

唐僧：　　悟净。

沙僧：　　师父。

唐僧：　　前面有棵大树，你和为师过去歇息。

沙僧：　　是。（下）

猪八戒：　（上）师父偏心眼儿，这样苦找到我。这上不着村下不着店，叫我上哪去化斋？得了，我找个草窠里儿睡上一觉，他们都走远了，我就回高老庄去找高小姐过幸福美满生活。走，睡觉去。（下）

孙悟空：　（上。念）小小毛猴三尺三，

随师取经到西天。

路遇九妖十八洞，

降妖除怪俺在先。

（白）俺孙悟空，护师父西天取经。师父命八戒化斋，去了半天怎么还不回来？必是在哪里偷懒。我腾空一望，八戒果然在那里偷睡懒觉。我不免变一个美女戏耍他一番。说变就变。

（孙悟空变女花容）

女花容：　苦哇！

（唱）小佳人坐在草地上掉眼泪，

途中迷路活活把我坑。

嫁了个丈夫不学好，

坑蒙拐骗耍钱精。

这样的日子没法过，

和无知男人相处不通。

白天我忙忙碌碌还好过，

一到夜晚独守孤灯。

一床龙凤大被闲着半铺，

二人鸳鸯枕头一头空。

小佳人越哭越悲痛，

猪八戒：　（上。唱）再把我猪八戒明上一明。

猪八戒我正在这里做美梦，

梦见一个小娘子和我把亲成。

我俩正把好事想，

为什么欢乐之中有哭声？

顺着哭声送上二目，

原来柳树下草地上坐着一位女花容。

只见她头上青丝如墨染，

两旁还扎了两朵小花红。

上宽下窄瓜子脸，

雪白的小脸蛋白里透着红。

两道弯眉分八字，

一双大眼睛水灵灵。

我要能和这样小娘子成婚配，

三九天不穿棉衣、棉裤，光着屁股也过冬。

（白）猪八戒看着美人，发花眼，一下闹了一个倒栽葱。

女花容：（唱）更悲痛，放悲声，

只哭得小佳人神志不清。

拿着南来当着北，

拿着西来当正东。

锅台当成热火炕，

大碗当成小酒盅。

管我的小姑子叫大嫂，

大伯子站在面前，我叫他老公公。

我有心反穿罗裙另改嫁，

又怕好说不好听。

左难右难难坏了我，

年轻轻的守活寡，谁来把我疼？

猪八戒：（唱）年轻的守活寡就得我来疼。

唉，我的那个大嫂啊！

趁着青春在年少，

何不找上一位如意相公？

过了这村可就找不着那个店，

眼前就有一个大相应。

女花容：（白）你说相应他在哪儿啊？

猪八戒：（唱）大嫂，你顺着我的手儿往远处看，

无踪影，你再近取，是相公，

可不是我那会是谁？

你看肥头大耳多么标致，

长得多帅气……

女花容：（白）相公啊，你的耳朵太大了。

猪八戒：耳朵大有福享，能给你扇风遮阴凉。

女花容：你的脸太黑了。

猪八戒：脸黑抗晒，谁见谁爱。

女花容：你的嘴巴太长了。

猪八戒：嘴巴长，吃八方，你吃肉，我喝汤。

女花容：你的肚子也太大了。

猪八戒：肚子大，更不错，文才武略净实货。

女花容：照这么说，你是什么毛病也没有。

猪八戒：娘子，你再左右前后好好地看一看。我长得多么端详，那咱俩就商量商量。（猪转身自语）山墙挖洞 —— 有门儿。（转回身）大嫂，你看可好？

女花容：相公啊！

（唱）奴家今日嫁给你，

也不知相公你心里诚不诚？

猪八戒：（唱）只要和你成婚配，

你叫往西，我不敢往东。

女花容：（唱）我问相公家住哪？

猪八戒：（唱）高老庄上有我门庭。

女花容：（唱）高老庄离此山高路远，

我们女孩家鞋弓袜小怎登程？

猪八戒：（白）怎么？你说三寸金莲走不动呗？

女花容：是啊！

猪八戒：那不要紧，我背着你走。

女花容：你能背得动我？

猪八戒：背得动，像你这样漂亮的小媳妇儿，别说一个，就是十个八个，我都背得动。

女花容：我可是千金。

猪八戒：别说千斤，就是万斤，我也背得动。那咱就背起来。

（唱）猪八戒笑盈盈，

哈腰背起女花容。

别说心里多么美，

乐得两耳朵直扑腾。

女花容：（唱）相公啊！

猪八戒：（唱）大嫂啊！

女花容：（唱）相公相公啊！

猪八戒：（唱）大嫂大嫂啊！

女花容：（唱）问问你背得沉不沉来重不重？

猪八戒：（唱）真相应。

女花容：（唱）你父你母是哪个？

　　　　　　相公你叫什么名？

猪八戒：（唱）我父人称猪老员外，

　　　　　　我妈名叫猪小红。

　　　　　　我妈名字好不好听？

女花容：（白）好听。

猪八戒：我妈不但名字好听，还有特殊本事。

女花容：有啥本事？

猪八戒：（唱）一胎生下我弟兄八个。

女花容：（白）那你是老几？

猪八戒：（唱）我最小疙瘩。

女花容：（白）你叫什么名？

猪八戒：（唱）我名就叫猪悟能。

女花容：（唱）是谁五百年前把天宫闹？

猪八戒：（唱）是老猪，是老猪。

　　　　　　是我五百年前大闹天宫，

　　　　　　别人都不行。

女花容：（唱）何人领了唐王命？

　　　　　　西天拜佛去取经。

　　　　　　一路上收下徒弟有几个？

　　　　　　各个都叫什么名？

猪八戒：（唱）唐僧领了唐王命，

　　　　　　西天拜佛去取经。

　　　　　　一路上收下徒弟有三个，

　　　　　　有孙猴，有沙僧，还有我猪悟能。

女花容：（唱）哪个徒弟神通广大？

　　　　　　哪个徒弟最无能？

猪八戒：（唱）我老猪生下来就神通广大，

　　　　　　要数孙猴儿是个狗熊。

女花容：（唱）哪个徒弟盗芭蕉扇？

　　　　　　哪个徒弟三打白骨精？

猪八戒：（唱）盗过芭蕉扇是我猪八戒，

　　　　　　三打白骨精是我猪悟能，

　　　　　　别人都不行。

女花容：（唱）哪个徒弟最爱调戏民间女？

猪八戒：（唱）是孙猴，那个小子最不是人，

　　　　　　看见闺女、媳妇儿就动情。

女花容：（快唱）孙悟空怒气生，

　　　　　　我要教训猪悟能。

　　　　　　嬷把猴毛吹口气，

　　　　　　变成一根大铁钉。

　　　　　　照着八戒打下去 ——

猪八戒：（白）哎呀……

　　　　　　（唱）打得嘴巴贼拉拉地疼。

　　　　　　八戒撒腿就要跑，

孙悟空：（唱）上前一把嬷住猪鬃。

　　　　　　（白）呆子，你看看我是谁？

猪八戒：原来是猴哥，

　　　　　　（唱）猪八戒跪流平。

　　　　　　叫声猴哥你是听，

　　　　　　以后我再发洋贱，

　　　　　　割舌头来剜眼睛。

　　　　　　心肝肚肺你别扔，

　　　　　　烧上一个溜三样，

　　　　　　咱们师徒喝几盅，

　　　　　　我一声都不吭！

孙悟空：（白）你能改过？

猪八戒：保证改过。

孙悟空：那咱们保护师父西天取经，走！

　　　　　　（下）

宋国超演出本

刘永峥提供

采录时间：2020年

采录地点：瓦房店

孙成打酒

又名《还魂记》。皮匠邹三吉在妻子故后嗜酒，与徒弟孙成相依为命。酒店主张氏与女桂英，家无男丁，度日艰苦。孙成因打酒同桂英产生爱情，双方长辈虽赞同他们结合，但无论男赘、女嫁，必使一方老人孤独无依。最后，这对青年恋人撮合双方长辈也结成伴侣，两家合一家，皆大欢喜。

人物：　邹三吉
　　　　张氏
　　　　王桂英
　　　　孙成

（欢快乐曲，邹三吉上）

邹三吉：　（念）邹三吉我是皮匠，

我做的活计最漂亮。

手艺巧，样式棒，

全城谁不夸我邹皮匠。

自从老婆下世后，

扔下我一人可真够呛。

忙完了屋里忙炕上，

忙完了这样忙那样。

多亏了徒弟小孙成，

事事替我想周 ……

（唱）想周详 ——

三年前我老婆暴病而故，

抛下我邹皮匠冷冷清清。

没着没落常伴酒壶，

一顿喝它六两五，

两顿能喝四大壶。

一天三顿二斤酒，

壶中日月漫淌出。

醉里不知啥是苦，

常把酒壶当媳妇儿。

世上顶数光棍最酸楚，

没人疼没有爱孤守空屋。

下晚黑没人把被窝焐，

白日里没人给收拾屋。

衣服破了没人补，

天灾病业没人扶。

多亏了小孙成他常把我照顾，

可总有一天他也得出徒。

自己立门户成家娶媳妇儿，

撇下我皮匠一人怎能不孤独？

（白）唉，走哪步说哪步吧！呀嗬！说着说着就有点站不稳了，眼睛发花，啥也看不准了，身无力肉皮子也发紧了，说着话这就犯酒瘾了。

（喊）孙成，孙成！给师父打酒去，师父犯酒瘾了，挺不住了！（下）

（王桂英上）

王桂英：　（念）母亲下乡去买米，

剩我一人做生意！

（白）我，王桂英，父亲早亡，母女相依为命，家中无男，生活冷清。自从我认识了小皮匠孙成，我二人产生了爱慕之情。但愿我俩早结连理，白头偕老，相伴终生。哎，每天这个时候孙成早该打酒来了，今儿为啥还不来呢？

（唱）桂英我把这酒店打扫干净，

站门口静等着我的那个小孙成。

孙成他今年一十七岁整，

为人忠厚脑瓜也聪明。

那一日他来店中把酒打，

我二人一见如故都把情意萌。

我藏起他的葫芦盖让他把姐姐叫，

臊得他干转磨磨小脸憋通红。

他轻启嘴唇叫了我一声姐，

叫得我呀，手发软，眼发明，

秋水秋波双目生。

粉面桃腮春意涌，

心里边扑登扑登好几嘟扑登。

姑娘家谁个没有思春意，

不碰见对心思的哪能瞎动情？

眼瞅着日影西斜天色晚，

暮鸟归巢炊烟生。

思一阵来想一阵，

为什么还不见我的那个小孙成？

桂英我闷坐店中把那情人等，

（孙成拎酒葫芦上）

孙成：（唱）走来了打酒的皮匠小孙成。

想必是桂英姐正在把我等，

王桂英：（白）说着说着他就来了！

（唱）我藏在酒缸后让他发发蒙。

孙成：（唱）三步并作两步走，

一路小跑脚生风。

推开店门忙把姐姐叫，

（白）桂英姐！

（唱）空荡荡的小店无有人应。

屋里屋外看了个遍，

不见姐姐王桂英。

孙成我酒缸面前正发愣，

王桂英：（唱）桂英我差一点笑出了声。

孙成：（唱）莫非说桂英姐她生了病，

诊脉抓药她去请郎中？

王桂英：（唱）小冤家你可别来把我咒，

我要是生了病难道你不心疼？

孙成：（唱）莫非说强人入店来绑票，

把她劫持到山寨中？

王桂英：（唱）一句说得我心里直发冷，

谁要是敢劫我我死也不能从。

孙成：（唱）莫非说桂英姐她下乡去买米，

临走前也该跟我吱一声。

王桂英：（唱）眼见他脸上变色眉心纵，

粉嘟嘟的小脸蛋急得都发了青。

桂英我真不应该跟他开玩笑，

眼看他着急的模样真让我心疼。

孙成：（唱）胡思乱想往外走……

王桂英：（唱）酒缸后走出来我王桂英，

我轻轻叫声小孙成。

（白）孙成……

孙成：桂英姐……

王桂英：你怎么才来呀？

孙成：师父不把酒瘾犯，我再想你也难见面！

王桂英：你真的想我了吗？

孙成：真的。

王桂英：我不信。

孙成：我要扒瞎[1]把你蒙，就天打五雷……

王桂英：别轰！

孙成：不轰就不轰……

王桂英：孙成，咱们俩……

孙成：咱们俩咋的？

王桂英：咱们俩成亲吧！

孙成：成亲？

王桂英：成了亲，咱们就能天天在一起了！

（唱）我家没有男子汉，

常有狂徒来欺凌。

咱们二人成婚后，

酒店的主人换你名。

我卖酒来你算账，

恩恩爱爱到终生。

孙成：（白）那……我师父咋办哪？

王桂英：你师父？

孙成：桂英姐，我七岁失去父母，长街要饭，天寒地冻病倒在街前，师父把我抱回家中，将我拉扯成人，又收我为徒。如今他年老多病我怎能扔下他不管呢？要不，你嫁到我家来怎么样？

王桂英：这……得跟我妈商量商量！

孙成：你妈她知道咱俩的事吗？

王桂英：还不知道呢！

孙成：她要是知道了，能同意吗？

[1]　扒瞎：撒谎。

王桂英：这 …… 这些年我们母女俩在凄风苦雨中相依为命，你看把我妈造得，一天到晚疯疯癫癫，稍不顺心，她就要蛮，还净好往死胡同儿里钻。这事要不事先跟她商量好哇，她能给你闹翻天！

孙成：哎呀！这可如何是好哇？

王桂英：不过，她对你们师徒的看法挺好，说现在像你们这样的好人少了，从不想在我们女流中偷奸取巧，愣把便宜找！你先晚回去一会儿，咱们上里屋商量个万全之策！

孙成：这 ……

王桂英：别这个那个的了，咱们商量好喽，等我妈回来好跟她说呀！

（张氏扭上）

张氏：（唱）老身我下乡啊去买米，

把桂英留在家我心里好着急。

好几日没见到女儿的面，

想得我嘴起泡掉了几层皮。

自从桂英爹去世后，

我母女二人好孤凄。

高山有柴无人砍，

井中有水无人提。

无奈何开个小店做生意，

常有狂徒把人欺。

老身我本是良家女，

为生计只得拉下老脸皮。

一对棒槌我拿在手，

疯疯癫癫是假的。

孤儿寡母苦受尽，

桂英爹若在世上谁敢把我欺？

（白）老身张氏，卖酒为生。这几日下乡买米，跑得我是上气儿不接下气儿，好不容易在天黑前赶到家了。啥？你说我挺"拉碴[1]"？唉！你别看我手拿对棒槌、说话挺横、喘气挺冲、办

事挺硬、走道挺愣，急眼了还敢玩命！你说咋的？这些年都让那好色徒给吓的，差点得了精神病。我一看见男的，脑瓜皮儿直酥酥，大脖筋直往起蹦，所以我就拎对棒槌硬横，其实一叫真章程不是吗，我也是牛腚上的苍蝇 —— 瞎轰！啥也别说了，咱家要是有个老爷们儿，何苦来下晚黑睡觉净做噩梦！唉！这寡妇难哪！（进屋）哎？这天也黑了，屋里的灯也该点了，外边也该上闸板了，这怎么黑咕隆咚的没动静呢？嗯？怎么有男人的说话声呢？（侧耳细听，扒门缝儿一瞅）啊？哎哟，你们看他俩面对面儿，脸儿对脸儿，你瞅我我瞅你大眼儿瞪小眼儿，小孙成这小子真有胆儿，今儿个我非让他看看，我王寡妇急眼了脸皮子啥色儿！好恼！

（唱）一见此情我的心好恼，

不由我怒火胸中烧。

小孙成没事竟敢往我的家里跑，

孙成：（唱）给师父打酒我急忙往家中蹽。

张氏：（唱）我大喝一声你往哪里跑？

孙成：（唱）一棒槌差一点呀把我脑袋削个包。

张氏：（唱）我看你这小孩平时还挺好，

想不到满肚子都是估董招。

竟然想把我的女儿给拐跑，

今天我非给你脑袋瓜子开开瓢。

（追打孙成。白）看打！

王桂英：（急上。唱）见此情不由我又羞又臊，

好妈妈呀，看在我的面上快把他饶。

张氏：（唱）骂一声小贱人不知歹和好，

这事要嚷嚷出去，你让我这老脸往哪搁？

孙成：（唱）叫大娘你不要骂不要闹，

消消气儿来别吵吵，

听我慢慢说根由。

张氏：（唱）别看你人小脑瓜子竟是歪歪道，

平日里帮我干活，耍的是鬼花招。

（白）着打！

[1]　拉碴（lácha）：也作"拉叉"。行为放肆，不讲体面。

（邹三吉上）

邹三吉：（唱）猛听得王家酒店又吵又闹，
　　　　　　　惦记着小孙成急忙往这踮。

张氏：（唱）一看见老皮匠我心里更气恼，
　　　　　　我看你师徒二人还往哪里跑！

邹三吉：（唱）眼看她手中的棒槌就要往下削，
　　　　　　　想跑没法跑，心里直发毛。
　　　　　　　这一棒槌削下来指定是没好，
　　　　　　　不开瓢[1]也得起这么大个包。
　　　　　　　我擎住她的手腕往后这么一"捎"，
　　　　　　　叫一声大妹子你先把气消。
　　　　　（白）我说大妹子，你这是咋的了？

张氏：咋的了？你不说还则罢了，越说我这心里越气恼！

邹三吉：到底咋回事呀？

张氏：为啥让你徒弟勾引我女儿？

邹三吉：勾引你女儿？

张氏：我说你们师徒平日里对我们挺好，家里有个大事小情总往前跑，闹了半天想把我女儿给拐跑！今个儿我要不教训教训你们，你就不知道马王爷三只眼，我王寡妇的棒槌有多长有多短，看棒槌！
　　　（音乐中，开打）

邹三吉：我说大妹子，你不问青红皂白，抢棒槌就打，你越打我越发傻，等我把话说完了，你就知道怨不怨我们师徒俩了。

张氏：那好！你说吧！

邹三吉：刚才我酒瘾犯了，这把我瘾得，嘴也歪了，眼也斜了，浑身无力手脚都发瘸了，我想出来迎迎孙成，咋的也穿不上鞋了，刚一出门就听你闹上大邪了！

张氏：你少跟我玩轮子！

王桂英：妈！这事不怨人家！都是……我的不是！

张氏：什么？是你……

王桂英：妈！

邹三吉：孙成，走，以后咱再也不上这寡妇酒店来打酒来了！

孙成：师父……

邹三吉：走！

王桂英：等等！

邹三吉：咋的？还想让我们师徒俩吃你娘的棒槌呀？孙成咱们走！

（邹三吉、孙成下）

王桂英：孙成！孙成——

张氏：行啦，别穷喊了，你是不想要这个妈了，你就跟他去！

王桂英：妈——
　　　　（唱）邹大叔平时喜欢喝几盅，
　　　　　　　让孙成打酒常到咱店中。
　　　　　　　孙成他人品好常把咱帮助，
　　　　　　　身强体壮是个好后生。
　　　　　　　他对我有情我对他有意，
　　　　　　　我要与他……

张氏：（白）咋的？

王桂英：（唱）我要与他把亲成。

张氏：（惊呆。白）哎呀我的妈呀，这哪像是姑娘家说的话呀！

王桂英：妈！

张氏：何况这么大的事，你都不跟妈商量一下，就私自做主了，真是女大不由娘喽！

王桂英：（唱）不是女儿瞒娘亲，
　　　　　　　是您下乡出了门。
　　　　　　　这事您若不应允，
　　　　　　　我跪死在这不起身。

张氏：（白）桂英啊，不是妈心狠，不顺女儿心，你爹下世早，王家就你这么一根苗，我苦巴苦业把你拉扯大，容易吗？妈怎能舍得把你嫁出去呢？唉！

王桂英：妈——
　　　　（唱）妈妈您慈母的恩情永世不忘，

[1]　开瓢：把脑袋打破。

女儿我怎能舍得离开娘亲？

只因咱家中人少缺男子汉，

咱母女二人难掌门。

我与孙成成婚后，

夫妻双双孝娘亲。

孙成生来人勤快，

是个忠厚老实人。

姑娘大了总要嫁，

您让我上哪去找这样的好心人？

张氏：　（白）是不好淘弄。

王桂英：妈，您答应了？

张氏：　（故意板起面孔）我答应啥了？

王桂英：我……和他？

张氏：　（故意）呸！挺大姑娘不嫌害臊，为找女婿又哭又闹，你也不怕人家邹皮匠把你笑，真让我当妈的脸都没地方搁！

（邹三吉领孙成上）

邹三吉：哎呀！孙成回去跟我一说，我才明白，原来是孙成跟人家姑娘好上了。（进屋）我说桂英妈呀，你呀甭吵了也别闹了。这回我得管你把亲家母叫！

张氏：　你个老皮匠别不害臊，你跟我论亲家辈儿还没到，我问你，孙成是你亲生的吗？

邹三吉：别看不是亲生的，我说不让他俩成，他也得听我的！

张氏：　什么？什么？听你的？那这么说这门亲事你不乐意了？

邹三吉：我差啥不乐意呀？

（唱）【数板】桂英她长得如玉似花，

干家务活一个能顶老爷们仨。

我邹皮匠家里啥都有，

就缺少个姑娘照看家。

以前我衣服破了没人补，

吃完饭桌子都没人擦。

小鸡饿了没人喂，

鸭子饿了直呱呱。

一对光棍没人做饭，

想蒸馒头面都没人发。

这回他们俩成亲后，

邹皮匠我哈哈！哈哈！好几哈哈！

张氏：　（白）别哈哈了！做工挣那两吊半钱都让你哈哈进去了，桂英啊！

（唱）妈妈我同意了你们俩的婚姻事儿。

王桂英：（唱）桂英我心中高兴脸儿笑微儿微儿。

邹三吉：（唱）打酒打回来个好媳妇儿。

张氏：　（唱）我说亲家呀，咱商量商量他俩怎样把亲结。

邹三吉：（唱）有啥条件只管讲，我保你满意儿。

张氏：　（唱）让他给我倒插门儿。

邹三吉：（白）什么？倒插门儿？那可不行！

孙成：　师父？

邹三吉：孙成，你真的愿意当她家的倒插门女婿？

孙成：　这……

邹三吉：孙成，咱们走！

张氏：　亲家！

（唱）既然同意这门亲事儿，

又何必横拨拉竖挡气得直忿气儿。

邹三吉：（唱）哪样条件都能应允，

就是不同意他来倒插门儿。

张氏：　（唱）你不同意就把那道理讲。

邹三吉：（唱）听我从头诉原因儿。

邹三吉这辈子无儿又无女儿，

三年前又把老伴送进了坟堆儿。

实指望小孙成他给我来养老，

哪承想这小子也不是个孝顺儿。

他一心想媳妇儿……

孙成：　（唱）尊一声师父您老消消气儿，

孙成我就是你的亲生儿。

我和桂英成亲后，

王桂英：（唱）端汤倒水不离家门儿。

张氏：　（白）啊！

（唱）听此言不由我心头一震，

骂一声小贱人你不要脸皮儿。

十八年养育之恩你全忘记儿，

怎对得起你死去的爹爹我的心上人儿？

那一年你爹他忽拉巴地咽了气儿，

我身披重孝未满三七儿。

怀抱娇儿你整天掉眼泪儿，

狂徒抢亲又冲进家门儿。

抱着你藏进了高粱地儿。

挂乱了青丝发一根儿根儿。

祆扣蟆去整一对儿，

我撕碎了半幅绣罗裙儿。

装疯卖傻冒虎气儿，

才没让人霸去当媳妇儿。

拉扯我的命根儿你长成人儿，

今日里却撇下娘亲，

你这个没良心儿。

(白) 丫头哇！

邹三吉：　(唱) 听她言我这心里酸激溜儿地不得劲儿，

只说得皮匠我一个劲儿地擦眼皮儿。

她家的苦处我最知底儿，

我怎能为自己让她孤身守店门儿？

回头我把孙成叫，

你就留在王家门儿。

王桂英：　(唱) 邹师傅受了一辈子苦，

孙成：　　(唱) 到现在还是光棍一根儿。

张氏：　　(唱) 光棍儿的苦处我知道，

张氏、邹三吉：(唱) 这真是苦命人儿遇上了苦命人儿。

王桂英：　(唱) 若不然 ……

张氏：　　(白) 咋的？

邹三吉：　你们娘儿俩嘀咕啥呢？

王桂英：　大叔！

　　　　　(唱) 你也来个倒插门儿！

张氏、邹三吉：(唱) 臊坏我这老脸皮儿！

张氏：　　(白) 你们说我都活了大半辈子了，今个咋还知道害臊了呢！

王桂英：　妈，您看这事儿 ……

张氏：　　我看这事儿可有点不是事儿呗！

王桂英：　这不比你整天拎个棒槌、疯疯癫癫地防范那些好色之徒好嘛！

孙成：　　师父，你说呢？

邹三吉：　我说啥呀？

孙成：　　也上她家倒插门儿呀？

邹三吉：　去！去！小孩子家家的，别学得屁的流星的。

王桂英：　妈！

张氏：　　(拉邹) 他大叔，你往这边点儿呗！这事你也别别着这股劲儿了，既然孩子们都说了，你也别硬亮那根老光棍了，咱俩家往块堆儿一合，往后过日子也能有点热乎气儿了，今个这事我看就这么地儿了吧。

邹三吉：　这 …… 亲家 …… 母 ……

张氏：　　(故意瞪眼) 你说啥？(二人对视笑)

王桂英：　正是 ——

　　　　　(念) 孙成到店来打酒，

邹三吉：　(念) 邹皮匠我掉进大酒篓。

孙成：　　(念) 有情之人结良缘，

张氏：　　(念) 咱们摆酒！

(音乐中众人下)

瓦房店剧团金佳蕊、颜培波、李宝良、王玉霞

演出本

刘永峥提供

采录时间：2020年

采录地点：瓦房店

辽西影调戏

辽西影调戏：由皮影戏发展而来。辽西曾有大量的皮影班社，传说是300多年前由唐山传入并发展，据20世纪50年代统计，仅凌源县就有皮影班120多个，从业人员400多人。

清末民初，有民间小戏班把皮影搬上舞台，用鲜活的真人取代呆板的驴皮剪纸的影人演出，俗称"活人影"，演出文本保持着皮影剧本独有的格式，如三顶七、五字锦等。演员穿着打扮与其他舞台戏相同，不同的是演员扮上人物后不再掐脖子唱，由单一的侧面表演变为全方位的表演，丰富了感情变化。但乐队基本是皮影乐队，唱腔也没有太多的变化。1982年朝阳市影调剧团成立，排演了大戏《凤鸣朝阳》。小影调戏《寡妇门前》参加省农民小戏汇演获得一等奖。

近年来，凌源皮影得到国家和省市文化主管部门的重视，1996年文化部命名凌源为中国民间皮影艺术之乡。2004年"凌源皮影"被认定为第一批国家级非物质文化遗产保护项目。2008年，刘井春、徐积山被文化部认定为"凌源皮影"国家级代表性传承人。凌源皮影现有影班8个，并成立了非遗协会，凌源皮影现存影卷200多部，3800多卷。

刘家声

宝马情缘

岳飞被秦桧所害，又要被抄杀满门。其子岳雷奉母之命，改名丘山，星夜逃走。恶霸张虎看中了岳雷的宝马，欲杀之夺马。民女李玉莲路见不平，拦住张虎等人，岳雷得以逃脱。李玉莲得罪张虎，后带丫鬟、家院一起去投奔岳雷，并与岳雷结姻缘。

人物： 　岳雷

　　　　　李玉莲

　　　　　花魁

　　　　　院公

　　　　　张虎

　　　　　张三

　　　　　刘二

　　　　　众丁

　　　　　众姑娘

(岳雷策马上)

岳雷： 　(白) 老贼黑心掌柄权，害我岳家苦难言。俺岳雷，我父岳飞被秦桧老贼风波亭所害，又要被抄杀满门。奉母之命，改名丘山。星夜逃走，以图时机报仇。唉，思想起来真是恨煞人也。

(唱) 翻山越岭催马走，

　　　心急不住把鞭摇。

　　　想我岳家遭横祸，

　　　义愤填膺心内焦。

　　　星夜离家遵母命，

　　　深仇大恨永记牢。

　　　大骂奸贼老秦桧，

　　　害得我生离死别把命逃。

　　　有日拿住贼老狗，

　　　一定要抽了他的筋，

　　　去了他的皮，抽筋扒皮，剜眼割舌，

　　　剁他千万刀。

　　　怨恨一回催马走，(圆场)

(二家丁上)

　　　张府家人喊吵吵。

张三： 　(白) 呔，你这小子，路过我们张家寨，还不下马而走，真乃大胆。我家大爷相中这宝马了，快把宝马留下，放你活命。

岳雷： 　你家主子这等霸道，他是何人？

刘二： 　嘿嘿，谁人不知谁人不晓，他就是秦桧秦相爷的干儿子张虎。

岳雷： 　呔，光天化日之下竟敢行抢，快快闪开。如若不然，叫你等枪下做鬼。

张三、刘二：哈哈，敢出狂言，来吧！

(小开打，二家丁败。张虎上)

张虎： 　你这小子哪里来的？真乃大胆。将马留下，放你狗命。

岳雷： 　休说大话，狂徒看枪。

(开打，玉莲内唱：烟尘滚滚遮住天。)

李玉莲： 　(上。唱) 贼张虎，黑心肝，

　　　　　横行霸道虎狼一般。

　　　　　玉莲我跨马抡刀斗凶顽。

(岳雷被张虎追杀，李玉莲迎上前助阵)

张虎： 　(白) 哇，大胆女子，敢来阻拦张爷，你报上名来。

李玉莲： 　你姑娘李玉莲，恶贼无理，竟然拦路抢劫财物，是你看刀。

张虎： 　哈哈好个李玉莲，今日见她长得俊俏，饶她不死，来日定然娶她为妻。就是这个主意，小子们！

张三、刘二：在呀！

张虎： 　打马回府。(下)

李玉莲： 　一场鏖战，那公子得救，他未留下姓名，扬鞭而去。

岳雷： 　(追上) 大姐慢走，大姐慢行。

李玉莲： 　何事？

岳雷： 　噢，大姐路见不平鼎力相助，请留姓名。

李玉莲：　不才小女李玉莲。公子何名？

岳雷：　　学生丘山。多谢大姐相救之恩，来日必报答。学生身不由己，赶路要紧，大姐请。

李玉莲：　哼，那就请吧。（分下）

张虎：　　（上）两膀千斤力，一身武功高。俺张虎南阳府人氏，家财豪富，又仗我干爹秦桧的势力，在这一方无人敢惹，任意横行。前日碰见美女李玉莲，爷我神魂颠倒，定要娶她做妾才是。

　　　　　（唱）想我张虎有今日，

　　　　　　　　祖上阴德不一般。

　　　　　　　　张家寨中谁敢惹，

　　　　　　　　动我汗毛立旗杆。

　　　　　　　　前日寨中劫宝马，

　　　　　　　　遇见美女李玉莲。

　　　　　　　　说我张虎有福气，

　　　　　　　　房中再添美娇颜。

　　　　　　　　今日本是黄道日，

　　　　　　　　要娶婚娘到身边。

　　　　　（白）小子哪里？快来！

　　　　　（张三、刘二应声上：来啦来啦。）

刘二：　　大爷有何吩咐？

张虎：　　今乃黄道吉日，给我抬轿鞴马，打道李家娶亲。

张三：　　哎呀大爷呀，李玉莲的伯父是那南阳府的副将，兵丁甚广，不可贸然行事呀。

张虎：　　料也无妨。谁不知我张某人是堂堂武举人，如若不从，咱们就抢。

张三、刘二：嘿，祖传秘方——一个字抢。那咱就暗藏兵器，不服就打。

张虎：　　对，明日花轿去娶。

二丁：　　唉，我俩白忙活。（下）

　　　　　（众鼓乐抬轿过场，张虎跟在后）

李玉莲：　（上）满怀心腹事，尽在难言中。奴李玉莲，自幼在伯父家中长大成人，拜师习武，练得刀马纯熟，年方二九，待字闺中，前日丘公子乘马扬长而去，朝思暮想，何时复得相见啊？唉。

　　　　　（唱）奴家自幼性刚烈，

　　　　　　　　府中学艺舞刀枪。

　　　　　　　　前日搭救丘公子，

　　　　　　　　见义勇为理应当。

　　　　　　　　可惜公子匆匆去，

　　　　　　　　不曾与他诉衷肠。

　　　　　　　　我要与他结连理，

　　　　　　　　天缘巧配正对当。

　　　　　（鼓乐声响）

院公：　　（急上。唱）忽听一阵丝竹声，

　　　　　　　　　　院公进房禀其详。

　　　　　（白）禀姑娘知晓，花红彩轿，鼓乐声喧，离此不远。

李玉莲：　所为何事？

院公：　　那个张虎率领一群人役，就是要娶小姐回去做妾。应了便罢，不应就抢。

李玉莲：　你可听真？

院公：　　千真万确。

李玉莲：　张虎哇，贼子。气死人也。花魁哪里？快来。

花魁：　　（上）奴在。

李玉莲：　吩咐家丁，弓上弦刀出鞘，准备迎敌。待奴更衣。（下）

　　　　　（张虎带众家丁上）

张虎、二丁：小子们，这美人若是应了，就请她上轿。她要不应，咱们就抢。

众丁：　　对，抢。

家丁：　　报大爷得知，李家有一支人马杀出来啦。

张虎：　　啊哈，众家丁——

众丁：　　有。

张虎：　　都给我杀上前去啊——（李玉莲策马上）马上何人？

李玉莲：　你姑娘李玉莲。

张虎：　　好个不知趣儿的东西，爷好意迎娶，尔等不仁，要动干戈。

李玉莲：　狂徒休得胡言。哪个要你迎娶了？

张虎：　　丫头不要逞强，快快上轿随我回府。如若不然，叫你死无葬身之地。

李玉莲：　哼哼，大胆狂徒莫出狂言，是你看刀。(张虎应战)姑娘们，与我打！

众姑娘：　剪子尖不秃，扎他两眼珠，拽断剪子股，扎死俩笨猪。

院公：　　忽听喊吵吵，急忙操菜刀，抢开武把扇，开他脑袋瓢。

李玉莲：　张虎哇，恶贼，你气死我也。

　　　　　(唱)双眉皱，气难消。

　　　　　　　定斩贼子方显英豪。

　　　　　　　眼前贼恶霸，叫他赴阴曹。

　　　　　　　方解心头之恨，

　　　　　　　除恶定把名标。

　　　　　　　手擒大刀冲上去，

张虎：　　(唱)胆战心惊无处逃。

　　　　　(白)黄毛丫头，赶快退去，饶你活命。

李玉莲：　休得胡说，看刀。(张虎死)

　　　　　恶贼已死。咱主仆如何是好？

众姑娘：　依奴之见，咱们投奔太行山，待丘公子到来，以图报仇。

李玉莲：　言之有理。正是 ——

众人合：　(念)翦恶安良休留患，

　　　　　　　主仆一同上高山。

　　　　　　　　　　刘井春演出本

　　　　　　　　　　刘家声记录

　　　　　　　　　　采录时间：1980年

　　　　　　　　　　采录地点：源凌

独角戏

独角戏：是二人转的一个分支，主要流传于东北三省。

二人转有"单、双、群、戏"四大类型：单指一个人表演，即单出头；双指两个人表演，即二人转；群指多人表演，即二人转群唱；戏指拉开场子表演，即拉场戏。

普遍意义上的独角戏即是俗称"一人转"的单出头。也有学者用戏曲和曲艺的区别来严格区分它们，即"现身中说法"和"说法中现身"，人物跳进跳出的属于曲艺中的单出头，完全进入人物表演者为独角戏。

独角戏常通过回忆、观看、模拟等手法，来描写主人公的内心活动与所见所闻。开头多为念四句定场诗，自报家门，然后才唱正文。

独角戏传统节目只有《摔镜架》《洪月娥做梦》和《丁郎寻父》三出。

中华人民共和国成立后，新独角戏很多。如《刘姥姥还乡》《小老板儿》《绣女放鸭》《锦绣家乡》《南郭学艺》等都一度流传。有的独角戏，除一人主演外，又加上多人伴舞伴唱，更适合在舞台晚会演出。

耿柳

王二姐摔镜架[1]

又名《王二姐思夫》《摔镜架》，系《回杯记》中的一折，取材于《张廷秀逃生救父》。老本是十三段，用全了十三道大辙，描述了王二姐思念进京科考六年未归的丈夫张廷秀，由思念到苦闷，由生病到气疯的过程。语言风趣，动作逼真，表现了女主人公"忧、怨、思、悲、喜、怒、狂"的感情变化，而中心是一个"思"字，盼夫不归，最后发狂摔了张廷秀亲手刻的镜架，要悬梁自尽，多亏丫鬟来报信儿，得知张廷秀归来，才转悲为喜去会夫郎。故事发生在苏州，但独角戏在东北流传久远，人物、语言多已地方化了，如萨满跳神儿，反映了满族风俗，金簪画圆圈问卜，也是民间旧俗；二大妈探病及绣鞋掉进大酱缸等段落，完全是东北旧农村的生活写照。因此原本中的苏州小姐，已经变成了一个群众熟悉的东北农村姑娘。

人物：　　　王二姐

（王二姐上）

王二姐：　（念）二哥科考去六年，

　　　　　　　书未捎来信未传。

　　　　　　　奴家深闺终日等，

　　　　　　　怎不叫人泪涟涟？

　　　（白）奴家王兰英，父母做主将我许配张廷秀为妻。二哥进京科考一去六年，音信皆无，思想起来怎不叫人伤心落泪呀！

　　　（唱）八月里来秋风凉，

　　　　　　　下过了三场白露还有两场霜。

　　　　　　　那严霜单打无根草，

　　　　　　　小蚂蚱临危它在草窠里亡。

　　　　　　　清晨起来将楼门开放啊，

　　　　　　　撩罗裙掸一掸楼板上的霜。

王二姐，泪盈盈，

手扶着楼门眼望南京城。

科考的举子来往走，

怎不见二哥张相公？

你去一天奴家画一道，

你去两天小奴画两横。

二哥科考六年整，

只画得横三竖四数也数不清。

南楼北楼全画满，

从绣楼画到大门庭。

若不是爹娘他的家法紧，

这道儿一画画到北京城。

一更鼓不来等你到二鼓，

二鼓不到等到你三更。

四更五鼓天明亮，

等到你金鸡报晓太阳升。

我手扶楼窗向南看，

大道上跑来一匹马走龙。

头戴爷家乌纱帽，

身穿爷家袍大红。

看前影儿好像二哥张廷秀，

后影儿好像二哥张相公。

我对那个骑马的人摆上一摆手，

你看他打马加鞭够奔正东。

催马加鞭正东而去，

只臊得二妹我面绯红。

思想二哥心烦恼，

我骂上几句中不中？

莫非说是二哥南京得了病？

也应该与你二妹把信通。

莫不是你上马摔折了腿？

爬也爬到苏州城。

我有心再骂上他那三五句，

哎哟哟，妈亲亲可拉倒吧，

谁家的小女婿谁还不心疼？

王二姐来泪云儿云儿，

思想二哥好似个病人。

我爹妈爱我像块宝儿，

他把大夫请进我的府门儿。

拉过来胳膊评上一评脉，

评完了脉来把话云儿。

大夫说姑娘得的不是病，

不是惊吓也不是失魂儿。

就因为人大心也大，

原来是姑娘大了想她的小女婿儿。

只说得二姐红了面，

骂一声先生你不是个东西儿。

四两棉花纺（访）上一纺（访），

王二姐是不是那等人儿？

若不是爹娘他的那个家法紧，

我一脚踢你个嘴啃泥儿。

王二姐，泪嗒洒，

又是困来又是乏。

鸳鸯枕打了一个盹儿，

梦见我的二哥转回家。

欢欢喜喜头上摸一把，

哎哟哟，妈亲亲可不好啦，

破炕席把我的手指肚儿来扎。

半天睁开了修行眼，

瞧见一个小蝎子墙上爬。

二姐生来她的胆量大，

伸手就把蝎子拿。

将蝎子扔在流平地，

走上前去用脚踏。

你说小蝎子怪不怪，

顺着裤腿往上爬。

一爬爬到胸脯上，

蜇得王二姐浑身发麻呀！

王二姐这才生了气，

忙将小蝎子摔在地下。

我有心将你来踩死，

哎哟哟拉倒吧，

可惜是奴无丈夫蝎子无有妈呀！

王二姐，泪滔滔，

翻来覆去睡不着。

轻移莲步把花园进，

站立在花园四下观瞧。

这花开花谢催人老，

蜜蜂儿采蜜忙筑巢。

紫燕儿知寒冷它要飞南北，

有一双蝴蝶儿飞得那么高。

我双手合十来祷告，

叫一声小蝴蝶要你听着。

你何时飞到南京去？

与我的二哥把信捎。

你对他说早来三天能相见，

晚来三天见不着。

口念弥陀来祷告，

这蝴蝶儿呼啦啦飞得那么高。

二姐我一怒将它打，

脱一只绣鞋空中抛。

一抛抛到酱缸里，

偏赶上二大妈去把酱来捞。

捞上来一只红绣鞋傻了眼，

二大妈只当是个红辣椒。

恶狠狠地咬一口，

哎哟哟，妈亲亲，

却怎么又咸又硬怎么那么骚？

王二姐，泪嗒洒，

我给二哥绣上一个腰褡。

腰褡不把别的绣，

一心绣上十针扎。

一针扎，一条金龙盘玉柱，

二针扎，二郎下山他把孙猴儿拿。

三针扎，金、木、哪吒三位太子，

四针扎，四大天王怀抱琵琶。

五针扎，五个小鬼来闹判，

六针扎，六山六水六荷花。

七针扎，七个小星别北斗，
八针扎，八仙过海各把宝贝拿。
九针扎，九天仙女临凡世，
十针扎，十殿阎罗善恶来查。
我将腰褡绣完毕，
二哥不回来谁戴我的腰褡？
王二姐，泪双流，
我给二哥绣上一个兜兜。
用手打开描金柜，
从柜里拿出一个娥斗绸。
这块绸子足有八寸，
正够二哥一个兜兜。
四块云子儿压四角，
当中绣上一个大戏楼。
戏楼上绣上三出戏，
这三出大戏各有名头。
头一出绣的三上轿，
二一出绣的是罗章来跪楼。
三一出无有旁的绣，
绣一个刘备招亲回荆州。
我把兜兜绣完毕，
二哥他不回来谁戴我的兜兜？
撕了吧来撕了吧，
等二哥回来再做新兜兜。
王二姐，泪满腮，
思想二哥怎么不回来。
想二哥想得我神魂颠倒，
这春夏秋冬怎么也分不开。
正月里吃樱桃长街去买，
二月里去登高把菊花戴来。
三月里下严霜百草打坏，
四月里下大雪铺满长街。
五月里结琉璃檐前高挂，
六月里贴门神新年到来。
七月里打了春又该种地，
八月里春风暖桃杏花开。
九月里下透雨禾苗正旺，
十月里大雁北飞小燕来。
十一月暑三伏把我晒坏，
腊月里天气热，
骂一声卖凉冰的你怎么还不来呀！
想二哥想得我糊涂了，
来把这一年四季倒安排。
王二姐，泪汪汪，
思想廷秀我的郎。
想得我一天吃不上半碗饭，
两天也喝不下去半碗汤。
一碗饭，半碗汤，
瘦得前腔贴后腔。
八幅罗裙无法系，
一条裤子直晃荡。
我这里下楼走上三五步，
妈亲亲可不好啦，
这绣花鞋底就做了帮。
王二姐，泪如梭，
终日里也不吃来也不喝。
用手拿起菱花镜，
照照容颜待如何？
奴家笑来她也笑，
奴家哭来她把嘴噘着。
我哭我笑为的张廷秀，
你哭你笑为什么？
甩手摔了菱花镜，
菱花摔到地平坡。
拿起镐头去刨坑，
扳倒水缸去砸锅。
正是二姐疯魔闹，
耳听街上响铜锣。
不用人说知道了，
一定是来了廷秀张二哥。
急急忙忙把楼下，
我要拉住二哥把我的苦楚对他说。

秧歌戏

秧歌戏：秧歌历史已有千年。所谓秧歌，就是农民在插秧耘田时所唱之歌，逐渐发展成中国最为普及的民间歌舞形式。东北二人转的形成，是靠大秧歌打底，莲花落镶边，可以说，秧歌曾是二人转的母体。而秧歌从田间走向舞台，能成为独立的剧种，又是深受二人转的影响。它继承了二人转小而短的传统，小是角色小，剧中人物多为小生、小旦、小丑，因而被称作"三小"戏。短是剧情短，多是反映日常生活的短剧。其音乐唱腔也是吸收了二人转与梆子腔的特点，形成了曲牌体与板腔体兼容的体制。主要曲牌有【水胡】【娃娃】【打枣】【头行板子】【哭糜子】【还魂片子】【大清阳子】【二清阳子】【甩炮】【秃爪龙】【桂枝香】【山坡羊】【莲花落】等。其最大的特点是"一剧一曲"，每个剧目的音乐都不相同，比如《赵匡胤打枣》，不论剧情如何变化，从头到尾都反复使用【打枣】曲牌。不仅如此，还常常以曲牌名称代替剧名。某出戏用了【桂枝香】曲牌，剧名就叫《桂枝香》。尽管这个《桂枝香》的剧名和故事内容八不靠，久而久之，亦被观众认可。

秧歌戏传统剧目有《王小赶脚》《小姑贤》《天齐庙》《蓝桥会》《吕蒙正赶斋》《小放牛》《赵匡胤打枣》《夫妻争灯》《王少安赶船》《探亲》《刘二混打杠子》《打渔杀家》《十三姐进城》《双婚配》《独占花魁》《黄爱玉上坟》《挡马》《锔大缸》《桂枝香》等。

秧歌戏的表演较为随意，论其特点，一是扭，表演者手持扇子、手帕、彩绸等道具，踩着锣鼓点，唱着当地流行的秧歌词，步履轻盈，边扭边舞；二是走，在开场和结束时，没有唱词，用较慢的动作，表演出龙摆尾、双过街、九连环等图案的舞蹈；三是扮，表演者扮成民间传说、历史故事中的各种人物，有公子、少妇、丑婆、货郎、渔翁、小孩等；四是唱，伴随着唢呐、锣鼓声，表演者演唱故事内容。由于他们多在农村集市、大车店、广场上演出，两三个艺人表演一些情节简单、诙谐幽默、灵活自由的小戏曲，内容多是反映老百姓所熟悉的民间生活，很受观众的喜爱和欢迎。

郝赫

打渔杀家

又名《渔夫恨》《杀江》，取材于民间传说。梁山英雄阮小七易名萧恩，带女儿在江边打鱼为生。因天旱水浅，打不上鱼，欠下了乡宦丁士燮的渔税，丁派人催讨渔税，萧恩将众人打退。丁府与官衙勾结，县官吕子秋将萧恩杖责四十，且逼其过江至丁处赔礼。萧恩带着女儿黑夜过江，以献宝珠为名，夜入丁府，杀了渔霸全家。

秧歌戏一般只演出剧中的"衙丁讨要渔税"部分，演出时，行船、撒网、打鱼等细节，全靠演员以舞蹈动作模仿生活场面，上船、下船、打斗等程式化表演很见演员功力。

人物：　萧恩
　　　　王先生
　　　　女儿
　　　　衙丁

（萧恩、女儿上）

萧恩：　（念）两鬓苍苍白了头，

女儿：　（念）父女江边度春秋。

萧恩：　（念）打鱼之事为根本，

女儿：　（念）终朝每日驾小舟。

萧恩：　（白）好哇，好一个终朝每日驾小舟。儿呀，是你来看。

女儿：　老爹爹看的何来？

萧恩：　你看今日天气晴和，正好开船撒网，不知女儿心意如何？

女儿：　老爹爹说好便好。

萧恩：　好一个说好便好。随父江边走走。（父女出屋，走圆场到江边，搬跳接橹）儿呀，为父与你搭了扶手，我儿上船。

女儿：　我再与我父搭了扶手，老爹爹上船。（父女上船，拆跳、起锚）

萧恩：　儿呀，随父开船。（划船，至江心萧恩甩腮吐

酒）噜噜……

女儿：　老爹爹，怎么的了？

萧恩：　无妨事，适才与你家叔父多饮了几盅水酒，霎时酒气穿胸。儿呀，撑舵摇橹，为父撒网便了。（捡网、扔网）罢了，打了半晌，一条鱼儿也未曾打到。儿呀，随父进舱歇息一会儿吧。（下）

（衙丁上）

衙丁：　（念）为人别当差，

　　　　　　当差不自在。

　　　　　　风里也得去，

　　　　　　雨里也得来。

（白）在下，丁郎是也。我在太师府下当差。我劝大家别住班，最怕遇见糊涂官，今天领了一张票，倒叫丁头儿为了难。上次我到江边找萧恩要渔税，叫老萧头儿把我打了回来，这次我去还是不行啊，这可咋办呢？（想）哎，有了，有个王先生，他有两下子，我去找他，叫他与我一同前去。（下）

（王先生上）

王先生：　（念）自幼生来好浪荡，

　　　　　　　　胡子长在下巴上。

　　　　　　　　姑娘小子不一样，

　　　　　　　　老太太原先都是大姑娘。

（白）我，王先生。在书房待得心头闷倦，想到江边去溜达溜达，说走就走。

（走圆场，碰上丁郎）

王先生：　（念）一去二三里，

　　　　　　　　烟村四五家。

　　　　　　　　亭台六七座，

　　　　　　　　八九十枝花。（二人相撞）

王先生：　（白）人身上还有道儿吗？

衙丁：　道儿上还有人吗？

王先生：　我说你是谁？

衙丁：　天鼓响吧，还雷呢。

王先生：　小偷他爹，还贼呢。

衙丁：　七八分膘吧，还肥呢。

王先生：	打油郎头吧，还槌呢。
衙丁：	看你那个小样儿。
王先生：	点灯呢，还小亮儿。
衙丁：	掏灰耙呢，还小棒儿。
王先生：	锅台吧，还小炕儿。
衙丁：	铜佛吧，还小像儿。
王先生：	你是干啥的？
衙丁：	问道儿的。
王先生：	问庙的，庙在堡子东头儿了。
衙丁：	丧不丧，遇着个聋子。我是问人的。
王先生：	啊问神的，神在庙里了。
衙丁：	你聋吗？
王先生：	灵不灵的，反正初一十五上香，一年一台戏。
衙丁：	你真聋吗？
王先生：	真龙在天上行雨了。
衙丁：	你是假聋吧？
王先生：	一公一母不两龙。
衙丁：	我是问路的。
王先生：	鹿在那山吃草，有角的是公鹿，没角的是母鹿，老爷庙里还有个秃葫芦。
衙丁：	我是问名姓的。
王先生：	明星啊，东方亮才出来，大昴出来二昴赶，三昴出来白瞪眼。
衙丁：	你怎么净打岔呢？
王先生：	大布衫不打叉不就绺了吗？
衙丁：	我是问人的。你再听不见，你是王八蛋。
王先生：	我把你这个王八崽子……
衙丁：	你怎骂人呢？
王先生：	你骂我，我就骂你！
衙丁：	你不是聋吗？
王先生：	我是神龙，你骂我就听见了。我问你，你找谁？
衙丁：	我找王先生。
王先生：	(细看)哎呀，这个人头戴大帽身穿青，不是衙役就是兵。他找王先生，莫非说我摊官司了？这可怎办？(想)有啦，我就说王先生死

了。(向丁)你来得不凑巧，王先生死了，昨天才抬出去。

衙丁：	怎么王先生死了？
王先生：	对，他死了。
衙丁：	他有笔大财，这一死不白瞎了吗？
王先生：	(自语)啊！有笔大财，我方才说他死了，这怎办呢？(想)有了。(向丁)我说，我们这有两个王先生，一个老的，一个少的。不知你找哪个王先生？
衙丁：	我找那个老王先生。
王先生：	老的没死，是那个小的死了。
衙丁：	怎么，老的没死？
王先生：	对，没死。
衙丁：	他在哪里？
王先生：	你远看。
衙丁：	无有。
王先生：	你再近取。
衙丁：	莫非你就是王先生？
王先生：	对，就是我。你找我有啥事啊？
衙丁：	我领太师的命，去江边找萧恩讨渔税，那老头子可厉害啦，上次我去讨税，把我给揍回来了，这回太师还要我去。我听说你有那么两下子，我才来找你一起去。
王先生：	不行，我学业繁忙，不能前去。
衙丁：	不白去，有好处，多要点儿咱俩对半分。
王先生：	还是不能去。
衙丁：	你还缺少什么吗？
王先生：	你看我头上没戴的，身上没穿的，脚下没踩的。
衙丁：	这不要紧，我给你买缎子帽子、缎子衣服、缎子裤子，再到靴铺给你买双靴子，五分底，皮底跟，高勒的，八尺多长，由下往上一套，上边一扎。
王先生：	那不憋死了。
衙丁：	春风高怕把你那小白脸捎掉色。
王先生：	怕把脸捎掉色，就把个罩匣罩上得了呗。
衙丁：	那也好，咱们走吧。

(圆场)

王先生：　　到没到啦？

衙丁：　　　到啦。

王先生：　　别倒，留喂狗吧。

衙丁：　　　你喝了吧。来！你架住我腰眼，我看看。

王先生：　　看没看见？

衙丁：　　　没看见。

王先生：　　你眼睛不行，我来看看，我这眼睛八百里以外
　　　　　　都能看见蚊子放屁，一出门被大石头绊个跟头
　　　　　　儿，打远不打近，你架住我，我看看。

衙丁：　　　看没看见？

王先生：　　没看见。

衙丁：　　　待我好好看看。

　　　　　　【数白】来到江边四下观，

　　　　　　海水不住往上翻。

　　　　　　口子进来买卖船，

　　　　　　大货船、小货船。

　　　　　　七十二只采莲船，

　　　　　　不见萧恩那只船。

　　　　　　那边闪出一只船，

　　　　　　上有三人喝酒二人搳拳。

　　　　　　当中还有个白胡子老头，

王先生：　　(白) 那就是萧恩老头子。

衙丁：　　　旁边还有个扭扭搭搭的。

王先生：　　那就是萧玉枝。

衙丁：　　　狗皮垫子呢，还小褥子。

王先生：　　老萧头儿的女孩。

衙丁：　　　来，你架着我点，我招呼招呼。呀哒，萧恩！

女儿：　　　老爹爹船下有人唤你。

萧恩：　　　待我上前答话。船下何人？

衙丁：　　　我是丁府的。

萧恩：　　　莫非是丁当家吗？

衙丁：　　　可不我怎的！

萧恩：　　　丁当家来得凑巧，快上船来饮上几杯。

王先生：　　你上哪里去？

衙丁：　　　上船喝酒去。

王先生：　　哪里是让你去喝酒，你看船头连跳板都没搭上，
　　　　　　你要掉河里喂泥鳅啊！叫他请到船下讲话。

衙丁：　　　萧老头子，我们府下烧黄二酒有的是，岂能喝
　　　　　　你那几杯水酒？我是旱地蛤蟆，晕船不晕水，
　　　　　　在礼儿的讲话抽烟不喝酒，请你下船来讲话。

萧恩：　　　丁当家是你等候了。(搭跳板下船) 丁当家哪
　　　　　　里？丁当家，哈哈，哈哈，丁当家，老夫这厢
　　　　　　有礼了。

衙丁：　　　前后还礼，不欠你的亏情。

萧恩：　　　丁当家到此为何？

衙丁：　　　请安来了！拜年来了！问好来了！必知者，何
　　　　　　必问之，何也？催讨渔税来了，哪来的这些啰
　　　　　　嗦呢？

萧恩：　　　丁当家，是你来看。

衙丁：　　　看什么，转圈都是看热闹的。

萧恩：　　　你看这天旱水浅，鱼不上钩，又不挂网，但等
　　　　　　水深鱼多之时，打些金翅鲤鱼，换些银两，亲
　　　　　　自与你送上府去，何用你三番两次来讨？

衙丁：　　　我说萧老头子，你吃灯芯草长的吧，说话怎这
　　　　　　么轻巧，来一趟不凑巧，今儿个你再说没有，
　　　　　　你来看，这是你姥姥给你打的百日锁 —— 来
　　　　　　给你戴上啦。

萧恩：　　　丁当家子，莫非要打架不成？

衙丁：　　　要打架怎的，今天来的人可多了，丁虎、丁豹、
　　　　　　丁头、丁帽、连我远房孙子都来了。

萧恩：　　　丁当家，此架不打也罢。

衙丁：　　　既来了，哪有不打之理？

萧恩：　　　一定要打？

衙丁：　　　一定要打。

萧恩：　　　果然要打？

衙丁：　　　果然要打。

萧恩：　　　好，好，好，请你靠前些。

　　　　　　(萧打，丁铁链一扔，套在王先生脖子上)

王先生：　　是我呀！

衙丁：　　　勒的就是你。

王先生：　　我是王先生。

衙丁： （回头看）勒错了。

王先生： 你勒得太早了，要顶小雪[1]再勒，那不赚张好
　　　　皮子吗？

衙丁： 老王，你往前上，你不是有三拳二脚的吗？

王先生： 对，待我上前对付对付。我说萧老头子，咱俩
　　　　对付对付，你别看我个小可鬼头，十八般武艺
　　　　样样精通，我给你露两手你看看。（拉架式）就
　　　　这一下子你看够不够你呛！

萧恩： 这叫什么？

王先生： 这叫纸糊天棚 —— 一下捅个大眼子。（又作
　　　　架式）你看这下子，厉不厉害。

萧恩： 这叫什么？

王先生： 一桶水能瞧到底，老虎撅大尾，这叫撅尾大老
　　　　虎，这叫恶狗钻裆。来吧萧老头子，今天我交
　　　　代给你得了。

　　　　（二人打，丁、王败逃）

营口市文化局存稿

于景新传本

张永夫、赵喆、刘世俊整理

采录时间：1983年

打枣

又名《赵匡胤打枣》，取材于《残唐五代演义》。宋太祖
赵匡胤未得天下时，因杀人逃出汴梁。一日行至枣园，
正饥饿难忍，想打枣充饥，与看守枣园的张氏等争斗起
来。张氏找来丈夫窦士公，不料窦士公是赵匡胤的舅舅，
因张氏是续娶，故不相识。甥舅相见，正叙别情，捕拿

赵匡胤的公差赶到，赵匡胤逃走。

人物：　赵匡胤

　　　　张氏

　　　　窦士公

　　　　差人甲

　　　　差人乙

（赵匡胤上）

赵匡胤： （念）家住东京在汴梁，

　　　　　　腮下胡须貌堂堂。

　　　　　　从小不受爹娘管，

　　　　　　怒打关西赵玄郎。

　　　　（白）俺，赵匡胤，带酒闯进御女院内，将那御
　　　　女我杀了一十八口。圣上恼怒，画下图形，要
　　　　捉拿于我，这便如何是好！啊，是了。我不免
　　　　逃奔卞家寨娘舅家中藏躲藏躲则可。

　　　　（唱）赵匡胤，离了家，

　　　　　　辞别了，爹和妈，

　　　　　　家中老少全不挂。

　　　　　　带酒闯进御女院，

　　　　　　那御女，被我杀，

　　　　　　个个死在我的刀下。

　　　　　　圣上画像捉拿我，

　　　　　　怕打官司跑了吧，

　　　　　　逃奔娘舅家。（下）

（窦士公上）

窦士公： （念）老汉今年五十八，

　　　　　　前边门牙掉了仨。

　　　　　　豆腐脑儿咬不动，

　　　　　　爱吃秤砣拌钢砂。

　　　　（白）老汉窦士公，在卞家寨上当个大大的一
　　　　品乡约老爷。今天东庄开了当当会[2]，我要前
　　　　去赴会。我得把老婆子叫出来，嘱咐她好好看
　　　　家，看好那片枣园。喂，我说金媳妇儿，银媳

---

[1]　小雪：节气名。到了小雪时节，狗毛丰厚，皮毛更好。

[2]　当当会：当铺中"死当"的物品销售会。

妇儿,内当家的,烧火的,没影的孩子他妈呀。

(张氏内应:啥事,老头子?)

窦士公：今儿个我要上东庄去开当当会,你出来我告诉你点事儿。

(张氏内应:你等着,我还没有起来呢。)

窦士公：哎呀,啥时候了,怎么还不起来呢?

(张氏内应:老头子,我裤子怎么没有了?)

窦士公：啊,你裤子?我才想起来,昨天叫我给做豆腐包了。

(张氏内应:哎呀,我那裏脚布呢?)

窦士公：你裹脚布没有了,哦我想起来了,昨天叫我给轧干豆腐了。

(张氏内应:老头子,粉盒怎没有了?)

窦士公：粉盒没有了,别找了。昨天收拾炕,灰槽子里还有点石灰,你将就抹点儿吧。

(张氏内应:哎哟,老头子,抹厚了,都没有眼睛啦。)

窦士公：真笨,你不好用席篾儿刺一个啊。

(张氏内应:哎哟,老头子,还没有嘴哪。)

窦士公：你不会用烧火棍儿捅一个吗?

(张氏内应:哎,好啦。)

窦士公：你快点儿出来吧!

(张氏上)

张氏：我说老头子,你瞧瞧我打扮得怎么样啊,中也不中哪?

窦士公：哎呀我的妈呀,你怎么抹这么多石灰啊!你可千万别笑啊,一笑那可就笑裂粉啦。(张氏笑)你看看,是不是笑裂粉了?你看拉拉[1]一地(用手拾起),来,我给你粘上。再别笑了,今儿个我要上东庄去开当当会,你在家要看好枣园,可别叫人给打枣。

张氏：常言说瓜果梨枣,谁见谁咬,要有人打枣那可怎办?

窦士公：谁要是打枣,你就问他,你纳过粮吗?兑过草

吗?他既没纳过粮兑过草,就不让打枣。

张氏：是啦,你走吧。回来给我捎点儿好吃的。

窦士公：是啦。(下)

张氏：老头去赴会啦,叫我看家。咳,老头子六十来岁了。我要是不想咱家的事还则罢了,要是想起家里的事来,叫我好不伤心哪!

(唱)张氏女,三十多,

半路上嫁给乡约。

老头子东庄去赴会,

他临走,嘱咐我,

看守枣园别干活。

叨叨念念来得快,

枣园不远对胸窝。

(白)枣园到了,只得好好看守便了。(下)

赵匡胤：(上。唱)赵匡胤,离东京,

见枣儿,满树红,

腹内饥饿直蛄动[2]。

手拾顽石往上打——

见枣儿,落平川,

捡起几个腹内用。

我将枣儿拾到一起,

没有一斗也有八升。

张氏：(白)谁呀?你再打二升凑上一斗那有多好啊!

赵匡胤：御下我不爱打了。我若爱打,再打二升凑上一斗那又何妨?

张氏：你打老娘的枣,你可纳过粮吗?

赵匡胤：没有。

张氏：你可兑过草吗?

赵匡胤：也没有。

张氏：你既没纳过粮又没兑过草,为什么要打老娘的枣?

赵匡胤：路旁枣,用棍敲,敲下几个倒还罢了。

张氏：要是罢不了呢?

[1]　拉拉(lála):哩哩啦啦淌出来。

[2]　蛄动:蠕动。

赵匡胤： 罢不了，宝剑出鞘连根伐倒。

张氏： 你敢！你再不走我就要骂了。

赵匡胤： 你骂何来？

张氏： 生疗的，长疮的，抻一抻，老长的，我把你这个老瞎眼儿的。

（唱）张氏女，骂出声，

赵匡胤： （唱）骂恼了，赵匡胤，

赶上前去要你的命。

张氏： （唱）前边跑的张氏女，

赵匡胤： （唱）我要让你活不成。

我在这里把龙拳举，

一拳打你个鼻眼青。

（白）这东西真不抗打，没打上三拳就给打跑了。待我追赶上她，好好打她一顿。对！常言道：好男不跟女斗。待我把枣收拾起来。

窦士公： （上。唱）窦士公，笑哈哈，

用罢酒饭转回家。

烧酒喝了两大碗，

那黄酒，随便哈[1]，

烧酒倒比黄酒辣。

行行走走来得快，

眼前就是自己家。

（白）老婆子。

张氏： （哭上）唉呀！老头子，是你临走让我看枣园子，不知从哪来了个汉子。

窦士公： 什么，来了一个罐子，那好啊，咱家就一个水桶，凑一起好挑水呀。

张氏： 不是罐子，是个大汉子，大小伙子。

窦士公： 啊，大小伙子，他怎么啦？

张氏： 他打咱们的枣。

窦士公： 你没问他么，可纳过粮，兑过草么？

张氏： 我问他，你打枣纳过粮么？

窦士公： 他怎么说的？

张氏： 他说没有。

窦士公： 你又怎么说的？

张氏： 我说你可兑过草么？

窦士公： 他又怎么说的？

张氏： 他说也没有。

窦士公： 你又怎么说的？

张氏： 我说，一没纳粮，二没兑草，为何打老娘的枣？

窦士公： 他又怎么说的？

张氏： 他说路旁的枣用棍敲，敲下几个倒还罢了。

窦士公： 你怎么说的？

张氏： 我说你要罢不了呢？

窦士公： 他又怎么说的？

张氏： 他说，宝剑出鞘连根伐倒。

窦士公： 你没骂他么？

张氏： 我骂啦。

窦士公： 你骂他什么啦？

张氏： 我骂他，生疗的，长疮的，抻一抻，老长的，我把你这个瞎眼的坏东西。

他就急了，举拳就打，把我打成这个样子。

（哭）老头子，你快给我报仇吧。

窦士公： 好，哪里来这个野小子，敢打乡约的老婆。你别哭啦，我去找他给你报仇去。

（唱）窦士公，怒气生，

骂了一声狗杂种。

打了我的老婆败了我的兴。

卞家寨上访一访，

我不是个省油灯，

是斤是两你称称。

叨叨念念往前走，

大路不远面前迎。

（白）哎呀，大路之上一个人也没有啊，叫我找谁报仇呢？哦，有啦。老娘们儿好糊弄。常言说得好，老婆老婆，赛于破车，三天不打她是又咬道又是啃辙。我在这道旁边先睡一觉再说。

赵匡胤： （上）哎呀，这一条道又分两股，不知哪条是往卞家寨去的呢？

[1]　哈：喝。

(看) 啊，那边有个老汉，待我上前借问。老丈请来见礼。(窦睡觉) 他倒是睡着了，待我大声喊来。老丈醒来，老丈醒来。

窦士公：(惊醒) 啊，这响晴天怎么打起雷来了？(站起来对后台) 老婆子。

(内白：什么？)

窦士公：老婆子，打雷啦，要来雨了，快把鸭子赶家去。(说完又睡)

赵匡胤：(大声喊) 哒，你要睡死了。

窦士公：(窦又当打雷) 老婆子，要来雨了，你快把酱缸盖上。

(内白：拿什么盖？)

窦士公：没有什么盖，你把大眼草筛子盖上。

(内白：我没找着啊！)

窦士公：那你就用打鱼的破网衣子盖上。(说完又睡)

赵匡胤：哒！老丈醒来。

窦士公：(装聋) 啊，你是干吗的？

赵匡胤：我是问道儿的。

窦士公：你是问庙的，庙在堡子东头。

赵匡胤：你是真聋是假聋？

窦士公：一公一母他不俩龙。

赵匡胤：我是问路的。

窦士公：啊，你问鹿啊，鹿在南山吃草，有角的是公鹿，没角的是母鹿，老爷庙还有个秃葫芦。

赵匡胤：我是问名姓的。

窦士公：啊，明星啊，东方亮时才出来。大昂出来，二昂子赶，三昂出来白瞪眼。

赵匡胤：我是问姓的。

窦士公：你问信[1]，药铺有，你买了就吃。吃了就死，死了就抬，抬了就埋，埋了你就出不来。

赵匡胤：你怎么净打岔呢？

窦士公：大布衫不打叉那不绺了吗？

赵匡胤：我是问道儿的，你听不见，你是王八蛋。

窦士公：我打你个小王八。

[1] 信：指砒霜，又名红信石。

赵匡胤：你怎么骂人呢？

窦士公：你骂我，我就骂你。

赵匡胤：你不是聋子吗？

窦士公：我是神龙，你骂我就听见了。你是干啥的？

赵匡胤：我是找人问姓的。有个人你可知道吗？

窦士公：有名的便知，无名的不晓，你找谁？

赵匡胤：我找窦士公。

窦士公：(看) 哎呀我的妈呀！你看他头戴大帽身穿青，不是衙役就是兵，我得告便。

赵匡胤：请便。

窦士公：嗨呀？他找窦士公，莫非我犯了什么事了？(想) 哎，有了，我就说窦士公死了。(向赵) 你问窦士公吗？你来得不凑巧，他死了。

赵匡胤：怎么，窦士公死了？

窦士公：是啊，昨天才抬出去。

赵匡胤：(哭) 罢了，舅父哇。

窦士公：哎呀，这不说坏了吗，他哭起舅父来了，莫非他真是我外甥？(想) 这可怎办呢？有啦，我说我们这有两个窦士公，一个年老的，一个年轻的。他若找年老的，我就说年轻的死了，他若找年轻的，我就说年老的死了。咱来个瞎子算命 —— 两头堵。(向赵) 你先别哭，我们这有两个窦士公，不知你找的哪一个？

赵匡胤：我找的是那年纪老的。

窦士公：哈哈，那年老的没死，是那年轻的死了。

赵匡胤：怎么年老的没死啊？

窦士公：对了，年老的没死。

赵匡胤：他在哪里？

窦士公：你远看。

赵匡胤：无人啊！

窦士公：你再近取。

赵匡胤：噢，莫非您就是舅父？

窦士公：正是。

赵匡胤：罢了，舅父哇！

窦士公：别哭，快快起来。你就是东京的小香孩吗？

赵匡胤：正是甥儿。

窦士公：　哈哈……

　　　　　（唱）窦士公，笑盈盈，

　　　　　　　　忙伸手，拉外甥。

　　　　　　　　老舅看看有多重，

　　　　　　　　问声你父我那老姐夫可好，

　　　　　　　　老姐姐可安宁？

赵匡胤：　（白）家父家母都好。

窦士公：　（唱）舅父时刻挂心中，

　　　　　　　　手领外甥往前走。

　　　　　　　　眼前不远家门庭，

　　　　　　　　（白）甥儿，快快坐下。

赵匡胤：　我舅母呢？

窦士公：　你要看看你舅母吗？（向外）老婆子。

张氏：　　（上）啥事，老头子？

窦士公：　老婆子，你不整天念叨，小香孩小外甥么，这
　　　　　不是来啦，你快进来看。（张氏探探头，进屋）
　　　　　甥儿，你舅母来了，你见见吧。

赵匡胤：　舅母可好？

张氏：　　（见一愣）老头子，哎呀，你怎么把他领家来了，
　　　　　就是他把我好顿打。

窦士公：　甥儿，是你方才打了舅母了吗？

赵匡胤：　（急忙跪下）甥儿不知，舅母莫怪。

窦士公：　起来起来，不知者不怪。老婆子，快领甥儿用
　　　　　饭去吧。（张、赵下）

差人甲、乙：（上。念）奉命拿要犯，

　　　　　　　　　昼夜不得安。

差人甲：　（白）我张三，

差人乙：　我李四。

差人甲、乙：奉命捉拿杀人要犯，一两金子一两骨头，一两
　　　　　　肉一两银子。观象台观到凶犯落在卞家寨，咱
　　　　　　们俩去到卞家寨，去找乡约要人。行行走走，
　　　　　　来得好快。到了，乡约在家么？

窦士公：　什么事？

差人甲：　找乡约有事。

窦士公：　原来是二位公差到此，不知为何事？

差人乙：　捉拿国家要犯赵匡胤，他杀了御女一十八口，

圣上大怒，画下图形到处捉拿，谁要拿住凶犯，
一两骨头换一两金子，一两肉兑一两银子。观
象台观到说凶犯落在卞家寨上，因此前来找乡
约一同捉拿。

（二差进屋。张氏把赵藏在床下，张站在床上，
二差进屋，看张氏吓了一跳）

差人甲：　（唱）进门来，吃一惊，

　　　　　　　　叫了声，窦士公，

　　　　　　　　你家祖宗显了灵。

　　　　　　　　急急忙忙往外跑，

　　　　　　　　心里吓得直扑通。

　　　　　（白）哎呀，我的妈呀，可把我吓死了，窦士公，
　　　　　我告诉你，让你三天之内把凶犯捉到，要是捉
　　　　　不到，拿你是问，我们走了。（二差人下）

窦士公：　嘿嘿，我当啥事，原来是小外甥闯下了滔天大
　　　　　祸，圣上恼怒，画图捉拿，这可怎办好呢？

赵匡胤：　舅父快想良策。

窦士公：　甥儿，你在这里不行，待我与你写下一封书信，
　　　　　你快奔往你大舅家里，你看如何？

赵匡胤：　好，就依舅父。

窦士公：　待我写来。甥儿，这封书信带在身边，快快
　　　　　走吧！

赵匡胤：　好，舅父舅母在上，受甥儿一拜。是非之地，
　　　　　不可久来，如此我便去了。

　　　　　（下）

窦士公、张氏：（送）正是——

　　　　　（念）闭门家中坐，

　　　　　　　　祸从天上来。

营口市文化局存稿

于景新传本

张永夫、赵喆、刘世俊整理

采录时间：1983年

独占花魁

又名《卖油郎独占花魁》，取材于《醒世恒言》。被称为"花魁娘子"的名妓一晚白银二十两，仍然慕名者众。临安城外卖油店的秦重，被花魁的美貌所吸引，于是日积夜累，积攒了二十两银子，要买一夜春宵。然而当夜花魁大醉，秦重整晚服侍醉酒的美娘。次日美娘酒醒后被感动，赠银让秦重为其赎身，与其从良。老本秧歌戏另有《花魁游街》一段，专以小调取胜。

人物：　花魁
　　　　鸨娘
　　　　秦重
　　　　老者
　　　　赁二人

（花魁、鸨娘上）

鸨娘：　（白）花魁呀，你看这桥上多热闹，你唱一段吧。

花魁：　唱什么？

鸨娘：　唱《送情郎》吧。

花魁：　（唱）【送情郎】送情郎送至在大门外，

　　　　问一声情郎哥多咱来呀？

　　　　你来不来给奴来封信，

　　　　也省得小妹妹挂在心怀。

　　　　送情郎送至大门东，

　　　　西北天起了狂风。

　　　　狂风刮得下小雨，

　　　　下小雨也能留郎陪奴几分钟。

　　　　送情郎送至在荒草坡，

　　　　尊一声情郎哥听我说。

　　　　路上有人问你我，

　　　　你就说表妹送她的大表哥。

　　　　送情郎送在了大车店，

　　　　眼望着大车冒着尘烟。

　　　　眼望大车流下了伤心泪，

　　　　情郎哥哥这一去多咱回还？

（秦重上）

秦重：　（唱）走哇嘿……

　　　　来了秦重卖油郎，

　　　　东街卖到西街上。

　　　　卖了半天未曾开张，

　　　　叫声各位你们闪、闪、闪。

　　　　卖香油过来了，油了你的衣衫。

　　　　迈步我把桥上，

　　　　喂呀、喂呀、喂呀……

　　　　那旁坐着两位女娘们。

　　　　一个老一个少，

　　　　年少的倒比那个老家伙强。

　　　　香油喂……

花魁：　（唱）【情人迷】一更里越过墙，

　　　　站在烟花巷细端详。

　　　　街坊邻居来往走，

　　　　咳，把奴脸羞黄。

　　　　二更里敲窗棂，

　　　　莫要你担惊。

　　　　近前开开门，

　　　　奴家笑脸迎。

　　　　一把拉住郎的手，

　　　　咳！问郎好几声。

　　　　三更里进绣房，

　　　　二人上牙床。

　　　　啊，手拉手把床上，

　　　　咳，急急忙忙脱衣裳。

　　　　四更里情人迷，

　　　　尊郎休息，

　　　　累坏你的身子，

　　　　何人能替你？

　　　　鸳鸯绣枕留情恋，

　　　　咳，何人能替你？

秦重：　（唱）有秦重偷眼溜，

（老者上，欲打香油）

老者：　　　（白）我打点儿香油。

秦重：　　　我没有空。

老者：　　　我各个儿[1]打，我来两勺子。

秦重：　　　（唱）头上青丝发，

　　　　　　　　　香草油来沤。

　　　　　　　　　姑娘梳的改良头。

　　　　　　　　　柳叶弯眉呀赛长豆，

　　　　　　　　　杏核眼把灵光透。

　　　　　　　　　鼻梁骨儿高，

　　　　　　　　　福分有点厚。

　　　　　　　　　元宝花的耳朵挂金钩，

　　　　　　　　　悬胆鼻子樱桃花的口。

　　　　　　　　　玉米花的银牙两大溜。

　　　　　　　　　我往嘴里头瞅，

　　　　　　　　　姑娘嘴里有个舌头。

　　　　　　　　　我说香油喂……

花魁：　　　（唱）【十八想】听说呀郎君呀要回北方，

　　　　　　　　　因何来到我的绣房？

　　　　　　　　　所为哪一桩？

　　　　　　　　　哎依哎哎哟，

　　　　　　　　　郎君你想一想啊。

　　　　　　　　　咱们二人结交足有二年整，

　　　　　　　　　没有一日你不进绣房。

　　　　　　　　　背着我的爹和娘，

　　　　　　　　　哎嗨哎嗨呀。

　　　　　　　　　郎君你再想一想啊，

　　　　　　　　　郎君你捎信跟奴要衣裳啊。

　　　　　　　　　奴家为你找的裁缝，

　　　　　　　　　给你做套好服装，

　　　　　　　　　哎依哎哎哟。

　　　　　　　　　郎君你再想一想啊，

　　　　　　　　　躺在奴的床啊。

　　　　　　　　　奴家给你求方。

　　　　　　　　　绣鞋都跑破了两双。

　　　　　　　　　哎依哎依哟，

　　　　　　　　　郎君呀你再想一想啊。

　　　　　　　　　郎君啊你捎信，跟奴把钱要，

　　　　　　　　　给你白银整十两。

　　　　　　　　　郎君你再想一想。

　　　　　　　　　哎依哎依哟，

　　　　　　　　　郎君呀你再想一想。

　　　　　　　　　郎君啊，你回家，

　　　　　　　　　应当对奴家讲。

　　　　　　　　　你把画像留下一张啊，

　　　　　　　　　我想你我就看看，

　　　　　　　　　哎依哎依啊，

　　　　　　　　　郎君呀你再想一想啊！

秦重：　　　（唱）有秦重偷眼溜。

老者：　　　（白）我打点香油。

秦重：　　　我没有空。

老者：　　　我自个儿打。

秦重：　　　我给他两勺子。

　　　　　　　（唱）身穿单衣衫，

　　　　　　　　　不肥又不瘦，

　　　　　　　　　镶着贴边绦子溜。

　　　　　　　　　一伸胳膊腕，

　　　　　　　　　金镯手腕露，

　　　　　　　　　满手戴的都是金手镏[2]。

　　　　　　　　　用手一摸，

　　　　　　　　　有铜钱那么老厚，

　　　　　　　　　刮大风打不透。

　　　　　　　　　要问哪里买，

　　　　　　　　　城里富聚厚。

　　　　　　　　　我说香油喂……

花魁：　　　（唱）【情人迷】你叫我来我就来，

　　　　　　　　　谁说不来呀。

　　　　　　　　　你家墙又高那狗又厉害，

　　　　　　　　　招呼几声不答应，

[1]　各个儿：自己。

[2]　金手镏：金戒指。

咳，哪一个敢进来呀啊？

郎君说此话，

小奴不愿听。

你尽说些虚情呀，

那天并那夜，

我等你二三更，

一直等到多半夜。

咳，无奈吹灭了灯啊哈啊！

尊姐姐你听明白，

我回家托媒人来。

花红小轿把你抬，

咳，咱们二人到头白呀啊。

秦重：　(唱) 有秦重偷眼溜。

老者：　(唱) 还是打香油，

(白) 我看这小子看姑娘着迷了。我把香油担子给他挑走吧，香油啦……

秦重：　那……那么多买香油的，买香油的起汛了。

(唱) 我下边瞅金莲露，

二寸七八、三寸又不够。

白绫子裹脚，

花露水来沤。

远闻着香，

近闻还不臭。

越闻越爱闻，

闻起就没够。

有心往前凑，

又怕人家搂。

有心不去闻，

心里更难受。

脖一伸，腰一勾，

两眼瞪赛起绿豆，

吓得我嘚嘚打哆嗦。

我把鼻一抽，

我说香油喂，

夸不尽的姑娘美貌啊。

鸨娘：　(唱)【锁板】再把母女说从头，

花魁啊，你看这块儿没有人，

起贼风了咱快走吧。

(花魁在头走，秦跟，鸨拦)

(白) 哎你咋往人身上走？你做什么的？

秦重：　我卖香油做的，还我做香油卖的。

鸨娘：　啊，你卖香油的吗？

秦重：　对，我卖香油的。

鸨娘：　好，我买二斤。我拿个家伙给我装二斤。

秦重：　哎呀老太太，坏了，香油担子没有了。

鸨娘：　哟，怎么香油担子没有了？不是，你没有挑来呀？

秦重：　我也不知道。

鸨娘：　你那样吧，你明天给我送十斤八斤的。

秦重：　你在什么地方住？

鸨娘：　我在东门外三道湾。

秦重：　哎！你的家怎么住那么别扭？

鸨娘：　我们开那个买卖叫四喜堂。

秦重：　啊，你的家开糖房，糖饼糖块芝麻糖，果馅，还有糖蛋。

鸨娘：　不是，我们家开窑子。

秦重：　砖窑……盆窑哇？烧不烧瓦？

鸨娘：　我的家还卖盘子哩。

秦重：　你的家卖盘子，卖不卖大碗？

鸨娘：　咳，我的家开的是书馆。

秦重：　卖不卖黄历？

鸨娘：　你真老赶[1]。

秦重：　老赶卖多少钱一杆？

鸨娘：　我趴在你耳朵旁告诉告诉你。

秦重：　……哎呀，老太太说那话呀。

鸨娘：　我说什么话呢？

秦重：　我也没听见呢。

鸨娘：　我也没说呀，我说你听不明白，你再找旁人打听打听……我有事我得走了。

秦重：　好伤心也。

[1]　老赶：时髦的反义词。土气落伍。

（唱）有秦重倍思量，

　　　　油担子丢了你说丧不丧？

　　　　叨叨念念家中够奔，

　　　　再把老者说周详。

老者：　（唱）在家中待得心头闷倦，

　　　　一到大街去逛荡。

　　　　正在行走来得快，

　　　　也不知什么东西碰个倒仰躺。

　　　　（白）什么人给我撞了一个倒仰躺，人身上有道儿吗？

秦重：　道上还有人吗？我看你是谁。

老者：　天鼓响还打雷。

秦重：　你耳朵聋吗？

老者：　灵不灵，一年一台戏。

秦重：　你真聋吗？

老者：　真龙上天行雨去了。

秦重：　我看你是假聋。

老者：　一公一母不俩龙。

秦重：　你耳朵背吗？

老者：　你跟我过了半辈子，不跟我睡跟谁睡。哎呀！这不是穷种吗！

秦重：　不，秦重，哎，我当是谁哩，这不是老鳖犊吗？

老者：　咳，不是你的老表叔吗？

秦重：　你从家来呀？

老者：　我吃饭了。

秦重：　你吃饭了？

老者：　我从家来呀。

秦重：　你看这两句话问得。哎，我说老表叔你看没看见，一个老太太领个姑娘？

老者：　对，有个老太太领个大姑娘，大姑娘长得好。

秦重：　那人是谁呀？

老者：　我没看着。

秦重：　看你说的棒对棒对，还没有看着，哎你告诉我，我给你二斤香油。

老者：　怎么？给我二斤香油。

秦重：　对，给你二斤香油。

老者：　我有个毛病好唱。

秦重：　那你就唱着说。

老者：　听了——

　　　　（唱）刘老者喜洋洋，

　　　　叫秦重听个周详。

　　　　那年老的本是……

秦重：　（白）我问那个年少的。

老者：　你问那个姓赵的。

秦重：　不是，问那个年轻的。

老者：　啊，你问那个姓丁的。

秦重：　我问那个年小的。

老者：　啊，你问那个年老的。

秦重：　我问那个年小的。

老者：　啊，你问那姓郝的。

秦重：　不是，我问那个姑娘。

老者：　那姑娘的娘就叫，

　　　　（唱）王老鸨呀啊。

秦重：　（白）你快告诉我，快告诉我，明天给你送油。

老者：　（唱）年少的就叫花魁姑娘。

　　　　苏州城的美女街，

　　　　都叫花魁占了头行。

　　　　她家就在东关住，

　　　　字号的名字就叫四喜堂。

　　　　二十两银子住一宿，

　　　　十两银子饮酒浆。

　　　　老汉我不叫年高迈，

　　　　折腾房子呀卖地呀，

　　　　卖地呀折腾房。

　　　　老者说完扬长去，

　　　　抛下秦重卖油郎。

秦重：　（唱）闻听老者讲一遍，

　　　　倒叫秦重喜在心上。

　　　　从今后少吃少喝少交友，

　　　　少穿几件好衣裳。

　　　　凑够纹银二十两，

0374

我找花魁去同床。

叨叨念念家中够奔，

来到家中凑银两。

鸨娘：　(上。念) 广种鲜花任风采，

引动青春少年来。

(白) 老身，王老鸨，哎呀，昨天在大街上遇见一个卖油的，说给我送油，怎么还不来？我在门口看望看望。

(唱) 王老鸨闷坐在上房，

想起了那位卖油郎。

我到门外去张望啊，

秦重：　(唱) 来了秦重卖油郎。

飞步行走来得快，

面前来到四喜堂。

鸨娘：　(白) 哎呀，这不是卖油的来了。

秦重：　好，大老娘。

鸨娘：　走，到屋再说，你给我送香油来的吗？

秦重：　不是，不是，没送。

鸨娘：　你干什么来了！

秦重：　我 …… 大老娘，哎，

(唱)【叫板】有秦重喜洋洋，

开言尊声大老娘。

我到此不为别的事，

我来住花魁一晚上。

鸨娘：　(唱) 闻听此言心好恼，

叫声卖油的听其详。

你卖香油能有多大的本儿，

敢住我花魁一晚上。

秦重：　(唱) 秦重闻听气得够呛，

再叫老娘听个其详。

没有银子不能来到此，

没有银子不能住花魁一晚上。

忙从腰中掏一把，

哎你看成色再掂掂分量。

鸨娘：　(唱) 王老鸨一见银子撇一撇嘴，

叫一声客爷听个其详。

你在此处把花魁等，

你得回家换换衣裳。

秦重：　(白) 我没衣裳，就这一套儿。

鸨娘：　你这一套儿，花魁看不中咋办？

秦重：　那，你说咋办？

鸨娘：　哎呀，我给你想想办法，你去赁子铺去赁一件去。

秦重：　好，那你给我留着，

(唱) 闻听老娘讲一遍，

赁子铺里去赁衣裳。

叨叨念念往前走，

赁子铺不远对胸膛。

(赁二人上)

赁二人：　(念) 买卖兴隆通四海，

财源茂盛达三江。

(白) 我们哥儿俩在苏州开了个赁子铺，买卖还不错，今天天气晴和，咱俩卖点儿衣裳。

(唱) 大棉袄沉甸甸，

谁要买咱们减价钱，

大哥买给大嫂穿。

秦重：　(白) 哎你们是干什么的？

赁二人：　我们是大号的。

秦重：　什么叫大号的，要打人啦。

赁二人：　不，我们是赁衣裳的。

秦重：　不如给我赁一件。

赁二人：　你是什么事？

秦重：　喜事。

赁二人：　死事，穿白色儿。

秦重：　不是，是娶媳妇儿。

赁二人：　穿红的，钱交咱给送来。

秦重：　明天，明天我给送一斤油。

赁二人：　好，你穿走吧！

秦重：　走哇 ……

(唱) 有秦重喜洋洋，

赁子铺我赁件衣裳。

迈步我把四喜堂进，

　　　　　　大老娘你看看，

　　　　　　我漂亮不漂亮。

鸨娘：　　（白）哎呀，不错，不错。

秦重：　　别摸，别摸。摸掉了毛送不回去。

　　　　　　（秦重走一圈找花魁，桌子、椅子底下找）

鸨娘：　　你干啥？

秦重：　　花魁呢？

鸨娘：　　花魁到大顺号去陪酒去了，你就住我一宿得了。

秦重：　　哎呀，老太太说那话，不！我找花魁。

鸨娘：　　你找花魁，她不在这个屋，她在楼上，你跟我
　　　　　　上楼。（老太太头前走，秦重后随）到了。

秦重：　　哟，这是楼吗？这是房子摞房子吗？

鸨娘：　　来呀，上楼呀。

秦重：　　我也没上过楼呀。

鸨娘：　　你快上吧。

秦重：　　我要滚楼哩，我爬上去吧，我上来了。

　　　　　　（老太太挑门帘，秦跟着进来，"啊"大叫一声）

鸨娘：　　怎么样啦？

秦重：　　哎呀，撞窟窿了。

鸨娘：　　那是嘴。

秦重：　　撞破不冒血水。

鸨娘：　　你看那不还是有牙吗？

秦重：　　哎呀，这楼上闹鬼啦，这楼上都是我。

鸨娘：　　不是，那是穿衣镜。

秦重：　　穿衣镜吗？（坐下）哎呀，救人啦……

鸨娘：　　怎的？

秦重：　　往下直沉。

鸨娘：　　那不是气椅子吗？

秦重：　　这可不行，造一肚子气又不行。

鸨娘：　　你在炕沿儿上坐着吧。（秦重一坐，没坐住）这
　　　　　　是水晶石炕沿。

秦重：　　我这是玻璃撞屁股，光对滑啦，哎呀，老太太，
　　　　　　花魁哩？

鸨娘：　　哎我说呀客爷，你还得摆个架子。

秦重：　　我不会摆架子，摆个什么架子？

鸨娘：　　摆个茶壶架子。

秦重：　　我也不会呀。

鸨娘：　　我告诉你，我给你摆一个。（鸨过来给秦摆手）
　　　　　　花魁回来你就招呼开壶了，等着吧！
　　　　　　（唱）二人正在楼上等候，

花魁：　　（上。唱）来了花魁小姑娘。

　　　　　　大顺号里去陪酒，

　　　　　　眼看日落转回楼房。

　　　　　　提起罗裙花楼上，

鸨娘：　　（白）来了，茶壶摆上。

秦重：　　哎，茶壶开了，开壶的油茶。

花魁：　　（唱）花魁我把楼上，

　　　　　　看见一位花子郎。

　　　　　　问鸨娘你给何人留的客，

　　　　　　因何住在我的楼上？

鸨娘：　　（白）丫头哇，

　　　　　　（唱）妈妈给你留的客，

　　　　　　你快陪那人饮酒浆。

花魁：　　（唱）花魁一听心好恼，

　　　　　　开言叫声花子郎。

　　　　　　你快走来快快走，

　　　　　　快快滚出我的楼房。

秦重：　　（白）老太太你快赔吧。

鸨娘：　　赔什么？

秦重：　　你看茶壶匠给砸了。

鸨娘：　　花魁呀，净爱有钱有势的，你快上前去吹去。

秦重：　　我吹什么？

鸨娘：　　你上前去吹大气。

秦重：　　好，那我会。

　　　　　　（秦重上前用嘴吹大气，花魁一回身）

花魁：　　你滚鳖犊子。

鸨娘：　　你去吹大气，她说啥了？

秦重：　　她说滚鳖犊子去。

鸨娘：　　这是抬举你。

秦重：　　这是抬举我呀？你滚鳖犊子呀。

鸨娘：　　哎，不行给我叫滚鳖犊子。

秦重：　　她抬举我，我就抬举你哩。

鸨娘：	得了，我不用你抬举，你呀，不是叫你吹这个大气，就说你家有多少房子，多少买卖。
秦重：	那行，那我会。哎花魁呀，
	(唱) 有秦重喜在心上，
	叫声花魁听个周详。
	别看我人穷衣裳破，
	包子好吃不在褶上。
	你别看我这个缺德的样，
	我有五级六幢大瓦房。
花魁：	(白) 呀，那瓦房是你的吗？
秦重：	那瓦房啊，是咱们堡子老爷庙捎带学堂。
花魁：	滚。
鸨娘：	她咋说？
秦重：	她叫我滚。
鸨娘：	你咋说的？
秦重：	我说咱堡子老爷庙捎带着学堂。
鸨娘：	你咋不说是你的呀？
秦重：	我忠诚坦白哩。哎花魁呀，这回就该我的啦。
	(唱) 未曾说话笑哈哈，
	再叫花魁你听明白。
	别看我人穷衣衫破，
	还有一个大烧锅。
花魁：	(白) 这回是你的啦。
秦重：	问来问去……
花魁：	是你的。
秦重：	(唱) 虽然不是我开设，
	我在烧锅打过酒喝。
花魁：	(白) 你滚。
鸨娘：	又咋的啦？你咋说的？
秦重：	我开烧锅。
鸨娘：	后来呢？
秦重：	我说我在烧锅打过酒喝。
鸨娘：	你咋不说是你的哩？
秦重：	好，我这就去说。
鸨娘：	不跟趟了。这回再去就说是你的。
秦重：	哎，花魁，

	(唱) 未曾说话笑脸迎，
	还叫花魁听周详。
	别看我人穷衣衫破，
	我家还有当铺行。
花魁：	(白) 那当铺是你的吗？
秦重：	是啊？
花魁：	是你的吗？
秦重：	(唱) 虽然不是我开设，
	我在当铺当过衣裳。
花魁：	(白) 滚。
秦重：	哎呀，老太太我可是不行了，把银子给咱，我回去吧。
鸨娘：	这回你看我的。花魁，妈妈给你留的客，你敢说三声不留。
花魁：	不留，不留，就不留。
鸨娘：	哈哈。
	(唱) 闻听此言心好恼，
	忙把家法拿手中。
	照准花魁往下打，（打过）
花魁：	(唱) 孩儿急忙把话明。
	(白) 鸨娘不要动怒，孩儿陪他饮酒就是了。
秦重：	好啊。
鸨娘：	你陪他饮酒，妈妈给端酒去，（把酒端来放在桌上）客爷，她在这陪你饮酒，我得下楼。
秦重：	老太太别走，在这搅一宿得了。
鸨娘：	这叫什么话。
秦重：	老太太你要走，她要卡我哩！
鸨娘：	她要卡你，你就招呼我，我就来。
秦重：	好，她要卡我，我就叫唤你，你就来。
	（还没进门，秦大叫）
鸨娘：	怎么了？怎么啦？
秦重：	怎的没怎的。
鸨娘：	那再别叫唤了，她要卡你，你再叫唤。（鸨下）
花魁：	客爷呀，
	(唱) 我满满斟上一杯酒，
	尊声客爷饮酒浆。

満满又斟上二一杯酒，

尊声客爷把酒尝。

满满斟上三一杯酒，

(白) 客爷你喝吧。

秦重：　你喝吧。

花魁：　你喝吧。

(唱) 三杯不喝倒在你的脸上。

花魁大顺号里去陪酒，

酒儿喝到八分上。

又陪客人来喝酒，

酒儿喝到十分上。

花魁身带十分酒，

身子一调就睡上。

秦重：　(唱) 一见花魁睡了觉，

看着花魁好窝囊。

有心唤醒说句话，

怕她醒来不打量。

等着吧来等着吧，

等她醒来再说细详。

秦重我在花楼等啊，

(起一更)

忽听谯楼一更梆。

一更一点月正东，

秦重楼上看分明。

往上看，纸糊天棚赛雪洞，

斗大方砖把地蒙。

地下放着八仙桌，

茶壶茶碗大茶盅。

我往床上顺二目，

花魁在床上困蒙眬。

有心唤醒说句话，

又怕醒来不答应。

等着吧，等她醒来再说分明，

正是秦重楼上等，

(响二更)

(白) 哎呀，秦重把二十两银子花一半了，

(唱) 二更二点月升空。

(秦重怀抱一壶暖茶)

一壶暖茶怀中抱，

花魁醒来好喝茶。

有心唤醒说句话，

恐怕醒来不把话答。

正是秦重楼上等啊，

(起三更)

忽听谯楼三更梆。

三更三点三梆锣，

花魁：　(唱) 在床上睡醒了女娇娥。

花魁身带十分酒，

酒大攻心要咳嗽。

花魁我这里要吐酒，

秦重：　(白) 哎呀！

(唱) 忙坏秦重卖油哥。

一见花魁要吐酒，

恐怕沾了红绫被窝。

她要沾了红绫被，

明天必然受折磨。

想罢多时有有有，

袍袖口对准花魁的樱桃口。

花魁：　(唱) 花魁一口一口吐个够，

秦重：　(唱) 我在这里不怠慢，

推开楼窗往楼下泼。

花魁：　(唱) 吐完酒，觉着渴，

老娘给我打茶喝。

(白) 鸨娘给我打茶。

秦重：　哪有鸨娘了，剩下我这个茶壶了。

(唱) 闻听花魁要喝水，

忙把茶壶手中托。

茶壶嘴对准樱桃口，

花魁：　(唱) 一口一口把茶喝。

喝完茶床首呆呆坐，

秦重：　(唱) 喜坏了秦重卖油哥。

笑嘻嘻地走上前要谈话，

0378

花魁：	（唱）将身子一仰又睡着。
秦重：	（白）奶妈子放心又睡了，不用哄。
	（唱）有心唤醒说句话，
	又怕醒来不把话说。
	正是秦重楼上等，
	（响四更）
	（白）银子花了一多半了。
花魁：	（唱）四更四点四更急，
	花魁冻得打喷嚏。
	（白）好冷啊。
秦重：	（唱）闻听花魁说是冷，
	身上脱下一件衣。
	走上前来不怠慢，
	忙往花魁身上披。
	开言便把花魁叫，
	（白）花魁呀，
	（唱）孝顺的儿我算第一。
	有心唤醒说几句话，
	恐怕醒来不把话提。
	正是秦重楼上等，
	（起五更）
	（白）哎呀五更了，天不亮了吗？二十两银子花完了。
众人：	（唱）五更五点五更梆，
	东方送出火红太阳。
秦重：	（唱）我花纹银二十两，
	没承想在楼上我闹了一宿忙。
	闹忙闹得我只觉困，
	躺在地下我就睡上。
	秦重这里睡了觉啊，
花魁：	（唱）在床上睡醒花魁姑娘。
	揉揉二目睁开了眼，
	我东瞅瞅西望望。
	昨夜晚鸨娘与我留的客，
	一宿未跟人家同床。
	他要下楼对我的鸨娘讲，

	我的皮肉得受伤。
	低头一想有有有，
	我何不口前灌灌米汤？
	（白）哎醒醒，醒醒。
秦重：	你招呼啥吧？
花魁：	你做什么来了？
秦重：	我也不知道做什么来了。
花魁：	你不是来住局来了？
秦重：	我来坐夜来了。
	（唱）好啦，有秦重恼心上，
	再叫花魁听其详。
	我花纹银二十两，
	你没跟我来同床。
	下楼我对你鸨娘讲，
	你的皮肉得受伤。
	我越说来越有气，
花魁：	（唱）走上前来说其详。
	担待罢了担待罢，
	担待奴家是个小姑娘。
秦重：	（白）没有啥说的，这不算个事儿。
花魁：	（唱）我昨夜晚上吐了酒，
	怎不见酒在床上洒？
秦重：	（唱）昨夜晚你吐了酒，
	那是我用袍袖装。
花魁：	（唱）你说此话我不信。
秦重：	（唱）你闻闻袍袖脏不脏。
花魁：	（唱）吐完酒来我要喝水，
	何人与我打的茶浆？
秦重：	（唱）吐完酒来你要喝水，
	那是我给你打的茶浆。
花魁：	（唱）四更四点天气冷，
	何人给我披的衣裳？
秦重：	（唱）四更四点天气冷，
	那是我给你披的衣裳。
	能叫一人单不叫二人寒，
	认可冻死我也不叫你凉。

花魁： （唱）花魁我闻听这句话，

低下头来暗思量。

在苏州交的客人多又广，

没有此人好心肠。

我问你家住哪里？

名和姓从小干的哪一行？

秦重： （唱）闻听花魁把我问，

站在一旁诉细详。

我家不在苏州住，

家住东京古汴梁。

我姓秦，名字叫秦重，

住在城南秦永庄。

只因为金兀术造了反，

随父母流落他乡。

我住在苏州南关上，

别的买卖不会做，

开了一处香油房啊。

花魁： （唱）你卖香油能有多大的本？

敢住奴家一晚上。

秦重： （唱）那日大桥见你一面，

引得我魂灵上了望乡。

回家去折卖了香油担子、香油磨，

卖了两个油葫芦一口酒缸。

凑办纹银二十两，

我来找你与你同床。

我花纹银二十两，

不料想在楼上闹了一宿忙。

今天下楼回家去，

大半香油房也就黄了。

花魁： （唱）花魁闻听这句话，

低下头来暗思量。

他家也在东京住，

他和我不同城来本同乡。

引起我的心头怨，

何不跟他去从良？！

开言便把秦爷叫，

有件事情咱俩商量。

我看透烟花园不能养老，

我有心跟你去从良。

秦重： （唱）秦重闻听乐得够呛，

咱俩这就拜花堂。

花魁： （唱）可是你怎么这么着忙，

秦重： （唱）我是怕你黄。

花魁： （唱）我回身打开描金柜，

二百两银子拿在手上。

你把银子拿回家去，

大大地开上一个香油房。

本钱多了利钱就广，

你好赎我，我好从良。

飘飘摇摇递过去，

秦重： （唱）秦重急忙接在手上。

人都说窑子妓女心眼孬，

我看花魁心眼强。

我花纹银二十两，

二百两银子送在我身旁。

回家去就买碾子多箩磨，

大大地开一处香油房。

本钱多了利钱广，

好赎花魁跟我从良。

（白）花魁再见，有空我就来看你。

（唱）辞别花魁我把楼下，

花魁： （唱）花魁回身把门关上。

（白）正是——

（念）秦爷下楼堂，

奴家把病装。

从今不接客，

单等去从良。

营口市文化局存稿

高升明口述

赵喆、刘世俊整理

采录时间：1984年

夫妻争灯

又名《争灯》《小盘道》。春英和秋田是一对恩爱夫妻，到了晚上夫妻俩都想用唯一的一盏灯照亮干活，两个人为自己用灯找理由，穿插很多农谚、民间谜语等内容。

人物：　　春英
　　　　　秋田

（春英上）

春英：　（念）二十四节要记全，

　　　　　　　谷雨前后种大田。

　　　（白）奴，春英，丈夫外出换豆种去了，天黑了还没回还。我白天总在地里忙活，也没个工夫，今晚我带灯给小柱他爸爸做件小夹袄，好留种地时穿，说做便做呀！

　　　（唱）日落西山黑了天，

　　　　　　　乌鸦旋窝乱叫唤。

　　　　　　　柱他爸外出换豆种，

　　　　　　　这般时候没回还。

　　　　　　　我白天干活没闲空，

　　　　　　　今晚连夜做衣衫。

　　　　　　　做上一件小夹袄，

　　　　　　　好给柱他爸爸穿。

　　　　　　　高高兴兴把活做，

（秋田上）

秋田：　（唱）秋田迈步把家还。

　　　　　　　一边走着一边想，

　　　　　　　伯父做事心太偏。

　　　　　　　从来无利不起早，

　　　　　　　见着有缝他就钻。

　　　　　　　换点豆种还闹鬼，

　　　　　　　破瓣兔嘴往里掺。

　　　　　　　常言说母大子肥真不假，

　　　　　　　种子不好丰收难。

　　　　　　　今晚连夜把种选，

　　　　　　　谷雨一到好种田。

　　　　　　　迈步就把大门进，

　　　　　　　上房屋灯火亮闪闪。

　　　　　　　抬步又把上房进，

　　　　　　　看见春英做衣衫。

　　　　　　　桌上放下柳罐斗，

　　　　　　　回手再把油灯端。

春英：　（唱）春英一见心好恼，

　　　　　　　气势汹汹把脸翻。

　　　　　　　我铺好床来你睡觉，

　　　　　　　我点的油灯你来端。

　　　　　　　世上没有这样理，

　　　　　　　定要和他来争辩。

　　　　　　　这灯你用我也用，

秋田：　（唱）你用也得我用完。

春英：　（唱）凭着什么你先用？

秋田：　（唱）自古都是女让男。

春英：　（唱）我为什么先让你？

秋田：　（唱）女为地来男为天。

春英：　（唱）干活不能分大小，

秋田：　（唱）你干那点小事不能谈。

　　　　　　　春天我顶着星星去种地，

　　　　　　　到夏天顶着烈日去锄田。

　　　　　　　秋天干活不分昼夜，

　　　　　　　抢秋夺粮防变天。

　　　　　　　谁像你喂猪打狗都算活，

　　　　　　　抱捆柴火像扛山。

　　　　　　　哪棵庄稼是你种？

　　　　　　　哪条垄沟是你翻？

　　　　　　　癞蛤蟆总想呱呱叫，

　　　　　　　秃野鸡总想把翅扇。

春英：　（白）叫你这一说我是一点功劳都没有了？

秋田：　你有什么功劳？你说吧。

春英：　好，你耳朵放好，听着吧，

　　　　（唱）你说你披星戴月去种地，

　　　　　　　我做早饭比你起在先。

秋田：　（白）这……

春英：　这你也看不见。

　　　　（唱）我每日风雨不误做三餐，

　　　　　　　到晌午还得把饭送田间。

　　　　　　　老牛饿了我去添草，

　　　　　　　猪鸡不喂乱叫唤。

　　　　　　　抽空还得去堆垛，

　　　　　　　孩子饿了还奶半天。

秋田：　（白）你算了吧，奶孩子还算活啊？

春英：　怎么，奶孩子就不算活呢？你照量照量呀？

秋田：　（唱）贱人竟敢耍笑我，

春英：　（唱）事由自找别埋怨。

秋田：　（唱）今晚我要管管你，

春英：　（唱）以理服人休发蛮。

秋田：　（唱）我要问你几件事，

春英：　（唱）经多见广不怕盘！

秋田：　（唱）难说荞麦皮子能出油，

春英：　（唱）难怪近视眼不见泰山。

秋田：　（唱）什么看着净是节？

　　　　　　　想换一个也万难。

　　　　　　　为啥两头冷来当间热？

　　　　　　　多少个节儿来回环？

　　　　　　　什么人看着把头点？

　　　　　　　什么人拍手跳战战？

　　　　　　　这些你若说得对，

　　　　　　　算是女人赶上男。

春英：　（白）我若说不对呢？

秋田：　（唱）今晚你若说不对，

　　　　　　　要打要骂全由咱。

春英：　（白）不说不行吗？

秋田：　不说不行。

春英：　是你听了 ——

　　　　（唱）你问别的我不懂，

这点小事咱了然。

黄历看着净是节，

想换一个也万难。

正腊月冷来五六月热，

二十四节来回环。

打春就把阳气转，

雨水雁飞在河边。

惊蛰必定乌鸦叫，

春分就把地皮干。

清明前后忙种麦，

谷雨一到种大田。

立夏鹅毛就不起，

小满必定雀来全。

芒种正好铲大地，

夏至不能身穿棉。

小暑天气不算热，

大暑一到三伏天。

立秋正好忙打靛，

白露就要动刀镰。

处暑正好割大地，

秋分已到无生田。

寒露天气渐渐冷，

霜降北风就变天。

立冬就交十月节，

小雪就把地封严。

到了大雪河结冻，

冬至一到不行船。

小寒冰冻似钢铁，

大寒到来就过年。

老翁点头辞旧岁，

小孩拍手跳战战。

伸手要岁钱，

不给就叫唤。

秋田哪，就像你从小那几年，

跟你妈妈要岁钱，

不给你来就叫唤。

秋田：　（白）我……

春英：　是呀，你跟你妈要岁钱，不给就哭。

秋田：　你……

春英：　我可没给过你钱。

秋田：　好，算你说对了，我再问上几句。

春英：　好，大长的夜，你问吧！

秋田：　你听着 ——

　　　　（唱）为什么吃糠甜如蜜？

　　　　　　　为什么吃蜜蜜不甜？

　　　　　　　为什么身穿皮袄还嫌冷？

　　　　　　　为什么赤臂露背不觉寒？

春英：　（唱）饿时吃糠甜如蜜，

　　　　　　　饱时吃蜜蜜不甜。

　　　　　　　为啥身穿皮袄还嫌冷？

　　　　　　　只因他游手又好闲。

　　　　　　　为啥赤臂露肉不嫌冷？

　　　　　　　因他总是干活胜穿火龙衫。

秋田：　（唱）左难右难难不倒，

　　　　　　　倒叫秋田无主张。

　　　　　　　今天我若问不倒，

　　　　　　　以后怎么把家当？

　　　　　　　再问你，

　　　　　　　什么上圆下四方？

　　　　　　　什么下圆上四方？

　　　　　　　什么里圆外四方？

　　　　　　　什么外圆里四方？

春英：　（唱）井口上圆下四方，

　　　　　　　筷子下圆上四方。

　　　　　　　锅台里圆外四方，

　　　　　　　大钱外圆里四方。

秋田：　（唱）什么好比一只船？

　　　　　　　船里有水船外干。

　　　　　　　有朝一日失了火，

　　　　　　　光烧货物不烧船。

春英：　（唱）水烟袋好比一只船，

　　　　　　　船里有水船外干。

　　　　　　　有朝一日失了火，

　　　　　　　只烧货物不烧船。

秋田：　（唱）左难右难难不倒，

　　　　　　　倒叫秋田难在心。

　　　　　　　有心接着往下问，

　　　　　　　她的学问比我深。

　　　　　　　有心不再往下问，

　　　　　　　今后怎么管女人？

春英：　（唱）春英连把秋田问，

　　　　　　　小河沟子有多深？

　　　　　　　豆腐没有砖头硬，

　　　　　　　黄铜怎能比黄金？

　　　　　　　喝口凉水你拉倒吧，

　　　　　　　别在这上费脑筋。

　　　　　　　倘若憋个好和歹，

　　　　　　　还得为妻我操心。

秋田：　（白）不行，我还得要问。

春英：　好吧，那我也再哄哄你，你说吧。

秋田：　你听着 ——

　　　　（唱）我问你先有地来先有天？

　　　　　　　先有水来先有山？

　　　　　　　先有鸡来先有蛋？

　　　　　　　先有女来先有男？

　　　　　　　这回你若全说对，

　　　　　　　今后咱家你说算。

春英：　（白）好吧，你听着 ——

　　　　（唱）从来有地就有天，

　　　　　　　从来有水就有山。

　　　　　　　若是有鸡就有蛋，

　　　　　　　若是有女就有男。

秋田：　（白）我问你谁先谁后？

春英：　（唱）谁先谁后难分辨，

　　　　　　　我就知道你是你妈添。

秋田：　（唱）贱人你敢耍笑我，

　　　　　　　惹得秋田把脸翻。

春英：　（唱）与你说上几句玩笑话，

值得你把脸皮翻。

这点小事算个啥？

肚量太小难行船。

这盏油灯让给你，

权当赔礼请容宽。

秋田：　(唱) 一见春英服了软，

连连称赞好几番。

这样女子世间少，

真正成为女魁元。

今后咱家你掌管，

改变门风女管男。

春英：　(唱) 说什么男管女来女管男？

秋田：　(唱) 夫妻和顺过百年。

春英：　(唱) 你要好好把地种，

秋田：　(唱) 你要把家务来承担。

春英：　(唱) 这盏灯儿放在哪？

秋田：　(唱) 不偏不倚放中间。

春英：　(唱) 你要早说这句话，

何必两口子争半天。

营口市文化局存稿

于景新传本

张永夫、赵喆、刘世俊记录

采录时间：1984年

刘二混打杠子

源于京剧《黑松林》。刘二混不务正业，衣食无着，依照舅舅的指点，去黑松林内"打杠子"（即打闷棍抢劫），遇见一村妇，刘二混上前打劫，村妇胆大心细，智夺"杠子"，刘二混反被村妇教训一番。

这出玩笑小戏因有"粉词"，曾停演多年，近年才有人修改后搬上舞台。

人物：　　刘二混

张家女

(刘二混上)

刘二混：　(唱)【数板】昨夜做梦乐陶陶，

梦见财神把我找。

我问找我为何事，

他说给我送财宝。

哈哈哈！

我听此，乐陶陶，

扛着锹，拿着镐。

去到房后刨财宝，

一刨出个元宝窖。

元宝窖里有蒲包，

开开蒲包仔细瞧。

里边许多值钱宝，

夜明珠，赛核桃。

珊瑚树，八尺高，

金刚钻，两大瓢。

还有十盆灵芝草，

还有十桶老金条。

见财宝，头也晕来眼也跳，

我也不知怎么好。

买房子，怕火烧，

买田地，怕旱涝。

养活牲口怕倒槽，

买个儿子怕他跑。

说媳妇儿，俊的少，

要放债，利钱小。

想领戏班又怕戴皇孝，

想领皮影又怕写不着。

只急得东也不是西也不行，

这倒叫我如何是好？

忽然惊醒转过来向，

手拿棍子当金条。

（白）我刘二混，想当年家豪富大，骡马成群。自从二老下世，我小子学坏了，吃喝嫖赌无所不好，把一片家业弄个精光。眼前到年根底下了，我是扯席篾儿上墙头 —— 有点刺手了。过不去年了，有啥办法呢？无奈我只好找我舅舅去。我舅说，小子你来干什么呀？我说过不去年啦，来找你借几个钱好过年！我舅舅说，小子，我告诉你个无本有利的买卖。我说啥买卖无本有利啊？我舅舅说，小子你等着。他从门后就拿出这个东西，把我吓一跳。我舅舅说，小子你别怕，这东西就是无本有利的买卖。你把它拿着，去到大路上，等有南来北往的买卖客商，你给他一杠子，打下来金银财宝就够你下半辈子过了。那有多好啊！我一听倒也不错，待我到大路上走走便了。

（唱）刘二混下山坡，

我只得把买卖做。

遇着一个我打一个呀。

若是男的我不敢打，

只等着，女娇娥，

打下铜钱换酒喝。

叨叨念念往前走，

密林之中把身躲。

（白）大路没人，我先到密林中等上一会儿，待有人到此，我这一杠子打下去，就叫他干着迷。对，就在这等着。（藏身下）

（张家女上）

张家女：（唱）张家女离了娘家门，

只吃得醉醺醺往家奔。

在家我娘嘱咐我，

中途路，有歹人。

战战兢兢往前走，

刘二混：（唱）一杠子叫你见阎君。

（白）有金银财宝与你大太爷留下，若不然叫你在杠子下做鬼。

张家女：哎呀！我的妈呀，我娘说路上有歹人，果然遇上了，这可怎么办呢？嗯，有了，贼人胆虚，待吓他一下子。呀哒！松林的人儿听真，是神归庙，是鬼归坟，你姑奶是神鬼全然不怕！

刘二混：我一不是鬼，二不是神，我是打杠子的大好人，有什么金银财宝快给我留下，若不然叫你杠子下做鬼！

张家女：我说打杠子的，你好不通人情啊！你打杠子怎不到大路上等来往客商？那些做买卖的有的是金银财宝，打一下子就够你下半辈子用的，打老娘们儿有什么出息？我从娘家来往婆家去，也没有什么值钱的好东西，你打我杠子有什么好处呢？

刘二混：（哭）哎呀，我舅舅叫我干什么不好，单叫我打杠子，人家老娘们儿从娘家来往婆家去，也没有什么好东西，打老娘们儿杠子也没有什么好处呀！这娘们儿叫我到大路上去打那南来北往的客商，倒也不错。可有一件，在大道上我要打不过人家，要叫人家把我打了可咋办？（向张）我告诉你，杠子手不听鼓词，听鼓词的也不能打杠子，我今儿个非打你不可！

张家女：你当真要打？

刘二混：当真要打。

张家女：果然要打？

刘二混：果然要打。

张家女：好，你姑奶奶不怕打，我告诉你说，没有三把神沙不敢倒反西岐，没练过金钟罩不敢在大笸笼里睡觉。你打吧！你姑奶奶扛你几百杠子。

刘二混：　好啊，你站稳了！

（用棍子在张眼前捅一下）

张家女：　你这是做啥？

刘二混：　我试试你眨不眨眼。

（又从后边捅张）

张家女：　这是做啥？

刘二混：　我赶赶寒气。（用杠子往张身上打两下，张未动）哎呀，这老娘们儿是生铁蛋子做的，不怕打，这可咋办？哼，有了，我舅舅说他要不怕打，必能怕戳对，我吐点吐沫给她戳。

张家女：　（唱）我不怕打，就怕戳。

刘二混：　（唱）怕戳就得给我脱。

张家女：　（唱）是你慢打我与你脱，

　　　　　　　我不怕打来就怕戳。

刘二混：　（唱）怕戳就得给我脱。

张家女：　（唱）脱下衣裳递过去，

刘二混：　（唱）二混接过摸一摸。（用手摸头上簪子）

　　　　　（白）这是什么？

张家女：　这是簪子。

刘二混：　给俺！

张家女：　你要这做啥？

刘二混：　你留做啥？

张家女：　我留戴。

刘二混：　我留给我老婆戴。（张递过去）耳朵上戴的是什么？

张家女：　钳子。

刘二混：　给我。（张摘下递过）手拿的什么？

张家女：　手绢。

刘二混：　给我。（张递过）身上穿的什么？

张家女：　衣裳。

刘二混：　给我。

张家女：　这是女人穿的你要干啥？

刘二混：　我要给我老婆穿。（张递衣）

张家女：　得啦！放我走吧！

刘二混：　你也不是屁，把你放了。

张家女：　饶了我吧！

刘二混：　你也不是辘轳把儿，把你摇了。给我脱裤子！

张家女：　哎呀，我说打杠子的，你好不通情理呀！我们小男妇女的，从娘家来到婆家去，浑身衣服都给你了，就剩条裤子还叫我脱，回得家去，公婆好见，唯独小女婿难搪，逼得我投河跳井，打杠子的你不是连累一条人命吗？

刘二混：　（哭）哎呀我舅舅，你叫我干什么不好，单叫我打杠子，人家小男妇女的，从娘家来到婆家去，吃在肚里，穿在身上，浑身衣服都给扒光了，剩条裤子还叫人家脱，回家去，公婆好见，那小女婿难搪，逼得她投河跳井，打杠子的不是连累一条人命吗？可有一样，杠子手不听鼓词，还得给我脱裤子。

张家女：　我说打杠子的，我和你商量点事儿。

刘二混：　什么事？

张家女：　你把杠子给我。

刘二混：　给你，你要打我怎办？

张家女：　老娘们儿能打你吗？用杠子比作一道河，我在这边脱，你在那边脱，这有个名称，这叫二仙传道。

刘二混：　不行，你得起个誓。

张家女：　好，我起点儿誓，我要打你是碾盘大的王八，筐笼大的鳖。

刘二混：　这个誓起得可不小，来给你。（递杠子）

张家女：　（接杠子）好小子着打吧！

刘二混：　你不是起誓了，打我不成王八啦？

张家女：　老娘们儿哪能当王八？你们老爷们才当鳖呢！着打！

刘二混：　这丧不丧，上她的当了，好，我管你打，你大太爷扛你三百杠子二百杠子，你打吧！（张打，刘不动）

张家女：　他不怕打，我也用杠子戳。

刘二混：　先别戳，我也不怕打，就怕戳。

张家女：　怎么你也怕戳？怕戳给我脱！

刘二混：　（唱）是你慢打我与你脱，

　　　　　我不怕打就怕戳。

张家女：（唱）怕戳就得给我脱。

刘二混：（唱）脱下衣服递过去，

张家女：（唱）张家女接过来摸一摸。（用手摸脑袋）

　　　　　（白）这是什么？

刘二混：脑袋。

张家女：给我。

刘二混：脑袋你还要，你要脑袋，我连头蹄下水都得跟你去。

张家女：这是什么？

刘二混：帽子。

张家女：给我。

刘二混：你要这个干啥？

张家女：给我儿子做个尿罐。

刘二混：给你？把我那些东西都给我吧！（刘不给，张用杠子打刘）好，都给你吧！

张家女：不行，得把你的衣服给我脱下来。

刘二混：我这破衣服你还要啊？

张家女：快脱！（脱衣递张）

刘二混：这回放我吧？

张家女：不行！还得给我脱裤子！

刘二混：哎呀，我说小娘儿们，你真不讲理，我这么个大小伙，从舅家来到爹家去，吃在肚里，穿在身上，浑身衣服都扒净了，就剩条裤子还叫我脱。回得家去，爹妈好见，小媳妇儿难搪，逼得我不是投河，就是跳井，小娘儿们你要连累出一条人命吗？

张家女：我饶你也行，你得应我两件事。

刘二混：你说吧，哪两件事？

张家女：往下你还打不打杠子啦？你给我起个誓。

刘二混：往后我再不打杠子，若再打杠子，叫我天打五雷轰。

张家女：第二件，你得管我叫妈！

刘二混：管你叫妈，那你也不合适呀！

张家女：怎不合适？

刘二混：那你不成我爸的媳妇儿了吗？

张家女：是干妈！

刘二混：那好，是干妈。

张家女：那么叫不行。

刘二混：那得怎么叫啊？

张家女：我教给你 ——

　　　　　（唱）【数板】南山头，北山尾儿，

　　　　　　　　　香油坯，拌凉粉儿，

　　　　　　　　　秫秸棍，挑凉粉儿，

　　　　　　　　　一挑一抖搂，

　　　　　　　　　一夹一颤巍。

　　　　　（白）颤颤巍巍我的小干妈呀！这才行。

刘二混：我得怎么说？

张家女：跪下说。

刘二混：是。

　　　　　（唱）【数板】南山头，北山尾儿，

　　　　　　　　　香油坯，拌凉粉儿，

　　　　　　　　　秫秸棒棒夹凉粉儿，

　　　　　　　　　一夹一抖搂，

　　　　　　　　　一挑一颤巍。

　　　　　　　　　颤颤巍巍我的小……

张家女：（白）小什么？

刘二混：（唱）小干妈呀！

　　　　　（白）这回让我走吧。

张家女：你得把眼睛闭上。

刘二混：那行。

张家女：打杠子的闪开，老娘我走啦！

刘二混：哎呀我的妈呀！正是 ——

　　　　　（念）杠子没打着，

　　　　　　　　惹了一腔骚。

　　　　　　　　都怪我舅舅，

　　　　　　　　不把好事教。

　　　　　　　　　　　　　营口市文化局存稿

　　　　　　　　　　　　　于景新传本

　　　　　　　　　　　　　张永夫、赵喆、刘世俊整理

　　　　　　　　　　　　　采录时间：1984年

刘公案

刘公案中的《黄爱玉上坟》(又名《旋风案》《小寡妇上坟》《刀铡黄爱玉》)在很多民间戏曲中均有不同形式上演。刘墉有"白面包公"之称,因其是清朝汉员,敢斗皇亲权贵,这在满族皇帝统治下的清朝,更为汉族人民所称赞,因此清末民初,刘公案更为流传。黄爱玉嫁夫浦贤,却和张培元私通,害死亲夫。刘墉去山东办案,路过景州西门外,跟随旋风到一新坟前,见一女子上坟,外套孝服,内穿红衣,心中生疑,带回官府审问,因黄氏出语矛盾,开棺验尸,仵作受贿瞒伤不报。刘墉乔装道士,下乡私访,知道黄爱玉与张武举通奸,害死丈夫浦贤。二次开棺验尸,从死者腹中取出一条蛇,遂铡死黄爱玉、张武举二犯。秧歌戏《刘公案》只唱到刘墉见黄爱玉上坟,外素内红而生疑止。

人物:　　刘公
　　　　　张成
　　　　　刘安
　　　　　黄爱玉
　　　　　王老寡

(刘公上)

刘公:　(念) 奉王旨意出北京,
　　　　　　忠心耿耿保大清。
　　　　　　上得堂来神鬼皆怕,
　　　　　　毛竹板上造狼牙。
　　　　　　张、刘二将站堂下,
　　　　　　圣上恩赐三口铜铡。

　　　(白) 文华阁大学士,老夫刘公。御儿干殿下。圣旨到来,命我三农放粮安民,张、刘二将上帐听令。

张成、刘安:参见大人。

刘公:　老夫三农放粮安民,下边吩咐一路之上,要他们公买公卖,不可欺压庄农。若有欺压庄农者,将他铜铡非命。

张成:　得令,下边人等听真 ——

刘安:　大人三农安民,一路之上公买公卖。哪家不要欺压买卖庄农,若有欺压庄农者,叫他铜铡非命。回禀大人将令传下。

刘公:　张、刘二将可在?人马可曾齐备?

张成、刘安:早已齐备。

刘公:　外面调轿,够奔三农去也。(下)

　　　(王老寡上)

王老寡:　(唱) 走哇 ……
　　　　　　王老寡走出房门间,
　　　　　　清晨熬菜没有咸盐。
　　　　　　去把我的干女儿找,
　　　　　　来到我干女儿她的门前。
　　　　　　手拍门板连声唤,
　　　　　　爱玉你来开开门闩。

　　　(白) 爱玉开门。

　　　(黄爱玉上)

黄爱玉:　(唱) 爱玉正在房中坐,
　　　　　　忽听门外叩打门环。
　　　　　　我在此处莫久站,
　　　　　　一到门外看周全。
　　　　　　用手开开门一扇,
　　　　　　原来是干娘到我家园。
　　　　　　尊声干娘房中请,
　　　　　　女儿我给你装上一袋烟。

　　　(白) 干娘呀,你怎么清早就来了,你要不来呀,我还要请你哩。

王老寡:　你请我有什么事啊!

黄爱玉:　干娘啊,昨天夜晚,我一连做了七个梦,想找你给我圆一圆。

王老寡:　呀,爱玉呀,圆梦可顺着我手腕来了,我有三不圆你可曾知道?

黄爱玉:　哪三不圆?

王老寡:　你记不住梦头不圆,记不住梦中间还是不圆。

黄爱玉:　干娘啊,我都记住了。

王老寡：　记住了，你就说一说吧！

黄爱玉：　干娘啊，

　　　　　(唱) 头一梦，响晴天下大雨，

　　　　　　　　二一梦，三间草房塌断中间。

　　　　　　　　三一梦，门前趴着斑斓猛虎，

　　　　　　　　四一梦，一匹白马墙上悬。

　　　　　　　　五一梦，两头肥猪把门拱，

　　　　　　　　六一梦，船到江心折断了桅杆。

　　　　　　　　七一梦，两个女子身穿重孝啊，

　　　　　　　　手拿着红绒绳把女儿拴。

　　　　　　　　这是女儿我做的七个梦，

　　　　　　　　望请干娘圆上一圆。

　　　　　(白) 干娘你给我圆吧。

王老寡：　我说爱玉呀，干娘圆梦得借三光。

黄爱玉：　什么叫三光？

王老寡：　晴天对日光，阴天对水光，黑天对灯光，今天
　　　　　外头有日头，妈妈我得到外对日光。

黄爱玉：　干娘我也去吧。

王老寡：　你可不好去，妈妈我得忌三样人。

黄爱玉：　哪三样人？

王老寡：　青龙、白马、戴孝之人。

黄爱玉：　我在屋里等着，干娘你去吧。

王老寡：　爱玉你等着，干娘我去了。

　　　　　(唱) 叫一声爱玉你坐在房间，

　　　　　　　　干娘我门外去把梦圆。

　　　　　　　　爱玉她昨夜晚偶得七梦，

　　　　　　　　我给爱玉圆上一圆。

　　　　　　　　头一梦，响晴天下大雨，

　　　　　　　　这就是爱玉两眼泪不干。

　　　　　　　　二一梦，三间草房塌断中间，

　　　　　　　　爱玉她不过三天要坐牢监。

　　　　　　　　三一梦，门前趴着斑斓猛虎，

　　　　　　　　一定是京城的大人出了朝班。

　　　　　　　　四一梦，一匹白马墙上悬，

　　　　　　　　一定是浦贤喊了冤。

　　　　　　　　五一梦，两头肥猪把门拱，

　　　　　　　　丧门吊客把爱玉看。

　　　　　　　　六一梦，船到江心折断了桅杆，

　　　　　　　　爱玉的脑袋要把家搬。

　　　　　　　　七一梦，两个女子身穿重孝啊，

　　　　　　　　那就是乞巧二鬼把她拴。

　　　　　　　　我有心对女儿说了真情话，

　　　　　　　　她不能借给我这碗盐。

　　　　　　　　常言说顺情说好话，

　　　　　　　　人要耿直讨人嫌。

　　　　　　　　回身我把房门进，

　　　　　　　　叫声爱玉你听言。

黄爱玉：　(白) 干娘你回来了。孩儿我做的梦好不好？

王老寡：　啊，这可是老太太没法儿，得儿[1]得儿好的呀。

黄爱玉：　干娘你说说，都怎个好法儿？我听听。

王老寡：　爱玉你听着吧。

　　　　　(唱) 未曾说话笑开颜，

　　　　　　　　叫声女儿你听周全。

　　　　　　　　头一梦你晴天下大雨，

　　　　　　　　撒去浮云露出了晴天。

黄爱玉：　(白) 干娘啊，什么叫撒浮云，露出了晴天？

王老寡：　傻孩子，浦贤活着时就像浮云把天遮住了，他
　　　　　一死就如同浮云撒走，露出了晴天。

黄爱玉：　二一梦又怎样？

王老寡：　(唱) 二一梦三间房子中檩断，

　　　　　　　　不过三天你要住楼上边。

黄爱玉：　(白) 干娘，我还有那个命？那第三哩？

王老寡：　(唱) 三一梦门前趴着斑斓猛虎，

　　　　　　　　那是你五哥张培元。

黄爱玉：　(白) 干娘这第四哩？

王老寡：　(唱) 四一梦一匹白马墙头上悬，

　　　　　　　　浦贤死去成了神仙。

黄爱玉：　(白) 他还能成神吗？

王老寡：　他死得屈，阎王爷就叫他成神了。

黄爱玉：　第五一梦哩？

[1]　得儿 (dèir)：舒坦。

王老寡：　（唱）五一梦两只肥猪把门拱，

　　　　　　　　　肥猪上门，你大发财源。

黄爱玉：　（白）这第六梦哩？

王老寡：　（唱）六一梦船到江心桅杆折断，

　　　　　　　　　爱玉你得了一个自由权。

黄爱玉：　（白）干娘，怎么叫自由权？

王老寡：　你看桅杆断了，南风来往北，北风来往南，这

　　　　　　不是随随便便就得了自由了？

黄爱玉：　第七梦哩？

王老寡：　（唱）七一梦两个女子身穿重孝，

　　　　　　　　　那就是一个侍女一个丫鬟。

　　　　　　　　　她二人把女儿来侍奉，

　　　　　　　　　上楼下楼把你来搀。

　　　　　　　　　这本是我的丫头得着七梦，

　　　　　　　　　为娘我给全圆完。

黄爱玉：　（白）干娘啊，你一早来有什么事哩？

王老寡：　爱玉呀，

　　　　　　（唱）干娘到此不为别事，

　　　　　　　　　跟你借上一碗咸盐。

黄爱玉：　（唱）爱玉我把盐碗接在手，

　　　　　　　　　我给干娘舀上一碗咸盐。

　　　　　　　　　干娘你把咸盐拿回家去，

　　　　　　　　　兴你借来不兴你还。

　　　　　　　　　飘飘摇摇递过去，

王老寡：　（唱）王老寡急忙接在手间。

　　　　　　　　　开言便把爱玉叫，

　　　　　　　　　叫声爱玉你听言。

　　　　　　　　　你丈夫死了三天整，

　　　　　　　　　近日给你丈夫把坟圆。

黄爱玉：　（白）干娘，我的心里正想，难以掉泪。

王老寡：　（唱）你吐点唾沫眼皮上粘。

　　　　　　　　　辞别干女儿家中够奔，

黄爱玉：　（唱）爱玉回身把门关。

　　　　　　（后台：喂……刘公等上）

刘安：　　（唱）奉王旨意出朝班，

　　　　　　　　　三农一去把民安。

　　　　　　　　　一路上访恶霸和赃官，

　　　　　　　　　先斩后奏不容宽。

　　　　　　　　　张、刘二将堂前站，

　　　　　　　　　三口铜铡带身边。

　　　　　　　　　人马拖拉往前赶，

张成、刘安：（唱）张成、刘安禀一番。

　　　　　　（白）回禀大人旋风拦路。

刘公：　　落轿，张、刘二将！

张成、刘安：在。

刘公：　　看他是神旋还是鬼旋！

张成、刘安：回禀大人，原来是一鬼旋。

刘公：　　近前看来是有头之鬼，还是无头之鬼！

张成、刘安：得令！回禀大人原来是有头之鬼。

刘公：　　近前看来的男鬼旋还是女鬼旋？

张成、刘安：男鬼旋怎讲，女鬼旋怎言？

刘公：　　分为男左女右。

张成、刘安：得令！回禀大人原来是男鬼旋。

刘公：　　张、刘二将，对那旋风去说，若有十大冤枉，

　　　　　　在老夫的轿前连转三转，准下他的冤枉大状。

张成、刘安：得令！旋风听令，大人有旨，你在大人轿前连

　　　　　　转三转，准下你的冤枉状。（对刘）回禀大人那

　　　　　　旋风果然连转三转。

刘公：　　张、刘二将取毛链大锁。

刘安：　　得令。回禀大人，毛链大锁取到。

刘公：　　张、刘二将，对那旋风去讲，若有十大冤枉，

　　　　　　领去毛链大锁，准下他的冤枉大状，领不去毛

　　　　　　链大锁，老夫是过路官员，不论民事。

张成、刘安：得令，那一旋风听真，你有十大冤枉，领去你

　　　　　　家毛链大锁，准下你的冤枉大状。（抛下）回禀

　　　　　　大人，旋风果然领去爷家毛链大锁。

刘公：　　奇怪了，张、刘二将！

张成、刘安：在。

刘公：　　急抓快马两匹，快追赶毛链大锁。

张成、刘安：（念）领了大人命，

　　　　　　　　　抓马赶旋风。（下）

刘公：　　（白）差人们，起轿去也。（下）

黄爱玉：　（上。唱）黄爱玉在房中梳洗打扮，

　　　　　　　给我的丈夫去把坟圆。

　　　　　　　我头戴麻冠身穿重孝，

　　　　　　　有一股麻片系在腰间。

　　　　　　　哎 …… 左手拿着千张纸，

　　　　　　　右手啊拿着四小方盘。

　　　　　　　顺着甬路往前走哇，

　　　　　　　大街以上好容颜。

　　　　　　　也有老也有少哇，

　　　　　　　也有女来也有男。

　　　　　　　穿红挂绿她是大家女，

　　　　　　　穿青配蓝小家男。

　　　　　　　这个说黄爱玉结交张武举，

　　　　　　　那个说黄爱玉结交张培元啦。

　　　　　　　听见假装未听见啦，

　　　　　　　急急忙忙奔正南啦。

　　　　　　　正行走抬头观看啦，

　　　　　　　新坟不远在面前。

　　　　（黄爱玉下，张、刘二将上场）

张成、刘安：（念）来到新坟前，

　　　　　　　翻身下雕鞍。

张成：　　（白）爷家毛链大锁落在新坟上。

刘安：　　大哥，有坟无主也是枉然。

张成：　　哎，兄弟你看，那边来了个戴孝的女子，咱俩

　　　　　　背后听上一听。

　　　　　　正是 ——

　　　　　　（念）要知心腹事，

　　　　　　　单听背后言。

黄爱玉：　（白）走哇 ——（上）

　　　　　　（唱）黄爱玉正行走来得好快，

　　　　　　　新坟不远在面前。

　　　　　　　左手放下千张纸，

　　　　　　　右手放下四小方盘。

　　　　　　　画一个圈儿二盆大，

　　　　　　　留个口儿冲着西南。

　　　　　　　为什么口儿西南冲，

　　　　　　　西南本是地府阴间。

　　　　　　　我的心中正想，难以掉泪，

　　　　　　　唱两个小曲好把家还。

　　　　　　　正是爱玉假悲痛，

　　　　　　　来了张成和刘安。

张成、刘安：（白）你这娘儿们上坟来，又哭又笑，大鼓书

　　　　　　莲花落，闹得更欢。

黄爱玉：　你管得着吗？

张成、刘安：我们管不着，我们大人管得着。

黄爱玉：　哪个大人啦？

张成、刘安：京都刘老大人。

黄爱玉：　就那刘罗锅子呀！

张成、刘安：打嘴。

黄爱玉：　你家大人来得正好，我去告你去。

张成、刘安：为什么告我们？

黄爱玉：　你听。

张成、刘安：你讲。

黄爱玉：　你听。

　　　　　　（唱）黄爱玉把脸翻，

　　　　　　　二位差官你听言。

　　　　　　　放着大路你不走，

　　　　　　　来到新坟调戏咱。

　　　　　　　正是三人来争吵啊 ……（兵走一圈）

张成、刘安：（白）回禀大人，爷家毛链大锁落在新坟上，

　　　　　　有一女子前来上坟，又哭又笑，其中必有缘故。

刘公：　　张、刘二将！

张成、刘安：在。

刘公：　　叫那女子前来讲话。

张成、刘安：得令。那一女子大人命你轿前回话。

黄爱玉：　听见了，

　　　　　　（唱）忽听得差官呀一声呼唤，

　　　　　　　我只得上前去巧辩遮掩。

　　　　　　　战战兢兢把新坟下，

　　　　　　　那边一伙人多么样地威严。

　　　　　　　那边倒有人一伙，

　　　　　　　有一顶青纱大轿在中间。

风吹轿帘看得准，

有一位老者白发长髯。

亮红的顶子头上戴，

黄马褂子身上穿。

不用人说我明白了，

一定是哪位大人出了朝班。

我走近前来忙跪倒，

我给大人拜一个晚年。

刘公：　　（白）啊，你这一女子，怎不掌面上来？

黄爱玉：　有罪不敢抬头。

刘公：　　赦你无罪。

黄爱玉：　谢过大人。

刘公：　　你家住哪里姓甚名谁？

黄爱玉：　大人，

（唱）【叫板】我娘家住黄土岗。

刘公：　　（白）你婆家哩？

黄爱玉：　（唱）我婆家住在浦家湾。

刘公：　　（白）你父何名？

黄爱玉：　（唱）我父名字黄百万。

刘公：　　（白）你母哩？

黄爱玉：　（唱）我母王氏老年残。

刘公：　　（白）可有三兄四弟？

黄爱玉：　（唱）上无有三兄下无有四弟，

只有民女我孤孤单单。

刘公：　　（白）你叫何名啊？

黄爱玉：　（唱）我的名字叫黄爱玉。

我有外号叫貂蝉。

刘公：　　（白）住口，你想三国有一貂蝉，大清国怎么又出来貂蝉了？男子有外号不是土豪就是恶霸，你这女子有外号，你不是好人吧？

黄爱玉：　大人，我们可是好人啦。

刘公：　　你是好人堆里挑出来的，你是好人，为何叫貂蝉哩？

黄爱玉：　大人哪，

（唱）我在村中与四郎平辈，

叔嫂一块谈笑谈，

他看民女长得好，

起个外号叫貂蝉。

刘公：　　（白）这就是了，回到家去把貂蝉二字改去，不许叫貂蝉。我来问你配夫何人啦？

黄爱玉：　大人，我父在世给我把婚配，许配丈夫老浦贤！

刘公：　　住口，浦贤就是浦贤，因何称一老字？莫非你有嫌夫之意吧。你丈夫多大岁数？

黄爱玉：　大人，

（唱）我丈夫年长五十二岁，

刘公：　　（白）你啦？

黄爱玉：　（唱）小奴我打罢新春二十三。

刘公：　　（白）我想老夫少妻不般配。

黄爱玉：　（唱）虽然说老夫少妻不般配，

我们夫妻真投缘。

刘公：　　（白）你丈夫在家做何生意？

黄爱玉：　（唱）我丈夫生来不学好，

终朝每日学要钱。

刘公：　　（白）住口，你丈夫要钱，你也应该拦挡于他。

黄爱玉：　大人，他本是顶天立地男子汉，也有个听言不听言。

刘公：　　可也是，我来问你，他要钱赢了钱，买柴买米，他输钱指何度日？

黄爱玉：　大人，

（唱）他要是赢钱买柴米，

他要是输钱指着咱。

刘公：　　（白）住口，指你干其何事？

黄爱玉：　（唱）缝缝连连织布纺棉。

刘公：　　（白）你倒是贤德之人。我来问你，你头戴麻冠，身穿重孝，与何人上坟啦？

黄爱玉：　（唱）坟内埋的是我夫主，

三天以内来把坟圆。

刘公：　　（白）我问你丈夫得何病症而死哩？

黄爱玉：　大人啦，

（唱）适才说我的丈夫不学好，

终朝每日学要钱。

那一日民女我在房中坐，

忽听房门响留神看，

原来是丈夫把家还。

我们二人手拉手，肩靠肩，

进房上床去安眠。

我丈夫耍钱的人睡不着觉，

捅捅咕咕[1]把身翻。

话到唇边我留半句，

当着大众不太好言。

刘公： （白）你住口，老夫问你丈夫得何病症而死，有何不好言的话？

黄爱玉： 大人，

（唱）糖从哪里甜，醋从哪里酸，

酒从哪里辣，盐从哪里咸。

谁家的灶火不烧火，

谁家的烟囱不冒烟。

刘公： （白）住口，我问你丈夫得何病症而死，老夫也未带泥瓦匠，收拾烟囱锅台。

黄爱玉： 大人啦，

（唱）我二人做下了不才之事，

我丈夫喝了凉水中了阴寒。

刘公： （白）适才言道，你二人恩爱夫妻行房已毕，喝凉水也当拦挡于他。

黄爱玉： 大人啦，

（唱）我家住一间房子半铺炕，

有一口水缸靠在炕沿儿边。

民女醒来仔细看，

有半碗凉水没喝干。

刘公： （白）你这是见景生情，看存半碗凉水为证，想你丈夫喝凉水中了阴寒，你既然知道你丈夫喝凉水中了阴寒，你就应当请名医给他调治才是呀。

黄爱玉： 大人啊，

（唱）民女生来胆量小，

那夜晚是个夜黑天。

刘公： （白）夜黑天不敢请大夫，难道说你瞅着你丈夫一死不成吗？

黄爱玉： 大人，

（唱）虽然说未把大夫请，

老爷庙前我讨过灵签。

刘公： （白）你住口，我想老爷庙不在庄前，就在庄后，不在庄左就在庄右，方才你说你胆量最小不敢请大夫，你怎敢上老爷庙去讨签哩？

黄爱玉： 大人啦，

（唱）我婆母吃斋行善，

家里供的老爷佛龛。

刘公： （白）原来如此，张、刘二将。

张成、刘安： 在。

刘公： 到黄爱玉家中，请来老爷看，我要拜见拜见。

黄爱玉： 慢着哇……

（唱）我头一签讨的上上签，

二一签签中平签。

三签刚才拿到手，

我丈夫哎呀一声命归阴间。

奴家生来脾气暴，

砸巴砸巴灶火坑填。

点上一把火，

冒了一股烟。

大人你命差官去搬取，

没有老爷像也是枉然。

刘公： （白）好暴的脾气，我来问你，你丈夫多咱得病，多咱而死哩？

黄爱玉： 大人啦，

（唱）鼓打二更得的病，

我丈夫死去就在五更天。

刘公： 我想阴寒之症，阴七阳八，你丈夫怎么死得这么痛快了？

黄爱玉： 大人啊，

（唱）阎王爷造就三更死，

大人你敢留到五更天？

[1]　捅捅咕咕：捅咕，指在暗地里的活动。

0393

刘公： （白）好好好，

　　　　（唱）好一个阎王造就三更死，

　　　　　　　老夫留不到五更天。

　　　　　　　好一个花言巧语的黄爱玉，

　　　　　　　问得老夫我张口无言。

　　　　　　　好一个能言会道黄爱玉……

　　　　（白）张、刘二将！

张成、刘安：在。

刘公：　看过爷家纹银十两。

张成、刘安：得令，纹银取得。

刘公：　浦黄氏，这十两纹银拿回家去，一半为你丈夫烧纸化钱，一半与你度日，拿回家去吧。

黄爱玉：大人，这纹银我可不敢要。

刘公：　因何不要？

黄爱玉：我青春寡妇上坟，回家手拿白银，恐怕乡里人说长道短。

刘公：　你拿去若无人说长道短，方则罢了，若有人说长道短，老夫叫他铜铡非命。

黄爱玉：谢过大人。

　　　　（唱）黄爱玉把银两接在手，

　　　　　　　上下打量二位差官。

　　　　　　　人都说我五哥长得好，

　　　　　　　二差官比我五哥还占先。

　　　　　　　我要能和二人拉一拉手，

　　　　　　　到冬天不穿棉袄也不知道寒。

　　　　　　　欢天喜地家中够奔……

张成、刘安：（白）回禀大人，那女子拿银两回家路过新坟被旋风刮倒，外穿白衫，内套红袄，必有缘故。

刘公：　好，追回来。

张成、刘安：得令。那女子快快回来，快快回来。

黄爱玉：呀！

　　　　（唱）我闻听差官把我来唤，

　　　　　　　我只得大人面前巧辩遮掩。

　　　　　　　走近前来忙跪倒，

　　　　　　　口尊大人你老听言。

　　　　　　　你放民女回家转，

又唤民女为了哪一般？

刘公：　（白）黄爱玉，我来问你，我有不明之事，要在你的身旁领教。

黄爱玉：大人啦，大人有话直管讲，领教二字民女不敢当！

刘公：　打量你也担待不起，我来问你，公婆下世穿孝几载？

黄爱玉：我公婆下世穿孝三载。

刘公：　你本身丈夫哩？

黄爱玉：不穿三载也穿二年。

刘公：　这就是了，你丈夫下世三天，你前来圆坟，为什么外穿白衫，内穿红袄，是何缘故？

黄爱玉：大人你问这红袄吗？遮盖不严了，大人啦，

　　　　（唱）适才说我的丈夫不学好，

　　　　　　　终朝每日学会了耍钱。

　　　　　　　把我的衣服全给卖了，

　　　　　　　这件红袄送在干娘的家园。

　　　　　　　今日上坟天气冷，

　　　　　　　因此套在白衫的里边。

　　　　　　　我要知穿红袄有罪，

　　　　　　　冻死民女我也不敢穿。

　　　　　　　大人你放民女回家转，

　　　　　　　拆洗拆洗染个毛蓝。

刘公：　（白）这就是了，张、刘二将。

张成、刘安：在。

刘公：　看过爷家铜钱十串。

张成、刘安：回禀大人，铜钱取到。

刘公：　浦黄氏，你把十串铜钱拿回家去，一半给你丈夫烧纸化钱，一半给你度日，拿回家去吧。

黄爱玉：（白）谢过大人……

　　　　（唱）黄爱玉把铜钱接在手，

　　　　　　　低下头来打算盘。

　　　　　　　人都说刘大人清似水来明似镜，

　　　　　　　依我看他是个糊涂官。

　　　　　　　谋害亲夫不但不偿命，

　　　　　　　又给银子又给钱。

回家不把别人找，

　　　　找我五哥张培元。

　　　　拿着银两给我放利，

　　　　不放加四也放加三。

　　　　欢天喜地家中奔……

张成、刘安：(唱) 张成、刘安禀一番。

刘公：　　(白) 回禀何事？

张成、刘安：那女子手拿银两路过新坟，新坟崩裂，内露出

　　　　白茬儿棺，其中必有缘故。

刘公：　　你快快唤她回来。

张成、刘安：那女子，快快回来。

黄爱玉：　这一回，可赶不上那一回呀，

　　　　(唱) 忽听差官一声唤，

　　　　　　吓得爱玉打战战。

　　　　　　回过身来留神看，

　　　　　　新坟露出白茬棺，

　　　　　　不用人说知道了，

　　　　　　必是浦贤王八喊了冤。

　　　　　　王八你有三条妙计，

　　　　　　你姑奶奶嘴头儿比你奸。

　　　　　　走近前来忙跪倒，

　　　　　　口尊大人你听言。

　　　　　　你放民女回家去，

　　　　　　三番二次为哪般？

刘公：　　(白) 浦黄氏，

　　　　(唱) 为哪般来为哪般？

　　　　　　我看你丈夫死得冤。

黄爱玉：　(白) 大人，

　　　　(唱) 我的丈夫是好死，

　　　　　　因何说我的丈夫死得冤？

刘公：　　(白) 黄爱玉，

　　　　(唱) 你的丈夫是好死，

　　　　　　因何埋口白茬棺？

黄爱玉：　刘大人，

　　　　(唱) 亲戚朋友来帮助，

　　　　　　买条草席到坟前。

刘公：　　(唱) 你说此话我不信，

　　　　　　我要开棺验一番。

黄爱玉：　(唱) 验出伤来怎么讲？

　　　　　　验不出伤来怎么言？

刘公：　　(唱) 验出伤来你得偿命，

黄爱玉：　(白) 要验不出来伤哩？

刘公：　　也罢，

　　　　(唱) 依你上告我丢官。

黄爱玉：　(唱) 走近前来三击掌。

张成、刘安：(唱) 张成、刘安把她拦。

刘公：　　(白) 黄爱玉，老夫怎能跟你三击掌？你在我

　　　　的轿子上连击三掌也就够了。

黄爱玉：　是也。(连击三掌)

刘公：　　浦黄氏。

黄爱玉：　刘大人。

刘公：　　黄爱玉。

黄爱玉：　刘青天。

刘公：　　假貂蝉。

黄爱玉：　刘罗锅。三天里验出我丈夫伤症还则罢了，验

　　　　不出我丈夫伤痕，我叫你丢官罢职。

刘公：　　张、刘二将。

张成、刘安：在。

刘公：　　将黄爱玉锁在轿后，够奔京州衙署去者。

刘公：　　好，正是 ——

　　　　(念) 来到京州官，

　　　　　　旋风喊了冤。

营口市文化局存稿

张兰亭、高升明口述

赵喆、刘世俊整理

采录时间：1984年

双婚配

又名《瞎子算卦》《巧换婚》《颠倒配》《陈子登科》，源于西路莲花落。何廷俊与陈美娥订婚，二人曾于庙会相见，互诉情怀。别后，何廷俊相思成病，何母听从瞎子算命，要冲喜，与陈家商定提前完婚。因廷俊病重，拟由其妹喜姐代兄拜堂。事被陈家得知，陈家以美娥之弟陈连科代美娥出嫁。洞房之中露出真相，遂弄假成真。后廷俊病愈娶美娥，兄弟姐妹，分别成为两对夫妻。

人物：　　何婆

　　　　　陈美娥

　　　　　陈婆

　　　　　王瞎子

　　　　　胡闹

　　　　　陈连科

　　　　　何廷俊

　　　　　二车伙

　　　　　喜姐

　　　　　傧相

（何婆上）

何婆：　（念）一儿一女一枝花，

　　　　　　　多儿多女多冤家。

　　　　（白）我，何门刘氏，许配何玉为妻，老头子下世去了，留下一儿一女，儿名廷俊，女名喜姐，今天乃是四月十八娘娘庙盛会之日，我有心带领我儿前去逛庙会，待我把他唤了出来商量商量。廷俊哪里？快来！

（何廷俊上）

何廷俊：（念）忽听母亲唤，

　　　　　　　急忙去拜见。

　　　　（白）母亲可好？

何婆：　罢了，一旁坐下。

何廷俊：是，孩儿谢座。母亲，将儿唤了出来，有何

教训？

何婆：　今天乃是四月十八，娘娘庙盛会之日，我有心领你前去逛庙，不知我儿心下如何？

何廷俊：孩儿愿去不辞。

何婆：　好，待我吩咐套车。车把式快来！

胡闹：　（上。念）东家把我叫，

　　　　　　　急忙把车套，

　　　　　　　不是去串门，

　　　　　　　就是去逛庙。

　　　　（白）东家何事？

何婆：　今天我要逛庙去，你把车快快套好。

胡闹：　东家，车早就套上了，你上车去吧。

何婆：　（唱）吩咐车伙快套车，

何廷俊：（唱）娘娘庙烧香去拜佛。

何婆：　（唱）二门以外把车上，

何廷俊：（唱）我廷俊抬腿也上车。

何婆：　（唱）催车出了村庄外，

何廷俊：（唱）逛庙的人儿实在多。

何婆：　（唱）也有男来也有女，

何廷俊：（唱）做买做卖闹哄哄。

何婆：　（唱）也有穿红挂着绿，

何廷俊：（唱）也有穿青和穿白。

何婆：　（唱）穿红挂绿大家女，

何廷俊：（唱）穿青穿白是小家哥。

何婆：　（唱）也有烧香为儿女，

何廷俊：（唱）也有烧香为公婆。

何婆：　（唱）紧催车辆庙场奔……　（下）

陈婆：　（上。念）老身今年四十三，

　　　　　　　半路守寡实在难。

　　　　（白）老身，陈门孙氏。丈夫下世去了，生下一男一女，儿名连科，女名美娥。今天乃是四月十八娘娘庙会，我有心带领女儿前去逛会，也不知女儿愿不愿去，待我喊她出来问上一问。美娥哪里？

陈美娥：来了，来了，妈妈可好！

陈婆：　坐下讲话。

陈美娥：　孩儿谢座。母亲唤儿何事？

陈婆：　今日乃是四月十八，娘娘庙盛会之日，我想带你前去逛会，不知你愿去不愿去？

陈美娥：　孩儿愿去。

陈婆：　好了，车伙哪里？

　　　　（二车伙上）

二车伙：　东家奶奶唤我何事？

陈婆：　套车逛庙去。

二车伙：　早套好了，快上车吧。

陈婆：　（唱）老身房中把衣整，

陈美娥：　（唱）娘娘庙烧香去挂红。

陈婆：　（唱）老身翻身把车上，

陈美娥：　（唱）美娥我也把车登。

陈婆：　（唱）催车来到村庄外，

陈美娥：　（唱）大路上男女老少闹哄哄。

陈婆：　（唱）也有骑马坐轿的，

陈美娥：　（唱）也有推车担担行。

陈婆：　（唱）也有做买和做卖，

陈美娥：　（唱）做买做卖闹盈盈。

陈婆：　（唱）正然行走来得快，

陈美娥：　（唱）娘娘庙不远面前迎。

　　　　　　　催车快把庙场进……

　　　　（何家车与陈家车相碰，二车夫打架）

何婆：　（白）啊！这是谁家的车，往人身上赶？

陈婆：　你是哪来的这么个大老娘们儿，横不讲理。给我打！

胡闹：　哎，哎，别打啦，是亲家到啦。（问陈）老姨，我是胡闹。

陈婆：　咳，这是怎么说的，快，快把车退出去。

胡闹：　先别走，我给引见引见。

陈婆：　也好。

胡闹：　这是你亲家母，这是你母亲家，你们两个见客啦！

陈婆：　咳，见面啦。哦，亲家母可好！

何婆：　好啊，亲家母你也好哇！咱们嘱咐一下孩子，咱俩快去庙里上香吧。

陈婆、何婆：（对车伙，给钱）你们去吃饭吧。

二车伙：　好吧，咱去吃饭去。

胡闹：　今天我请客，请你吃牛肉馅的切糕。

二车伙：　今天我请客，请你吃韭菜馅的粽子。

　　　　（下）

何婆：　廷俊哪，可别下车，哪也别去，这台底下人多，别挤丢了。

何廷俊：　是，孩儿记下了。

陈婆：　美娥啊，好好坐在车上等着，可别下车，这里人多，省给挤丢了。

陈美娥：　是了。

　　　　（陈婆、何婆下）

何廷俊：　哎呀！好热的天哪！

　　　　（唱）四月中旬天气热，

　　　　　　　戏台底下车挨车。

　　　　　　　我往那旁留神看，

　　　　　　　车上坐着女娇娥。

　　　　　　　不用人说知道了，

　　　　　　　必是我妻陈美娥。

　　　　　　　低头不语车上坐，

　　　　　　　何不使声装咳嗽？

陈美娥：　（唱）惊动姑娘陈美娥。

　　　　　　　我往那旁送二目，

　　　　　　　车前站个俏皮哥。

　　　　　　　一顶俊巾头上戴，

　　　　　　　两根飘带奔拉着。

　　　　　　　方才母亲把车下，

　　　　　　　和一位老太太把话说。

　　　　　　　说的是亲家长亲家短，

　　　　　　　不用问一定是奴家的婆婆。

　　　　　　　这书生必定是何廷俊，

　　　　　　　再不就是我的小姑她哥哥。

　　　　　　　我二人虽是夫妻未把门过，

　　　　　　　总瞅恐怕叫人笑话。

　　　　　　　低头一想有有有，

　　　　　　　何不上前把话说？

美娥上前要说话，

（何婆、陈婆急上）

何婆、陈婆：（唱）来了何婆与陈婆。

何婆：　　（白）这孩子，我不是叫下车吗，怎下车啦！

　　　　　　胡闹啊，咱们上车回家吧！

胡闹：　　（上）好咧，驾！（下）

陈婆：　　车老板，咱们也走吧！（二车伙上）

　　　　　　（唱）母女二人把车上，

　　　　　　　　　叫声车伙快赶车。

　　　　　　　　　正然行走来得快，

　　　　　　　　　自己家门对胸窝，

　　　　　　　　　叫声丫头把车下，

　　　　　　　　　快进上房有话说。

　　　　　　　　　台底下那个老太太，

　　　　　　　　　就是丫头你的婆婆。

　　　　　　　　　你在这里莫久坐，

　　　　　　　　　打杯香茶为娘我喝。

陈美娥：　（唱）答应一声知道了，

　　　　　　　　　不用妈妈对我说。

　　　　　　　　　美娥动身把厨房去，（下）

陈婆：　　（唱）倒叫老身笑哈哈。

　　　　　　　　　我在这里莫久坐，

　　　　　　　　　也到偏房去忙活。（下）

何廷俊：　（上。白）病坏我也！

　　　　　　（唱）廷俊得病床上卧，

　　　　　　　　　头难抬来眼难合。

　　　　　　　　　昏昏沉沉床上卧，

何婆：　　（上。唱）老身进屋看明白。

　　　　　　　　　瞧见我儿床上卧，

　　　　　　　　　脑袋好似热油锅。

　　　　　　　　　我儿得的是什么病，

　　　　　　　　　快对为娘的说一说。

　　　　　　　　　问他十声九不语，

　　　　　　　　　喜姐啊！

　　　　　　　　　快来看看你哥哥。

（喜姐上）

喜姐：　　（唱）喜姐正在房中坐，

　　　　　　　　　忽听母亲喊叫我。

　　　　　　　　　走进房来把母亲问，

　　　　　　　　　您老唤儿所为何？

何婆：　　（唱）你的哥哥得了病，

　　　　　　　　　饭不吃来茶不喝。

喜姐：　　（唱）听说哥哥得了病，

　　　　　　　　　吓得喜姐打哆嗦。

何廷俊：　（唱）我当你是哪一个？

　　　　　　　　　原来小妹面前站着。

　　　　　　　　　昨日我去把庙逛，

　　　　　　　　　看见你嫂子陈美娥。

　　　　　　　　　回来我就得了病，

　　　　　　　　　打量九死没一活。

喜姐：　　（唱）喜姐一听把嘴咧，

　　　　　　　　　你说这话不怕笑话。

　　　　　　　　　我当你得了什么病，

　　　　　　　　　原来还是想老婆。

　　　　　　　　　全家正然来说话，

（瞎子上）

王瞎子：　（唱）来了瞎子王莺和。

　　　　　　（白）我，王莺和，今天天挺好，出去算一卦两卦的，好弄个店钱。（狗叫）啊，狗咬了，到村子啦，我得吹笛了。（摸笛）哎呀，坏了，怎把笛子丢了？咳，丢就丢了吧，待我吆喝起来：抽灵帖，算灵卦，我王铁嘴来啦！

何婆：　　丫头啊，门外来了算卦的，你去把先生请进来，给你哥哥算上一卦，看看多咱能好。

喜姐：　　是啦。（出门，见瞎子）瞎驴子。

王瞎子：　啊！谁捡笛子啦，我丢的。

喜姐：　　谁说笛子来？我说瞎驴子。

王瞎子：　你是谁家的兔崽子，不会说话，管先生叫瞎驴子。

喜姐：　　那管你叫什么？

王瞎子：　叫先生。

喜姐：　　啊，先生，先生也当不了先死啊！

王瞎子： 别扯了，喊我算卦吗？

喜姐： 是啊，多钱一卦哪？

王瞎子： 一毛钱一卦。

喜姐： 给你两个半毛不行吗？

王瞎子： 不行，少一毛不行！

喜姐： 给你七分加三分呢？

王瞎子： 说不行，就是不行。

喜姐： 咳，你怎不会算一算呀，这两个半毛不是一毛吗，七分加三分也还不是一毛吗，谁少给你啦。

王瞎子： 哦，是一毛，那行。

喜姐： 待我牵着你。

王瞎子： 哒，领着我。

喜姐： 先生咱进屋啦。(瞎子摸喜姐头) 咳，你怎摸我脑袋啊？

王瞎子： 谁摸你脑袋，我是摸摸上门框。我怕碰脑袋。(瞎子又摸喜姐脚)

喜姐： 嗳，你怎么又摸人家的脚呀？

王瞎子： 咳，谁摸你脚啦，我是摸摸门坎子有多高，我怕绊倒了。

喜姐： 到屋啦。妈妈，先生请来啦。

何婆： 先生请坐。

王瞎子： 有坐有坐。

何婆： 先生你是哪个庄的？

王瞎子： 我是王八岗子的。

何婆： 先生你贵姓？

王瞎子： 姓王。我说，是乾命，还是坤命啊？

何婆： 是先给我儿子算。

王瞎子： 好，先给儿子算。

喜姐： 妈呀，先给我算算吧！

何婆： 也好，先给我闺女算。

王瞎子： 多大啦？

何婆： 十六啦。

王瞎子： 什么花四柱？报给我听听。

喜姐： 先生，我有个花四柱，你要能打开我就算。

王瞎子： 什么花四柱？你说吧。

喜姐： 有个老头本姓丁，扛着犁杖去稠葱。姐夫瞧着

小姨笑，八十岁老者无后承。

王瞎子： 有个老头本姓丁，这是丁卯年。扛着犁杖去稠葱，这是庚戌年。姐夫瞧着 …… 小姨笑，这是 ……（瞎子瞧喜姐笑）

喜姐： 妈呀，他瞧我笑咧。

王瞎子： 谁叫你在那边站着啦。

（喜姐又换个位置，瞎子又对喜姐笑）

王瞎子： 姐夫瞧着小姨子笑。

喜姐： 妈呀，他又瞧我笑啦。

王瞎子： 谁瞧你笑啦，我头回瞧那边笑，你说瞧你笑，这回我转这边笑，又说瞧你笑。

何婆： 先生，你不好不笑吗？

王瞎子： 好，不笑。姐夫瞧着小姨笑，这是辛酉年。八十岁老者无后承，这是戊子年。这花四柱本是盯锚（丁卯）、更婿（庚戌）、心有（辛酉）、无子（戊子）。

何婆： 好啦，先生你算吧。

王瞎子： 好咧。

（唱）弦子一响颤巍巍，

算命的姑娘听明白。

我算你十冬腊月要摊了，

小心在萝卜窖里吃大亏儿。

喜姐： （白）你说的这是什么话？

王瞎子： 姑娘别急，是叫你小心点儿，窖木要不好，窖塌了不是把你压进去了吗，这不是吃大亏了吗！

喜姐： 嗯，是这么回事。你往下算吧！

王瞎子： （唱）弦子一弹乐陶陶，

算命的姑娘听根苗。

我算你八字四不靠，

靠山山堆了，

靠河河干了，

靠树树倒了，

靠人人跑了。

喜姐： （白）先生这四不靠是怎么回事？

王瞎子： 你爹就好似大山，你爹要死了，就是靠堆了。

你妈好似大河，你妈要死了，不就是河干了？
老人都死了，就得靠你兄嫂，你哥哥是棵树，
你哥哥死了，这不靠倒了吗？往后就得靠你嫂
子，你嫂子要改嫁走了，这不是靠人靠跑了？

何婆：　行啦，别算了，你给我儿子看看病吧！

王瞎子：　你儿子在哪里？

何婆：　在这了。

王瞎子：　(摸手) 嫂子，你儿子这病是相思病，拿喜儿一
　　　　冲就好了。

何婆：　先生，你给看个好日子吧。

王瞎子：　丁对丁，卯对卯，哪天娶来哪天好。

何婆：　八月十二好不好？

王瞎子：　八月十二，好！是大吉之日。

何婆：　丫头啊，给先生拿钱吧。

喜姐：　是，先生给你钱。

王瞎子：　(接钱吹一吹) 不假。

何婆：　喜姐，把先生送走。

喜姐：　是。(领瞎子走，下) 妈呀，先生走啦。

何婆：　把你哥哥搀下来活动活动。(喜姐搀哥) 待我
　　　　写帖一纸。胡闹快来。

胡闹：　(上) 东家奶奶何事？

何婆：　把这张喜帖送到你老姨家去，八月十二要娶你
　　　　妹妹过门。

胡闹：　待我下喜帖去。(圆场) 到了，老姨开门。

陈婆：　(上) 谁来啦，呀，是胡闹，你咋来啦？

胡闹：　下喜帖来啦，八月十二要娶我妹妹，您老赶快
　　　　预备吧，我就回去啦。(下)

陈婆：　我得告诉我闺女去。(下)

何婆：　(上。念) 满怀心腹事，

　　　　　　尽在不言中。

　　　　(白) 我儿子病得很是沉重，好日子又要到了，
　　　　这可怎办呢？我把我闺女叫出来商量商量。喜
　　　　姐快来！

喜姐：　妈呀，叫我做啥？

何婆：　丫头，你哥哥病得这样沉重，也不能拜天地
　　　　呀！我打算叫你替你哥哥拜天地，行不行啊？

（胡闹上，听声）

喜姐：　妈呀，我也没有穿戴啊？

何婆：　穿你哥哥的袍子，穿你哥哥的靴子，戴你哥哥
　　　　的帽子。

喜姐：　那靴子也大呀！

何婆：　我给你垫点棉花胎。

喜姐：　好吧，只要能把哥哥成全……

何婆：　你小点儿声，别叫那不吃人饭的听去。(母女下)

胡闹：　呸！这个老何婆子真有道行，头顶上生疮，脚
　　　　底下冒脓，坏透腔了。我得赶快告诉我老姨去。
　　　　这不活坑人吗？(一转身) 到了，老姨呀，快
　　　　开门！

（陈家母女上）

陈婆：　胡闹，你怎么一大早就来了？

胡闹：　老姨啊！你姑爷眼看要不行了，明天还要娶我
　　　　妹妹。

陈婆：　那怎拜天地哪！

胡闹：　叫喜姐顶替。

陈婆：　这不是坑我闺女吗？

胡闹：　可不是怎的？

陈婆：　丫头啊，你女婿要死了，还要娶你过门，这可
　　　　咋办啊？

陈美娥：　妈呀，

　　　　(唱) 他家无有梧桐树，

　　　　　　怎叫凤凰去搭窝？

陈婆：　(唱) 母女房中正悲痛，

　　　　（陈连科上）

陈连科：　(唱) 来了学生陈连科。

　　　　　　正在偏房把书念，

　　　　　　上房啼哭却为何？

　　　　　　迈步我把上房进，

　　　　　　看见姨兄那边站着。

　　　　(白) 姨兄来了，为什么啼哭？

胡闹：　你姐夫要死了，明天还要娶你姐姐过门。

陈连科：　谁来拜天地哪？

胡闹：　让他妹妹何喜姐替他拜天地。

陈连科：　谁入洞房？

胡闹：　也是他妹妹呗！

陈连科：　这不是要害姐姐不成！

胡闹：　谁说不是的。

陈连科：　啊，有了，

　　　　（唱）她替哥哥拜天地，

　　　　　　　我替姐姐去出阁。

胡闹：　（白）还是念书人道眼多，老姨我看就得这样办了。

陈婆：　事到如此地步，也只好这样了。儿啊，你们赶快打扮打扮。

胡闹：　我也先回去了。（陈婆、陈美娥、陈连科、胡闹下）

何婆：　（上）胡闹啊！

胡闹：　（上）啥事？

何婆：　轿车都预备齐了吗？

胡闹：　全都齐备了。

何婆：　胡闹，你去找老王婆，让她辛苦一趟，当个娶亲奶奶。

胡闹：　好咧！（下）

　　　　（鼓乐奏起，走娶亲场，入洞房）

喜姐：　（念）洞房花烛夜，

　　　　　　　姻缘不配合。

　　　　（白）奴，何喜姐，思想起来，好不快乐人也。

　　　　（唱）何喜姐我交椅上坐，

　　　　　　　谯楼鼓打一更锣。

　　　　　　　坐在一旁偷眼看，

　　　　　　　偷看嫂子陈美娥。

　　　　　　　真乃红颜多薄命，

　　　　　　　怎知哥哥要见阎罗？

　　　　　　　摘下帽子脱下外氅，

　　　　　　　一头扎进红绫被窝。

陈连科：　（唱）急坏学生陈连科，

　　　　　　　叫声姑娘听明白。

　　　　　　　这事不怨你来不怨我，

　　　　　　　怨你母亲老乞婆，

　　　　　　　思一思来想一想，

　　　　　　　倒是怨你是怨我？

喜姐：　（唱）听他一言问住我，

　　　　　　　心中有话口难说。

　　　　　　　低头一想有有有，

　　　　　　　只好如此这样做。

　　　　　　　我问你家来名和姓，

　　　　　　　身旁可娶女娇娥？

陈连科：　（唱）闻听姑娘把我问，

　　　　　　　姑娘不知听我说。

　　　　　　　我家住在八里寨，

　　　　　　　姓陈名叫陈连科。

　　　　　　　学生今年十六岁，

　　　　　　　身旁未曾娶娇娥。

喜姐：　（唱）有句话儿难出口，

　　　　　　　说出口来莫推托。

陈连科：　（唱）姑娘有话只管讲，

　　　　　　　说出话来不推托。

喜姐：　（唱）你若不嫌我容貌丑，

　　　　　　　咱二人今天结下丝罗。

陈连科：　（唱）姑娘既然爱慕我，

　　　　　　　这件事情不推托。

喜姐：　（唱）闻听公子允亲事，

　　　　　　　口里不说念弥陀。

陈连科：　（白）正是——

　　　　（念）双双蝴蝶花间舞，

喜姐：　（唱）对对鸳鸯水上浮。

　　　　（入帐，起五更）

何婆：　（上。白）到洞房看看我闺女和我儿媳妇儿去，我儿子的病也好了。丫头开门。

喜姐：　妈妈来了。

何婆：　哟，这是哪来的大小伙子？跟我闺女在一起睡觉。

胡闹：　（上）这事是我办的。

何婆：　我儿子病也好啦。

胡闹：　你儿子病好了，再找我姨妹去。

何婆： 好吧！今天就娶，花轿走上。

（花轿，娶亲）

何婆： （念）门外悬灯结彩，

但等花轿到来。

（后喊：花轿来了。）

何婆： 喊傧相进府。

胡闹： 傧相进府。

（傧相上）

傧相： （念）忽听喊傧相，

急忙上了炕。

一步迈五尺，

两步迈一丈。

你要不着急，

一直到天亮。

（白）大嫂子唤我何事？

何婆： 赞礼上来。

傧相： 是，附仪再附仪 ——

（念）一块檀香木，

雕刻一马鞍，

新人往上站，

步步保平安，

（白）动乐。

（拜堂）

何婆： （念）一盆并栽花两朵，

何廷俊： （念）千里姻缘无移挪。

民间艺人演出本

穆凯、杨东乐记录

采录时间：1968年

整理时间：2020年

探亲

又名《探亲相骂》。清代乡下田氏带心智不全的小儿子虎子去拜访女儿桂姐的婆家，从准备出门到城里叫门，虎子都闹出很多笑话。到了桂姐婆家，两位母亲各揣心腹事，田氏担心女儿受气，婆母挑剔桂姐针线活不行。表面上一团和气，内心暗流涌动。内有城乡生活的对比，是非常贴近生活的一出秧歌戏。

人物： 田氏

虎子

桂姐

婆母

（田氏上）

田氏： （念）一儿一女一枝花，

孩子多了累死妈。

（白）老身田氏，所生一儿一女，儿子名叫虎子。丫头叫桂姐，出门子去啦，婆家住在城里。听说闺女在婆家受气，叫我时刻挂念。今天没有啥事儿，我到城里串个门儿去，看看我闺女。

（唱）乡下的人儿去瞧亲家，

合计老半天没有什么拿。

摘把长豆角，

抱个大倭瓜。

刷帚笤帚拿上几把，

胡萝卜就在篮子里拤。

拔棵大白菜，

拿个大丝瓜。

咸菜疙瘩手中拿，

我的傻孩子出来吧！

出来吧。

（白）虎子，快来吧！

（虎子瞎哼上）

虎子：　　（唱）大清国来太平初，

　　　　　　　　十七八岁姑娘穿套裤。

　　　　　　　　露个大屁股，

　　　　　　　　妈妈你好糊涂。

　　　　　　　　呛呛一愣呛……

　　　　　　（白）妈呀，叫我干啥？

田氏：　　虎子，你上哪去了？

虎子：　　上南河跟小二丫去玩啦。

田氏：　　小子不好跟丫头玩。

虎子：　　跟二丫玩怎的？

田氏：　　小子跟丫头玩烂脚丫子。

虎子：　　（哭）妈呀，可不能好了。

田氏：　　虎子，你怎的啦？

虎子：　　妈呀，这回非烂不可。

田氏：　　你哭什么？

虎子：　　你不说烂脚丫子吗？

田氏：　　先别哭，不是还没烂吗？

虎子：　　怪不得一点不疼。妈呀，小二丫骂我。她说小
　　　　　虎不知愁，去到南河捉泥鳅，一摸摸个王八爪，
　　　　　他说是你手指头。

田氏：　　虎子，再别跟丫头玩，她净骂人。

虎子：　　嗯，妈呀，你叫我干什么？

田氏：　　妈我要到城里看你姐姐去，你在家好好看家吧。

虎子：　　这山沟净狼，要叫狼吃了怎办，我要跟你去。

田氏：　　你虎登登的，连句话都不会说，不叫人家笑
　　　　　话吗？

虎子：　　我怎不会说话？

田氏：　　你知道管你姐姐的老婆婆叫啥？

虎子：　　你叫什么？

田氏：　　我叫亲家母。

虎子：　　我叫母亲家。

田氏：　　不对，你叫大姨娘。

虎子：　　你看她那小怪样，还俩名。

田氏：　　你去，你得给我鞴驴去。

虎子：　　妈呀，你进城去，你得好好打扮打扮啊！

田氏：　　我就这个样蛮好。

虎子：　　（唱）傻小子听此言忙把嘴来噘，

　　　　　　　　妈妈进城看我姐姐。

　　　　　　　　多搽胭脂粉，

　　　　　　　　鲜花两鬓别，

　　　　　　　　洗洗大脚丫子换上红绣鞋。

　　　　　　　　妈妈娘啊，

　　　　　　　　打扮起来是个老缺德。

　　　　　　（白）妈呀，你把脚洗洗吧，太不是味儿了。

田氏：　　什么味儿？

虎子：　　苦辣酸甜咸，臭不拉哄胶胶粘。

田氏：　　好，我去收拾收拾去。（进屋，虎子鞴驴）

虎子：　　妈呀，还没收拾好啊，驴鞴好啦。

田氏：　　（上。唱）乡下人儿去瞧亲家，

　　　　　　　　梳洗打扮戴鲜花。

　　　　　　　　打开青丝发，

　　　　　　　　木梳手中拿。

　　　　　　　　左梳左绾盘龙鬓，

　　　　　　　　右梳右绾水墨虾[1]。

　　　　　　　　盘龙鬓里夹香草，

　　　　　　　　水墨鱼里麝香加，

　　　　　　　　南来官粉净了面，

　　　　　　　　苏州胭脂嘴唇搽。

　　　　　　　　梳完头来把花戴，

　　　　　　　　鬓边插上一朵喇叭花。

　　　　　　　　身上穿件花大袄，

　　　　　　　　新样的围裙腰中扎。

　　　　　　　　我的傻孩子啊，

　　　　　　　　这回你再看看妈。

　　　　　　（白）虎子，这回你看妈打扮得好不好？

虎子：　　（大声）哎呀，大家快来看呀，你看我妈打扮得
　　　　　多好啊。

田氏：　　（用手捂虎子嘴）你吵吵什么？

虎子：　　妈呀，你手怎这么臭？

田氏：　　方才我裹脚来的。

[1]　　水墨虾：应为"水墨鱼"，此处演员为了"发花辙"而改成水墨虾。

虎子：	怪不得这么臭。
田氏：	我洗手啦。
虎子：	洗手怎还臭？
田氏：	我是先洗手后裹脚的。
虎子：	这不和没洗一样吗？
田氏：	虎子，驴鞴好了吗？
虎子：	鞴好了。
田氏：	给妈顺驴。
虎子：	好嘞。（顺驴，田上驴）
田氏：	虎子，这驴怎没有脑袋？
虎子：	妈呀，倒啦！
田氏：	怎么，没走就到了？
虎子：	不是，你把驴骑倒了。
田氏：	怪不得看不见脑袋呢。待我二番上驴。
虎子：	妈呀，你这一揔拉[1]，好像有点怪味儿。
田氏：	妈我搽雪花膏啦。
虎子：	怪不得这股鳖羔子味儿呢。
	（田上驴，虎子赶，走圆场，驴不走，虎子打驴，被踢）
虎子：	（哭）哎哟，妈呀！不能好啦，叫驴卷[2]了！
田氏：	卷哪了？
虎子：	卷腰了，哎哟……
田氏：	这可怎办？我回去给你找先生吧！
虎子：	妈，别去了，卷裤腰了，一点也不疼，上驴快走吧！（田氏上驴，走圆场，虎子打驴，又被驴踢了）哎呀，妈呀，这回可坏了，又叫驴卷了。
田氏：	这回卷哪啦？
虎子：	卷心啦！
田氏：	啊！卷心啦，这可了不得，来，妈看看，我给揉揉，我给吹一吹。（吹）
虎子：	妈呀，这回算不能好了。又叫狗屁呲了。
田氏：	别瞎说了，还疼不疼了？

[1] 揔拉：用手搂、扫的动作。
[2] 卷：用脚踢。

虎子：	妈，不疼了，卷脚心啦。上驴快走吧。（田氏又上驴）哎哟妈哟，这把可没命啦，又叫驴卷了。
田氏：	又卷哪啦？
虎子：	管哪没卷。妈呀，走吧！（走场）妈呀，到了。
田氏：	可不是吗，到了。
	（唱）【数板】到了亲家门，
	翻身下了驴。
	叫声傻小子，
	上前快叫门。
虎子：	（白）嗳，（走近，见门关着，回）妈呀，我姐姐家人都死啦。门关着呢。
田氏：	你再去好好看，门要扣的，人在外头儿；门要插着，人在里头儿。
虎子：	（前看）他家门插着，人在家啦。
田氏：	你去叫门。
虎子：	是啦。姐姐开门！
	（桂姐上）
桂姐：	（念）忽听巴狗咬，
	必有客来了。
	（白）谁呀？（开门见虎子）哟，虎子来了，你和谁来的？
虎子：	跟我妈来的。
田氏：	咱妈在哪里？
虎子：	（用手指）那不。
桂姐：	（唱）孩儿见娘泪悲伤，
	我父没来为哪桩？
田氏：	（唱）咱家事情忙，
桂姐：	（唱）我父可安康？
田氏：	（唱）全家大小都一样，
	孩有委屈对娘讲。
桂姐：	（唱）婆母打骂实难搪，
	怎不叫儿泪悲伤？
田氏：	（白）妈知道了。
虎子：	姐啊，驴拴哪？
桂姐：	拴牲口档上。
虎子：	哎。

桂姐： 弟弟快进屋吧。

田氏： 孩子，你婆婆在家吗？

桂姐： 在家啦。

田氏： 请你婆婆。

桂姐： 是，有请婆母。

（婆母上）

婆母： （念）忽听媳妇儿喊，

上前问根源。

桂姐： （白）参见婆母。

婆母： 罢了，请我何事？

桂姐： 我娘来了。

婆母： 带我去见，亲家母哪里（见面笑）啊？哈哈哈哈……

（唱）未从说话笑脸扬，

亲家母身体可安康？

乡下日子好，

吃得肥又胖，

粗鼓囵敦[1]多漂亮。

一路之上受风霜，

快到炕上解解凉。

田氏： （唱）未从说话笑嘻嘻，

亲家真能扯俏皮。

乡下再怎好，

不赶城市里，

乡下城里不能比。

住的是瓦房，

穿得整齐齐。

擦的雪花膏，

抹得怪香的，

老远一闻味儿扑鼻。

我说亲家母啊，

亲家怎能不稀罕你。

（白）亲家母呀，看你长得多漂亮，穿戴打扮得又好，我若是老爷们，也想多瞧你几眼。

婆母： 别扯啦，快上炕歇歇吧。

（二人坐）

田氏： 亲家母呀，我闺女过得门来，你多操心啦！

婆母： 我那亲家母啊！

（唱）亲家母落座细听我说，

你女儿怎么那么拙。

就爱串门子不愿把活做，

一双鞋做了一个月还多。

我那亲家母啊！

你说缺德不缺德？

叫她活活气死我。

田氏： （白）桂姐，你婆婆说给她做双鞋，做出一个多月吗？

桂姐： 妈呀，我在家时，你给我爹做那双鞋，做了多少日子？

田氏： 我才做多少日子？不就两个半月么。我说亲家母啊！

（唱）我的闺女，

是嫁出门的女，

泼了出去的水。

活着你家人，

死了你家鬼。

人留后来草留根，

我的亲家母啊，

谁家不是一辈留一辈？

婆母： （白）媳妇儿，你还不去准备饭菜？

桂姐： 是。

婆母： 亲家母，有话咱吃完饭再唠。

田氏： 好。

婆母、田氏：正是——

婆母： （念）媳妇儿把饭煮，

款待母老虎。

田氏： （念）老虎尾巴长，

专吃白眼狼。

[1] 囵敦：……的样子（形容形状）。

营口文化局存稿

于景新传本

张永夫、赵喆、刘世俊记录

采录时间：1984年

王少安赶船

又名《访美人》《玉镯记》，取材于《聊斋志异》。玉阳县富家子弟王少安出游，在江边遇渔家女张翠娥，王投玉镯戏之，翠娥父张德归来，翠娥随父扬帆而去。王沿江追赶至临安县，恰遇翠娥开门，见是赠镯书生，乃与其互道相思，又被其父冲散。归途中，王遇表叔傅德恩，经傅撮合，王入赘张家为婿。成亲日，张父乐极而死。后夫妇因戏言误会，娥投江，王懊悔万分。娥幸被县令刘在礼搭救，收为义女。一年后，王少安避雨刘宅，娥见，责其薄幸。王恳切相求，说明误会，经刘老夫妻从旁劝慰，夫妻和好。

秧歌戏只唱到王少安与张翠娥成婚。

人物：　　张德

　　　　　王少安

　　　　　傅德恩

　　　　　张翠娥

（王少安上）

王少安：（白）幼年不幸丧父母，心灰意懒弃四书。生 —— 王少安，不幸父母双亡，婚姻事高门不成低门不就，思想起来愁闷也。

（唱）少安闷坐在房中，

　　　思前想后好伤情。

　　　人生在世各由命，

　　　八字造就无改更。

父母生我无昆仲，

家业富厚财力横。

婚姻事高门不成低门不就，

闷闷悠悠坐在房中。

迈步走出房门外，

依着河边去望青。

（张翠娥、张德上）

张翠娥：（唱）风吹浪涌起银花，

　　　　父女江边做生涯。

张德：（白）来此已至，将船拢岸，丫头，落篷，待我给个锚。

　　　（唱）生世以来命运穷，

张翠娥：（唱）一直打鱼度日生。

张德：（白）老汉 —— 张德，

张翠娥：奴 —— 张翠娥。

张德：丫头下舱拿笼子，老爸爸到大街买些东西。

张翠娥：爸爸我也要买。我要买……

张德：你要买啥？

张翠娥：我要买溜圆儿的、赤红的、咬一口焦酸的、香甜的……

张德：那是什么玩意？

张翠娥：你猜一猜。

张德：那啥玩意？土豆、山楂！

张翠娥：不是。

张德：烂梨？

张翠娥：不是。

张德：老爸爸猜不着了。

张翠娥：我告诉你，爸爸，那是大苹果。

张德：啊！我的丫头要吃大苹果。

张翠娥：爸爸要吃。

张德：丫头要吃。

张翠娥：爸爸要吃。

张德：丫头要吃。

张翠娥：不，爸爸要吃，爸爸要吃。

张德：好！爸爸要吃。

张翠娥：我还要……我要一嘟噜的、酸紫的、翠绿的。

张德： 那是啥呀？

张翠娥： 爸爸你猜一猜。

张德： 黑天天？

张翠娥： 不是。

张德： 黑枣？

张翠娥： 不是。

张德： 老爸爸猜不着了。

张翠娥： 那我告诉你，那是山葡萄。

张德： 啊！丫头要吃山葡萄。

张翠娥： 爸爸要吃。

张德： 小娥要吃。

张翠娥： 爸爸要吃。

张德： 小娥要吃。

张翠娥： 爸爸要吃，爸爸要吃。

张德： 好，爸爸要吃山葡萄，给你买，与为父搭来扶手。

张翠娥： 好好去，早早回。

张德： 丫头好好看船，爸爸去了。(下)

张翠娥： (念) 薄命红颜女，

每日走江河。

(白) 奴 —— 张翠娥。待我做工一会儿呀！

(唱) 张翠娥坐船头，

我把针线活儿做，

自言自语自己思忖。

人常说红颜多薄命，

话不虚传果然实说。

我七岁丧了亲生母，

跟随爹爹走奔江河。

无兄无弟无有姐妹，

我父亲年过六旬多。

我今年年长一十七岁，

在家未聘是个闺阁。

常言说黄泉路上没有老和少，

老爹爹不定几时把眼合。

有朝不幸父亲下了世，

我无依无靠依靠哪一个？

坐在船内针线活儿做，

王少安： (上。唱) 少安行走到凉河。

六月三伏天气热，

河边渔船不见多。

有一只小小渔船河边卧，

上坐二八女娇娥。

头上青丝黑如墨，

银环戴在两个耳朵。

身穿单衫上海式，

中衣绣花底儿漂白。

手拿针线把活做，

左右开弓如同穿梭。

低头难见姑娘面，

故意大声使咳嗽。

见抬头两道弯眉如润柳，

一闪秋波似杏核。

悬胆鼻子樱桃口，

玉米银牙似银箔。

手拿针薥盘腿坐，

看不见金莲大小却如何？

叫她打动我的心意，

何不试探她贞洁如何？

悄悄河边无人走，

一锭银子手中托。

照准姑娘【行腔】砸在船上，

(白) 好大的架子。

(唱) 姑娘未看用手摸。

手摸银子不稀得看，

撒手丢扔在凉河。

叫人羞愧脸冒火，

抓耳挠腮又把脚跺。

一皮脸再来个二皮脸，

腕上撸下来一只玉镯。

河边无人砸在船上，

张翠娥： (唱) 啊，张翠娥听真看明白。

(白) 好一个无羞耻的人啦！

(唱) 眼望玉镯皱双眉，

　　　骂一声无耻的狂人该遭五雷。

　　　一锭银子给你扔在水，

　　　你就该醒醒急速退回。

　　　你又拿玉镯把我惊动，

　　　岂不知循环报应无礼生非？

　　　此镯子非玉即翠不忍抛下水，

　　　何不问问他姓氏名谁？

　　　未启朱唇四下望，

（张德内喊：嗯特！）

张翠娥：　(唱) 瞧见了老爹爹把船回。

张德：　　(白) 小伙到船上坐坐吧？

王少安：　好热的天啦……

张德：　　小伙到船上坐坐吧，年轻人嘴不馋眼睛可傻傻的，瞅人就往肉里盯。你盯上了，年轻人你学好，挣钱养活你爹妈，不养活我老婆孩儿。娥子，给爸爸打来扶手，爸爸上船。娥子，你看天气晴和，启船回家。

张翠娥：　爸爸在这住两天吧。

张德：　　不行啊，这里起了贼风了，待我起锚，开船。

（大过场，下）

王少安：　(唱) 见她顺风归何路？

　　　　　拾去玉镯头不回。

　　　　　摘去我的心肝肺，

　　　　　不顾路险顺岸追。

（三人跑三圈，娥向后摆三下手）

　　　　　步行土路似牛慢，

　　　　　船走顺风快如飞。

（白）哎呀，也罢！生 —— 王少安，来到河边闲游。遇一渔船，船上坐一美女。我将银子砸在船上，那女子一眼并未瞧看，将纹银扔到河里去了。我将腕上玉镯砸在船上，那女子倒有爱惜我之心。来了一个老者，上船起锚就走，是我追赶不上如何是好？啊哈，是了，回到家取多了银两，望风捉影走上一程。好，正是 ——

(念) 镜花水月如春梦，

　　　望风捉影走一程。（下）

（张、娥上）

张德：　　(白) 娥子，到家了。

　　　　　(唱) 顺风驶船似行云，

张翠娥：　(唱) 父女昼夜到家门。

张德：　　(白) 娥子到家了，钥匙还在后沟里。

张翠娥：　在后兜里。

张德：　　对，在后兜里。

（开开门，张进门就哭）

张翠娥：　爸爸你哭什么？

张德：　　孩子往日你妈在世那时，我爷儿俩回来，饭也做好，菜也炒好，酒也烫好了，你吃饭，爸爸喝酒，你看热乎乎多好，你看现在冷冷清清。

（又哭，娥也哭）

张德：　　娥你哭啥？

张翠娥：　我也想。

张德：　　你想谁？

张翠娥：　我想 —— 我想我妈。

张德：　　你妈，我老婆子。算了，谁也别想了，你看这屋子多埋汰[1]，你舀点水把地掸一掸。

张翠娥：　哎！（去舀水）爸爸缸里没有水了。

张德：　　老爸爸有自来水（嘟嘟）。咱爷儿俩安歇吧！明天我还要上你姨妈家去，给你姨妈送点鱼去。好！正是 ——

(念) 终朝每日驶渔船，

张翠娥：　(念) 父女到家身得安。（张、娥下）

王少安：　(上。白) 走哇……

　　　　　(唱) 为访美女昼夜行，

　　　　　依顺河边赶影踪。

　　　　　不知她家离此多远？

　　　　　可找何人问姓名？

　　　　　一天只走五十里，

　　　　　行走倒有六日工。

[1]　埋汰：脏。

访问渔船无人晓，

枉费贪心一片情。

行走太阳过了午，

腹内饥渴难登程。

（白）生——王少安，出外私访渔船美女，走了六日有余，并没访着踪影，只走得腹内饥渴。面前有一庄村，待我进庄讨水解渴。

（唱）上南行走进南村，

大街上静悄悄无有行人。

见路北有一家柴门大开放，

往里瞧鸦雀无声紧闭二门。

等在门外就地坐，

无精打采好似掉魂。

张翠娥：（上。白）老爹爹也该回来了。

（唱）太阳过午日转黄昏，

老爹爹去探亲也该转回门。

插下钢针盘上了绒线，

欠身离座走出房门。

推开里门四下张望，

在门外坐着一位少年人。

好像在哪里见过面？

却怎么一时想不真。

我急急退回二门里，

腿倚单扇稳住身。

咳嗽一声说是天不早，

（王少安站起四下张望）

但见那个人转面回身。

说是对，对，对，

正是那在河边抛银砸船扔玉镯的人。

他家住在玉阳县，

到此何干找何人？

街前无人走，

我把他来问，

问一声窗外的你是哪乡人？

（白）啊！门外之人，你家住哪里姓基名谁，到此何干，找的何人？

王少安：那姑娘你问我吗？我家住在玉阳县，我姓王，叫王少安。因在码头失了玉镯，到此寻找我那玉镯来了。

张翠娥：你找的可是这个吗？

王少安：罢罢罢，阿弥陀佛，快快给我。

张翠娥：你且退后。（双望门）

（唱）满面含羞启朱唇，

叫那人在我的里门里稳住身。

低着点儿声音少往前进，

你听说了，听到了稳住你的心。

王少安：（白）我实实稳不住心了哇。

张翠娥：（唱）我问问你在河边抛银砸船是何心意？

你不怕外人看见笑破唇。

一锭银子给你扔下水，

你就应该急速退回身。

你又拿玉镯来把我惊动，

你小看我渔家贫民打鱼驶船的人。

纵然你有爱我的意，

难道说我就有爱你的心？

你自觉甚美人品长得好，

依我看猪八戒也比你强上几分。

王少安：（白）别看褒贬，褒贬是买主，喝彩是闲人。

张翠娥：（唱）臭蛄蛄[1]别想落在我的梧桐树，

喝一口凉水拔拔你那妄想的心。

王少安：（唱）闻听此言羞无地，

脸红过耳无话云。

心中乱跳脸冒火，

又怕外面来了人。

瞧瞧外边无人走，

开门又把姑娘尊。

你说你无有爱我的意，

为什么玉镯现在你的身？

我想拐来镯子你就有此意，

姑娘你就该开天恩。

[1]　蛄蛄：蝲蝲蛄。

　　　　　你家可有兄与妹？

　　　　　父亲母亲可在家门？

张翠娥：　（白）我家无有啊！

王少安：　你父亲可曾在家吗？

张翠娥：　我父探亲去了。

王少安：　你母亲可曾在家吗？

张翠娥：　我母亲下世去了。

王少安：　（咳嗽）你父亲探亲，今天回不回来哩？

张翠娥：　今天不回来了。

王少安：　你们院内住你们几家呢？

张翠娥：　就住我们一家。

王少安：　（咳嗽）你父亲不回来，你不害怕吗？可有人
　　　　　给你做伴儿吗？

张翠娥：　害怕也是无有法。

王少安：　啊，姑娘你来看，还有我。

张翠娥：　有什么？有什么？

王少安：　你害怕，还有我。

张翠娥：　你什么？你什么？

王少安：　我的姑娘哇……

　　　　　（唱）若不然给我镯子我就走，

　　　　　　　免得你担惊受怕姑娘沉心[1]。

张翠娥：　（唱）我闻听此言暗称声，

　　　　　　　莫非说我们二人有此缘分？

　　　　　　　该做亲近启朱唇。

　　　　　　　要不然来得这样巧，

　　　　　　　大门独院无有二人。

　　　　　　　爸爸探亲姨妈家中去，

　　　　　　　该我们二人当面讲婚姻。

　　　　　　　我不由抬头仔细观看，

　　　　　　　上下打量这位年少的人。

　　　　　　　只见他天庭饱满多么样地主贵，

　　　　　　　地阁方圆有福分。

　　　　　　　他年纪不过二十岁，

　　　　　　　眉清目秀是一个斯文。

　　　　　我今年年长一十七岁，

　　　　　终生靠他倒也随心。

　　　　　主意一定忙开口，

　　　　　再叫那人你听真。

　　　　　千山万水你来到我的门口，

　　　　　山门即开焉有不慈心？

　　　　　到外面你可要嘴上面稳，

　　　　　得了便宜不要出口伤人。

王少安：　（白）姑娘既有美意相待，学生焉敢失口
　　　　　之理？

张翠娥：　如此，小宝贝你随我来。

　　　　　（王、娥下）

张德：　　（上。念）清晨去探亲，

　　　　　　　天晚回家门。

　　　　　（白）哎到家，开门。哎？我抽袋烟，哎哟！烟
　　　　　袋还丢了。我回去找烟袋。

　　　　　（娥往外推王少安）

王少安：　小生不走。（往外推，王少安和张德碰场）

张德：　　（念）烟袋不长不短儿，

　　　　　　　丢得正是节骨眼儿。

　　　　　（白）哎呀，这幸亏回来早，回来晚了还给压上
　　　　　了。哎，这是烟袋掉到车道沟里去了，车来了，
　　　　　还不给压了？（王少安下场，娥把门闩上了）

张德：　　丫头开门。

张翠娥：　（开门）爹你回来了。

张德：　　娥子你喘什么？

张翠娥：　我追狗追得。

张德：　　你好么央[2]的，追狗干啥？

张翠娥：　那狗赶小猫。

张德：　　为什么赶小猫？

张翠娥：　爹呀，咱们打的小鱼，不是给猫吃的吗？猫见
　　　　　了小鱼它就馋，从外面来个老狗就赶那猫，爹
　　　　　你说那老狗是不是多管闲事，那小鱼早晚还不
　　　　　是猫嘴里的东西吗？

[1]　沉心：心里不自在。

[2]　好么央：平白无故。

张德：	对，这老狗不是好狗。
张翠娥：	我姨好吗？
张德：	你姨妈好，我去了你姨妈给我包的饺子，一个肉蛋，回来还给你包的包子。
张翠娥：	爹您拿回来了吗？
张德：	我呀走几步摸吃一个，走几步摸吃一个，走到堡子东头还剩五个，我……
张翠娥：	爹您拿回来了？
张德：	我寻思寻思……
张翠娥：	拿回来了？
张德：	我又吃了。
张翠娥：	吃就吃了罢，天气不早咱们安歇吧。
张德：	正是 —— (念) 孝女胜八男， 　　　内心跳不安。
张翠娥：	(白) 这别扭劲儿。(下)
张德：	什么别扭，不怪年轻人十七八岁别扭，老汉我这么大岁数，寻思寻思也是别扭哇。(下)
王少安：	哎呀不好，生 —— 王少安，自出外寻找渔船美女，可巧访着此人。进得房去说些恩爱之话，来了一位老者。我说老者老者，你可要了我的命了。 (唱) 哎呀一声罢了， 　　　自觉一时头发昏。 　　　不辨东西和南北， 　　　一时之间走了真魂。 　　　眼见太阳往西落， 　　　此处无店哪里存身？ 　　　这里无亲又无故， 　　　难免狼咽与狗吞。 　　　少安正在为难处， (傅德恩上)
傅德恩：	(白) 嗯特 ——
王少安：	(唱) 那边来了一个老人。 　　　我在这里把他等， 　　　等他到来问个原因。

傅德恩：	(白) 走了。 (唱) 来了老汉傅德恩， 　　　身背粪篓拾大粪。 　　　面前站着年轻人……
王少安：	(白) 老伯请来见礼！
傅德恩：	还礼还礼，施礼为何？
王少安：	老伯此处是什么地面？
傅德恩：	这是平原县宁河营所管。
王少安：	北边那个庄哩？
傅德恩：	傅家庄。
王少安：	请问老伯此处可有店吗？
傅德恩：	有个店，这店又干净又利索又和气。
王少安：	多谢老伯，住店去了。
傅德恩：	前天黄了。
王少安：	哎呀，怎么又黄了呢？旁处有吗？
傅德恩：	哎，傅家庄有家豆腐房带小店，你要住店待我回家带你去。
王少安：	多谢老伯。
傅德恩：	咱们一边走一边唠，哎呀小伙，我听你口音不是当地人，你是哪里人？
王少安：	我家住玉阳县。
傅德恩：	哎呀！玉阳县好地方，土壮地肥，你叫什么名字？
王少安：	我姓王，叫王少安。
傅德恩：	你父亲叫什么名字？
王少安：	子不言父，王明贵。
傅德恩：	你就是王明贵的儿子，安头就是你？
傅德恩：	哎，老伯你怎么知道呢？
傅德恩：	你还有个姐姐叫小玲玲，小玲玲李茂林家的媳妇儿，不但你的小名我知道，就是你爸爸的小名我也知道，叫天送儿。
王少安：	老伯取笑了。
傅德恩：	鸡叫还得一问，哎呀认起来，咱们是亲戚。
王少安：	什么亲戚？
傅德恩：	你爸是我姑舅小舅子两姨连襟的小舅子，我是你姑舅叔，这一回你不用住店了，到我家住

一宿。

王少安：　表叔一向可好？

傅德恩：　罢了罢了！走了，走了！到家了，我开门。一个人过日子，出门带钥匙，一定自己过，进屋进屋，表侄你没吃饭吧？

王少安：　吃过啦。

傅德恩：　你到此有什么事呀？

王少安：　我前来访友。

傅德恩：　访哪一家呀？

王少安：　有一家父女打鱼为生。

傅德恩：　啊！不错，不错。张家庄是有一家人，父女二人以打鱼为生。

王少安：　他家有一个女儿？

傅德恩：　对。不错不错，他家有个女儿叫娥头，他爹跟我是老朋友，我们哥儿俩可是个知心的老朋友，你有啥事呀？

王少安：　表叔，小侄有言，望表叔莫怪。

傅德恩：　有话你就说吧。

王少安：　有心烦表叔与我提门亲事。

傅德恩：　那中，小炉匠打铁 —— 一回就成了。

王少安：　表叔，那就请您去一趟吧。

傅德恩：　天都黑了，明天再去，打铺安眠。

（起五更。王少安开门，推傅德恩）

王少安：　表叔，天都亮了，快去吧。

傅德恩：　天都亮了吗？这孩子，再不去都把你急死了。

（王少安下）

傅德恩：　走哇嗨……

（唱）来了表侄王少安，

　　　　叫我北庄提姻缘。

　　　　三里小路倒不远，

　　　　不用骑驴和坐船。

　　　　叨叨念念来得快，

　　　　来到张德家门前。

（白）兄弟开门！

张德：　谁？

傅德恩：　我。

张德：　你是谁？

傅德恩：　我傅德恩啦。

张德：　啊老哥呀！老哥哥你来咋不进来？

傅德恩：　你不开门，我咋进去呀？

张德：　你从门缝儿挤进来。

傅德恩：　这咋说？

张德：　好，你等着，我开门来，来，进来，进来。

张翠娥：　大伯你好哇！

傅德恩：　哎，这是谁呀？

张德：　这是你侄女。

傅德恩：　这是娥头。半年不见，长猛了，长高了。

张翠娥：　大伯呀，我十七了，我属鸡。

傅德恩：　看！你大伯来了，也不问大伯喝没喝酒，吃没吃饭。

张翠娥：　大伯，吃没吃饭？

张德：　你大伯多咱来咱这，不在咱这喝酒？丫头端酒来，喝酒。

傅德恩：　哎呀！丫头十七了，你都挺好的。

张德：　老哥呀，常言说得好，夜猫子进宅 —— 无事不来。

傅德恩：　这是什么话，夜猫不下乡，下乡有勾当。

张德：　你一早到兄弟家有什么事啊？

傅德恩：　兄弟你是不知道，我是给娥子提亲来了。

张德：　提亲好事，总是哥儿俩相好，你还挂着你侄女，喝酒，但不知是哪里的人？

傅德恩：　提起这个事还很远的。

张德：　对，亲戚远来香。

傅德恩：　邻居高打墙。喝……

（娥听场）

张德：　倒是什么地方？

傅德恩：　那个那……喝酒。

张德：　快说，怪着急的！

傅德恩：　就是那个，就是那个地方，哎喝酒！

张德：　倒是什么地方？

傅德恩：　那个玉阳县。

张德：　哎，那是个好地方，我们父女打鱼回来不几天。

傅德恩：	那是个好地方，土壮地肥。
张德：	好地方，那地一棵苞米就打一斗多。
傅德恩：	能有那么些吗？
张德：	我说捆一块儿。但不知姓什么？
傅德恩：	姓什么？喝酒。
张德：	你倒快说呀！
傅德恩：	他姓那个……
张德：	快说，怪着急的。
傅德恩：	那三横一竖，姓王。
张德：	姓还不错，他叫王什么？
傅德恩：	他叫王 …… 喝酒。
张德：	他叫王什么？
傅德恩：	王少安。
张德：	名儿还不错。
傅德恩：	他家里有钱有势，有房有地有大马车，你要把姑娘给他，那你就发财了。(傅看张) 哎呀！你怎么还睡了？
张德：	啊！你什么时候来的？
傅德恩：	我早来了。
张德：	你早来了？干吗来了？
傅德恩：	我不是给娥子提媒来了？
张德：	提媒？有婆家了。
张翠娥：	大伯呀，没有哇。
张德：	什么没有！
张翠娥：	熬鱼没有咸盐就淡吃，多摅大酱。
傅德恩：	给谁了兄弟？
张德：	给东庄狗不理包子铺，二个包子换出去了。
张翠娥：	大伯呀，还没成。
张德：	什么没成？
张翠娥：	鱼在锅里没盛。
张德：	给我摅在锅里打鱼酱。
傅德恩：	这酒我也不能喝了。
张德：	我也没让你喝。
傅德恩：	那我得走了。
张德：	你走，我也不送你了。
傅德恩：	哎，你不送，你怎跟来了？

张德：	我看着你，怕你偷我的东西。
傅德恩：	不会说话，你不学学。
张德：	你再来，脚趾盖给你打卷刃。(下)
王少安：	(上。念) 表叔去提亲， 　　　　不见转回门。
傅德恩：	(上。白) 开门！
王少安：	表叔回来了，亲事如何？
傅德恩：	进屋再说。
王少安：	亲事怎样？
傅德恩：	坐下再唠。我到那三言五语没费事，人家有婆家了，给东庄狗不理包子铺换包子吃了。
王少安：	我想无有此事了，想必是表叔酒言酒语，得罪人家也是有的。
傅德恩：	我哪得罪他啦，哥儿俩是老交情了。
王少安：	表叔你再辛苦一趟吧，你就说我愿意养老送终。(下)
傅德恩：	好，我再去上一趟。哎，拐弯抹角，说到就到。哎，兄弟开门！(张不答言，开门) 兄弟你别生气，我酒言酒语把你得罪，老哥给你赔不是来了。
张德：	赔不是，老哥儿俩没啥说的。不是你一张嘴就说他家有钱有势，我能卖姑娘吗？
傅德恩：	他家没有多少钱，人长得好，你要愿意，我表侄说了，情愿养老送终。
张德：	成了。
张翠娥：	成了，好！我烧炕去。
张德：	你少烧，别烧糊了。
傅德恩：	来给钱。
张德：	黄了。
傅德恩：	怎么？
张德：	你跟兄弟办事少提钱。
傅德恩：	这个钱不是给你的，是给娥子买花戴的。
张德：	给娥子买花吃。
傅德恩：	那好吗？
张德：	我说麻花。
傅德恩：	买粉吃的。

张德： 买粉吃的。

傅德恩： 粉好吃吗？

张德： 我说凉粉。这回成了，看个日子。

傅德恩： 我就会掐，丁是丁，卯是卯，哪天拜堂哪天好。好，我回去张罗张罗，明天我把姑爷领来就拜堂成亲。

张德： 好，老哥你回去了。（下）

王少安： （上。念）表叔去提亲，

　　　　　　 不见转回门。

　　　　 （白）表叔回来了。

傅德恩： 回来，回来了。

王少安： 表叔亲事如何？

傅德恩： 到屋再说。

王少安： 表叔亲事如何？

傅德恩： 哎呀，我看我不说快把他急死了。我到那三言五语妥了，成了，但有一件。

王少安： 哪一件？

傅德恩： 人家要姑爷倒插门。

王少安： 小侄愿去就是。

傅德恩： 好！就这么办，你明天一早就去，我今天就去帮助张罗张罗。

　　　　 （一天以后）

张德： （念）今日喜事到，

傅德恩： （念）咱俩掌大号。

张德： 老哥哥咱都一事百妥，哎，姑爷怎么还不来呢？

王少安： 嗯特。（上）

傅德恩： 来了，来了。我给引见引见。这是你岳父。这是你姑爷。

　　　　 （张瞅着，做个手势，跟傅耳语）

傅德恩： 噢！噢！拜堂。

　　　　 （念）一块檀香木，

　　　　　　 雕刻一马鞍。

　　　　　　 新人往上站，

　　　　　　 步步保平安。

　　　　　　 两廊奏乐。

　　　　　　 一拜天地，二拜高堂，

夫妻同拜，搀入洞房。

（下场走过，回来。张与傅一边坐一个，娥在父前，王站傅旁）

张德： 咱们四个人顶这四个大字：天、缘、凑、巧。再从这边念：巧、凑、缘、天。老哥哥，你看，姑爷也不错，我姑娘也不离儿，咱家这件事，别给外人提。老哥哥这里有乐子，我乐……

　　　　 （笑……乐岔气 —— 乐死过去了）

傅德恩： 哎呀，怎么了，怎么乐直眼了？

王少安： 罢了，岳父呀……

张翠娥： 爹爹呀……

　　　　 （张老头死，下）

傅德恩： 兄弟也去世了，你们过百[1]再回家。

王少安、张翠娥： 罢了。

王少安： 岳父 ——

张翠娥： 爹爹 ——

营口文化局存稿

张兰亭、高升明传本

赵喆记录

采录时间：1983年

小放牛

又名《杏花村》。王小二和李春娥相约百宝山上挖野菜，一路上二人又说又唱，你问我答，唱词中有很多东北的特产、风物描写。载歌载舞，有扇子、手绢等绝活展示。

[1] 过百：过一百天。指直系亲属去世一百天内，在家守孝。

人物：　　　王小二

　　　　　　李春娥

（在乐曲声中，王小二执马鞭舞上）

（幕后伴唱：三月里，杏花开，十里山村一片白，杨柳吐绿迎风摆，春花点点满山崖，小河流水哗哗响，牧童引牛出庄来。）

王小二：　（唱）放牛郎，出庄来，

　　　　　　　口衔横笛抒情怀，

　　　　　　　吹得青山添春色，

　　　　　　　辛酸苦辣心里埋。（隐下）

（李春娥挎筐上）

李春娥：　（唱）春风吹，花满坡，

　　　　　　　黄莺枝头唱新歌。

　　　　　　　白鹅戏水排成队，

　　　　　　　远远望见牧童哥。

　　　　　　　戴草帽，马莲披，

　　　　　　　倒骑牛背好快活。

　　　　　　　笛声吹得白云落，

　　　　　　　他能吹来我能和。

　　　　　（喊）牧童哥！

王小二：　（白）哎！（上）干什么？

李春娥：　你上这儿来！

王小二：　你上这儿来！

李春娥：　不嘛，你上这儿来！

王小二：　你快来呀，我逮了个大蝴蝶！

李春娥：　是吗？（跑过去）蝴蝶在哪？

王小二：　秃噜！——飞喽！

　　　　　（二人嬉戏）

李春娥：　你真坏，净糊弄人家。

王小二：　哎，春娥，有事儿吗？

李春娥：　牧童哥，咱们走啊！

王小二：　上哪去？

李春娥：　（唱）你不是告诉我，

　　　　　　　百宝山上野菜多，

　　　　　　　有蕨菜，有榛蘑，

　　　　　　　还有刺菜四个叶，

　　　　　　　我要剜菜上山坡！

王小二：　（白）啊，你要上百宝山啊。

　　　　　（唱）百宝山上菜不少，

　　　　　　　又鲜又嫩味道好。

　　　　　　　一会就剜一大筐，

　　　　　　　全家三天吃不了！

李春娥：　（白）哎呀，太好了！牧童哥你领我去呀！

王小二：　我领你去？（端起架子）你自己去吧。

李春娥：　我，我也不认识道儿啊！

王小二：　你怎么不认识道儿啊？

李春娥：　我眼睛不认识道儿呗！

王小二：　哈哈……眼睛不认识，嘴认识就行呗！

李春娥：　嘴认识？

王小二：　啊，

　　　　　（唱）你给我唱支好山歌，

　　　　　　　我就领你上山坡，

　　　　　　　若唱山歌快张嘴，

　　　　　　　不然自己去——瞎——摸！

李春娥：　（白）唱山歌？（眼珠一转，计上心来）牧童哥叫我唱山歌也不难，你得把山菜名报全。

王小二：　（正是拿手好戏，卖弄起来）好，你有一问，我就有一答，若有一样答不对，我大头朝下地上爬！

李春娥：　一言为定！

王小二：　绝不变更！

李春娥：　牧童哥，你听——

　　　　　（唱）什么菜头上开黄花？

　　　　　　　什么菜不怕马蹄踏？

　　　　　　　什么菜不怕太阳晒？

　　　　　　　什么菜长个大脑瓜儿？

　　　　　　　四样菜你若一样答不对，

　　　　　　　你就得大头朝下地上爬——叫人笑掉牙！

王小二：　（唱）藤黄菜头上开黄花，

车轴辘菜不怕马蹄踏。

蚂蚁菜不怕太阳晒，

小根菜长个大脑瓜儿。

四样山菜全答对，

别想看我地上爬 —— 看你还问啥！

李春娥： （唱）什么菜生长在高山？

什么菜生长在河湾？

什么菜洗也洗不净？

什么菜到家焯好要晒干？

王小二： （唱）刺老芽生长在高山，

水芹菜生长在河湾。

灰菜洗也洗不净，

蕨菜到家焯好要晒干。

你问这四样又答对，

还有啥难题快往外搬。

李春娥： （唱）什么白来什么黑？

什么一出一大堆？

什么长得像红伞？

什么菜雨后一层，旱天就没？

王小二： （唱）白蘑白来木耳黑，

榛蘑一出一大堆。

松蘑长得像红伞，

地抢皮[1]雨后一层，旱天就没。

扬鞭赶牛向南去 ——

没有工夫把你陪。

李春娥： （白）牧童哥，你回来！

（唱）我唱山歌刚开篇，

为啥赶牛要上山？

王小二： （唱）盘子养鱼池（词）太浅，

三岁顽童也能猜全。

李春娥： （白）啊，你嫌我出题太浅了，好，这回来深的，

让你答不上来。

王小二： 没有的事儿！

李春娥： 好，你听着吧！

（唱）什么菜吃了苦溜溜？

什么菜吃了口水流？

什么菜一股清香味？

什么菜长得像猴头儿？

王小二： （唱）苣荬菜吃了苦溜溜，

酸菜溜吃了口水流。

山黄瓜一股清香味，

有一种蘑菇外号叫猴头儿。

李春娥： （唱）牧童哥你对山菜可真熟，

聪明伶俐过了头儿！（笑个没完）

王小二： （不解其意。白）你笑什么？

李春娥： 牧童哥，咱们走吧。

王小二： 走？

李春娥： 山歌唱完了，不该上山了吗！

王小二： 对。（欲走）哎，不对劲儿呀 …… 好悬没把我唬过去！你把我好顿考，我给你好顿唱，就算完了？

李春娥： 咯 ……

王小二： 小机灵鬼儿，你就坐那笑吧，一会儿就到狮子岭了！

李春娥： 牧童哥，别生气，要考要问你快说，我歌准比你歌多。

王小二： 好，你听着！

（唱）不问水来不问山，

不问佛来不问仙。

我问你 ——

什么叫车它不转？

什么叫针线难穿？

什么下蛋不叫鸟？

什么叫鸟下蛋难？

李春娥： （唱）我知道 ——

摇车子[2]叫车它不转，

罗盘针叫针线难穿。

长虫下蛋不叫鸟，

[1] 地抢皮：也叫地皮子或者地木耳。

[2] 摇车子：摇篮。

蝙蝠叫鸟下蛋难。

王小二： （唱）什么叫盐它不咸？

什么叫酸它不酸？

什么叫辣它不辣？

什么叫糖它不甜？

李春娥： （唱）房檐叫檐它不咸，

门闩叫闩它不酸。

白蜡叫蜡它不辣，

池塘叫塘它不甜。

王小二： （唱）什么叫山不是山？

什么叫地不种田？

什么叫河不流水？

什么叫琴没有弦？

李春娥： （唱）房山叫山山不是山，

砖地叫地地不能种田。

天河叫河不流水，

炕琴[1]叫琴没有弦。

王小二： （唱）什么叫杯盛不了水？

什么叫油点不了灯？

什么叫米做不了饭？

什么叫牛不能把地耕？

李春娥： （唱）石碑叫碑盛不了水，

酱油叫油点不了灯。

海米叫米做不了饭，

蜗牛叫牛不能把地耕。

王小二： （唱）什么人天河两岸泪满腮？

什么人思凡下天台？

什么人散花五光十色？

什么人奔月一去没回来？

李春娥： （唱）牛郎织女天河两岸泪满腮，

七仙女思凡下天台。

天女散花五光十色，

嫦娥奔月一去没回来。

王小二： （唱）再问你 ——

什么人东海洗澡闹龙宫？

什么人七星台上借东风？

什么人劈山救过生身母？

什么人金箍棒三打白骨精？

李春娥： （唱）我知道 ——

小哪吒东海洗澡闹龙宫，

诸葛亮七星台上借东风。

小沉香劈山救过生身母，

孙悟空金箍棒三打白骨精。

王小二： （唱）再问你 ——

什么人铡过驸马陈世美？

什么人假扮阴曹审潘洪？

什么人算卦巧审娄阿鼠？

什么人为民请命参严嵩？

李春娥： （唱）我知道 ——

包公铡过驸马陈世美，

寇准假扮阴曹审潘洪。

况钟算卦巧审凶手娄阿鼠，

海瑞为民请命参严嵩。

王小二： （唱）四位清官你记全，

再问你女将整四员。

什么人替父从军十二载？

什么人征西大战锁阳关？

什么人大破天门阵？

什么人擂鼓战金山？

李春娥： （唱）花木兰替父从军十二载，

樊梨花征西大战锁阳关。

穆桂英大破天门阵，

梁红玉擂鼓战金山。

王小二： （唱）四员女将说得详，

再问你水泊梁山四员将。

什么人景阳冈上打猛虎？

什么人桃花庄上装新娘？

什么人神州打擂卖绒线？

什么人大闹忠义堂？

李春娥： （唱）我听过书来看过戏，

[1]　炕琴：放在火炕上的长柜子。

0417

梁山好汉记心房。

武二郎景阳冈上打猛虎，

鲁智深桃花庄上装新娘。

浪子燕青神州打擂卖绒线，

黑旋风李逵大闹忠义堂。

梁山泊一百单八将，

我记住五十零四双。

今天你别光问我，

我也要问问你这放牛郎。

什么人放牛，书本挂在牛角上？

什么人放牛，力分双牛力量强？

什么人放牛，他在山上把牛宰？

什么人放牛，捎带画荷花几十张？

王小二：　（唱）我听说 ——

小李密放牛，书本挂在牛角上，

小狄雷放牛，力分双牛力量强。

朱洪武放牛，他在山上把牛宰，

小王冕放牛，捎带画荷花几十张。

荷叶绿，荷花香，

放牛的画家美名扬。

李春娥：　（唱）对对对，答得强，

我再问你事几桩。

什么人骑着青牛云中走？

什么人骑马千里送京娘？

什么人上阵骑着四不像？

什么人倒骑毛驴走四方？

王小二：　（唱）我听说 ——

太上老君骑着青牛云中走，

赵匡胤骑马千里送京娘。

姜子牙上阵骑着四不像，

张果老倒骑毛驴走四方。

李春娥：　（唱）好一个有问必答的小牛郎，

再问你十个女子排成行。

什么人排行为大劫牢房？

什么人排行为二开店房？

什么人排行为三担过水？

什么人排行为四下天堂？

什么人排行为五寻夫主？

什么人排行为六会六郎？

什么人排行为七会射箭？

什么人排行为八游春遇宋王？

什么人排行为九化蝴蝶？

什么人排行为十怒沉百宝箱？

王小二：　（唱）我听说 ——

顾大嫂劫牢反狱舞刀枪，

孙二娘十字坡上开店房。

李三娘打水井台母子会，

张四姐私自临凡下天堂。

赵五娘寻夫那叫《琵琶记》，

杨六娘柴郡主地穴送饭会六郎。

杨七娘杜金娥深山射箭逢夫主，

杨八姐游春郊外遇昏王。

祝九红[1]、梁山伯死后双双化蝴蝶，

杜十娘恨李甲骂孙富，怒沉百宝箱。

李春娥：　（唱）从一到十都答全，

再问你从古到今十座山。

汉韩信十面埋伏什么山？

三国的诸葛亮六出什么山？

隋唐的秦琼救驾在什么山？

西游的孙悟空住在什么山？

刘金定立牌招夫什么山？

老令公碰碑在什么山？

杨五郎出家就在什么山？

岳飞杀金兵在什么山？

老罕王出世在什么山？

牧童哥领我剜菜上什么山？

王小二：　（唱）要问山，就问山，

古今山名我记得全。

汉韩信十面埋伏九里山，

三国时诸葛亮六出祁山。

[1]　祝九红：祝英台。

0418

隋唐的秦琼救驾临潼山，

西游的孙悟空住在花果山。

刘金定立牌招夫双锁山，

老令公碰碑死在两狼山。

杨五郎出家在五台山，

岳飞杀金兵在牛头山。

老罕王出在咱关东长白山，

牧童哥我领你剜菜上百宝山。

春娥你骑在牛背上，

咱二人早去早回还。

李春娥：(白) 好。上牛喽！

(李春娥上牛，王小二赶牛)

王小二：走！

(起舞 —— 伴唱：大雁高飞春风和，小二放牛遇春娥，两小无猜情谊厚，曲曲山歌飞过坡。)

民间艺人演出本

王礼和记录

采录时间：1965年

采录地点：沈阳市

杨八姐打店

又名《拉马》《拦马》《挡马》，源于《杨家将》传说。杨八姐奉了佘太君之命，女扮男装到北国打探军情，在北国遇见一个店家拉自己的马进店喝酒，在交谈中得知这位店家是杨令公的偏将焦庚甫（别本作"焦光普"），流落北国十八载，兄妹二人定计混进了幽州城。

人物：　　焦庚甫

　　　　　杨八姐

(焦庚甫上)

焦庚甫：(念) 生在南朝困北番，

柳林镇上开酒店。

光阴飞快十八载，

身在曹营心在汉。

(白) 在下焦庚甫，我堂兄焦赞。山西范阳县人氏，跟随老令公南征北战，当一名小小的偏将。想当年七郎八虎，大破幽州，金沙滩上一场恶战，只杀得杨家父子七零八落。我老焦失落北番一十八载，在这柳林镇上开了一座酒店。俺以卖酒为名，暗中打探军情，单等宋军一到，也好里应外合。是我前日闻听人言，六郎元帅被韩昌困在北国，援兵未到。今日不免店门外打听打听。待我挑起酒幌儿，店门外走走！

(唱) 把酒幌儿插在大门东，

酒旗上有字写分明。

上写闻香下坐马，

下写知味把车停。

孙猴吃了我的酒，

蟠桃会上显奇能。

哪吒吃了我的酒，

闹得东海不太平。

刘伶吃了我的酒，

回到家里醉三冬。

来往都是北国汉，

不见南朝人一名。

将身来在门前站，

眼望南方暗叮咛。

老焦我被困番邦地，

盼你们盼得我眼睛红。

一盼太君发人马，

再盼咱三关众弟兄，

我盼大刀叫岳胜，

打虎壮士名杨青，

柴林、柴干弟兄俩，

孟良、焦赞二长兄。

三关英雄盼不到，

再盼那天波杨府兵。

盼望那大刀王怀女，

还有那大破天门穆桂英。

盼望六嫂柴郡主，

又盼八嫂云秀英。

八姐九妹快来吧，

带着那烧火丫头杨排风。

众家姐妹齐来到，

搭救六哥回宋营。

焦庚甫心中盼宋将，

不觉得东方红日升。

转身且回店房内，

等候着宋朝杨家发大兵。（下）

（杨八姐趟马上）

杨八姐：　（唱）杨八姐打马出汴梁，

这马不停蹄奔北方。

我六哥被困在北国，

为搭救六哥我女扮男装。

走一程，又一程，

黄沙扑面眼难睁。

不见黄沙还罢了，

看见黄沙恨难平。

还记得当年双龙会，

金沙滩前起战争。

我大哥替主丧了命，

我二哥剑下丧残生。

我三哥马踏如泥烂，

我四哥失落在番营。

我五哥出家当和尚，

我六哥镇守三关城。

我七哥被潘仁美乱箭穿身死，

我的父李陵碑前尽了忠。

现如今只剩下六哥杨延景，

再不见七郎八虎众弟兄。

天波府女将都出了马，

大破天门是穆桂英。

俺杨家无数英雄将，

俱都是一心为国来尽忠。

南方反了往南战，

北边反了往北征。

六哥他此番被困番邦地，

不知吉来不知凶。

杨八姐马上正慨叹，

远远望见北国城。

远看城墙三滴水，

近看垛口数不清。

一个垛口一尊炮，

一杆大旗十名兵。

护城河倒栽垂杨柳，

打鱼的小船在河中。

车走吊桥如擂鼓，

马跑旱沙黄烟蒙。

城门好像猛虎洞，

我深入虎穴要擒龙。

扬鞭打马把城进，

打探消息要见机而行。（下）

焦庚甫：　（上。唱）我才在店中打个盹儿，

梦见了得胜还朝回东京。

佘老太君来敬酒，

天波府内大庆功。

老焦我正饮得胜酒，

忽听那一阵马铃声。

揉揉二目睁眼看，

见一员将官甚威风。

头戴银盔身着素甲，

左带着箭来右挎弓。

我看他不像北国将，

一定是南朝少年英雄。

我何不追上去拉马？

是真是假弄个清。（下）

杨八姐：　（上。唱）八姐马上抬头看，

有一座酒馆面前迎。

有心下马问个信儿，

失漏机关了不成。

我不走大街走小巷 ——

焦庚甫：（拉马）我上前拉住马缰绳。

杨八姐：（唱）我问你拉马为何故？

焦庚甫：（唱）请军爷下马进店饮刘伶。

杨八姐：（唱）一无亲来二无故，

怎好平白扰店东？

焦庚甫：（唱）山在西，海在东，

山水相连处处通。

五湖四海皆朋友，

人到何处不相逢？

今日下马扰了我，

明日我再扰老兄。

杨八姐：（唱）八姐马上暗思量，

打量此人不寻常。

想酒店来往客商广，

打探军情更便当。

顺水推舟歇片刻，

察言观色多提防。

八姐翻身下坐骑，

焦庚甫：（唱）焦庚甫上前拉马缰。

柳木槽头拴坐骑，

马鞭搭在鞍桥上。

回身再把军爷请，

军爷快请进店房。

杨八姐：（唱）【数板】眼前一座好大店，

焦庚甫：（唱）柳林镇酒名四海传。

刘伶问酒何处有，

杜康回答此处鲜。

不醉三年不要钱，

请军爷再往旁处观。

杨八姐：（唱）门前修个大影壁，

焦庚甫：（唱）一丈多高三尺宽。

下画河，上画山，

河里画上打鱼船，

请军爷再往旁处观。

杨八姐：（唱）八姐迈步把屋进，

举目抬头仔细观。

纸糊天棚如雪洞，

地下铺着大方砖。

八仙桌子当中放，

金漆椅子列两边。

红木床，大又宽，

上面铺着羊毛毡。

琵琶弦子墙上挂，

桌上放着象棋盘。

焦庚甫：（唱）好琵琶，好丝弦，

想必军爷你会弹。

杨八姐：（唱）军爷爱听战鼓响，

不爱琵琶和丝弦。

焦庚甫：（唱）军爷不爱就不弹，

您还有何事吩咐咱？

杨八姐：（唱）我的马不吃长秆草。

焦庚甫：（唱）那不难，那不难，

我有个伙计叫张三。

他会续，我会铡，

铡的草秆赛豆瓣。

有麸子，拌咸盐，

管你战马往饱餐。

别说军爷你一匹马，

十匹八匹也不难。

杨八姐：（唱）我的马不喝长流水。

焦庚甫：（唱）这件事，也不难，

店后有个清水泉。

我叫伙计王老四，

他到后院把水担。

别说军爷一匹马，

十匹八匹喝不干。

杨八姐：（唱）军爷下店要观画。

焦庚甫：（唱）要观画，也不难，

小店不大古画全。

上八联，下八联，

左八联，右八联，

哗啦啦打开七八十来联，

军爷你要观哪联就观哪联。

杨八姐：　（唱）红脸大汉上边坐，

焦庚甫：　（唱）那是三国关美髯。

过五关，斩六将，

刀劈秦琪黄河滩。

蔡阳领兵将他赶，

人头落在古城前。

杨八姐：　（唱）两旁站着黑白二员将，

焦庚甫：　（唱）那本是周仓、关平来站班。

周仓力大把刀扛，

关平双手把印端。

杨八姐：　（唱）黄骠马驮着一位黄脸汉，

焦庚甫：　（唱）那是秦琼大战临潼山。

杀杨广，救李渊，

瓦岗寨上美名传。

杨八姐：　（唱）有一个小孩拿板斧，

焦庚甫：　（唱）那本是沉香救母劈华山。

杨八姐：　（唱）女子马上把琵琶抱，

焦庚甫：　（唱）昭君娘娘和北番。

杨八姐：　（唱）有个女子将台坐，

焦庚甫：　（唱）樊梨花点兵寒江关。

杨八姐：　（唱）有一员小将骑白马，

焦庚甫：　（唱）那本是女扮男装花木兰。（看杨八姐
　　　　　　一眼）

杨八姐：　（唱）她真是个女豪杰！

焦庚甫：　（白）军爷你……

杨八姐：　（唱）我什么？

焦庚甫：　（唱）【数板】你也够上男木兰。

杨八姐：　（唱）店家此话是何意？

焦庚甫：　（唱）夸奖军爷你一番。

杨八姐：　（唱）夸奖我，不敢担，

店家你，也不凡。

在北番挂着南朝的画，

英雄豪杰你说得全。

把画收起我要喝酒。

焦庚甫：　（唱）要喝酒，也不难，

玫瑰露，老白干，

烧黄二酒几十坛。

状元红，竹叶青，

爱喝什么我好端。

杨八姐：　（唱）为军我下酒要吃菜。

焦庚甫：　（唱）要吃菜，也不难，

听我把菜名报一番，

海参、猴头、鲨鱼翅，

熏鸡、填鸭、干炸丸。

溜鲤鱼、涮羊肉，

油炸铁雀味道鲜，

不酥不脆不要钱。

杨八姐：　（唱）为军我下店要吃饭。

焦庚甫：　（唱）要吃饭，也不难，

听我把饭名报个全。

高粱米饭像珍珠，

小米饭，星星闪，

粳米饭，赛雪团。

黄米饭，管保黏，

加上糖，比蜜甜。

杨八姐：　（唱）为军我今天要吃面。

焦庚甫：　（唱）要吃面，更不难，

我有个伙计李老三。

擀的白面像雪片，

拿刀一切像银线。

下在锅里团团转，

挑在碗里莲花瓣。

顺腰掏出一头蒜，

一扒扒了个七八瓣，

一捣捣了个稀糊烂。

面拌蒜，蒜拌面，

辣得军爷一头汗。

小堂倌儿，我更灵便，

伸手拿来鹅翎扇，

我给军爷扇扇汗。

杨八姐：　（唱）堂倌儿快去端酒来！

焦庚甫：　（唱）老焦答应不消停。

急忙端来酒和菜，

我与军爷接接风。

满满斟上一杯酒，

杨八姐：　（唱）八姐心中打调停。

在家奉了母亲令，

我到北国探军情。

酒喝多了误大事，

失漏机关了不成。

低头一计有有有，

叫声酒保你是听。

（白）酒保，酒保，马开了！

焦庚甫：　待我去看。（下）

杨八姐：　（唱）【数板】哄得酒保去看马，

八姐这里不消停。

急忙抽开三尺剑，

把酒倒在剑鞘中。

焦庚甫：　（上。唱）老焦看过桃红马，

心中不住犯调停。

我看那将不像男子汉，

好像一位女花容。

走道迈小步，

说话有细声，

脖子无"葫芦"，

耳朵扎窟窿。

乔装来改扮，

叫我认不清。

设法把他问，

见机把事行。

军爷我看你不像北国将，

好像南……

杨八姐：　（白）南？南什么？（亮剑）

焦庚甫：　（急改口。唱）【数板】说着难，道着难，

我这个小店不挣钱。

文官吃酒耍脾气，

武将吃酒耍野蛮。

军爷您老想一想，

您看我作难不作难？

杨八姐：　（唱）吃你酒，给你钱，

我管你作难不作难！

焦庚甫：　（唱）一个难（南）字刚出口，

惹得军爷把脸翻。

分明说破了，

他的巧机关。

设法再探问，

看风来使船。

军爷我看你不像北国将，

好像南朝杨……

杨八姐：　（白）杨什么？（亮剑）

焦庚甫：　（唱）【数板】说着杨，道着杨，

我家有三八二十四只大绵羊。

我的孩子去放羊，

将羊赶在南山上，

从那旁来了白脸狼。

白脸狼，逞凶狂，

跳在羊群来咬羊。

咬得大羊直劲儿叫，

咬得小羊一命亡。

咬死羊多往家扛，

吃羊肉，喝羊汤。

剥下羊皮做皮袄，

冬防冷来又隔凉。

军爷你只管来饮酒，

你管我说羊不说羊。

杨八姐：　（唱）吃你酒，喝你汤，

你说什么羊来道什么羊！

焦庚甫：　（唱）一个杨字刚出口，

那小将一旁紧提防。

胆小不得将军做，

我单刀直入又何妨？

我看军爷你不像北国将，

分明你南朝有家乡。

你好像天波府的杨八姐，

为避人耳目你女扮男装。

杨八姐：（唱）见他认出我杨八姐，

不由心中一激灵。

顺腰抽出三尺剑，

他若是走漏风声我就下绝情。

焦庚甫：（唱）叫声八妹别动火，

八妹你剑下要留情。

休把我当胡儿看，

我本是南朝队里兵。

杨八姐：（唱）你是南朝哪一个？

焦庚甫：（唱）焦庚甫就是我的名。

失落番邦十八载，

昼夜盼望回宋营。

杨八姐：（唱）此事关系甚重大，

你有何物作证凭？

焦庚甫：（唱）从贴身取出当年偏将印，

我小心保存了十八冬。

杨八姐：（唱）果然他是焦二兄，

收回宝剑换笑容。

急忙上前来施礼，

宽恕小妹我不知情。

焦庚甫：（唱）八妹你不在天波府，

来到北国为哪宗？

杨八姐：（唱）天波府奉了母亲令，

来到北国救六兄。

焦庚甫：（唱）救六兄，救六兄，

太君给你多少兵？

杨八姐：（唱）给我兵马我没要，

单人独马下幽京。

不是八姐夸海口，

开刀先杀萧银宗。

焦庚甫：（唱）你一匹马能追几匹马？

一人能杀多少兵？

一龙能搅几江水？

一面墙能挡几面风？

杨八姐：（唱）我一匹马能追千匹马，

一人能杀百万兵。

一龙能搅九江水，

一面墙能挡八面风。

焦庚甫：（唱）不中不中可不中，

休把胡儿来看轻。

你杀一千来杀一万，

就杀到来年八月十五也杀不清。

杨八姐：（唱）要依焦兄怎么办？

有何妙计救六兄？

焦庚甫：（唱）要依为兄我来看，

贤妹暂稳后店中。

打探军情我们齐下手，

咱再设计救六兄。

但等太君大兵到，

里应外合破番城。

不知八妹可愿意？

杨八姐：（唱）就依焦兄照计行。

二人合：（唱）兄妹二人定巧计，

待机大破幽州城。

高德振口述

耿瑛记录

采录时间：1974年

采录地点：盘锦市

祝英台[1]

梁祝下山十八里相送一段。梁山伯与祝英台的故事为中国四大民间传说之一。旧本梁山伯为丑扮,从抄本到艺人口述本,祝英台都把梁兄叫成"傻哥"。传说土地老怕梁山伯认出祝英台是女扮男装,将其三魂勾走一魂,因此他才呆头呆脑。此篇是在清代抄本中发现的民间秧歌小戏。

人物: 梁山伯
祝英台

梁山伯: (念) 说我胡混就胡混,
先读四书不识字。
早晨背书打几板,
晌午背书打几棍。
(白) 我梁山伯,只因师父叫我送兄弟下山,将兄弟唤出来,兄弟哪里转来!

祝英台: (念) 读书知明礼,
孝道最为贤。
(白) 小生祝英台,忽听大哥唤,只得上前去。兄傻哥在上,兄弟有礼,将兄弟唤来,有何话说?

梁山伯: 无事不将兄弟唤来,我师父叫我送你下山,去讨日期。

祝英台: 师父,徒儿有礼。
(内: 施礼为何?)

祝英台: 我大哥送我下山,放我几天日期?
(内: 放你一月。)

祝英台: 谢过师父,大哥我讨了来了。

梁山伯: 讨了几天?

祝英台: 一月。

梁山伯: 那少我可不要。

祝英台: 不要你去讨。

梁山伯: 师父在上,徒儿打躬。
(内: 施礼为何?)

梁山伯: 我送兄弟下山,放我几天日期?
(内: 放你三天。)

梁山伯: 谢过师父。

祝英台: 傻哥,你讨了来了?

梁山伯: 讨来了三天。

祝英台: 一月还说少,三天怎么还多?

梁山伯: 去一天,来一天,当间还剩下一天。

祝英台: 书箱雨伞谁背着?

梁山伯: 二人同行,大的受苦。我背着,走吧。

祝英台: (唱) 八仙桌子四角方,

梁山伯: (唱) 放在书房炕当央。

祝英台: (唱) 我向先生施一礼,
先生说我是娇娘。

梁山伯: (唱) 太阳出来紫霞霭,
高山下来二秀才。
头里走的梁山伯,
后跟兄弟祝英台。

祝英台: (唱) 走一沟来又一沟,
沟里沟外好石榴。
有心摘给大哥用,
用了石榴光想偷。

梁山伯: (唱) 不是大哥夸海口,
不吃石榴不来偷。

祝英台: (唱) 走一壕来又一壕,
壕里壕外有仙桃。
有心摘给大哥用,
用了仙桃的好逃学。

梁山伯: (唱) 不是大哥夸海口,
不吃仙桃不逃学。

祝英台: (唱) 走一洼来又一洼,
洼洼倒有好庄稼。
那个高的是高粱,

[1]　选自清同治十三年 (1874) 腊月十一日,姜连文记《天天乐调》(抄本)。

那个矮的是棉花。

歪着脖的是小麦，

那个支嘴的是芝麻。

高粱地里占豆角，

棉花地里占菜瓜。

有心摘给大哥用，

用上了菜瓜再不想回家。

梁山伯：　(唱)不是大哥夸海口，

不吃菜瓜也不想回家。

祝英台：　(唱)走一街来又一街，

街街倒有过路牌。

过路牌上写大字，

叫声傻哥听明白。

梁山伯：　(白)兄弟，怎么不走了？

祝英台：　你看这过路牌上写四个字，傻哥，你认得不

认得？

梁山伯：　大小多少。

祝英台：　我拿扇子对。

梁山伯：　那大呢？

祝英台：　扇子打开就大。

梁山伯：　那小呢？

祝英台：　扇子合上就小。

梁山伯：　多呢？

祝英台：　夏天用得多。

梁山伯：　少呢？

祝英台：　冬天用得少。

梁山伯：　大小多少。

祝英台：　你还得对上。

梁山伯：　你把扇子借与我，我与你对上。

祝英台：　我就是不借扇子。

梁山伯：　小小的人……好估董。你不借，我用嘴对。

祝英台：　拿嘴怎么对？

梁山伯：　我这大呢，嘴张开就大。

祝英台：　那小呢？

梁山伯：　闭上就小。

祝英台：　多呢？

梁山伯：　吃饭时用得多。

祝英台：　少呢？

梁山伯：　拉屎用得少。

祝英台：　(唱)走一庄来又一庄，

庄庄倒有粉壁墙。

粉壁墙上写大字，

梧桐树上落凤凰。

小凤凰来大凤凰，

这枝落到那枝上。

学堂同学十八个，

我的文章比他们强。

若是上京去科考，

得中头名状元郎。

挣来乌纱我不戴，

戴在傻哥你头上。

你做官来我掌印，

风风流流过时光。

过上三年并二载，

我与你生个小儿郎。

你怀抱在我怀里，

叫你爹来叫我娘。

走一坡来又一坡，

坡坡倒有树几棵。

棵棵旁边有青草，

青草上边露水多。

湿了裤子晴天晒，

湿了绣鞋难死我。

二人就把山坡下，

前行来在一沙河。

沙河以里河水大，

漂漂过来一对鹅。

公鹅就在前头走，

母鹅后头叫哥哥。

叫声傻哥回头看，

谁是公鹅谁是母鹅？

梁山伯：　(唱)不必兄弟来哄我，

你是公鹅我是母鹅。

祝英台： (唱) 出言又把傻哥叫，

叫声傻哥快过河。

(白) 不用走了，咱们过河吧，你去雇船去。

梁山伯： 我不会雇船。

祝英台： 你说过河雇船，我给钱。

梁山伯： 兄弟，没有船了。

祝英台： 傻哥，你背我吧。

梁山伯： 我背着你，你别骂人。

祝英台： 我不骂人，走吧。

(唱) 英台一阵笑呵呵，

弟兄二人来过河。

二人过河有一比，

比作姜老背姜婆[1]。

梁山伯： (白) 你骂人，我不背着你。

祝英台： 你不背着我，各自蹚各自的。谁不兴看谁。谁
要看，罚绣荷包一对，银子五两。

梁山伯： 好啊。

祝英台： (唱) 英台我在一河坡，

脱了绣鞋脚裸着。

手扶尘埃平身一起，

哗啦哗啦来过河。

(白) 大哥，丢了。

梁山伯： 丢了什么？

祝英台： 丢了香荷包、银两，你过河给我捡回来。

梁山伯： 好，我捡回来给你，我不要。

祝英台： 好啊。

(唱) 只见大哥把河过，

倒叫为奴喜心窝。

手扶尘埃平身起，

出言又叫傻大哥。

梁山伯： (白) 你竟敢老说我傻，我不过了，我学学兔子
蹚鹰。我就跳过来了，走吧！

祝英台： (唱) 祝九红来恼心上，

恼恨大哥不醒腔。

头前走的梁山伯，

后跟兄弟女娥皇。

二人这里往前走，

行走来在一庙堂。

出言又把傻哥叫，

叫声傻哥听其详。

你认这是红油柱子红油梁，

当间有个地藏王。

一进庙堂把头磕，

抬头观见三尊佛。

保佑保佑多保佑，

保佑奴家女娇娥。

保佑他爹是我公公，

保佑他母是我婆婆。

保佑傻哥是我女婿，

我与他铺床去叠被格。

磕罢头来把身起，

出言又叫傻大哥。

(白) 咱们不如破个闷儿[2]猜吧。

梁山伯： 我先破一个 —— 南边来个白大姐，又没骨头
又没血。

祝英台： 那是大豆腐。

梁山伯： 你还有没有了？

祝英台： 我没有了，我抓个闷儿你猜猜吧。

梁山伯： 你怎么抓闷儿呀？

祝英台： (唱) 二人走进一树林，

林里还有一座坟。

坟里埋的是棺椁，

棺椁里边装死人。

拉出死人埋上你，

你比死人强几分？

梁山伯： (唱) 别管死人并活人，

---

[1] 姜老背姜婆：东北民间秧歌舞蹈样式。姜婆上身是真，下身是假，姜老反之；姜
婆撒娇，折腾姜老，诙谐风趣。

[2] 破个闷儿：猜谜语。

　　　　　　　我送兄弟转回门。

祝英台：　(唱) 二人这里往前走，

　　　　　　　前行大路两下分。

　　　　　　　出言又把傻哥叫，

　　　　　　　叫声傻哥听原因。

　　　　　　　(白) 慢着，不用走了，来在双阳岔路，那条是往梁家庄去的，这条是往祝家村走的，梁家庄十里，祝家村五里，离我家近。

　　　　　　　(唱) 两膀用上十分力，

　　　　　　　拉过傻哥懵懂人。

　　　　　　　(白) 谁也没拉过谁去，我到花园观花去了。

梁山伯：　兄弟，你观什么花？

祝英台：　我观石后牡丹花。

梁山伯：　你饿了。

祝英台：　饿了，叫丫鬟送饭。

梁山伯：　你渴了。

祝英台：　渴了，叫丫鬟送水。

梁山伯：　我也去观花了。

祝英台：　你观什么花？

梁山伯：　我观湖里水蓬花。

祝英台：　上我家去吧。

梁山伯：　我不去。

祝英台：　你不去咱俩拉钩[1]吧。

梁山伯：　好啊。

祝英台：　(唱) 我真心来你无心，

　　　　　　　兄弟二人来拉钩。

　　　　　　　描花腕拉住傻哥手，

　　　　　　　小金莲蹬住脚后跟。

　　　　　　　将你拉在我家内，

　　　　　　　你与我做个倒插门。

　　　　　　　将我拉在你家去，

　　　　　　　我是你铺床叠被人。

　　　　　　　(白) 我手一个豆，我兄弟是你小舅。

梁山伯：　我兄弟是你小舅！

祝英台：　我手一块泥，我妹妹是你小姨。

梁山伯：　我妹妹是你小姨！

祝英台：　我手搁当央，我妈是你丈母娘。

梁山伯：　我妈是你丈母娘！那你还有没有了？

祝英台：　(唱) 走一井来又一井，

　　　　　　　桑木扁担柳木桶。

　　　　　　　柳木桶系在井里边，

　　　　　　　千提万提提不醒。

　　　　　　　世上人儿有几个，

　　　　　　　哪像傻哥糊涂虫！

祝英台：　(白) 你饿了。

梁山伯：　饿了，吃豆瓣儿。

祝英台：　你渴了。

梁山伯：　渴了，喝露水。

祝英台：　吃豆瓣儿，喝露水，那不成兔子了。

梁山伯：　他们吃豆瓣都是兔子了。将军不下马，各自奔前程。请！

　　　　　　　(英台、山伯同下)

[1]　　拉钩：也作"拉君"。是比试臂力的东北民间游戏。

阜新蒙古剧

阜新蒙古剧：产生于辽宁省阜新蒙古族自治县。1948年中国人民解放军进入阜新蒙古贞地区，当地群众创作了由歌手扮演角色表演的蒙古族叙事歌《慰问军属》欢迎解放军，此作品可视为阜新蒙古剧的雏形。1952年由当地教师和业余剧团骨干共同创作的蒙古剧《花儿》参加阜新地区文艺比赛大会受到嘉奖，至此，阜新蒙古剧正式诞生。

阜新蒙古剧是在东蒙短调、乌力格尔、好来宝的基础上，融入了蒙古族民歌、舞蹈、诗韵念白等艺术元素形成的地方戏曲，几十年来当地文艺工作者先后创作演出的《云良》《嘎达梅林》《第一个春天》等优秀剧目深受蒙古族人民群众的欢迎。目前，具有鲜明民族和地域风格的阜新蒙古剧大中小型剧目并行发展，已经成为辽宁地方戏曲里独树一帜的艺术品牌。

崔凯

妙方

这是一出破除迷信的小戏。萨玛嘎的女儿龙棠生病，查麻子以驱邪为由，舞神弄鬼，骗吃骗喝。后少布和哈日喇嘛大夫为龙棠治好了病，一家人为了感激少布等人，做了一桌子鱼肉，少布不接受报答，留信离去。龙棠的弟弟宝儿在吃鱼的时候不慎被鱼刺卡了嗓子，查麻子知道后借机说是报应。少布听说赶回，哈日喇嘛将宝儿治好。此后村民有病相信大夫而不再相信跳大神。

人物：　萨玛嘎
　　　　敖勒召
　　　　龙棠
　　　　宝儿
　　　　哈日喇嘛
　　　　少布
　　　　查麻子

（敖勒召、萨玛嘎夫妇上）

萨玛嘎：（唱）破车子偏赶上路泥泞，
　　　　　　　苗儿不壮却赶上暴风。
　　　　　　　正在我没钱心急时，
　　　　　　　女儿患了颠痫症。
　　　　　　　颠痫症啊荷咿哎呀，
　　　　　　　命运跟我过不去……
　　　　（白）我是个急性子的人。我那龙棠姑娘得了病，真叫我心神不宁。这个病若是犯起来，两眼紧闭，鼻子发青，浑身打颤，手脚紧抽，不省人事。看样子好像羊角风，看脸色好像中了邪，医生大夫也请了不少，钱也花光了，怎么也治不出个头来？有福的人连牤子都能下犊，肥猪成天来拱门，咱这些苦命的人哪……

敖勒召：唉，这福分全在算计，肥猪全在喂养，萨玛嘎你就别皱眉了。

萨玛嘎：（急切地）什么？你知道什么了？

敖勒召：龙棠女儿的病啊，可就麻烦了。

萨玛嘎：啊？！

敖勒召：看样子是抽羊角风，换个说法就是癫痫病。

萨玛嘎：吃了多少药，哪治好了？我看不是癫痫病，准是着了什么邪。赶快去请查麻子来吧。

敖勒召：查麻子瞪起白眼珠，弹指胡乱叫，手舞足蹈，乱蹦乱跳，看你的香钱，不时弄神装妖，若是酬金少，故意吓唬你，结果一点也不奏效……

萨玛嘎：快别说了，你是不知道你自己不走好运，步步都是坎儿，查麻子可是大仙呀！

敖勒召：大仙她若是能把这病治好了的话……

萨玛嘎：怎么的？

敖勒召：到了驴长犄角，女人长胡子的时候吧！

萨玛嘎：嘴上没有锁，手上没有把儿的，你知道个什么？

敖勒召：我呀！

萨玛嘎：哼！
　　　　（唱）不懂还装懂，
　　　　　　　没有雨还乱刮风，
　　　　（白）赶快去请罢。

敖勒召：你！唉！依着你，依你。
　　　　（转对观众）
　　　　（唱）若是遇上差劲儿的医生啊，
　　　　　　　你准添病；
　　　　　　　若是摊上个差劲的女人哪，
　　　　　　　你肯定受穷！

萨玛嘎：（白）你说什么？

敖勒召：我没吱声，没吱声……

萨玛嘎：（跺脚）还不赶快去。

敖勒召：是，我跑着去，跑着去！（下）

萨玛嘎：唉！你看看他，
　　　　（唱）牛儿一样笨拙的他，
　　　　　　　一脚踢不出屁来的他呀。
　　　　　　　自己的女儿有病在身的时候，
　　　　　　　他还像个没事的人。

没紧没慢的他呀，

不慌不忙的他。

(宝儿匆匆跑上)

宝儿： (白)妈妈，妈妈！快！你女儿又这样了。(模仿姐姐龙棠抽风)

萨玛嘎： 啊？！宝儿，快，笤帚在哪？

宝儿： (拿到笤帚)在这儿呢。

(萨玛嘎接过笤帚欲下，突然又转过身来)

萨玛嘎： 宝儿你快去拿桃树枝子来！

宝儿： 妈妈，你要拿桃树枝子干什么？

萨玛嘎： 唉！打你姐呀。

宝儿： 妈妈，你是急糊涂了吧？

萨玛嘎： 唉，是打鬼。

宝儿： 鬼，鬼在哪？

萨玛嘎： (跺脚)别啰嗦了，快去。

宝儿： 噢，(走两步又转回来)妈妈上哪去取桃树枝子？

萨玛嘎： 到园子里去折来。

宝儿： 哎！(虽然答应却不动了)妈妈，你可别打我姐姐呀！

萨玛嘎： 啊？你还不快去。

宝儿： 不要打我姐姐。啊。妈妈。

萨玛嘎： 那么我就打你！(手拿笤帚追宝儿)

(音乐中敖勒召和查麻子上，宝儿藏查麻子身后，萨玛嘎的笤帚恰巧打在查麻子身上)

查麻子： 哎呀，萨玛嘎你！

萨玛嘎： 啊？！这……这……这……，让这小子取桃树枝子打鬼，可这孩子……唉！没曾想把大仙……

敖勒召： 行了，行了，盼来了圣人，想来了仙人！

萨玛嘎： 对，对，对，快往屋里请。

(四人进屋)

敖勒召： 请这边坐。

查麻子： 你闺女的病又犯了啊？

萨玛嘎： 对。对呀！我得进屋看看她去。

(萨玛嘎刚要进里间屋，突然又转身向敖勒召)

我说你呀，快沏茶！

敖勒召： 扎[1]，扎！

宝儿： 妈妈，还拿桃树枝子吗？

萨玛嘎： 你上一边儿去！(瞪了宝儿一眼，下，宝随下)

敖勒召： (端茶至查麻子面前)你先喝茶休息一会儿，我也看看闺女。

查麻子： 把你姑娘带到这儿来吧！

敖勒召： 好，好。(下)

查麻子： 嘿嘿！

(乐曲中萨玛嘎、宝儿扶龙棠上，敖勒召跟上。查麻子见他们进来了，突然哈哈大笑，并开始伸展手脚，瞪眼、摇头、咳嗽、打哈欠、浑身颤抖……)

萨玛嘎： (见状大惊，急忙拉着龙棠和宝儿一起跪下)大仙来了，快磕头，敖勒召，你也来磕头！

(敖勒召往前，萨玛嘎拉敖勒召跪下，萨叩头之际，敖勒召却又悄悄站了起来……)

萨玛嘎： 恳求大仙显灵，快把附在我闺女身上的魔鬼驱除掉吧！

查麻子： (怪声怪气)我的眼跳心也跳，佛灯闪光又晃动，故而特意来到此地！

萨玛嘎： 扎！我们给您磕头呢，磕头。

查麻子： 嘎！嘎！

敖勒召： 这回你可跟大仙说话呀！

萨玛嘎： 别吱声！(伸手拉敖勒召跪。敖勒召跪下即起)

萨玛嘎： 你！

敖勒召： 我给大仙倒茶。

查麻子： 呀！嘎！

(龙棠、宝儿惊起，躲到一旁站立，萨玛嘎也吓得站了起来)

查麻子： (唱)福分要从神佛那里祈求，

魔鬼要从缝隙里边寻找。

无翅之鸟无色之禽，

拽住了她的心，压住了她的翅膀和腰，

扣住了她的手，系住了她的脚！

[1] 扎：是，好。

（白）嘎！嘎！

萨玛嘎：　快，老头子，快把香钱拿出来！

敖勒召：　钱不都是你保存的么？

萨玛嘎：　昨天那两元钱买药了！

敖勒召：　啊……

宝儿：　　妈妈，我这有二分钱！（掏钱）

萨玛嘎：　你滚到一边去！

查麻子：　嘎，嘎，嘎。

萨玛嘎：　啊，有啊，有！（跑下，持一件布衫复上）

敖勒召：　（抢过布衫）这是我的衣裳！（萨玛嘎将衣服抢回放到查麻子面前）

萨玛嘎：　香钱，香钱全在这里呢！

查麻子：　嗯，嗯……

　　　　　（唱）别的方面倒没有什么事，

　　　　　　　　就是你家的东山墙占了鬼的座位！

萨玛嘎、敖勒召：（白）啊！那……

查麻子：　那就得把山墙挪了。

萨玛嘎：　仙师，有没有别的办法？

查麻子：　嗯……别的办法，哦，拿桃树枝子来！

萨玛嘎：　（向敖勒召）去取桃树枝子去！

敖勒召：　（向宝儿）去取桃树枝子去！

宝儿：　　这……

敖勒召：　快！

宝儿：　　是！（下）

萨玛嘎：　你自己咋不去？

敖勒召：　主人指使狗，狗就只得指使自己的尾巴嘛！

　　　　　（宝儿上，把桃树枝子交给萨玛嘎，萨玛嘎递给查麻子。查举起桃树枝子对准龙棠）

查麻子：　黄索龙啊，你知罪吗？

龙棠：　　大仙，大仙师父，我是龙棠啊！

查麻子：　呵呵呵，龙棠身上附上黄索龙啊了！

宝儿：　　黄索龙是啥呀？

敖勒召：　就是叫做黄鼠狼的那种东西。

萨玛嘎：　啊，在这儿！（献上布衫）

查麻子：　我走了。

萨玛嘎：　仙师不要生气。

查麻子：　哼！（转身向门）

哈日喇嘛：（上，拦住查麻子）站住！

　　　　　（唱）还没修炼成，

　　　　　　　　你就想把香钱拿？

　　　　　　　　还没降中魔鬼，

　　　　　　　　你就想把香钱花？

查麻子：　（白）哼！（将布衫紧抱怀中，下）

萨玛嘎：　哎哎，哈日喇嘛你……

敖勒召：　哈日喇嘛，快进屋里坐！屋里坐！

　　　　　（三人进屋）

敖勒召：　请喝酒。

哈日喇嘛：姐姐、姐夫，你们为啥请查麻子？

萨玛嘎：　她不是有名的仙师吗？

敖勒召：　可拉倒吧，身子当官，影子当臣。她算是哪路的仙呢？

萨玛嘎：　你说什么？

　　　　　（唱）认得自己的才是活人，

　　　　　　　　只认得牧场的那是畜生。

　　　　　（白）你别说话。

哈日喇嘛：哈哈……

萨玛嘎：　你在笑什么？

哈日喇嘛：那胡扯乱搞死了丈夫的是谁？丢了牛，拿死来吓唬人的又是谁？

敖勒召：　唉，那就是那个查麻子呗。

萨玛嘎：　那时候神仙还没附体呢吧！

哈日喇嘛：唉，她那是为了喝别人的血，神仙才附体的呀！

萨玛嘎：　行了，你光说人家不行，你还是个大夫呢，我姑娘病你怎么也治不好呢？

哈日喇嘛：哦？呵呵……我的医术是不高明，可我师父的医术那就神了。

萨玛嘎、敖勒召：你师父？

哈日喇嘛：嘿嘿，两只佛眼放光芒，两个耳朵一拃长。

敖勒召：　噢，布日古惕少布？

萨玛嘎：　布日古惕少布是个啥神仙？

敖勒召：　蒙医大夫，蒙医大夫。

萨玛嘎：	蒙医大夫？神仙，附在我姑娘身上的那个邪祟，他能……
哈日喇嘛：	那种邪物，马上就能驱除！
萨玛嘎：	我的佛爷啊！
	（幕后传来马蹄声）
哈日喇嘛：	扎，你这一祈祷，神师父就骑着马奔驰过来了！
	（少布上，下马，背着药包。哈、敖、萨上前迎接）
少布：	哦，喇嘛大夫已经先到了。
萨玛嘎：	（双手合十）神师父！
敖勒召：	还不快点给神医磕头？（跪，又伸手拽萨玛嘎的腿）
萨玛嘎：	（跪倒）给神医磕头了！
少布：	（忙上前扶起）不要这样，不要这样，我算啥神医呀？
敖勒召：	屋里请！
萨玛嘎：	神师父请这边坐！
敖勒召：	请喝茶。
少布：	听喇嘛大夫说起你家的情况，我就专程赶来了，你家闺女呢？
萨玛嘎：	嗯嗯！（向敖勒召）还不快去呢？
敖勒召：	哦，扎，扎。（宝儿扶龙棠上）扎，孩子她来了。
少布：	好俊俏的闺女啊！这边坐。
	（龙棠坐在少布身旁）
龙棠：	师父，我这个病真是魔鬼附体了吗？（哭）
少布：	不要哭，我看看。（把脉）哦，这个病有一年多了，对吗？
	（龙棠点头）
萨玛嘎：	是呀，是呀！
少布：	我再仔细看看。（继续把脉）噢？你蹚过河之后在山坡上睡觉了，有这事吧？
龙棠：	（惊讶）啊？你怎么知道的？
	（少布笑了笑）
宝儿：	师父，她睡完觉回来以后就（模仿姐姐犯病的样子）就这样了。

萨玛嘎：	那，那是遇上什么鬼呢？
少布：	啊，鬼？
敖勒召：	那都是查麻子说的。
宝儿：	黄……黄什么来着？
萨玛嘎：	黄索龙啊。
宝儿：	啊，就是黄鼠狼子。
少布：	他还说啥了？
敖勒召：	他还说我们房子的东山墙占了黄索龙的地盘。
少布：	怎么个法治呢？
敖勒召：	他说叫我们把山墙扒掉！
哈日喇嘛：	你们把山墙扒掉不就行了吗？
萨玛嘎：	唉，那钱从哪出啊？
敖勒召：	还有别的法子吗？
少布：	噢？
宝儿：	用桃树枝打我姐姐，追着姐姐打。
敖勒召：	这样一来，病就犯了！
龙棠：	师父，那这病，到底是怎么回事呀？
萨玛嘎：	（唱）不是黄索龙就是蛇精！
	东山上的蛇可是很多呀！
少布：	（白）蛇精作祟，哈哈……
敖勒召：	扎，真正的圣人在这儿呢！
少布：	这个病并不是中了什么邪，肯定是癫痫症，如今病情已经比较重了，一天总得发作几次吧。
萨玛嘎：	嗯，方才就犯了两次了。
少布：	扎，（递药）这个药得用无根水服下，一服就痊愈。
龙棠：	（接药）给祖师爷磕头了！
少布：	扎，服药去吧。（龙棠、宝儿退）（对哈日喇嘛）你在这坐着，我出去把马牵到野外放一放，吃一吃青草。
萨玛嘎：	啊，不要走！（向敖勒召）你快去西街借些草来。
敖勒召：	扎，不要走，怎么也得吃顿饭……
萨玛嘎：	是啊，有啥没啥也得吃顿饭。（向敖勒召）你快去呀！
哈日喇嘛：	不，师父，您在这儿休息，我去给您放马。

萨玛嘎： 你也不用动，让宝儿放去，(向幕后) 宝儿！

　　　　(宝儿应声上)

哈日喇嘛： 不，不行，师父的马是烈性马，别人不行，得
　　　　我去放。

少布： 哈日喇嘛，那么咱们二人一块出去，顺便看一
　　　　看山地的风景。

哈日喇嘛： 这也可以，(向萨玛嘎) 我们过一会儿就回来。

萨玛嘎： 那可不要走远了，怎么也得回来吃饭哪！

敖勒召： 再说药的酬金还没给呢。

萨玛嘎： 对呀，半炷香以后让宝儿去请你们。

哈日喇嘛： 行啊，我们就在后山坡上，一会儿就回来。

少布： 扎，扎，你们还是把龙棠姑娘照顾好吧！

　　　　(少布、哈日喇嘛下)

萨玛嘎： 你怎么还发愣呢？快到东院赊几斤羊肉
　　　　来，快！

敖勒召： 是，是，是，跑步去可以吧！(跑下)

萨玛嘎： 宝儿，你帮我添添柴火，我和面，快！

宝儿： 哎。(欲跑下)

萨玛嘎： 回来，你到哪去呀？

宝儿： 不拿干树枝子吗？

萨玛嘎： 有柴火，小爷爷！

宝儿： 是！(下)

萨玛嘎： (刚要下又返回) 哎，白面搁到哪儿去了呢？
　　　　(萨玛嘎再次走下，恰与从外面回来的敖勒召
　　　　撞上，敖手中的肉掉在地上)

敖勒召： 啊！你？

萨玛嘎： 还"你"什么？
　　　　(唱) 把眼睛当作坑子使用，
　　　　　　　　把耳朵当成窟窿使用。
　　　　(白) 你可真是的！

敖勒召： 你看你看，这还是我的错。

萨玛嘎： 那咋的呢？

敖勒召： 这 …… 这 …… 这样也不行，那样也不对！

萨玛嘎： 行了，快洗肉剁馅子吧！

敖勒召： 是是，哎！这还有两条鱼，咋做？

萨玛嘎： 鱼？

敖勒召： 东院给的，河里捞来的。

萨玛嘎： 啊，好极了，先给我吧。

　　　　(乐曲声中萨玛嘎拿鱼、肉下。敖勒召剁馅。
　　　　龙棠帮剁。敖勒召抢下女儿手中的菜刀，双手
　　　　剁，龙棠笑着走下，与萨玛嘎撞到一起。龙棠
　　　　接过母亲手中的羊肉递给父亲。萨玛嘎在女儿
　　　　身后观察片刻，高兴地下。敖勒召高兴地放下
　　　　菜刀，哈哈大笑 …… 龙棠顺手接过菜刀剁了
　　　　起来 …… 敖勒召、萨玛嘎和龙棠匆忙上下，将
　　　　桌上摆满菜肴)

萨玛嘎： 哎呦 —— 哟！(坐下又突然站起来) 啊！宝儿，
　　　　宝儿咋还不回来呢？

敖勒召： 不是请神师父去了吗？

萨玛嘎： 这我知道！我让他快去快回，现在这饭菜都要
　　　　凉了不是！

宝儿： (边喊边上) 阿爸，阿妈！

萨玛嘎： 怎么了？

宝儿： 找遍全村都不见客人他们的影子。

萨玛嘎： 啊？

敖勒召： 连饭都没吃就走了！

宝儿： 我回来的时候从门缝儿里捡到这么一封信。

萨玛嘎： 拿来我看看。(接过之后才想起自己不识字，
　　　　转递给敖勒召) 你看看！
　　　　唉！你也跟我差不多，是个睁眼瞎子，还是龙
　　　　棠念念吧。

龙棠： (念) 微小的医术不值得吃饭和接受酬金，只
　　　　盼小姑娘病痊愈，再见。少布。

萨玛嘎： 唉！我们是想表示一下心意，这 ……

敖勒召： 好人啊！好人啊！这样的好人应该长寿活到
　　　　一千岁。

萨玛嘎： 那，那，不用你说人家也肯定能长寿啊！可现
　　　　在这些饭菜都凉了，该怎么办哪？

敖勒召： 咳，忙得裤兜里都抓蛤蟆了！师父走了，那就
　　　　叫徒弟们吃呗！

宝儿： 对。

萨玛嘎： 不行。(大家等着萨玛嘎说出她的想法，萨玛

嘎却突然想起了女儿的病情，两个盯住龙棠仔细端详，龙棠不知其故，以为自己身上有什么不对的地方，上下看看，并未发现异常，抬头看着妈妈) 龙棠啊，忙活了这么半天了，你没觉得累吗？

龙棠： 不累。

萨玛嘎： 没犯病？

龙棠： 没有。

宝儿： (模仿姐姐犯病时的样子) 这个真的没犯？

龙棠： 没有，没有！

萨玛嘎： 啊哈哈！大喜了，来，我姑娘坐在席中间，挑你爱吃的东西吃！(举起酒杯向敖勒召) 来，干一杯，喜酒！(敖勒召举起杯)

宝儿： 哼哼！那我呢？

敖勒召、萨玛嘎: 哈哈哈 ……

敖勒召： 看你们乐得，把我的宝贝儿子都给忘了。

萨玛嘎： 咳！(对敖勒召) 你往那边一点。来，我儿子到妈妈跟前来坐。(对宝儿) 你也想喝一点？不能给你喝酒啊！好儿子，你吃，捡你喜欢的吃。

宝儿： 我就喜欢吃那个鱼。

敖勒召： 好，给。把鱼放到你跟前，哈哈 ……

萨玛嘎： 吃得不要太急呦。

(乐曲中敖勒召、萨玛嘎高兴得举杯对饮，龙棠望着爸爸妈妈弟弟那高兴的样子，内心异常激动，慢慢地吃着食物。宝儿用手抓起盘中的鱼大口大口地吃着。突然宝儿啊啊 …… 大叫，用手指着喉咙，说不出话来)

萨玛嘎、敖勒召: 怎么啦？怎么啦？

宝儿： 啊！啊！……(掉泪)

龙棠： 卡住鱼刺了吧？

(龙棠用手抚摸着宝儿的后背，宝儿大张着嘴巴，敖勒召正试图用筷子从儿子嘴里抠出鱼刺 ……)

萨玛嘎： 我说你慢点吃，瞧你 …… (用手抚摸宝儿的前胸，宝儿推开敖勒召手中的筷子，用手指着

自己的脖子) 唉，这可咋办？大夫也走了，瞧你这个馋劲儿呀！

敖勒召： 别再呵斥他了。孩子都这样了，你还 ……

萨玛嘎： 那你快去请大夫啊！

敖勒召： 上哪请去？

萨玛嘎： (怒吼) 找啊！

敖勒召： 咳！(走出房门，萨玛嘎、龙棠扶着宝儿入内)

查麻子： (上) 敖勒召老弟，你没有钱可以说句话呀，怎么能给男爷们儿的衣裳来骗我呢？

敖勒召： 你呀，你拿了我的衣裳还不知足！你咋不说没治好孩子的病，反倒给折腾犯病了呢！我还因为自己错给泥疙瘩烧香而后悔呢！

查麻子： 啊？你这样说话，不怕损寿吗？你闺女的病是不会好的。

敖勒召： 哼！恰恰相反，我闺女的病已经好了！只是我儿子嗓子眼卡住鱼刺 ……

查麻子： 哈哈 …… 老天有眼，报应了。

萨玛嘎： (上) 啊？！大仙姐姐，饶了我的儿子吧！

查麻子： 哼！(把衣服扔给萨玛嘎) 拿这种破烂玩意玷污了我的名声！我走了！

萨玛嘎： 查 …… (连忙改口) 啊，姐姐！我儿子的嗓子 ……

查麻子： (边走边答) 不会找大夫去吗？(下)

萨玛嘎： 哎！你 …… 你！(追下)

(哈日喇嘛上，见敖勒召抱着头蹲在一旁，上前问)

哈日喇嘛: 嗬呀！颓废个脸怎么了？

敖勒召： 啊？喇嘛兄弟，你上哪去了？那位神医大夫呢？

哈日喇嘛: 啊，他忙着到别的村治病去了。姐夫你准备好酒和菜了吗？

敖勒召： 唉！就因为我找不到你们，我自己家人吃饭的时候，宝儿的嗓子一下被鱼刺卡住了，这可怎么办呢？

哈日喇嘛: 因此想去追赶神医大夫？

敖勒召： 可不 ……

哈日喇嘛：哈哈哈……

　　　　　(唱) 靴子破了也不能小看骏马，

　　　　　衣服破了可不该小看了能人哪！

萨玛嘎：(上。白) 啊！(向敖勒召) 话里边有话，乳
　　　　牛肚子里面有犊儿啊！(转对哈日喇嘛) 那
　　　　么你？

哈日喇嘛：嗯，我呀，萝卜就能开胃口，卤水专能点豆
　　　　　腐！哈哈哈……

敖勒召：你这人哎，你可不能拿这事开玩笑啊！

哈日喇嘛：哎，姐夫，要是拿病人闹着玩的话，来世还能
　　　　　托生人？姐夫家里有冰糖吗？

敖勒召：家里没有吧？

萨玛嘎：东院有。

哈日喇嘛：有羊肉没有？

敖勒召：有，有，刚才买来的。

哈日喇嘛：这就行了，姐夫。快去拿一把冰糖来。

敖勒召：好，我去！(跑下)

哈日喇嘛：(对萨玛嘎) 你快用半斤羊肉烙十张馅儿饼。

萨玛嘎：这好办，你先请屋里坐。(二人进屋)
　　　　(敖勒召捧着冰糖进屋交给哈日喇嘛)

哈日喇嘛：好了，你们来人快点把馅儿饼烙出来就行了！
　　　　　(敖勒召、萨玛嘎应声下)
　　　　　龙棠，把宝儿带过来！(龙棠扶宝儿上，哈日
　　　　　喇嘛观察宝儿症状，摸摸宝儿脖子) 这儿疼，
　　　　　是不？

宝儿：(点头) 嗯！

哈日喇嘛：不怕，不怕！龙棠，你也帮爸爸妈妈忙去吧。
　　　　　(龙棠下) 宝儿，你吃冰糖。(宝儿指嗓子摇头)
　　　　　不吃？不吃可就有生命危险！快把它咔哧咔哧
　　　　　地吃下去！(宝儿吃糖，先是艰难地下咽，继
　　　　　而果真咔哧咔哧地吃起来。哈日喇嘛一边吃着
　　　　　菜，喝着酒，一边督促宝儿) 快吃！

宝儿：喇嘛叔叔，这些全都吃掉吗？

哈日喇嘛：哈哈哈…… 全吃掉，全吃掉！(宝儿答应着，
　　　　　大口大口地吃糖)

龙棠：(上) 喇嘛叔叔，馅儿饼烙好了，妈妈问你怎

么用。

哈日喇嘛：噢？连人带馅儿饼一块上这儿来。

龙棠：啊？

宝儿：我去！(跑下，龙棠跟下)
　　　(敖勒召端着馅儿饼，萨玛嘎擦掉脸上的汗水，
　　　龙棠抚摸着宝儿的脖子上)

萨玛嘎：喇嘛弟弟，这馅儿饼怎么个用法？

哈日喇嘛：这下馅儿饼啊…… 哈哈哈！你的宝贝儿子已
　　　　　经好了！

萨玛嘎、敖勒召：啊？！已经好了！(忙去观察)

萨玛嘎：不疼了吗？

宝儿：不疼了。

敖勒召：那鱼刺是怎么下去的？

宝儿：(摇头) 不知道。

龙棠：喇嘛叔真的也是一位大能人啊！

哈日喇嘛：(一拍手) 哎！

敖勒召：喇嘛弟弟，姐夫我向你道谢了！

哈日喇嘛：这算不得什么！

萨玛嘎：这是馅饼？

哈日喇嘛：这馅儿饼就该是喇嘛大夫的一顿美餐了呗。
　　　　　哈哈……

敖勒召：啊？！你呀，你呀！想要吃馅儿饼你就直说不
　　　　就得了，何必搞得我这么手忙脚乱的呢！

哈日喇嘛：哈哈哈…… 不这么办的话，你这个能把粪堆上
　　　　　的大钱用舌头舔起来的人，能这么痛痛快快地
　　　　　给我烙上半斤羊肉的馅儿饼？啊哈哈哈……

敖勒召、萨玛嘎：啊！哈哈哈哈……
　　　　(幕后伴唱，龙棠、宝儿向哈日喇嘛敬酒。哈
　　　　日喇嘛将双杯递给萨玛嘎和敖勒召，三人碰杯，
　　　　龙棠、宝儿舞姿亮相。乐止，齐声高呼)

众人合：吉祥如意！

图力古热词曲

满都日娃、哈布尔、包玉莲、吴艳英、

格日勒图、白晓敏、白凤英演出本

通乐哥翻译

吕恩庆整理

此剧创编于二十世纪五六十年代，在阜新各乡镇演出，八九十年代改编后又巡演多年，此次根据改编本记录翻译整理。

采录地点：阜新

杂剧

杂剧：东北地方戏民间演出中有很多移植的杂剧剧目，多为辛辣讽刺的故事、寓言等，这些作品暴露元、明代社会黑暗，反映人民呼声，歌颂勤劳善良的劳动人民，在东北民间受到群众喜爱。在东北地方戏的演出中，这些杂剧中的唱词保留了元曲的某些词牌，演员演出时的行当分工为旦、末、净、杂，近似元杂剧分工，但在语言风格等方面，大众化和东北化的特点显而易见。因为年代久远，大部分民间小戏的文本已经失传，因北方地方戏演出时，只保留了故事梗概，剧情和唱词均有较大改变，而其又不能归到其他小戏剧种之中，故选编在辽宁流传较广的元杂剧范本，保留了原来曲牌。

穆凯

败家子回头

取材于元杂剧《东堂老劝破家子弟》。扬州富商赵国器，因儿子扬州奴挥霍成性屡教不改而忧郁成疾。临终，托挚友东堂老李实李茂卿对其严加管教。不料，扬州奴见父亲亡故，更肆无忌惮，将家业很快典卖光而沦为乞丐。往日酒肉朋友也与其断绝了来往。东堂老见其有悔恨之意，乃将扬州奴往日典卖田产尽数付与，使之家业复振。

人物：　李茂卿
　　　　李虎
　　　　翠娘
　　　　扬州奴
　　　　周老头
　　　　二哥
　　　　二嫂
　　　　邻舍

（扬州奴和翠娘形同两个乞丐，相互搀扶上）

翠娘：　（白）有家难归……

扬州奴：眼前漆黑！我 —— 赵家宝是也！

翠娘：　你还有脸报大号啊？

扬州奴：唉，小时候，我爹怕我不好养活，便给我取了个贱名。只因我家久居扬州，我这贱名儿便叫扬州奴。谁料成人之后，大伙仍叫我扬州奴，贱名倒是代替了大号……

翠娘：　为啥都叫你贱名？因为你贱，卑贱、低贱、下贱！

扬州奴：你敢骂我？

翠娘：　（唱）【油葫芦】先前你装虎装豹，
　　　　现如今似鼠似猫。
　　　　三十多岁不是年少，
　　　　怎生的好事全抛？
　　　　只和那狗党狐朋两掺着。

【殿前欢】内心里无父老，
　　　　忘记了良友道，
　　　　违背了严师教，
　　　　堪堪冻饿倒。
　　　　我望你醉还醒，
　　　　谁知你不可救药！

扬州奴：（白）你找挨打呀？

翠娘：　你我夫妻三天没吃饭了，你还有力量打我吗？

扬州奴：住嘴！你这一提没吃饭，我更饥饿难忍了！

翠娘：　看那边有个小饭铺，咱何不近前讨口吃喝？

扬州奴：走啊 —— （走场）

翠娘：　（敲门）有人么？

（周老头上）

周老头：外边别敲门，门上有门神！天色未亮，不知何人叩打门环？
　　　　（周老头儿开门状，扬州奴夫妻打量对方，发愣）

扬州奴：你…… 你…… 你，可是周老头儿？

周老头：你是谁，如何知道俺姓周？

扬州奴：你连我都不认识了？我是赵家宝啊！

周老头：赵家宝是谁？

翠娘：　就是扬州奴！

周老头：啊？你们是大少爷、大少奶奶？

扬州奴：（拔腰板）正是！

翠娘：　都落到这份儿了，你就别摆谱了！

周老头：大少爷、大少奶奶，屋里请！

扬州奴：周老头儿，快快快，有什么残茶剩饭，快给我端上来！

周老头：是！（周老头儿端上饭菜，扬州奴狂吃）慢点儿吃，慢点儿吃，小心噎着！

翠娘：　周伯伯，你不是回老家种地去了吗，怎么还在扬州？

周老头：俺是回老家了，儿子留在扬州，开这家小饭铺。他一个人忙不过来，让俺帮他，老奴才回来三天。大少爷、大少奶奶呀，十年不见，你们怎落这般光景？大少爷怎饿成这样？

翠娘：　不光是挨饿，晚上还露宿街头呢！

周老头：　咱家那片大宅子呢？

翠娘：　（唱）【点绛唇】原是祖传的窠巢，

　　　　　谁承望子孙不肖，被他踢腾了。

　　　　　老人家一世勤劳，

　　　　　枉做下千年调。

　　　　【混江龙】我劝他休交奸狡，

　　　　　他却道有福当消。

　　　　　十年贪饕，把一个积攒金银富家输掉。

　　　　　只落得贫困潦倒，岁月难熬！

周老头：　（白）咱家曾是良田千顷，房屋百间，骡马成群，使奴唤婢。怎么说没就都没了？

翠娘：　周伯伯呀，你辞职不久，老爷一命归西。大少爷结交歹徒，吃喝嫖赌抽大烟，把家财挥霍得一干二净。苦啊……

扬州奴：　你少说几句吧！

翠娘：　你都吃了六碗干饭，看那狼狈相，还怕我说？

周老头：　老爷在世时，广交朋友，难道就没人周济大少爷？

翠娘：　起初还有人帮他，给他几两银子。只要钱到手，他不是赌就是嫖，你想，谁还管他？

周老头：　李茂卿李老爷也不管吗？他老人家可是医圣李时珍的子孙，悬壶济世，忠厚传家。他家和咱家不光是一墙之隔，李老爷和咱家老爷还是八拜结交的兄弟……

扬州奴：　（拍案而起）别说了！

周老头：　大少爷，您跟李老爷生气？

扬州奴：　我跟我自己生气！李老爷管了我三年，我还能让人家管我一辈子吗？

翠娘：　你要早有这志气，何至于走到今天！

周老头：　大少爷、大少奶奶，俺儿子炒菜的手艺不错，他跟俺说，李茂卿李老爷今天七十大寿，宴请宾朋。俺儿子昨天晚上就去李府准备。依老奴之见，你们夫妻应去李府上寿，再跟李老爷求几两银子，俺帮你们开个小买卖，总比讨饭强啊！

扬州奴：　我有什么脸面去见李老爷？

翠娘：　人贫志短，马瘦毛长。现在就别顾脸面了，去吧！

扬州奴：　不去，不去，死也不去！

　　　　（李虎上，擦热汗）

李虎：　大哥、大嫂，我可算找着你们两口子了！

周老头：　你是李茂卿老爷的公子李虎吧？十年没见，成大小伙子了！

李虎：　您是周伯伯？一点都不见老。

周老头：　先说正事。

李虎：　大哥、大嫂，我找了你们两天，始终没找着。今天天没亮就出来找，我爹说，找不着你们，让我就别回家了。我连早饭都没顾得吃，想在这小饭铺垫巴两口儿，歪打正着，快跟我走吧！

翠娘：　大兄弟，你家老爷子找我们啥事？

李虎：　今天是我爹七十大寿，请你们去喝酒！

扬州奴：　什么？什么？请我们去喝酒？

翠娘：　还愣着干什么？快走吧！

　　　　（翠娘拉着扬州奴在前，李虎、周老头儿在后，四人下）

　　　　（鼓乐喧天，李茂卿从左侧上，宾客们从右侧上，相互抱拳）

李茂卿：　今日，请众位街坊光临，一是老夫贱降的日辰，二是庆贺这所老宅重新修葺，完满竣工。略备酒席，一醉方休！请——

众人：　请，请——（众人下）

　　　　（二嫂拽二哥的衣襟，夫妻止步，低声交谈）

二嫂：　当家的，这顿饭……我不想吃！

二哥：　咋的了？

二嫂：　你看这所宅子，是老赵家的，他老李家为啥修葺？

二哥：　我当啥事呢。先前啊，赵国器赵老爷在世的时候，他家是扬州第一富。可赵老爷一死，他儿子扬州奴是个败家子儿，十年光景，把家产都耗散没了，最后只剩下这片宅子，让李茂卿李老爷花三千两银子买下来了。现在，这片宅子姓李不姓赵，老李家重新修葺，理所当然！

二嫂：这事左邻右舍都知道。我觉着李茂卿李老爷不仗义，所以不想吃他家这顿饭！

二哥：什么意思？

二嫂：当年，我在赵家当老妈子，赵国器赵老爷在临死之前，把他的磕头兄弟李茂卿李老爷请到家里。赵老爷说，自己要死了，想把他儿子扬州奴托付给李老爷照管。起初李老爷不答应，我亲眼所见，赵老爷给李老爷下跪，李老爷才答应照管扬州奴。这可倒好，李老爷只花了三千两银子，就把赵老爷的这么一大片宅子买下来了，让扬州奴住哪？

二哥：你别瞎嘀嘀，扬州奴不学好，他没处住，活该！

二嫂：我就看不惯这个！街坊邻居都夸李老爷医德好，品德更好，他乘人之危，哪好？

（李虎领着扬州奴、翠娘、周老头，四人上）

李虎：二哥、二嫂，你们咋不入席？

二嫂：你家老爷子说，要等一位重要的客人，先不开席。他领着大伙在厅堂里喝茶呢。你二哥嫌屋里太热，我们在外边凉快凉快。

李虎：爹，我把赵大哥两口子找来了！

（李茂卿与众人同上）

李茂卿：孩儿啊，你来了，咱这就开席。

扬州奴：我……我……

（翠娘拉着扬州奴上前拜见）

翠娘：叔叔七十大寿，祝您老人家福如东海，寿比南山！（拉扬州奴）你什么你，快给叔叔磕头！

扬州奴：（跪拜）叔叔，孩儿惭愧，本不敢来……

李茂卿：哈哈，你必须来呀，老夫有话要对你说！

扬州奴：请叔叔教训！

李茂卿：（唱）【新水令】今日个画堂春暖宴嘉宾，
舞东风落红成阵。
摆设的一盘盘肴馔美，
酬酢的一个个绮罗新，

为你洗风尘。
你莫要暗暗伤神，
无语泪偷揾。

【醉东风】想你家令尊，
也曾是商贾身里出身，
一世辛勤，家积万金。
谁叫你恋花柳，
进赌门，
交恶友，
不成人，
只落得有家难奔。

【乔牌儿】我只待，你回心，
问你可曾悔恨？

扬州奴：（白）羞杀我也！

李茂卿：知羞便好！今日里，趁众亲眷、众芳邻都在这里，老夫有话告知：我本贯东平府人氏，三十年前，行医至此，在这扬州城东门里牌楼巷居住。有西邻赵国器，是这扬州奴的父亲，与老夫结盟，通家之好。当日国器染病，老夫与他医治，久不见效。国器叹曰：“心病难医！”我问他心病从何而起，他道：“只为扬州奴这孩儿不肖，早晚必败吾家，忧愁思虑，形成顽症。”某日，国器病危，请我过他家，特将扬州奴夫妻两口托付与我。我道：“李某才德俱薄，当不起这个重托。”国器强忍重病，给我跪了一跪，老夫只得应承！扬州奴，我来问你，当日的情景，你尽在场，老夫所言，可是句句实情？

扬州奴：确实句句实情。我尚记得，先父还曾写下死活文书，您与先父双双画押。只是那个死活文书上面写着些什么，先父不许孩儿过目，孩儿至今尚不知晓。

李茂卿：（取出文书）孩儿呀，这就是你父生前亲笔书写的死活文书，你快快跪接，当着这满堂亲眷、芳邻，将这文书高声宣读！

扬州奴：（跪接文书，展开，大哭）爹爹呀，不孝孩儿又见到了您的亲笔！

李茂卿： （唱）【仙吕】你爹爹，为儿担忧，鬓已银丝，

　　　　　　为家资，身亡心未死。

　　　　　　心未死，费神思，

　　　　　　对我含泪寄子，

　　　　　　盼你终称心时！

扬州奴： （白）爹爹啊——

李茂卿： 你且休要啼哭，读文书。

扬州奴： 是！"今有扬州东关里牌楼巷住人赵国器，因重病不起，行将离世。有儿扬州奴不肖，恐其败尽家财。特暗寄锞银五万两在老友李茂卿处，留与扬州奴困穷日使用……"哎呀，莫不是我的眼睛花了么？叔叔，快把来给我！

李茂卿： 给你什么？

扬州奴： 这白纸上边写着黑字儿，还有您与我父的画押。叔叔，这事只有您与我父知道，我父已死，您若隐匿这五万两白银，天不知地不晓。可您当众宣布此事，光明磊落。如今孩儿也不敢收回银两，求你只把银两拿出来，让我摸上一摸，以此感激我父的良苦用心，然后，依旧把银两还您就是！

李茂卿： 好孩儿，老夫派人暗中跟踪了你十年，历经苦中苦，你果然改恶从善了。从你方才这番言语，可见败家子回头。你要摸摸那些银两，实在办不到啊！

扬州奴： 叔叔，孩儿见到银两，若是争夺，天诛地灭！

李茂卿： 你听我说，想你父亲死后，你将那田业地亩，待卖与别人，我怎肯让别人买去？便暗暗地着人转买了。你那油坊、磨坊、解典库等待卖与别人，我也着人暗暗地转买了。你那驴马孳畜和大小奴婢，有走了的，有死了的，凡是留下的，当初你也待卖与别人，我也暗暗地着人转买了。还有你那房廊屋舍，条凳椅桌，琴棋书画，应用物件，我都暗暗地着人转买了。总则，转买这些产业，都是在你那五万两银子中支出。老夫存下这一本账目，尽行在上。我今日——交割，如有欠缺，老夫尽行赔还你就是！

翠娘： （突然跪倒，大哭）叔叔啊，难得您一片苦心。这五万两银子若是在扬州奴手中，早就让他败坏光了！我给您磕头，恩人，恩人啊！

李茂卿： 起来，快起来！

扬州奴： 我也给您磕头！

李茂卿： （唱）【雁儿落】你父亲暗寄雪花银，

　　　　　　辗转已十春。

　　　　　　今日里，却将原物归原主，

　　　　　　老夫是个实诚人。

　　　　【水仙子】岂不闻，远亲呵，不似我近邻，

　　　　　　我怎敢做的个有口偏无信？

　　　　　　你赵家财，我一桩桩奉还，

　　　　　　你可一件件都收尽。

　　　　　　走啊走，老宅已翻新，

　　　　　　等你这旧主人大驾光临！

李虎： （白）各位乡亲，咱们先去看宅子，然后开席！

（众人齐下）

民间艺人演出本

郝赫整理

采录时间：1950年

采录地点：沈阳北市场小剧场

继母恩

王老太的长子王谦是继子，次子王义是亲生。次子王义吃喝嫖赌，他到府城经商，住在店房。由于钱财挥霍无存，店主东向他讨要账目时，他将店主打死。长子王谦忠厚本分，懂得孝道。他担心继母老年失去亲子，遂替代王义投案。王老太却向官府讲明真相，不愿以私情违犯国法，表现了一个继母的贤德。

人物： 老太
　　　 王谦
　　　 王义
　　　 费达
　　　 店主
　　　 富鹏

（费达上）

费达：　（白）我，姓费名达，乃辽西新民府西泉镇人氏。自幼父母双亡，给我留下两间草房、二亩荒地。草房勉强居住，荒地懒得伺候。别看我穷，手段高明。这西泉镇上有个王老员外，去年死了。他家二少爷王义是我的好朋友，我把王义奉承美了，他吃喝嫖赌，都带着我同去。听说醉人楼新来个窑姐，名唤翠喜，长得很有姿色。今日无事，待我约上王义，前往醉人楼走走啊！

（下）

（王谦搀扶老太上）

老太：　老身娘家姓李，二十三年前嫁到王家。不幸夫主去年过世，膝下有两个孩儿，大儿唤做王谦。

王谦：　母亲！

老太：　他乃夫主前妻所生，老身之继子，为人本分守己，对俺这继母十分孝顺。小儿名唤王义，是老身亲生之子。唉，这王义只知交结无赖，整日里花天酒地，不听老身教训。方才，他被那无赖费达叫走，想必又去干什么丑事，真真愁杀人也！

王谦：　母亲，弟弟尚小，您休要烦恼，担待他些就是。

老太：　(唱)【混江龙】这小儿放却了阳关大路，

　　　　　他只知贪花恋酒逞豪疏。

　　　　　不肯学有才之士，

　　　　　常伴些无稽之徒。

　　　　　每日价歌台舞榭，

　　　　　缠裹些妓女娟妇。

　　　　　做了些不养家的生理，

　　　　　使了些不疼热的钱物。

　　　　　全忘了，向萤窗，苦读书，

　　　　　步蟾宫，金榜挂名乎，

　　　　　真叫俺愁填肺腑，气噎胸腹。

王谦：　（白）母亲保重，待孩儿劝说弟弟就是。

老太：　(唱)【油葫芦】你劝他悬崖止步，

　　　　　他却是醉眼模糊。

　　　　　他怎知，书中有女颜如玉，

　　　　　他怎知，书中自有黄金屋。

　　　　　他早被花酒误，

　　　　　因此上，学业荒芜！

（王谦扶老太落座，王义醉眼蒙眬、摇晃着上）

王义：　（白）哈哈，好一个翠喜小美人啊⋯⋯参见老娘，参见哥哥！

老太：　你方才说了些什么？

王义：　没没没⋯⋯没说什么⋯⋯

老太：　哼，想必你又去嫖娼，大儿，取家法来！

王谦：　母亲息怒。

老太：　你不去取，待俺亲自去取！

（老太取来木棍）

王义：　娘，您真要打俺？

老太：　打死你个小畜生！

（老太打王义，王谦护住弟弟，跪地劝阻）

王谦：　母亲，您且饶恕弟弟这一遭。

王义：　哥，让咱娘打我几下，出出气吧。反正她老人家也没啥力气了，打在我身上，嘻嘻，跟挠痒痒似的⋯⋯

老太：　气死俺也！

王谦：　弟弟，咱娘已经老了，你要学好，让咱娘省点心吧。

王义：　行，行，行，我学好！哥，我不像你，你爱读书，已经考上了秀才。往后，举人、进士、状元都等着你。可我不是读书的种子，拿起书本就脑袋疼！

老太：　你去种地！

王义：　种地太累！

老太：　你去做工！

王义：　做工太苦！

老太：　那你想干什么？

王义：　我想闯江湖，经商做买卖！

老太：　做买卖，你有本钱吗？

王义：　娘，我没本钱，可是您有啊！您是一家之主，掌管着咱家的钱财。您就赏给儿子点本钱，等儿子经商赚了大钱，一定好好孝敬您老人家！

老太：　嘿嘿，不要你孝敬，只要你能学好，为娘就念佛了！

王义：　学好，学好，我一定学好！

王谦：　母亲，既是弟弟如此保证，他一心要去做买卖，您就与他些本钱，让他走上一遭。

老太：　也罢，去做买卖，总强似胡闹。你要到哪里去做买卖？

王义：　咱们西泉镇属新民府管辖，我想到新民府去闯荡闯荡！

王谦：　母亲，新民府离咱这西泉不远，您让弟弟去吧。如果弟弟赚不到钱，他可以随时回家，不会有什么闪失。

老太：　言之有理，那就与你三百贯本钱。

王义：　本钱有了，娘啊，儿子在路上要吃饭，再向您讨些口粮。

老太：　与你一石米。

王义：　一石米，少少少，我要两石！

王谦：　我曾多次去过新民府，你一人途中吃饭，一石米足够用了。

王义：　我怕途中下雨，耽误行程，多要些粮米备用。

王谦：　母亲，弟弟说得有理。

老太：　那就与你两石米。

王义：　有了口粮，还要讨些衣服穿戴。

老太：　再与你一套衣服。

王义：　一套衣服，少少少，我要两套！

老太：　你一人上路，怎的要两套衣服？

王义：　我怕途中刮冷风，多要一套衣服防寒。

老太：　与你就是。

王义：　谢谢老妈！既然您都答应了，就将钱、米、衣服快些给我，儿子做买卖心急，想即刻出发！

老太：　（唱）【醉扶归】你经商心急，凭你去，

　　　　嘱咐你千言万语。

　　　　沿途上，多留意，

　　　　寻那些清白的客栈安居。

　　　　切莫要结交地痞，

　　　　少饮酒，更休与异乡花草恣欢娱。

　　　　身边常备纸和笔，与娘通消息，

　　　　省得为娘，朝暮倚闾！

王义：　（白）娘放心，孩儿样样都记住了！

老太：　俺也累了，大儿，搀扶为娘，歇息去也！

王谦：　是！弟弟，一路保重！

　　　　（王谦搀扶老太同下）

王义：　啊哈，有钱、有米、有衣服，找上费达上路途！走啊，前面的两间草房，便是费达的住所。（叩门）费达可在家么？

费达：　（上）在在在，二少爷，哪阵香风把你刮来了？

王义：　快快收拾东西，跟我走！

费达：　跟你走，去哪里？

王义：　你知道，我老娘家规甚严，我在家里略有些不是，她便不打即骂。如今，我哄得老太太三百贯钱，说是去新民府经商，特来寻你同往。你我二人凭着这三百贯钱，到新民府去快活，那可是大邦之地，胜过这西泉镇百倍！

费达：　好好好，可是，我没有粮米、没有衣服，叫我如何登程？

王义：　我早都替你安排周全，向我老娘要了两石米、两套衣服，都已装在驴车之上，一路行走，吃穿不愁。

费达：　既然如此，走啊！（二人下）

　　　　（店主杨三上）

店主：　小老儿杨三，在新民府北大街开了一家杨家老店，生意还算不错。一个月前，由西泉镇来了两位客官，他们包了三间上房，不读书、不经商、不做工，每日叫上些鸡鸭鱼肉，美酒名茶，尽情地吃喝。还常常叫来几个窑姐儿，在屋中胡闹。起初他们倒也大方，该花的钱分文

不差，还常常赏些小费。近日，他们欠下店房账目，小老儿催讨了几次，他们一拖再拖。想我这小小的店房，每日要替他们买些鸡鸭鱼肉，美酒名茶，实在无力垫付。待我去上房寻他二人，索些钱钞便是！（下）

（王义、费达上）

费达：　（唱）吃喝玩乐尽逍遥，

王义：　（唱）可惜银钱已断条[1]！

费达：　（唱）我的主意早拿好，

王义：　（唱）莫非半夜偷着跑？

费达：　跑什么？

王义：　我娘给我的那三百贯本钱已经花光了，还欠下许多账目。若不逃跑，就得吃官司，公堂上挨一顿板子，真真吓死人也！

费达：　莫怕，莫怕。我早有准备！

王义：　你准备了什么？

费达：　（低声）那晚，你夜宿四喜堂，没回店里，我忙了一个通宵。把些石头块子装进咱们的木箱之中，加上两把铜锁。他店主东不来讨账便罢，若来讨账，当着他的面，打开木箱，就赖他用石头块子换走了咱们的银子。哈哈，如此一来，公堂上挨板子的不是咱们，而是他店主东！

王义：　这能行么？

费达：　就看你的了！到时候，你得像真的丢了银子，装得理直气壮，千万不能萎萎缩缩，你一旦萎缩心虚，就会露出马脚！

王义：　好好，我懂了！

店主：　（上。叩门）客官在房中么？

费达：　说他来，他就来了，别忘了我的嘱托！

王义：　是了！（开门）原来是店主东，有何贵干？

店主：　二位客官，连日来，你们已欠下许多账目。本店小本经营，还是请客官赏下些银两。

王义：　是么？你怎不早说？不打紧，不打紧，我那木箱之中，还有些马蹄大元宝，今日还你账目

便是！

店主：　多谢，多谢！

王义：　随我到里间屋，开箱取钱。（二人下）

费达：　哈哈，天不怕，地不怕，周郎妙计安天下！

（传来吵闹声，王义抓着店主的衣襟上）

王义：　贼店，贼店！

店主：　岂有此理……

费达：　这是如何？

王义：　他用石头块子换走了我木箱中的马蹄大元宝！

费达：　不能饶他！（对王义使眼色）打、打、打！

（王义操起顶门木杠，打向店主头部，店主不起，费达查看）

费达：　死了！

王义：　你让我理直气壮……

费达：　你壮过火了！

王义：　哎呀，人命关天，这便如何是好？

费达：　先把他抬到里间屋，省得被人发现，慢慢再想办法！

（二人抬着店主下，王谦搀扶老太上）

老太：　自从我儿王义出门做生意，只往家中打过一封书信，说是住在新民府北大街什么店房……

王谦：　杨家老店。

老太：　是了，眨眼一个多月，王义毫无消息。老身放心不下，让俺大儿王谦带老身来到新民府北大街。这里可是杨家老店么？

（搭架子：正是，找谁？）

王谦：　有个叫王义的客人，住在这里么？

（搭架子：住在北上房，你们自己去找吧！）

王谦：　多谢！（叩门）弟弟，王义，你可在此？

王义：　（上）听人叫门，吓得丢魂！谁呀？

王谦：　弟弟，我与母亲看你来了！

王义：　（开门）哥，娘，你们咋来了？

老太：　唉，儿行千里母担忧啊！

王义：　娘，您坐下歇会儿。

王谦：　弟弟，你怎么了？脸色这样苍白。

[1]　断条：断档，中断。

王义：	没没没……没事……
费达：	(上)伯母，大哥……
老太：	费达？你怎么也在这里？
费达：	我陪着王义做买卖！事到如今，这里又没外人，就别藏着掖着了。伯母、大哥，我们做买卖，赔光了本钱，欠下了店房的账目。店主东杨三逼债，王义与他发生了口角。王义年轻体壮，店主东年老体弱，被王义用顶门杠打死了，如今，尸体就在里间屋停放……
老太：	王义，你杀人了？
	(老太昏倒，弟兄抢救)
王谦、王义：	母亲醒来……
老太：	(唱)【哭皇天】揾不干，一兜眼泪，
	解不开，两叶愁眉。
	切切悲悲，
	被你这冤家累！
	吓得俺，三魂不归，
	惊得俺，面皮如灰。
	早两日，已觉得不美，
	日间茶饭无滋味。
	梦魂颠倒，寝不寐，
	却原是，亲儿惹下大是非！
王谦：	(唱)【感皇恩】弟弟，你一去，无消息，
	母亲日日添愁绪。
	白日里看她愁愁戚戚，
	倚门间，怨怨哀哀，哭哭啼啼。
	夜三更，残月依依，
	秋风渐渐，秋雨沥沥，
	老人家短叹长吁，感动别离。
	亦思你，不盼你，披锦衣，
	只盼你平安归故里。
	你不归，母至此寻觅，
	谁知大祸遇！
王义：	(白)哥哥，事到如今，我只能杀人偿命了。我死之后，你好好替我孝顺咱娘！
王谦：	何用你说？咱娘虽是愚兄的继母，养育愚兄

二十多年，愚兄理当孝顺。可是，我终究是咱娘的养子。在娘的心中，怎能忘记你这个亲生的儿子啊！

费达：	哈哈，我倒有个两全其美的主意！
王谦：	快说！
费达：	大少爷，你既然孝顺继母，何不到官府投案自首，就说店主东是你打死的，甘愿偿命。你这养子死了，老太太的亲儿子活着，这才是你对继母的大孝！
老太：	呸！亏你想出这种主意！
王谦：	好啊，好主意！待我投案自首去！
老太：	回来！
王谦：	母亲保重！(王谦急下，王义搀着老太，颤颤巍巍地追下)
费达：	我快跑吧，官府追究下来，我就跑不了啦！
	(急下)
王谦：	(跑上)双脚踏进不归路，翻身跳入鬼门关！公堂到了，待我击响牛皮大鼓，请老爷升堂！
	(王谦击鼓)
	(富鹏上)
富鹏：	下官富鹏，乃新民府知府是也。何人击鼓，上前回话！
王谦：	参拜大老爷，草民击鼓。
富鹏：	报上姓名，有何冤枉？
王谦：	草民王谦，乃本府西泉镇人氏。并无冤枉，投案自首！
富鹏：	此话怎讲？
王谦：	回禀大老爷，我弟王义到新民府经商，月余未归。草民陪伴母亲，来府中寻弟。因我弟欠下杨家老店账目，遭店主东杨三殴打。草民一时恼怒，用顶门木杠敲击杨三头部，不料失手，误将杨三打死。人命关天，特来投案自首！
富鹏：	胆大的狂徒，竟敢置人于死地。来呀，重打四十大板！
	(王义搀扶着老太，跟跟跄跄上)
老太：	且慢动手！

富鹏：	你是何人？
老太：	大老爷啊，民妇乃是王谦的继母！
富鹏：	闯上公堂，你有何话要说？
老太：	王谦冤枉！
富鹏：	冤在哪里？
老太：	(唱)【探茶歌】王谦亲娘命归西，
	俺是继母，后嫁他家里。
	王谦通情达理，
	身为秀士穿青衣。
	其弟王义，是俺生育，
	比哥哥相差着万里。
	每日醉酒在柳陌花蹊，
	结交些无赖地痞。
富鹏：	(白)谁是王义？
王义：	我……我是王义。
富鹏：	不孝之子，惹你母亲生气，一旁跪下！
王义：	是，是！
富鹏：	这一民妇，你大儿也罢，小儿也罢，亲生也罢，养子也罢，优也罢，劣也罢，俱是你的家务事，与本案无关。本官要断人命案，你速速下堂去吧！
老太：	大人容禀！谁说无关？关系重大！俺那亲生儿子王义不读书、不种田，一心要到新民府经商。民妇无奈，便给了他三百贯钱。他离家月余，音讯全无。有道是儿行千里母担忧，民妇便让大儿王谦随俺到府中寻找小儿王义。进得杨家老店，见王义与他那狐朋狗友费达面对着店主东杨三的尸体，正在商量对策。大人您想，俺与王谦进店时，杨三已死，王谦怎能是凶手？
富鹏：	这话当真？
老太：	民妇这般年纪，绝无谎言！
富鹏：	王谦上跪，你既然不是凶手，因何投案？
王谦：	大人，差矣！想我母亲年迈，一时糊涂。是她老人家记错了！杨三确实是被草民打死，与我弟王义无关。自古以来，杀人偿命，草民甘愿伏法，请大人放我母亲与我弟弟回归西泉镇！
	(王义感动，跪爬几步，抱住王谦大哭)
富鹏：	王义，你这又是何故？
王义：	(唱)【乔牌儿】大人莫皱眉，听原委，
	小人约上费达贼，在杨家老店，恋色贪杯。
	三百贯钱化飞灰，
	费达贼，将那顽石装箱内，冒充元宝，言说丢失让人赔。
	杨三不服，小人逞威，
	打死杨三，犯下这场弥天罪！
富鹏：	(白)如此说来，杨三是被你打死？
王义：	正是！
王谦：	弟弟，你莫胡言乱语，杨三是我打死的！
王义：	大人啊！
	(唱)【沽美酒】我哥哥德行诚实，
	孝双亲谁人不知？
	我娘虽是他继母，
	他强似我这亲生多时。
	费达小儿表示，
	让他这养子替我死，
	留下我这亲生儿，
	将老娘服侍。
王谦：	(白)弟弟，不许你再胡说，分明是我打死了杨三！
富鹏：	兄弟二人，争当凶手，这个案子难办了啊！
老太：	民妇有个主意，请大人传令，捉拿那个无赖费达。只要他如实招供，便会真相大白！
富鹏：	老太，本官问你，那个费达要说是王义杀人呢？
老太：	谁杀人，谁偿命！
富鹏：	王义可是你亲生的儿子！
老太：	亲儿、养子，都大不过头上的青天！
富鹏：	说得好！来人，速抓费达到案！
	(费达好似被人推，狼狈上)
费达：	不好，不好，想跑没跑了！小人费达参拜大老爷！
富鹏：	费达，你可知因何被抓？

费达： 知道，知道，不用大老爷动刑，我全招！

富鹏： 详细讲来！

费达： 我乃酒色之徒，怎奈家中贫困，只能依靠王义，傍虎吃食。王义带我来到新民府，住在杨家老店。我二人日日花天酒地，银钱用尽。店主东杨三讨债，我便出主意，将石头装在箱子当中，冒充满箱元宝。当着杨三的面，打开箱子，诬陷杨三偷走元宝，换上石头。杨三不服，双方动武，王义用顶门木杠敲击杨三头部，不料失手，将杨三打死。恰在此时，老太与王谦来到店房，又是小人的主意，让老太的养子王谦投案自首，留下老太的亲子王义照顾母亲。我原以为，王谦肯定不允，谁知他满口应承，立刻投案，好，好人啊，孝，孝子啊，让小人佩服！

富鹏： 你因何出这种主意？

费达： 留下王义，我还能傍虎吃食，留下王谦，我吃谁去？

富鹏： 确实是个无赖！你方才所说，可是句句实言？

费达： 若有半句谎话，小人甘愿马踩车压，天打雷劈！

王谦： 大人，费达在说谎！

王义： 哥，他没说谎，是你说谎，硬给自己栽赃，欺骗大老爷！上有天，下有地，人有良心！你就别争了，小弟还是那句话，待我偿命之后，你替我孝敬母亲，拜托了！

老太： （唱）【新水令】眼前景，让老身，切切悲悲，
　　　　儿呀儿，死到眼前方知悔，
　　　　为之已晚，你怪谁？
　　　　不是为娘心肠狠，
　　　　到来日，娘为你收尸，咱同把家归！

王义： （白）母亲！

老太： 儿啊，娘舍弃亲生，保护养子，你怪娘么？

王义： 不怪，不怪，娘做得对！

富鹏： 好一个大贤的继母，本官将禀明巡抚，全省表彰！来呀，将王义、费达押入大牢，退堂！

民间艺人演出本

郝赫整理

采录时间：1950年

采录地点：沈阳北市场小剧场

李春郎听曲认亲

取材于《初刻拍案惊奇》。唐代长安富户李彦和夫人丧命，又遭人陷害，率幼子李春郎及春郎的奶娘赵三姑逃亡，不幸被贼船夫推入水中。两个成年人爬上河岸，年仅七岁的春郎被渔翁搭救。十八年后，春郎考取了进士，被封为县令。上任时住在驿站，驿卒正是谋害他家的魏邦彦。李彦和与赵三姑沦为货郎，在驿站卖唱，所唱内容是当年被害的往事。李春郎听曲认亲，父子团聚，惩处了凶手。

人物：　李春郎

　　　　魏邦彦

　　　　张玉娥

　　　　李彦和

　　　　赵三姑

（李春郎身穿官袍，手持马鞭上）

李春郎： （白）寒窗读书苦中苦，金榜题名人上人！下官，李春郎是也！想俺七岁那年，惨遭不幸，被匪人推入灞水。多亏渔翁王老好搭救，得以活命。俺便拜王老好为义父，白日帮义父打鱼，夜晚读书。有幸金榜题名，考中进士，被万岁皇爷加封为淳化县七品县令。今日走马上任，见天色已晚，前方有一驿站，暂且安歇了吧。（叩门）里面有人吗？

（魏邦彦上）

魏邦彦： 小小驿站像孤坟，里外就我一个人。参拜大

老爷！

李春郎： 免礼！

魏邦彦： 大老爷请进。

李春郎： 头前带路！

魏邦彦： 是啦，大老爷慢走！(二人进屋)

李春郎： 你这驿站也忒简陋了！

魏邦彦： 不瞒大老爷，此处偏僻，轻易没有官员路过。就我一个驿卒，外加我老婆。我服侍大老爷们，我老婆烧水做饭。您老人家懂得规矩，驿站不是店房，是专门接待过往官员的。请大老爷把您的路引拿出来，小人先给您做个登记。

李春郎： 是了！(取出路引) 你看 ——

魏邦彦： (念) 李春郎，长安府太平巷人氏，淳化县县令 …… (几乎跌倒)

李春郎： 你这是如何？

魏邦彦： 没事，没事，一时头晕，请大老爷到客房安歇了吧！(李春郎下，魏邦彦擦了把冷汗) 浑家[1]快来，浑家快来！

(张玉娥上)

张玉娥： 当年穿红挂绿，如今不如狗屁！俺，张玉娥是也。当家的，唤俺何事？

魏邦彦： (递上登记册) 你且看来！

张玉娥： (看册，念) 李春郎，长安府太平巷人氏，淳化县县令 ……

魏邦彦： 能不能是他？

张玉娥： 要真的是他 …… 完了，完了，咱俩就全完了！(哭)

魏邦彦： 莫哭，莫哭！

张玉娥： (唱)【落雁儿】俺曾对着你咒愿，

休将奴顾恋。

你却天大胆，

三更夜半，灞水行奸。

当年小春郎，若真是知县，

你丧黄泉，俺也问斩，坟前谁祭奠？

[1] 浑家：夫人。

魏邦彦： (唱)【油葫芦】听此说，俺气得冒火。

当年事，你情多，千般枕上说。

你望着荣华，俺闯下大祸，

分明是你栽下的科。

此时却躲，都怪俺，娶你做了小家婆！

张玉娥： (白) 呸！说俺甘愿嫁你？你是谁，一个杀猪的屠夫！俺是谁，先前在长安府宜春院当窑姐，日日饮美酒，夜夜换新郎。如今躲藏这块兔子不拉屎的地方，成天提心吊胆！箱子里黄的是金，白的是银，却不敢花分文。

魏邦彦： 你花，你花，一旦露白，被官府追究，咱俩都是死罪！心字头上一把刀，要忍、忍、忍！

张玉娥： 俺都忍了十八年！

魏邦彦： 事到如今，休再埋怨。你听院里有脚步声！(李春郎上) 老爷，您还没安歇？

李春郎： 本官突然想起，今日乃是中秋佳节。月白风清，你可呼唤两个唱曲的来，听曲赏月，岂不乐乎？

张玉娥： 是了，是了，自从俺离开长安府，已有十八年未曾听曲赏月了，今晚沾老爷的光，俺也美美地听上一回。

李春郎： 这位大嫂可是你的夫人么？

魏邦彦： 俺这身份，她只能算是俺老婆，哪敢叫夫人！

李春郎： 大嫂，本官祖居长安府，你也是长安府人氏，今晚可谓老乡见老乡了！

魏邦彦： 大老爷别听她吹，她只在满月那天得了小儿疯，去过长安府看病，总共在长安府才待过三天，哪敢跟大老爷攀乡亲？

李春郎： 快去召唤唱曲人吧！

魏邦彦： 是，是！俺们这地方偏僻，很少来唱曲的。听说今天早晨来了两个年老的货郎，一男一女，好像是夫妻，他们会吆喝几句叫卖声，不知大老爷可愿叫他们来么？

李春郎： 此时此刻，有声胜无声，唤他们速来服侍，多有赏赐与他。

魏邦彦： 他们就住在对门的刘家老店，待小人传唤！
(呼喊) 两个老货郎听真，大老爷让你们来唱曲，多有赏赐啊！

李春郎：方才本官在庭院散步，发现你这驿站的后院竟是一个小小的花园，还有一座四角凉亭。来来来，沏上一壶香茶，摆上几盘果品，到花园中听曲赏月去者。

（三人同下）

（李彦和手持拨浪鼓、赵三姑怀抱月琴，上）

李彦和：（唱）【一枝花】这则是荒山村子，

不比那茶楼儿酒肆，

怎有人要赏新声，

让俺索寻思。

想必是锦片般的节使，

行程无伙伴，

中秋寂寞时，

挥霍响钞精银，

欲招朱唇皓齿。

赵三姑：（唱）【梁州合】俺本是穷乡老妇，

没甚的艳色娇姿。

不会卖风流，不会弄粉调脂，

不会按宫商品竹弹丝。

你更是老树枯枝，

从无赶几处沸腾腾热闹场，

摇几下仓啷啷蛇皮鼓，

唱几句韵悠悠的诗词。

咱只会吆喝几声卖刀卖尺，

有人传咱去唱，却是稀奇事。

李彦和：（唱）【仙吕】管他是张是弛，

你别扭捏失势。

倒是赚他几两银子，

你我喜笑孜孜！

赵三姑：（唱）【哪吒令】想你先前，

万贯家资。

如今为赚这几两银子，

竟然喜笑孜孜！

李彦和：（白）唉，想我李彦和，曾是长安府的大财主，只因一步走错，落到这般光景。亏你赵三姑，

不过是我儿春郎的奶娘，大仁大义，甘愿与我共苦，惭愧啊惭愧！

赵三姑：别穷酸了，驿站里的大老爷等着咱们唱曲呢！

李彦和：是了，是了，启禀大老爷，俺们唱曲的到了。

（李春郎、魏邦彦、张玉娥同上）

魏邦彦：只听说来了两个老货郎，没想到这么老，头发全白了！

张玉娥：大老爷是听唱曲，又不是找妓女，管他老不老！

魏邦彦：对对对。唱曲的，俺事先知会你，大老爷是淳化县县令，（放低声音）他叫李春郎。你们唱曲的时候，要避讳"春郎"这俩字，省得大老爷不高兴。

李彦和：（打量对方）多谢嘱托。

张玉娥：俺也嘱托你们一句，今天是中秋节，大老爷听你们唱曲，你们别光吆喝叫卖声，唱点有意思的，有故事的，把大老爷唱高兴了，定有重赏！

李彦和：是，是，请大老爷稍候，待俺们商量商量，唱上哪段。

（张玉娥摆把椅子，李春郎就座，她夫妻两旁垂立）

李彦和：（把赵三姑拽到暗处）三姑啊，你看那驿卒像谁？

赵三姑：俺早就注意他了，他像是十八年前的贼子魏邦彦！

李彦和：那个女人呢？

赵三姑：更像是坑你害你的妓女张玉娥！

李彦和：那位大老爷呢？

赵三姑：大老爷么……方才驿卒说，大老爷官讳李春郎，十八年前离别时，春郎刚刚七岁，从年龄上看，大老爷倒与咱家的春郎符合，可是，天底下能有这么巧的事吗？

李彦和：待俺去问问……

赵三姑：不可，不可，冒认官亲，就是犯罪。

李彦和：如何是好？

赵三姑： 想那魏邦彦、张玉娥不愁吃穿，历经十八年，颜色尚旧，咱们还能认出他们的面貌。而你我，风里来，雨里去，饥一顿饱一顿，满腹愁肠，如同伍子胥，愁白了头发。趁着魏邦彦、张玉娥还没认出咱们，咱就把当年的一桩桩家事编成说唱。那位大老爷如果是咱家的春郎，他当年七岁，已经记事了，必然追究你我是谁。到那时，咱再述说真情！

李彦和： 好主意！

魏邦彦： 这么半天了，你们还没商量好啊？

赵三姑： 来了，来了，请大老爷赏赐两把椅子。（二人入座）

李彦和： 诗云：烈火西烧魏帝时，周郎战斗苦相持。交兵不用挥长剑，一扫英雄百万师。单说诸葛亮长江举火，烧曹军八十三万，片甲不回。俺等如今的说唱，不表那些天下大事，单说十八年前，陕西长安府出了一桩奇事 ——

李春郎： 妙哉啊妙哉，是我家乡的奇事，倒也有趣，尔等唱来！

李彦和： （唱）【转调】水秀山明景色幽，
地灵人杰出公侯。
华夷图上分明看，
绝胜寰中四百州。
单唱那，长安府有道太平巷，
李家大户住在西头 ——

赵三姑： （唱）【二转】那宅院虽不是朱楼高厦，
却也是碧耸耸青檐细瓦，
四季里常开不败花，
万紫千红纷纷斗奢华。
前院有车，后院拴马，
称得起，使奴唤婢富贵家。

李彦和： （白）话说这家主人，乃是一位秀才，姓李名英，字表彦和。嫡亲的三口，浑家刘氏，孩儿春郎……

魏邦彦： 掌嘴！再三嘱托你不要冒犯大老爷的官讳，你却明知故犯！

李春郎： 天下之大，同名者多。休要怪他，慢慢地唱下去！

李彦和： 是了，这户人家除却嫡亲三口，还有春郎的奶娘赵三姑。这位赵三姑为人忠厚，本分老实。她在李家多年，和睦相处。

赵三姑： 谁知那李彦和一步走错，到妓院中玩耍，结交了粉头张玉娥。到后来，只落得大祸临头！

张玉娥： 别唱了！大老爷仍是青年书生，不许你们唱妓院的事！

李春郎： 他们所唱，是李家大祸临头。何等大祸？唱下去！

赵三姑： （唱）【三转】李彦和走进柳巷花街，
爱上那张玉娥杏眼桃腮。
抛着他浑家不理睬，
只叫那媒人暗中安排。
花上纹银五百，将那粉头赎买，
一乘花轿，把个泼贱的烟花娶过来。

李春郎： （白）富贵人家，家主纳妾也不为错，后来呢？唱下去！

李彦和： （唱）【四转】那婆娘依仗着美貌风姿，
牙关似钉，舌尖如刺。
望空里揣些阴谋儿，
节外生枝，调三斡四，
只叫那大浑家咽不下这个心头刺。
减了神思，面皮变紫，
病恹恹损了裙儿径。
忽的冷了四肢，
一个贤惠的浑家，生生气死！

李春郎： （白）唉，三寸气在千般用，一旦无常万事休。可怜，可叹！那个粉头张玉娥更是可恨！

赵三姑： 大老爷啊，可恨的事还在后面呢！

李春郎： 此话怎讲？

李彦和： 李家刚刚埋葬了大夫人，福无双至，祸不单行，只见堂上大火起，刮刮咂咂，烧得好怕人也！

赵三姑： （唱）【五转】大火冲天，救火艰难，
何况是更深夜阑。

<table>
<tr><td colspan="2">

烧地户，燎天关，

恰便似飞芒九转，

老君炼丹，

恰便似介子推在绵山。

恰便似子房烧了连云栈，

恰便似赤壁下曹兵涂炭。

恰便似布牛阵举火田单，

恰便似火龙鏖战锦斑斓。

将那房檐、脊板，烧塌烧坍，

只逼得人口逃窜！

</td></tr>
</table>

李春郎：　（白）打住！想那李家，偌大的财主，虽是房屋烧毁，尚有许多田亩。

可卖些田亩，重建房屋，又何至于逃窜？

赵三姑：　大老爷有所不知，这场大火不但焚烧了李家，还连累了多家邻舍。在此仓皇之际，那妇人张玉娥言道，若邻里告状，李家可不要去官府抵罪么？莫若逃往他府他县，隐姓埋名，躲避灾难。李家家主听了那妇人之言，收拾金银细软，带着那妇人，连同儿子春郎、奶娘赵三姑，全家四口出城门，往东南方向，慌忙而走！

李春郎：　意急心慌夜沉沉，他们往哪里去？

李彦和：　（唱）【六转】黑黯黯天涯云低，

更哪堪湿淋淋的倾盆雨，

眼前是那窄窄狭狭沟沟堑堑路崎岖。

不知奔向何所地。

幸喜三更时，风息雨细。

李春郎：　（白）天晴了，好啊！

赵三姑：　（唱）【七转】天晴好，闪闪星光露，

看见那阴云开处。

四个湿湿冷冷的人物，睁眼看前方，

扑扑簌簌，眼泪模糊，老天呀，怎不给人活路！

李彦和：　（白）只见灞水滔滔，一派东流。行至河岸，无摆渡船只。四口儿愁做一团，苦做一块儿。忽见那东北上摇下一只船来！

李春郎：　救命的船来了！

李彦和：　这船不是救命的船，倒是索命的船啊！

李春郎：　莫非又遭凶险？

赵三姑：　那船夫与李家相识多年，名唤魏邦彦。李家家主见是老朋友，急忙喊他救命，那魏贼满口应承。船至河心，魏贼奸笑，言说让李家死个明白，他便透露真情。

李春郎：　什么真情？

赵三姑：　那奸贼魏邦彦与奸妇张玉娥姘居许久，二人暗中相约，让张玉娥嫁进李家。然后，放上一把大火，逼迫李家带着金银细软逃命。魏贼扮作船夫，在此等候。待到李家人上船后，魏贼将李家人推进灞水，图财害命！

李春郎：　可恨了！唱下去——

李彦和：　（唱）【八转】魏贼他，假装着，

要和李家家主讲话。

家主贴身靠近他，

他猛将家主喉咙掐。

揪住头发，将家主与三姑踢进河下，

只向那翻滚滚波心水淹杀。

李春郎：　（白）两条人命，就此终结了么？

李彦和：　依仗着李家家主水性极好，他拉着赵三姑，爬上河岸，保住了两条性命。可是，他家的金银细软都留在船上，被那奸贼、奸妇霸占了！

李春郎：　后来呢？

赵三姑：　（唱）【九转】家主三姑保命，二人乞讨，

从春夏，到秋冬，攒下几文铜。

当个货郎，走遍南北西东，

十八年，如梦境。

最可怜，春郎小顽童，

七岁年龄，不知死生？

那孩儿若生，敢与大老爷年岁等同。

他有一颗朱砂痣，生在前胸……

李春郎：　（白）且住！你可就是赵三姑？

赵三姑：　大老爷，您怎知晓？

李春郎：　你可就是李彦和？

李彦和：　这……正是小可！

李春郎：　爹爹呀，孩儿早就听出缘由，只是不动声色！

李彦和：　你你你，你真是俺儿春郎，你还活在人世？

李春郎：　孩儿也被那魏贼投入水中，多亏渔翁王老好搭
　　　　　救。如今，孩儿考中皇家两榜进士，万岁加封
　　　　　孩儿为淳化县七品县令。今日走马上任，不意
　　　　　和爹爹、三姑在此地重逢！

张玉娥：　老天爷有眼啊，让你们全家大团圆。俺去把那
　　　　　只老母鸡杀了，再烫上两壶热酒，祝贺，祝贺，
　　　　　再祝贺！

赵三姑：　呀呀呸，你是张玉娥，他是魏邦彦！

魏邦彦、张玉娥：不不不，俺们不是……

李彦和：　扒了皮，俺也认识你俩的骨头！

李春郎：　他等二人便是凶手？

魏邦彦：　哼，是又怎样？俺害了你们，你们也把俺害
　　　　　苦了！

李春郎：　此话怎讲？

魏邦彦：　俺图财害命之后，为防备官府追查，隐姓埋名。
　　　　　十八年前，花了二百两银子，买下这个驿卒。
　　　　　从那时开始，俺就蹲在这个多见树木、少见人
　　　　　烟的穷地方，再没见过外面的花花世界。谋
　　　　　来的黄金、白银、锁在箱子里，分文都不敢花，
　　　　　俺冤不冤？俺屈不屈？俺提心吊胆地度过十八
　　　　　年，都是被你们害的！

李春郎：　哈哈哈，你竟然口出此言，真不知人间还有
　　　　　"羞耻"二字！

魏邦彦：　什么叫羞不羞，耻不耻，十八年前，俺没杀死
　　　　　你们，今天，你们自投罗网，一不做，二不休，
　　　　　想你们一个文弱书生，两个老不死的，岂能逃
　　　　　出我手？浑家，快把菜刀取来！

张玉娥：　好了，反正俺在这山沟里也待够了，今天就帮
　　　　　你杀人！
　　　　　（传来吵嚷声：李县令住在这吗？乡约、村约带
　　　　　人拜见您老人家）

魏邦彦：　完了，完了！

张玉娥：　咱俩全完了！

李春郎：　这正是 ——

赵三姑：　（念）善恶终有报，

李彦和：　（念）人间好轮回。

张玉娥、魏邦彦：（念）苍天饶过谁？

民间艺人演出本

郝赫整理

采录时间：1950年

采录地点：沈阳北市场小剧场

中山狼

取材于同名寓言。过去一般从恩怨点出发，把这只狼看
作是忘恩负义的典型。在这出小戏中，寓意则更加明确，
狼就是狼，救它或者不救它，它都改变不了吃人的本性。
东郭先生同情心泛滥，差点丢了性命。告诉人们，比防
备有人忘恩负义更重要的是要分清善恶忠奸。

人物：　赵鞅

　　　　中山狼

　　　　东郭先生

　　　　老杏

　　　　老牸

　　　　杖藜老

（赵鞅上）

赵鞅：　（白）俺晋国正卿赵鞅，这一个是驾车的王良，
　　　　这一个是幸臣嬖奚。今遇秋天气候，俺带着虞
　　　　人们牵犬臂鹰，架弓挟箭，到中山地面打猎。

（中山狼上）

中山狼：俺中山狼是也，那赵卿打猎到此，叫俺何处
　　　　躲藏？

赵鞅： 那前边有个狼，俺放箭！（狼中箭）呀，您看俺一发射中，那狼叫一声跑了。快追。（下）

（东郭骑驴负囊上）

东郭先生： 自家墨者东郭先生，俺今日收拾了书囊要往中山去进取功名！

（唱）【仙吕点绛唇】奔走天涯，

脚跟消乏青驴跨。

回首年华，

打算来都虚话。

【混江龙】堪笑他谋王图霸！

那些个飘零四海便为家。

万言书随身衣食，

三寸舌本分生涯。

谁弱谁强排蚁阵，

争甜争苦闹蜂衙。

但逢着称孤道寡，

尽教他弄鬼搏杀。

哪里肯同群鸟兽，

说什么吾岂瓠瓜？

有几个东的就，西的凑，千欢万喜，

有几个朝的奔，暮的走，错落高下。

命穷时整日价河头卖水，

运来时一朝得锦上添花。

您便是守寒酸枉饿杀断简走枯鱼，

俺只待向西风恰消受长途敲瘦马。

（白）呀，又是暮秋时候也！

（唱）【油葫芦】古道垂柳噪晚鸦。

看夕阳恰西下，

鸭鸭寒雁落平沙。

黄埃卷地悲风刮，

阴云遍野荒烟抹。

只见的连天衰草岸，

哪里有林外野人家？

秋山一带堪描画。

搵不住俺清泪洒袍花！

（白）俺骑着这驴儿，独自行走，好不凄凉！

（唱）【天下乐】策蹇冲寒到海涯。

好教俺嗟也么两鬓华。

常言的出外不如家。

既没个侣伴们共温存，

更少个童仆儿相衬搭。

俺不觉得颤巍巍心头怕！

（白）来到中山地面，尘埃滚地，金鼓连天，敢是哪里交兵厮战？

（唱）【哪吒令】只见那忽腾腾的进发，似风驰电刮。

急嚷嚷的闹喳，似雷轰炮打。

扑喇喇的喊杀，似天崩地塌。

须不是斗昆仑触着天柱折，

那是战蚩尤摆列着轩辕法，

却怎的走石飞沙？

（白）你看纷纷车马，对对旌旗，飞鹰走狗，千群万对，敢是谁打围到此！

（唱）【鹊踏枝】车和骑，闹喧哗，

鹰和犬，猛擒拿。

赶翻了窟兔山狐，

惊起些野雉昏鸦。

看一鞭儿追风马，

敢踏碎几缕残霞！

（白）俺且控住这驴儿，慢慢地走。

（唱）【寄生草】明晃晃戈矛亚，

乱纷纷旌旗加。

雄赳赳斜控龙媒[1]跨，

滴溜溜慢夹金丸诧。

厮琅琅齐把鸟号架，

他闹茸茸前合后偃射雕坡，

俺怯生生停鞭立马枯杨下。

中山狼： （上。白）俺被赵卿一箭射中，天哪！谁人救俺？

东郭先生： 那里一只狼来也！哎哟，吓杀我也！

[1] 龙媒：骏马。

(唱) 谁道俺的残生命，

又撞着这狼夜叉。

俺战战兢兢遍体汗毛乍，

呆登登两眼乌珠咤，

慢悠悠一缕魂灵吓。

来到这没爹娘的田地一身孤，

多应是瘦伶仃的骸骨送在喉下。

中山狼：　(白) 恰好遇着先生也！那赵卿打围到此，俺被射中。先生可怜见，救俺一命！

东郭先生：(白) 您好不识闲忙！俺待进取功名，急忙里要赶程途，怎管得你这闲事来！

(唱)【醉中天】俺心儿里多惊怕，

口儿里闲嗑牙。

俺待向落日驻林看晚霞。

驴背上偏潇洒！

着什么紧横枝儿救拔。

俺只怕热肝肠翻成冷话，

哪里管野草闲花！

(白) 您快走，俺救不得您！

中山狼：　先生！昔日有个隋侯救蛇[1]，后来衔珠为报。蛇尚如此，俺狼比着蛇更有灵性哩！今愿早救俺！先生的大恩不敢有忘。

东郭先生：(白) 噤声！俺若救您，赵卿焉能善罢甘休！

(唱)【金钱儿】谁个你吊闲子，

吓得俺早酥麻，

他将军八面威风大，

马前势剑染霜花。

没来由怎当耍，

干惹下祸根芽。

您道是隋侯将珠报答，

谁敢向太岁把土来爬？

中山狼：　(白) 先生可怜见！恻隐之心，人皆有之！这不干赵卿的事，是您不救咱！俺死于九泉之下，俺不怨赵卿，则怨着您！

东郭先生：这却是如何？罢罢！哪里不是积福处？俺便当救活您！只索出俺图书，把个空囊，藏您在里面罢。

中山狼：　先生恩德匪浅！

(出书囊装狼)

东郭先生：(唱)【一半儿】恰撞着胡缠厮进这冤家。

想俺受怕担惊为甚咱？

则这藏头露尾真没法！

怎生把囊儿括，

俺将它一半儿遮藏一半儿撒。

(白) 您看人马渐渐地近将来，似此怎生是好？

中山狼：　先生！事急了，快些救俺。

东郭先生：俺囊儿小，您身儿大！藏不得。

中山狼：　俺索蜷四足，先生把绳子紧紧地缚住。曲了脊，掩了胡头儿[2]，连着尾巴子缩做了些娘大[3]的一块子儿，却把俺装在囊儿里。

(缚狼入囊)

东郭先生：(唱)【后庭花】缩的头，蜷的胯，

曲着脊，闭着牙。

说什么前跋胡后尾疐[4]，

怎般的腰似猬背如虾。

俺只怕惊鸳打鸭，

恰闪煞俺战笃速力难加。

(白) 如今却好了也！且缚了囊口，肩上这驴背，把驴儿拴在路旁树上。待赵人过去，呵！救得你休欢喜，救不得你休烦恼！

(唱)【赚煞】心慌脚怎移，胆小魂先怕。

这塞驴儿把布囊搭胯。

难道是狭路上相逢不下马，

那其间吉凶难查。

您休得叽喳！

[1]　隋侯救蛇：相传隋侯以药疗伤蛇，后蛇衔珠来赠，其珠硕大光泽，称隋珠。

[2]　胡头儿：下垂的领毛。

[3]　些娘大：一点点大。

[4]　前跋胡后尾疐：前跋后疐，比喻进退两难。

俺加些挣扎。

只怕话不投机半句差。

须索要言词对答。

使不着虚脾奸猾。

（白）中山狼呵！险些儿把俺管闲事的先生断送得眼巴巴！（下）

赵鞅：　（上）那中山被俺一箭射着，影也似没寻处。虞人们，快赶上者，那路旁树上拴着驴儿，有个人，俺们向前去问他！（下）

东郭先生：（上）本待往中山去进取功名，撞着这中山狼，要俺搭救。想起俺墨者以爱为本，只得把书囊儿藏着，背上这驴儿，俺且在这枯杨之下歇息。

（唱）【滚绣球】恰遇这暮秋天，

来到的荒郊外。

看疏疏柳叶飘，

听嘹嘹雁影排。

最凄凉暮云残霭，

只见他万马儿滚地飞来。

闹喳喳乱打歪，

呼啦啦齐喝彩。

这威风天来多大，

早则有几分儿骨软魂驱，

则索是舒腰展脚迎头拜。

乱掩胡遮步懒抬，

怕的他快眼疑猜。

赵鞅：　（上。白）那汉子！你在这树下歇息，可见那中山狼去来？

东郭先生：（唱）【倘秀才】鲰生孤身一介，

骑瘦马空囊四海，

可又遭十谒朱门九不开[1]。

受过了十年窗下苦，

只道是千里故人来。

哪管您狼奔鼠骇！

赵鞅：　（白）俺打围，那中山狼被俺开的弓射中，失声跑了。您在路旁，怎生不见它去来？您看剑！（剑砍车辕）东西南北，谁隐讳了狼的去向，这车辕儿就是例子。

东郭先生：告君侯，暂罢雷霆之怒，听俺慢慢地说一遍！俺在灯下，读成满腹诗书。奔走四方，进取功名。来到这个三岔路口，不知哪条路往中山去。因此就在这枯杨树下歇息，等个来往的人问路。

（唱）【倘秀才】俺走天涯磨穿铁鞋，

哭穷途西风泪洒，

讨得个一事无成两鬓衰。

他乡何处是，迷路问谁来？

那狼，知您的浮萍大海。

（白）俺闻古人说，大道以多歧亡羊。想起来羊乃至驯之畜。一个小厮儿，便可制伏。尚且途路多歧，走的来没寻处。这狼怎比羊的驯扰？况这中山的歧路恁多，不知狼去了哪一处？您却在这官塘大路里寻觅，这不是缘木求鱼，守株待兔么？

（唱）【滚绣球】叹歧路，可亡羊。

这中山狼何在？

您看满目的寒烟一带，

都是些曲径巉崖，

密丛丛深树林，

白茫茫遍草莱。

少什么山魈木客[2]，

几多儿雾锁云埋。

似恁的却缘林木求鱼至，

自守枯株待兔来。

倒只管奚落吾侪！

赵鞅：　（白）您还不知，这狼将远逐食，必先把身儿倒立。千禽万兽，自然蹲聚。俺们出猎，最喜得的是这狼！

东郭先生：（白）如此说来，这田猎是虞人的职掌，如今不见了中山狼，怎的不去问他个根由？俺行路人

---

[1]　十谒朱门九不开：豪门皆为富不仁，上门求助多遭拒绝。

[2]　山魈木客：传说山里的两种妖怪。

何罪也？

(唱)【呆骨朵】田禽自有个皮冠在。

这根由也索明白。

为什么乱讲胡猜？

却问咱村沙恶赖！

俺待做红尘外道遥客，

却惹下白地里冤缠债。

劝您个莽英雄莫苦求！

把俺陌路人厮禁害。

赵鞅：　(按剑。白)您看俺这口剑！吹毛也似快的。您敢试着它么？那中山狼分明是您藏下，却恁的巧言令色，胡乱支吾。小的们！把那驴背上囊儿打开看者！若搜出来，到底不饶了您！

东郭先生：(白)这是俺的书囊。那狼可是活的，囊儿里怎的不动一动？它是有头有尾有四足的。似这般小小的囊儿，甚法儿藏着？打开看也不要紧，只可惜颠倒了俺的书，枉费了这手脚也！

(唱)【滚绣球】您道是三尺吹毛快。

把俺这天灵盖险劈开，

非是俺巧言令色，

索性您数黑论白。

这囊啊有图书万卷收，

只青毡一片来。

谁曾见这锦囊诗袋，

却遮藏的虎党狐俦？

只您这眉前眼后谁瞒过，

道不得露尾藏头怎撒乖，没处安排。

赵鞅：　(白)谁信花言巧语，狼乃至猛之兽，您为甚与他隐讳？

东郭先生：(白)俺虽愚蠢，岂不知这狼的行径？它性极贪狠，助豺为虐。你若能除了这害，俺当效微劳相助。

(唱)【倘秀才】您休恁的大惊小怪！

俺世不曾风魔九伯，

这狼啊，露爪张牙惯助的豺。

今日里亡猿殃及木，

谁待肯养虎自贻灾？

好教俺拔刀变色。

赵鞅：　(白)小的们！不消打开囊看了，那厮既不晓得中山狼，则便放他自去！

东郭先生：多谢了您！俺牵了驴儿走也。

(唱)【煞尾】休道他停车坐对枫林外，

俺只索匹马萧条古道挨。

拂面黄尘遍紫陌，

胆颤心慌路越迈。

动地惊天势儿大，

七魄三魂陡的骇。

只道贵人喜迎待，

恰遇丧门命穷败。

狭路相逢怎布摆，

也是前生欠冤债。

比似你风吹长江走得快，

把俺第一个程头早误了采。

赵鞅：　(白)既没有中山狼，俺们回去！

东郭先生：(白)俺东郭先生好惭愧也！把这书囊藏着中山狼，险些儿被赵卿看出破绽。俺不敢久停，鞭着驴儿快走者。您看这古怪的畜生吗！偏是今日百般的鞭打不肯走。驴儿！俺把你这鞴金鞍、嚼玉勒、披缕桥、挂红缨的龙驴驹骏殃及，你快些儿一步！

(唱)【越调斗鹌鹑】乱纷纷叶满空山，

淡氲氲烟迷野渡。

渺茫茫白草黄榆，

静萧萧枯藤老树。

昏惨惨远岫残霞，

疏刺刺寒汀暮雨。

骑着这骨棱棱瘦驽骀[1]，

走着这远迢迢屈曲路。

冷凄凄只影孤形，

急嚷嚷千辛万苦。

[1]　驽骀 (nútái)：劣马。

您看羽旄之影渐没，

车马之音不闻。

（白）那赵卿去得远了，不知这中山狼在囊里是如何的，怎的不动一动？不是箭射伤死了？闷死了？（看囊）

中山狼：　先生！想那赵卿去得远了。俺在囊中紧紧地缚得好不苦也！先生，快解开囊放俺出来吧！

东郭先生：俺打开囊儿与您拔了这箭。（开囊解缚拔箭）

（唱）【金蕉叶】只见它头和尾蛇盘畏缩，

着箭处淋漓血污。

止不连声叫苦！

俺和您急忙救取。

中山狼：　（出囊。白）险些儿俺的性命被赵卿断送了。先生，谢得您救俺也！只俺有句不知高下的话儿敢说吗？

东郭先生：有甚话说来！

中山狼：　俺被赵卿赶来，走得路途遥远。这儿又受了一日的苦。虽则是先生救活俺的性命，只是肚儿里饿得慌。倘然饿死在路上，却被鸟鹊啄，蝼蚁攒呵！不如送与赵卿拿去，倒也死得干净，先生可怜见，权把您来充饥吧！

东郭先生：（狼扑东郭先生，东郭躲驴后）呀呀呀！俺救您，险被赵卿看破。把俺性命，几乎送在一剑之下。怎的倒要吃俺？天下有这般负心的吗？

（唱）【天净沙】俺为您拼了身躯，

俺为您受了忧虞。

刚把您残生救取，

早把俺十分饱觑，

这瘦形骸打点充饥！

中山狼：　（白）先生，俺闻得摩顶放踵，利天下为之。何以您却不救了俺的命？

东郭先生：（唱）【调笑令】您馋眼脑天生毒。

狼辣的心肠，和胆底儿虚。

才得个皮毛抖擞，便把恩来负。

也是俺两眼儿无珠，

谁引得狼来屋里居。

今日里懊悔何如！

中山狼：　（白）您缚俺在囊里，苦不耐烦。你是甚好意？你向赵卿说，要助他算了俺。怎的不该吃您吗？

东郭先生：（唱）【秃厮儿】好教俺闷腾腾心头气鼓，

忿嗔嗔手拍胸脯。

俺担惊受怕的撩虎须，

救得您泼贱躯几乎！

中山狼：　（白）不要乱讲，俺肚儿饿得慌了，快些儿与俺充饥！

（狼扑，东郭躲）

东郭先生：（唱）【圣药王】您嘴儿鼓，爪儿露，

这是蛇衔径寸的报恩珠？

俺怎对付？好凄楚。

手忙脚乱紧支吾。

不住地把天呼！

（白）天啊！是俺自己的不是也。

（唱）【麻郎儿】也是俺寻差道路，

撞着您饿虎妖狐。

吓得来后腿前趋，

紧靠着瘦驴儿遮护。

起初不如冷觑，

索性做个陌路区区。

似这般衔冤负屈，

头直上青天鉴取！

（狼扑，东郭躲）

中山狼：　（白）俺不吃您决不甘休。

东郭先生：俺救了您，倒要吃俺。世上有这奇事吗？常言道：若要好，问三老。俺与您去寻着三个老的问，道是该吃俺否。他若道是该吃啊，俺便死也是甘心！

中山狼：　说得是也。（同行）您看俺的造物头里。走的来这多时，再没个人儿撞着者。俺肚里又饿得慌，口儿里馋涎淋下。呀！好了好了！您看那里不是一株老杏树，快问它来！

东郭先生：这是一株老杏树，僵立在路旁。俺想草木乃无知之物，怎生问它来？

中山狼：您不要管，只顾问它。它定然回答。

东郭先生：(揖树) 老树老树！那中山狼被赵卿一箭射着，追赶得没躲处。是俺把书囊装了它。如今出得囊来，倒要把俺吃。老树呵！您道是可该吃不该吃？

(唱)【东原乐】这的是沟中断、爨下余[1]，

怎便做千年的灵椿[2]。

哎，俺好痴也！把草木无知，不住地呼。

只索暗忖。老树老树，

您若救得俺呵！

再重生，真是花开铁树。

老杏：(上。白) 俺老杏是也。想那老圃当时种下俺，不过费得他一个核儿。一年开花，二年结果，三年拱把，十年合抱。到今三十年来，老圃和那妻子儿女走使奴仆，往来宾客，都是俺供养。他常时又摘得果儿，往街市里去觅些利息。似俺这般有恩于老圃的，如今见俺老来不能结实，老圃发怒，伐去俺条枚，葺落俺枝叶，又要卖俺与匠氏。是这般负心的。您却有甚恩到这狼来？该吃您该吃您！(下)

东郭先生：(唱)【棉搭絮】俺道您是琼林玉树，

却原是朽木枯株。

只好做顽桩儿系马，短橛儿拴驴，

你倒是结籽开花，枉做了木奴。

今日里断梗除根，只当是折蒲。

哎，罢了罢了！都似这义负恩辜，

俺索做锄麑，触槐根，一命殂。

(狼扑，东郭躲)

东郭先生：(白) 呀！方才说来，要问三老。只问得一老，怎便就要吃俺？

中山狼：快走些儿，好了有一个老特在那里曝日。您去问它！

东郭先生：俺被那万刀砍千斧斫的蠢木顽柴，几乎丧了俺性命。这牛是披毛戴角的禽兽，问它何用？

中山狼：只管去问它！你再不问，俺便吃您了。

东郭先生：(揖牛) 老特老特！这中山狼，被赵卿所射，是俺救了它的一命。如今反要吃俺，您道可是该吃俺，不该吃俺吗？

(唱)【络丝娘】您花阴处一犁绿雨，

笛声中斜阳陇树，

为甚嶙峋瘦骨西风暮？

只见它垂头无语。

老特：(上。白) 俺乃老特是也。俺做牛犊子时，筋力猛健，老农最是爱惜。老农出入是俺驾车，老农耕田是俺引犁。把俺做手足一般的相看。他穿的衣，吃的食，男女婚姻，公私赋税，哪一件不在俺身上资助他？如今见俺老来力弱，赶逐俺在旷野荒郊。这般的风霜寒冷，瘦骨难熬，行走不动，皮毛枯瘁。您可道是不苦么？昨日听得那老农和他妻儿所算俺道："老牛身上都是有用的，肉割来做脯吃，皮剥来好做革，骨和角又好切磋成器用。"教他孩儿要磨刀宰俺。好不苦哩！俺与老农有许多功劳，尚然有谋害，您却有甚恩到这狼来？该吃您！(下)

东郭先生：(唱)【拙鲁速】您道是急巴巴地荷犁锄，

只剩得影岩岩的瘦身躯。

今日里受的酸风苦雨，

倒在颓垣败堵，

尚兀待掀皮剐肉费踌躇。

(白) 哎，罢了罢了！俺好命穷也！这场儿的冤苦，向谁行来分诉？吓得俺似吴牛见月儿喘吁吁！天哪！眼见得没人来救俺也。

(唱)【尾声】这是条条一荡官塘路，

怎没个人儿北来南去？

眼见得一命儿掩泉途，

死的来怎能勾着坟墓？

(狼扑，东郭躲)

[1]　沟中断、爨下余：死于沟渠、灶下烧剩下的。

[2]　灵椿：相传上古时代，有大椿树，以八千岁为春，八千岁为秋，后世称灵椿。

东郭先生：（白）俺和您有言在先，且再问第三个老的。他道是该吃，只索由您罢了。

中山狼：饿得来不耐烦了。快走些儿！凭着俺一片好心，天也与俺半碗饭吃。

杖藜老：（拄杖上）则俺杖藜老子的是也。俺逃名晦迹，在这深山里隐居，真个无是无非。每日间到那溪边林下，闲步逍遥。只今暮秋天气，景致煞是佳也！只索倚杖散步一回。

东郭先生：谁人救俺东郭先生也？呀！远远望见的小桥流水，茅舍疏篱，敢是人家的村落。俺向前去问。

（唱）【双调新水令】看半林黄叶暮云低，

碧澄澄小桥流水，

柴门无犬吠，古树有鸟啼。

茅舍疏篱，这是个上八洞闲天地。

（白）呀！那林子里有个老儿，扶杖走来。求他救俺！

（拜）丈人，早些儿救俺！

杖藜老：先生！为着甚来？

东郭先生：这中山狼，被赵卿所射，上天无路，入地无门，向俺求救。想起俺墨者以爱为道，只得把书囊救它一命。才出囊来，反要吃俺。苦苦求它，不肯相饶。俺和它说问个三老，可道是该吃不该吃。打头来遇着株老杏，那无知的朽木道是该吃俺。再来遇着个老犉，那个泼禽兽又道该吃俺，险些断送了性命也！今来遇着丈人，这是俺命儿里该有救星。天幸得逢丈人，望赐一言，救俺！

（唱）【驻马听】枉煞心疑，向猛虎丛中来救你。

无端负义，这鬼门关上诉凭谁？

遇着顽禽蠢木总无知。

道是屠牛伐树都差异。

这搭儿难回避。

丈人啊！俺不道救星儿恰撞你。

杖藜老：（举杖打狼。白）哎！世上有你这般负恩的。他好意儿救得你，便要吃他。哪有你这没天理的畜生！

中山狼：丈人不可听信他！这都是虚言。他见俺被箭射伤，把俺缚了足，蜷曲在囊中，受了多少苦楚。他又支吾赵卿，是假意儿救俺，却是要囊中谋害，自己独受其利。这般欺心的！道是该吃那不该吃？

杖藜老：这般说来，先生你也有些不是。

东郭先生：哎哟！丈人不知。俺只因救他，险被赵卿看出破绽来，几乎送了一命。这是俺的热心儿，图它什么来？

中山狼：丈人莫信他！俺被他缚在囊里，好不苦也！

杖藜老：你两个说来都难凭信。如今依附在囊中，把那受苦的模样，使俺亲见一番。若是果然受苦呵，先生！你也说不得，只索与老狼吃下。

中山狼：说得有理！俺肚里饿的了，快些缚起来，看可是苦也那不苦么。丈人！俺定是要吃那先生的。

（东郭缚狼置囊中）

杖藜老：先生！你可有佩刀？

东郭先生：俺带得有佩刀也。（出刀）

杖藜老：如今怎的还不下手么？

东郭先生：虽然是它负俺，俺却不忍杀了它。

（唱）【得胜令】光灿灿的匕首雪花吹，

软哈哈力怯手难提。

俺哭他今日里其狼狈，

悔从前怎噬脐[1]。

须知跳不出丈人行牢笼计，

还疑，也是俺先生的命运低。

（白）丈人！都是俺的晦气。那中山狼且放它去吧！

杖藜老：这般负恩的禽兽，还不忍杀它。你一念的仁心，却不做了个愚人么？

东郭先生：那世上负恩的尽多，何止一个中山狼？

（唱）【沽美酒】休道是这贪狼反面皮。

俺只怕尽世里把心亏。

少什么短箭难防里随，

---

[1] 噬脐：用嘴咬肚脐，比喻懊恼。

把恩情反成仇敌。

只落得自伤悲！

杖藜老：（白）先生说的是。那世上负恩的好不多也！那负君的，受了朝廷大俸大禄，不干得一些儿事。使着他的奸邪贪佞，祸国殃民。把铁桶般的江山，败坏不可收拾。那负亲的，受了爹娘抚养，不能报答。只道爹娘没些挣挫，便待折骨还父，割肉还母，才得到亨通。又道爹娘亏他举，却不思身从何来。那负师的，大模大样，把个师父做陌路人相看。不思做蒙童时节，教你读书识字，那师父费他多少心来！那负朋友的，受他的周济，亏他的游扬。真是如胶似漆，刎颈之交，稍觉冷落，却便别处去趋炎赶热，把穷交故友撇在脑后。那负亲戚的，傍他吃，靠他穿，贫穷与你资助，患难与你扶持。才竖得起脊梁，便颠翻面皮转眼无情。却又自怕穷，忧人富，铲地的妒忌，暗里所算他。你看世上那些负恩的却不个个是这中山狼么！

东郭先生：（唱）【太平令】怪不得那私恩小惠，

却教人便叫唱扬疾。

若没个天公算计，

险些儿被畜生得意。

俺只索含悲忍气，

从今后见机莫痴。

呀！把这负心的中山狼做傍州例。

（杀狼）

（白）业畜，这回死了，你如今还想吃俺么？把它撇在路上吧！多幸遇着丈人救俺，索谢了你去也！（同下）

民间艺人演出本

郝赫整理

采录时间：1950年

采录地点：沈阳北市场小剧场

附录

一

曲例

哭糜子

《冯奎卖妻》唱段

1=E

妈呀 妈妈你不该 抛弃咱哪

妈妈你不该 将儿骗

孩儿 哭娘

娘肠断 孩儿呀 懂事的孩儿 听娘言 今日骨肉

不离散哪 哪来 十吊换命钱 有钱父儿 三人有命 在

无钱你父儿 难活到明天哪

妈妈你的心肠

可真狠哪 你不疼桂姐 该疼宝安 爹你把我妈妈

领回去 桂姐我替妈妈去换钱哪

孩儿我只把 亲娘要

饿死也不要 妈的卖身钱哪

红柳子

《回杯记》唱段

1=D 4/4

♩=84

叫二妹你稳坐在 观花亭啊 听二哥讲一讲 以往事情啊

想当初我们家不住你们苏州府哇 家住山西县洪洞皆因

洪洞县遭了荒 旱旱涝三年没 收成第一年荒旱没 下雨呀

二一年五月端阳 又起了蝗虫啊 第三年三月十八 下的透雨呀

（白）下得好哇，直下到八月十五 天才开晴哪
提起这场雨
我现在还伤心

0467

靠山调

《梁赛金擀面》

1=F 4/4

（女）梁赛金未曾说话 泪汪汪啊
口尊声巡按 大人听衷肠 你言说是我大哥 回家转
盘问盘问 家事往常啊 想当初咱们家 住在什么府
然后搬家 什么庄 什么庄村 修宅院
修的是什么门楼 什么不落的墙 哪楼修得高 高遮日月
哪楼修得矮 晃太阳啊 哪楼盖在蛇盘地 哪楼盖在 卧龙岗上
这 一宗这一件 你要答得对 老 大 人 哪

（女）我能认 子玉大哥 回转家乡啊
（男）小 妹 妹呀
（女）咱俩是一个娘啊
（男）梁子玉未曾说话 身立二堂啊 口尊声同胞小妹 细听衷肠啊
想当年家住在 卫辉府 然后搬家 梁家庄
就在这梁家庄上 修宅院 修的是走马门楼 莺不落的墙
东楼修得高 高遮日月 西楼修得矮 晃太阳
南楼盖在蛇盘地 北楼盖在卧龙岗上 宗宗件件对不对 小妹妹呀
（男）怎不认子玉大哥转 回家乡啊
老 大 人 哪
咱俩是一个娘啊

樊梨花五更

选自《姜须搬兵》

1=A 4/4

♩=74

一更里呀
三更里呀
五更里呀
梨花 好不心酸哪啊
梨花 上床去安眠哪啊
梨花 鸡叫要亮天哪啊
怀抱起呀 薛猛啊
抖一抖呀 红菱被
忽听得呀 金鸡啊
小闲 小的儿半 男边哪啊
闲着 叫一声哪啊
报 一声喧啊
你的 父帅 到西凉 又去 征战哪
对对的 该杀的金鸡 没叫得这 么早哇
骂了声 鸳鸯枕 没有 人枕早哇
抛母 子好比 冷和热 来唡 呦呦伊呦哩 恩哎哎嗨呦
奴家好比 失群的雁 南柯梦 来唡 呦呦伊呦哩 恩哎哎嗨呦
惊醒奴家
孤凄凉在寒江关哪
夫妻不得圆哪
孤 守在寒 江 关 哪
夫妻 不得 圆 哪

喇叭戏

锔缸调

1=C

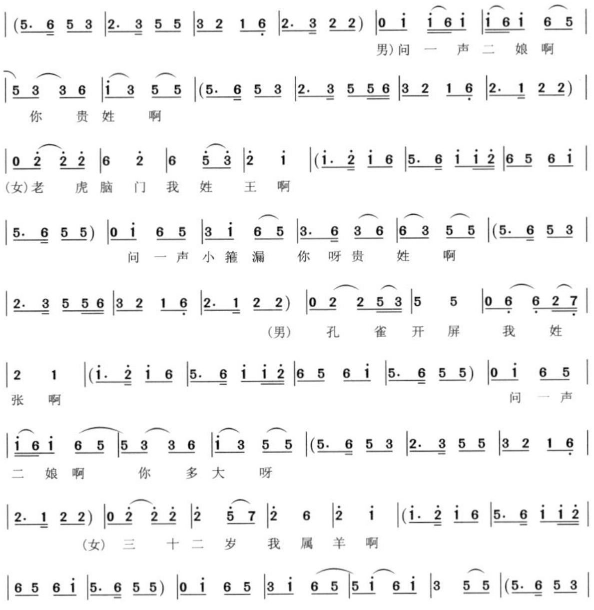

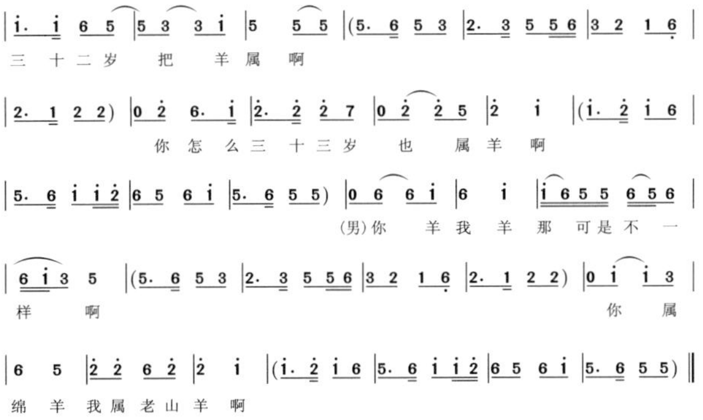

小老妈开嗙

1=F $\frac{2}{4}$

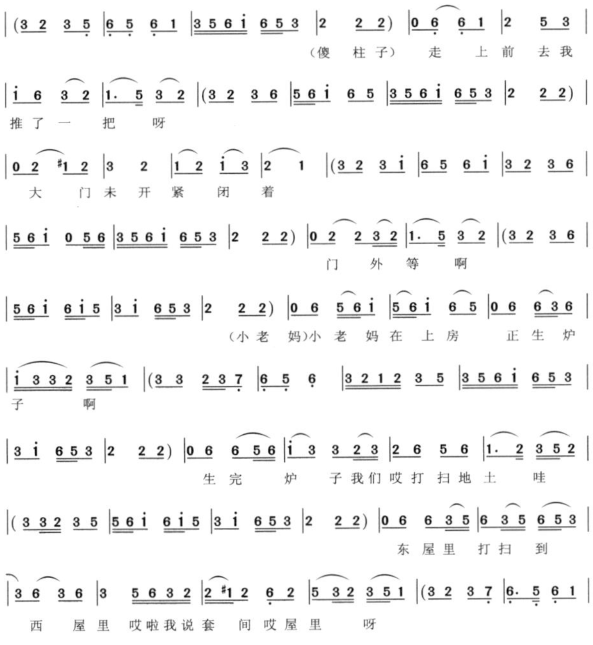

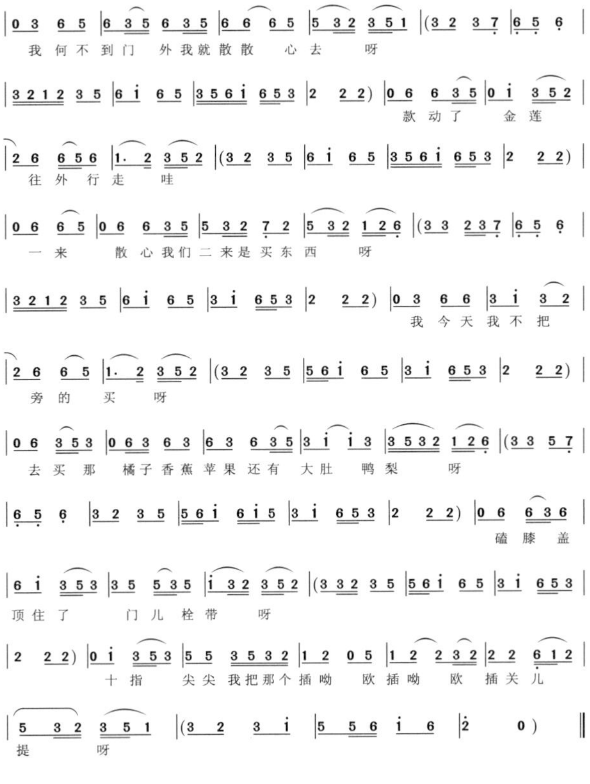

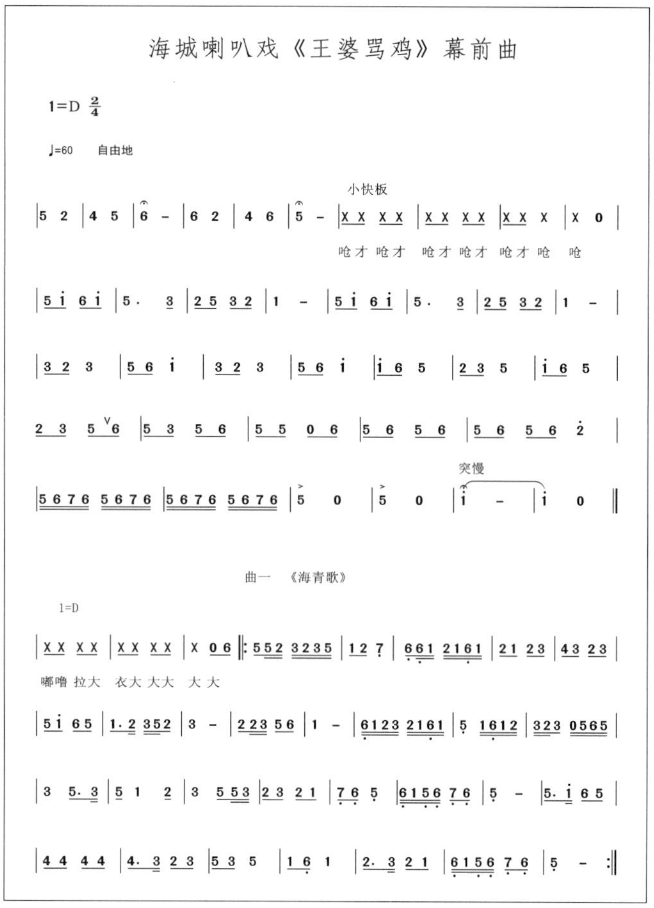
海城喇叭戏《王婆骂鸡》幕前曲
1=D 2/4
♩=60 自由地
小快板
呛才 呛才 呛才 呛才 呛才 呛 呛
突慢
曲一 《海青歌》
1=D
嘟噜 拉大 衣大 大大 大 大

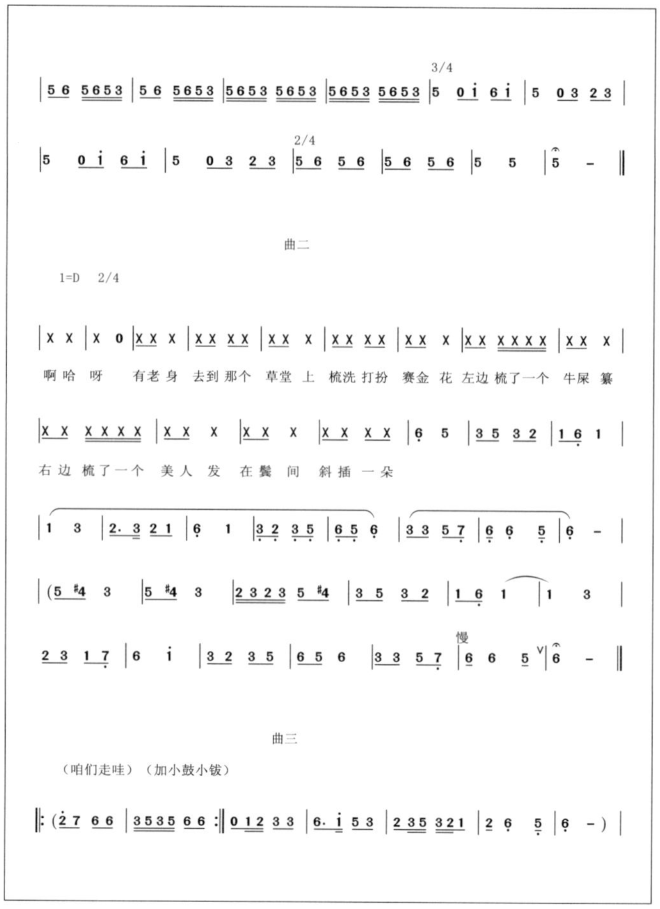
3/4
2/4
曲二
1=D 2/4
啊 哈 呀 有老身 去到 那个 草堂 上 梳洗 打扮 赛金 花 左边 梳了一个 牛屎 纂
右边 梳了一个 美人 发 在鬓 间 斜插 一朵
慢
曲三
（咱们走哇）（加小鼓小钹）

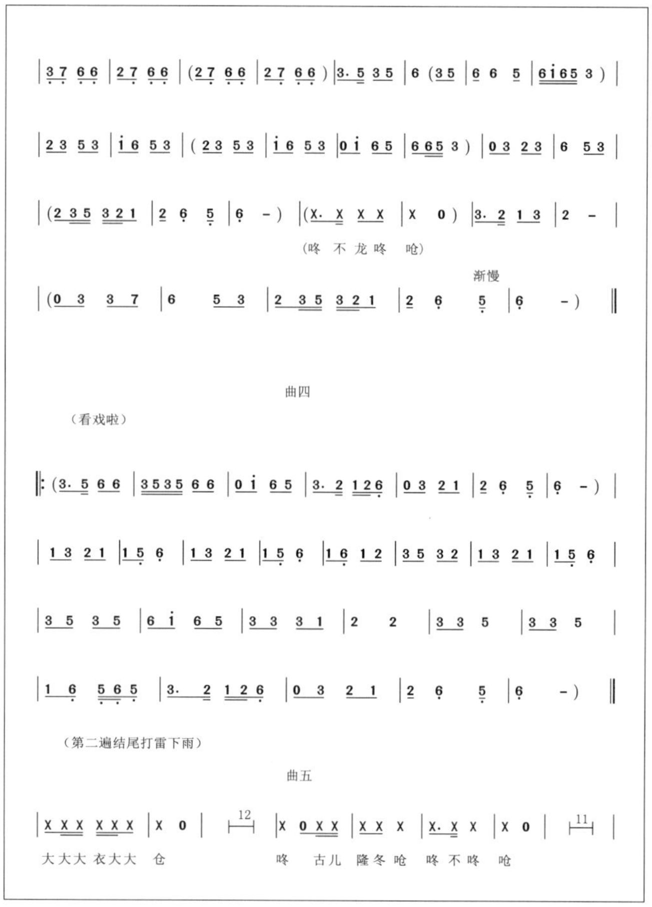
（咚 不 龙 咚 呛）
渐慢
曲四
（看戏啦）
（第二遍结尾打雷下雨）
曲五
12
11
大大大 衣大大 仓
咚 古儿 隆冬 呛 咚 不 咚 呛

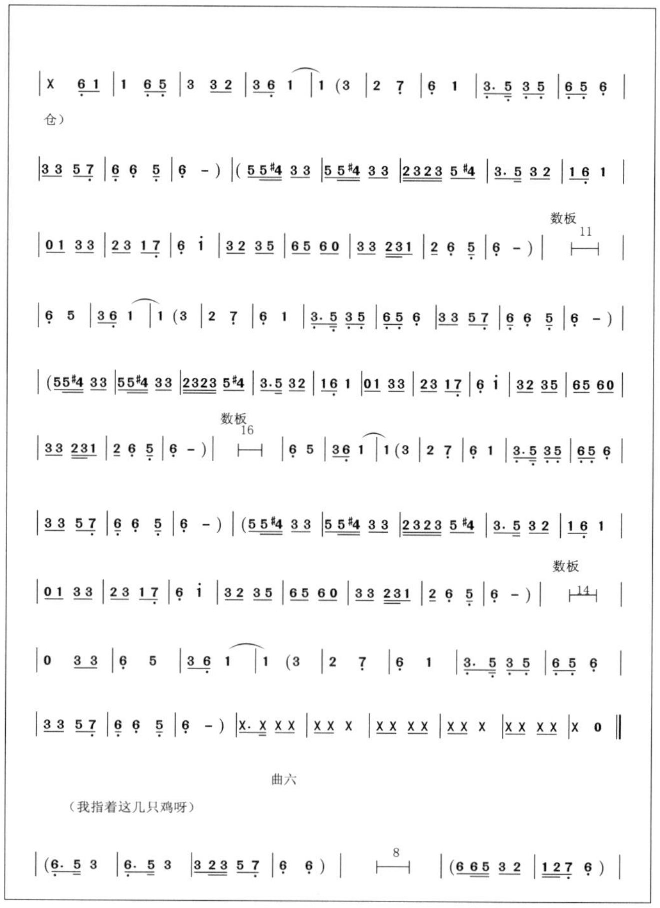
仓）
数板
11
数板
16
数板
14
曲六
（我指着这几只鸡呀）
8

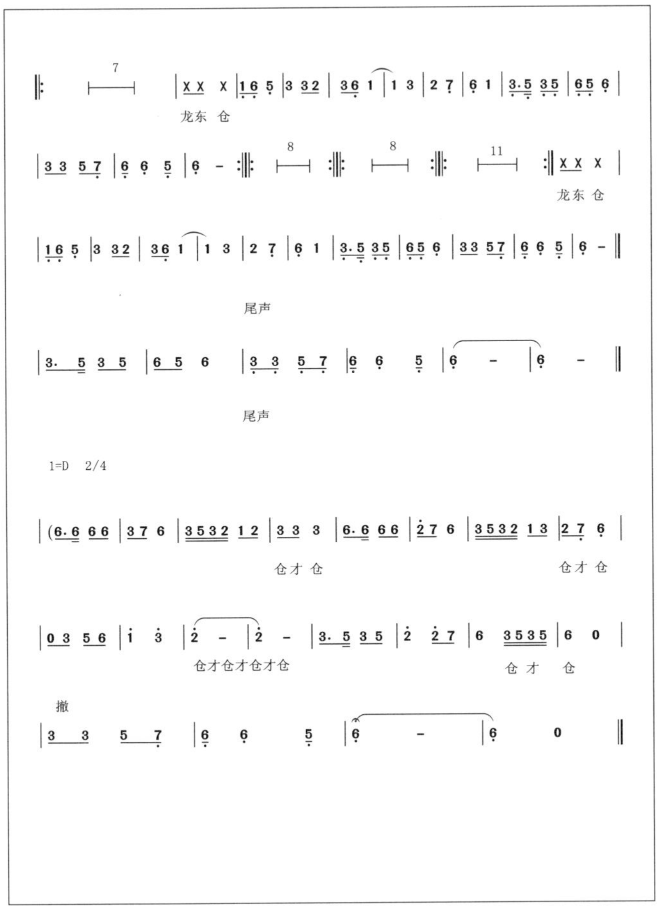
龙东 仓
龙东 仓
尾声
尾声
1=D 2/4
仓才 仓
仓才 仓
仓才仓才仓才仓
仓 才 仓
撤

怎 么 办 呀 咳
嚓

阜新蒙古剧《妙方》曲例:

前　　奏
1=F 2/4
民间 词
民间 曲
舒展自由地
大 咚 嚓
慢起渐快
♩=78
木鱼
咚
(萨玛嘎唱)
《石榴》
破车 子偏 偏赶 上 路 泥 泞
苗 儿 不壮 却遇 上 暴雨 狂
风
正在 没钱 心急 时
女 儿 患了 颠预 症
颠 预 症啊 荷 咿 哎呀 呀 哎呀 呀 咳 命运 跟我 过不 去

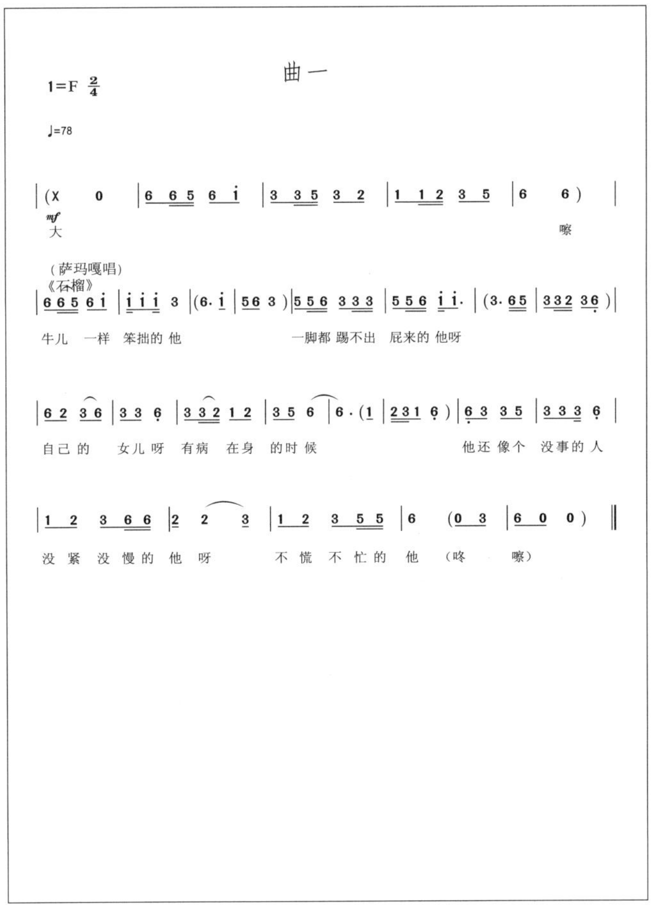
曲一
1=F 2/4
♩=78
大
嚓
(萨玛嘎唱)
《石榴》
牛儿 一样 笨拙的 他
一脚都 踢不出 屁来的 他呀
自己 的 女 儿 呀 有病 在身 的时 候
他还 像个 没事的 人
没 紧 没 慢 的 他 呀
不 慌 不 忙 的 他 (咚 嚓)

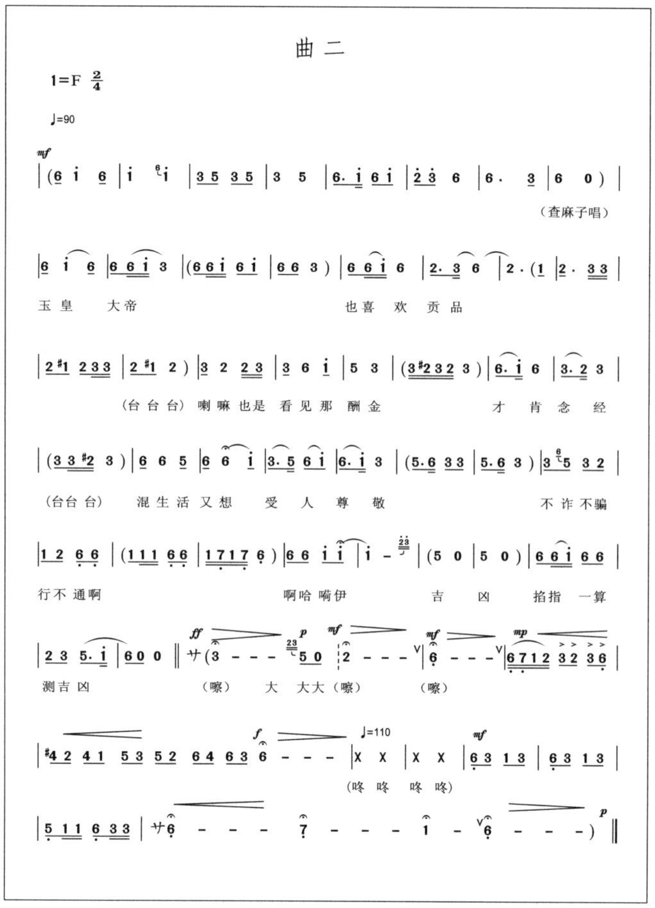
曲二
1=F 2/4
♩=90
（查麻子唱）
玉皇 大帝 也喜 欢 贡品
（台台台）喇嘛也是 看见那 酬金 才 肯 念 经
（台台台） 混生活又想 受 人 尊 敬 不诈不骗
行不通啊 啊哈 嗬伊 吉 凶 掐指 一算
测吉凶 （嚓） 大 大大（嚓） （嚓）
（咚 咚 咚 咚）

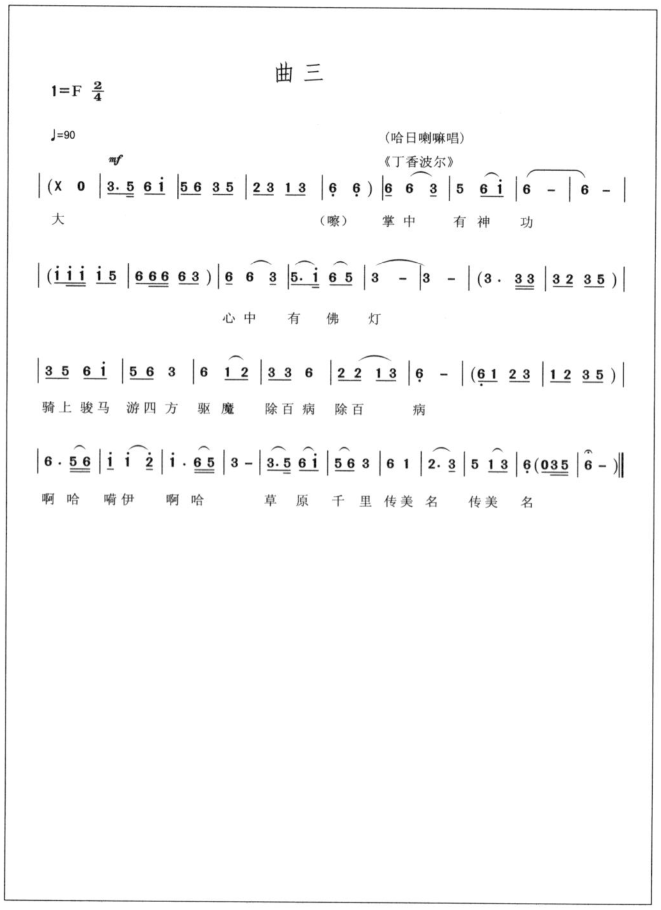
曲三
1=F 2/4
♩=90
（哈日喇嘛唱）
《丁香波尔》
大 （嚓） 掌中 有神 功
心中 有 佛 灯
骑上骏马 游四方 驱魔 除百病 除百 病
啊哈 嗬伊 啊哈 草 原 千 里 传美 名 传美 名

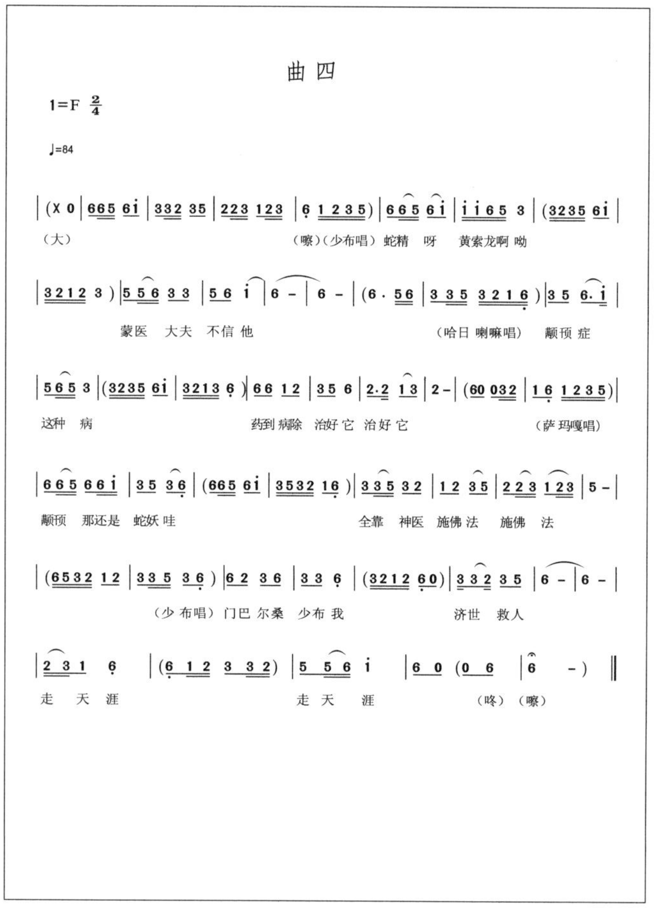
曲四
1=F 2/4
♩=84
（大） （嚓）（少布唱）蛇精 呀 黄索龙啊 呦
蒙医 大夫 不信他 （哈日 喇嘛唱） 颠顶 症
这种 病 药到病除 治好它 治好它 （萨玛嘎唱）
颠顶 那还是 蛇妖哇 全靠 神医 施佛法 施佛 法
（少布唱）门巴尔桑 少布我 济世 救人
走天涯 走天 涯 （咚）（嚓）

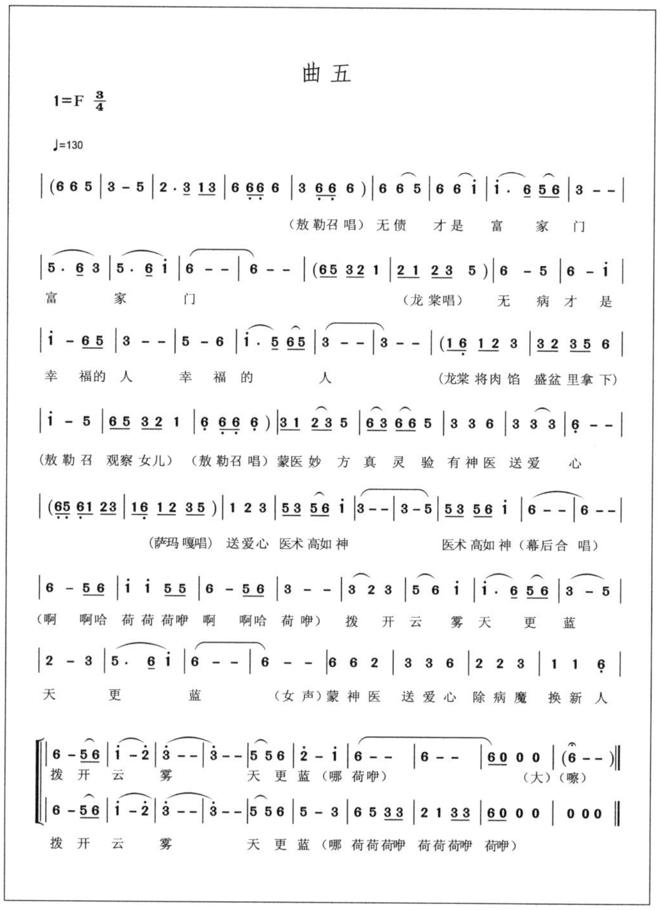
曲五
1=F 3/4
♩=130
（敖勒召唱）无债 才是 富 家 门
富 家 门 （龙棠唱） 无 病 才 是
幸 福的 人 幸 福 的 人 （龙棠将肉馅 盛盆 里拿下）
（敖勒召 观察女儿）（敖勒召唱）蒙医妙 方 真 灵 验 有神医 送爱 心
（萨玛嘎唱） 送爱心 医术高如神 医术高如神（幕后合 唱）
（啊 啊哈 荷荷荷咿 啊 啊哈 荷咿） 拨 开 云 雾 天 更 蓝
天 更 蓝 （女声）蒙神医 送爱心 除病魔 换新人
拨 开 云 雾 天 更 蓝（哪 荷咿） （大）（嚓）
拨 开 云 雾 天 更 蓝（哪 荷荷荷咿 荷荷荷咿 荷咿）

二

演述者、记录者小传

拉场戏《冯奎卖妻》《姜须搬兵》演述者:

闫光明(1972—),出生在吉林省四平市伊通满族自治县。现为辽宁大学艺术学院副教授,中国曲艺家协会会员,辽宁省曲艺家协会表演委员会副主任。闫光明唱功扎实,极富舞台表演天赋,曾在东三省二人转汇演中屡获金奖。他既有传统节目演出功底,又擅长表演新编节目,多次参加央视及地方电视台的文艺晚会演出,出演过《刘老根》《乡村爱情》《关东先生》《说书人》等多部电视剧。

赵海燕(1974—),出生于吉林省公主岭市农村。现为辽宁大学副教授,中国曲艺家协会理事,中国电视艺术家协会理事,辽宁省曲艺家协会理事。曾在梨树县地方戏曲剧团、吉林市戏曲剧团、辽宁民间艺术团工作。与闫光明夫妻搭档出演很多脍炙人口的二人转和拉场戏,并多次在汇演中获奖。主演的电视小品《出名》《有病没病》《拜年》《相亲》等受到全国观众喜爱。出演过《刘老根》《半个喜剧》《乡村爱情》等多部影视剧。

拉场戏《包公赔情》演述者:

陈韵良(1931—2016),原名陈三凤。辽宁省曲艺家协会会员。6岁在天津拜孙介臣为师学唱京剧,后随师献艺。1950年到辽宁铁岭,在京评戏班里主攻京剧老生,偶演评戏小生。1955年拜二人转艺人高永印(艺名小虾爬子)为师。1956年到沈阳参加新新地方戏剧团,1957年转入新地方戏剧团,同年加入沈阳市群众地方戏剧团,主挑第六演出队。1959年随团并入沈阳曲艺团。陈韵良会唱50多出二人转和拉场戏,《劝婆打碗》《包公赔情》都是她的拿手剧目。她嘴皮子利索,嗓音浑厚,底气十足,长于演唱大垛句。加之其善于吸取兄弟剧种技巧,把京、评剧中的腔调、身段有机结合到二人转拉场戏中,演出深受观众欢迎。其子丁少良是辽宁省二人转名家。

拉场戏《拉君》演述者:

包玉梅(1967—),辽宁省黑山县人。16岁考入吉林省辽源市戏剧学校。1984年4月入黑山县地方戏剧团成为主要演员。1998年在北京录制16本二人转专辑。2002年6月,拜著名相声演员阎月明为师,学习说口等语言技巧。她形象俊美,音色动听,擅演青衣,戏路宽广。

拉场戏《马前泼水》《小借年》《西楼会》演述者:

李文兰(1943—),辽宁省黑山县二人转剧团主要演员。在黑山有50年代筱月霞、60年代李文兰之说。她8岁学艺,16岁被抽到县文艺队,师从赵春柏,擅演传统节目,退休后收徒传艺。

拉场戏《摔子劝夫》演述者:

王殿卿(1909—1986),艺名小钢炮儿。辽宁彰武县常埋子乡人。12岁拜庞奉(艺名一汪水)为师学唱二人转。出徒后一直唱下装。

曾在锦州、阜新、铁岭、沈阳一带演出。他不但唱功好,嗓音洪亮,而且擅长"说口"。会的曲目极多,拿手的有《郭军反奉》《鸿雁捎书》《评讲三字经》等。解放前曾多次进沈阳演出。中华人民共和国成立后参加沈阳地方戏剧团,后到沈阳市大东区地方戏剧团。曾口述诸多传统二人转的拉场戏、说口、小帽等,对保留传统文化颇有贡献。

海城喇叭戏《铜大缸》演述者:

张庆志(1887—1956),工旦行。字子余,艺名张大妞,辽宁省海城县兰旗堡人。15岁拜高凌霄、刘魁章为师,学唱海城喇叭戏。1907年成为牛庄镇秧歌队中出色的上装演员。他掌握了近百首民歌和三四十出海城喇叭戏剧目。曾同刘魁士、腾官阁、高德震等组班,演出于海城、大石桥、营口、鞍山、辽阳一带。20世纪50年代后,他主要从事民歌、海城大秧歌及海城喇叭戏的教学工作。

海城喇叭戏《傻柱子接媳妇》演述者:

陆云霆(1869—1940),又名陆朋阁。辽宁省海城县响堂乡拦河山人。幼时父母双亡,家境贫困,14岁开始踩高跷,继而学唱海城喇叭戏。他戏路广,以唱小旦著称。在《傻柱子接媳妇》《王二姐思夫》《三贤》等剧目中,他表演细腻,唱腔婉转,深受欢迎。此外,他演武丑张三,跃马挥鞭,抬腿勒马,刚健灵活;演老生萧恩,神态逼真,步法稳健,潇洒飘逸,颇见功力。他娴熟的打鼓技巧也深得同行们首肯,是一位不可多得的全才艺人。陆云霆除自己组班在海城、本溪等地演出外,还曾与他人联合经营茶园,外邀班社,聘请名角。民国八年(1919),陆云霆辍演后,慕名求艺者甚多,李凤棠(粉菊花)、董永清等出其门下。

李凤棠(1901—1988)工旦行。艺名粉菊花,辽宁省海城县岔沟乡人。16岁拜陆云霆为师,学唱海城喇叭戏《铜大缸》《傻柱子接媳妇》《杀江》《老三贤》等戏。他极富灵气,颇有悟性,加之份相俊秀,很快就成为海城地区著名的海城喇叭戏"六大菊花"之一。他还向胡国清、黄宪阁等老一代二人转艺人学演二人转及板胡、板鼓的演奏技艺,成为全面的民间艺人。他嗓音高亢、纯美,地方韵味浓厚。他创作演唱的海城喇叭戏《新上茨儿山》《小送饭》以及民歌《大佛调》《叫五更》等分别被收入《中国民歌选》《中国民间歌曲集成·辽宁卷》。

海城喇叭戏《铁弓缘》演述者:

高德震(1900—1985),艺名高老太太,辽宁省海城县耿庄乡人。出身于民间艺术世家,祖父高云清、父亲高凌霄均系秧歌及海城喇叭戏著名艺人。他9岁起就随父上跷唱秧歌,18岁拜柳青、白豪为师专攻喇叭戏,不久声名大显。早年曾与喇叭戏艺人吴奎一、吴万善、李凤棠、王守义、尚久庆等合作。20世纪30年代后,他组班在营口、大石桥、鞍山、铁岭、沈阳等地小落子园演出海城喇叭戏。1948年后,多次参加村、区、县政府组织的文艺宣传活动。1953年冬,在原辽东省首届民间艺术汇演中,他表演的海城喇叭戏《王婆骂鸡》(饰王婆子)和《赵匡胤打枣》(饰张家女)获优秀表演奖。

海城喇叭戏《双拐》演述者：

徐广金（1901—1989），工丑行。艺名徐大嘴，辽宁省海城县牛庄萧姬庙村人。7岁投师于刘魁士、腾官阁学习高跷，当年登跷表演。次年又承师孔庆喜（绰号孔大呱哒板子）和刘兴汉，掌握了《镉大缸》《双拐》《傻柱子接媳妇》《梁赛金擀面》等海城喇叭戏传统剧目。17岁入班赴台安和吉林榆树等地演出，成为把海城喇叭戏传入外省的早期艺人。他技艺精湛，20岁至25岁，每年均应邀去大石桥参加耀州山庙会，表演高跷秧歌和喇叭戏。30岁在牛庄参加评剧班，拜小花脸刘舜卿为师，三年满师后，随班去鞍山、沈阳等地演出，1940年回到牛庄，此后一直在家乡从事组织演出海城喇叭戏以及向后代传授技艺活动。年过八旬，仍记忆力过人，尚能向青年一代传授大量濒临失传的海城喇叭戏传统剧目。

宋殿槐（1902—1984），工生行。辽宁省海城县中小镇岳家村人。生于艺术世家，外祖父是民间音乐的著名乐手，伯父为海城喇叭戏的著名老生。他从小受到民间艺术的熏陶，不仅练就一身扎实的跷工，还是演奏唢呐和司鼓的能手。15岁拜当时号称"北曹"的海城喇叭戏著名艺人曹惠昌为师，工生行，继而受教于张庆志、张洪安门下。人们把他与"南曹"（曹金荣）相媲美，称之为"北宋"。他的代表剧目有《双拐》《杀江》《挡马》《拉君》《摔镜架》《赵匡胤打枣》等，以演闺门旦、刀马旦著称。20世纪50年代以后，主要从事授徒和海城秧歌的改革、创作和导演等工作，海城喇叭戏演员中有大量"宋派"传人。

海城喇叭戏《王婆骂鸡》演述者：

高凌霄（1853—1920），艺名高小云，生于海城县耿庄土台村。著名海城喇叭戏演员高云清之子。高凌霄14岁随父学艺，聪明好学，功底深厚。工小旦、老旦。经常与同村海城喇叭戏艺人房绍亭、傅大傻子合作演出《茨儿山》《合钵》等剧目。在其父亲授的《王婆骂鸡》中高凌霄唱做俱佳、技艺纯熟，表演堪称一绝。远近慕名求艺者甚多，仅在本村就收有徒弟李明书、王连科、李明仙、李明员、李明祥等多人，其子高德震得其亲授，成为著名海城喇叭戏演员。

落子《丑荣归》演述者：

宫静（1948— ），梨园世家出身，中国戏剧家协会会员，国家一级演员。10岁考入辽宁省戏剧学校学习刀马花旦，1972年加入沈阳评剧院。曾获得文化部振兴评剧优秀表演奖、辽宁省中青年京评剧演员比赛第一名。主要代表剧目：《穆桂英挂帅》《杨门女将》《三看御妹》《马寡妇开店》《朱买臣休妻》《女秀才》《王熙凤大闹宁国府》《珍珠塔》《金沙江畔》《人面桃花》《对花枪》《铁弓缘》《日月图》《驼龙》《杨八姐幽州走险》《打金枝》《小二黑结婚》《秦香莲》《桃花庵》《姊妹易嫁》等。多部作品有音像作品发行。她与筱俊亭合演的评剧《小院风波》由中央电视台拍摄播出。

落子《蓝桥会》演述者：

丁喜珍（1902—1983），外号"丁老鸢"，平时语言诙谐幽默，出口成章。他17岁登台，师承民间艺人胡闹。他擅长表演三花脸，得到人们的喜爱。他能演《三节烈》《赵连壁借粮》等几十出戏。曾在辽宁的朝阳、建平、建昌、北票、锦州、阜新等地演出。

赵万成（1897—1986），出生于辽宁省朝阳市联合乡龙城区七道泉子镇。他擅长反串旦角，舞台表演活泼生动，活动区域大，故人送外号"赵半台"。丁喜珍与赵万成经常在一起搭班子演出。据说，他们的表演当年红遍辽西。

落子《李凤仙逛小河沿》演述者：

月明珠（1898—1922），著名评剧男旦，原名叫任善丰，字久恒。月明珠5岁随父兄奔走江湖卖艺，9岁入成兆才等人所建的京东庆春班，拜张志广（大娘们）、张德礼（海里蹦）为师。月明珠是庆春班、永盛合班、警世戏社的主演，名扬京津唐，誉满东三省。月明珠曾首演成兆才创作改编的《马寡妇开店》《花为媒》《王少安赶船》《杜十娘》《占花魁》《高成借嫂》等30多出评戏。1919年，月明珠随警世戏社到辽宁营口演出，是年，张作霖在奉天举办赈灾义演，派人专程到哈尔滨接警世戏社，月明珠与先期到达的京剧名家梅兰芳、程砚秋轮换演出京评大戏。1920年，张作霖特邀月明珠与梅兰芳、马连良同台，震动东北艺坛。月明珠唱腔新颖，大胆吸收二人转音调，与莲花落结合，并参照京剧、河北梆子的反调，以落子低沉的腔调为基础，创造了评剧的反调唱腔，为评剧唱腔音乐的创新作出了贡献。1922年夏天，警世戏社二进奉天（沈阳），掀起评剧热，观众奔走相告，月明珠日夜兼场，积劳成疾，8月9日病死于奉天悦来客栈，终年仅24岁。

落子《小两口逗趣》演述者：

金开芳（1902—1988），号漱六。戏曲表演艺术家、教育家。出生于河北省滦县光水坨村。1911年在唐山拜张志广为师学唱莲花落。1913年后成为"庆春班"的骨干，演出足迹遍及唐山、天津和东北各地，声誉满梨园。历任唐山评剧院副院长、东北实验评剧团演出科科长、辽宁省评剧团艺委会剧院名誉院长、辽宁省戏剧学校名誉校长等职。曾为辽宁省文联副主席、中国戏剧家协会辽宁分会副主席。多次当选为沈阳市人民代表大会代表。

任鹤声（1900—1944），原名任善年，字贺生（鹤声），评剧小生。父亲任连会，为莲花落艺人，是对口、折出时期的著名编剧和演员。任连会有四子，长子任善庆（艺名金不换）为评剧第一任鼓师，二子任善丰（艺名月明珠）为著名男旦，任善年（任鹤声）系其三子，四子任善诚（艺名赛月珠）为评剧小生、老旦。

小评剧《茶瓶计》演述者：

花淑兰（1929—2005），原名葛淑兰。著名评剧表演艺术家，评剧花派创始人。花淑兰出生在梨园世家，幼年随母学戏，后拜师习评剧青衣、花旦。《茶瓶计》为其代表剧目之一。传有弟子冯玉萍、田敬阳、吴丹阳等40余人。其与韩少云、筱俊亭并称"韩花筱"，评剧"韩花筱"艺术为非物质文化遗产国家级项目。

小评剧《豆汁记》《借当》演述者：

汪淑珍（1945—　），15岁时考入复县评剧团，后剧团改制进入瓦房店辽剧团。曾主演过《挡马》《杀宫》《小放牛》《柜中缘》《孙成打酒》等小戏，又在《樊梨花斩子》《三哭殿》《女飞行员》《加林与巧珍》等大戏里担任重要角色。汪淑珍扮相漂亮，嗓音纯正，擅演反串。她退休后，仍不改初心，经常活跃在村头、街道，为城乡居民演出精彩剧目，深受广大群众的欢迎和喜爱。

小评剧《发财还家》演述者：

张春山（1899—1960），京剧演员，北京人。张春山幼年入小荣椿科班学艺。15岁拜郭春山为师，后到沈阳，常年演出于沈阳、大连、长春、吉林、哈尔滨等地。张春山功底深厚、戏路宽泛，以京剧丑行挂头牌并挑班演出，自编的剧本极为通俗，妇孺都能听懂，深受东北地区人民的欢迎，并且在关内戏迷中也享有盛誉，有"滑稽大王""关外第一名丑"之称。擅演剧目有《戏迷传》《兄妹顶嘴》《发财还家》《花子巧报》《老黄请医》《顶花砖》等，多为自编自演。上海百代唱片公司曾为其灌制大量唱片，在全国行销火爆。1956年率团到山东淄博，组建平原县京剧团并任团长，1960年4月30日在演出期间，患脑溢血去世。

筱桂花（1908—1988），原名张丽云，评剧旦角。是奉天落子的主要代表人物之一，代表剧目《花为媒》《马寡妇开店》《王少安赶船》《昭君出塞》《王华买父》《岳霄醉酒》等。筱桂花植根于东北人民生活的土壤中，形成了自成一派的演唱风格。筱桂花为评剧从三小戏（小生、小旦、小丑）向行当齐全的文戏、武戏、悲剧、喜剧和表演功夫上的唱念做打，手眼身法并重过渡，作出了历史性的贡献。1927年在评剧首创的警世戏社三班为台柱唱主角，誉满东北。她是唐山落子在东北发展成奉天落子鼎盛时期的佼佼者，成为评剧史上奉天落子的主要代表人物，与李金顺、白玉霜、刘翠霞被誉为评剧四大名旦。

小评剧《杨二舍化缘》演述者：

鑫艳玲（192?—1988），国家一级演员。曾为沈阳评剧院的主演，评剧院一、二团副团长。为中国戏剧家协会会员、辽宁省戏剧家协会理事。

鑫艳玲幼年被几次倒卖，不知道自己准确年龄和真实姓名。8岁被转卖到海伦县开妓馆的常家，起名叫常素贤。12岁跟四季红（张振东）学戏，师父赐艺名鑫艳玲。1938年，鑫艳玲正式登台演出，工青衣、花旦，以唱功见长。绝大多数评剧女旦演员采用大口唱法，鑫艳玲能运用大口腔调主演《新打狗劝夫》，又能采取小口发音主演《杨二舍化缘》，还在《祥林嫂》中运用大、小口结合和多变的方法进行演唱。鑫艳玲继承奉天落子时期众多名角的优秀表演技法，化作自己的唱腔特征，成为著名演员。1988年6月13日，因病在沈阳逝世。

小京剧《关公月下赞貂蝉》演述者：

唐韵笙（1903—1970），本名石强，字斌奎，又字懿，号育风馆主。

满族。祖籍沈阳。为京剧表演艺术家、导演、编剧。唐韵笙幼年丧父，随祖父生活，曾读过两年私塾。清宣统三年（1911）向河北梆子艺人唐景云学戏，并被收为义子。民国二年（1913）首演于上海天蟾舞台，不久入北京富连成科班学皮黄文武老生。民国十一年（1922）他在大连演出时嗓子突然"倒仓"。民国十五年（1926）春，唐韵笙嗓音恢复后重返大连，以新编列国戏征服了观众。特别是《闹朝扑犬》中的40句"流水"板唱得干净利落，气韵连贯，观众喝彩声不绝于耳。唐韵笙十分注重表演形式的出新，常突破传统，熔老生、武生、花脸的演技于一炉，铸唱、念、做、打于一体。他嗓音洪亮激越，刚劲雄浑，高中低音俱佳，高腔中独有的炸音是一绝。1959年沈阳京剧院成立，唐韵笙为主演之一，后任沈阳京剧院副院长，先后主演了《云罗山》《郑成功》《詹天佑》等新编历史剧。有"南麒北马关外唐"之美誉。

辽南影调剧《猴王戏八戒》演述者：

宋国超（1950—　），男，汉族。辽宁省大连瓦房店市得利寺镇花红沟村人。出生于复州皮影戏世家。七岁随父宋德新学皮影戏，十一二岁时便能独立操影，独当一面。1970年接替其父宋德新的复州皮影戏义和班班主之位，传承演出复州皮影戏。2008年2月，文化部授予其国家非物质文化遗产传承人称号，并颁发证书。2015年，为纪念抗战胜利70周年，与辽宁师范大学影视艺术学院合作制作歌颂抗战英雄的皮影戏专题片。2016年辽宁师范大学影视艺术学院聘其为影视艺术客座教授，2017年辽宁师范大学聘其为影视艺术客座教授。

辽西影调戏《宝马情缘》演述者：

刘井春（1952—　），12岁开始学习二胡，先后在瓦房店乡、凌河乡及城关镇任文化站长，成立了凌河皮影团，每年演出200多场，2008年被文化部认定为国家级非遗凌源皮影项目代表性传承人。成立了凌源市皮影艺术中心，组织皮影演出，传承凌源皮影艺术。

辽西影调戏《宝马情缘》记录者：

刘家声（1953—　）辽宁省剧协原副主席，毕业于中央戏剧学院。朝阳市文化局一级编剧。创作的话剧《凌河影人》、秦腔《花儿声声》获文华大奖，话剧《烧锅屯》、评剧《秧歌情》、吕剧《李二嫂的新故事》获文华奖。小戏《西瓜园笑声》《葡萄架下》获群星金奖。另有多部剧作发表。

拉场戏《大观灯》记录者：

宫钦科（1927—2005），笔名金禾，吉林省海龙县人。曾任中国曲艺家协会辽宁分会副主席兼秘书长，中国曲艺家协会理事。从五十年代开始从事二人转创作，曾发表二人转《喜相逢》《绿叶红花》《拜师认亲》《夜闹老龙湾》等作品。宫钦科帮助郝艳芳、陈青远、聂田盛等老艺人整理出版了十部长篇大书。其中《小将呼延庆》《三闹汴梁》都荣获了辽宁省人民政府文艺创作奖。他整理的二人转《武松传》《五龙堂》流传很广。

拉场戏《摔子劝夫》记录者：

白纪元（1935—2017），曾用名纪元，本名白继元。生于辽宁省辽阳市。1953年开始曲艺创作，1973年调入沈阳曲艺团，曾经有近千篇相声、小品、二人转，以及文艺评论、随笔等发表和演出。有《纪元大良相声小品百篇》《当代幽默》等书出版。

拉场戏《劝婆打碗》记录者：

郝赫（1942—　　），河北省高阳县人，出身于书曲世家。曾任辽宁省曲艺家协会副主席、沈阳市曲艺家协会主席。现为辽宁省曲艺家协会顾问、沈阳市曲艺家协会名誉主席。曾创作近千篇快板、鼓曲、二人转、评书以及文艺评论等作品，出版过多部专著。是辽宁省曲艺创作、研究、表演三栖专家。

拉场戏《拉君》《王小打鸟》记录者：

刘新（1916—1997），辽宁省辽中县人。1949年参加由蔡兴周、程喜发、王桂荣、筱兰芝等在抚顺组织的民声剧团。1951年剧团迁到沈阳，次年扩大为东北地方戏剧团，他一直任编剧。整理过许多拉场戏传统作品，由春风文艺出版社出版的有《下南唐》《蓝桥会》《张四姐临凡》《小拜年》和《夫妻争灯》等。

海城喇叭戏《墙头记》《王婆骂鸡》《傻柱子接媳妇》记录者：

董凌山（1955—　　），剧作家，副研究员。辽宁台安人，毕业于辽宁大学历史系。鞍山市艺术创作研究所编剧。辽宁省戏剧家协会会员，辽宁省曲艺家协会会员，鞍山市曲艺家协会副主席，鞍山市戏剧家协会理事，鞍山市电视艺术家协会理事。自幼爱好文艺，先后有100余个戏剧、曲艺作品发表或上演，其中近20个作品获得国家级和省级奖励。主要作品有戏曲《寿礼》《独木桥》《特殊关系》，大型话剧《他从平凡中走来》《荒沙情》，小品《东西两院》《派饭》等，出版专著有《董凌山戏剧小品集》。此外，还主编或参加撰写了《中国文物考古辞典》《中学生各科实用记忆辅导丛书》《税务之声》《台安作者散文选》等书籍。

落子《绣得勒》记录者：

车爱军（1954—　　），辽宁省民间文艺家协会会员。辽宁省朝阳市龙城区七道泉子镇东三家村人。曾在朝阳孟克小学当老师。后又被借调到朝阳县文化馆创作组工作。其间先后撰写了小戏曲、小话剧等作品。以《新华字典》为蓝本编撰出版了《逆序辙韵手册》。

小京剧《老黄请医》记录者：

穆凯（1978—　　），沈阳曲艺团业务团长，国家一级演员，非物质文化遗产项目沈阳相声代表性传承人。中国曲协全国青年曲艺工作者联盟常务理事，辽宁省曲协副主席兼表演艺术委员会主任，沈阳市曲艺家协会主席。《中国民间文学大系·说唱·辽宁卷》编委，《中国传统评书大系》编委会副主任，《相声大词典》《中国曲艺大词典》编委、撰稿人。著有《辽宁曲艺史》（合作）。曾获第五届央视相声大赛一等奖、东北三省曲艺大赛一等奖、第三届辽宁曲艺牡丹奖表演奖和理论奖、第四届辽宁曲艺牡丹奖节目奖等多项奖励。

三

名家谈艺录

（一）评戏源流
—— 金开芳谈艺录

要是把唱莲花落那段儿也算作评戏，那我就属于第二辈。我们上一辈出名的有：我师父张志广唱老生、彩旦、老旦，张有泰唱青衣、花旦，金菊花唱青衣，成兆才唱丑，张立民唱小生，任连惠唱小花脸，张志堂唱小生、老生，于钰波唱青衣、花旦等，北边还有丁香花、金鸽子等，他们都是唱莲花落的名手。

我们的老先生都是唱莲花落的。我们这一辈儿的有月明珠、张乐宾、张贵学、成国真、任和生等。李义延在小白玉霜班。

其实，莲花落在滦县兴起来年头也不长，听老先生们讲，唐山男女下地常唱落子。正月跑地秧歌，以后用几块木板搭小台子，红白喜事也叫去唱。也演喇叭戏，都是小戏，像《小姑贤》《朱买臣休妻》等，也唱莲花落和乐亭大鼓。这些杂耍没名，也有管这些就叫唱"地蹦子"或"蹦蹦"的，一出正月也就散了。当时只有北边迁安才有人背钱褡子打呱嗒板出古北口去要小钱。老落子论出唱，角色三五不等，分生、旦、丑，常唱《小姑贤》等戏，不像"蹦蹦"。当时"撂地的"才唱"蹦蹦"，上场就唱，两个人转来转去。

后来滦县有了几伙唱对口的，也只是在乡下唱，不敢进城唱。到我记事时，唱得出名的有金菊花。我六七岁时，滦县才有一个莲花落班。有人问他们："你们是哪儿的？"就说："我们是滦县的。"人家问："你们唱的是什么？"就说："是唱落子的。"所以，后来人家都把落子叫"滦州落子"。

为什么叫落子？倪俊生说："洛阳子弟班到唐山，所以叫洛（落）子。"

当时唐山落子只一个沧州落子班，这是东路落子；北路指铁道北班，名角有碧月珠、珍珠花、天下缸、张凤楼（葡萄红）等，和东路沾亲，关系好，也肯学；西路是京南的一班，常唱《二度梅》《九巧传》等，以后和我们混在一处了。李忠（小白荣）即西路名艺人。《杨二舍化缘》本是西路戏，但坤角起来后，东西不分了。

我十岁（1911年）在乡下学艺，已经是小拆出了，后来听说唐山有馆子，才进城到永盛茶园唱，1912年后到天津。我唱戏时已经不用竹板了。当时唱老调，调直，不拿弯。后来上层人不让唱，求人说情，又置行头。这时已取消了竹板，改用梆子，伴奏乐器只有大弦和笛子。进城后，月明珠一个《开店》唱红了，梆子比不过我们。到我十五岁（1916年）又取消了笛子，加进了唢子和打琴，老先生和我们都改唱了新调。改新调主要是任连会（月明珠父亲）、成兆才的功劳，后来月明珠、倪俊生和我也参加了，并非因月明珠倒嗓才改的。

我十六岁（1917年）到山海关，李都统说我们的戏是以警世人，改名"警世社"。以后回天津，遇当时全国红十字会会长吕海寰（光绪皇帝的老师），他命名为评戏，并赠匾曰：风化攸关。我们警世社是头班（甲班），以后业主又搞了乙、丙班。

我十七岁（1918年），那时刚排《桃花庵》，因天津发大水，赴东北。当时在营口有"老开花炮"班。开花炮大我六七岁，在我十四岁（1915年）时，把倪俊生拉去了。开花炮还是唱旧调，因营口初见落子，很卖钱。落子和蹦蹦的关系密切。业主到处找人参加落子班，因蹦蹦艺人和我们接近，有不少人参加落子班。唱得差一些也无妨，一唱《珍珠衫》就卖钱。

以后营口的业主请月明珠。我们听说关外野，不敢去，找三家铺保才去。我们一到营口，开花炮不行了，过一两个月，开花炮吐血死了。我们在营口唱两个月，哈尔滨来请，路经长春，程大屠户用一营人去抢月明珠和我，留我们唱十天，后经业主设法接我们去哈尔滨唱。

月明珠是个好人，他常说："饿死也不飞眼，那不是艺。当戏子够丢人的了，还那么干！"月明珠的能戏，初期有《李桂香打柴》《王二姐思夫》《回杯记》《狠毒计》《双婚配》《老妈开嗙》等。成兆才说："唱落子比扛活强多了，吃好穿好，多挣钱。"《花为媒》《书囊计》便是成兆才写的。

《杨三姐告状》是在哈尔滨写的。当时我大儿子才八个月（1929年），曾请杨三姐的表兄（沧县狗儿庄人）介绍材料，我答应他不写杨三姐和高律师的事。

月明珠因为和成兆才闹气才写的《桃花庵》。成兆才写《百年长恨》，戏写得又温又长，要演四小时。月明珠不愿排，成兆才不高兴。他说："哪位看不上也写一本，我拜他为师。"月明珠就写了《桃花庵》，以后又写《貂蝉》，因买不起行头，才没演成。他爹（任连会）说："咱这是庄稼勾当。"剧本今已失落。

《周振华哀史》是在哈尔滨时编写的。小桂花在同年初唱此剧。她那时才二十二三岁。

评戏的老调使本嗓，有【十不闲】【太平年】【锔大缸】【度林英】等调，从韵味上很像乐亭影和乐亭大鼓，但也受梆子的一定影响。要从调上算，评戏就得说是从改旧调时完成的。天津有"十不闲"，评戏名坤角花莲舫便是唱"十不闲"出身。

评戏发展成分三段：一、从乡下到戏馆；二、唐山到关外；三、坤角起来以后。

口述者：

金开芳（1902—1988），戏曲表演艺术家、教育家。

记录者：

耿瑛（1933—2018），戏曲、曲艺理论家、出版家。

采访时间：

这篇珍贵的历史资料是耿瑛先生于 1956 年 9 月在沈阳访问金开芳先生的记录。本卷编委耿柳（耿瑛之女）在整理耿瑛先生遗物时发现，奉献给本卷编委会。今收录此稿，也作为对已故著名艺术家的缅怀。

（二）从《回杯记》看东北地方戏的艺术魅力
　　——王悦恒谈艺录

　　我15岁拜师学艺，师父是东北地方戏一代宗师李青山先生，师爷是李相臣先生。

　　我师父艺名叫"大金镶玉"，年轻时唱上装（旦角），中年以后改唱下装（丑角），他是东北地方戏行里最杰出的艺术家，会唱一百多出剧目，唱说扮舞无所不精，我跟着师父学表演、学创作，也学会了以观众为衣食父母的从艺精神。

　　东北地方戏包括二人转、单出头、拉场戏等多种表现形式，在东北民间流传了近三百年，我见过和听说过的剧（曲）目就有400多种，其中也有思想内容和艺术表现力不太好的，由于不合百姓胃口，所以逐渐被淘汰了，流传下来观众百看不厌的都是优秀作品。

　　拉场戏《回杯记》是东北地方戏里最受百姓喜爱的作品之一，其故事情节来源于关内的民间说唱，东北民间艺人最初唱红的是单出头《摔镜架》，也叫《王二姐思夫》。《摔镜架》是我师父的拿手好戏之一，故事情节是表现王二小姐思念进京赶考的丈夫张廷秀的复杂情感，是一出吃功夫的唱功戏，全篇只用【红柳子】【摔镜架调】两个曲牌，从头到尾唱了十三道大辙，一百多句唱词，男旦要扮演上王二姐（包头）进入角色进行表演，演员扮相要好看，唱功要过硬，才能抓住观众。

　　因为单出头《王二姐思夫》不好唱，有的民间小班就加上了张廷秀这个角色，改成了二人戏（拉场戏的前身），这才用了《回杯记》的名字。起初在演《回杯记》时，旦角先出场，唱完了【摔镜架】，张廷秀扮成"花子"上场，微服私访，在王府花园与王兰英相会。张廷秀唱【靠山调】也叫【穷棒子调】，诉说当年进京赶考路上如何被赵囊（王二姐的姐夫）骗去了白玉杯，沦为乞丐的遭遇；王二姐向二哥张廷秀诉说了张家遭遇的种种不幸，鼓动张廷秀去找八府巡按状告赵囊等人，张廷秀假装胆小怕事，不敢去告状，最终被王二姐看出破绽，知道了张廷秀高官得中，就是新来的八府巡按，夫妻团圆。

　　原始的拉场戏《回杯记》，篇幅冗长，表演单调，不同艺人有不同的演法，唱词、说口、曲牌都不固定，演出过程中"跑梁子"，要是观众走神儿了，就随意删改，甚至把一出好戏演得支离破碎。有些文化水平不高的艺人满嘴水词，如："开言便把恩妹叫，叫声恩妹你是听。"也有的艺人为了追求噱头，保留了"咔嚓嚓扯了红绫被，二哥回来俺们一被窝"等不雅唱词。

　　《回杯记》原本是一出难得的好戏，整个故事的演变过程是二人转这门艺术不断变革的一个典范。为什么这么说？最早这出戏是老艺人好唱手的杀手锏，每个人有每个人的唱法，百家争鸣，由于这出戏整个故事有情有爱、有苦有乐、悲喜交加，故事体现正义、忠贞、诚信，有寓教于乐的作用，深受老百姓喜爱。大多数民间艺人缺乏对剧作整体把握和准确表现的能力，使得《回杯记》在民间流传时五花八门，有些乱七八糟。因此，我很早就有了加工整理《回杯记》的想法，却一直没找到机会。

　　中华人民共和国成立初期，党和政府组织民间艺人学习，树立文艺为人民服务、为工农兵服务的思想，并建立了各级地方戏剧团，许多民间艺人成为新文艺工作者。长期行走江湖的民间艺人进入城市，登上了正规舞台，那么问题也来了。过去在农村唱"梁子戏"的演法，到了剧场面对城市观众非常不适应，需要改唱"谱子戏"，这就需要有人整理剧本，在民间艺人堆里，我就算是个文化人了，于是创作、改编剧本的任务就落到了我的头上。

　　什么叫"梁子戏"呢？"梁子"就是戏的故事情节的大纲，一出大戏大纲只有几十个字，"唱梁子戏"就是演员根据自身条件决定怎么唱、怎么演，唱词、说口、唱腔、节奏全不固定，由大弦（板胡）、唢呐、二胡、竹板等简单乐件组成的所谓乐队基本跟着演员走，托腔保调。"谱子戏"就是严格按照文本演出，情节结构、唱词音乐都是固定的，尤其是乐队要按照曲谱伴奏，有条件的乐队还要进行配器，演员不能随意演唱。从"梁子戏"到"谱子戏"虽然演员失去了一些自由，但这是民间艺术走向专业化的必由之路，不改就难以继承发展民间戏曲。

　　1963年，我调入吉林省吉剧团二人转实验队以后，移植改编了二人转《扒墙头》、拉场戏《长松岭上》，分别获得了省级奖项。1969年任吉林省戏曲学校教师时，我整理了拉场戏《回杯记》，荣获吉林省剧目评奖一等奖。

　　整理改编传统戏曲剧本，不是另起炉灶，一定要在尊重原作和熟悉各种传统演出版本的情况下，慎而又慎地进行整理。我在整理《回杯记》剧本时，吸收了众多民间艺人演出该剧时的精华部分，保留了传统文本的内核和所有精彩段落，删除了旧时代演出文本的一些糟粕和枝蔓。为了增强戏剧性，增加了丫鬟春红这个喜剧人物，有了灵动活泼的丫鬟穿针引线，打破了两个主角（青衣、小生）的古板，再把大篇幅的枯燥唱段改编成让现代人容易理解，能够接受的边说边唱的形式，说口幽默诙谐容易调动观众欣赏兴趣，也把方言土语加进来，保持了东北地方戏与观众不隔语、不隔音、不隔情、不隔心的优秀传统。把原来拖拖拉拉能唱一个小时的戏精炼到三十分钟左右。经过加工整理的《回杯记》故事完整、情节紧凑、唱腔优美、节奏顺畅，演员表演得劲儿，观众看着过瘾。经过韩子平、董伟的表演，该剧很快就被各专业地方戏团所接受。1980 年以后，东北三省二人转专业演员表演的《回杯记》基本上都是我整理的这个版本。

喜爱《回杯记》的观众也是喜欢听唱的观众。可是，王兰英和张廷秀两个人物大段的演唱，又容易让观众听了犯困（产生审美疲劳）。我在修改时采取了夹叙夹议的办法，不时让演员跳出角色与观众进行交流，然后再立刻回到戏剧情节中，把观众带回来。这也是民间小戏在表演中经常使用的手法。例如：张廷秀在叙述他们家从山西洪洞县逃难来到苏州城的过程时，是几十句的大段唱，不能平铺直叙，我让他在唱到"头一年干旱没下透雨，第二年五月端阳起了蝗虫。第三年四月初八下场透雨"，然后夹白"那小雨下得哗哗的"。王二姐插白"春雨贵如油啊！"张廷秀唱："直下到八月十五才把天晴。（夹白）又涝了！"这样突如其来的陡转，让观众为之一振。再如，在张廷秀述说当年跟随父亲到王府做木工活的时候，唱："后花园我给恩妹刻了镜子架，上刻着凤凰落梧桐。一对鸳鸯刻得好，你的父亲一旁就嗷的一声。"王二姐插话："那是报好一声。"张廷秀："是吗？我寻思，那时候我人小手快，三划拉两划拉把你爹划拉上了呢！"王二姐："是报好一声。"张廷秀唱："那就报好一声。"这种瞬间跳出人物甩"包袱"的办法，增加了趣味性，打破了唱段枯燥冗长的弊端，同时，也让张廷秀这个原本是"正生"的行当，具有了丑角的某种幽默，这也是地方戏艺术允许的表现手段。

俗话说男怕《回杯》女怕《赔情》（《包公赔情》），说的就是男唱腔中最难唱的、最要功夫的就是【靠山调】，大拉大拽，凸显唱功。【红柳子】是女生唱段中最要功夫的曲牌，刚好《回杯记》中王兰英的唱段也大量地运用此曲牌，这也是一般后来的学员轻易不敢触碰的原因之一。

经过加工整理的《回杯记》不但适用于大舞台演出，小剧场演出同样可以达到理想效果。因为表演中保留了传统拉场戏跳进跳出的传统表现方式，尽可能地拉近演员与观众的距离，有时候张廷秀像说别人的事一样侧身旁白的形式站在观众的角度来试探王兰英，并通过装厥故意激怒王兰英，以此来判断王兰英的反应，在王兰英怒骂张廷秀"车道沟的泥鳅难成龙""长来长去节节空"时，张廷秀却心中欢喜"越听越爱听"。因为他通过试探证实了王兰英，坚贞不渝、爱憎分明，面对父亲、姐夫的不当行为敢于指正，叫张廷秀报官，还要出庭作证，凸显出令人尊敬的人物性格。

拉场戏《回杯记》从民间"梁子戏"到舞台"谱子戏"的演变过程，可以说是民间戏曲顺应时代、不断创新发展的一个例证。从一个侧面也可以诠释二人转、东北地方戏可以久演不衰、常演常新的根本原因。当然，民间艺人常说：靠墙落地、把点开活。也就是说，不同场合、不同观众，同一出戏可以有不同的演法。长期活跃在农村乡镇的民间艺人，可以继续唱"梁子戏"，保持民间小戏的灵活性和适应普通观众的欣赏习惯。而登上大舞台的民间小戏，要根据观众的审美需求，在保证地方戏本体特征的前提下，增强艺术表现力。按照艺术规律适当对传统剧目进行一些必要的加工修改，有利于民间戏曲的全面发展。改与不改的出发点和落脚点都是为了我们民族民间艺术的薪火相传，不能绝对化，也不要抱残守缺，不断在继承中创新是民间戏曲繁荣发展的一条正道。

口述者：

王悦恒（1923—1990），吉林省永吉县人，吉林省著名二人转表演艺术家，被誉为二人转十大宗师之一。1940 年拜李青山为师学唱二人转，随师流动演出于永吉、舒兰、榆树等地。1951 年参加永吉县缸窑区宣传队。1952 年参加永吉县艺人学习班和艺人宣传队，同年参加吉林省民间艺术会演。1954 年调长春市东北地方戏队任队长。参与挖掘整理传统剧目，移植、改编上演现代剧目。1963 年调入吉林省吉剧团二人转实验队任演员，并移植改编二人转《扒墙头》、拉场戏《长松岭上》。也曾在梨树县文化馆工作过，1969 年任吉林省戏曲学校教师。整理的拉场戏《回杯记》荣获吉林省 1981 年剧目评奖一等奖。1984 年被选为吉林省二人转艺术家协会理事。

记录者：

闫光明，生于二人转世家，乃王悦恒先生的外孙，现为辽宁大学艺术学院副教授、辽宁省曲协表演委员会副主任、著名喜剧演员。

此篇谈艺录，是闫光明根据 1986 年他在吉林省艺术学校上学时，听王悦恒先生讲课时的记录稿整理的。

附 录

0485

（三）二人转与拉场戏
—— 马力谈艺录

说到二人转与拉场戏，我想先说下它们的定义。二人转过去叫"双玩意儿""秧歌""蹦蹦戏"等，形式包括"单""双""群""戏"。"单"就是单出头，是一个人用第一人称表演，是固定人物，比如《王二姐思夫》《红月娥做梦》等；"双"是二人转，两个不固定的人物跳出跳进地表演，如《西厢》《蓝桥》等；"群"是多人表演，如坐唱、群唱、群舞，剧目有《瞎子观灯》《处处有亲人》等；"戏"就是拉场戏，是固定人物的小戏，如《回杯记》《梁赛金擀面》《摔三弦》等。

二人转有一种独特的形态，这种独特的形态是从戏曲的发生、发展来的，可以说是从民间歌舞、民间说唱向戏曲过渡的"活化石"，过渡了近三百年，依然是活的，而且活得非常旺盛。二人转的性质非常复杂，说它是戏，又不全是戏曲的戏曲，曲艺和歌舞的成分不少；说它是曲艺，又不全是曲艺的曲艺，戏曲和歌舞的成分较重；说它是歌舞，又不全是歌舞的歌舞，戏曲和曲艺的特点又很突出。就因为这独特的性质，二人转用一般的戏曲、曲艺和歌舞的定义，都框定不了它。所以，按照老艺人的话说，二人转就是"既沾鼓书性，又沾秧歌性，还沾戏性的三性艺术"。

这里的"戏性"，就是二人转的拉场戏，是一种是戏不全是戏的戏，这种戏又沾说唱性，又沾秧歌性，还带滑稽性。而二人转本身也是一种是戏不是戏，是人物不是人物的进出、变换的一种特殊的戏。如此看来，拉场戏身上遗传了二人转的一些特征，载歌载舞的表演风格尤为突出。

所以说，拉场戏就是二人转中初具戏曲形态的演出形式，这是可以确定的。区别是二人转不是固定的人物，讲到哪儿就转到哪儿，特别随意和灵活，而拉场戏则相反，是固定人物的小戏，要求演员充分地进入角色。

具体点说，二人转演员在表演二人转时，可以应观众要求加一段小帽和说口。我年轻的时候去过一次沈阳北市场的二人转园子，当时正处在抗美援朝时期，大家都在唱革命歌曲，台上的二人转艺人就曾把歌曲"雄赳赳，气昂昂，跨过鸭绿江"当成小帽唱过，特别受欢迎。而拉场戏呢，原则上是不能随意加"玩意儿"的，但也有例外，我下面会说到。此外，拉场戏还像其他剧种一样增加了念白，是固定的，与正文唱词的内容紧密关联，大部分是准词。这种念白对刻画人物、解释剧情、交代重要情节，都起着一种喜剧效果。

上面提到过，拉场戏虽然已具备了戏曲的形态，也初步形成了由民间说唱向民间戏曲的演变，但实际上，它跟戏曲有本质的区别，身上遗传了许多二人转的一些特征。首先，拉场戏的一大特征是连贯性的叙事性唱。一般老百姓看二人转演出，都是拉场戏压轴，所以演拉场戏的演员同时也唱二人转，仍保留了二人转"兜得严、接得紧、放得下、撒得开"的演法。比如《回杯记》中张廷秀向王二姐讲述进京赶考这六年中的经历时，共唱了一百多句唱词，演员唱这段时一唱到底，这就是二人转的唱法，一般戏曲剧种的叙事性唱段，是没有这么多唱词的。

其次，拉场戏也穿插着二人转的演法，不完全按照程式化演出。比如《马前泼水》有一场是赵石匠娶妻崔氏：

崔氏：嫁你我不吃家常饭，粳米干饭猪肉炖粉条，

赵石匠：再给你蒸碗鸡蛋糕。

崔氏：奴家我生来爱打扮，

赵石匠：胭脂官粉你可劲销吧！

…………

两个人一人一句，就是按照"一替一句"（旦唱上句，丑唱下句）的传统形式唱了一段二人转。

最后，拉场戏扮演人物的时候，偶尔也按照二人转的表演形式"跳出跳进"。比如《回杯记》中的张廷秀，在戏曲中是生行，戏曲中的情节本来应是八府巡按，但他却化装成穷酸的要饭花子，看看未婚的媳妇儿变没变心。这场戏在拉场戏的表演就是这样：

张廷秀上场走到台口，放下手中的要饭棍子和碗，面对观众说几句俏皮话："你笑啥呀？别看我人穷衣衫破，我这怀里可有干货。"接着从怀里掏出一个小黄布包，又对观众说："什么？什么？黏豆包？还大切糕呢！"

然后又说：“这像铜不是铜，爷家印一封，要问官多大，八府巡按公。”当讲到乔装打扮私访时说：“……访访恩妹变没变心，找没找到主。”这时观众就会笑，张廷秀接着对观众说：“笑，没准弄不好兴许秃噜扣呢。”

这一段就是演员跳出了张廷秀这个人物，台上台下互动交流，调节了气氛，体现了拉场戏的风趣幽默，拉近了观众与人物的距离。

最后，我想补充一点有关拉场戏音乐的内容。拉场戏和二人转的音乐曲牌其实是不一样的。拉场戏中可以夹着二人转的曲牌，比如叙述性的【武嗨嗨】，但拉场戏绝对不唱【文嗨嗨】和【胡胡腔】，这是可以确定的。以上所谈的这些，就是我对二人转与拉场戏的一些个人理解。

口述者：

马力（1935— ）：二人转专家，曲艺牡丹奖终身成就奖获得者。曾任辽宁省曲艺家协会秘书长、副主席，辽宁大学艺术学院聘任教授、艺术顾问。二人转“八角手绢”的发明者。曾有《论二人转舞蹈》《二人转舞蹈的继承与发展》等多篇论文发表，著有《二人转舞蹈》《二人转舞蹈与技巧》等论著，编写了《二人转唱腔》《二人转表演艺术》《二人转舞蹈》等大学本科教材。

记录者：

王俏，文学硕士，群众文化副研究馆员。自幼受家庭熏陶，对二人转艺术有着不倦的探索。近年先后发表《二人转艺谚》《马力的恩师筱兰芝》《二人转艺术家马力》系列论文等三十余篇。著有专著《我与二人转70年——马力访谈录》、合著《中国戏曲剧种全集·二人转》《中国非物质文化遗产大辞典》。

采访时间地点：

2020年8月6日，沈阳马力老师家。

（四）辽宁民间小戏来源
—— 耿瑛谈艺录

1. 拉场戏：产生于清代雍正年间，拉场戏即拉开场演出之意。这是扮演人物的民间小戏。有些是由二人转演变而成。如《冯奎卖妻》《劈关西》两戏，开头结尾仍为叙述体的对口演唱形式，但戏中间，形成了"半拉场"（半戏曲、半说唱）形式，这就是拉场戏的雏形。后来学习了梆子等戏曲，才有了较完整的戏曲形式。拉场戏主要有《回杯记》《梁赛金擀面》《马前泼水》《三贤》（即《小姑贤》）《二大妈探病》和《寒江》等。

2. 海城喇叭戏：产生于清代乾隆年间。源于海城大秧歌，吸收了山西的柳腔，因以喇叭伴奏而得其名。早期的喇叭戏艺人都是在大秧歌中表演。东北农村冬季天寒，在露天演出，不能用弓弦乐器，而喇叭杆可以套上棉坎肩，手在里边不怕冻。喇叭戏艺人既唱大秧歌，也演二人转。因此有人认为喇叭戏就是拉场戏的一支。在辽南也叫"地拉场"。喇叭戏主要剧目大部分也是拉场戏剧目。有《王婆骂鸡》《赵匡胤打枣》《拉马》《梁赛金擀面》《茨儿山》《镉大缸》《小放牛》《傻柱子接媳妇儿》《冯奎卖妻》《刘云打母》《王二姐思夫》《丁郎寻父》等。

3. 河北梆子：原名直隶梆子。清代同治七年（1868）传到东北。清末民初时是东北三省的主要剧种之一。常演出的折子戏有《走雪山》《秋胡戏妻》《汾河湾》《辕门斩子》《宋江坐楼》《杀江》《三娘教子》《铁弓缘》《瞎子观灯》等。齐兰亭还在宁古塔演过大戏《破洪州》，他扮演刀马旦穆桂英，轰动一时。直到1920年后奉天落子在东北普及，河北梆子戏班才逐渐减少。

4. 评剧：也叫评戏。是清末在冀东莲花落（彩扮莲花落）的基础上产生的新剧种。起初人们称它为"小落子"，也叫过"平腔梆子戏""唐山落子"，传到东北后，又叫过"奉天落子"。20世纪30年代初，才称为评戏。1917年评戏出关后，很快在东北遍地开花，形成了奉天落子。接着在广大农村和县镇，演出了大量剧目：《李桂香打柴》《独占花魁》《秦雪梅吊孝》《高成借嫂》《黄爱玉上坟》《刘云打母》《李香莲卖画》《双婚配》《张彦赶船》《王少安赶船》《打狗劝夫》《刘翠屏哭井》《败子回头》《夜宿花亭》等四十多出。多数是中小剧目。

有的剧目，评戏与拉场戏都演，但各有千秋。如《回杯记》评戏中有王进，没有丫鬟春红；拉场戏中有丫鬟春红，没有王进。其他剧情都大同小异。1917年评戏班在沈阳庆丰茶园演出的全本《回杯记》，前边有"十三姐进城"，是一场很热闹的戏，这折戏早已失传，只剩下"花园会"一折，但在拉场戏《回杯记》中张廷秀的叙述词中还有一段描写，可能这是原来莲花落旧本的路子。

5. 皮影戏：全国各地有许多种皮影戏。其中河北的乐亭影（也叫唐人影）艺人常上东北演出。东北三省也涌现出一些皮影艺人。人们把东北的皮影戏称为"当地影"。

早在清末民初，二人转就吸收了皮影艺术的唱腔与表演。"九腔十八调"中的"影腔"就源于皮影戏，《猪八戒拱地》中猪八戒"耍大巴掌"的表演也是模仿皮影戏的动作。

口述者：

耿瑛（1933—2018），著名戏曲曲艺理论家、出版家。中国曲艺牡丹奖终身成就奖获得者。先后在辽东通俗出版社、辽宁人民出版社、春风文艺出版社任专职文艺编辑，编辑曲艺、戏曲剧本与民间文学。被人称为编辑、创作、研究的"三栖"人物。其对曲艺、戏曲、民俗等方面的研究均有成就。发表过数百篇理论文章，编辑图书600余种，著有《正说东北二人转》《东北大鼓漫谈》《曲艺纵横谈》《耿瑛中国民间故事集》《关东艺林》《辽宁曲艺史》等十余部专著，生前被誉为曲艺界的"活词典"。

记录者：

耿柳，耿瑛之女。国家一级导演，辽宁省曲艺家协会副主席兼创评委员会主任，沈阳市非遗项目"耿瑛民间故事"代表性传承人。执导的《戏苑景观》栏目及十三省市戏曲晚会，曾获"金鹰奖""星光奖"等全国一等奖。著有《关东梨园百戏》（合作）、《铁杆曲艺话今生》等专著，并整理过多部传统大书。参与编辑《中国历代曲艺作品选》《盛京皇城》等书目。任《中国民间文学大系·说唱·辽宁卷》副主席,《中国传统评书大系》编委会副主任。

此稿为记录人 2017 年 7 月撰写《耿瑛回忆录》时的采访整理稿。

（五）复县 —— 辽南小戏的故乡
—— 牛正江谈艺录

复县的戏曲演出活动，可以追溯到明朝。这是从复州城永丰寺内明朝遗留下的石碑上刻有"演戏酬神"的字句中得以确认的。

清末民初时，河北梆子剧团经常来复州演出，在他们的影响下，复州城乡的戏剧爱好者就跟他们学会了几出小戏，然后就组织了七八个人成立小戏班，演出《小老妈开嗙》《瞎子观灯》《小放牛》等戏。

参与小戏班的人都是一专多能的，需要演出就扮演角色，需要伴奏就当乐手。虽然人数少，但是能演出很多群众喜闻乐见的小戏。因此，群众都称他们为"八人班"或"唱小戏的"。这些人大多是文盲，斗大的字不识一麻袋，但他们记忆力非常强，戏看几遍就能一字不落地记下来。有时演出还能现场改戏、即兴抓词儿，逗得观众哈哈大笑，有文化的人看后戏称为"跑梁子"。

"八人班"演出没有固定的舞台，哪个村邀请，就去哪个村演，有时在露天搭个土台子，有时把阔绰人家的临街大门洞子当舞台，哪个村里如果有座空房子，那就是再好不过的演出场地了。

他们的演出报酬不多，而且给钱给粮都行。当时如果没有钱粮给，可以先赊着，秋后打下新粮食再给。因此，群众家里举办婚庆庆喜事、村里举办庙会和庆丰收等活动都以请"八人班"来演出为荣。后来谁家里有高龄老人去世，称之为"喜丧"的，也要请"八人班"来演出。由于演出市场红火，复县境内先后出现了歪头山的于家班、韩家庄的韩家班、马炉村的姜家班等。此时，复州城北面的永宁、松树等地也出现了"八人班"。戏班多了，就有了竞争，有了竞争，就出现了名声大的戏班。有名的戏班，是因为有了出名的演员，叫名角。当时的名角有复州城西的王元贵（绰号"大杆子花"）、毛连太、赵文义、韩昆福、韩坤玉，复州城南的姜振河、姜振邦、于成海，复州城东的刘德玉，复州城北的老潘家等。戏班少的时候，一台小戏可以到处演；戏班多了，演的戏不可能老重样，因此就得不断地更新剧目。戏班们除了到外地学习新剧目，还请本地区或外地有艺术天才的文人编写戏本，如《葛奎基征东传》《大闹紫泥湖》《火烧红莲寺》《破腹验花》《审青羊》《蒸骨三验》等。据说《蒸骨三验》是复州城文人胡业顺写的，他曾任复州中师学校教师、泰州日报社记者、《复县志略》编辑，当时他根据某地尹家之事写出《狠毒记》交给戏班演出，尹家知道戏班在演他家的丑事，就高价买了这个剧本，不让戏班再演。接着戏班就换了一个剧名《火烧棺》再演，尹家又高价给买了。最后又改名《蒸骨三验》准备再演，尹家知道后就把剧本买断了。戏班卖掉剧本后，就不能在复县境内再演了，他们只得到外地去演这个戏，几乎演遍了全东北。

在演出市场激烈竞争之时，有的戏班为了频换剧目，由师父（班主）传授一些固定的唱词，如夸赞男女相貌的"夸相篇"、走路时的"路途篇"、看花观景的"观花篇""观景篇"，以及两军对阵时的"夸将篇"等，把这些固定的唱词学会了，演什么戏都可以用。正式演出的头一天晚上，师父（班主）就讲一个大概的故事，然后分配角色，你上他下的，各自做什么戏，简单对一遍，第二天就互相搭戏、现场抓词儿、即兴表演，几场演出下来就形成一个固定的剧目了。因此，那时候演出的剧目很少有剧本。

1931年"九一八"事变后，在敌伪的统治下，复县地区的小戏班就偃旗息鼓了。14年里，老百姓没有再听到戏班的锣鼓声。

1945年，日本帝国主义投降后，复县的戏曲活动就又活跃起来。可是昔日的"八人班"演员大部分都年已渐老，不能登场演出了。

江山代有才人出。这时候涌现出一大批能编能导能演能唱能画的有艺术细胞的中小学教师。他们在学校和农村里积极组织业余剧团，根据好人好事编写曲艺和小戏。当然，我也属于这一类人物。1946年我在复州湾完小小学任教导主任，编写了《伪满警察的罪恶》《参军光荣》等小戏曲，配合政府反霸斗争，鼓励热血男儿踊跃参军。接着我又与人合写了《贫民泪》三场话剧，揭露地主强迫贫农女儿以身顶租的故事，演出后收到了很好的效果，此戏被后来的县委宣传部编入《复州大地的曙光》资料中。1948年冬，复州大河区小学教师吴德伦、赵志广、姜兆森、那成贵编写的影调戏《点将》，辛辣地讽刺了蒋介石打内战，被打得狼狈不堪的故事，引起了轰动，被载入了后来的《大连戏剧志》里。1953年1月份，复县举办首次农村业余会演时，复县南海区金城村皮影老艺人宋德才排演了影调戏《一家人》，反映农业合作化的故事，吸引了大家的眼球。1959年复县文化馆的高殿品编写的影调戏《半担苞米》，驼山乡业余作者顾众编写的《一口堂箱》分别由复县三台公社业余剧团和驼山乡业余剧团参加了旅大市业余汇演，得到了大会的好评与奖励。由此，影调戏这一新兴的剧种被定名为"辽南影调戏"。

1958 年以后，复县建起复州、五岛、岚崮、永宁、松树五大公社，每个公社都成立了业余剧团，因此创作演出了很多小戏，将复县的群众文化活动推向了一个又一个新台阶。

1965 年，辽宁省定于 10 月份召开"辽宁省新曲艺观摩学习会"，旅大市定于 11 月份召开"旅大市 1965 年群众业余新作品试演会"。复县接到省、市的通知后，县委宣传部就责成县文化馆组织业余作者创作学习班，创作参加省市的戏剧和曲艺节目。

经过一个多月的时间，为县评剧团曲艺队写出拉场戏《双追车》、二人转《镶牙记》、单出头《三到刘家》、影调戏《放猪姑娘》、表演唱《进山》五个节目，分别由曲艺团演员排练演出。

这些节目 11 月上旬参加了"辽宁省新曲艺观摩学习会"演出，得到了与会领导、文艺界人士和观众的好评。中央、省、市、县广播电台播放了节目录音，《曲艺》杂志刊发了《镶牙记》和《放猪姑娘》两个作品。同年的《人民日报》副刊上全文发表了《镶牙记》，这是《人民日报》建国以来首次发表的曲艺作品。1966 年春风文艺出版社出版的《二人转小丛书》发表了《镶牙记》《放猪姑娘》《三到刘家》三个作品。1965 年末，县评剧团曲艺队专程到大连为郭沫若先生演出《镶牙记》《放猪姑娘》《三到刘家》等节目，得到了郭老的好评，郭老为复县评剧团曲艺队挥毫题字，留下了珍贵的墨宝。

复县评剧团曲艺队从省里演出回来后，先后接待了中央广播电台说唱团、解放军总政文工团以及外省、市、县 30 多个文艺团体来学习《镶牙记》《放猪姑娘》《三到刘家》等节目。

此次创作班的作者除为县评剧团曲艺队创作节目外，还为县内的业余剧团写出拉场戏《果园风波》《打谷场上》《海口摆渡》、评戏《顶梁柱》《卖猪记》、影调戏《一本账》等。10 月中旬，这些小戏参加了"旅大市群众业余新作品预演会"。11 月下旬，《果园风波》《打谷场上》《海口摆渡》《卖猪记》参加了"旅大市 1965 年群众业余新作品试演会"，均受好评，并向旅大市党政领导做了汇报演出。市、县电台播放了演出录音；市文联和市艺术馆发表了《果园风波》《顶梁柱》《一本账》三个小戏剧本；省文联刊物发表了《顶梁柱》剧本；辽宁省文化厅和旅大市文化局联合决定将评戏《卖猪记》改编成京剧，由旅大市京剧团排练，与《放猪姑娘》《三到刘家》《镶牙记》《进山》等拍成一部电影。正当大家准备就绪之时，"文化大革命"开始了，此事也"胎死腹中"。

到了新时期，复县（瓦房店市）的小戏创作，出了一批又一批，登上了一个又一个新高峰。在全国、省、市的各项赛事中都能受到热评，拿到奖项。如《查账》《卖蟹》《拉驴》《王罗锅卖海蛎子》《亲家俩》《一顿庄稼饭》《不是冤家不碰头》《接媳妇儿》《路遇》《县长抓鸡》《卖马》《过河》《谢大妈送礼》《祖传秘方》《乡情》《辣八姑闹春》《春风送暖》等，如一颗颗璀璨的明星闪耀在辽南大地的上空。尤其最近几年，一些影调小戏还经常登上中央电视台的舞台，与主持人和观众直接交流，进行现场表演，令人刮目相看。

口述者：

　　牛正江（1922—　　），瓦房店市复州湾镇人。先后就读于师范学校、辽南建国学院。历任中小学教师、教导主任、县文联分会秘书、县文化馆创作组组长、县文化馆馆长、县市政协副主席兼文史委员会主任。1987 年离休，1988 年加入中国共产党。曾获大连市优秀共产党员称号，大连市关心下一代"慈爱奖"、辽宁省老干部先进个人、全国第七和第八届"健康老人"称号。原为大连市作家协会会员、辽宁省曲艺家协会会员、辽宁省民间文学研究会会员、辽宁省曲协二人转研究小组成员。个人小传入选《辽宁当代曲艺辞典》。1946 年开始文艺创作，先后在国家、省、市、县级报刊发表诗、小说、戏剧、曲艺、美术、文史资料、民间故事等作品 300 余篇（件）。二人转《镶牙记》于 1965 年 12 月 31 日在《人民日报》文艺副刊发表。单出头《三到刘家》被选入《辽宁曲艺选》和《辽宁省优秀文学艺术作品系列丛书·曲艺卷》等多种文集。离休后，先后出版《复州史话》《复州往事》《复州史话集》，编印了《牛正江文艺作品选》。

记录者：

　　刘永峥，供职于辽宁省文化艺术研究院，国家一级编剧。中国戏剧家协会会员、中国电视艺术家协会会员。曾创作大型辽剧《加林与巧珍》《少女泪》《山这边，海那边》《姜云胜》《潮满月圆》《月在别时圆》《又是樱桃红了时》《圆谎》《养女情》《奉天落子》等以及大型评剧《女人是座山》《蹬三轮的女人》《寻常百姓》和辽剧电视剧《为官一任》《山妹》《王罗锅卖海蛎子》《山这边，海那边》《泪》，长篇电视连续剧《五爱街》《海水苦，泪水咸》，与人合作有《笑笑茶楼》《城里城外东北人》《男左女右》《来的都是客》等多部情景喜剧，小戏及曲艺作品有《查账》《卖蟹》《拉驴》《不是冤家不碰头》《祖传秘方》《湘江红鲤》等多篇，著有《刘永峥剧作选》出版。

采访时间地点：

2020 年 8 月 23 日，辽宁瓦房店牛正江老师家。

四

出版物

（一）木刻本、抄本、石印本

清刻本《忠保国》

清刻本《三疑》

清刻本《斩子》

清刻本《击掌》

清刻本《骂殿》

清刻本《探窑》

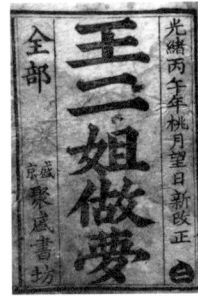
清刻本《王二姐做梦》

清刻本《王会川跑关东》

清木刻本《王二姐摔镜架》

清抄本《祝英台》

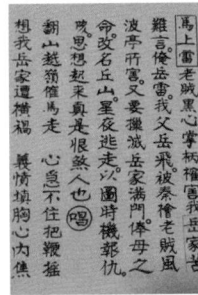
宋抄本《宝马情缘》

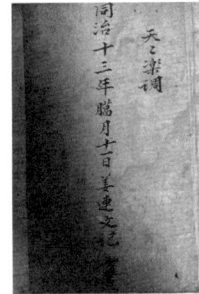
清抄本《天天乐调》

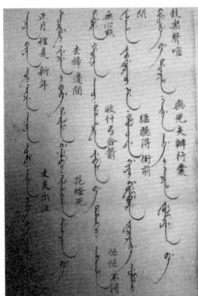
清抄本《永团圆》

民国石印本《逛小河沿》

民国石印本《教育镜》

民国石印本《黄爱玉上坟》

民国石印本《路遥知马力》

《击鼓骂曹》

民国石印本《双婚配》等

民国石印本《李桂香打柴》

民国石印本《回杯记》

民国石印本《乌盆记》

民国石印本《高成借盟嫂》

民国石印本《黑猫告状》

（二）排印本

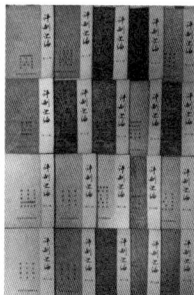

《评剧汇编》

《二人转传统作品选》等

京评小戏等

（三）唱片

《发财还家》筱桂花、张春山

《小两口逗趣》金开芳、任鹤声

《老黄请医》张春山等

《杨二舍化缘》鑫艳玲、武宝盛 　　　　　《打狗劝夫》夏青等 　　　　　《打面缸》张春山

后记

《中国民间文学大系·小戏·辽宁卷·综合分卷》于2020年4月立项，受当时新冠肺炎疫情防控限制，编委会初期工作只能通过电话网络沟通，靠邮政快递传递材料，后期深入各地老艺人住处协助记录文本，保证了工作进度和编卷质量。自5月9日编委会成立之日起到年底初稿基本形成，各位编委先后搜集了具有辽宁地域特色的各类民间小戏剧本三百余部，其中不乏散落民间、留世较少、濒临失传的珍本、秘本。经过反复甄选比照，编委会最终选定在辽宁本土产生或广为流传的11种小戏形式，74个小戏剧目入卷。这些剧目内容丰富、特色鲜明、研究价值高，可以说是辽宁戏曲发展史上弥足珍贵的精神财富。

编纂工作中，主编崔凯负责总体统筹，郝赫负责落子、小评剧、杂剧部分，董凌山负责海城喇叭戏部分，刘永峥负责辽南地区小戏（含皮影戏）部分，刘家声负责辽西小戏部分，穆凯负责秧歌戏部分，省艺术研究院梁海燕院长、毛琦副院长负责院存材料提供、支持，耿柳负责拉场戏部分和整体材料的归集、内容提要及注释、校对，韩宁、杨东乐负责协调与初编工作，刘蕾负责音像资料及剧照的收集。为全面真实还原小戏的说唱特点和表演方式，邓建明和闫光明等编委记录曲谱，提升编纂质量。工作中编委始终保持严谨、奉献的工作理念，尽己所能，不遗余力投入工作，耿柳作为曲艺世家子女还无私地提供了著名曲艺家耿瑛生前收藏的清代、民国的小戏资料。

在工作中，编委严格按照《小戏编纂体例》，遵循"规范性、广泛性、抢救优先性、代表性"四项原则，充分吸收借鉴以往说唱卷编纂经验，始终追求最大化真实记录小戏原貌。编纂初期编委会就确定了"凡是1966年以后经过加工整理的文本一律不收"工作底线，同时结合小戏的声腔和伴奏特点，编委们对主要唱段的曲牌、版式等内容进行了专门标注，并注重视频、音频、剧照、演出场景等资料的收集入卷，力图全方位、原生态反映小戏的演唱方式、地域方言等特点。此次编纂过程中编委在体例结构上还专门增加了附录部分，将辽宁域内知名老艺术家的访谈录作为入卷内容，这更是为今后辽宁民间小戏研究保存了一份弥足珍贵的史料，也符合中国民间文学大系出版工程的立项初衷。

编纂过程中，沈阳莎梦文化有限公司董事长霍燃、鞍山市艺术创作研究所副所长徐强、辽宁广播电视集团编导邵缨、沈阳出版社编辑耿作军、原沈阳故宫博物院研究室主任佟悦、原朝阳县下三家文化站站长段洪恩、私人藏书家刘贵选、辽宁省艺术研究院、辽宁省戏剧家协会、辽宁省曲艺家协会等个人和单位为本卷提供作品、图片和音频资料。中国民间文学大系出版工程专家组对本卷编纂工作提出了具体指导意见，特此表示衷心的感谢。

由于民间小戏生于民间、长于民间，很多剧目是口口传唱，并没有文本资料留世，原以为剧目丰富，真动起手来，却并不如想象中那么容易。首先碰到的难关就是搜罗剧本。过去的小戏剧本，有许多没有正式出版，只有一个手抄或者油印的排演本，有的本子上还是一改再改的，如不加一番考订，就不知道怎样才是当时演出的样子。而最感困难的，是有许多本子根本找不到。我们想要弄出一卷比较全面的辽宁传统民间小戏选本，将好作品都网罗进来，最终还是不无遗珠之憾。其余像选择的标准等等，也仍然存在疑难，并不因为时隔多年，文本之取舍就可以划定出客观的标准。选定的目录列出之后，再翻看其他的本子，又反复增删几次，最后虽然定稿了，但这种唯恐不精，又唯恐遗漏的心情仍然存在。

编委们虽已尽力搜集整理取舍，难免还存在着诸多缺憾与不足，恳请有识之士与广大读者批评指正。

杨东乐

序

王依雅创作的"繁空录"系列绘画作品,在题材上皆围绕女性的冠饰展开,"繁"是繁盛、华贵之意,"空"是空幻、虚空之意。简而言之,"繁空录"系列作品试图阐释富贵荣华终归于尘土、生命之脆弱无常令人唏嘘。

作为一名有着强烈女性意识、生命意识的艺术家,王依雅绘制了各种繁花锦簇的花冠,花簇的形态簇拥向上、舒展昂扬,令观者深切感受到生命的极尽灿烂,然而艺术家更想表达的是,待红消香断、春残花落、春尽红颜老、花谢人凋零之时又有谁怜?也就不难理解,王依雅在画面题跋中,反复写梦、烟、影、思、惜等字眼,与《红楼梦》等很多中国古代文学名著形成呼应。不仅如此,我们在十七世纪欧洲"虚空画"(Vanitas)中,也能看到类似的主题,盛开的花卉象征着女性充满青春气息的容颜和充满活力的身体,也象征着生命力的顽强,而细微处已有衰败迹象的花瓣行将掉落,喻示着生命"越繁荣越虚空",仿佛在宣告着"生命必将走向消亡"。

同样,我们在乔治亚·欧姬芙等女性艺术家的作品中,也能看到将花卉作为核心元素用以描述女性特殊的生命感受。花卉隐喻着女性的细腻、敏感、脆弱,这一点在世界文化史和艺术史中有着基本共识;尤其是在现代的女性主义艺术中,花卉更是成为一种观念的容器、视觉的载体。尽管王依雅与西方女性主义艺术的理念相距甚远,但"繁空录"系列绘画作品已经能够从中国传统花鸟画的画学理论谱系中延展开来,形成了自己明晰的视觉语言风格和表意系统。

在花冠以外,"繁空录"系列作品中还描绘了女性穿行于亭台楼阁、廊桥水榭的情景,她们或游园赏景,或宴乐嬉戏,或登高望远,或凭栏独处。这些以皇家贵族女性宫廷生活为蓝本的画作,显然是受到了中国传统宫廷绘画作品的滋养,但这些生活场景已经不再是对现实生活的描述,而是对"幻境"的展现。值得注意的是,王依雅描绘这些女性冠饰的灵感多来自古代墓葬,这些冠饰上描绘的亭台楼阁,大概象征着冠饰主人神游于仙境,她们在祥云、花木和湖石的掩映中,与侍女正在享受"仙人"之乐。除此以外,王依雅还将凤冠中的凤饰以自然界中鸟的形象表现,而不以描金的形态浮于画面之上,这些晕染、勾勒的语言形式变化丰富,使"繁空录"系列画作既展现出平面的视觉样式,又不失立体的、有透视的纵深感。

王依雅根据宋、明、清的皇后冠,创作出一系列带有强烈"盛饰式"风格的画作,对皇后冠上的人像和图案进行了细致入微的描绘。其基本的造型特点是,画面分为三层或多层,下层是象征着皇后和侍女出行的情景,上层是御龙、御凤、御鹤而来的仙女形象,中层是花丛、云海、龙凤等祥瑞元素用以过渡。

王依雅是一位善于思考的艺术家,她能够在中国传统绘画的视觉空间中逐渐走出一条属于自己的路,使形式内容与观念相统一,这并不是一件容易做到的事情。只有艺术家在这个方向上不断深耕,才能活化中国传统画学的根脉,使一些看起来古老的绘画母题焕发出新意和新境。今天在青年艺术创作中有广泛影响的新工笔和新水墨的创作意识,只有融入艺术家自己鲜活的文思,才能有不断出新的内在动力。

魏祥奇

清纱翠羽

目录

天香满堂

宋史（节选）

后颇知书，从容问。

后益博习书史，文章翰墨。

高宗皇后冠

纵182cm，横142cm，绢本水墨设色

宋代才女辈出。

也有擅书画者，擅女红者，通政论者。

女性的才艺也有远超群胜过一般文人的。

从宋代开始，皇后的凤冠上增加了

龙的形象，赫赫威仪。

作品中除了正面的龙，还有坐骑白龙

的侧面形象，天女骑兽，

女性柔刚，散发着这个时代

女性自觉的神采。

高宗皇后冠（局部）

宁宗皇后冠

纵 183cm* 横 145cm* 绢本水墨设色

饮茶歌诮崔石使君（节选）

素瓷雪色缥沫香，
何似诸仙琼蕊浆。

宋瓷温润如玉，恬静淡雅，
流畅的形态之中蕴含了脉脉深情。
我想将这种内敛而舒缓的体会
融入宁宗皇后冠。
天青色与豆色交织，
视线在温柔中被濯净。
我喜欢的女性像春山，
独立而温暖，安然敦厚。
生机勃勃而......

宁宗皇后冠（局部）

宁宗皇后冠（局部）

英宗皇后冠

纵 184cm" 横 145cm" 绢本水墨设色

桃之夭夭，灼灼其华。之子于归，宜其室家。
桃之夭夭，有蕡其实。之子于归，宜其家室。
桃之夭夭，其叶蓁蓁。之子于归，宜其家人。

桃花与少女仿佛有着天然的关联，古人曾以此为题，开咏美人之风。从此，我们心里留下一位宜室宜家的女子，在春日粉色的花树下点头微笑。

英宗皇后冠（局部）

徽宗皇后冠

纵 101cm，横 133cm，绢本水墨设色

赵佶

获『丝路·新纽带——中国画青年扶持计划双年展』最高奖

眼儿媚·玉京曾忆昔繁华

赵佶

玉京曾忆昔繁华。万里帝王家。

琼林玉殿，朝喧弦管，暮列笙琶。

花城人去今萧索，春梦绕胡沙。

家山何处，忍听羌笛，吹彻梅花。

宋徽宗赵佶的词让
人想到繁华景象后
那个孤寂的身影，
流露出一丝悲苦和
无可奈何的凄切。
这种无奈不是他一
人独有的，而散落在
每个善于感受的心
灵中，是对流逝的
叹息，对美的追忆。

宣祖皇后冠

纵 67.5cm，横 135.5cm，纸本水墨设色

美女篇（节选）

曹植

头上金爵钗，腰佩翠琅玕。
明珠交玉体，珊瑚间木难。
罗衣何飘飘，轻裾随风还。
顾盼遗光彩，长啸气若兰。

猗那叔女象应夏生配天作合兴日齐明

紫空录宋宣祖皇后冠

辛丑秋左左依齐恭绘

从头上和腰间挂坠下来的配饰，既可以增加女子的灵动感，又可以规范仪态。每当我看到这样端庄而灵巧的饰物，总会想到「娉婷」一词。

23

辛丑夏江左依雷繪

花冠清影

繁密錄一年景花冠團團

辛丑秋江左依樣繪

花冠团圆

纵 113cm，横 137cm，绢本水墨设色

花冠清影（局部）

汉宫春·立春日（节选）

辛弃疾

春已归来，
看美人头上，
袅袅春幡。

宋人太爱花了，栽花、斗花、插花、簪花……可花朵的生命却短暂，于是他们想办法挽留，将其做成绢花来戴。

第一次看到仁宗皇后侍女那极为浪漫的造型时，我发呆良久。

她们多爱美呀，和今天的女孩子一样。她们恨不能把春天裹在身上，睡觉时也香香的。

喜欢什么就往头上戴，这是年轻的心，是生命的热情，是古今不变的温柔。

我在画作里将绢花置换成鲜花，让盛放更为极致，痴盼着，让爱美的生命永续。

花冠团圆（局部）

花冠闹蛾

纵 67.5cm，横 44.5cm，纸本设色

青玉案·元夕

辛弃疾

东风夜放花千树，
更吹落、星如雨。
宝马雕车香满路。
凤箫声动，
玉壶光转，
一夜鱼龙舞。

蛾儿雪柳黄金缕，
笑语盈盈暗香去。
众里寻他千百度，
蓦然回首，
那人却在，
灯火阑珊处。

据记载，
南宋元宵灯市上，
少女结伴出游。
她们头上戴着闹蛾
儿、雪柳等头饰，
到街上寻找意中人。
女孩子们对情的执
着像飞蛾扑火般炙
热而单纯。
擦肩而过的遗憾是
常有的。
但如果能在茫茫人
海中回首对视一瞬，
那便成为生命里无
法忘却的永恒。

花冠香尘

纵 67.5cm，横 44.5cm，纸本设色

望江南·超然台作

苏轼

春未老，风细柳斜斜。
试上超然台上看，半壕春水一城花。
烟雨暗千家。

寒食后，酒醒却咨嗟。
休对故人思故国，且将新火试新茶。
诗酒趁年华。

繁空录花冠香尘

辛丑敬江左依雁绘

画下这些花冠，
就仿佛看到曾经戴着它们的姑娘。
和自然中的花花草草做朋友，
能有什么坏心眼呢？
我想，
她们都懂得珍惜生命中短暂的
相遇，呵护每一份善意。

31

花冠青女

纵 60.5cm 横 67.5cm 纸本设色

霜月
李商隐

初闻征雁已无蝉，百尺楼高水接天。
青女素娥俱耐冷，月中霜里斗婵娟。

唐代古画中仕女头上的花冠是红色的，我忽然想把它改成蓝色。绘画方式变了，配色变了，好像佩戴者的性格也跟着变了。

青女是掌管霜雪的女仙，人们也用青女比喻白发。

青女在漫长的寒冷中回风舞雪，那一定有着遗世独立的模样吧！

纱冠剪烛

纵 67cm·横 46cm·纸本设色

这花冠的高度背后承载着比美之心，每位女子都希望自己是最引人注目的。头上的分量越来越重，花冠越来越高，以至于帝王一度下令禁止过度装饰。这让我想到，在西方，女性也曾为了美丽而绞尽脑汁，比如在高髻上添加多彩羽毛。这些于生活无实际用途的东西在她们那里却至关重要。无数关于美丽的实验，成就了古今艺术史的辉煌。

花冠 江左 依雅 绘

纱冠玄霜

纵 134cm 横 67.5cm 纸本设色

纱冠桐月

纵 67cm 横 33cm 纸本设色

唐太宗在威凤赋中写道：

『有一威凤，憩翮朝阳。

晨游紫雾，夕饮玄霜。

资长风以举翰，

戾天衢而远翔。』

花冠外罩着轻烟般

的白纱，朦胧委婉，

像月光下的透明水母。

你能感觉到它有五彩

斑斓的内里，但就是

看不清楚。

古人多么懂得制造

浪漫啊！

体会美的过程如同

饮下琼浆，令人痴

迷而忘我。

迟日

纵30cm' 横30cm' 纸本水墨设色

水龙吟·牡丹有感（节选）

陈著

记年时、多少诗朋酒伴，
逢花醉、簪花舞。

初春的清晨，一个肤如凝脂的女子正精心打扮。

牡丹呀，海棠呀，丁香呀……都是春天送给她的礼物。今天她要好好与朋友们游乐，直到黄昏，直到花朵也有了倦意，才回家。

若不然，这温暖的春日，岂不是白白辜负了。

明珠遗珍

明史（节选）

后仁慈有智鉴，好书史。

后勤于内治，暇则讲求古训。

母仪天下，慈德昭彰。

太祖皇后冠

纵138cm，横208cm，绢本水墨设色

女性不总是羸弱、娇嗔的。历史上诸多女中豪杰，胸襟宽广，有智慧，有胆识，有魄力。

她们的果敢、坚韧与情义令人钦佩。

女子如水一般清澈美好，亦如水一般气势磅礴。

太祖皇后冠（局部）

太祖皇后冠（局部）

太祖皇后冠（局部）

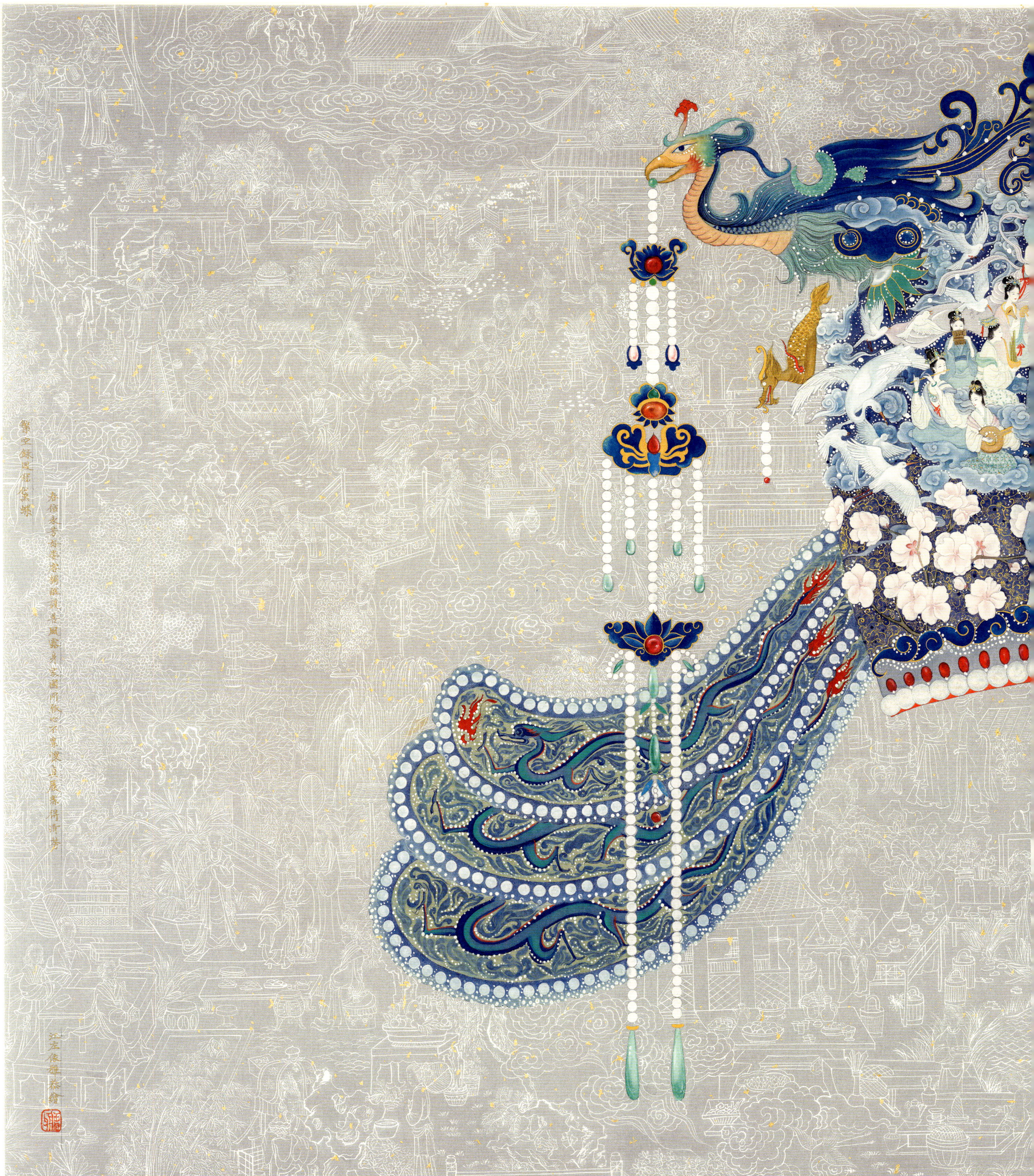

凤冠黛螺

纵 90cm，横 176cm，绢本水墨设色

这件作品中女仙们奏响各种乐器，
以声抒情，
洋溢着欢愉自在的气息。
而深沉的蓝色调又仿佛有人将淡淡
心事娓娓道来。

43

清纱翠羽

鹊桥仙·纤云弄巧

秦观

纤云弄巧，飞星传恨，银汉迢迢暗度。
金风玉露一相逢，便胜却人间无数。
柔情似水，佳期如梦，忍顾鹊桥归路。
两情若是久长时，又岂在朝朝暮暮。

凤冠佳期

纵262cm*横140cm*绢本水墨设色

你看，
不知是谁家打结彩，
吹吹打打。
茫茫时空中的荒野，
色空之困惑，
不必太计较，
也不想太糊涂。
许是那份可爱的执着，
证明了我们来过。

凤冠佳期（局部）

凤冠佳期（局部）

凤冠佳期（局部）

白头吟（节选）

卓文君

皑如山上雪，皎若云间月。
闻君有两意，故来相决绝。
今日斗酒会，明旦沟水头。
躞蹀御沟上，沟水东西流。
凄凄复凄凄，嫁娶不须啼。
愿得一心人，白头不相离。

答妃冠的原型是宋代菩萨造像。我在作画时，想起答妃的传说。

有人说她满身异香，志节刚烈，也有人说她集万千宠爱于一身，享受殊荣。

假作真时真亦假，我只表达理想中的真实。

凤冠朱颜

纵100cm，横68cm，绢本水墨设色

葬花吟（节选）

曹雪芹

花谢花飞花满天，
红消香断有谁怜？

繁空录凤冠朱颜

梅花薰酒侬寒日葬鄉館師見知音捉依雜繪

凤冠朱颜（局部）

我从小就对时间很
敏感，有时候觉得
死亡的忧愁并非源
于未知，而仅仅是
惋惜流逝本身。
这份惋惜曾经成为
眼泪，让我怀疑自
己的脆弱，如今变
成了珍惜与悲悯，
以及对所有美好生
命由衷的爱。

繁空录凤冠紫箫

黄鹂送碧云情与文共织汇庄依菲绘

中国美术学院视觉中国协同创新中心
The Institute for Collaborative Innovationin Chinese Visual Studies
China Academy of Art
中国美术学院视觉中国研究院   出版项目
China Institute for Visual Studies , China Academy of Art

中国美术学院文化创新与视觉传播研究院（智库）成果

王依雅

1989 年出生于浙江

现就职于中国美术学院

本、硕毕业于中央美术学院

博士毕业于中国美术学院

李可染画院青年画家

浙江省花鸟画家协会会员

部分展览：

"繁空录"王依雅个展

"瑶台之约"王依雅个展

东京现代国际艺术博览会王依雅个展

"身在山海"王依雅、周名德双个展

香港巴塞尔艺术展

"了不起的她们"福布斯中国致敬卓越女性艺术家邀请展

"妙笔生花"国际女性艺术家作品展

亚洲女性艺术家群展

ART021 上海廿一当代艺术博览会

图书在版编目（CIP）数据

女观 / 王依雅著. — 北京 : 人民邮电出版社,
2025.1
　　ISBN 978-7-115-62558-8

　　Ⅰ. ①女… Ⅱ. ①王… Ⅲ. ①女性－生活－史料－中
国－古代 Ⅳ. ①D691.968

　　中国国家版本馆CIP数据核字(2023)第164091号

◆ 著　　　　王依雅
　　责任编辑　王　冉
　　责任印制　陈　犇

◆ 人民邮电出版社出版发行　　北京市丰台区成寿寺路 11 号
　　邮编 100164　电子邮件 315@ptpress.com.cn
　　网址 https://www.ptpress.com.cn
　　北京启航东方印刷有限公司印刷

◆ 开本：889×1194　1/8
　　印张：8.75　　　　2025 年 1 月第 1 版
　　字数：68 千字　　2025 年 1 月北京第 1 次印刷

定价：288.00 元（附小册子）

读者服务热线：(010)81055410 印装质量热线：(010)81055316
反盗版热线：(010)81055315
广告经营许可证：京东市监广登字 20170147 号

女观

『繁空录』系列

王依雅 著

人民邮电出版社
北京

『女』代表着女性群体特有的敏感多情与自然灵性；

『观』则是以这种全然感知的状态体验世界。

翻开这本书，在飞速转动的时代漩涡中，

用极致浪漫的方式重塑温柔而有力量的自我空间。